受工业和信息化领域公共服务能力提升专项项目
——现代质量工程技术方法应用（2019-00909-2-1）资助
汽车先进技术译丛　汽车创新与开发系列

产品生命周期可靠性工程

[美] 杨广斌（Guangbin Yang）　著
滕庆明　陈云斌　金春华　蓝晓理　译

机械工业出版社

《产品生命周期可靠性工程》一书旨在提供行之有效的可靠性方法来保证产品整个生命周期的可靠性。这个生命周期包括产品规划、设计与开发、验证与确认、生产制造、使用和废弃等阶段。我们重点讨论的是理解客户的需求、在设计与开发阶段提高产品的可靠性、设计阶段结束前更有效地进行试验,以及分析保修数据和监控使用阶段的可靠性。本书按照产品开发的顺序,一共分为11章,主要内容包括:可靠性工程和产品生命周期的概念,以及在生命周期的各个阶段相应的可靠性方法;可靠性的定义、度量以及寿命分布;分析客户需求、制定可靠性目标、制定整个产品生命周期中有效的可靠性计划的方法;系统可靠性建模以及分配的原理和方法、系统可靠性的置信区间;在设计与开发阶段建立健壮性和可靠性的方法;查找、评估和消除设计错误的可靠性工具;加速寿命试验的方法、模型、计划,以及数据分析方法;退化试验和数据分析方法,包括非破坏性的检测和破坏性的检测;设计验证和过程确认的可靠性方法;应力筛选以及更深入的退化筛选;保修分析。

本书适合大专院校学生,以及从事可靠性工程产品及系统的设计、开发、制造和维护等的专业人士阅读使用。

Copyright©2007 by Guangbin Yang. All rights reserved. This translation published under license. Authorized translation from the English language edition, Life Cycle Reliability Engineering, ISBN 9780471715290, by Guangbin Yang, Published by John Wiley & Sons. No part of this book may be reproduced in any form without the written permission of the original copyrights holder. Copies of this book sold without a Wiley sticker on the cover are unauthorized and illegal.

本书中文简体字版由 Wiley 授权机械工业出版社出版,未经出版者书面允许,本书的任何部分不得以任何方式复制或抄袭。版权所有,翻印必究。

北京市版权局著作权合同登记　图字:01-2014-2539号。

图书在版编目(CIP)数据

产品生命周期可靠性工程 /(美)杨广斌(Guangbin Yang)著;滕庆明等译 . —北京:机械工业出版社,2021.10(2024.7重印)

(汽车先进技术译丛 . 汽车创新与开发系列)

书名原文:Life Cycle Reliability Engineering

ISBN 978-7-111-69329-1

Ⅰ.①产⋯　Ⅱ.①杨⋯②滕⋯　Ⅲ.①产品生命周期 – 可靠性工程　Ⅳ.①F273.2

中国版本图书馆 CIP 数据核字(2021)第 212464 号

机械工业出版社(北京市百万庄大街22号　邮政编码100037)
策划编辑:孙　鹏　责任编辑:孙　鹏　刘　静
责任校对:王　欣　封面设计:鞠　杨
责任印制:邓　博
北京盛通数码印刷有限公司印刷
2024年7月第1版第3次印刷
169mm×239mm · 29.25印张 · 2插页 · 601千字
标准书号:ISBN 978-7-111-69329-1
定价:299.00元

电话服务　　　　　　　　　网络服务
客服电话:010-88361066　　机 工 官 网:www.cmpbook.com
　　　　　010-88379833　　机 工 官 博:weibo.com/cmp1952
　　　　　010-68326294　　金 书 网:www.golden-book.com
封底无防伪标均为盗版　　　机工教育服务网:www.cmpedu.com

前　言

近十年来的经济全球化经历了国际自由贸易和跨国资本的自由流动。我们经常会看到来自各国的类似产品同时出现在一个市场上。又由于产品的详细信息在互联网上随处可得，这种竞争就越发激烈。用户轻而易举地就能比较各产品的功能、价格、可靠性、可维修性以及其他各方面性能。显然，懂得最多的用户也是最挑剔的用户：他们总是会选择物美价廉的产品。为了在这样的竞争环境下生存发展，厂家必须在更短时间内推出功能丰富、可靠，而且价格更低廉的产品。在这样的市场推动下，厂家也对可靠性专业人员提出更高的要求，来改进可靠性、缩短开发周期、降低生产和保修成本，并增加客户满意度。为了满足这些要求，可靠性专业人员需要更有效的方法，在产品整个生命周期内保证产品可靠性。

本书旨在提供新的、行之有效的可靠性方法来保证产品整个生命周期的可靠性。这个生命周期包括产品规划、设计与开发、验证与确认、生产制造、使用和废弃等阶段。本书重点讨论的是理解客户的需求、在设计与开发阶段提高产品的可靠性、在设计阶段结束前更有效地进行试验，以及分析保修数据和监控使用阶段的可靠性。本书按照产品开发的顺序一共分为 11 章。第 1 章简单介绍可靠性工程和产品生命周期的概念，以及在生命周期的各个阶段相应的可靠性方法。第 2 章介绍可靠性的定义、度量以及寿命分布。第 3 章给出了分析客户需求、制定可靠性目标、制定整个产品生命周期中有效的可靠性计划的方法。第 4 章讲了系统可靠性建模以及分配的原理和方法，还介绍了系统可靠性的置信区间。第 5 章是本书最重要的章节之一，讲解的是在设计与开发阶段建立健壮性和可靠性的方法。第 6 章介绍查找、评估和消除设计错误的可靠性工具。第 7 章介绍加速寿命试验的方法、模型、计划以及数据分析方法，并带有诸多业界的实例。第 8 章讨论退化试验和数据分析方法，包括非破坏性的检测和破坏性的检测。第 9 章给出设计验证和过程确认的可靠性方法。在第 10 章介绍应力筛选以及更深入的退化筛选。在第 11 章讲解了保修分析，这对生产厂家估算现场可靠性、质保维修和成本很重要。

本书主要有以下特点：

- 它包含了许多新的并且实用的可靠性方法，包括基于用户的可靠性目标设定和可靠性目标分配、使用六 σ 的可靠性设计、健壮可靠性设计、更高使用率的加速寿命试验、更严苛阈值的加速寿命试验、破坏性退化试验和分析、基于物理特性的样本容量缩减、退化筛选、二维保修分析以及其他方法。
- 实用性贯穿全书。这里介绍的所有可靠性方法都可以立即在产品规划、设计、试验、筛选以及维修分析中使用。
- 例题和习题都是基于实际应用。虽然许多问题来源于汽车行业，但其他行业也有同样性质的问题。
- 本书将可靠性与客户满意度紧密结合起来。例如，质量功能展开和基于用户的可靠性分配等方法都旨在改进用户体验。
- 本书还介绍了关于可靠性的一些重要的新方法，这些方法在新产品开发中会很有用。
- 本书还给出了大约300个参考文献，便于读者深入学习相关的内容。

本书旨在帮助面向整个产品生命周期建立并实施有效的可靠性计划。本书既可以用作工业工程或可靠性专业的教材，也可以在业界用作研讨会、可靠性各领域培训的指导用书。读者需要有统计学的基础知识。

杨广斌

于美国密歇根州迪尔伯恩（Dearborn）

目 录

前言

1 可靠性工程与产品生命周期 1

    1.1 可靠性工程 1
    1.2 产品生命周期 1
    1.3 可靠性工程在产品生命周期中的集成 3
    1.4 在并行化的产品实现过程中的可靠性 5
    习题 5

2 可靠性定义、度量以及产品寿命分布 6

    2.1 概述 6
    2.2 可靠性的定义 6
    2.3 可靠性的衡量指标 8
    2.4 指数分布 13
    2.5 威布尔分布 15
    2.6 混合威布尔分布 17
    2.7 最小极值分布 19
    2.8 正态分布 20
    2.9 对数正态分布 22
    习题 25

3 可靠性规划与目标制定 27

    3.1 概述 27

3.2 客户期望和满意度　27
3.3 可靠性需求　33
3.4 可靠性计划的制定　39
3.5 可靠性设计与面向 6σ 设计　50
习题　52

4 系统可靠性分析与分配　53

4.1 概述　53
4.2 可靠性框图　54
4.3 串联系统　55
4.4 并联系统　58
4.5 串并混联系统　60
4.6 k/n 表决系统　63
4.7 冗余系统　65
4.8 复杂系统的可靠性评估　69
4.9 系统可靠性的置信区间　75
4.10 元件重要度的衡量　82
4.11 可靠性分配　88
习题　99

5 通过健壮设计提高可靠性　102

5.1 概述　102
5.2 可靠性与健壮性　103
5.3 可靠性降低和质量损失　104
5.4 健壮设计过程　108
5.5 边界定义和交互分析　110
5.6 p 图　111
5.7 噪声影响的管理　113
5.8 试验设计　114
5.9 试验寿命数据分析　124
5.10 试验退化数据分析　128
5.11 设计优化　131
5.12 诊断系统的健壮可靠性设计　147
5.13 案例研究　151
5.14 深入探讨健壮设计　155
习题　162

6 潜在失效模式的预防 165

- 6.1 概述 165
- 6.2 失效模式与影响分析 165
- 6.3 对 FMEA 的深入讨论 178
- 6.4 故障树分析 181
- 6.5 对 FTA 的深入讨论 194
- 6.6 计算机辅助设计控制方法 198
- 习题 202

7 加速寿命试验 204

- 7.1 概述 204
- 7.2 制定试验计划 205
- 7.3 常见应力及其影响 212
- 7.4 寿命-应力关系 217
- 7.5 单一试验条件下的可靠性图形估计 230
- 7.6 单一试验条件下的分析可靠性估算 237
- 7.7 在使用条件下的可靠性估计 254
- 7.8 折中试验计划 263
- 7.9 高加速寿命试验 288
- 习题 290

8 退化试验和分析 294

- 8.1 概述 294
- 8.2 关键性能特性的确定 294
- 8.3 伪寿命的可靠性估计 295
- 8.4 随机效应模型的退化分析 298
- 8.5 破坏性检测的退化分析 306
- 8.6 应力加速的退化试验 311
- 8.7 收紧阈值的加速退化试验 318
- 8.8 加速退化试验计划 324
- 习题 334

9 可靠性验证试验 339

- 9.1 概述 339
- 9.2 可靠性验证试验计划 340
- 9.3 Bogey 试验 342

9.4 通过尾部试验减少样本容量 348
9.5 序贯寿命试验 353
9.6 使用先验信息的可靠性验证 364
9.7 利用退化试验进行可靠性验证 366
习题 368

10 应力筛选 370

10.1 概述 370
10.2 筛选方法 370
10.3 筛选计划设计 373
10.4 退化筛选的原则 374
10.5 零部件级别的退化筛选 376
10.6 模块级别的筛选 380
10.7 模块可靠性建模 386
10.8 成本建模 388
10.9 最优化的筛选计划 390
习题 393

11 保修分析 396

11.1 概述 396
11.2 保修政策 397
11.3 保修数据挖掘 400
11.4 从申请保修次数进行可靠性分析 403
11.5 二维可靠性分析 406
11.6 保修期内的维修建模 421
11.7 保修成本分析 424
11.8 现场失效监测 427
11.9 降低保修成本 431
习题 432

附录 正交表、线性图以及交互作用表 435

参考文献 443

1
可靠性工程与产品生命周期

1.1 可靠性工程

可靠性在我们的日常生活中有广泛的含义。在工程领域，可靠性的定义是产品在指定的条件下、指定的时间内完成指定的功能的概率。这个定义包含几个重要的要素：指定的功能、指定的时间和指定的条件。这些在第 2 章将都会有更详细的解释。因为可靠性用概率来定量表达，要衡量可靠性的时候就需要用到概率和统计的方法。所以对可靠性来说，概率理论和统计是重要的数学工具。

可靠性工程是保障产品在一定状态下工作可靠的学科。换句话说，可靠性工程的目的是避免失效。实际上，失效总是无法避免的，一件产品早晚都会失效。可靠性工程采用系统性的、切实可行的方法最大限度提高可靠性并降低失效带来的影响。一般来说，实现这个目的需要三个步骤。第一步是在设计和开发阶段把可靠性充分设计到产品里。这一步是最重要的，因为它决定了产品的固有可靠性。第二步是减少生产过程中的变异，这样才能使固有可靠性不会大幅度降低。第三步是，一旦产品投入使用，需要有适当的维护措施来减缓产品在工作过程中效能的逐渐降低，并延长产品寿命。这三步里都包括大量的可靠性方法，比如，可靠性规划与规格制定、可靠性分解、预测、健壮性与可靠性设计、失效模式与影响分析（FMEA）、故障树分析（FTA）、加速寿命试验、老化试验、可靠性验证试验、应力筛选、保修分析。为了尽可能实现产品的固有可靠性，我们必须制定全面的计划，充分利用这些工具并完成计划，尤其是这些计划涉及可靠性需求、可靠性方法的具体应用和前后安排、执行协调、记录结果时。在后续的章节里，我们会详细介绍可靠性计划和可靠性方法。

1.2 产品生命周期

产品生命周期指的是产品依次从规划到废弃的各个时期。一般来说，它包括六个主要阶段，如图 1.1 所示。其中从产品规划到生产制造的各个阶段属于产品创建，因此它们统称为产品实现过程。

下面简要介绍每个阶段的任务。

1. 产品规划阶段

产品规划的目的是识别客户的需求、分析商业趋势以及市场竞争信息，并制定产品开发方案。在这个阶段的初期，应该组建跨部门的团队，团队成员分别代表各个部门，包括市场、财务、研发、设计、试验、制造、维护等的角色。有时候也会邀请供应商代表和咨询师参与一些规划工作。在这个阶段，团队要完成一系列工作，包括商业趋势分析、理解客户期望、竞品分析、市场预期。如果初步规划工作表明可以进行后续的产品开发工作，则团队会归纳出产品对客户的益处，确定产品的特征，以及上市时间和完成设计、验证、生产等的各个时间节点。

2. 设计与开发阶段

这个阶段开始的时候通常要确定对产品各方面的详细的技术规格，包括可靠性、特征、功能、经济性、工效学以及法务要求。这些参数必须符合在产品规划阶段中的需求，保证产品符合客户的期望、符合政府法规，并且在市场竞争

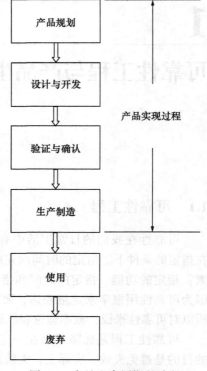

图1.1 产品生命周期的阶段

中占据优势地位。下一步是进行概念设计。概念设计的第一步是设计出功能结构，这个功能结构体现出了能量传递、信息传递以及部件间的相互作用。产品里子系统的功能也需要明确定义出来，针对这些功能的要求要和产品规格保持一致。功能框图在这里通常会很有用。整体架构完成后，就要通过实体的设计来实现功能。这一步可以采用一些设计方法比如"萃智"（TRIZ）和公理化设计（Suh，2001；Yang 和 El-Haik，2003）并产生一些技术创新。概念设计是很重要的阶段，它在很大程度上决定了可靠性、健壮性、成本和其他竞争潜力。

概念设计随后是详细设计。这一阶段首先要制定出详细设计的规范，以满足子系统的需求。实际的产品的细节要在产品整体架构下满足所有子系统的功能。这些细节包括硬件连接、电器连接、各功能参数名义值以及公差。在这一阶段也要选取材料和部件。需要注意的是，设计和开发本质上是不断评审和分析的迭代过程。行之有效的可靠性计划会减少重复工作。

3. 验证与确认阶段

这个阶段包括两个步骤：设计验证（design verification，DV）和过程确认（process validation，PV）。设计完成后，要建造少量的样机用于验证设计的试验，证明当前的

设计达到了功能、环境、可靠性、法规和在产品规范里制定出的其他要求。在 DV 试验之前，需要制定试验计划，具体包括试验条件、试样数量、验收标准、试验操作规范以及其他内容。试验条件要反映产品在实际使用中面临的情况。通常在 DV 阶段，由于成本限制，不会制作大量的样机来进行试验；然而样机的数量要足够在统计上证明设计的水平。如果试验中发现在功能上没有满足要求，或者出现失效，必须要找到根本原因，从而改进设计。设计更改后必须再次经过 DV，直到所有的标准都完全实现。

在 DV 试验进行的同时，生产工艺规划可以开始进行，这样一旦试验验证完成就可以开始试生产。工艺规划是指制造产品所采用的方法，具体说来，包括制造产品的步骤、工装过程、工艺检查点以及控制计划、机器、工具以及其他要求。计算机模拟有助于建立稳定有效的生产过程。

下一步是 PV 试验，它的目的是验证生产过程的能力。这个过程必须不能把产品固有的可靠性降低到不可接受的程度，而且必须能够满足产品所有的要求并使其变异降到最低。到这时候，工艺过程应该完全准备好，等待满负荷生产。因此，试投产的产品和市场上用户见到的产品应该没有区别。换句话说，生产两者所用的材料、部件、生产工艺以及过程监控和测量技术都是完全一样的。抽样的数量可能比 DV 试验要多，因为需要分析过程的变异。试验条件和验收标准和 DV 试验是相同的。

4. 生产制造阶段

设计验证、工艺确认完成之后，就可以开始满负荷生产。这个阶段包括一系列相互关联的工作，比如物料运输、零件生产、组装、质检和管理。最终产品要进行试验后才能交付用户。

5. 使用阶段

在这个阶段，产品出售给客户，实现它在产品实现过程中内涵的价值。这一阶段里包括营销广告、销售服务、技术支持、使用性能监控以及持续改进。

6. 废弃阶段

这是产品生命周期中的最终阶段。产品如果无法继续工作或者不再经济，就进入报废或者回收利用。不可修复的产品在失效后即废弃，可修复的产品可能由于不值得再修复利用而废弃。可修复的产品如果不再能够满足客户要求，对它的维护也会终止。产品厂家必须对废弃、拆解、回收提供技术支持从而降低成本和减少对环境的影响。

1.3 可靠性工程在产品生命周期中的集成

从生产厂家获得竞争优势的角度看，产品实现过程应该把时间和成本降到最低。而从顾客的角度看，一旦购得产品，他们希望产品能够可靠地工作并把维护成本降到最低。这两者之间的矛盾促使生产厂商在产品生命周期里集成可靠性工程。在第3章将会提到，可靠性计划是指为了实现可靠性目标和客户满意度的一系列可靠性任务。可靠性任务针对不同的产品而不同，在整个生命周期里完成。在产品实现过程里可靠性工作尤其重要，因为它带给产品的价值最大。可靠性技术的目的是提高产品的内在可靠性并降低相应的成本和时间。为了把可靠性最大化，可靠性任务应该集成到这个过程的工程活动中。全面的可靠性计划能为产品生命周期提高价值，即使产品已经进入使用阶段。

可靠性工作在产品生命周期里的每一阶段都很重要。在产品规划阶段，要针对产品组成跨部门的可靠性团队、确定可靠性目标、把客户的期望转化成工程需求，并从可靠性的角度分析评估产品计划书。可靠性工作也要尽可能地和其他计划协调起来。在这一阶段的可靠性决策对产品生命周期的每个阶段都有极大的影响。例如，可靠性目标对成本、投放市场的时间以及竞争力影响重大。过高的可靠性目标会导致难以承担的设计和开发成本，并且会把产品实现阶段的时间拉长，这样就会影响竞争力。相反，目标过低显然就会丧失客户，同样丧失竞争力。

可靠性工作在设计与开发阶段的角色尤其重要，可靠性工作通常在这个阶段贡献的价值超过其他任何阶段。在这个阶段，可靠性工作的目标是把可靠性设计到产品中，而使产品免于失效。这即把整个产品的可靠性目标分解到子系统或者部件里，并通过可靠性设计技术比如健壮可靠性设计、FMEA、FTA以及设计控制手段来保证各自的可靠性目标。这些主动的可靠性工作旨在一次就把产品设计好。这样就可以避免设计—试验—改正这种传统的迭代。可惜的是，这种做法现在仍然没能完全避免。很明显，可靠性计划可以加速这种设计开发的迭代并节省相关成本。

可靠性工作是DV和PV当中的重要部分。在DV阶段，可靠性验证试验用于证明设计达到了可靠性要求。在PV阶段，试验用于证明生产过程的能力。这个生产过程必须能够生产出符合预先制定的可靠性目标的终端产品。要使试验样品数量能满足统计意义上的需求，又要满足成本和试验时间的制约，这是所有厂家的难题。第9章介绍的可靠性技术能够做出最好的折中。可靠性在这一阶段的工作不仅仅是试验。比如，为了对设计和生产过程的一致性做出有意义的结论，性能和寿命数据的分析是必不可少的。

在生产制造阶段，可靠性工作要保证制造过程能够产出一致而可靠的产品。为了保持生产过程在一段时间内的稳定，使用控制计划和图表来监控过程，并帮助查找出现问题的原因。在生产阶段，有时候也需要被动的可靠性方法。例如，为确定某一批次的产品是否能够接受，需要进行抽样检查，也可能需要在产品发往客户之前进行环境应力筛选，排除有缺陷的产品。

在使用阶段，可靠性工作包括保修期数据的收集和分析、失效趋势的分析和预测、客户反馈分析，以及保修品的失效分析。在这个阶段经常启动 6σ 项目来查找重点失效模式并建议临时改正措施和永久改正措施。

1.4　在并行化的产品实现过程中的可靠性

传统的产品实现过程是串行的,就是说,一个步骤只能在上一步骤完成后才开始。在这种顺序里,信息相继从一个阶段传递到另一个阶段。在这个过程上游的设计工程师通常不会充分考虑易制造性、易试验性、易维修性,因为他们没有这方面足够的知识。如果设计验证完成之后的制造过程在制造性方面出现问题,在这个阶段进行设计更改的成本会比在设计开发阶段进行更改要高得多。通常来说,在相邻的后续阶段进行设计更改的成本会增加一个数量级(Levin 和 Kalal,2003)。

在产品实现过程中应用并行工程是解决串行方式问题的途径。在并行工程的框架下,组建一个跨部门的团队,包括设计、制造工艺、可靠性和质量计划、市场和营销、采购、成本控制、物料运输、物料控制、数据管理与交流、维修、试验等。这个团队把产品所有方面的信息提供给设计工程师,这样从一开始设计工程师就能注意到本来可能忽略的潜在问题。信息在整个产品实现过程中是多向地在各个领域之间传递。同时,设计开发以外的阶段也从这种并行的方式中获益。例如,试验计划可以在设计开发阶段就进行制定,并从设计或者其他工程师处得到有益的输入。如果在这个阶段,产品的易试验性方面出现问题,则设计工程师更容易进行设计更改。在并行工程下,产品实现的各个阶段可以同时进行。这样有两方面的益处:尽可能地在初次就把事情做好,并缩短投放市场的时间。Ireson 等人(1996)和 Usher 等人(1998)对并行工程进行了更详细的描述,并且给出了各个行业的例子。

在并行工程的环境下,要建立跨部门的可靠性团队来完成可靠性工作。这个团队是工程人员的一部分,并参与决策,从而使可靠性目标和约束得到充分考虑。因为可靠性工作集成到了技术团队里,并行的产品实现过程能使多项可靠性工作并行进行。这种环境让可靠性工作能在早期的阶段里完成,从而提前考虑对后续阶段产生的影响。比如在早期阶段进行的可靠性分配需要从技术可行性上考虑这种可靠性的实现、验证可靠性的花费、部件的易制造性。虽然并行是我们希望的,但是一些可靠性工作必须依次进行。比如,过程 FMEA 通常在设计 FMEA 完成之后才能开始,因为前者需要后者的输出才能进行。在这些情况下,我们应该理解可靠性工作之间的相互关系,然后尽可能地利用时间重叠。

习题

1.1　说明可靠性的定义,以及可靠性工程的作用。
1.2　描述产品生命周期各阶段的工程任务和可靠性的作用。
1.3　解释串行和并行式产品实现过程的主要区别。
1.4　在并行工程下,可靠性计划应该怎样组织?

2

可靠性定义、度量以及产品寿命分布

2.1 概述

本书的重点是为产品整个生命周期制定有效的可靠性计划。可靠性计划通常包括可靠性规划、设计、试验和分析。在可靠性计划里,必须确定所开发的产品的可靠性水平;也就是说,需要的功能、工作的条件和对应的时间都必须能满足或者超过相关的设计要求。为了让可靠性计划可操作,要避免含糊的定义或者仅仅定性描述。确定了可靠性目标之后,需要将其用适当的相应度量值表示出来。比较有效的指标通常是和应力、时间相关的,而且是用户和厂家都关心的。指标的选择至关重要,因为指标一旦确定下来,要贯穿在整个可靠性计划里。换句话说,可靠性目标设定、设计、试验以及分析都要和这个指标保持一致。对这些指标的评估有时候会使用非参数化的方法,然而,参数化的方法通常更有效、更有价值,尤其是在推理和预测的时候。在这本书中我们采用参数化的方法。因此,在度量可靠性的时候需要使用统计分布。

在这一章里我们给出可靠性的定义,并详细解释这个定义的三个要素。还会讲解各种可靠性的指标和它们之间的关系。另外,我们会介绍最常用的统计分布,包括指数分布、威布尔分布、混合威布尔分布、最小极值分布、正态分布和对数正态分布。这一章里可靠性的定义、度量和寿命分布是后续的可靠性设计、试验和分析的基础。

2.2 可靠性的定义

首先我们定义出和可靠性定义相关的几个词。

1)二元状态:产品的一个功能不是能实现就是不能实现。

2)多重状态:产品的功能可以是完全能够实现、部分能够实现,或者完全不能实现。性能降级就是多重状态的一个特例。

3)硬失效。这是使功能完全停止的彻底的失效。这种失效模式在二元状态的产品上出现。

4）软失效。这是一个功能的部分失效。这个失效功能在多重状态（性能降级）的产品上出现。

在日常生活中，可靠性有广泛的含义，通常的意思是可依赖性。在专业术语里，可靠性定义为产品在指定的条件下、指定的时间内完成指定的功能的概率。这个定义包含三个要素：指定的功能、指定的时间和指定的条件。

上面的定义说明可靠性取决于对预期功能（或者说，失效的准则）的规定。对一个二元状态的产品，这个功能通常是客观而明显的。比如，灯泡的功能是照明。灯泡如果烧坏就出现了失效。对一个多重状态的或者性能降级的产品，对预期功能的定义则经常是主观的。比如，车的遥控钥匙需要在一定距离，比如 30m 外进行操作。这个标准（这个例子里就是 30m）的规定有一定的任意性但是主要取决于可靠性。Yang 和 Yang（2002）的文章里描述了寿命和标准之间的定性的关系。如果产品是要安装在一个系统里的部件，它的预期功能必须由系统需求给出，并且如果用在不同的系统里，则同一个部件会有不同的失效准则。在商业环境下，用户所期望的功能经常和技术上的预期功能不一致。在保修期内的产品尤其如此，因为顾客会仅仅为产品功能出现降级但并没有失效而申请保修。

可靠性是时间的函数。在可靠性定义里，所指的时间区间可能是保修期、设计寿命、任务时间或者其他关注的时间。设计寿命应该反映顾客的期望并且在市场上有竞争力。比如，在确定轿车的可靠性时，可以说 10 年或者 15 万 mile$^{\ominus}$，这样就定义了大多数顾客对车辆期望的有效寿命。

需要注意的是，时间可以有不同的尺度，比如日期、里程、启停周期以及页数。有些产品的寿命可以用不止一种的尺度来衡量。有时候，因为多个尺度都显得相关而且有意义，因此难以选择。一种有帮助的方法是选择的尺度应该能反映背后的失效过程。例如，车身油漆的老化和自然时间更相关，而不是行驶里程。因为无论车是否在行驶，油漆的化学反应是持续在发生的。在有些情况下，需要用多个尺度来描述寿命。最常见的是自然时间和使用程度。一个典型的例子是汽车。它的寿命通常同时用里程和时间来表达。对把可靠性看作时间和里程的函数的研究工作在以下学者的文献里有记叙：Eliashberg 等人（1997），Yang 等人（2000），以及 Yang 和 Zaghati（2002）。

可靠性也是工作条件的函数。这些工作条件可能包括应力类型和水平、使用率、作业条件等。最常见的包括机械条件、电气条件以及热应力。使用率（作业频率）也是一个重要的工作条件，影响着各种产品的可靠性。有学者对这一方面有深入的研究。Tamai 等人（1997）指出微型继电器在使用率高的时候，失效前的工作循环数比使用率低的时候的失效前工作循环数多。Tanner 等人（2002）称微型电动机高速运转的寿命比低速运转的寿命短。根据 Harris（2001）的研究，转动速度是影响轴承失效

$\ominus$ 英里，1mile=1.609km。

前转动圈数的因素之一。Nelson（1990，2004）描述了这个现象，但在加速寿命试验数据分析中出于简要的目的而忽略了。在第7章，我们会详细说明一个使用率和产品寿命相关的模型。

要描述实际的工作条件，首先要理解用户如何使用产品。大多数产品使用的条件是多种多样的。描述的条件需要能表达大多数用户实际使用的情况。在很多情况下，要描述出产品在全生命周期里经受的所有的工作条件很难，甚至是不可能的。然而，工作条件中必须要包括产品最敏感的应力。Chan 和 Englert（2001）给出了对电子产品影响最严重的大多数应力。

对某一个产品的可靠性的定义应该是可操作的。换句话说，可靠性、需要的功能、一定的条件以及时间都必须量化并且可测量。因此，需要避免定性的或者信息不足的术语。如果产品是要安装到某个系统里成为其中的组成部分，那这个定义要基于系统的需求。例如，汽车的可靠性通常定义为在实际的使用条件下能满足用户使用10年或者150 000mile 的可能性。这里的10年或者15万 mile 需要转化为汽车零件的设计寿命。

2.3　可靠性的衡量指标

在这一节里我们讲常见的可靠性的度量。在实际工作中，对特定的产品，应该根据产品的特殊性和使用情况来确定什么指标适当而且有效。

1. 概率密度函数

概率密度函数（probability density function，PDF）用 $f(t)$ 表示在整个时间范围上失效的分布。$f(t)$ 的值越大，在时间 t 的邻域里发生的失效越多。虽然人们很少用 $f(t)$ 来衡量可靠性，但它是推导出其他指标和进行深入分析的基础。

2. 累积分布函数

累积分布函数（cumulative distribution function，CDF）用 $F(t)$ 表示在某一时刻 t 产品会失效的概率。它是失效的概率，通常表达为在时刻 t 之前失效的百分比。在数学上是这样定义的：

$$F(t) = \Pr(T \leq t) = \int_{-\infty}^{t} f(t) dt \qquad (2.1)$$

式（2.1）等效于

$$f(t) = \frac{dF(t)}{dt} \qquad (2.2)$$

例如，如果产品的失效时间是带有参数 λ 的指数分布，则概率密度函数就是

$$f(t) = \lambda\exp(-\lambda t), \ t \geqslant 0 \tag{2.3}$$

而累积分布函数就是

$$F(t) = \int_0^t \lambda \exp(-\lambda t)\mathrm{d}t = 1 - \exp(-\lambda t), \ t \geqslant 0 \tag{2.4}$$

3. 可靠性

可靠性函数用 $R(t)$ 表示，也称为生存函数，通常表达为生存时间 t 的百分比。$R(t)$ 是存活的概率，也和 $F(t)$ 互补。可以这样表达

$$R(t) = \Pr(T \geqslant t) = 1 - F(t) = \int_t^{+\infty} f(t)\mathrm{d}t \tag{2.5}$$

从式（2.4）和式（2.5）可以得到，指数分布的可靠性函数是

$$R(t) = \exp(-\lambda t), \quad t \geqslant 0 \tag{2.6}$$

4. 危害函数

危害函数或者称危害率函数，用 $h(t)$ 表示，经常被称为失效率函数。它表示的是目前仍未失效的产品在未来一小段时间里失效的概率的变化程度，通常表达为

$$h(t) = \lim_{\Delta t \to 0} \frac{\Pr(t < T \leqslant t + \Delta t | T > t)}{\Delta t} = \frac{1}{R(t)}\left[-\frac{\mathrm{d}R(t)}{\mathrm{d}t}\right] = \frac{f(t)}{R(t)} \tag{2.7}$$

根据式（2.3）、式（2.6）和式（2.7），指数分布的危害率是

$$h(t) = \lambda \tag{2.8}$$

式（2.8）标明指数分布的危害率是常数。

危害率的单位是单位时间的失效数量，比如每小时或者每英里的失效数量。在可靠性较高的电子行业，常用的单位是 FIT（failures in time，单位时间的失效率），其中 1 个 FIT 是（1×10^{-9} 次 /h）失效。在汽车行业常使用的单位是"1000 辆车 / 月的失效数"。

和 $f(t)$ 不同的是，$h(t)$ 表示的是相对失效的程度，即一个当前未失效的产品将在未来的一小段时间里失效的可能性。一般说来，危害率随着时间有三种变化趋势：危害率逐渐降低（DFR）、危害率恒定（CFR）、危害率逐渐升高（IFR）。图 2.1 显示的是经典的危害率函数的浴盆曲线。这条曲线表示的是产品在生命周期里有三个不同阶段：

1）早期失效阶段：危害率随时间降低。

2）随机失效阶段：危害率随时间保持恒定。

3）磨损失效阶段：危害率随时间升高。

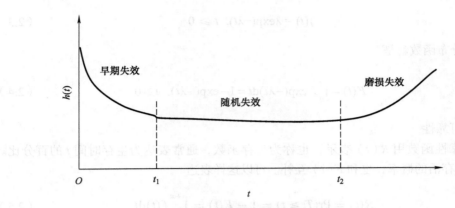

图 2.1 危害率函数的浴盆曲线

早期失效通常由重大的潜在缺陷导致，这些缺陷在工作期间的早期就会表现出来。这些潜在的缺陷可能由于生产过程中的变异、材料缺陷和设计失误引入；客户的误操作也是一个原因。在汽车行业，早期失效问题很突出。有时候被称为第一个月效应，意思是早期失效通常在第一个月的使用期间出现。虽然早期失效导致的危害率会逐渐降低，但是早期失效并不意味着失效率一定会降低。如果有一部分产品含有潜在缺陷，就有可能使危害率升高，具体取决于这部分产品的寿命分布。例如：如果这部分产品寿命服从威布尔分布并且形状参数小于 1，则危害率就会随着时间而降低；如果形状参数大于 1，那么危害率就会趋于上升。

在随机失效阶段，危害率基本保持恒定。在这个阶段，失效没有表现出可预测的模式，而是在应力的不可预测的变化中随机出现。应力可能比设计规范高或者低。应力过高导致过应力，而应力过低导致欠应力。应力过高或者过低都可能导致失效。例如，电磁继电器在电流过高和过低的情况下都会失效。电流过高会使电极熔化，电流过低则会使接触电阻变大。在失效率恒定的区域里，失效也可能是由材料或者生产过程里的小幅度变异导致的。因为这类问题而导致的失效比那些重大的缺陷要花更长的时间。

在磨损失效阶段，因为不可逆的老化等作用，失效率随着时间增加而升高。这些失效与老化和磨损有关，它们都需要经过时间积累。当产品进入这个阶段，失效会很快出现。为了减少这类失效造成的影响，通常需要进行预防性的维护或者定期更换零件。

许多产品的危害率函数曲线并不是完全的浴盆形状，而是由一段或者两段曲线组成。例如，大多数机械零件主要由疲劳导致失效，因此失效率逐渐升高。有些零件在早期阶段表现出逐渐降低的失效率，随后逐步增高。图 2.2 中表示的是一个汽车子系统的失效率随里程变化的情况，纵轴的单位出于保密而没有标出。失效率在前 3000mile 逐渐降低，在这期间出现的是早期失效。随后的 80 000mile 的过程中，失效率保持大致不变。在此之后的数据没有获得。

5. 累计危害函数

累计危害函数或称累计失效函数,用 $H(t)$ 表示,由下式定义:

$$H(t) = \int_{-\infty}^{t} h(t)\mathrm{d}t \tag{2.9}$$

对于指数分布,有

$$H(t) = \lambda t, \quad t \geqslant 0 \tag{2.10}$$

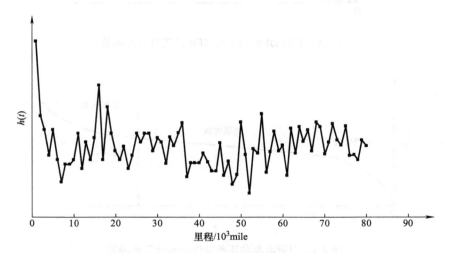

图 2.2 某汽车子系统的失效率随里程的变化

从式(2.7)和式(2.9),$H(t)$ 和 $R(t)$ 之间的关系可以写为

$$R(t) = \exp[-H(t)] \tag{2.11}$$

如果 $H(t)$ 的值很小,进行泰勒展开,可以得到下列近似值:

$$R(t) \approx 1 - H(t) \tag{2.12}$$

$H(t)$ 是一个非降函数。图 2.3 表示的是 DFR、CFR 以及 IFR 的 $H(t)$。它们的形状分别为凸、平和凹。图 2.4 表示的是对应图 2.1 中的浴盆曲线各阶段的 $H(t)$。

6. 百分位数

百分位数用 t_p 表示,是指总体里某一比例 p 出现失效的时间。它是 $F(t)$ 的反函数,也就是

$$t_p = F^{-1}(p) \tag{2.13}$$

对于指数分布,有

$$t_p = \frac{1}{\lambda} \ln \frac{1}{1-p} \tag{2.14}$$

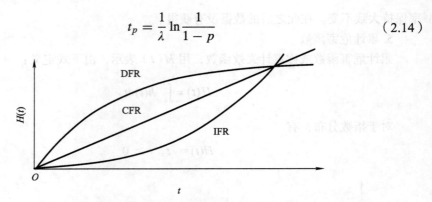

图 2.3　对应 DFR、CFR、IFR 的累计失效函数

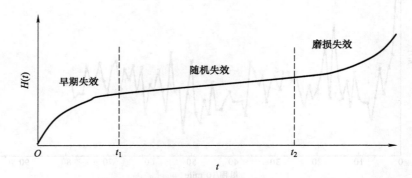

图 2.4　对应浴盆曲线各阶段的累计失效函数

在实际应用中，t_p 通常用于表示某一小部分产品会出现失效的时间。常用的百分位数是 B_{10}，B_{10} 的意思就是 $t_{0.1}$，即全部产品中 10% 发生失效的时间。这个特定的量常用在工业界，例如轴承的特征寿命就用 B_{10} 表示。

平均失效时间[一]（mean time to failure，MTTF）是不可修复产品的寿命预期 $E(T)$。它的定义是

$$\text{MTTF} = E(T) = \int_{-\infty}^{+\infty} t f(t) \mathrm{d}t \tag{2.15}$$

如果 T 的范围是正，则式（2.15）可以写为

$$\text{MTTF} = \int_{0}^{+\infty} R(t) \mathrm{d}t \tag{2.16}$$

对于指数分布，MTTF 就是

㊀　这里的"时间"是广义的概念，也可以用里程、周期等来衡量。

$$\text{MTTF} = \int_0^{+\infty} \exp(-\lambda t)\mathrm{d}t = \frac{1}{\lambda} \qquad (2.17)$$

MTTF 表示的是寿命分布的中心。对于对称的分布比如正态分布（见第 2.8 节）来说，MTTF 和中位数是一样的。否则，这两个数是不同的。对于偏斜程度大的分布，这两者的区别就十分显著了。

方差用 Var(T) 表示，表达的是寿命值的分布，函数式是

$$\text{Var}(T) = \int_{-\infty}^{+\infty} [t - E(T)]^2 f(t)\mathrm{d}t \qquad (2.18)$$

对于指数分布，方差是

$$\text{Var}(T) = \int_0^{+\infty} \left(t - \frac{1}{\lambda}\right)^2 \lambda \exp(-\lambda t)\mathrm{d}t = \left(\frac{1}{\lambda}\right)^2 \qquad (2.19)$$

在很多场合下我们更愿意使用标准差 $\sqrt{\text{Var}(T)}$，因为它的单位和 T 一致。通常，标准差和 MTTF 一同使用。

2.4 指数分布

指数分布的 $f(t)$、$F(t)$、$R(t)$、$h(t)$、$H(t)$、$E(T)$ 以及 Var(T) 分别在上文的式（2.3）、式（2.4）、式（2.6）、式（2.8）、式（2.10）、式（2.17）以及式（2.19）当中给出。在这些方程中，λ 称为危害率或者失效率。$f(t)$、$F(t)$、$R(t)$、$h(t)$ 和 $H(t)$ 在图 2.5 中表示，其中的 $\theta = 1/\lambda$ 是平均时间。如图所示，当 $t = \theta$ 时，$F(t) = 0.632$ 而 $R(t) = 0.368$。$R'(0) = -1/\theta$。这说明在 $t=0$ 过 $R(t)$ 的切线在时间轴 t 上的截距是 θ，这条切线在图 2.5 的 $R(t)$ 图示里可以看到。$H(t)$ 的斜率是 $1/\theta$，在图 2.5 的 $H(t)$ 的图里可以看出。这些特性对于使用作图法估算参数 λ 或者 θ 大有用处，具体见概率图（见第 7 章）或者累计失效图（见第 11 章）。

指数分布有一个重要的特点：失效率是常数。这个恒定的失效率说明一个尚未失效的产品在下一段时间区间中发生故障的概率和时间无关。也就是说，对于这样的产品来说，已经过去的时间与该产品剩余的寿命没有关系。因此，这个特征也称为无记忆属性。在数学上，这个属性表达为

$$\Pr(T > t + t_0 | T > t_0) = \Pr(T > t) \qquad (2.20)$$

其中，t_0 就是已经过去的时间。式（2.20）的证明如下：

$$\Pr(T > t + t_0 | T > t_0) = \frac{\Pr(T > t + t_0 \cap T > t_0)}{\Pr(T > t_0)} = \frac{\Pr(T > t + t_0)}{\Pr(T > t_0)}$$

$$= \frac{\exp[-\lambda(t + t_0)]}{\exp(-\lambda t_0)} = \exp(-\lambda t) = \Pr(T > t)$$

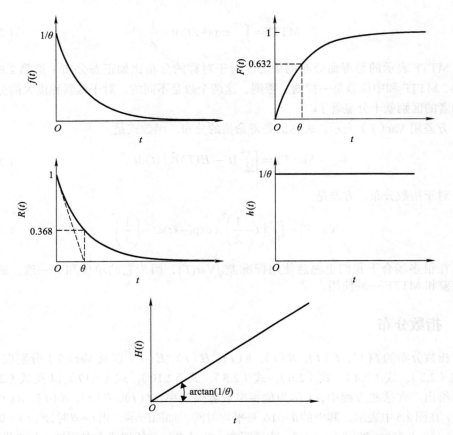

图 2.5　指数分布的 $f(t)$、$F(t)$、$R(t)$、$h(t)$、$H(t)$ 的图示

指数分布可能适合表示随机失效。这可以用下面的论证来解释。随机失效通常由外部的冲击，比如意外的载荷导致。外部冲击通常可以采用泊松过程来表示。如果每次冲击导致一次失效，则产品的寿命可以用指数分布来近似表示。这个论证也说明，指数分布可能适用于简单的临界强度准则，也就是当载荷一旦大于强度的时候就出现失效的准则。而这个论证也能说明指数分布不适合由老化或者磨损导致的失效。

指数分布的应用很广，尤其是在模拟一些电子元器件和系统的时候。例如，Murphy 等人（2002）指出指数分布与各种系统的失效数据相符合，比如雷达、航空航天电子设备、卫星组网、通信设备以及计算机网络。指数分布也被认为适用于电子管、电阻、电容（例如 Kececioglu, 1991；Meeker 和 Escobar, 1998）。但是，作者的试验数据也不足以支持一部分类型的电容和电阻适合用指数分布的论断，例如电解铝和钽电容以及碳薄膜电阻。威布尔分布更加适合。这些元器件的失效主要是因为性能的衰减，例如电解铝电容通常会因为电解液流失而失效。

指数分布经常被误用，主要是因为它在数学上易于使用。例如，可靠性预测 MIL-HDBK-217 手册系列采用了电子和电气元件服从指数分布的假设。正是由于这种假设和各种其他的不足，这本手册也备受批评，并且已经被美国国防部停用了。另外一个常见的误用是由指数元件组成的冗余系统。这类系统不符合指数分布规律（见 Murphy 等人 2002 年的文献）。

2.5 威布尔分布

威布尔分布的概率密度函数是

$$f(t) = \frac{\beta}{\alpha^\beta} t^{\beta-1} \exp\left[-\left(\frac{t}{\alpha}\right)^\beta\right], \quad t > 0 \tag{2.21}$$

威布尔分布的累积分布函数是

$$F(t) = 1 - \exp\left[-\left(\frac{t}{\alpha}\right)^\beta\right], \quad t > 0 \tag{2.22}$$

危害函数是

$$h(t) = \frac{\beta}{\alpha}\left(\frac{t}{\alpha}\right)^{\beta-1}, \quad t > 0 \tag{2.23}$$

累计危害函数是

$$H(t) = \left(\frac{t}{\alpha}\right)^\beta, \quad t > 0 \tag{2.24}$$

百分位数是

$$t_p = \alpha[-\ln(1-p)]^{1/\beta} \tag{2.25}$$

期望值和方差分别是

$$\begin{aligned} E(T) &= \alpha\Gamma\left(1 + \frac{1}{\beta}\right), \\ \mathrm{Var}(T) &= \alpha^2\left[\Gamma\left(1 + \frac{2}{\beta}\right) - \Gamma^2\left(1 + \frac{1}{\beta}\right)\right] \end{aligned} \tag{2.26}$$

式中，$\Gamma(\ )$ 是伽马函数，定义是

$$\Gamma(x) = \int_0^{+\infty} z^{x-1} \exp(-z)\,\mathrm{d}z$$

上述威布尔分布的公式中，β 是形状参数，α 是特征寿命，两者都是正的。α 也被称为尺度参数，等于第 63.2 百分位数（也就是说 $\alpha = t_{0.632}$）。α 和 t 的单位是相同的，例如为小时、里程、循环。威布尔分布的通用形式还有一个参数，称为位置参数。Kapur 和 Lamberson（1977）、Nelson（1982）和 Lawless（2002）等在相关文献中介绍

了三参数的威布尔分布。

为了直观地表达威布尔分布,图2.6给出了$f(t)$、$F(t)$、$h(t)$以及$H(t)$在$\alpha=1$和$\beta=0.5$、1、1.5以及2时的图形。如图所示,当$\beta<1$($\beta>1$)的时候,威布尔分布的失效率是下降(上升)的。当$\beta=1$时,威布尔分布的失效率变成常数,分布也退化成指数分布。当$\beta=2$的时候,危害率随着时间t线性增加,见图2.6的$h(t)$。此时威布尔分布就变为瑞利(Rayleigh)分布,在Elsayed(1996)的著作中有叙述。这种线性增加能表示一些机械和机电元器件的失效率,比如阀和电磁继电器,它们的失效主要是由机械或电气的损耗而导致的。

可以看出,威布尔分布十分灵活,可以用来为浴盆曲线中的各个阶段建模。正是因为这种灵活性,威布尔分布用途十分广泛。在许多应用中,不仅仅针对寿命,也是为产品性能建模的最佳选择。

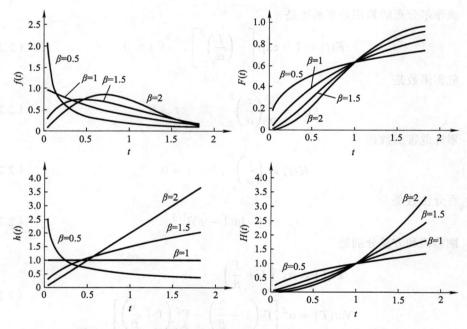

图2.6 $\alpha=1$时威布尔分布的$f(t)$、$F(t)$、$h(t)$以及$H(t)$

例2.1 某汽车零部件的寿命服从威布尔分布,$\alpha=6.2\times10^5$mile,$\beta=1.3$。计算保修期结束时(36 000mile)的$F(t)$、$R(t)$、$h(t)$以及$t_{0.01}$。

解:从式(2.22)可得,在36 000mile时失效概率是

$$F(36\ 000)=1-\exp\left[-\left(\frac{36\ 000}{6.2\times10^5}\right)^{1.3}\right]=0.024$$

2 可靠性定义、度量以及产品寿命分布

这表明所有零件当中有 2.4% 会在保修期结束时损坏。在 36 000mile 时的可靠性是

$$R(36\ 000) = 1 - 0.024 = 0.976$$

也就是说，97.6% 的零件会存活到保修期结束。从式（2.23）可得，在 36 000mile 时的危害率是

$$h(36\ 000) = \left(\frac{1.3}{6.2 \times 10^5}\right)\left(\frac{36\ 000}{6.2 \times 10^5}\right)^{1.3-1} \text{次/mile} = 0.89 \times 10^{-8} \text{次/mile}$$

因为 $\beta > 1$，危害率随着里程增加。根据式（2.25），$t_{0.01}$ 也就是 1% 的零件失效时的里程为

$$t_{0.01} = 6.2 \times 10^5 \times [-\ln(1-0.01)]^{1/1.3} \text{mile} = 18\ 014\ \text{mile}$$

2.6 混合威布尔分布

混合威布尔分布含有两个或多个分布。混合分布是在分析对象的总体中有两个或多个非齐次的、不一致的子群。这在实际工作中经常出现。常见的例子是一组优质的零件和因为加工误差或材料缺陷而不合格的零件混合在一起。不合格零件会在很早发生失效，但是优质零件的寿命长得多。除了优质和劣质产品，同一生产过程如果采用了不同供应商的零件，也会产出不一致的子群。不同的使用条件，比如环境应力或者使用率不同，也是导致不同寿命分布的因素。同样的产品在不同的工况下运转，产品的寿命通常会表现出不同的模式。这种情况在保修数据里很常见。在汽车行业里，因为上述各类原因，常常会见到混合分布。这种情况尤其在新车型里常见，因为在投放市场的早期，汽车的装配过程仍然在磨合当中。随着可靠性改进工作的进行，比如 6σ 项目、早期保修分析、车队试验等，自身的一些问题随之得到整改，工艺过程稳定下来，并得到良好控制。

人们一直希望能够区分不同的子群并分别进行分析，见 Evans（2000）的文献。然而这样做十分困难，甚至不可能。例如，汽车厂家没法知道在某一个地域销售的一辆车是否会继续在这个地域行驶，于是车辆在不同地域使用的问题就出现了。在这种情况下，混合分布就起到重要作用了。

通常最受关注的是两种分布的混合。混合分布经常包含两种模式并在老化（bum-in，或称老炼）或者筛选试验中用途广泛。Jensen 和 Peterson（1982）、Kececioglu 和 Sun（1995）、Chan 和 Englert（2001），以及 Yang（2002）等给出了一些例子。双模式的威布尔分布因为本身的灵活性，可能是在实际中最常见的混合分布。在第 10 章，模块级别的筛选模型就是根据双模式的威布尔分布。含有两个子群 $f_1(t)$ 和 $f_2(t)$ 的混合威布尔分布的概率密度函数是

$$f(t) = \rho f_1(t) + (1-\rho) f_2(t)$$

$$= \rho \frac{\beta_1}{\alpha_1^{\beta_1}} t^{\beta_1 - 1} \exp\left[-\left(\frac{t}{\alpha_1}\right)^{\beta_1}\right] +$$

$$(1-\rho)\frac{\beta_2}{\alpha_2^{\beta_2}} t^{\beta_2 - 1} \exp\left[-\left(\frac{t}{\alpha_2}\right)^{\beta_2}\right], \quad t > 0 \quad (2.27)$$

式中，ρ 是第一个子群在全体中的比例；β_i 和 α_i ($i=1$, 2) 是子群 i 里的形状参数和特征寿命。对应的累积分布函数是

$$F(t) = \rho F_1(t) + (1-\rho) F_2(t)$$

$$= 1 - \rho \exp\left[-\left(\frac{t}{\alpha_1}\right)^{\beta_1}\right] - (1-\rho) \exp\left[-\left(\frac{t}{\alpha_2}\right)^{\beta_2}\right], \quad t > 0 \quad (2.28)$$

例 2.2 某汽车零部件在最初两个月的产品中有 8% 存在缺陷。零件随着里程的失效服从双模式的威布尔分布 $\beta_1 = 1.3$，$\alpha_1 = 12\,000\text{mile}$，$\beta_2 = 2.8$，$\alpha_2 = 72\,000\text{mile}$。绘制 $f(t)$ 和 $F(t)$ 曲线，并计算在保修期（36 000mile）结束的时候失效的概率。

解：$f(t)$ 可以通过把数据代入式（2.27）求得，得到如图 2.7 所示的曲线。$F(t)$ 通过式（2.28）求得，如图 2.8 所示。在 36 000mile 时失效的概率是

$$F(36\,000) = 1 - 0.08 \times \exp\left[-\left(\frac{36\,000}{12\,000}\right)^{1.3}\right] -$$

$$0.92 \times \exp\left[-\left(\frac{36\,000}{72\,000}\right)^{2.8}\right] = 0.202$$

这表明前两个月生产的所有零件当中，有 20.2% 会在 36 000mile 结束时失效。

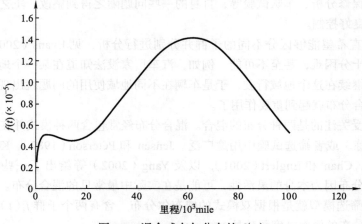

图 2.7 混合威布尔分布的 $f(t)$

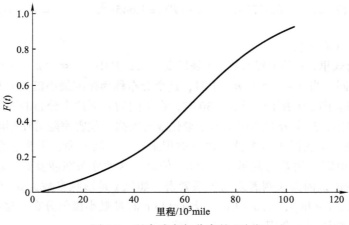

图 2.8 混合威布尔分布的 $F(t)$

2.7 最小极值分布

对于一些机械、电气或者发热零件的结构,诸如电缆绝缘子、印制电路板(PCB)等产品,可以被视为由一些相同的元器件构成。这些产品里,当最薄弱的元器件无法工作时,整个产品就失效了;最薄弱的元器件决定了整个产品的寿命。最小极值分布可以用来为这样的产品建立模型。这种分布的概率密度函数是

$$f(t) = \frac{1}{\sigma} \exp\left(\frac{t-\mu}{\sigma}\right) \exp\left[-\exp\left(\frac{t-\mu}{\sigma}\right)\right], \quad -\infty < t < +\infty \quad (2.29)$$

累积分布函数是

$$F(t) = 1 - \exp\left[-\exp\left(\frac{t-\mu}{\sigma}\right)\right], \quad -\infty < t < +\infty \quad (2.30)$$

危害函数是

$$h(t) = \frac{1}{\sigma} \exp\left(\frac{t-\mu}{\sigma}\right), \quad -\infty < t < +\infty \quad (2.31)$$

累计危害函数是

$$H(t) = \exp\left(\frac{t-\mu}{\sigma}\right), \quad -\infty < t < +\infty \quad (2.32)$$

累计危害函数刚好是危害函数的 σ 倍。均值、方差和百分位数分别是

$$E(T) = \mu - 0.5772\sigma, \qquad \text{Var}(T) = 1.645\sigma^2, \qquad t_p = \mu + u_p\sigma \qquad (2.33)$$

式中，$u_p = \ln[-\ln(1-p)]$。

在上述公式里，μ 是位置参数，σ 是尺度参数；其中，$-\infty < \mu < +\infty$，$\sigma > 0$。它们和 t 单位相同。当 $\mu = 0$ 而且 $\sigma = 1$ 时，这个分布称为标准最小极值分布，危害率等于累计危害率。图 2.9 表示的是 $\mu = 30$ 时，在不同的 σ 下这个分布的图像。从危害率的图像可以看出，这个分布适用于由于老化或者磨损，危害率随着使用时间增加而迅速升高的产品。但实际上这个分布很少被用来计算产品寿命，因为它允许寿命为负值，而且当 $t=0$ 时，失效的概率却大于 0。但是，这种分布在涉及威布尔分布的时候却很有分析价值，因为这两者之间关系紧密。如果 y 是形状参数为 β、特征寿命为 α 的威布尔分布，$t = \ln y$，当 $\sigma = 1/\beta$ 以及 $\mu = \ln \alpha$ 时是最小极值分布。这种关系在第 7 章加速寿命试验计划中会用到。

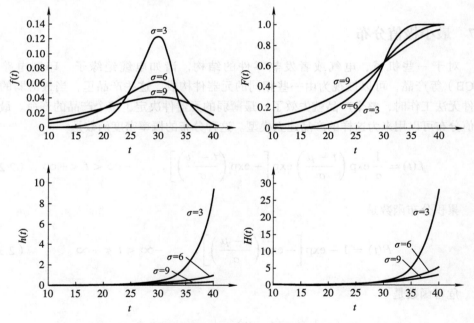

图 2.9 $\mu = 30$ 时的 $f(t)$、$F(t)$、$h(t)$ 和 $H(t)$ 的图像

2.8 正态分布

正态分布的概率密度函数是

$$f(t) = \frac{1}{\sqrt{2\pi}\sigma} \exp\left[-\frac{(t-\mu)^2}{2\sigma^2}\right], \qquad -\infty < t < +\infty \qquad (2.34)$$

正态累积分布函数是

$$F(t) = \int_{-\infty}^{t} \frac{1}{\sqrt{2\pi}\sigma} \exp\left[-\frac{(y-\mu)^2}{2\sigma^2}\right] dy, \quad -\infty < t < +\infty \quad (2.35)$$

均值和方差是

$$E(T) = \mu, \quad \mathrm{Var}(T) = \sigma^2 \quad (2.36)$$

危害函数和累计危害函数可以从式（2.7）和式（2.9）得到。因为无法化简，所以不在这里给出了。

当 T 服从正态分布的时候，通常表示为 $T \sim N(\mu, \sigma^2)$。μ 是位置参数而 σ 是尺度参数。它们也是总体的均值和标准差，并且 μ、σ 和 t 有相同的单位，其中 $-\infty < \mu < +\infty$，$\sigma > 0$。图 2.10 绘制了在 $\mu = 15$、σ 为各种不同值时的正态分布的图像。

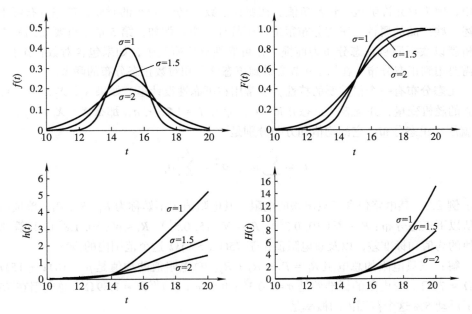

图 2.10　$\mu = 15$ 时，正态分布的 $f(t)$、$F(t)$、$h(t)$ 以及 $H(t)$ 图像

当 $\mu = 0$、$\sigma = 1$ 时，正态分布为标准正态分布。这时的概率密度函数就变成

$$\phi(z) = \frac{1}{\sqrt{2\pi}} \exp\left(-\frac{z^2}{2}\right), \quad -\infty < z < +\infty \quad (2.37)$$

标准正态分布的累积分布函数是

$$\Phi(z) = \int_{-\infty}^{z} \frac{1}{\sqrt{2\pi}} \exp\left(-\frac{y^2}{2}\right) dy, \quad -\infty < z < +\infty \quad (2.38)$$

$\Phi(z)$ 被制成表格方便查阅,见 Lewis(1987)和 Nelson(1990、2004)的文献。许多商业软件比如 Minitab 和微软 Excel 都能够进行这样的计算。有了 $\Phi(z)$,式(2.35)可以写成

$$F(t) = \Phi\left(\frac{t-\mu}{\sigma}\right), \quad -\infty < t < +\infty \qquad (2.39)$$

百分位数是

$$t_p = \mu + z_p\sigma \qquad (2.40)$$

式中,z_p 是标准正态分布的百分位数,也就是说,$z_p = \Phi^{-1}(p)$。在特殊情况下,$t_{0.5} = \mu$。也就是说,中位数等于均值。

由于正态分布对称而且简便易用,人们很早就开始使用它了。这种对称的钟形能够对很多自然现象进行描述,比如初生婴儿的身高和体重。这种分布很少用来为寿命建模,因为它允许随机变量是负值。在变异系数(σ/μ)较小的时候,正态分布可用于描述一些产品的属性。正态分布很适用于统计分析。例如,第 5 章里将要提到的方差分析就以数据服从正态分布为前提。在可靠性分析研究中,如果包含对数正态分布,也需要用到正态分布。在第 2.9 节会讲到正态分布和对数正态分布的联系。

正态分布有一个很重要的特性,经常用在可靠性设计里。如果 X_1,X_2,$\cdots$,X_n 是独立的随机变量,并且服从正态分布(μ_i,σ_i^2),$i = 1,2,\cdots,n$,那么 $X = X_1 + X_2 + \cdots + X_n$ 就服从正态分布,它的均值和方差分别是

$$\mu = \sum_{i=1}^{n}\mu_i, \quad \sigma^2 = \sum_{i=1}^{n}\sigma_i^2$$

例 2.3 某电路包含三只串联的电阻。其电阻值(不妨称为 R_1、R_2、R_3,单位:Ω)服从以下正态分布:$R_1 \sim N(10, 0.3^2)$、$R_2 \sim N(15, 0.5^2)$、$R_3 \sim N(50, 1.8^2)$。计算总电阻值的均值和标准差,以及总电阻值位于 $75(1 \pm 5\%)\Omega$ 这个范围内的概率。

解: 三只电阻的总电阻 $R_0 = R_1 + R_2 + R_3$。总电阻值的均值是 $\mu = 10\Omega + 15\Omega + 50\Omega = 75\Omega$。总电阻的标准差是 $\sigma = (0.3^2 + 0.5^2 + 1.8^2)^{1/2}\Omega = 1.89\Omega$。总电阻在 75Ω 上下浮动 5% 这个范围内的概率是

$$\Pr(71.25 \leqslant R_0 \leqslant 78.75) = \Phi\left(\frac{78.75-75}{1.89}\right) - \Phi\left(\frac{71.25-75}{1.89}\right)$$
$$= 0.976 - 0.024 = 0.952$$

2.9 对数正态分布

对数正态分布的概率密度函数是

$$f(t) = \frac{1}{\sqrt{2\pi}\sigma t} \exp\left[-\frac{(\ln t - \mu)^2}{2\sigma^2}\right] = \frac{1}{\sigma t}\phi\left(\frac{\ln t - \mu}{\sigma}\right), \quad t > 0 \quad (2.41)$$

式中，$\phi(\ )$ 是标准正态分布的概率密度函数。对数正态分布的累积分布函数是

$$F(t) = \int_0^t \frac{1}{\sqrt{2\pi}\sigma y} \exp\left[-\frac{(\ln y - \mu)^2}{2\sigma^2}\right] dy = \Phi\left(\frac{\ln t - \mu}{\sigma}\right), \quad t > 0 \quad (2.42)$$

式中，$\Phi(\ )$ 是标准正态的分布函数。百分位数是

$$t_p = \exp(\mu + z_p \sigma) \quad (2.43)$$

式中，z_p 是标准正态分布的百分位数。

式（2.43）生成的一个特殊情况是 $t_{0.5} = \exp(\mu)$。T 的均值和方差分别是

$$E(T) = \exp(\mu + 0.5\sigma^2), \quad \mathrm{Var}(T) = \exp(2\mu + \sigma^2)[\exp(\sigma^2) - 1] \quad (2.44)$$

当 T 服从对数正态分布时，通常表示为 $LN(\mu, \sigma^2)$。μ 是尺度参数，σ 是形状参数；其中 $-\infty < \mu < +\infty$，$\sigma > 0$。需要注意的是，与正态分布不同，这里的 μ 和 σ 不是 T 的均值和标准差。式（2.44）给出了这些参数和均值与标准差之间的关系。然而 μ 和 σ 是 $\ln T$ 的均值和标准差，因为当 T 服从对数正态分布的时候，$\ln T$ 服从正态分布。

图 2.11 绘出了 $\mu = 1$ 时，在各种不同 σ 值下的对数正态分布。根据 $h(t)$ 的图像，危害率不是单调变化的，它随着时间先升高再降低。要求得当危害率最高时的 t 值，计算过程如下。

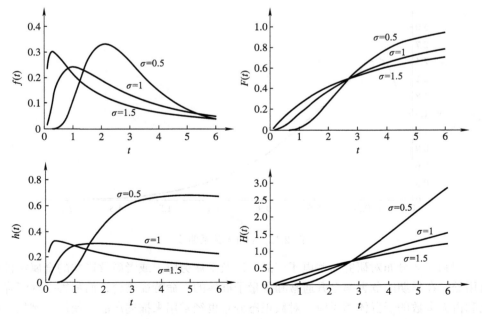

图 2.11　在 $\mu = 1$ 时对数正态分布的 $f(t)$、$F(t)$、$h(t)$ 和 $H(t)$

对数正态分布的危害率是

$$h(t) = \frac{\phi}{\sigma t(1-\Phi)} \quad (2.45)$$

式中，ϕ 和 Φ 是 $(\ln t - \mu)/\sigma$ 的函数。对式（2.45）两边分别取对数得到

$$\ln h(t) = \ln\phi - \ln\sigma - \ln t - \ln(1-\Phi) \quad (2.46)$$

把式（2.46）对 t 取一阶导数并使其等于 0，得到

$$\frac{\ln t - \mu}{\sigma} + \sigma - \frac{\phi}{1-\Phi} = 0 \quad (2.47)$$

求解式（2.47）里的 t，称为 t^*，得到的就是危害率达到最大值时的 t。在 t^* 之前，危害率升高；在 t^* 之后，危害率降低。

t^* 没有解析解，需要用数值方法计算。让

$$t^* = x\exp(\mu) \quad (2.48)$$

图 2.12 表示的是 x 随 σ 的变化关系。从图中可以通过某一个 σ 值读取 x 的值，然后就可以代入式（2.48）来计算 t^*。可以看出当 $\sigma > 2$ 的时候危害率几乎在整个寿命周期里都在下降。而当 σ 很小，尤其是在 0.2 左右的时候，危害率几乎一直上升。设计工程师和保修分析员都对什么时候危害率开始下降很感兴趣。如果是在投入使用很久之后才能达到，那么说明在使用寿命当中失效的过程主要是由老化或者磨损导致的。

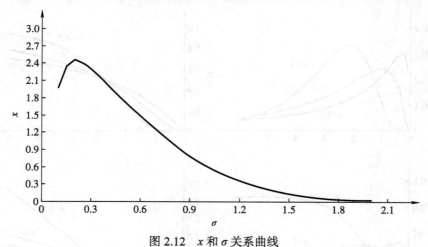

图 2.12 x 和 σ 关系曲线

对数正态分布对研究一些电子产品，以及受疲劳应力或者裂纹影响的金属零件很有用处。在早期的危害率上升通常和少量子群体的寿命特征吻合，而危害率逐渐降低则和占大多数的子群体相对应。对数正态分布也经常用来描述产品的使用。例如，在 Lawless 等人（1995）、Lu（1998）以及 Krivtsov 和 Frankstein（2004）的著作中就提到，

在某一时刻所有汽车累计完成的里程可以用对数正态分布来表示。这个可以在下面的例题中看到，另外在第 11 章内也有更详细的讨论。

例 2.4 一款车的保修条件是 36 个月或者 36 000mile，以先达到的为准。在某一个月份所有在用车辆累计完成的里程 U 可以用对数正态分布模拟，尺度参数是 $6.5 + \ln t$，形状参数是 0.68，其中 t 是车辆的运行时间，单位是月。计算到 36 个月时，超过了 36 000mile 的车辆占多少。

解：从式（2.42）可以得知，在 36 个月时完成 36 000mile 的车有

$$\Pr(U \geqslant 36\,000) = 1 - \Phi\left(\frac{\ln 36\,000 - 6.5 - \ln 36}{0.68}\right) = 0.437$$

也就是说，在保修期结束的时候，有 43.7% 的车辆已经超出了保修里程的范围。

在这一节中，对数正态分布是用自然对数定义的（以 e 为底）。以 10 为底的对数也可以使用，但是在实际当中很少用到，尤其是在分析当中。

习题

2.1 自行选取一个产品，定义出它的可靠性，并说明该产品的失效标准。

2.2 解释什么叫作硬失效和软失效。分别给出 3 个例子。

2.3 选出衡量在习题 2.1 里所选产品的可靠性的指标，并给出理由。

2.4 说明早期失效、随机失效、磨损失效的原因。举例给出减少或者消除早期失效的方法。

2.5 某航空电子系统可以用指数分布来模拟，平均时间是 32 000h。

（1）计算该系统的危害率。

（2）计算寿命的标准差。

（3）该系统在 16 000h 后失效的概率是多少？

（4）计算 B_{10}。

（5）如果子系统已经存活了 800h，那么在下面一个小时内失效的概率是多大？如果已经存活了 8000h，计算这个概率。从这些结果里能得出什么结论？

2.6 某车的水泵可以用威布尔分布表示，形状参数为 1.7，特征寿命是 265 000mile。

（1）计算在保修里程（36 000mile）结束时失效的比例。

（2）求出危害函数。

（3）如果一辆车存活到了 36 000mile，计算在未来 1000mile 内失效的概率。

（4）计算 B_{10}。

2.7 某电路有四只电容并联连接。标称电容分别是 20μF、80μF、30μF 和 15μF。每只电容偏差 ±10%。电容服从正态分布，均值是标称电容，标准差是双侧偏差的 1/6。总电容是这四只电容的和。计算下列数值：

（1）总电容的均值和标准差。
（2）总电容大于 150μF 的概率。
（3）总电容在 146μF 上下浮动 10% 的概率。
2.8 某发光二极管（LED）的失效时间（小时）可以近似用对数正态分布来表示，其中 $\mu = 12.3$，$\sigma = 1.2$。
（1）绘出危害函数。
（2）求出危害率开始降低的时间。
（3）计算 MTTF 和标准差。
（4）计算在 15 000h 时的可靠性。
（5）计算在 50 000h 时失效的比例。
（6）计算在 50 000h 时的累计危害率。

3

可靠性规划与目标制定

3.1 概述

当今的激烈竞争需要厂家快速设计、开发、试验、制造并投放可靠性高但价格低的产品。可靠性、上市时间以及成本是产品在市场上成功与否最关键的三个因素。为了维持并获得更高的市场份额和利润,各行各业的厂家竭尽全力增加在这三个方面的竞争力。各种可靠性方法在应对这些挑战方面都是有效的。为了使这些效用最大化,各种可靠性方法被整合到可靠性计划里,在产品全生命周期实施。许多大型企业,比如福特汽车公司、通用电气公司和IBM都意识到了可靠性计划的作用,从而建立并持续推行了适合本公司产品的可靠性计划。在过去的数年里,大量的中型企业和小型企业也制定和推广了各类这样的计划。

可靠性计划应该在产品生命周期开始的时候启动,最好是在产品规划阶段。对可靠性和产品特征、功能、成本和其他因素并行考虑能够使客户对可靠性的期望在一开始就被注意。并行的计划还能够考虑到其他需求对可靠性产生的约束,反之亦然。可靠性计划包括理解客户需求和竞争对手的水平、可靠性目标的制定、为实现这个目标而进行的可靠性任务,以及获得这些任务需要的资源。

在这一章中,我们用质量功能展开(QFD)的方法来理解客户需求,并把这种需求转化为工程设计要求。然后我们介绍根据客户需求、保修目标以及总体成本来制定可靠性目标的方法。另外还会讲解如何为了实现可靠性目标来制定可靠性计划。

3.2 客户期望和满意度

客户的选择决定了厂家的市场占有率。丢失客户意味着市场占有率以及利润的丧失。因此客户满意度已经成为重要的商业目标和产品设计的出发点。为了最大限度地满足客户需求,厂家必须理解客户的期望,并知道如何在产品生命周期里实现。作为产品设计过程中重要的一部分,可靠性规划与目标制定应该由客户需求来引导。在这一节中我们介绍质量功能展开,它能够对客户需求进行评估并将其转化为工程设计的要求和生产控制计划。

3.2.1 期望和满意度的层次

客户对产品的期望可以分为三种类型：基本需求、绩效需求和兴奋需求。基本需求是指客户对产品功能最基本的期望。客户通常不会表达出这些期望，而只是直接认为这些应该是自动满足的。如果不能满足这些需求，客户就会极端不满。这样的期望有汽车应该能起动，以及暖气应该能制暖等。绩效需求是客户表达出来的期望。客户通常会说出这样的期望，而且愿意为满足这样的期望支付更多。能在绩效要求方面满足客户的产品能实现更高的客户满意度。例如，对汽车而言，燃油经济性良好和转向响应敏捷是两种最典型的绩效要求。可靠性也属于绩效要求，满足客户在可靠性方面的期望能够显著提高客户满意度。兴奋需求是指能够使客户感到兴奋和激动的潜在需求。客户通常没有意识到他们有这样的需求，因此也没有表达出来。这样的例子有：每加仑[⊖]汽油可以行驶45mile，从静止加速到60mile/h只需要6s。

满足这三种类型的期望可以使客户达到不同的满意程度。满足基本需求并不会显著提高客户满意度，但是如果不能满足这些期望，则会导致严重的不满。满足绩效需求能够成比例地提高客户满意度。如果这些需求没得到满足，客户的满意程度也相应成比例地降低。当兴奋需求得到满足，客户满意度会成倍地提高。否则，客户的满意度保持不变。客户满意度和这三种期望的关系可以用卡诺（KANO）模型表示，如图3.1所示。这种关系表明厂家必须满足所有三种需求才能最大限度地满足客户。值得注意的是，高层次的需求会随着时间逐渐变成低层次的需求。具体说，兴奋需求可能会变成绩效需求或者基本需求，而绩效需求会变成基本需求。例如，防抱死制动系统，通常称为ABS（antilock braking system）在20世纪90年代初期属于兴奋需求而现在却变成了绩效需求。我们可以期待它不久以后会变成一个标准的功能，成为基本需求。

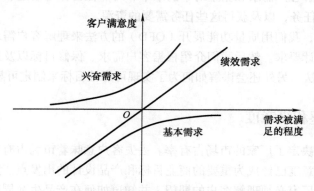

图3.1 KANO模型描述的客户的三种期望

⊖ gal, 1加仑（美制）=3.785L。

3.2.2 QFD 过程和可靠性展开

全球化的竞争促使厂家在交付产品时尽最大可能地满足需求，包括对可靠性的期望。在第 3.2.1 节里，我们讨论到在产品生命周期各阶段都需要关注到的客户需求和满意度。一个有效的工具是质量功能展开（QFD），这是一种结构化的工具，能帮助识别客户重要的期望并把它们转化为相应的技术特性用于设计、验证和生产工作中。Akao（赤尾洋二）（1990）对 QFD 给出了详细的描述。QFD 使资源能集中在客户主要的要求上。图 3.2 是 QFD 的结构，它通常因为形状而被人们称为质量屋。质量屋包括客户（横）轴和技术（纵）轴。客户轴表示的是客户想要什么、它们的重要程度以及竞品水平。客户的需求经常用 WHAT（什么）表示，就是说需要满足什么需求。技术轴表示的是技术特性，通过满足一个或者多个客户期待来影响客户满意度。技术轴还包括技术特性和竞争技术对标、重要度和目标。技术特性的要素通常认为是 HOW（怎样），意思是怎样满足 WHAT；因此技术目标也相应地叫作 HOW MUCH（多少）。客户需求和技术特性之间的相互关系在关系矩阵里进行评估。

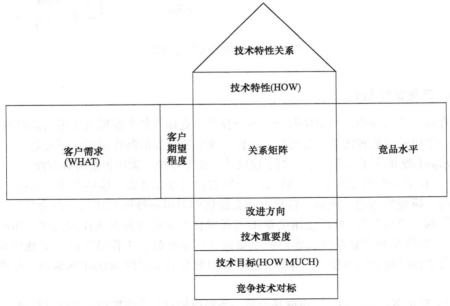

图 3.2　一个典型的质量屋

QFD 的目的是把客户需求，包括对可靠性的期望转化为设计特性和生产控制参数，可以通过把质量屋逐级细化来实现。具体说来，是通过第一个质量屋把客户的需求和可靠性期望转化为技术特性。可靠性通常是重要的期望，因此对应的评分很高。和可靠性关联紧密的一些技术特性，会通过第二个质量屋分解到零件级别的设计参数。通过这一步展开的设计参数应该和可靠性紧密关联，并可以用在后续的健壮设计

（第 5 章）和退化分析（第 8 章）中。关键的设计参数随后通过第三个质量屋展开到工艺规划里，用于确定工艺参数。对这些确定下来的工艺参数进行控制能够降低产出工件之间的差异（健壮设计中的重要噪声因素）并降低早期失效和退化程度的变异。然后第四个质量屋把工艺参数转化为生产需求。这个展开过程在图 3.3 表示出来。一个完整的 QFD 过程包括四个阶段：①产品规划；②零件展开；③工艺展开；④生产展开。这四个阶段将在下列小节里详细解释。

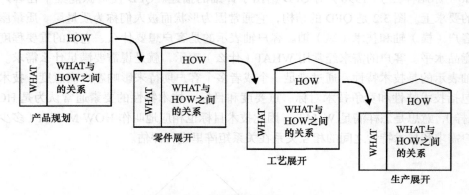

图 3.3　质量功能展开的过程

3.2.3　产品规划阶段

在这一个阶段中，从市场调研、客户投诉、竞标等各个渠道收集来的客户期望通过第一个质量屋被转化成具体的技术特性。这个质量屋的制作步骤在下文通过一个汽车刮水器系统的例子说明。这个例子仅仅针对这个系统，无法包括所有方面。

1）在第一个质量屋的 WHAT 格里填写客户要求是什么。这些客户期望通常是非技术的、模糊的陈述。比如，客户可能会说他们对可靠性的期望是"寿命长""永远不坏"和"靠得住"。可以使用关系图或者树状图来把各种要求组织起来（Bossert，1991）。对汽车刮水器系统，客户的期望包括可靠性好、工作噪声低、无残留水痕、无残余水膜以及刮扫面积大，等等。这些需求列在质量屋的 WHAT 区域里，如图 3.4 所示。

2）确定客户的期望值，也就是给每一条期望相对于其他期望的程度进行评分。有各种各样的评分标准，但是没有一个在理论上讲得通。在刮水器这个例子里，我们采用分析层级过程法（Armacost 等人，1994）。这种方法是把重要程度从 1 到 9 评分，其中 9 分表示极端重要，7 分表示十分重要，5 分表示很重要，3 分表示重要，1 分表示不重要。这里建议与可靠性相关的客户需求的评分要高（8 分或者更高），尤其是和安全相关的。在这个刮水器的例子里，客户对可靠性和无残留水膜的要求反映了安全方面的顾虑，因此应该用最高的评分。图 3.4 中客户期望这一列里给出了所有需求的评分。

3 可靠性规划与目标制定

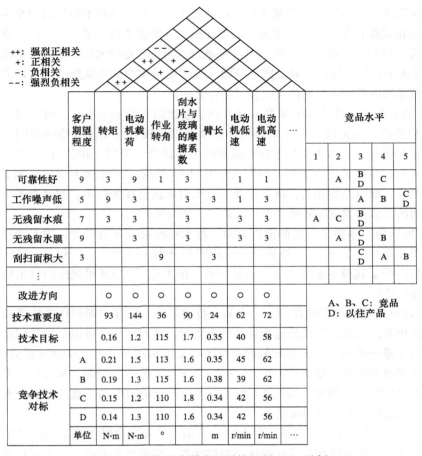

++: 强烈正相关
+: 正相关
-: 负相关
--: 强烈负相关

客户期望程度	转矩	电动机载荷	作业转角	刮水片与玻璃的摩擦系数	臂长	电动机低速	电动机高速	…	竞品水平 1	2	3	4	5
可靠性好	9	3	9	1	3	1	1				A	B D		C
工作噪声低	5	9	3		3	3	1	3				A	B	C D
无残留水痕	7	3	3		3	3	3	3		A	C	B D		
无残留水膜	9		3		3		3	3			A		C D	B
刮扫面积大	3			9		3							C D	A B
…														
改进方向		○	○	○	○	○	○	○						
技术重要度		93	144	36	90	24	62	72						
技术目标		0.16	1.2	115	1.7		0.35	40	58					
竞争技术对标 A		0.21	1.5	113	1.6		0.35	45	62					
竞争技术对标 B		0.19	1.3	115	1.6		0.38	39	62					
竞争技术对标 C		0.15	1.2	110	1.8		0.34	42	56					
竞争技术对标 D		0.14	1.3	110	1.6		0.34	42	56					
单位		N·m	N·m	°		m		r/min	r/min	…				

A、B、C：竞品
D：以往产品

图 3.4　汽车刮水器产品系统规划 QFD 示例

3）评估主要竞品和以往产品的水平。用 1 到 5 评估客户对每一条期望的满意度，其中 5 代表极度满意的状态，4 代表很满意，3 代表比较满意，2 代表有些不满，而 1 则表示十分不满。这项评估的目的是评价所设计的产品的优缺点并寻求改进的空间。图 3.4 的右侧是 3 款竞品（用 A、B 和 C 表示）以及以往产品的评分。

4）在客户轴上列出直接影响一条或者多条客户期望的技术特性。这些特性应该可度量、可控制，并且定义了所设计的产品的技术水平。在后续阶段中，这些特性会有选择地展开到其他三个质量屋中。在这一步，故障树、因果图以及类似产品的试验数据分析是很有用的，因为有些对可靠性有重大影响的技术特性不一定很明显。在刮水器这个例子里，我们识别出了电动机、臂、刮水片、铰链和其他部件的技术特性。有些列在了图 3.4 中。

5）识别出客户需求和技术特性之间的关联关系。关联的密切程度可以分为三级，其中强关联 9 分，中等强度关联 3 分，弱关联 1 分。每一条技术特性必须至少和一条客户需求相关联；每一条客户需求也必须在至少一条技术特性里得到反映。这样就能确保所有客户的需求都在产品规划里被考虑到，而且所有技术特性都被正确地建立起来。图 3.4 中，刮水器的关联强度评分输入到了质量屋中的关联矩阵。可以看出，电动机载荷是影响系统可靠性的主要技术特性之一。

6）建立技术特性之间的关联关系并在质量屋的房顶表示出来。技术特性之间可能是正相关的，就是说一项技术特性的变动可以导致另一项技术特性向同一方向变化。负相关则相反。这里使用了四个级别的关系评价：强烈正相关用 ++ 表示；正相关用 + 表示；负相关用 - 表示；强烈负相关用 -- 表示。关联关系通常增加了产品设计的复杂性，如果是负相关，就会需要对技术目标进行权衡折中。刮水器系统各技术特性之间的关联在质量屋的屋顶表示出来了，如图 3.4 所示。

7）确定每一条技术特性的改进方向。技术特性可以分为三类：望大特性、望目特性、望小特性（第 5 章），在质量屋中用图形分别表示为↑、○和↓。目的分别是使技术特性根据其类型最大化、与目标一致、最小化。图 3.4 里列出的技术特性都是望目特性的类型。

8）计算技术重要度的评分。对于某一技术特性，把客户期望程度的值和对应的强度评分相乘，乘积的和就是这个特性的重要度。重要度评分可以帮助我们选出重要的特性用于进一步展开。分值较低的特性不需要继续展开。在这个刮水器的例子里，电动机载荷的重要度评分是 $9 \times 9 + 5 \times 3 + 7 \times 3 + 9 \times 3 = 144$。列出的技术特性评分在技术重要度这一列里，如图 3.4 所示。这个评分说明电动机载荷是一个重要的特性，应该继续展开到更低的级别。

9）进行竞争技术对标分析。得出以往类似产品和客户轴上竞品的技术特性的评估值。这些评估值应该和竞品性能评分密切联系。如果关联不够，则说明对客户期望的技术特性关注不够。这种对标帮助从技术角度评估以往产品在竞品中的相对位置，以便于制定技术目标。在刮水器这个例子里，产品技术特性的评估值和单位显示在图 3.4 中。

10）根据竞争技术对标，对每一条技术特性制定可度量的技术目标。目的是目标客户需求能被满足，并且规划中的产品会在市场上有竞争力。刮水器的技术目标列在图 3.4 中。

3.2.4 零件展开阶段

产品规划阶段是把客户需求转化为技术特性，制定能使产品在市场上有竞争力的目标值，并识别出需要在零件这一级别展开的技术特性。为了进行零件展开，从产品规划阶段的输出（亦即重要技术特性）被带到第二级质量屋成为 WHAT 的内容。在这个阶段，要识别出对应 WHAT 的零件特性。制作第二个质量屋的步骤和第一个质量屋类似。这个阶段的输出包括重要的零件特性和它们的目标值。这些零件特性和客户的需求高度关联，而且是产品可靠性的指标。这些特性应该被展开到下一个阶段，并作为健壮设计（第 5 章）的控制因素。ReVelle 等人（1998）描述了如何使用 QFD 的结果来进行健壮设计。

3.2.5　工艺展开阶段

在零件展开阶段识别出的零件关键特性将进入工艺展开阶段。在这一阶段，我们将制作第三个质量屋，其中的 WHAT 来自于第二个质量屋的 HOW 当中重要的条目，而新的 HOW 将是能使 WHAT 达到目标值的工艺参数。这个阶段的输出包含关键过程参数和目标值，它们将展开到下一阶段用于制定控制计划。这个阶段的展开十分重要，不仅仅是因为把客户的需求转化成了实体产品，而且这一阶段确定的工艺参数和目标值对生产效率、产量、成本、质量和可靠性有重大影响。

3.2.6　生产展开阶段

生产展开阶段的目的是制定控制计划以确保实现重点工艺参数的目标值，并且变异最小。为此，关键工艺参数和目标值传递到第四个质量屋。这个阶段的输出有针对每个工艺参数的过程控制图和质量控制检查点。这个阶段还应该制定完成控制计划的要求和作业指导。对统计质量控制感兴趣的读者可以参考 Montgomery（2001a）的著作。从可靠性的角度，这个阶段是 QFD 过程的重要步骤，因为需要有效的控制计划才能尽量降低早期失效和零件之间的差异，以及改善现场的可靠性和健壮性。

3.3　可靠性需求

对大多数产品来讲，可靠性属于绩效需求，客户愿意为此支付更多。如图 3.1 所示，满足了客户这方面的期望会成比例地提高客户满意度，这个满意度也会随着没有满足这种期望而成比例地降低。为了赢得并扩大市场占有率，很重要的一点是制定有竞争力的可靠性目标，通过设计和生产必须实现甚至超过这个目标。

3.3.1　需求描述

在第 2 章里已经给出定义，可靠性是产品在指定的条件下、指定的时间内完成指定的功能的概率。这个定义包含了三个要点：指定的功能、指定的时间和指定的条件。显然，它们其中任一个发生变化，可靠性就会不同。为了保证明确、量化、可度量，可靠性必须包括这三个要点。我们要避免含糊和不完整的要求，比如"不准出现失效"或者"可靠性目标是 95%"。

可靠性需求里必须指明怎样才算失效（也就是失效的准则）。这对于完全丧失功能的硬失效比较简单。对于软失效的产品来说，失效是通过某一项性能跨越某一个阈值来定义的。如在第 2 章指出的，这些阈值可能多少有主观的成分而且经常是有争论的。因此，在确定这个阈值的时候，将所有相关方面的意见都考虑进来是非常重要的。在客户需求驱动的市场里，这些阈值应该密切反映客户期望。比如，电冰箱可以在噪声超过 50dB 的时候认为是失效的，此时有 90% 的客户感到不满。

如前文所说，寿命可以通过实际时间、使用程度或者其他尺度来衡量。最适合的寿命尺度应该取决于导致产品失效的内在的失效机理。例如，机械磨损是轴承最主要的失效机理，因此转动的圈数是最适合衡量寿命的尺度，因为仅仅在转动的时候才能发生磨损。所谓"指定的时间"需要建立在这个寿命尺度的基础上。如前所述，可靠性是时间的函数（例如自然年龄和使用程度）。可靠性需求应该包括可靠性水平所对应的时间。对许多商用产品，"指定的时间"就是设计寿命。同时厂家还需要确定出其他时间，比如保修时间和任务次数。

可靠性受环境影响很大。例如，电阻在高温下比在常温下更早失效。可靠性需求应该包含产品实现规定的可靠性水平时的作业状态。规定的作业状态应该能代表客户使用环境，称为实际使用条件。在设计产品的子系统的时候，这个条件转化为子系统的作业状况，成为这个子系统的环境需求。针对可靠性的验证和确认试验必须包括试验环境和使用条件，否则试验结果是没有实际意义的。

3.3.2　客户驱动的可靠性需求

在商业竞争的环境下，满足客户需求是所有设计、验证以及生产工作的出发点和驱动力。在可靠性规划里，要分析客户需求并进一步和可靠性需求相关联，满足这些需求才会使客户满意。在这一节里，我们介绍一种根据客户期望制定可靠性要求的方法。

假设有 n 条客户需求，表示为 $E_1, E_2, \cdots, E_n$，有 m 条独立的关键性能特性，表示为 $Y_1, Y_2, \cdots, Y_m$。$Y_1, Y_2, \cdots, Y_m$ 的阈值分别是 $D_1, D_2, \cdots, D_m$。性能特性可以通过 QFD 分析得出。每一条客户需求至少和一条性能特性紧密相关；这种关系的强度评分是 8 或者 9，见第 3.2.3 小节中的说明。我们进一步假设这些性能特性单调衰减，当某一特性超过了阈值客户就会不满。这些阈值从工程上讲未必是临界值，客户所希望的值通常高于满足实现功能要求。性能指标位于阈值之内的概率表征了客户对这个性能满意的程度。1 减去这个概率就是客户不满意度。图 3.5 中对一个"越低越好"的性能，表示了性能衰减和客户不满意度的关系。

客户满意度可以表示为

$$S_i = \prod_{j}^{m_i} \Pr(Y_j \leq D_j), \qquad i = 1, 2, \cdots, n \tag{3.1}$$

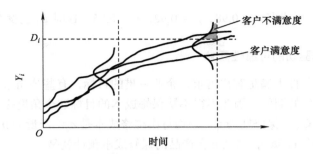

图 3.5　性能衰减和客户不满意度的关系

式中，S_i 是客户对 E_i 的满意度；Y_j 是对应 E_i 并且关联强度达到 8 或者 9 时的性能特性；m_i 是这些特性的总数。注意 j 可能在数值上不是连续的。

如果对 E_i 的最低许可满意度是 S_i^*，则有

$$\prod_j^{m_i} \Pr(Y_j \le D_j) = S_i^*, \qquad i = 1, 2, \cdots, n \tag{3.2}$$

当重要的客户需求的数量和关键性能特性的数量相等（也就是说 $n = m$）的时候，式（3.2）是一个带有 m 个未知数、m 个方程的方程组。对这个方程组求解应该得到一组唯一确定的解，称为 $p_i (i = 1, 2, \cdots, m)$。如果这两个数不相等，可以相应地增加或者减少相对次要的客户需求而得到确定解。

当产品有某个独立特性越过阈值的时候就认为失效，因此可靠性目标 R^* 可以表示为

$$R^* = \Pr(Y_1 \le D_1) \Pr(Y_2 \le D_2) \cdots \Pr(Y_m \le D_m) = p_1 p_2 \cdots p_m \tag{3.3}$$

需要注意的是，达到可靠性的最低标准是满足客户所有需求的必要但不充分条件，因为可靠性只取决于 $p_i (i = 1, 2, \cdots, m)$ 的乘积。从下面的例题里可以看出这一点。为了满足所有需求，需要在产品设计中对每一条性能特性都保证 $\Pr(Y_i \le D_i) \ge p_i (i = 1, 2, \cdots, m)$。

例 3.1　客户对某款产品有三条十分期望的需求 E_1、E_2 和 E_3。QFD 分析表明 E_1 对 Y_1 和 Y_2、E_2 对 Y_1 和 Y_3 以及 E_3 对 Y_2 有强烈的关联，其中 Y_1、Y_2 和 Y_3 都是这个产品的独立特性。客户对 E_1、E_2 和 E_3 的满意度需要超过 88%、90% 和 95%。求出可靠性至少要多高。

解：从式（3.2）有 $p_1 p_2 = 0.88$，$p_1 p_3 = 0.9$，$p_2 = 0.95$。对这个方程组求解，得出 $p_1 = 0.93$，$p_2 = 0.95$，$p_3 = 0.97$。从式（3.3）得出可靠性目标是

$$R^* = p_1 p_2 p_3 = 0.93 \times 0.95 \times 0.97 = 0.857$$

要注意的是，满足了这个可靠性目标并不能够保证满足客户的所有需求。比如，

在 $R^* = 0.857$ 时，可能有 $p_1 = 0.98$，$p_2 = 0.92$，$p_3 = 0.95$。这时 E_3 就没有得到满足。

3.3.3 保修成本驱动的可靠性需求

虽然在市场条件下满足客户需求是企业一贯的目标，有些公司未必有足够的市场信息来提取出客户的期望，因此不得不从保修成本的目标这个角度去分析。许可的最高的保修成本为 C_w^*，保修期为 t_0，平均每次维修成本是 c_0，产量为 n。如果该产品享受免费保修（见第 11 章），那么 n 台产品的保修成本预计就是

$$C_w = c_0 n W(t_0) \tag{3.4}$$

式中，$W(t_0)$ 是在 t_0 之前预计每台产品的维修次数。如果这个维修是最低限度的维修（也就是说，在维修刚结束之后的失效率和失效发生之前失效率相同），$W(t_0)$ 可以表示为

$$W(t_0) = \ln \frac{1}{R(t_0)} \tag{3.5}$$

在第 11 章，我们将介绍最低限度的维修的概念并解释式（3.5）。

用式（3.5），可以把式（3.4）改写为

$$C_w = c_0 n \ln \frac{1}{R(t_0)} \tag{3.6}$$

因为总的保修成本不能超过 C_w^*，由式（3.6）得出可靠性的目标是

$$R^* = \exp\left(-\frac{C_w^*}{c_0 n}\right) \tag{3.7}$$

对一个复杂产品来讲，各个不同的子系统的单次维修成本和失效率可能差别巨大。在这种情况下，用式（3.4）估算总的保修成本并不十分准确。假设产品有 m 个串联的子系统而每一个子系统的寿命可以用指数分布来表达，用 c_{0i} 和 λ_i 分别表示子系统 i 的单次维修成本和失效率。这样预计的保修成本是

$$C_w = nt_0 \sum_{i=1}^{m} c_{0i} \lambda_i \tag{3.8}$$

在很多情况下，可以近似地认为子系统 i 的失效率和制造成本成正比，也就是 $\lambda_i = KC_i$，其中 K 是常数而 C_i 是子系统 i 的制造成本。子系统 i 的失效率可以表示为

$$\lambda_i = \frac{C_i}{C} \lambda \tag{3.9}$$

式中，C 和 λ 分别是产品的制造成本和失效率，并且有 $C = \sum_{i=1}^{m} C_i$ 以及 $\lambda = \sum_{i=1}^{m} \lambda_i$。把

式（3.9）代入式（3.8）得

$$C_w = \frac{\lambda n t_0}{C} \sum_{i=1}^{m} c_{0i} C_i \tag{3.10}$$

因为总的保修成本不能超过 C_w^*，最高可允许的失效率可以写作

$$\lambda^* = \frac{C_w^* C}{n t_0 \sum_{i=1}^{m} c_{0i} C_i} \tag{3.11}$$

例 3.2 一款产品含有 5 个子系统，制造成本和单次维修成本列在表 3.1 中。厂家计划总共生产 150 000 台这种产品，并且要求总保修成本低于 120 万美元，保修期为 1 年。求解该产品最高可允许的失效率。

表 3.1 子系统制造成本和单次维修成本　　　（单位：美元）

成本	子系统				
	1	2	3	4	5
c_{0i}	25	41	68	35	22
C_i	38	55	103	63	42

解：总的制造成本是 $C = \sum_{i=1}^{5} C_i = 301$ 美元。从式（3.11）得出，最高可允许的失效率是

$$\lambda^* = \frac{1\,200\,000 \times 301}{150\,000 \times 8760 \times (25 \times 38 + \cdots + 22 \times 42)} \text{次/h}$$

$$= 2.06 \times 10^{-5} \text{次/h}$$

有的产品保修要受两个方面的维度的影响。换句话说，产品同时受使用时间和使用量的限制。例如在美国对整辆汽车的保险计划通常是 36 个月或者 36 000mile，以先达到的为准。在这两个维度限制下，在超过里程限制之后的失效不给予免费维修。这种政策在一定程度上减轻了厂家的保修成本负担。这里减少的保修成本应该在制定可靠性需求的时候考虑进去。

这类产品销售给客户之后，里程随时间增加。因为每一位客户的使用程度不尽相同，在同一个时间点的使用量分布很广。这种分布和使用的累计模型可以通过历史数据获得。在第 11 章中，我们将讨论使用对数正态分布和线性关系来描述车辆随时间累计的里程。把保修时间和里程限制分别用 t_0 和 u_0 表示。利用客户调查数据、召回数据或者保修数据，我们就可以计算出这个概率 $\Pr[U(t) \leq u_0]$，其中 $U(t)$ 是随着时间积累的里程。这样式（3.8）可以改为

$$C_w = n\int_0^{t_0} \Pr(U(t) \leqslant u_0)\mathrm{d}t \sum_{i=1}^{m} c_{0i}\lambda_i \qquad (3.12)$$

相应地，式（3.11）就变成

$$\lambda^* = \frac{C_w^* C}{n\int_0^{t_0} \Pr(U(t) \leqslant u_0)\mathrm{d}t \sum_{i=1}^{m} c_{0i}C_i} \qquad (3.13)$$

例 3.3 在例 3.2 的基础上，假设产品保修受两个维度的限制：1 年和 12 000 循环，以先达到为准。每位顾客的使用率（每月的循环数）为常数。不同客户的使用量也不同，可以用对数正态分布来表示，尺度参数是 6.5，形状参数是 0.8。计算这个产品最高可允许的失效率。

解： 一台产品在 t 月内完成少于 12 000 循环的概率是

$$\Pr(U(t) \leqslant 12\,000) = \Phi\left(\frac{\ln 12\,000 - 6.5 - \ln t}{0.8}\right) = \Phi\left(\frac{2.893 - \ln t}{0.8}\right)$$

由式（3.13）得，最高可允许的失效率是

$$\lambda^* = \frac{1\,200\,000 \times 301}{150\,000 \int_0^{12} \Phi[(2.893 - \ln t)/0.8]\mathrm{d}t (25 \times 38 + \cdots + 22 \times 42)} \text{次}/\text{月}$$

$$= 0.0169 \text{次}/\text{月} = 2.34 \times 10^{-5} \text{次}/\text{h}$$

和例 3.2 的结果对比可以看出，二维的保修政策对产品的可靠性要求有所降低，这样对厂家有利。

3.3.4 总成本驱动的可靠性需求

从保修成本来计算可靠性需求考虑的是失效成本，但是没有包括对可靠性方面投资的成本。在许多情况下，人们希望找到能使总成本最低的可靠性目标。从常规上讲，总成本包括失效成本和可靠性投资成本，如图 3.6 所示。如果这两种成本能够量化，就能够求出使总成本最低的最佳可靠性水平。

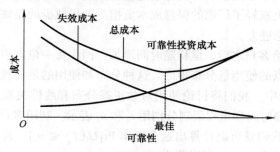

图 3.6 被动可靠性的计划

传统的观点把可靠性工作的成本视为投资成本。这在以前可能是正确的，因为可靠性基本依赖试验，基本上是被动的。这样的可靠性工作在设计周期的早期没有太多价值。当今，可靠性设计方法比如健壮设计被集成到了设计过程中，把可靠性内建在产品当中。这种预防性的设计打破了设计—试验—改正这个循环，因此大量减少了时间和成本。几乎所有的产品对可靠性投资的回报都是巨大的，节约了大量设计、验证以及生产成本。图 3.7 表示了这种节约的成本。这种节约使得总成本得到降低，在可靠性要求高的时候尤其是这样。如果成本和节约可以量化，能使总成本最低的就是最佳的可靠性水平。很明显，这个最佳的可靠性远远高于用传统方式计算总成本的模型的可靠性。

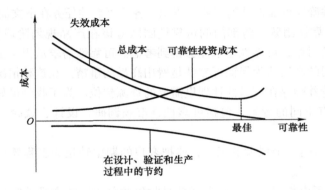

图 3.7 主动式可靠性计划中的成本和节约

我们已经知道，为失效成本建模相对容易。但是，估算可靠性计划的成本和节约是很困难甚至不可行的。这样，在多数情况下，可靠性的定量目标无法通过最优成本计算出来。但是，最低成本这个原则是广泛适用的，并且确实说明了高可靠性目标的重要性，以及采取主动式可靠性计划来实现这个目标的必要性。

3.4 可靠性计划的制定

在第 3.3 节中，我们讲解了建立可靠性目标的方法，使产品在市场上有竞争力。为实现这种目标而开展的可靠性工作有时需要大量的投资。但是，这些投资会通过减少失效成本和工程设计、验证以及生产成本而得到收益，如图 3.7 所示。而且，可靠性工作压缩了设计、验证和生产这个循环，从而使投放市场时间缩短。可靠性工作如果能集成到一个统一的计划里进行合理有效的安排就会产生更大的效益。在这一节中，我们介绍一个通用的可靠性计划、针对特定产品的可靠性计划，以及可靠性计划管理。

3.4.1 通用的可靠性计划

一个有效的可靠性计划包含在产品生命周期里要完成的一系列可靠性工作，包括产品规划、设计与开发、验证与确认、生产制造、使用以及废弃。可靠性工作不是孤立的任务，而是应该集成到工程项目生命周期的各个阶段里，协助整个项目的成功。图 3.8 表示了典型的产品生命周期的主要阶段和每一个阶段里相应的可靠性任务。列出的可靠性任务不一定完全，其他方法比如冗余设计并没有包括在这里，因为它在商业产品中比较少见。

1. 产品规划阶段

在产品规划阶段，可靠性工作的目的是获取客户的需求、明确可靠性竞争的需要、建立团队并确保可靠性计划需要的资源。各项可靠性任务在下文简要介绍。

1）建立可靠性团队。跨部门的可靠性团队应该在产品规划阶段初期组织起来，这样在做决策的时候，可靠性需求能够得到考虑。可靠性需求从根本上讲是由客户决定的，有些公司的高层认为保证可靠性是费用高昂的事情。在这种情况下，团队需要获得高层的支持并确保在可靠性计划里需要的资源到位。为了收到最好的效果，团队里的成员最好有不同的背景，包括可靠性、市场调研、设计、试验、制造以及售后服务。

2）QFD。这是一个强大的工具，能把客户的期望转化为工程要求。这个方法在第 3.2 节里详细介绍过。

3）可靠性历史数据分析。这个任务是收集并分析以往产品的客户反馈、试验数据以及保修失效数据。这里的分析应该能显示哪些客户的合理需求没有得到满足并找到改进空间。使用保修数据进行可靠性分析的方法在第 11 章有讲解。

4）可靠性规划与目标制定。这项任务的目标是制定有竞争力的、在经济上可行的可靠性目标，并且制定有效的可靠性计划来实现或者超过这个目标。这项任务可以利用 QFD 的结果以及可靠性历史数据分析的结果。

2. 设计与开发阶段

在设计与开发阶段和建造样机之前，可靠性工作的目的是把可靠性和健壮性建立到产品本身中，并预防失效模式的出现。这一阶段的可靠性任务介绍如下：

1）可靠性建模。这项工作的任务是根据产品的架构建立可靠性模型。产品架构能够表现零部件之间的逻辑连接，包括串联、并联或者更复杂的布局。产品可靠性表示为零部件可靠性的函数。这种关系在可靠性分配、预测和分析中十分有用。我们将在第 4 章里讨论这项工作。

2）可靠性分配。在产品规划阶段里制定的可靠性目标应该合理地分配到产品的下级结构里（子系统、模块或者零部件）。分配到这个结构的可靠性数值就称为这个结构的可靠性目标。负责下级结构的部门必须实现自己的目标，这样整体的可靠性目标才能实现。可靠性分配的方法在第 4 章介绍。

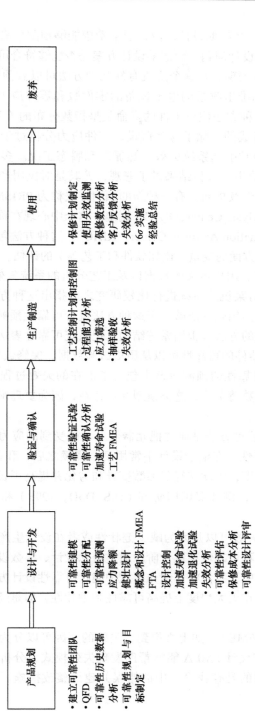

图 3.8 典型产品生命周期的可靠性任务

3)可靠性预测。在早期设计阶段,通常希望能够预测可靠性来比较各种设计方案和选件、识别潜在设计问题、确定某设计方案是否能够符合可靠性分配目标,并预计在使用中的可靠性表现。在这个阶段有好几种方法可以做预计。MIL-HDBK-217F(U.S.DoD,1995)标准里收录的电子设备的零件数和零件应力分析法在20世纪90年代中期很盛行。这种方法假设零件的寿命是呈指数分布的(失效率是常数),而且系统是由元件串联组成的。除了这些假设,零件应力分析过于强调温度效应而忽略了其他应力,比如经常引起系统失效的热循环和瞬态工况。多次有报告表明国防部(DoD)的这本手册给出的分析结果过于悲观,尤其是对民用产品。因此这本手册饱受批评,而且也不再继续更新。有一种新的预测方法称为PRISMPlus,由可靠性分析中心(Reliability Analysis Center,RAC)制定。这个中心现在称为可靠性信息分析中心(Reliability Information Analysis Center,RIAC)。这种方法包括元件级的可靠性预测模型以及对非元件方面的变量(比如软件和工艺等)的评估。这个评估程序由RAC失效模型和失效数据、用户定义的数据以及工艺分析的系统失效模型组成。Smith和Womack(2004)在对某机载系统进行比较研究之后指出这种方法得到的结果更加贴合实际。现在有很多商用软件能够基于这种方法进行可靠性预测分析。另一种在早期设计阶段预测可靠性的方法是根据系统结构,把系统可靠性表达成元器件可靠性的函数(见第4章)。元器件的可靠性可以从历史试验数据、保修数据或者其他来源估算。理想的是,元器件可靠性的预测应该由包含了潜在的失效过程的基于物理的模型驱动。可惜的是,在多数情况下,这类模型并不存在,因为要理解并量化失效机理是很困难的。

4)应力降额。这种方法是通过把元器件上可能受到的应力降低到规定的极限之内从而提高它的可靠性,在电子设计中常用到。降额之后,和在额定极大值下相比,降低了电气应力和温度,因此减轻了参数变异和劣化并提高了长期可靠性。这种方法有参考资料可以查阅,例如美国国防部(U.S. DoD,1998)和O'Connor(2002)的文献。

5)健壮设计。失效可以是因为缺少健壮性或者在设计生产中存在错误。健壮设计的目的是把健壮性和可靠性在设计阶段通过概念设计、参数设计以及容错设计内建到产品里。在第5章中,我们将详细介绍这种健壮可靠性设计方法,重点放在参数设计上。这种方法可以在极大程度上提高可靠性和健壮性,但是还没有像可靠性工具那样被广泛应用。

6)概念和设计FMEA。如上文提到,失效的原因可以分为两类:健壮性不足以及存在错误。概念和设计FMEA能够帮助发现失效模式、分析效果,并确定失效原因。FMEA工作的目的是查找设计中的错误并建议整改措施。在第6章中我们介绍FMEA方法。

7)FTA。有些设计里的失效模式会引起特殊关注,尤其是当和安全相关的时候。

这时，通常需要 FTA 来查找出失效模式的原因并评估失效发生的概率。我们在第 6 章介绍 FTA。

8）设计控制。这项工作的目的是在设计方案制作成样机之前查找出设计的缺陷。这是通过分析产品对比如温度、湿度、振动、机械和电气载荷以及电磁干扰等应力的响应来完成的。在设计控制里常见的问题包括裂纹、疲劳、过热以及开路或者短路等。当发现问题并评估之后，需要给出整改建议。进行设计控制通常需要专门的计算机程序。在第 6 章里，我们会简要介绍一些在行业里广泛应用的设计控制方法。

9）加速寿命试验。对所有设计工作来说，在设计阶段对产品进行试验都是至关重要的。它的目的是对比设计方案、查找失效模式、估算可靠性以及验证设计。在常规工况下把一件产品试验到失效通常是不经济的，尤其是在当今这种高度竞争的商业环境下。相反，我们提高应力水平进行加速寿命试验，这样就节约了时间和试验成本。这项工作可以安排在健壮可靠性设计里，在不同的设计方案的组合下把产品试验到失效。在第 7 章中，我们介绍加速寿命试验和寿命数据分析。

10）加速退化试验。即使在加速的情况下，把可靠性高的产品测试到失效仍然是十分耗时而不经济的。对一些产品来说，失效是指某一项性能特性跨越了一个规定的阈值。这些特性表征了产品可靠性。因此，可以通过试验中记录的退化程度来估算这类产品的可靠性。就时间和成本而言，这类试验比加速寿命试验更高效。这种试验可以安排在健壮可靠性设计里，用于找出设计参数的最优值。在第 8 章中，我们讲解加速退化试验方法和退化试验数据分析。

11）失效分析。加速寿命试验或者退化试验里都可能会出现失效。对这些失效的试验件应该分析出失效模式、影响以及机理。零件或者材料级别的失效分析通常会使我们对根本原因有更深刻的理解，从而使我们避免同样的失效模式出现。所有的产品在投放市场之前应该都透彻地分析过。即使投放到市场，对多数保修更换回来的失效件也应该进行分析，查找在实际使用中的失效原因和机理。

12）可靠性评估。这项工作在整个产品生命周期都需要，在很多情况下都并非独立进行的，而是比如可靠性历史分析、加速试验、设计比较以及保修分析的一部分。在第 7、8、11 章里我们会介绍通过各种数据类型来评估可靠性的方法。

13）保修成本分析。保修成本不仅仅能反映出因为保修工作而损失的企业收入，而且也能反映出产品进入市场后的客户满意度和产品的竞争力。从工程角度，保修成本反映了可靠性和可维护性，而这两者都是应该在设计中考虑的。保修成本取决于保修条款、产品的可靠性、销售量以及单次维修成本。在设计阶段，产品可靠性可以从试验数据、计算机模拟或者历史数据估算出。在第 11 章里我们介绍计算保修成本的方法。

14）可靠性设计评审。可靠性计划应该设置几个节点来对可靠性工作进行评审。

评审的目的是检查可靠性计划是否按照计划执行，包括进度和质量。重要的是，这个评审应该能够通过可靠性计划的进展情况来评估可靠性目标是否能够实现。在必要的情况下，团队应该为改善可靠性计划的效果提供建议。可靠性设计评审应该尽可能地随着工程设计评审一同进行。这种并行的评审使设计工程师能够从产品设计角度检查可靠性的情况，反之亦然。这种跨部门的评审通常能够找到单人评审时无法发现的问题。

3. 验证与确认阶段

在产品验证与确认阶段，可靠性工作的目的是验证设计实现了可靠性目标，确认生产工艺能够制造出满足可靠性需要的产品，并且分析在验证试验中失效件的失效模式和失效机理。就像在第 1 章里提到的，在这个阶段进行的工艺规划是制定出生产产品的方法。因此，同时还需要制定出能够保证过程能力的方法。这个阶段需要的方法在下文进行说明。

1）可靠性验证试验。这项工作是利用尽可能短的时间来证明产品达到了可靠性目标。在第 9 章中，我们会介绍试验方法，确定样本容量和试验时间以及降低样本容量的办法。

2）可靠性确认分析。在有些情况下，通过试验进行可靠性确认可能会过于昂贵和耗时。如果有足够的数学模型描述产品寿命和应力、设计参数以及生产变量之间的关系，则产品可靠性就可以通过分析这些模型来确认。这种方法通常称为虚拟验证，包括有限元分析、计算机模拟以及数值计算。

3）工艺 FMEA。这项任务是在工艺规划阶段进行的，用来查找工艺过程中的潜在问题、分析影响，并找出失效的原因。随后提出建议来改正工艺步骤并预防在生产中再次出现失效模式。在第 6 章我们将介绍概念、工艺和设计 FMEA，重点介绍设计 FMEA。

4. 生产制造阶段

在生产制造过程中，可靠性工作的目的是确保生产工艺对可靠性的影响降到最低。在这个阶段里可以进行的工作包括下列方面：

1）工艺控制计划和控制图。工艺中的变异增加了各个工件之间的差异和早期失效，因此应该在每一步里都尽量减少这种变异。这项工作就是为了针对 QFD 的第四个质量屋里识别出的关键特性制定并实施工艺控制计划。在第 11 章中我们将介绍用早期保修数据制作统计过程控制图来监控失效。

2）过程能力分析。过程能力衡量的是生产过程一致性。能力比较低的过程产出的零件变异性高，可靠性低。这项工作的目的是评估过程能力并提供降低过程变异的方法。过程能力分析在 Montgomery（2001a）的文献里有详细的描述。

3）应力筛选。有些产品可能因为材料缺陷、过程变异或者设计不足而有潜在的缺陷。有缺陷的产品会在投入使用的早期就出现失效，因此要在到达客户手中之前排除。出于这个目的，人们经常进行应力筛选。这部分内容在第 10 章讲解。

4）抽样验收。这项工作的目的是在必要的时候，通过从一批产品中随机抽取一些样品进行测量，从而决定是否要接受这一批次的产品。由于材料缺陷或者过程失控，某批次的产品可能会含有大量缺陷。如果无法排除这批不合格件，就会导致使用中的可靠性降低和客户不满。ANSI/ASQ（2003a，2003b）提供了抽样验收的标准。

5. 使用阶段

在使用阶段，可靠性工作主要是为了制定保修计划、跟踪失效件、评估现场可靠性的表现、评估客户满意度、分析保修件，以及根据需要制定临时和永久的整改措施。主要的任务在下文列出。

1）保修计划制定。保修范围在产品规划阶段就初步制定了。这项计划要在产品准备投放之前完成。虽然保修计划在很大程度上取决于市场竞争，最终的决定还要取决于财务分析。财务分析中一个重要的方面是保修成本，它可以通过保修模型或者可靠性预测来估算。保修政策和保修成本估算在第 11 章里有讲解。

2）现场失效监测。这项工作的目的是从保修记录和客户投诉中收集失效件的信息。失效信息应该尽可能详细而准确，包含失效模式、失效时的作业状态、失效时间、使用程度（例如里程），以及其他方面。通常，需要专门的计算机程序（例如，保修数据库）来存储和查找这些失效数据。这项工作将在第 11 章介绍。

3）保修数据分析。这项工作是为了估算现场可靠性、预测即将发生的保修数量和成本、监控现场失效并探测意外的失效模式和规律。早期发现不常见的失效模式和高频率的失效会促使对现行工艺进行整改和调整维修策略。对安全相关的产品比如汽车来说，对保修数据及时地进行分析能够促使对关键失效模式相联系的风险进行评估甚至召回汽车。在第 11 章，我们讲解保修数据分析的方法。

4）客户反馈分析。实际使用的场景才是验证产品的最终工况，客户满意也是产品成功的最终决定因素。对客户在功能和可靠性两方面的反馈必须深入地分析才能发现产品的哪些表现使客户满意或者不满意。这些结果对下一代产品的 QFD 来说是宝贵的输入。收集客户反馈的途径包括客户调研、保修分析以及客户投诉。

5）6σ 实施。对早期失效进行保修数据分析可能会发现异常失效模式和失效概率。需要查找出失效的根本原因并在后续的生产中消除。这项工作可以通过实施 6σ 完成。其过程含有五个步骤：定义、测量、分析、实施以及控制（define, measure, analyze, implement, control, DMAIC）。这个过程的第一步是明确问题和任务的边界，随后是建立并验证用于量化描述这个问题需要的测量系统。分析这一步的目的是识别并验证出现问题的原因，下一步就是找出消除问题原因的方法。最终，采取改进措施并通过控制计划保证持续实施。DMAIC 在业界用途很广，并有大量文献论述，比如 Pyzdek（2003）、Gitlow 和 Levine（2005）的文献。在第 3.5 节我们会详细讨论 6σ。

6）经验总结。这项工作是把成功的经验和失败的教训总结并记录下来。应该包括所有的失误，小到忽略一个检查点，大到没能满足客户期望。要找出这些失误的原因，并且建议在以后的工作中如何避免。成功的经验是指被证明成功地提高了可靠性计划的效果并减少了时间和成本的过程或者措施。经验和教训都应该传达给开发其他产品的团队，并作为可靠性历史数据存档，用以在开发下一代产品时参考。

3.4.2 针对特定产品的可靠性计划

针对特定产品的可靠性计划应该作为从产品规划、设计与开发、试验、生产直至投放市场整个过程的路线图，用以在成本和时间计划之内实现可靠性目标和客户满意度。具体的可靠性计划可以从在第 3.4.1 小节里描述的通用计划开始入手制定。这样的计划应该适合某一具体产品，节省计划本身的成本和时间，并把在工程设计、验证以及生产方面节约的时间和成本最大化，如图 3.7 所示。制定这样一个可靠性计划基本上就是完成对下列问题的解答：

1）对这一款产品需要选择哪些可靠性工作？
2）每一项可靠性工作具体要在生命周期的哪个阶段进行？
3）怎样保证这些可靠性工作有效，并得到改进？

选择适当的可靠性工作需要对理论背景、适用性、优缺点有深入的理解。对这些可靠性工作之间的关系、相似和区别之处都需要充分了解才能使可靠性计划行之有效。比如，在考虑是否使用 QFD 时，我们需要理解 QFD 的过程、质量屋展开的步骤，以及每一个质量屋的输入和输出。我们还需要理解 QFD 适用于客户驱动的产品以及合约驱动的产品。这里所说的客户不一定指的是最终用户，还可以是中间用户。明白了这个适用性，就可以把 QFD 用到政府采购的产品里。QFD 的功能是把客户的期望和工程技术特性相关联，这样设计工作和生产控制都和要满足的客户需求相一致。通常，一个复杂的产品比简单的产品更能从这个工具中获益，因为简单产品的技术特征和客户需求联系起来比较容易，而不需要用这样有层次的工具。理解到这里，我们会对政府采购的复杂产品而不是一个简单的日用品，考虑用 QFD。同时也应该考虑 QFD 和其他可靠性工具的关系，从而提高可靠性计划整体的效率。例如，QFD 方法是和健壮设计相关联的。质量屋里的技术特性就是后续健壮设计的控制因素。因此，有了 QFD，健壮可靠性设计就能更好地完成。

成本有效性是选择可靠性工具的重要因素。当要考虑采用某一工具的时候，就要评估这一工具的有效性。这可以通过回顾相关的经验总结并分析采用这个工具的利弊。有些可靠性方法可能适用于一种产品但对另一种产品不适合。例如，加速退化试验适用于性能随时间退化的产品，但不适用于二元状态的产品。除了有效性以外，可靠性工作需要的时间和成本也要考虑进去。可靠性工作总是要耗费一些成本。但是它会节省工程设计、验证和生产的时间和成本。这个关系在图 3.7 里表达了出来。好的可靠性计划花费低廉但可以产生巨大的节约。

现在我们考虑第二个问题：每一项可靠性工作具体要在产品生命周期的哪个阶段进行？选择了适当的工具，使用的顺序要合理地安排才能发挥最佳效用。从根本上讲，可靠性工作是和工程设计、验证、生产制造紧密相关的。因此可靠性工作的时间顺序应该和设计、验证以及生产制造相对应。例如，QFD 是把客户需求转化为工程需求的工具，从而对产品规划有支持作用，因此应该在产品规划阶段进行。又如设计控制，它应该在原理设计完成之后、设计发布之前进行。如果选用了一系列可靠性工作来支持工程设计、验证和生产制造，那么这些工作的顺序要仔细安排才能节约时间和成本。这样就需要对可靠性工作之间的相互关系有深入的理解。如果一项工作的输出可以称为另一项工作的输入，那么这一项工作就应该安排在前面。例如，对印制电路板来说，作为一种设计控制手段的热分析能够计算出温度分布，这可以成为可靠性预计的输入。这样，可靠性预计可以在热分析完成之后就开始。

可靠性计划的时间安排应该考虑到设计、验证和生产制造计划的变更带来的影响。当出现变动时，有些可靠性工作就需要相应地调整。例如，设计变更的同时必定要对设计 FMEA 和 FTA 进行相应的修改并再次进行设计控制来验证变更后的设计。实际工作中，有些可靠性方面的工作必须在整个周期的早期而且是信息不十分充足的情况下进行。随着周期的进展，信息更加丰富，产品结构更加具体，有些工作可能会重复进行。一个典型的例子就是可靠性预测，在早期设计阶段根据零件数量对不同设计方案的可靠性进行比较；在有了产品具体结构、零部件、应力水平、样机试验数据等信息之后，再次预测在实际使用中的可靠性。

制定了可靠性计划和时间安排之后，需要制定实施的策略来保证并提高计划的执行效果。这属于可靠性项目管理的范畴，我们将在下一部分介绍。

例 3.4 某汽车供应商获得了汽车电气模块的订单。这家公司已经制定了可靠性计划来支持这个模块的设计、验证、生产制造达到规定的可靠性目标和客户满意度。这个计划里并没有包括现场使用方面，因为原始设备制造商（OEM）本身有很完善的可靠性计划，已经包含了模块的现场使用。为此选择了合适的可靠性工作并集成到设计、验证和生产制造过程中。这些工作的时间安排也和设计、验证和制造生产相一致。图 3.9 列出了设计、验证和制造生产方面的主要工作以及各项工作中与之对应的可靠性工作。设计是有反复的；如果设计没有通过设计评审、设计验证或者工艺确认，就必须要进行整改。有些可靠性工作比如 FMEA 和可靠性预测就必须随着设计变更而再次进行。

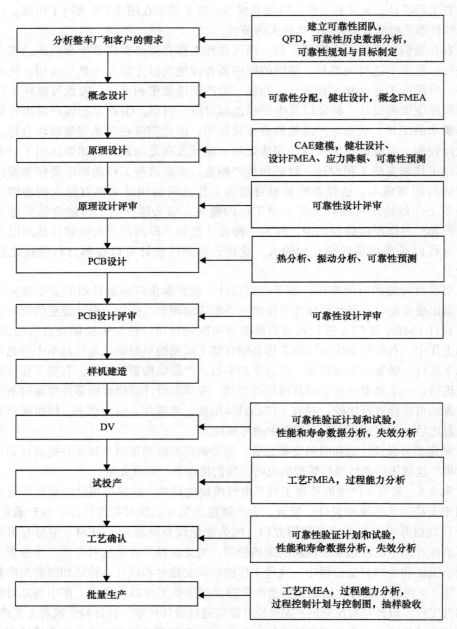

图 3.9 汽车电气模块的可靠性计划

3.4.3 可靠性计划管理

为了让可靠性工作富有成果，还需要进行有效的管理。管理工作包括组建高效的团队、分配角色和职责、制定时间计划、制定应急计划、获取必要的资源、建立有效的沟通渠道和易于合作的工作环境、评估进展、激励聪明勤奋的工作，等等。虽然说完成了一项任务就离成功更近一步，但只有按时、节约地完成所有的工作才能让可靠性计划最有成效。

可靠性计划的第一步通常是在产品规划阶段组建可靠性团队来进行可靠性规划。因为可靠性工作将会覆盖整个生命周期的各个步骤，这个团队应该是跨部门的，并由可靠性和质量工程师以及来自市场、设计、试验、生产以及售后各个部门的人员组成。这种多样化的人员组成使得可靠性工作在计划和执行方面都能和设计、验证以及生产制造工作并行进行。以前提到过，可靠性计划是工程设计、验证和生产制造的重要组成部分。因此产品经理应该是可靠性团队的最高推动者，即使这个人不一定是可靠性方面的专家。这种推动为可靠性团队获得了保证项目资源的权力，在设计、验证以及生产制造方面得到合作，以及能在产品不成熟的时候否决设计发布；不过，经理仍然要对可靠性项目的成功负责。

可靠性计划需要的资源应该尽早地计划并得到保证。这些资源包括团队成员的技能、时间保障、试验设备、失效分析的工具、软件、测量系统，以及试验样件。就技能而言，很多可靠性工程师并没有对应产品的理论方面的知识。实际上，他们也受教育和工作背景的限制。因此，让他们在产品方面受到充分的培训是重要的。这样的培训必定会大大改善和设计、验证以及生产制造工程师的沟通效果，并且对可靠性问题有更深刻的理解，产生更好的效果。另外，团队里没有可靠性背景的人也应该接受基本的可靠性知识培训，这样他们可以带着可靠性的思维来面对设计、验证以及生产制造工作，并在团队合作里更有共同语言。可靠性团队需要的软件硬件资源也应该尽早计划。用于采购设备和软件的经费应该包含在产品开发项目的预算里，并且应该由产品经理批准。在做计划的时候，有些外包的工作要预见到，比如失效分析时使用的专门的设备，相应的成本也应该添加到预算里。在可靠性计划里，试验用的样机对试验和分析也十分重要。在设计、验证以及生产制造中样机的数量由可靠性团队决定。产品项目组的计划人员在订购试验样机的时候要明确样机数量。可靠性团队应该拿到全部需要的样机。经常看到的情况却是，可靠性团队没有足够的试验样机，尤其是在功能试验需要更多样机的时候。

有效的可靠性计划应该设立节点检查进展、找出潜在的问题、提出改正方法，并且计划需要调整的后续工作。检查进展的时候，不仅仅要看相对于目标已经完成了多少，还要通过方法、数据以及过程来检查工作的准确程度和得出的结论。在节点上检查通常会发现显露出来的和潜在的问题，比如采用了不适当的试验以及不正确的数据分析方法。然后还要提出改正的方法并防止其再次发生。在必要的情况下，后续的计划也要进行调整。

3.5 可靠性设计与面向 6σ 设计

可靠性设计致力于在设计阶段通过一系列可靠性工具把可靠性内建到产品里。从成本收益角度讲，它可能是可靠性计划里最重要的组成部分。这部分内容里包括一系列工具，比如 QFD、健壮设计以及 FMEA。如第 3.4.2 小节里所提到的，这些工作的顺序应该合理安排，以使得可靠性设计的效果达到最优。这可以利用 6σ 设计（design for six sigma，DFSS）的方法。在这一节里我们简要介绍 6σ 设计方法和采用 DFSS 方法的可靠性设计过程。更多关于 6σ 的内容可以在 Bruce 和 Launsby（2003），以及 Yang 和 El-Haik（2003）的文献中查阅。

3.5.1 6σ 简介

我们知道，σ 是一个统计学术语，用来表示标准差，即过程变异的程度，可用来描述过程制造出无缺陷产品的能力。例如，3σ 过程会在 100 万个机会中产生 66 800 项缺陷，而 6σ 过程只会在 100 万个机会中产生出 3.4 个缺陷。大部分在美国的公司的运营水平处于 3~4σ。因此，6σ 就表示了一个公司努力实现的质量目标。为了实现这个目标的方法简称为 6σ。

6σ 是一个高度严谨的过程，帮助我们设计、开发以及交付接近完美的产品、过程和服务。它是一种结构化的方法，有多种不同的方法、工具以及理念，比如健壮设计、FMEA、量具重复性和再现性以及统计过程分析。6σ 的本质不在于使用的单个工具，而是在所有不同的方法和工具的集成下实现改进。当前，有两类 6σ 的途径：6σ 和 DFSS。6σ 方法着眼于解决当前产品或者过程的问题，使用 DMAIC 过程，具体见第 3.4.1 节。由于是事后被动反应，它本质上是一种类似灭火的办法，因此价值有限。相反，DFSS 是在设计过程初期采取、主动避免潜在失效模式的方法。因此 DFSS 能够预防失效模式的发生。DFSS 用于设计一款新的产品，或者重新设计现有的产品。

DFSS 采用的是 ICOV 过程，其中 I 代表识别（identify），C 代表特征化（characterize），O 代表优化（optimize），V 代表验证（validate）。ICOV 每一阶段的工作如下：

1）识别需求阶段（I 阶段）。这一阶段包含定义项目的范围和目标、制定团队和团队规则、分配角色和责任、收集客户期望，并进行竞争信息分析。在这一阶段中，客户的期望被转化为技术特性，并且制定了这些技术特性方面的要求。

2）特征化阶段（C 阶段）。这个阶段的任务是把技术特性转化为产品功能特性，做出设计概念，并评估不同设计方案。

3）优化设计阶段（O 阶段）。这个阶段是优化产品性能并且尽可能降低使用条件和材料与生产过程的变异对它的影响。求出最优化的设计参数，并预测最终产品的性能。

4）验证设计阶段（V阶段）。这个阶段是为了验证最优设计。需要仔细安排出试验计划，并经过统计验证。试验操作过程必须标准化。对失效的零件，要分析并查找出根本原因，在必要时更改设计。

3.5.2 通过DFSS进行可靠性设计

DFSS本质上是一种推动实现6σ目标的有效方法。如前文所说，每一项可靠性工作要安排妥当才能发挥最好的效果。一种有效的安排方法就是DFSS。要在可靠性计划里实施DFSS，我们可以根据ICOV流程来安排用于设计和验证的可靠性任务。

在ICOV的环境下，在可靠性设计里的第一个阶段是"识别需求"，在产品规划阶段开始。在这一阶段里，要进行市场调研、对标以及竞品分析，而且要收集并分析客户期望。然后建立QFD来确定技术特性，并制定出可靠性目标。在I阶段里还要确定的是可靠性团队和各成员的角色和责任。

在ICOV的过程里，可靠性设计的第二个阶段是"特征化"，这在设计和开发的早期进行。在这个阶段里，把前面I阶段中识别出的技术特性更进一步转化为产品功能特性并为O阶段做准备。这种转化是由把第一个质量屋展开到第二个质量屋来完成。设计不同的方案时，可以用可靠性建模、分配、预测、FMEA和FTA来协助。比如，概念FMEA可以帮助排除带有高风险的方案。当制定出详细设计方案之后，在可靠性方面可以采用不同的方法进行评估，比如可靠性预测、FMEA、FTA以及设计控制方法。这个阶段输出的是重要的产品特性和可靠性高的设计方案。

根据ICOV过程，下一个可靠性设计的阶段是"优化设计"，这在设计开发的后期进行。在这个阶段，概念设计已经定稿，正在进行的是详细设计。这个阶段的可靠性设计的目的是找出最优的设计参数，从而使可靠性最高，并且使产品的性能尽量不受使用条件和工艺变异的影响。为此，主要的可靠性工作包括健壮可靠性设计、加速寿命试验、加速退化试验以及可靠性计算。可以进行在最优化参数下的功能和可靠性方面的预计。在设计优化完成之后，要采用设计控制方法比如热分析和机械应力分析，来确认该设计不含有重大潜在失效模式。

ICOV过程里可靠性设计的最后一个阶段是在验证与确认这个阶段中验证最优设计。在这里，要制造样机并进行试验来验证设计已经达到了可靠性目标。试验工况应该反映实际的使用工况。为此，可以使用p图（一种健壮设计的工具，将在第5章介绍）来找出产品将在实际使用中经受的噪声因素。可以使用加速试验来缩短试验时间，但是要和实际使用的情况相关联。失效分析必须找到失效的原因。随后可以提供设计更改的建议。

总体上讲，DFSS方法提供了一种精益而且灵活的过程，使得可靠性设计可以更加有效地实施。虽然这个流程改进了可靠性设计的效果，但可靠性设计成功与否主要取决于每一项工作本身。因此，重要的是制定能够在设计和开发阶段里预防和探测潜在失效模式的可靠性工作。需要注意的是，DFSS是可靠性计划的一个组成部分。完成DFSS并不是整个计划的结束，面向生产和市场投放的可靠性工作即将开始或者正在进行中。

习题

3.1 说出客户期望的三种类型，每一个类型给出一个例子。说明客户在可靠性方面的期望怎样影响客户满意度。

3.2 解释QFD的过程，以及每一个质量屋的输入和输出。说明QFD在可靠性规划目标制定阶段的作用。

3.3 选择一款产品并进行QFD分析，比如割草机、电炉或者冰箱。

3.4 QFD分析表明客户对某产品的期望包括E_1、E_2、E_3和E_4，对应的期望值分别是9、9、8和3。QFD里有强关联的有：E_1对Y_1与Y_3、E_2对Y_1与Y_2，以及E_3和E_4对Y_2与Y_3。客户对E_1、E_2、E_3和E_4的满意度需要超过90%、95%、93%和90%。计算可靠性目标。

3.5 某厂家计划生产135 000台产品，保修期为12个月。保修成本制定的限制是150 000美元，单次维修成本是28美元。求出在这个保修成本限制下，12个月的可靠性目标。

3.6 借用例3.3。假设客户用更快的速度积累里程，并且可以用对数正态分布来表示，其中尺度参数是7.0而形状参数是0.8。求出可靠性的最低要求。和例3.3的结果进行对比，并说明两者的差别。

3.7 说明产品生命周期每个阶段可靠性工作的作用，以及制定有效的可靠性计划的原则。

3.8 解释6σ和6σ设计DFSS的过程。通过DFSS进行可靠性设计的益处在哪里？

4

系统可靠性分析与分配

4.1 概述

《韦氏大学字典》(Neufeldt 和 Guralnik,1997）把系统定义为一组相关或者连接的事物或者事物的安排从而能够形成一个个体或者有机的整体。从技术上讲，系统是一组独立但是相关联的单元根据特定的设计形成协作来实现一个特定的功能和可靠性目标，并同时符合环境、安全和法务方面的要求。从层级的角度来说，系统由一些可以进一步向下层划分的子系统组成，具体取决于系统分析的目的。零部件是系统最低层级的组成。例如，汽车是一个典型的系统。它包含动力总成、底盘、车身以及电气系统。动力总成又包括发动机、变速器以及传动轴，这些仍然还是十分复杂并且可以进一步分解到更低层级的子系统。

在第 3 章，我们提到过制定可靠性目标的方法和有效的可靠性计划来达到可靠性目标和客户满意度。可靠性目标通常是为整个产品而制定的，这个产品可以视为一个系统。为了实现这个整体目标，很重要的一点是把目标分配给组成产品的各个子系统，尤其是在产品实现过程中包括供应商或者外协厂家的时候。分配到子系统里的可靠性成为这个子系统的目标，负责的单位必须保证达到这个目标。在汽车这个例子里，汽车整体的可靠性目标应该分配给动力总成、底盘、车身和电气子系统。分配到动力总成的可靠性进一步再分配给发动机、变速器以及传动轴。这个分配过程一直进行到总成级别。然后汽车供应商交付总成时就达到了规定的可靠性。

一个完整的可靠性计划通常需要在设计和开发阶段从不同角度评估系统（产品）可靠性，包括材料和零件的选择、设计方案的比较以及可靠性预计和改进等。当系统或者子系统的设计完成之后，必须评估它的可靠性并与制定或者分配给它的可靠性目标相对比。如果没有实现目标，则设计必须进行更改，并再次对可靠性进行评估。这个过程要一直进行直到达到可靠性要求。在汽车这个例子里，汽车的可靠性需要在系统构造完成并且有了装配可靠性之后才能计算。这个过程通常会进行好几次，如果有些子系统的目标无法实现，甚至有可能需要重新进行可靠性分配。

在这一章里，我们讲解各种不同系统构造下的可靠性评估方法，包括串联、并联、串并混联以及 k/n 表决系统。对计算系统可靠性置信区间的方法将做详细描述。我们还会解释零件重要程度的衡量。因为系统构造的知识是可靠性分配的基础，因此在这一章里先介绍它。

4.2 可靠性框图

可靠性框图用图形表示系统里各个零件之间的逻辑连接关系。基本的逻辑连接关系包括串联和并联，其他更复杂的系统，比如，混联系统和表决系统，都可以以它们为基础生成。在可靠性框图里，零件用长方形框来表示，框和框之间根据逻辑关系用直线连接。取决于系统分析的目的，一只框可能表示最低层级的零件、一个模块，或者一个子系统。它被看作一只黑箱，不显示物理细节特性，也不需要被知道。框所代表的对象的可靠性是唯一需要的、用来计算系统可靠性的输入信息。看下面的例子来说明系统不同层级可靠性框图的构造。

例 4.1 图 4.1 表示的是一辆汽车的层级构造，包括车身、动力总成、电气和底盘这几个子系统。每一个子系统再进一步分解到下一级子系统。从可靠性的角度考虑，汽车是一个串联系统（在下一节里讨论），当有一个或者多个子系统失效的时候汽车就发生失效。图 4.2 表示的是汽车的可靠性框图，其中的框表示一级子系统，假设它们的可靠性已知。图 4.3 是二级子系统的框图。比较图 4.2 和图 4.3，我们可以看出可靠性框图的复杂性随着系统层级的深入而增加。如果一只框表示一个零部件，一辆典型的汽车的可靠性框图含有 12 000 个框。

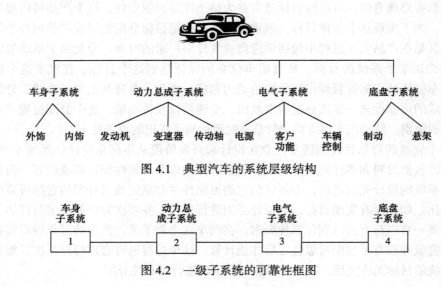

图 4.1 典型汽车的系统层级结构

图 4.2 一级子系统的可靠性框图

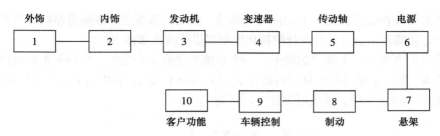

图 4.3 二级子系统的可靠性框图

建立可靠性框图的时候,注意物理上的串并联构造并不能意味着可靠性方面的逻辑关系也是相同的。例如,汽车发动机可能有 6 个气缸并联在一起。从可靠性的角度讲,这 6 个气缸是串联的,因为发动机只要有一个气缸失效,发动机整体就算失效了。为复杂的大型系统绘制可靠性框图十分耗费时间。幸好这类工作可以通过商用软件来实现,比如 ReliaSoft、Relex 或者 Item。

可靠性框图是系统可靠性分析有效的基础工具。在第 6 章,我们介绍用框图制作故障树。后面几节里面我们介绍基于框图计算系统可靠性的方法。上述的几款软件都可以做这样的计算。

4.3 串联系统

系统里如果有一个或者一个以上元件出现失效就会导致整个系统失效,则这样的系统称为串联系统。换句话说,所有的元件都必须正常工作才能让整个系统正常工作。图 4.2 和图 4.3 表示了汽车中的两级串联系统。串联系统的可靠性可以如下计算。

设想串联系统包括 n 个相互独立的元件。这里相互独立的意思是 1 个元件的失效不会影响其他元件的寿命。我们这样的符号表示:E_i 是一个事件,表示第 i 个元件正常工作,E 是整个系统正常工作这个事件,R_i 是元件 i 的可靠性,还有 R 是整个系统的可靠性。根据定义,系统的正常工作需要所有元件都能正常工作。从概率理论得知,系统可靠性是

$$R = \Pr(E) = \Pr(E_1 E_2 E_n)$$

因为独立假设,这个式子可以写为

$$R = \Pr(E_1)\Pr(E_2)\cdots\Pr(E_n) = \prod_{i=1}^{n} R_i \quad (4.1)$$

如果这 n 个元件可靠性相同,都是 R_0,则系统可靠性就是

$$R = R_0^n \quad (4.2)$$

式(4.1)说明系统的可靠性等于各个元件可靠性的乘积。这个结论不太好,因

为系统的可靠性低于任何一个元件的可靠性。因此,系统可靠性随着系统元件数量的增加而急剧降低。这为工程设计的简化原则提供了理论依据。

让我们来考虑一个简单的例子,一个系统里含有 n 个元件,它们的失效时间服从指数分布。第 i 个元件的可靠性函数是 $R_i(t) = \exp(-\lambda_i t)$,其中 λ_i 是元件 i 的失效率。那么从式(4.1)可得,系统可靠性可以写为

$$R(t) = \exp\left(-t \sum_{i=1}^{n} \lambda_i\right) = \exp(-\lambda t) \tag{4.3}$$

式中,λ 是系统的失效率,并且有

$$\lambda = \sum_{i=1}^{n} \lambda_i \tag{4.4}$$

而且

$$\text{MTTF} = \int_0^{+\infty} R(t) \, dt = \frac{1}{\sum_{i=1}^{n} \lambda_i} \tag{4.5}$$

式(4.3)表明如果系统的所有元件都服从指数分布,则整个系统的失效也符合指数分布,而且系统的失效率等于单个元件失效率的和。式(4.3)的用途广泛,有时候也会因为其简单易用而被误用。例如 MIL-HDBK-217F(U.S.DoD,1995)假设所有的元件的失效率都是常数,并使用式(4.3)计算系统失效率。

例 4.2 参考图 4.2。假设车身、动力总成以及电气和底盘子系统的寿命都服从指数分布,其中 $\lambda_1 = 5.1 \times 10^{-4}$ 次/1000mile,$\lambda_2 = 6.3 \times 10^{-4}$ 次/1000mile,$\lambda_3 = 5.5 \times 10^{-5}$ 次/1000mile,$\lambda_4 = 4.8 \times 10^{-4}$ 次/1000mile,计算车辆在 36 000mile 时的可靠性,以及 MTTF。

解:把 λ_1、λ_2、λ_3 和 λ_4 代入式(4.4),得到

$$\lambda = 5.1 \times 10^{-4} \text{次}/1000\text{mile} + 6.3 \times 10^{-4} \text{次}/1000\text{mile} +$$
$$5.5 \times 10^{-5} \text{次}/1000\text{mile} + 4.8 \times 10^{-4} \text{次}/1000\text{mile}$$
$$= 16.75 \times 10^{-4} \text{次}/1000\text{mile}$$

在 36 000mile 时的可靠性是 $R(36\,000) = \exp(-16.75 \times 10^{-4} \times 36) = 0.9415$。从式(4.5)可以得出 MMTF 是

$$\text{MMTF} = \frac{1}{16.75 \times 10^{-4}} \times 10^3 \text{mile} = 597\,000\,\text{mile}$$

现在让我们考虑另一种情况,系统里 n 个单元的失效时间服从威布尔分布。第 i 个元件的威布尔函数是

$$R_i(t) = \exp\left[-\left(\frac{t}{\alpha_i}\right)^{\beta_i}\right]$$

式中，β_i 和 α_i 分别是元件 i 的形状参数和特征寿命参数。从式（4.1）可以得出系统的可靠性是

$$R(t) = \exp\left[-\sum_{i=1}^{n}\left(\frac{t}{\alpha_i}\right)^{\beta_i}\right] \qquad (4.6)$$

随后失效率 $h(t)$ 是

$$h(t) = \sum_{i=1}^{n} \frac{\beta_i}{\alpha_i}\left(\frac{t}{\alpha_i}\right)^{\beta_i - 1} \qquad (4.7)$$

式（4.7）表明和指数分布相同，系统失效率是所有单个元件失效率的综合。当 $\beta_i = 1$ 时，式（4.7）退化成式（4.4），其中 $\lambda_i = 1/\alpha_i$。

如果这些元件的形状参数相同，都是 β，这个系统的 MTTF 就是

$$\mathrm{MTTF} = \int_0^{+\infty} R(t)\,\mathrm{d}t = \frac{\Gamma((1/\beta) + 1)}{\left[\sum_{i=1}^{n}(1/\alpha_i)^{\beta}\right]^{1/\beta}} \qquad (4.8)$$

例 4.3 谐振电路含有交流（AC）电源、电阻、电容以及电感，如图 4.4 所示。从可靠性角度来讲，这个电路是串联的；可靠性框图如图 4.5 所示。元件的失效时间服从威布尔分布，参数如图 4.5 所示。计算这个电路的可靠性，以及在 $5 \times 10^4 h$ 时的失效率。

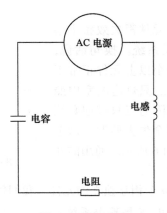

图 4.4 谐振电路

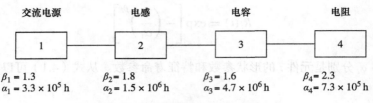

图 4.5 谐振电路的可靠性框图

解：把威布尔参数代入式（4.6）得到

$$R(5 \times 10^4) = \exp\left[-\left(\frac{5 \times 10^4}{3.3 \times 10^5}\right)^{1.3} - \left(\frac{5 \times 10^4}{1.5 \times 10^6}\right)^{1.8} - \left(\frac{5 \times 10^4}{4.7 \times 10^6}\right)^{1.6} - \left(\frac{5 \times 10^4}{7.3 \times 10^5}\right)^{2.3}\right]$$

$$= 0.913$$

从式（4.7）得到的失效率是

$$h(5 \times 10^4) = \frac{1.3}{3.3 \times 10^5}\left(\frac{5 \times 10^4}{3.3 \times 10^5}\right)^{1.3-1} + \frac{1.8}{1.5 \times 10^6}\left(\frac{5 \times 10^4}{1.5 \times 10^6}\right)^{1.8-1} +$$

$$\frac{1.6}{4.7 \times 10^6}\left(\frac{5 \times 10^4}{4.7 \times 10^6}\right)^{1.6-1} + \frac{2.3}{7.3 \times 10^5}\left(\frac{5 \times 10^4}{7.3 \times 10^5}\right)^{2.3-1}$$

$$= 2.43 \times 10^{-6}(次/h)$$

4.4 并联系统

当系统里当且仅当所有元件都失效整个系统才失效的时候，称为并联系统。换句话说，并联系统只要有一个或者一个以上元件正常工作就能正常工作。例如，有三只灯泡的室内照明系统就是一个并联系统。因为三只灯泡必须全部损坏之后才能让房间完全失去照明。这个照明系统的可靠性框图如图 4.6 所示。通用的并联系统的可靠性的计算方法如下。

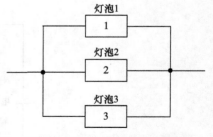

图 4.6 照明系统的可靠性框图

假设一个并联系统含有 n 个相互独立的元件。我们使用这样的符号：E_i 是一个事件，表示第 i 个元件正常工作；E 是整个系统正常工作这个事件；$\overline{X}$ 表示 X 的补集，其中 X 代表 E_i 或者 E；R_i 是元件 i 的可靠性；F 是系统不可靠性（失效的概率）；R 是

整个系统的可靠性。根据定义，所有 n 个元件全部失效才能使并联系统失效。从概率论来讲，系统不可靠性是

$$F = \Pr(\overline{E}) = \Pr(\overline{E}_1 \overline{E}_2 \overline{E}_n)$$

因为 $\overline{E}_i$（$i = 1, 2, \cdots, n$）是相互独立的，故这个方程可以写为

$$F = \Pr(\overline{E}_1)\Pr(\overline{E}_2)\cdots\Pr(\overline{E}_n) = \prod_{i=1}^{n}(1 - R_i) \tag{4.9}$$

系统的可靠性与系统不可靠性的和等于 1，也就是说

$$R = 1 - \prod_{i=1}^{n}(1 - R_i) \tag{4.10}$$

如果 n 个元件完全相同，则式（4.10）就变成

$$R = 1 - (1 - R_0)^n \tag{4.11}$$

式中，R_0 是单个元件的可靠性。如果 R 是事先设定的目标，那么要实现这个目标，元件数量至少是

$$n = \frac{\ln(1 - R)}{\ln(1 - R_0)} \tag{4.12}$$

如果这 n 个单元的寿命可以用指数分布来表示，失效率为 λ，则式（4.11）可以改写为

$$R(t) = 1 - [1 - \exp(-\lambda t)]^n \tag{4.13}$$

而且

$$\text{MTTF} = \int_{0}^{+\infty} R(t)\,\mathrm{d}t = \frac{1}{\lambda}\sum_{i=1}^{n}\frac{1}{i} \tag{4.14}$$

和串联系统相反，并联系统的可靠性随着元件的增加而提高，见式（4.10）。因此，并联的构造是一种提高系统可靠性的方法，经常用在航空和航天这样和安全相关的系统里。然而，这样的做法也受其他方面的限制，比如零件数量增加导致提高的成本和重量。例如，并联系统因为成本的原因，很少用在提高汽车的可靠性。

例 4.4 参考图 4.6。假设照明系统采用 3 只相同的灯泡而其他元器件都是 100% 可靠的。灯泡的失效时间服从威布尔分布，参数分别为 $\beta = 1.35$，$\alpha = 35\,800\text{h}$。计算这个系统在使用 8760h 以后的可靠性。如果此刻系统可靠性的目标是 99.99%，需要至少有多少灯泡并联？

解：因为灯泡的寿命用威布尔分布表示，单个灯泡在使用 8760h 以后的可靠性是

$$R_0 = \exp\left[-\left(\frac{8760}{35\,800}\right)^{1.35}\right] = 0.8611$$

把 R_0 的值代入式（4.11），得出系统在 8760h 后的可靠性，$R=1-(1-0.8611)^3=0.9973$。从式（4.12）得出，要实现 99.99% 的可靠性，最少需要的灯泡数量是

$$n = \frac{\ln(1-0.9999)}{\ln(1-0.8611)} = 5$$

4.5 串并混联系统

还有一种情况就是为了功能或者可靠性需求，串联和并联的构造同时出现在系统设计里。这种组合形成串联-并联或者并联-串联的构造。这一节里我们讨论这两种系统的可靠性。

4.5.1 串联-并联系统

通常的串联-并联系统有 n 个串联的子系统，其中每个子系统里含有 m_i（$i=1,2,\cdots,n$）个并联的元件，如图 4.7 所示。这种构造有时候称为低层级的冗余设计。要计算这个系统的可靠性，我们先把每一个并联构造的子系统简化成等效的可靠性框。由式（4.10）得，第 i 个框的可靠性 R_i 是

$$R_i = 1 - \prod_{j=1}^{m_i}(1-R_{ij}) \tag{4.15}$$

式中，R_{ij} 是子系统 i 里的第 j 个元件；$i=1,2,\cdots,n$；$j=1,2,\cdots,m_i$。这 n 个子系统构成了一个和原来系统等效的串联系统，如图 4.8 所示。然后系统可靠性 R 由式（4.1）和（4.15）可得

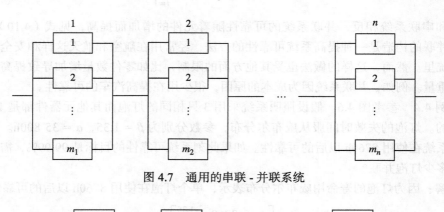

图 4.7　通用的串联-并联系统

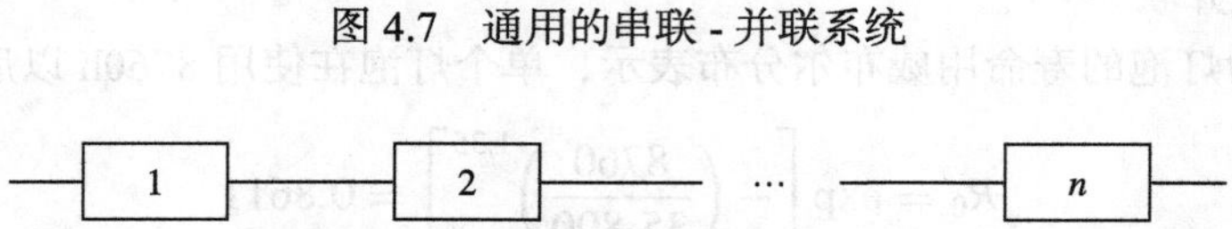

图 4.8　和图 4.7 等效的可靠性框图

$$R = \prod_{i=1}^{n} \left[1 - \prod_{j=1}^{m_i}(1 - R_{ij}) \right] \qquad (4.16)$$

当这个串联-并联系统里所有的元件都相同,而且所有子系统的元件数量相同,则式(4.16)简化为

$$R = [1 - (1 - R_0)^m]^n \qquad (4.17)$$

式中,R_0 是单个元件的可靠性;m 是每个子系统的元件数量。

4.5.2 并联-串联系统

一个通用的并联-串联系统含有 m 个并联的子系统,每个子系统含有 n_i($i = 1,2,\cdots,m$)个元件,如图4.9所示。这种构造也称为高层级的冗余设计。为了计算系统可靠性,我们先把每个串联的子系统简化成一个等效的可靠性框。从式(4.1)可知,第 i 个框的可靠性 R_i 是

$$R_i = \prod_{j=1}^{n_i} R_{ij}, \qquad i = 1, 2, \cdots, m \qquad (4.18)$$

式中,R_{ij} 是第 i 个子系统里第 j 个元件。这 m 个框构成的并联系统和原来的系统等效,如图4.10所示。把式(4.18)代入式(4.10),得到串联-并联系统的可靠性是

$$R = 1 - \prod_{i=1}^{m} \left(1 - \prod_{j=1}^{n_i} R_{ij} \right) \qquad (4.19)$$

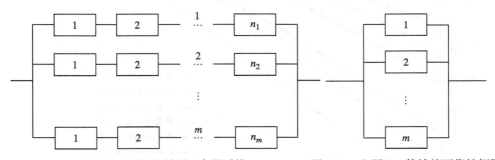

图4.9 通用的并联-串联系统   图4.10 和图4.9等效的可靠性框图

如果在并联-串联系统里所有元件都相同,而且每一个子系统元件的数量相同,系统可靠性可以写为

$$R = 1 - (1 - R_0^n)^m \qquad (4.20)$$

其中 R_0 是单个元件的可靠性，n 是每个子系统里串联的元件的数量。

例 4.5 假设一位工程师有 4 个相同的元件，每一个在设计寿命时有 90% 的可靠性。这位工程师要从串联 - 并联系统和并联 - 串联系统里选出一种可靠性高的方案。这两种构造如图 4.11 和图 4.12 所示。从可靠性角度来讲，应该选择哪一种设计？

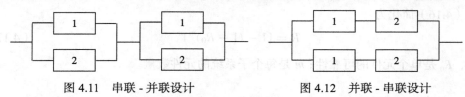

图 4.11　串联 - 并联设计　　　　　　图 4.12　并联 - 串联设计

解：从式（4.17）可得，串联 - 并联这种设计的可靠性是 $R = [1-(1-0.9)^2]^2 = 0.9801$。

从式（4.20）可得，并联 - 串联这种设计的可靠性是 $R = 1-(1-0.9^2)^2 = 0.9639$。显然，应该选择串联 - 并联的设计。

通常，在同样元件数量的情况下，串联 - 并联系统的可靠性比并联 - 串联系统的可靠性要高。为了从数值上说明这一点，图 4.13 表示了在不同的 m 和 n 的组合下，这两种系统的可靠性。在这张图里，S-P 表示串联 - 并联，P-S 表示并联 - 串联。可以看出如果元件可靠性低，则整体的可靠性差异就会很大。然而，这个差异随着元件的可靠性的增加而减小，在可靠性很高，比如 0.99 的时候几乎可以忽略。图 4.13 也说明在元件总数量一定的前提下，$n > m$ 的系统比 $m > n$ 的系统可靠性要低。

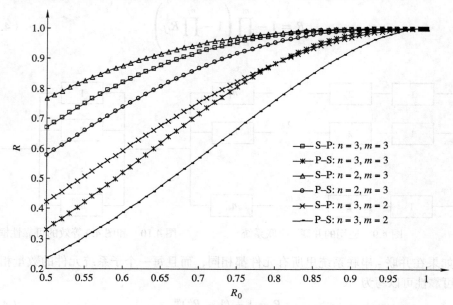

图 4.13　串联 - 并联系统和并联 - 串联系统的可靠性

4.6　k/n 表决系统

在第 4.4 节讲到，并联系统只要有一个元件能够正常工作，整个系统就可以正常工作。实际当中，有的系统需要有多于一个元件正常工作才能使整个系统正常工作。这种系统很常见。一座有 4 台发电机的电站在降额状态下运转可能需要至少 2 台发电机同时满负荷运转才能提供充足的电力。网络主机可能装有 5 台服务程序，至少需要 3 台正常工作才能使网络服务不中断。含有 5 个传感器的某定位系统需要有 3 个传感器正常工作才能确定一个物体的位置。这类系统通常称为 k/n:G 表决系统：其中 n 是系统里的单元数量，k 是其中必须要正常工作的单元的数量，而 G 代表英文 Good，这里的意思是成功。根据定义可以知道，并联系统就是一个 1/n:G 系统，而串联系统就是一个 n/n:G 系统。有时候，我们也可能要从失效的角度来定义系统。一个系统可以成为是 k/n:F 系统，其中 F 表示英文 Failure，意思是失效，当且仅当至少 k 只元件失效时才会导致整个系统失效。根据这个定义可以知道，并联系统就是一个 n/n:F 系统，而串联系统就是一个 1/n:F 系统。很明显，一个 k/n:G 系统和一个（n-k+1）/n:F 系统是等效的。因为这种等效关系，我们在这一章里只研究 k/n:G 系统就可以了。

假设在 k/n:G 系统里这 n 个元件的失效时间彼此独立但服从相同的分布。我们设系统里 n 个单元里能够正常工作的单元数量为 x。这样 x 就是服从二项分布的随机变量。正好有 k 个元件正常工作的概率是

$$\Pr(x=k) = C_n^k R_0^k (1-R_0)^{n-k}, \qquad k=0,1,\cdots,n \qquad (4.21)$$

式中，R_0 是一个元件的可靠性。

因为一个 k/n:G 系统需要至少 k 个元件能正常使用，系统可靠性 R 就是

$$R = \Pr(x \geq k) = \sum_{i=k}^{n} C_n^i R_0^i (1-R_0)^{n-i} \qquad (4.22)$$

当 k=1，也就是说 n 个元件是并联的，这样式（4.22）就变成了 $R = 1-(1-R_0)^n$。这和式（4.11）是一致的。

当 k=n 时，也就是说 n 个元件完全是串联的，式（4.22）可以写成 $R = R_0^n$。这和式（4.2）也是一致的。

如果失效时间服从指数分布，则系统可靠性就变成了

$$R(t) = \sum_{i=k}^{n} C_n^i e^{-\lambda i t} (1-e^{-\lambda t})^{n-i} \qquad (4.23)$$

式中，λ 是元件的失效率。MTTF 为

$$\mathrm{MTTF} = \int_0^{+\infty} R(t) \mathrm{d}t = \frac{1}{\lambda} \sum_{i=k}^{n} \frac{1}{i} \qquad (4.24)$$

注意式（4.24）和式（4.14）在当 $k=1$ 的时候是相同的。

例 4.6 一台主机有 5 个相互独立但是相同的服务器并联连接。至少要有 3 个服务器正常工作才能使网络服务不出现中断。服务器的寿命服从指数分布，其中 $\lambda = 2.7 \times 10^{-5}$，单位为每小时失效的次数。计算平均故障间隔时间（MTBF），以及连续运行一年后主机的可靠性。

解： 这个网络主机是一个 3/5:G 系统。如果一个服务器能在失效后立即修复到全新的状态，则 MTBF 和 MTTF 相同，并且可以用式（4.24）计算

$$\text{MTBF} = \left(\frac{1}{2.7 \times 10^{-5}} \sum_{i=3}^{5} \frac{1}{i} \right) h = 2.9 \times 10^4 \, h$$

把给出的数据代入式（4.23），得出在 8760h（一年）之后主机的可靠性是

$$R(8760) = \sum_{i=3}^{5} C_5^i e^{-2.7 \times 10^{-5} \times 8760 i}(1 - e^{-2.7 \times 10^{-5} \times 8760})^{5-i} = 0.9336$$

如上文讨论，一个 1/n:G 系统是一个纯并联系统。通常，一个 k/n:G 系统可以转化成为一个并联系统，其中包含 C_n^k 条路径，每一条包含 k 个不同的元件。为了解释这种转化，我们来看一个 2/3:G 系统。等效的并联系统有 $C_3^2 = 3$ 条并联的路径，每一条路径有 2 个元件。这个系统的可靠性框图在图 4.14 中显示。根据第 4.4 节的表示方法，并联系统的失效率可以写为

$$F = \Pr(\overline{E_1 E_2} \ \ \overline{E_1 E_3} \ \ \overline{E_2 E_3}) = \Pr[(\overline{E}_1 + \overline{E}_2)(\overline{E}_1 + \overline{E}_3)(\overline{E}_2 + \overline{E}_3)]$$

通过布尔运算（见第 6 章），上式简化为

$$F = \Pr(\overline{E}_1 \overline{E}_2 + \overline{E}_1 \overline{E}_3 + \overline{E}_2 \overline{E}_3) \tag{4.25}$$

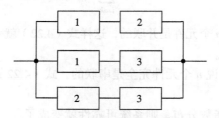

图 4.14　2/3:G 系统的可靠性框图

这个方程表明，这三个事件 $\overline{E}_1 \overline{E}_2$、$\overline{E}_2 \overline{E}_3$、$\overline{E}_1 \overline{E}_3$ 里任意一个发生的话，系统就会失效。这样的事件称为最小割集。最小割集的定义和应用在第 4.8 节中介绍，并在第 6 章里有更进一步的讨论。如式（4.25），2/3:G 系统有 3 个最小割集，每一割集有 2 个元件。总体来说，k/n:G 系统含有 C_n^{n-k+1} 个最小割集，每一个割集有 k 个元件。

我们继续计算失效率。式（4.25）可以展开为

$$F = \Pr(\overline{E}_1\overline{E}_2) + \Pr(\overline{E}_1\overline{E}_3) + \Pr(\overline{E}_2\overline{E}_3) - 2\Pr(\overline{E}_1\overline{E}_2\overline{E}_3)$$

因为 $\overline{E}_1$、$\overline{E}_2$、$\overline{E}_3$ 彼此独立，系统可靠性可以写成

$$R = 1 - F$$
$$= 1 - (1-R_1)(1-R_2) - (1-R_1)(1-R_3) - (1-R_2)(1-R_3) + \quad (4.26)$$
$$2(1-R_1)(1-R_2)(1-R_3)$$

如果元件都相同，可靠性都是 R_0，则式（4.26）就变成

$$R = 1 - (1+2R_0)(1-R_0)^2$$

这个可靠性和从式（4.22）得出的相同。注意，和式（4.22）不同的是，式（4.26）不需要元件都相同才能计算系统可靠性。因此，把一个 k/n:G 系统转化为等效的并联系统能够用于在元件可靠性不相等的情况下计算系统可靠性。

4.7　冗余系统

冗余系统在系统构造里含有 1 个或者多个备用元件或者子系统。这些备用的单元会在主要单元失效的时候让系统继续工作。仅仅在备用单元部分甚至全部失效的时候，系统才会失效。因此，冗余是一种能够增加系统可靠性的设计方法。这种方法在重要设备上用得很多。一个简单的例子就是有备胎的汽车。当轮胎损坏后，就用备胎把原来的轮胎换下，这样车辆可以继续行驶。Wang 和 Loman（2002）介绍了一个更复杂的例子。通用电气设计的电站含有 n 台工作的发电机，同时又有 1 台或者多台备用。通常，这 n 台发电机的每一台运行百分之 $100(n-1)/n$ 的负荷，一起向用户输出满足 100% 要求的电量。而其中的 $n-1$ 台就足以满足需求。当其中任何一台出现故障，剩下的 $n-1$ 台会补充损失的电量，这样输出仍然是 100%。同时，启用备用的发电机并达到百分之 $100(n-1)/n$ 的负荷，而其他 $n-1$ 台的负荷降到原来的百分之 $100(n-1)/n$。

如果在系统工作的时候备用的单元完全启用了，则这个备用单元就称为启用或者热备用。前面几节里介绍的并联系统或者 k/n:G 系统就是典型的热备用系统。如果冗余的单元仅仅在主要单元失效时才被全部启用，则这种冗余称为被动待机。主要单元正常运转，冗余的单元留作备用，这样的冗余单元称为冷待机。冷待机系统需要有感应装置来探测主要单元的失效，并有执行机构来在失效发生时启用冗余单元。在后面的讨论里，我们使用切换系统这个词表示感应装置和执行机构。另外，如果冗余单元在等待时间里承担了部分负荷，则这种冗余称为暖待机。暖待机单元通常性能较弱，如果完全启用则可能会失效。根据上面所说的分类方法可以知道，备胎和备用发电机都属于冷待机。在这一节的剩余部分我们分析冷待机系统，切换系统可能是理想的，

也可能是非理想的。图 4.15 显示了包含 n 个单元和一个切换系统的冷待机系统；在这个图里，单元 1 是主要单元，S 表示切换系统。

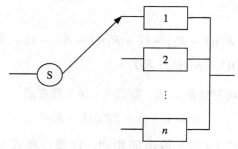

图 4.15　冷待机系统

4.7.1　带有理想切换系统的冷待机系统

如果切换系统是 100% 可靠的，则系统可靠性取决于其中的 n 个元件。用 T_i 表示元件 i 的失效时间（$i=1,2,\cdots,n$），T 表示整个系统的失效时间。很明显有

$$T = \sum_{i=1}^{n} T_i \tag{4.27}$$

如果 T_1，T_2，$\cdots$，T_n 彼此独立而且服从指数分布，失效率是 λ，T 服从伽马分布，参数为 n 和 λ。概率密度函数是

$$f(t) = \frac{\lambda^n}{\Gamma(n)} t^{n-1} \mathrm{e}^{-\lambda t} \tag{4.28}$$

系统的可靠性是

$$R(t) = \int_t^{+\infty} \frac{\lambda^n}{\Gamma(n)} t^{n-1} \mathrm{e}^{-\lambda t} \mathrm{d}t = \mathrm{e}^{-\lambda t} \sum_{i=0}^{n-1} \frac{(\lambda t)^i}{i!} \tag{4.29}$$

而且

$$\mathrm{MTTF} = \frac{n}{\lambda} \tag{4.30}$$

或者，式（4.30）也可以从式（4.27）导出。具体就是

$$\mathrm{MTTF} = E(T) = \sum_{i=1}^{n} E(T_i) = \sum_{i=1}^{n} \frac{1}{\lambda} = \frac{n}{\lambda}$$

如果只有一个备用元件，把 $n=2$ 代入式（4.29）得到的系统可靠性就是

$$R(t) = (1 + \lambda t)e^{-\lambda t} \quad (4.31)$$

例 4.7 一座小型发电站安装有两台发电机，一台常开，另一台冷待机。当主发电机出故障时，备用的发电机无间断地切入工作状态。这两只发电机的寿命可以用指数分布表示，$\lambda = 3.6 \times 10^{-5}$ 次 /h。计算发电站在 5000h 时的可靠性和失效时间。

解：把数据代入式（4.31）得到

$$R(5000) = (1 + 3.6 \times 10^{-5} \times 5000)e^{-3.6 \times 10^{-5} \times 5000} = 0.9856$$

让式（4.30）里面的 $n = 2$，我们得到

$$\text{MTTF} = \frac{2}{3.6 \times 10^{-5}} \text{h} = 5.56 \times 10^4 \text{ h}$$

如果这 n 个元件不彼此相同，也不服从指数分布，要计算系统可靠性就很复杂。我们现在在思考一个简单的包括 2 个元件的冷待机系统。在下面两种情况下这个系统的寿命能达到时间 t：

1）主要元件（寿命是 T_1）在 t 之前没有失效；也就是说，$T_1 \geq t$。
2）如果主要元件失效时间 $\tau < t$，则冷待机单元（寿命为 T_2）继续在剩下的 $(t-\tau)$ 时间里正常工作；从概率上讲，这个事件表示为 $(T_1 < t)(T_2 \geq t - \tau)$。

因为上述两个事件互斥，系统可靠性是

$$\begin{aligned} R(t) &= \Pr[(T_1 \geq t) + (T_1 < t)(T_2 \geq t - \tau)] = \Pr(T_1 \geq t) + \\ &\quad \Pr[(T_1 < t)(T_2 \geq t - \tau)] \\ &= R_1(t) + \int_0^t f_1(\tau) R_2(t - \tau) \, d\tau \end{aligned} \quad (4.32)$$

式中，R_i 和 f_i 分别是可靠性和元件 i 的概率密度函数。在多数情况下，求解式（4.32）需要数值方法。作为一个特殊的情况，如果两个单元完全相同并且服从指数分布，式（4.32）就成为式（4.31）。

4.7.2 带有非理想切换系统的冷待机系统

切换系统含有一个感应失效的装置和一个切换机构，因此可能会使它更复杂。实际上，它也会失效。现在我们分析两个元件的冷待机系统。修改式（4.32），我们可以得到系统可靠性

$$R(t) = R_1(t) + \int_0^t R_0(\tau) f_1(\tau) R_2(t - \tau) \, d\tau \quad (4.33)$$

式中，$R_0(\tau)$ 是切换系统在时刻 τ 的可靠性。在下面的讨论里我们假设这两个元件彼此相同而且服从指数分布，参数是 λ，$R_0(\tau)$ 分静态和动态两种情况。

对有些切换系统比如人工操作，可靠性不随时间变化。在这种情况下，$R_0(\tau)$ 是静态的，或者说不随时间变化。让 $R_0(\tau)=p_0$。这样式（4.33）可以写为

$$R(t) = e^{-\lambda t} + p_0 \int_0^t \lambda e^{-\lambda \tau} e^{-\lambda(t-\tau)} d\tau = (1 + p_0 \lambda t)e^{-\lambda t} \qquad (4.34)$$

注意式（4.31）的理想切换系统和式（4.34）的非理想系统，当 $p_0 = 1$ 的时候式（4.34）退化成式（4.31）。

MTTF 为

$$\text{MTTF} = \int_0^{+\infty} R(t)\,dt = \frac{1+p_0}{\lambda} \qquad (4.35)$$

现在我们来看 $R_0(\tau)$ 是动态的或者说随时间变化的情况。多数现代切换系统包括复杂的硬件和软件。它们可能在主要单元出现故障之前发生各种失效模式。如果这种失效发生，待机单元永远无法在主要单元失效的时候被启用。由于切换系统的寿命随指数分布，参数为 λ_0，从式（4.33）可得整个系统的可靠性是

$$R(t) = e^{-\lambda t} + \int_0^t e^{-\lambda_0 \tau} \lambda e^{-\lambda \tau} e^{-\lambda(t-\tau)} d\tau = e^{-\lambda t}\left[1 + \frac{\lambda}{\lambda_0}\left(1 - e^{-\lambda_0 t}\right)\right] \qquad (4.36)$$

MTTF 为

$$\text{MTTF} = \int_0^{+\infty} R(t)\,dt = \frac{1}{\lambda} + \frac{1}{\lambda_0} - \frac{\lambda}{\lambda_0(\lambda + \lambda_0)} \qquad (4.37)$$

我们将在例 4.8 里看到，非理想的切换系统降低了整个系统的可靠性和 MTTF。为了帮助更好地理解这一点，我们先用 r_0 表示在 $1/\lambda$ 这一时刻非理想切换系统的可靠性和理想切换系统的可靠性的比值，用 r_1 表示非理想和理想切换系统的 MTTF 的比值，并用 δ 表示 λ 和 λ_0 的比值。从式（4.31）和式（4.36），我们得到

$$r_0 = \frac{1}{2}[1 + \delta(1 - e^{-1/\delta})] \qquad (4.38)$$

对式（4.30）取 $n=2$，并且由式（4.37），我们得到

$$r_1 = \frac{1}{2}\left[1 + \delta\left(1 - \frac{\delta}{1+\delta}\right)\right] \qquad (4.39)$$

图 4.16 表示了在不同的 δ 下的 r_0 和 r_1。可以看出切换系统的不可靠性对系统的 MTTF 的影响比对可靠性的影响更严重。这两个量都在 λ_0 大于 λ 的 10% 的时候大大降低。这种效果随着 λ_0 的降低而降低而当 λ_0 小于 λ 的 1% 时几乎可以忽略。

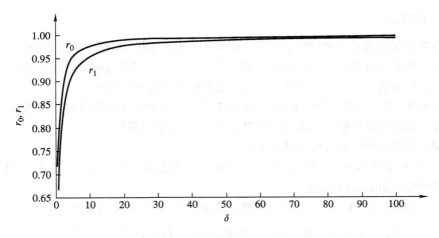

图 4.16　不同的 δ 下的 r_0 和 r_1

例 4.8　参考例 4.7。假设切换系统会失效，并且服从指数分布，$\lambda_0 = 2.8 \times 10^{-5}$，单位为每小时失效数。计算发电站在 5000h 时的可靠性以及 MTTF。

解：把数据代入式（4.36）得到

$$R(5000) = e^{-3.6 \times 10^{-5} \times 5000}\left[1 + \frac{3.6 \times 10^{-5}}{2.8 \times 10^{-5}}\left(1 - e^{-2.8 \times 10^{-5} \times 5000}\right)\right]$$
$$= 0.9756$$

从式（4.37）得出

$$\text{MTTF} = \frac{1}{3.6 \times 10^{-5}}\text{h} + \frac{1}{2.8 \times 10^{-5}}\text{h} - \frac{3.6 \times 10^{-5}}{2.8 \times 10^{-5} \times (3.6 \times 10^{-5} + 2.8 \times 10^{-5})}\text{h}$$
$$= 4.34 \times 10^4 \text{ h}$$

把这个结果和例 4.7 相比较，我们可以看出非理想切换系统的负面影响。

4.8　复杂系统的可靠性评估

到此为止我们研究了串联、并联、串联-并联、并联-串联、k/n 表决系统以及冗余系统。在实际上，这些构造经常会结合在一起形成更加复杂的系统来完成功能要求。有些网络，比如电网、电信系统以及计算机网络，它们如此复杂甚至无法轻易地分解成上述构造。分析这类复杂系统的可靠性需要更先进的工具。在这一节里我们介绍三种简单而有效的方法。对大型的复杂系统，手动计算即使可以进行也是很困难的。各类商用软件，比如 ReliaSoft、Relex 和 Item，能够通过仿真来计算可靠性和可靠性的其他指标。

4.8.1 化简法

有些系统包含独立的串联、并联、串联-并联、并联-串联、k/n 表决系统。系统化简法是把系统逐步化简为上述类型的子系统,每一个用等效的可靠性框来表示。整个可靠性框图最后化简为一个可靠性框。我们用下面的例子来说明。

例 4.9 某系统的可靠性框图如图 4.17 所示。各个元件的失效时间用指数分布表示,各个框的失效率是 10^{-4} 次 /h。计算工作 600h 时的可靠性。

解:计算系统可靠性的步骤如下:

1)把系统化简为 A、B、C 和 D 四个框,分别表示串联-并联、并联、串联以及冷待机系统,如图 4.17 所示。

2)计算框 A、B、C 和 D 的可靠性。由式(4.19),框 A 的可靠性是

$$R_A = 1 - (1 - R_1 R_2)(1 - R_3 R_4) = 1 - [1 - e^{-(1.2+2.3) \times 10^{-4} \times 600}]$$
$$[1 - e^{-(0.9+1.6) \times 10^{-4} \times 600}]$$
$$= 0.9736$$

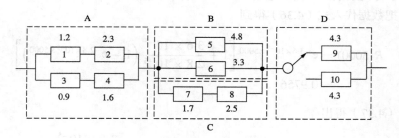

图 4.17 例 4.9 的工程系统

由式(4.10)得出框 B 的可靠性是

$$R_B = 1 - (1 - R_5)(1 - R_6) = 1 - (1 - e^{-4.8 \times 10^{-4} \times 600})(1 - e^{-3.3 \times 10^{-4} \times 600})$$
$$= 0.955$$

由式(4.1)我们得出框 C 的可靠性是

$$R_C = e^{-(1.7+2.5) \times 10^{-4} \times 600} = 0.7772$$

由式(4.31)框 D 的可靠性是

$$R_D = (1 + 4.3 \times 10^{-4} \times 600) \times e^{-4.3 \times 10^{-4} \times 600} = 0.9719$$

等效的可靠性框图如图 4.18 所示。

3)图 4.18 中,等效的系统更进一步化简为框 E 和框 F,分别是串联和并联子系统。

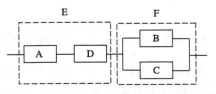

图 4.18　与图 4.17 等效的化简后的系统

4）计算框 E 和框 F 的可靠性。

$$R_E = R_A R_D = 0.9736 \times 0.9719 = 0.9462$$

$$R_F = 1 - (1 - R_B)(1 - R_C) = 1 - (1 - 0.955)(1 - 0.7772) = 0.99$$

等效于图 4.18 的可靠性框图如图 4.19 所示。

5）与图 4.19 的等效系统含有串联的两个单元，它进一步化简到单一的框 G。

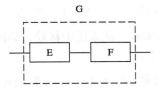

图 4.19　与图 4.18 等效的化简后的系统

6）计算框 G 的可靠性：

$$R_G = R_E R_F = 0.9462 \times 0.99 = 0.9367$$

现在原来的系统化简成一个单元，如图 4.20 所示，这个化简过程就完成了。这样整个系统的可靠性是 $R = R_G = 0.9367$。

图 4.20　与图 4.19 等效的化简后的系统

4.8.2　分解法

化简法适用于能够划分成多个可直接计算的、简单的子系统的复杂系统。有时候我们会遇到更复杂的系统，比如熟知的桥式系统，如图 4.21 所示，它无法用化简法计算。在这一小节里我们介绍分解法，也称为条件概率法或者贝叶斯定理法。

分解法的第一步是从分析对象里选择一个基础元件，比如 A。这个元件把整个系统联系在一起。比如在图 4.21 中，元件 5 就是这样一个元件。先假设这个基础元件 100% 可靠，并在系统结构里用一条线代替。其次再假设这个元件是失效了的，并从系统里移除。计算出在每一个假设条件下的系统可靠性。根据全概率公式，原系统的

可靠性可以写为

$$R = \Pr(系统可靠 | A)\Pr(A) + \Pr(系统可靠 | \overline{A})\Pr(\overline{A}) \qquad (4.40)$$

式中，A 代表基础元件 A 完全可靠的事件；$\overline{A}$ 代表基础元件 A 失效的事件；$\Pr(系统可靠 | A)$ 是当 A 永不失效的前提下系统能完成既定功能的概率；$\Pr(系统可靠 | \overline{A})$ 是当 A 已经失效的前提下系统能完成既定功能的概率。这种方法的效率取决于对基础元件的选择。如果基础元件选择恰当，则计算条件概率的效率会很高。

例 4.10 分析图 4.21 里的桥式系统。假设元件 i 的可靠性是 R_i，$i = 1, 2, \cdots, 5$。计算系统可靠性。

解：选择元件 5 为基础元件，记为 A。假设它永远不失效并在系统构造中用直线代替。

这时系统就简化为图 4.22。简化后的系统是串联 - 并联构造，对应的条件可靠性是

$$\Pr(系统可靠 | A) = [1 - (1 - R_1)(1 - R_3)][1 - (1 - R_2)(1 - R_4)]$$

下一步是假设元件 5 已经失效并从系统中移除，如图 4.23 所示，这个新的构造是并联 - 串联系统。它的条件概率是

$$\Pr(系统可靠 | \overline{A}) = 1 - (1 - R_1 R_2)(1 - R_3 R_4)$$

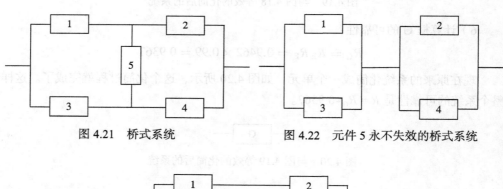

图 4.21 桥式系统　　　　　图 4.22 元件 5 永不失效的桥式系统

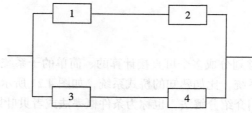

图 4.23 元件 5 已经失效的桥式系统

元件 5 的可靠性和不可靠性分别是 $\Pr(A) = R_5$ 和 $\Pr(\overline{A}) = 1 - R_5$。把这些式子代入式（4.40）得出原来系统的可靠性

$$R = [1 - (1-R_1)(1-R_3)][1 - (1-R_2)(1-R_4)]R_5 +$$
$$[1 - (1-R_1R_2)(1-R_3R_4)](1-R_5)$$
$$= R_1R_2 + R_3R_4 + R_1R_4R_5 + R_2R_3R_5 - R_1R_2R_4R_5 - \quad (4.41)$$
$$R_2R_3R_4R_5 - R_1R_2R_3R_5 -$$
$$R_1R_3R_4R_5 - R_1R_2R_3R_4 + 2R_1R_2R_3R_4R_5$$

如例 4.10 所示，桥式系统的可靠性仅仅需要选择一次基础元件，式（4.40）也只需要使用一次。对有些复杂系统，分解后系统的可靠性无法直接写出。这种情况下，我们需要再次选择基础元件并再次使用式（4.40）直到方程里的每一项都可以直接求出。例如，如果 Pr（系统可靠|A）无法直接求出，那么在 A 正常工作的系统里可能需要继续选择一个基础元件，比如称为 B，继续分解下去。对 B 这个基础元件再次使用式（4.40）我们就能写出原来系统的可靠性是

$$R = \Pr(\text{系统可靠} | AB)\Pr(A)\Pr(B) + \Pr(\text{系统可靠} | A\overline{B})\Pr(A)\Pr(\overline{B}) + \quad (4.42)$$
$$\Pr(\text{系统可靠} | \overline{A})\Pr(\overline{A})$$

上面讨论的分解法每一次只选择一个基础元件。Wang 和 Jiang（2004）提出可以同时选出多个这样的元件来分析复杂的网络。例如，如果选出了两个基础元件，称 A 和 B，原来的系统可以分解为 4 个子系统，分别是 AB、$\overline{A}B$、$A\overline{B}$ 和 $\overline{A}\overline{B}$，其中 AB 是指 A 和 B 都能正常工作的情况，$\overline{A}B$ 是指 A 无法但是 B 可以工作正常的情况，$A\overline{B}$ 是指 A 可以但是 B 无法正常工作的情况，$\overline{A}\overline{B}$ 是 A 和 B 都无法正常工作的情况。利用全概率公式，原系统的可靠性可以写为

$$R = \Pr(\text{系统可靠} | AB)\Pr(A)\Pr(B) + \Pr(\text{系统可靠} | \overline{A}B)\Pr(\overline{A})\Pr(B) +$$
$$\Pr(\text{系统可靠} | A\overline{B})\Pr(A)\Pr(\overline{B}) + \quad (4.43)$$
$$\Pr(\text{系统可靠} | \overline{A}\,\overline{B})\Pr(\overline{A})\Pr(\overline{B})$$

方程（4.43）有 4 项。通常对二元状态的元件，如果同时选用了 m 个基础元件，则可靠性方程就会有 2^m 项。每一项都是分解下来的子系统的可靠性和这个子系统的形成条件的概率的乘积。

4.8.3 最小割集法

上面学习的分解法是基于全概率公式进行的。在本小节我们给出最小割集法和包含-排除法则。我们先讨论割集。割集是指这样的一组元件，它们的失效将切断所有输入端和输出端之间的联系，从而导致整个系统失效。比如在图 4.21 里，{1,3,5} 和 {2,4} 都是割集。有的割集里含有不必要的元件，如果移除的话，其余元件的失效仍然会导致整个系统失效。在上面的例子里，割集 {1,3,5} 里含有元件 5，这个元件可以

从割集里移除而且不会改变整个系统的失效状态。这样的割集可以继续缩减形成最小割集。最小割集是能使整个系统失效的最小的元件集合。最小割集含有最少数量的元件，这些元件的失效是整个系统失效的充分且必要条件。如果任何一个元件从这个集合里移除，则剩余的元件就无法构成一个割集。割集和最小割集的定义与第6章里介绍故障树分析里的定义类似。

因为每一个最小割集失效都会导致系统失效，系统失效这个事件就是所有最小割集的并集。这样系统可靠性可以写为

$$R = 1 - \Pr(C_1 + C_2 + \cdots + C_n) \tag{4.44}$$

式中，$C_i(i = 1, 2, \cdots, n)$ 表示最小割集 i 中所有元件都失效的这个事件，n 表示所有最小割集的数量。式（4.44）可以利用包含-排除法则，因此是

$$\begin{aligned}\Pr(C_1 + C_2 + \cdots + C_n) &= \sum_{i=1}^{n} \Pr(C_i) - \sum_{i<j=2}^{n} \Pr(C_i C_j) + \\ &\quad \sum_{i<j<k=3}^{n} \Pr(C_i C_j C_k) + \cdots + \\ &\quad (-1)^{n-1} \Pr(C_1 C_2 \cdots C_n)\end{aligned} \tag{4.45}$$

例 4.11 参考例 4.10。如果 5 个元件的可靠性都相同，都是 R_0，利用最小割集法计算图 4.21 中这个桥式结构的可靠性。

解： 这个桥式系统的最小割集是 {1,3}，{2,4}，{1,4,5} 以及 {2,3,5}。用 A_i 表示元件 i 失效这个事件，$i = 1, 2, \cdots, 5$。这样最小割集描述的事件可以写为：$C_1 = A_1 A_3$，$C_2 = A_2 A_4$，$C_3 = A_1 A_4 A_5$，$C_4 = A_2 A_3 A_5$。从式（4.44）和（4.45）并利用布尔运算（见第6章），系统可靠性可以写为

$$\begin{aligned}R &= 1 - \left[\sum_{i=1}^{4} \Pr(C_i) - \sum_{i<j=2}^{4} \Pr(C_i C_j) + \sum_{i<j<k=3}^{4} \Pr(C_i C_j C_k) - \right. \\ &\quad \left. \Pr(C_1 C_2 C_3 C_4)\right] \\ &= 1 - [\Pr(A_1 A_3) + \Pr(A_2 A_4) + \Pr(A_1 A_4 A_5) + \Pr(A_2 A_3 A_5) - \\ &\quad \Pr(A_1 A_2 A_3 A_4) - \Pr(A_1 A_3 A_4 A_5) - \Pr(A_1 A_2 A_3 A_5) - \\ &\quad \Pr(A_1 A_2 A_4 A_5) - \Pr(A_2 A_3 A_4 A_5) + 2\Pr(A_1 A_2 A_3 A_4 A_5)] \\ &= 1 - [2(1-R_0)^2 + 2(1-R_0)^3 - 5(1-R_0)^4 + 2(1-R_0)^5] \\ &= 2R_0^5 - 5R_0^4 + 2R_0^3 + 2R_0^2\end{aligned}$$

注意当所有元件可靠性都是 R_0 时，由式（4.41）可得出同样的结果。

4.9 系统可靠性的置信区间

在本章前几节,我们介绍了通过元件的数据来计算系统可靠性。在实际上这些元件的可靠性通常是无法知道的,只能从试验数据、现场失效、历史数据或者其他来源来估算。这些估算不可避免地含有统计误差,从而从这些估算值推导出的系统可靠性也与实际值有偏差。因此,经常希望能够对系统可靠性给出置信区间,尤其是下限。在这一节里,我们讲解计算系统可靠性置信区间的方法。

在相关文献中,对不同情况有很多种方法来计算置信区间。例如,Crowder 等人(1991)对含有二项分布元件的系统提出 Lindstrom 和 Madden 逼近法。Mann(1974)为含有二项分布元件数据的串联和并联系统可靠性给出了近似最优置信界限。这种方法适用于在没有元件失效时。Gertsbakh(1982,1989)在假设元件服从指数分布并且十分可靠的前提下给出了计算串联、并联、串联-并联以及 k/n:G 表决系统的计算可靠性区间的方法。Ushakov(1996)和 Gnedenko 等人(1999)给出各种计算置信区间的方法,涵盖了服从二项分布或者指数分布的串联、并联、串联-并联以及复杂系统。除了这些解析的方法,蒙特卡罗仿真也是一个强有力的方法,能够处理威布尔、正态、对数正态或者其他分布,以及系统结构复杂的情况。Moore 等人(1980)提供了通过极大似然法来计算置信区间的模型。这个模型可以用来计算由服从威布尔和伽马分布的元件组成的从简单到复杂的系统。Chao 和 Hwang(1987)提出了一个修正的蒙特卡罗法来利用通过-失败或者二项数据计算系统可靠性的置信区间。更丰富的文献总结可以在 Willits 等人(1997)和 Tian(2002)的文章中读到。

在这一节里,我们会给出两种方法来计算系统可靠性的置信区间。这些方法不需要元件失效分布类型的前提条件,但是需要知道元件的可靠性的大小和方差,当元件寿命可以用参数分布表示时,这两种数值都可以通过第 7、8 两章介绍的方法得到。非参数估计的方法比如 Kaplan–Meier 法可以在 Meeker 和 Escobar(1998)的文章里看到。

4.9.1 正态分布逼近的置信区间

在前面几节中介绍的系统可靠性建模是把系统可靠性视为元件可靠性的函数。从数学上讲就是

$$R = h(R_1, R_2, \cdots, R_n) \qquad (4.46)$$

式中,h 表示函数;R 是系统可靠性;$R_i(i=1,2,\cdots,n)$ 是元件 i 的可靠性;n 是系统里元件的数量。注意 R 和 R_i 可能随时间变化。系统可靠性的估计值是

$$\hat{R} = h(\hat{R}_1, \hat{R}_2, \cdots, \hat{R}_n) \qquad (4.47)$$

式中,∧ 表示估计。

如果 n 个元件是串联的，式（4.46）退化成式（4.1）。根据 Coit（1997），$\hat{R}$ 的方差是

$$\text{Var}(\hat{R}) = \prod_{i=1}^{n}\left[R_i^2 + \text{Var}(\hat{R}_i)\right] - \prod_{i=1}^{n} R_i^2 \qquad (4.48)$$

如果 n 个元件是并联的，式（4.46）变成式（4.10）。$\hat{R}$ 的方差就是

$$\text{Var}(\hat{R}) = \prod_{i=1}^{n}\left[(1-R_i)^2 + \text{Var}(\hat{R}_i)\right] - \prod_{i=1}^{n}(1-R_i)^2 \qquad (4.49)$$

利用式（4.48）和式（4.49），我们可以很容易地推导出串联-并联或者并联-串联系统里的方差。

对复杂系统，$\hat{R}$ 的方差可以通过对式（4.46）进行泰勒展开近似获得。这样我们就有

$$\text{Var}(\hat{R}) \approx \sum_{i=1}^{n}\left(\frac{\partial R}{\partial R_i}\right)^2 \text{Var}(\hat{R}_i) \qquad (4.50)$$

注意泰勒级数里的协方差项都是 0，因为这 n 个元件都是相互独立的。式（4.50）里的系数 $\partial R/\partial R_i$ 衡量的是系统可靠性方差对单个元件可靠性方差的敏感度。在下一小节里我们可以看到，这个系数也是 Birnbaum 重要度的一个度量。

把元件可靠性的估值和元件可靠性的方差代入式（4.48）、式（4.49）或者式（4.50），我们可以获得 $\text{Var}(\hat{R})$ 的估值，记为 $\hat{\text{Var}}(\hat{R})$。我们经常用正态分布来逼近 $\hat{R}$ 的分布。这样系统可靠性的置信水平为 $100(1-\alpha)\%$ 的双侧置信区间是

$$\hat{R} \pm z_{1-\alpha/2}\sqrt{\hat{\text{Var}}(\hat{R})} \qquad (4.51)$$

式中，$z_{1-\alpha/2}$ 是标准正态分布的第 $100(1-\alpha/2)$ 百分位数。置信水平为 $100(1-\alpha)\%$ 的单侧置信下限是

$$\hat{R} - z_{1-\alpha}\sqrt{\hat{\text{Var}}(\hat{R})} \qquad (4.52)$$

注意式（4.51）和式（4.52）可能会给出一个负的下限。为了确保下限一直是非负的，我们用这个变换

$$p = \ln\frac{R}{1-R} \qquad (4.53)$$

用 $\hat{R}$ 代替 R，就得到了 $\hat{p}$。根据 Meeker 和 Escobar（1998）的文献，随机变量

$$Z_{\hat{p}} = \frac{\hat{p} - p}{\sqrt{\hat{\text{V}}\text{ar}(\hat{p})}}$$

可以用标准正态分布随机变量逼近，其中

$$\sqrt{\hat{\text{V}}\text{ar}(\hat{p})} = \frac{\sqrt{\hat{\text{V}}\text{ar}(\hat{R})}}{\hat{R}(1-\hat{R})}$$

$Z_{\hat{p}}$ 的分布给出置信水平为 $100(1-\alpha)\%$ 的双侧置信区间是

$$\left[\frac{\hat{R}}{\hat{R}+(1-\hat{R})w}, \frac{\hat{R}}{\hat{R}+(1-\hat{R})/w}\right] \quad (4.54)$$

式中

$$w = \exp\left[\frac{z_{1-\alpha/2}\sqrt{\hat{\text{V}}\text{ar}(\hat{R})}}{\hat{R}(1-\hat{R})}\right]$$

置信水平为 $100(1-\alpha)\%$ 的单侧置信下限可用 $z_{1-\alpha}$ 替换式（4.54）中的 $z_{1-\alpha/2}$ 求得。

例 4.12 参考例 4.10。假设工作 1000h 以后元件可靠性和元件可靠性的标准差都已经从寿命试验数据里面计算出，见表 4.1。在 95% 的置信水平下，计算系统可靠性的双侧置信区间和单侧置信下限。

表 4.1 元件可靠性和标准差的估值

元 件	1	2	3	4	5
$\hat{R}_i$	0.9677	0.9358	0.9762	0.8765	0.9126
$\sqrt{\hat{\text{V}}\text{ar}(\hat{R}_i)}$	0.0245	0.0173	0.0412	0.0332	0.0141

解： 把元件可靠性的估计值代入式（4.41），我们得到 1000h 后的系统可靠性 $\hat{R} = 0.9909$。要用式（4.50）计算系统可靠性的方差，我们先算出式（4.41）对 R_i 的偏导数

$$\frac{\partial R}{\partial R_1} = R_2 + R_4 R_5 - R_2 R_4 R_5 - R_2 R_3 R_5 - R_3 R_4 R_5 - R_2 R_3 R_4 + 2 R_2 R_3 R_4 R_5$$

$$\frac{\partial R}{\partial R_2} = R_1 + R_3 R_5 - R_1 R_4 R_5 - R_3 R_4 R_5 - R_1 R_3 R_5 - R_1 R_3 R_4 + 2 R_1 R_3 R_4 R_5$$

$$\frac{\partial R}{\partial R_3} = R_4 + R_2 R_5 - R_2 R_4 R_5 - R_1 R_2 R_5 - R_1 R_4 R_5 - R_1 R_2 R_4 + 2 R_1 R_2 R_4 R_5$$

$$\frac{\partial R}{\partial R_4} = R_3 + R_1 R_5 - R_1 R_2 R_5 - R_2 R_3 R_5 - R_1 R_3 R_5 - R_1 R_2 R_3 + 2 R_1 R_2 R_3 R_5$$

$$\frac{\partial R}{\partial R_5} = R_1 R_4 + R_2 R_3 - R_1 R_2 R_4 - R_2 R_3 R_4 - R_1 R_2 R_3 - R_1 R_3 R_4 + 2 R_1 R_2 R_3 R_4$$

计算元件可靠性的估计值时的偏导数值，得到

$$\frac{\partial R}{\partial R_1}\bigg|_{R_i=\hat{R}_i} = 0.0334, \quad \frac{\partial R}{\partial R_2}\bigg|_{R_i=\hat{R}_i} = 0.1248, \quad \frac{\partial R}{\partial R_3}\bigg|_{R_i=\hat{R}_i} = 0.0365$$

$$\frac{\partial R}{\partial R_4}\bigg|_{R_i=\hat{R}_i} = 0.0666, \quad \frac{\partial R}{\partial R_5}\bigg|_{R_i=\hat{R}_i} = 0.0049$$

把偏导的值和元件可靠性的方差代入式（4.50），我们就得到了系统可靠性方差的估计值

$$\hat{\text{Var}}(\hat{R}) \approx \sum_{i=1}^{5}\left(\frac{\partial R}{\partial R_i}\bigg|_{R_i=\hat{R}_i}\right)^2 \hat{\text{Var}}(\hat{R}_i)$$
$$= 0.0334^2 \times 0.0245^2 + 0.1248^2 \times 0.0173^2 + 0.0365^2 \times 0.0412^2 +$$
$$0.0666^2 \times 0.0332^2 + 0.0049^2 \times 0.0141^2 = 1.25 \times 10^{-5}$$

这里式（4.54）用来计算置信区间。首先我们计算双侧置信区间的 w 值，就是

$$w = \exp\left[\frac{1.96 \times \sqrt{1.25 \times 10^{-5}}}{0.9909 \times (1 - 0.9909)}\right] = 2.157$$

把 w 和 $\hat{R}$ 的值代入式（4.54）中，我们得出系统可靠性的双侧置信区间是 [0.9806, 0.9957]。现在计算单侧置信下限的 w 值。就是

$$w = \exp\left[\frac{1.6448 \times \sqrt{1.25 \times 10^{-5}}}{0.9909 \times (1 - 0.9909)}\right] = 1.9058$$

把 w 和 $\hat{R}$ 的值代入式（4.54）的下端点得到 0.9828，这就是整个系统可靠性的单侧置信下限的值。

4.9.2 对数正态逼近的置信区间

在第 4.9.1 小节里讲述的置信区间是用正态分布来逼近系统可靠性估值的分布来计算的。现在我们提出一个方法，用来解决极少元件失效的问题，这种方法主要是由 Coit（1997）提出来的。这种方法和用正态分布逼近很类似，除了假设系统可靠性（不可靠性）的估值服从对数正态分布。这种对大型系统的假设是合理的，我们在后面会讲到。

就像正态分布逼近，这种方法也需要计算系统可靠性估值的方差。对一个纯串联系统，这个方差可以用式（4.48）计算；对于一个纯并联系统，可以用式（4.49）计算。如果系统更加复杂，这个方差用前面提到的系统化简法，再采用式（4.48）和（4.49）来计算。求解方差的过程包含以下四个步骤：

1）把整个系统划分成框，每只框内部是纯粹串联或者并联的构造。

2）计算可靠性估值和方差。对串联的框用式（4.48）计算方差，对并联的框用式（4.49）计算方差。

3）把每一个框放到系统可靠性框图里用虚构的元件替换，元件的可靠性和方差如上面的计算。

4）重复上述步骤直到整个系统可靠性框图变成了一个框。这个元件的方差估值就是原来系统可靠性方差的估值。

方差计算出来之后，我们计算系统可靠性的置信区间。这个估计基于假设系统可靠性（非可靠性）的估值服从对数正态分布。这个假设对于大型的系统是合理的。对于独立的串联的子系统，这个系统可靠性是子系统可靠性的乘积，见式（4.1）。这样系统可靠性的对数值就是子系统对数值的和。根据中心极限定理，如果有足够多的子系统，则整个系统可靠性的对数值近似服从正态分布，无论它们失效时间的实际分布如何。因此，系统的可靠性服从对数正态分布。类似地，也可以对并联系统适用，系统不可靠性近似服从对数正态分布。Coit（1997）的仿真试验结果说明只要系统可以分为至少 8 个串联或并联的子系统，则这个逼近就是准确的。

对于串联系统，系统可靠性的估计是参数为 μ 和 σ 的对数正态分布。均值和方差分别是

$$E(\hat{R}) = \exp\left(\mu + \frac{1}{2}\sigma^2\right)$$

$$\mathrm{Var}(\hat{R}) = \exp(2\mu + \sigma^2)[\exp(\sigma^2) - 1] = [E(\hat{R})]^2[\exp(\sigma^2) - 1]$$

系统可靠性的均值是真实的系统可靠性，也就是说 $E(\hat{R}) = R$。因此，系统可靠性估值的对数的方差可以写为

$$\sigma^2 = \ln\left[1 + \frac{\mathrm{Var}(\hat{R})}{R^2}\right] \tag{4.55}$$

σ 的估值记为 $\hat{\sigma}$，可以将前面计算的系统可靠性的估值和方差代入式（4.55）。

因为 $\hat{R}$ 服从对数正态分布，随机变量 $Z_{\ln \hat{R}} = [\ln(\hat{R}) - \mu]/\sigma$ 服从标准正态分布，可得出在 $100(1-\alpha)\%$ 的置信水平下，系统可靠性的双侧置信区间为

$$\left[\hat{R}\exp\left(\frac{1}{2}\hat{\sigma}^2 - z_{1-\alpha/2}\hat{\sigma}\right), \quad \hat{R}\exp\left(\frac{1}{2}\hat{\sigma}^2 + z_{1-\alpha/2}\hat{\sigma}\right)\right] \tag{4.56}$$

置信水平为 $100(1-\alpha)\%$ 的单侧置信下限可以通过用 $z_{1-\alpha}$ 替换 $z_{1-\alpha/2}$ 并使用式（4.56）的下端点求出。

类似地，对并联系统来说，在 $100(1-\alpha)\%$ 的置信水平下，系统可靠性的双侧置信区间是

$$\left[\hat{F}\exp\left(\frac{1}{2}\hat{\sigma}^2 - z_{1-\alpha/2}\hat{\sigma}\right), \hat{F}\exp\left(\frac{1}{2}\hat{\sigma}^2 + z_{1-\alpha/2}\hat{\sigma}\right)\right] \qquad (4.57)$$

其中

$$\hat{F} = 1 - \hat{R}$$

$$\hat{\sigma}^2 = \ln\left[1 + \frac{\hat{\mathrm{Var}}(\hat{R})}{\hat{F}^2}\right]$$

注意 $\mathrm{Var}(\hat{F}) = \mathrm{Var}(\hat{R})$。系统可靠性的下限和上限等于 1 减去式（4.57）得出的系统不可靠性的上限和下限。系统可靠性的单侧的 $100(1-\alpha)\%$ 置信下限是

$$1 - \hat{F}\exp\left(\frac{1}{2}\hat{\sigma}^2 + z_{1-\alpha}\hat{\sigma}\right) \qquad (4.58)$$

Coit（1997）把上述的置信区间限制在可以分为串联或者并联框的系统，这样可以使用式（4.48）和式（4.49）计算框的可靠性。如果复杂的系统的方差是用式（4.50）计算的，则这个限制可以去掉，置信区间适用于任何包含串联或并联起来的子系统（任意内部框的结构）的大型系统。

例 4.13 某工程系统的可靠性框图为图 4.24。这个系统里有 9 种不同类型的元件。所有的元件彼此独立，但是有 3 种元件被重复使用。假设元件在工作 500h 后的可靠性和标准差已经通过寿命试验估算出来，见表 4.2。计算在 95% 的置信水平下，系统可靠性的单侧置信区间下限。

解：这个系统可以被分解为 8 个串联的子系统。因此可以使用对数正态分布来估算置信区间。首先系统分为串联和并联的框，如图 4.25 所示。估算各个框的可靠性是

$$\hat{R}_A = \hat{R}_1 \hat{R}_2 = 0.9856 \times 0.9687 = 0.9548$$

$$\hat{R}_B = 1 - (1 - \hat{R}_3)^2 = 1 - (1 - 0.9355)^2 = 0.9958$$

$$\hat{R}_C = \hat{R}_4 \hat{R}_5 \hat{R}_6 = 0.9566 \times 0.9651 \times 0.9862 = 0.9105$$

$$\hat{R}_D = 1 - (1 - \hat{R}_7)^2 = 1 - (1 - 0.9421)^2 = 0.9966$$

$$\hat{R}_E = \hat{R}_8 \hat{R}_9 = 0.9622 \times 0.9935 = 0.9559$$

用式（4.48）估算串联框 A、C 和 E 的方差。我们得到

$$\hat{\mathrm{Var}}(\hat{R}_A) = [\hat{R}_1^2 + \hat{\mathrm{Var}}(\hat{R}_1)][\hat{R}_2^2 + \hat{\mathrm{Var}}(\hat{R}_2)] - \hat{R}_1^2 \hat{R}_2^2$$
$$= (0.9856^2 + 0.0372^2)(0.9687^2 + 0.0213^2) - 0.9856^2 \times 0.9687^2$$
$$= 0.00174$$

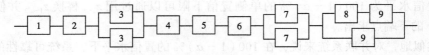

图 4.24 例 4.13 的可靠性框图

表 4.2 元件可靠性和标准差的估值

元 件	1	2	3	4	5	6	7	8	9
$\hat{R}_i$	0.9856	0.9687	0.9355	0.9566	0.9651	0.9862	0.9421	0.9622	0.9935
$\sqrt{\hat{\mathrm{Var}}(\hat{R}_i)}$	0.0372	0.0213	0.0135	0.046	0.0185	0.0378	0.0411	0.0123	0.0158

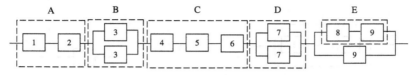

图 4.25 化简的与图 4.24 等效的系统

类似地,

$$\hat{\mathrm{Var}}(\hat{R}_C) = 0.003\ 44$$
$$\hat{\mathrm{Var}}(\hat{R}_E) = 0.000\ 38$$

并联的框 B 和 D,它们的方差要用式(4.49)估计。于是我们有

$$\hat{\mathrm{Var}}(\hat{R}_B) = [(1 - \hat{R}_3)^2 + \hat{\mathrm{Var}}(\hat{R}_3)]^2 - (1 - \hat{R}_3)^4$$
$$= [(1 - 0.9355)^2 + 0.0135^2]^2 - (1 - 0.9355)^4 = 1.55 \times 10^{-6}$$
$$\hat{\mathrm{Var}}(\hat{R}_D) = 1.418 \times 10^{-5}$$

在计算框的可靠性和方差之后,我们在可靠性框图里把每一个框替换成假想的元件。这个框图然后继续分成串联的框 G 和并联的框 H,如图 4.26 所示。这些框的可靠性估值是

$$\hat{R}_G = \hat{R}_A \hat{R}_B \hat{R}_C \hat{R}_D = 0.8628$$
$$\hat{R}_H = 1 - (1 - \hat{R}_9)(1 - \hat{R}_E) = 0.9997$$

框 G 和框 H 的方差估计是

$$\hat{\mathrm{Var}}(\hat{R}_G) = 0.0045$$
$$\hat{\mathrm{Var}}(\hat{R}_H) = 5.9556 \times 10^{-7}$$

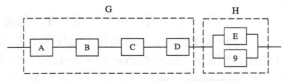

图 4.26 化简的与图 4.25 等效的系统

再次地,框 G 和框 H 用两个假想的元件替换,如图 4.27 所示。这两个元件是串

联的，并可以再用一只框代替，称为I，如图4.28所示。于是，系统在500h时的可靠性和方差的估计是

$$\hat{R} = \hat{R}_I = 0.8625$$
$$\hat{\mathrm{Var}}(\hat{R}) = \hat{\mathrm{Var}}(\hat{R}_I) = 0.0045$$

图 4.27　化简的与图 4.26 等效的系统　　　图 4.28　化简的与图 4.27 等效的系统

把 $\hat{R}$ 和 $\hat{\mathrm{Var}}(\hat{R})$ 的值代入式（4.55），就得到

$$\hat{\sigma}^2 = \ln\left(1 + \frac{0.0045}{0.8625}\right) = 0.0052$$

在 95% 的置信水平下，系统可靠性的单侧置信下限就是

$$\hat{R}\exp(0.5\hat{\sigma}^2 - z_{1-\alpha}\hat{\sigma}) = 0.8625 \times \exp(0.5 \times 0.0052 - 1.645 \times \sqrt{0.0052})$$
$$= 0.768$$

4.10　元件重要度的衡量

在本章前几节中，我们介绍了估算各种构造的下的系统的可靠性和置信区间的方法。这种计算的结果可能说明当前设计出来的可靠性不符合特定的可靠性目标。在这种情况下，必须进行设计更改才有可能提高可靠性。这类做法可能包括使用不同的元件、更改系统的构造或者两者同时进行。无论怎样做，第一步都是识别出最薄弱的元件和子系统，它们有最大的改进潜力。这可以通过把元件和子系统根据对系统可靠性的重要度进行排列，然后优先选择重要度高的元件或者子系统。重要度可以用一个在 0 和 1 之间的数值来表示，1 表示最高程度的重要度，因此系统最容易受到这个元件或者子系统的失效的影响，而 0 则表示最不重要的以及整个系统对这个元件或者子系统的失效有最高的健壮性。

有很多种衡量重要度的方法。本节将介绍三种重要度，包括 Birnbaum 重要度、关键重要度以及 Fussell-Vesely 重要度，它们都适用于元件和子系统。其他关于重要度的度量可以在一些的文献里查阅到，比如 Barlow 和 Proschan（1974）、Lambert（1975）、Natvig（1979）、Henley 和 Kumamoto（1992）、Carot 和 Sanz（2000）以及 Hwang（2001）等的文献。Boland 和 El-Neweihi（1995）对衡量重要度的各文献进行了综述，并且做了分析比较。

4.10.1 Birnbaum 重要度

Birnbaum(1969)把元件重要度定义为元件对系统失效的关键程度,这里"关键"的意思是元件的失效会导致系统的失效。从数学上讲,可以表示为

$$I_B(i|t) = \frac{\partial R(t)}{\partial R_i(t)} \quad (4.59)$$

式中,$I_B(i|t)$ 称为元件 i 在时刻 t 的 Birnbaum 重要度;$R(t)$ 是系统可靠性;$R_i(t)$ 是元件 i 的可靠性。重要度可能随时间变化。在某一时刻最薄弱的元件可能在另一个时刻就不再是最薄弱的。因此重要度的值应该在特定的时间里来衡量,比如保修期和设计寿命。

如式(4.59)以及在第 4.9.1 小节里指出的,$I_B(i|t)$ 实际上衡量的是系统可靠性对元件 i 的可靠性的敏感程度。$I_B(i|t)$ 这个值如果高,就说明元件可靠性有小幅度的变化就会使得系统可靠性发生很大的变化。很自然地,这类元件应该得到更多的资源用于改进。

因为 $R(t) = 1 - F(t)$ 以及 $R_i(t) = 1 - F_i(t)$,其中 $F(t)$ 和 $F_i(t)$ 分别是系统和元件 i 失效的概率,式(4.59)还可以写作

$$I_B(i|t) = \frac{\partial F(t)}{\partial F_i(t)} \quad (4.60)$$

例 4.14 一套计算系统包括 4 台计算机,如图 4.29 所示连接。每台计算机的失效时间服从指数分布,参数分别为 $\lambda_1 = 5.5 \times 10^{-6}$,$\lambda_2 = 6.5 \times 10^{-5}$,$\lambda_3 = 4.3 \times 10^{-5}$,$\lambda_4 = 7.3 \times 10^{-6}$,单位是每小时失效次数。计算每台计算机分别在时间 $t = 4000h$ 和 8000h 的 Birnbaum 重要度。

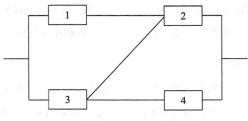

图 4.29 计算机系统的可靠性框图

解:用 $R_i(t)$ 来表示计算机 i 在时间 t 的可靠性,其中 $i = 1, 2, 3, 4$,t 在适当的时候可以不用标注。我们先通过分解法用单台计算机的可靠性来表达整个系统的可靠性,2 号计算机被选为基础元件,称为 A。在它从不失效的前提下,系统工作正常的条件概率是

$$\Pr(系统可靠 | A) = 1 - (1 - R_1)(1 - R_3)$$

类似地，在 2 号计算机失效的时候，系统正常工作的条件概率是

$$\Pr(\text{系统可靠}|\overline{A}) = R_3 R_4$$

根据式（4.40），在时刻 t 系统可靠性是

$$R(t) = [1 - (1 - R_1)(1 - R_3)]R_2 + R_3 R_4 (1 - R_2) = R_1 R_2 + R_2 R_3 + R_3 R_4 - R_1 R_2 R_3 - R_2 R_3 R_4$$

根据式（4.59），1 到 4 号计算机的 Birnbaum 重要度是

$$I_B(1|t) = R_2(1 - R_3), \qquad I_B(2|t) = R_1 + R_3 - R_1 R_3 - R_3 R_4,$$
$$I_B(3|t) = R_2 + R_4 - R_1 R_2 - R_2 R_4, \qquad I_B(4|t) = R_3(1 - R_2)$$

因为失效时间服从指数分布，我们有 $R_i(t) = e^{-\lambda_i t}$, $i = 1, 2, 3, 4$。
在 4000h 单台计算机的可靠性是

$$R_1(4000) = 0.9782, \qquad R_2(4000) = 0.7711$$
$$R_3(4000) = 0.8420, \qquad R_4(4000) = 0.9712$$

重要度的值是

$$I_B(1|4000) = 0.1218, \qquad I_B(2|4000) = 0.1788$$
$$I_B(3|4000) = 0.2391, \qquad I_B(4|4000) = 0.1928$$

根据这个重要度，优先级从高到低排列为 3、4、2、1 号计算机。
类似地，单台计算机在 8000h 的可靠性是

$$R_1(8000) = 0.957, \qquad R_2(8000) = 0.5945$$
$$R_3(8000) = 0.7089, \qquad R_4(8000) = 0.9433$$

在 8000h 的重要度是

$$I_B(1|8000) = 0.173, \qquad I_B(2|8000) = 0.3188$$
$$I_B(3|8000) = 0.4081, \qquad I_B(4|8000) = 0.2975$$

因此，优先级从高到低排列为 3、2、4、1 号计算机。

对 4000h 和 8000h 的优先排列进行比较，可以看出在这两个时刻 3 号计算机都是最重要的，1 号计算机都是最次要的。在 4000h 4 号计算机比 2 号重要；但是在 8000h 时这个顺序逆转了。不同时刻（小时）的重要度如图 4.30 所示。它表明系统短期的可靠性对 4 号计算机敏感，而 2 号计算机对长期可靠性更有影响。因此计算重要度和安排优先级应该注意时间（比如设计寿命）。

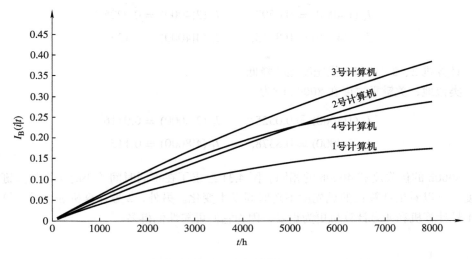

图 4.30　各台计算机在不同时刻的 Birnbaum 重要度

4.10.2　关键重要度

Birnbaum 重要度测量的是元件对系统重要的概率。而关键重要度定义为在系统已经失效的前提下，元件对系统的重要程度。换句话说，它是指在系统已经失效的前提下，失效是由这个元件导致的概率。从数学上讲，可以这样表示

$$I_C(i|t) = \frac{\partial R(t)}{\partial R_i(t)} \frac{F_i(t)}{F(t)} = I_B(i|t) \frac{F_i(t)}{F(t)} \quad (4.61)$$

其中，$I_C(i|t)$ 是关键重要度。式（4.61）表明关键重要度是 Birnbaum 重要度乘以用元件的不可靠度表示的一个权重。因此，相对不可靠的元件会有更高的重要度。

例 4.15　参考例 4.14。求出单台计算机在 4000h 和 8000h 的关键重要度。

解：根据式（4.61）以及例 4.14 的 $I_B(i|t)$ 结果，我们得出这 4 台计算机的关键重要度分别是

$$I_C(1|t) = \frac{R_2(1-R_3)(1-R_1)}{1-R}, \quad I_C(2|t) = \frac{(R_1+R_3-R_1R_3-R_3R_4)(1-R_2)}{1-R}$$

$$I_C(3|t) = \frac{(R_2+R_4-R_1R_2-R_2R_4)(1-R_3)}{1-R}, \quad I_C(4|t) = \frac{R_3(1-R_2)(1-R_4)}{1-R}$$

例 4.14 里已经计算出了 4 台计算机在 4000h 和 8000h 的可靠性值。$R(4000) = 0.9556$，$R(8000) = 0.8582$。这样 4000h 时关键重要度是

$$I_C(1|4000) = 0.0597, \quad I_C(2|4000) = 0.9225$$
$$I_C(3|4000) = 0.8515, \quad I_C(4|4000) = 0.125$$

计算机 2、3、4 和 1 优先度逐渐降低。
类似地,关键重要度在 8000h 时为

$$I_C(1|8000) = 0.0525, \quad I_C(2|8000) = 0.9116$$
$$I_C(3|8000) = 0.8378, \quad I_C(4|8000) = 0.115$$

8000h 的优先度和 4000h 的相同。图 4.31 绘出了在不同时间(小时)下的关键重要度。可以看出计算机的优先度不随时间发生变化。另外,2 号计算机和 3 号计算机比 1 号计算机和 4 号计算机更为重要,因为它们可靠性低得多。

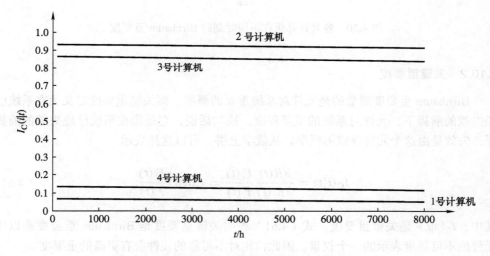

图 4.31 各台计算机在不同时间里的关键重要度

4.10.3 Fussell-Vesely 重要度

Vesely(1970)和 Fussell(1975)考虑到一个非重要的元件也会导致系统失效,因此把元件的重要度定义为如果系统已经失效,含有这个元件的至少一个最小割集失效了的概率。从数学上讲,可以写为

$$I_{FV}(i|t) = \frac{\Pr(C_1 + C_2 + \cdots + C_{n_i})}{F(t)} \quad (4.62)$$

式中,C_j 是所有在包含元件 i 的最小割集里的元件全部失效这个事件,$j = 1, 2, \cdots,$

n_i,其中 n_i 是含有元件 i 的最小割集里的元件的总数;$F(t)$ 是系统在时刻 t 的失效的概率。在式(4.62)中,$\Pr(C_1+C_2+\cdots+C_{n_i})$ 这个概率可以使用式(4.45)的包含-排除法则。如果元件可靠性高,式(4.45)中的第二项及以后的项可以忽略不计。这样,式(4.62)可以近似表达为

$$I_{\text{FV}}(i|t) = \frac{1}{F(t)} \sum_{j=1}^{n_i} \Pr(C_j) \qquad (4.63)$$

例 4.16 参考例 4.14。计算在 4000h 和 8000h 时各台计算机的 Fussell-Vesely 重要度。

解:整个计算机系统的最小割集是 {1,3}、{2,4} 和 {2,3}。让 A_i 表示 i 号计算机的失效事件,其中 $i=1,2,3,4$。这样我们有 $C_1 = A_1 A_3$,$C_2 = A_2 A_4$,$C_3 = A_2 A_3$。因为单台计算机的可靠性不高,式(4.63)不适用。要用式(4.62)计算重要度:

$$I_{\text{FV}}(1|t) = \frac{\Pr(C_1)}{F(t)} = \frac{\Pr(A_1 A_3)}{F(t)} = \frac{F_1 F_3}{F}$$

$$I_{\text{FV}}(2|t) = \frac{\Pr(C_2+C_3)}{F(t)} = \frac{\Pr(A_2 A_4) + \Pr(A_2 A_3) - \Pr(A_2 A_3 A_4)}{F(t)}$$

$$= \frac{F_2(F_4 + F_3 - F_3 F_4)}{F}$$

$$I_{\text{FV}}(3|t) = \frac{\Pr(C_1+C_3)}{F(t)} = \frac{F_3(F_1 + F_2 - F_1 F_2)}{F}$$

$$I_{\text{FV}}(4|t) = \frac{\Pr(C_2)}{F(t)} = \frac{F_2 F_4}{F}$$

式中,$F_i = 1 - R_i$,$F = 1 - R$。将例 4.14 和例 4.15 中已经求出的 R_i 和 R 在 4000h 时的值代入上面的计算式,得到重要度为

$$I_{\text{FV}}(1|4000) = 0.0775, \qquad I_{\text{FV}}(2|4000) = 0.9403$$
$$I_{\text{FV}}(3|4000) = 0.875, \qquad I_{\text{FV}}(4|4000) = 0.1485$$

根据这个重要度结果,计算机 2、3、4 和 1 的优先度逐渐降低。
类似地,在 8000h 时的重要度为

$$I_{\text{FV}}(1|8000) = 0.0884, \qquad I_{\text{FV}}(2|8000) = 0.9475$$
$$I_{\text{FV}}(3|8000) = 0.885, \qquad I_{\text{FV}}(4|8000) = 0.1622$$

在 8000h 和 4000h 的重要优先度是相同的。图 4.32 绘出了在不同时刻(小时数)下 4 台计算机的重要度。可以看出在各个时刻下 2 号计算机和 3 号计算机比另外两台远为重要,而且相对重要性不随时间变化。

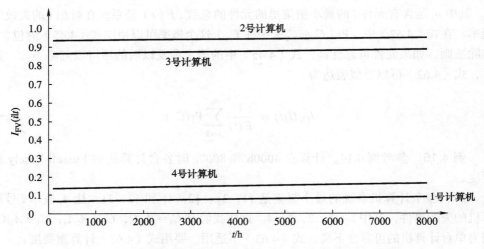

图 4.32　Fessell-Vesely 单台计算机在不同时刻的重要度指标

从例 4.14 到 4.16 说明了对同一个问题采用三种重要度的结果。我们可以看出关键重要度和 Fessell-Vesely 重要度得出的结果是一样的，也都不随时间变化。这两种方法类似，而且应该在我们考虑某元件是否可能导致系统失效时采用。这些衡量值的大小随着元件的不可靠性增加而增加（Meng，1996），因此可靠性低的元件得到的评分更高。这两种方法尤其适用于元件可靠性差异较大的系统。相反，Birnbaum 的方法在例题里给出了不同的结果，而且随时间变化。这种在不同时刻下的不一致性使得要在不同时刻下选择薄弱元件用以改进变得十分困难。而且，这种方法并不取决于要分析的元件的不可靠性（Meng，2000）。和另外两种方法不同的是，Birnbaum 并没有给不可靠的元件更重的权。然而，它仍然是一个有价值的、能够找到改善系统可靠性的最快路径的方法。当使用这种方法的时候，要注意待选的元件如果可靠性已经很高，这种方法可能在经济上和技术上并不十分可行。为了让结果最优，建议使用 Birnbaum 方法的同时使用另外两种方法之一。在例题里，如果只有改善 2 台计算机的资源，会选出 2 号和 3 号进行改进，因为两者都对系统可靠性影响很大，同时导致系统失效的可能性也很高。虽然 Birnbaum 方法指出 4 号计算机在 4000h 的时候是第二重要的，但是另外两种方法指出它的重要度远比 2 号要低。很明显，综合这三种方法给出的重要度排序是 3、2、4 和 1。

4.11　可靠性分配

在前面的几节里，我们给出了根据元件数据估算系统可靠性的方法。这些方法基本是自下向上的过程；也就是说，我们开始先估计元件可靠性再得出系统可靠性。在这一节里，我们介绍自顶向下的方法，把系统可靠性目标分配到系统里的各个元件，这样如果每个元件都能实现分配的可靠性，则整个系统的可靠性目标就能实现。这个过程称为可靠性分配或者可靠性部署。为了用词方便，我们用元件一词表示部件、模块或者子系统。可靠性分配问题可以写为

$$h(R_1^*, R_2^*, \cdots, R_n^*) \geq R^* \tag{4.64}$$

其中，R^* 是系统可靠性目标，R_i^*（$i = 1, 2, \cdots, n$）是单个元件 i 的可靠性目标，h 表示系统可靠性和元件可靠性之间的函数关系。这个函数关系在以前几节里从系统可靠性分析里得出。现在可靠性分配的任务就是求解不等式（4.64）里的 R_i^*。

在比较全面的可靠性计划里，尤其是当产品比较复杂的时候，可靠性分配是一项重要的任务。可靠性分配最直接的益处有：

1）复杂产品包含很多元件，通常是由不同的外部供应商和承包商和公司内部的不同部门进行规划、设计、试验以及制造。所有各方通力合作，在最终产品的可靠性方面保持一致是至关重要的。从项目管理的角度，为了实现这个目标，每一合作方都应该被分配给可靠性目标并坚持完成。可靠性分配为每一个元件给出了合理的目标。

2）针对元件量化的可靠性目标，激励相关方一开始就通过使用可靠性方法、更好的工程设计、稳定的制造工艺，以及严格的试验手段来提高可靠性。

3）强制的可靠性需求促使可靠性工作在产品实现过程中为了达到其他客户要求，比如重量、成本和性能时，获得和工程方面工作相同的重要性。

4）可靠性分配促使对产品结构（例如，元件、子系统和最终产品之间的功能关系）获得更深刻的理解。这个过程可能帮助识别设计的薄弱环节并进行改进。

5）可靠性分配过程的输出可以用作其他可靠性工作的输入。例如，分配到一个元件的可靠性可以用于设计一个可靠性验证试验（第9章）。

可靠性分配本质上是一个反复的过程。它在设计阶段的早期信息十分缺乏的情况下来支持概念设计。随着设计的深入产生出了更多的设计和材料信息，整体的可靠性目标应该重新分配来降低成本和实现目标的风险。当有一个或者多个元件出现故障时，这个分配过程可能要再次进行，从而在技术限制下实现可靠性。这个过程也要在出现重大设计变更时再次进行。

可靠性分配有很多种方法。在这一节里，我们讲解简单而最常用的方法，包括等额分配法、ARINC 分配法、AGREE 分配法以及最优分配法。另外还会介绍一种用户驱动的分配法，由本书作者制定并且没有在其他地方发表过。在讨论这些方法之前，我们先讨论一下可靠性分配的准则。

4.11.1 可靠性分配的准则

可靠性分配是指为各个元件制定满足式（4.64）的可靠性目标的 R_1^*, R_2^*, R_3^*, $\cdots$, R_n^*。从数学角度讲有无限多个组合。很明显，这些组合并不是同样有效，有

些甚至不可行。例如，有些组合给一些元件设置的可靠性目标过高，从而在经济上或者技术上无法实现。有些组合给关键的元件分配的可靠性目标过低，这些元件的失效会导致重大的安全、环境和法务问题。因此需要在可靠性分配的时候考虑几个原则。下文列了一些共用的原则。当然，具体情况具体分析，例如，Wang 等人（2001）专为数控机床（CNC）提出了一些原则。

1）失效的可能性。一个元件如果在以往的应用中表现出了很高的失效率，就应该分配比较低的可靠性目标，因为提高可靠性的工作可能过于繁重。相反地，如果元件本身比较可靠，分配到的目标也应该较高。

2）复杂性。组成子系统里零件（模块或者元件）的数量反映了这个子系统的复杂性。AGREE（1957）把复杂性定义为模块的数量及其之间电路的数量，而模块就如晶体管或者磁放大器。Wang 等人（2001）把数控机床系统的复杂性定义为子系统内重要零件（这样的零件失效会导致子系统失效）数与整台数控机床里这样的重要零件数之比。总体上讲，复杂性的定义应该能在一定程度上反映出这种关系：复杂性越高，可靠性越低。这和从失效可能性角度分析的目标是类似的。这样，在可靠性分配的时候，较复杂的系统分配到的可靠性目标应该较低。

3）重要紧急度。有些元件的失效会导致严重的后果，比如包括丧失性命或者永久性地破坏环境。如果这类元件的可靠性低，则情况就更加恶劣。很明显，重要紧急度包含了严重度和失效概率，就像在第 6 章里介绍的 FMEA 方法。如果从设计角度无法消除严重的失效，就必须使得元件失效率尽量低。这样，它们也要分配到比较高的可靠性目标。

4）成本。在市场条件下，成本是一个重要的方面，也经常是优化的目标。把可靠性提高同样程度所耗费的成本随元件不同而不同。对有些元件来说，可靠性提高一点就因为设计、验证和生产方面的难度而需要很高的成本。比较经济的是，把高可靠性目标分配给改进起来成本低的元件。

4.11.2 等额分配法

等额分配法把上面第 4.11.1 小节中提出的各条原则等同视之，并对系统中所有元件的可靠性分配同样的目标，从而实现系统整体的可靠性目标。虽然过于简单，但这种方法是最方便的，而且在系统早期设计阶段里没有详细信息的情况下很适用。对于串联系统，系统可靠性就是各个元件的可靠性的乘积。式（4.64）可以写为

$$\prod_{i=1}^{n} R_i^* \geq R^* \tag{4.65}$$

一个元件的最低可靠性要求是

$$R_i^* = (R^*)^{1/n}, \quad i = 1, 2, \cdots, n \tag{4.66}$$

如果所有元件都是服从指数分布的，则式（4.65）变成

$$\sum_{i=1}^{n} \lambda_i^* \leq \lambda^* \tag{4.67}$$

其中，λ_i^* 和 λ^* 分别是元件 i 和系统的允许的最高失效率。这样单个元件允许的最高失效率就是

$$\lambda_i^* = \frac{\lambda^*}{n}, \quad i = 1, 2, \cdots, n \tag{4.68}$$

例 4.17 一辆汽车包括车身、动力总成、电气系统和底盘，如图 4.2 所示。各个子系统的寿命都服从指数分布而且同样重要。如果车辆可靠性的目标是在 36 个月时 0.98，求出这个时候每个子系统的可靠性以及允许的最高失效率。

解：从式（4.66）得出，每一个子系统的可靠性是

$$R_i^*(36) = (0.98)^{1/4} = 0.995, \quad i = 1, 2, 3, 4$$

根据整车可靠性目标，允许的最高失效率是

$$\lambda^* = -\frac{\ln[R^*(36)]}{36} \text{次/月} = -\frac{\ln(0.98)}{36} \text{次/月} = 5.612 \times 10^{-4} \text{次/月}$$

由式（4.68）可得，单个元件允许的最高失效率是

$$\lambda_i^* = \frac{5.612 \times 10^{-4}}{4} \text{次/月} = 1.403 \times 10^{-4} \text{次/月}$$

4.11.3 ARINC 分配法

ARINC 分配法是由航空研究公司（Aeronautical Research Inc.）提出的。它假设所有的元件：①串联连接；②相互独立；③服从指数分布；④工作时间相同。这样可靠性分配就变成了选择单个元件的失效率 λ_i^* 来满足式（4.67）。求解 λ_i^* 需要考虑元件失效的可能性（前文提到的原则之一），这里使用下面的计算权重的方法：

$$w_i = \frac{\lambda_i}{\sum_{i=1}^{n} \lambda_i}, \quad i = 1, 2, \cdots, n \tag{4.69}$$

式中，λ_i 是元件 i 的失效率，可以从历史数据或者预测当中获得。这些权重反映了失效的相对可能性。w_i 的值越大，这个元件越容易失效。这样分到一个元件的失效率应该和这个权重成正比，也就是

$$\lambda_i^* = w_i \lambda_0, \quad i = 1, 2, \cdots, n \tag{4.70}$$

式中，λ_0 是一个常数。因为 $\sum_{i=1}^{n} w_i = 1$，而且如果式（4.67）里的等号成立，把（4.70）代入（4.67），得出 $\lambda_0 = \lambda^*$。因此式（4.70）可以写为

$$\lambda_i^* = w_i \lambda^*, \qquad i = 1, 2, \cdots, n \tag{4.71}$$

这就求出了元件的允许的最高失效率。对应的可靠性目标就可以得出：

$$R_i^*(t) = \exp(-w_i \lambda^* t), \qquad i = 1, 2, \cdots, n$$

例 4.18 参考例 4.17。根据用在以往车型里的类似子系统的保修数据计算，车身、动力总成、电气系统以及底盘的失效率分别为 $\lambda_1 = 1.5 \times 10^{-5}$ 次/月、$\lambda_2 = 1.8 \times 10^{-4}$ 次/月、$\lambda_3 = 2.3 \times 10^{-5}$ 次/月、$\lambda_4 = 5.6 \times 10^{-5}$ 次/月。求解为了实现整体可靠性目标 0.98，各个子系统使用 36 个月后的可靠性要求，以及允许的最高失效率。

解： 如例 4.17 中的计算，在可靠性整体目标为 36 个月 0.98 的前提下，最高允许的失效率 $\lambda^* = 5.612 \times 10^{-4}$ 次/月。下面根据式（4.69）计算权重，得到

$$w_1 = \frac{1.5 \times 10^{-5}}{1.5 \times 10^{-5} + 1.8 \times 10^{-4} + 2.3 \times 10^{-5} + 5.6 \times 10^{-5}}$$

$$= \frac{1.5 \times 10^{-5}}{27.4 \times 10^{-5}} = 0.0547$$

$$w_2 = \frac{1.8 \times 10^{-4}}{27.4 \times 10^{-5}} = 0.6569$$

$$w_3 = \frac{2.3 \times 10^{-5}}{27.4 \times 10^{-5}} = 0.0839$$

$$w_4 = \frac{5.6 \times 10^{-5}}{27.4 \times 10^{-5}} = 0.2044$$

把 λ^* 的值和各个权重代入式（4.71），得出这四个子系统允许的最高失效率。这样我们有

$$\lambda_1^* = 0.0547 \times 5.612 \times 10^{-4} \text{次/月} = 3.0698 \times 10^{-5} \text{次/月}$$

$$\lambda_2^* = 0.6569 \times 5.612 \times 10^{-4} \text{次/月} = 3.6865 \times 10^{-4} \text{次/月}$$

$$\lambda_3^* = 0.0839 \times 5.612 \times 10^{-4} \text{次/月} = 4.7085 \times 10^{-5} \text{次/月}$$

$$\lambda_4^* = 0.2044 \times 5.612 \times 10^{-4} \text{次/月} = 1.1471 \times 10^{-4} \text{次/月}$$

对应允许的最高失效率，可靠性的最低要求是

$$R_1^*(36) = \exp(-\lambda_1^* \times 36) = \exp(-3.0698 \times 10^{-5} \times 36) = 0.9989$$

$$R_2^*(36) = \exp(-3.6865 \times 10^{-4} \times 36) = 0.9868$$

$$R_3^*(36) = \exp(-4.7085 \times 10^{-5} \times 36) = 0.9983$$

$$R_4^*(36) = \exp(-1.1471 \times 10^{-4} \times 36) = 0.9959$$

反过来检查一下，36 个月时整车的可靠性是

$$R_1^*(36) \times R_2^*(36) \times R_3^*(36) \times R_4^*(36) = 0.9989 \times 0.9868 \times 0.9983 \times 0.9959$$
$$= 0.98$$

这个值和可靠性目标吻合。

4.11.4 AGREE 分配法

AGREE 分配法是由电子设备可靠性顾问组（Advisory Group of Reliability of Electronic Equipment，AGREE）制定的，它能够根据整个系统的可靠性目标给出每个子系统的最低 MTTF。这种分配方法考虑到了子系统的复杂性。复杂性由模块以及相关电路定义，这里假设每一个模块的失效率相等。这个假设在划分模块边界的时候要注意。总体来说，对高度可靠的子系统比如计算机来说模块数量要降低，否则可靠性比执行器这样不可靠的子系统的可靠性低得多。

AGREE 分配法也考虑了单个子系统的重要度，这里重要度定义为子系统失效时，系统发生失效的概率。这个重要度反映了子系统对系统正常运行的重要影响程度。重要度 1 表示子系统必须要正常工作才能使系统工作。重要度 0 表示子系统失效对系统整体的工作没有影响。

假设子系统相互独立而且服从指数分布，而且对系统运行来说是串联的。这样式（4.64）可以写为

$$\prod_{i=1}^{n} \{1 - w_i[1 - R_i^*(t_i)]\} = R^*(t) \qquad (4.72)$$

式中，$R^*(t)$ 为在时刻 t 的系统可靠性目标，$R_i^*(t_i)$ 是子系统 i 在时刻 $t_i(t_i \leq t)$ 分配的可靠性目标，w_i 是子系统 i 的重要度，n 是子系统的数量。可以看出这种分配方法允许子系统的工作时间少于整个系统的工作时间。

因为子系统的失效时间服从指数分布，而且在 x 值很小的时候有 $\exp(-x) \approx 1-x$，所以式（4.72）可以写为

$$\sum_{i=1}^{n} \lambda_i^* w_i t_i = -\ln[R^*(t)]$$

式中，λ_i^* 是分配到子系统 i 的失效率。把复杂性计入考虑，λ_i^* 可以改写为

$$\lambda_i^* = -\frac{m_i \ln[R^*(t)]}{m w_i t_i}, \qquad i = 1, 2, \cdots, n \qquad (4.73)$$

式中，m_i 是子系统 i 中模块的数量，m 是系统中模块的总数并且等于 $\sum_{1}^{n} m_i$，w_i 则是子系统 i 的重要度。

考虑到在 x 很小的时候有 $\exp(-x) \approx 1 - x$，而在 y 接近 1 的时候有 $\ln y \approx y - 1$，分配给子系统 i 的可靠性目标可以写为

$$R_i^*(t_i) = 1 - \frac{1 - [R^*(t)]^{m_i/m}}{w_i} \tag{4.74}$$

如果 w_i 等于或者接近 1，则式（4.74）简化为

$$R_i^*(t_i) = [R^*(t)]^{m_i/mw_i} \tag{4.75}$$

可以看出，式（4.73）和式（4.74）可能会为不重要的子系统给出很低的目标值。如果 w_i 的值很小，则会让它的影响超过复杂度造成的影响，这种扭曲会使分配不合理。这种方法只能适用于每一个子系统的重要度都接近 1 的情况。

例 4.19 安装在某汽车上的在线诊断系统用于探测相关排放元件的失效。当发生失效的时候，系统发出对应失效类型的故障码，保存到计算机中用于后续维修，并点亮仪表盘上的故障灯提醒驾驶人修车。这个系统包括传感、诊断以及指示子系统，其中传感和诊断对整个系统的功能最重要。指示子系统导致系统失效的概率是 0.85。在指示子系统失效的时候，驾驶人可能会通过驾驶性能的降低感觉到元件故障。要在 12h 的行驶周期后整体实现 0.99 的可靠性目标，各个子系统的可靠性目标应该是多少。表 4.3 给出了需要的数据。

表 4.3 AGREE 分配法的数据

子系统编号	子系统	模块数（个）	重要度	作业时间 /h
1	传感	12	1	12
2	诊断	38	1	12
3	指示	6	0.85	6

从表 4.3 看出，系统里含有模块的总数是 $m = 12$ 个 $+38$ 个 $+6$ 个 $=56$ 个。将给出的数据代入式（4.73）得出三个子系统最高的失效率是

$$\lambda_1^* = -\frac{12 \times \ln 0.99}{56 \times 1 \times 12} \text{次/h} = 1.795 \times 10^{-4} \text{次/h}$$

$$\lambda_2^* = -\frac{38 \times \ln 0.99}{56 \times 1 \times 12} \text{次/h} = 5.683 \times 10^{-4} \text{次/h}$$

$$\lambda_3^* = -\frac{6 \times \ln 0.99}{56 \times 0.85 \times 6} \text{次/h} = 2.111 \times 10^{-4} \text{次/h}$$

由式（4.74）可计算对应的可靠性目标是

$$R_1^*(12) = 1 - \frac{1 - (0.99)^{12/56}}{1} = 0.9978$$

$$R_2^*(38) = 1 - \frac{1 - (0.99)^{38/56}}{1} = 0.9932$$

$$R_3^*(6) = 1 - \frac{1 - (0.99)^{6/56}}{0.85} = 0.9987$$

现在我们把分配的可靠性代入式（4.72）来检查系统可靠性，得到

$[1 - 1 \times (1 - 0.9978)] \times [1 - 1 \times (1 - 0.9932)] \times [1 - 0.85 \times (1 - 0.9987)]$
$= 0.9899$

这近似等于系统可靠性目标 0.99。

4.11.5 用户驱动的分配法

在第 3 章里我们介绍了为满足用户期望设定可靠性目标的方法。现在我们介绍把可靠性目标分配给子系统的方法。在第 3 章，假设经 QFD 分析已经识别出 k 条重要的客户期望，记为 E_1, E_2, $\cdots$, E_k。这些期望链接到 m 条独立而且单调的关键性能特性，记为 Y_1, Y_2, $\cdots$, Y_m，它们的阈值分别是 D_1, D_2, $\cdots$, D_m。用 S_1^*, S_2^*, $\cdots$, S_k^* 分别表示客户在 E_1, E_2, $\cdots$, E_k 上的最低满意度，这里 S_i^* ($i = 1, 2, \cdots, k$) 已经给出。这些性能特性不超过对应的阈值的概率可以通过解式（3.2）得到。然后我们有

$$\Pr(Y_i \leq D_i) = p_i, \qquad i = 1, 2, \cdots, m \qquad (4.76)$$

假设系统（产品）含有 n 个子系统，根据第 2 个质量屋得出每一个子系统有 n_j ($j = 1, 2, \cdots, n$) 个性能特性和系统性能特性强相关。让 ($x_1, x_2, \cdots, x_{n_1}$)，($x_{n_1+1}, x_{n_1+2}, \cdots, x_{n_1+n_2}$)，$\cdots$，($x_{n_1+n_2+\cdots+n_{n-1}+1}, x_{n_1+n_2+\cdots+n_{n-1}+2}, \cdots, x_{n_1+n_2+\cdots+n_n}$) 分别表示子系统 1, 2, $\cdots$, n 的性能特性。另外称 x_i 的阈值为 d_i，其中 $i = 1, 2, \cdots, \sum^n n_j$。通过 QFD 分析我们可以识别出和每一条系统特性强相关的子系统性能特性。Y_1, Y_2, $\cdots$, Y_m 的独立性说明一个子系统特性无法影响多于一个系统性能特性，以及同一个子系统里的特性是相互独立的。我们进一步假设每一条子系统特性和系统特性相关联而且都是独立的。假设 Y_i 由子系统特性 m_i 决定，而且如果任意 m_i 子系统特性超过阈值，Y_i 就超过 D_i。这样，Y_i 不超过 D_i 的概率是

$$p_i = \Pr(Y_i \leq D_i) = \prod_j^{m_i} \Pr(x_j \leq d_j) = \prod_j^{m_i} p(x_j), \qquad i = 1, 2, \cdots, m \qquad (4.77)$$

式中，$p(x_j) = \Pr(x_j \leq d_j)$，$x_j$ 表示和 Y_i 强相关的一个子系统特性，j 在数值上可能不是连续的。如果 m_i 子系统特性重要性相同而且概率也都设为相同，我们有

$$p(x_j) = p_i^{1/m_i}, \qquad i = 1, 2, \cdots, m \qquad (4.78)$$

用式（4.78），我们可以为每一条子系统性能特性制定可靠性目标。因为子系统 i 是由 n_i 条特性衡量的，子系统 i 的可靠性目标 R_i^* 可以写为

$$R_i^* = \prod_{j=J_0+1}^{J_1} p(x_j), \qquad i = 1, 2, \cdots, n \qquad (4.79)$$

式中，$i \geq 2$ 时，$J_1 = \sum_1^i n_j$，$J_0 = \sum_1^{i-1} n_j$，在 $i = 1$ 的时候 $J_0 = 0$。

式（4.79）给出的是对应客户最低满意度的可靠性最低要求。需要注意的是因为性能特性是时间的函数，因此可靠性目标也随时间变化。因此，我们才说必须达到某个最低可靠性水平的同时要指定时间。

例 4.20 某产品由三个子系统组成。通过 QFD 分析，我们识别了对产品的三项最重要的期望，称为 E_1、E_2 和 E_3，并且 E_1 对 Y_1 和 Y_2，E_2 对 Y_1 和 Y_3，以及 E_3 对 Y_2 存在强相关，其中 $Y_i (i = 1, 2, 3)$ 是相互独立的产品特性性能。QFD 更进一步分析表明 x_1 和 x_3 对 Y_1，x_2、x_5 和 x_6 对 Y_2，x_4 对 Y_3 有很强的影响，其中 x_1、x_2 是子系统 1 的性能特性，x_3、x_4 是子系统 2 的性能特性，x_5、x_6 是子系统 3 的。求出子系统在设计寿命里对客户期望 E_1、E_2 和 E_3 分别达到 88%、90% 和 95% 满意度的可靠性目标。

解：从式（3.2）我们有 $p_1 p_2 = 0.88$，$p_1 p_3 = 0.9$，$p_2 = 0.95$。解这个方程组得出 $p_1 = 0.93$，$p_2 = 0.95$，$p_3 = 0.97$。这样产品设计寿命里可靠性目标是 $R^* = p_1 p_2 p_3 = 0.93 \times 0.95 \times 0.97 = 0.857$。因为 Y_1 受 x_1 和 x_3 的影响，从式（4.78），我们得出 $p(x_1) = p(x_3) = 0.93^{1/2} = 0.9644$。类似地，我们有 $p(x_2) = p(x_5) = p(x_6) = 0.95^{1/3} = 0.983$ 以及 $p(x_4) = 0.97$。

设计寿命的可靠性目标可以用式（4.79）算出

$$R_1^* = \prod_{i=1}^{2} p(x_i) = 0.9644 \times 0.983 = 0.948$$

$$R_2^* = \prod_{i=3}^{4} p(x_i) = 0.9644 \times 0.97 = 0.9355$$

$$R_3^* = \prod_{i=5}^{6} p(x_i) = 0.983 \times 0.983 = 0.9663$$

反过来检查一下，最低系统可靠性是 $R_1^* R_2^* R_3^* = 0.948 \times 0.9355 \times 0.9663 = 0.857$。这和产品可靠性目标 R^* 是一致的。需要指出的是，符合子系统可靠性目标并不能保证客户完全满意。为了保证所有客户满意，全部的子系统特性的 $p(x_j)$ 都必须不低于分配值。

4.11.6 最优分配法

成本是决定可靠性分配的重要因素。如在第 3 章里讲到、在图 3.7 中描述的，可靠性投资成本随着可靠性要求的提高而增加。然而，这项投资也通过工程设计、验证以及生产制造成本方面的节约而实现了回报。这些节约从投资中扣除后剩余的就是净成本，和可靠性分配相关。总体来说，成本随着可靠性提高而非递减的。可靠性目标越严格，成本越高。当要求的可靠性接近 1 的时候，为实现这个目标而导致的成本急剧增加。成本的这个规律和子系统相关。换句话说，为了提高同样数量的可靠性需要的花费取决于子系统。这样，比较经济的做法就是把高的可靠性要求分配给只需较低的成本就能实现目标的子系统。上面的讨论说明可靠性分配对成本的影响很大。好的分配方法应该同时实现整体的可靠性需求和低成本。

让 $C_i(R_i)$ 表示可靠性为 R_i 的子系统 i 的成本。整个系统的成本是所有子系统的成本的和，也就是

$$C = \sum_{i=1}^{n} C_i(R_i) \tag{4.80}$$

式中，C 是整个系统的成本；n 是子系统的个数。在各类文献里提出过多种 $C_i(R_i)$ 的模型。例如 Misra（1992）、Aggarwal（1993）、Mettas（2000）、Kuo 等人（2001），以及 Kuo 和 Zuo（2002）的文献。在实际应用里，重要的是针对特定的子系统选用成本函数。可惜的是，建立成本函数是极为困难的，因为很难甚至不可能估算要达到不同可靠性水平对应的成本。而且一个系统下面的各个子系统的模型也经常不同，这样建模过程就更复杂了。因为这些困难，我们经常用一个尽量合理的近似方法当作成本函数。

如果对子系统 i（$i=1,2,\cdots,n$）有了 $C_i(R_i)$，可靠性分配的任务就变成了一个优化问题。在有些情况下，成本是可靠性分配的一个很关键的因素。这时子系统可靠性目标应该针对成本优化，同时满足整个系统可靠性这个约束条件。这个优化问题可以写作

$$\min \sum_{i=1}^{n} C_i(R_i^*) \tag{4.81}$$

约束条件是 $h(R_1^*, R_2^*, \cdots, R_n^*) \geqslant R^*$，其中 R_i^*（$i=1,2,\cdots,n$）是变量，R^* 是整个系统的可靠性目标，h 的含义和式（4.64）⊖ 相同。求解式（4.81）就得出了 R_i^* 也就是子系统可靠性的目标。

还有一种办法，式（4.81）里的成本模型 $C_i(R_i)$ 可以用工作量函数来替代，对应的分配方法称为工作量最低法。

用 $E_i(R_i, R_i^*)$ 表示工作量函数，用来表示把子系统 i 的可靠性从当前的 R_i 提高到 R_i^* 需要的工作量。R_i 和 R_i^* 之间的差别越大，工作量越大，反之亦然。因此，如果 R_i^* 固定，工作量函数是一个随 R_i 非递增函数，如果 R_i 固定，工作量函数就是随 R_i^* 的非递减函数。使用工作量函数，式（4.81）可以写作

$$\min \sum_{i=1}^{n} E_i(R_i, R_i^*) \tag{4.82}$$

⊖ 英文原版书中为 4.1，有误，应该为 4.64。——译者注

约束条件是 $h(R_1^*, R_2^*, \cdots, R_n^*) \geqslant R^*$，$R_i^* \geqslant R_i, i = 1, 2, \cdots, n$。

在有些情况下，系统失效会导致严重的后果，比如性命的丧失或者长期的环境污染，这样的话可靠性的提高可能比节省成本更重要。这时，可靠性分配的目的是让系统的可靠性最大化的同时符合成本的约束。这个问题可以写为

$$\max h(R_1^*, R_2^*, \cdots, R_n^*) \qquad (4.83)$$

约束条件是 $\sum_{i=1}^{n} C_i(R_i) \leqslant C^*$，其中 C^* 是整个系统允许的最高成本。解式（4.83）就可以得出每个子系统的可靠性目标的最优值。

上文关于优化问题只考虑了两个方面：系统可靠性和成本。实际上，我们可能希望包括其他重要的方面，例如重量和规模，因为这两者与可靠性和成本有关。这时优化模型也要相应地进行更改，加入这些因素。例如，如果目标仍然是最小化成本，对重量的约束可以加到式（4.81）。

上面提到的优化模型称为非线性规划问题。要解决任何这样的问题都需要数值方法。一些高效的算法可以在比如 Bazaraa 等人（1993）和 Kuo 等人（2001）的文献里看到。当今实现这样的算法不再困难，因为出现了商业化的计算软件比如 MATLAB；另外，即使 Microsoft Excel 也能够求解小型的优化问题。

例 4.21 一个系统含有 4 个子系统，如图 4.33 所示。每一子系统的成本（以美元计）由下面等式给出

$$C_i(R_i) = a_i \exp\left(\frac{b_i}{1 - R_i}\right), \qquad i = 1, 2, 3, 4$$

式中，R_i 是子系统 i 的可靠性，a_i 和 b_i 是成本函数参数，见表4.4。系统需要实现设计寿命时的可靠性 0.92。求出总体成本最低的时候子系统的可靠性目标。

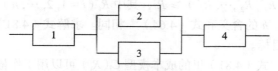

图 4.33　例 4.21 的系统构造

表 4.4　成本函数的参数

参数	子系统			
	1	2	3	4
a_i	3.5	3	4.5	1.2
b_i	0.07	0.11	0.13	0.22

解：根据系统构造，系统可靠性是 $R = R_1 R_4 (R_2 + R_3 - R_2 R_3)$。让 R_i^* 表示 $R_i (i = 1, 2, 3, 4)$ 的目标，这样优化模型就是

$$\min \left[3.5\exp\left(\frac{0.07}{1-R_1^*}\right) + 3\exp\left(\frac{0.11}{1-R_2^*}\right) + 4.5\exp\left(\frac{0.13}{1-R_3^*}\right) + \right.$$
$$\left. 1.2\exp\left(\frac{0.22}{1-R_4^*}\right) \right]$$

约束条件是 $R_1^* R_4^* (R_2^* + R_3^* - R_2^* R_3^*) \geq 0.92$。优化模型可以用数值算法容易地求解。这里我们用牛顿法在 Microsoft Excel 里解，得出 $R_1^* = 0.9752, R_2^* = 0.9392, R_3^* = 0.9167, R_4^* = 0.9482$。各个子系统对应的成本是 $C_1(R_1^*) = 58.81$ 美元，$C_2(R_2^*) = 18.31$ 美元，$C_3(R_3^*) = 21.42$ 美元，$C_4(R_4^*) = 83.94$ 美元。最低的成本 $C = \sum_{i=1}^{4} C_i(R_i) = 182.48$ 美元。

习题

4.1 一台 V6 汽车发动机包括 6 个气缸。为了让发动机实现它规定的功能，所有 6 个气缸必须正常运转。如果气缸失效里程可以用威布尔分布来模拟，其中形状参数是 1.5，而特征寿命是 3.5×10^6 mile。计算发动机在 36 000 mile 时的失效率和可靠性。

4.2 一个专用的洒水器由三个相同的湿度传感器、一个数字控制器和一个水泵组成，它们的可靠性分别为 0.916、0.965 和 0.983，可靠性框图如图 4.34 所示。计算洒水器系统的可靠性。

图 4.34 洒水器系统的可靠性框图

4.3 计算图 4.35 中系统的可靠性，其中元件 i 的可靠性是 R_i ($i = 1, 2, \cdots, 8$)。

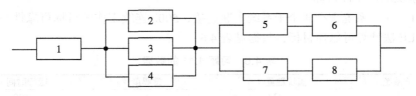

图 4.35 习题 4.3 的可靠性框图

4.4 某发电站装有 5 台相同的发电机同时运行。为了为终端用户提供充足的电量，至少要有 3 台发电机成功运转。如果 1 台发电机的失效时间可以用指数分布来表示，$\lambda = 3.7 \times 10^{-5}$ 次/h，计算发电站在 8760 h 时的可靠性。

4.5 一座重要的建筑物有三座不同的发电站为其供电。通常，一座发电站提供电量另外两座备用。当一座使用中的发电站失效，电网立即切换到备用电站上。假设三座发电站完全相同,而且都服从指数分布,其中 $\lambda = 1.8 \times 10^{-5}$ 次/h。计算在下列情况下供电系统在 3500h 时的可靠性。

(1) 切换系统完好而永不会失效。

(2) 切换系统会失效,服从指数分布,失效率是 8.6×10^{-6} 次/h。

4.6 计算机系统由 5 台计算机组成,如图 4.36 所示。$R_i (i=1,2,\cdots,5)$ 是第 i 台计算机在某一时刻的可靠性。计算这一时刻系统的可靠性。

4.7 参考习题 4.6。如果厂家提供了每台计算机在 10 000h 时的可靠性和标准差,见表 4.5。计算系统可靠性在 10 000h 时的单侧置信下限。

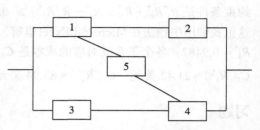

图 4.36 计算机系统的可靠性框图

表 4.5 单台计算机的可靠性和标准差

计算机	1	2	3	4	5
$\hat{R}_i$	0.995	0.983	0.988	0.979	0.953
$\sqrt{\widehat{\mathrm{Var}}(\hat{R}_i)}$	0.0172	0.0225	0.0378	0.0432	0.0161

4.8 分别用 Birnbaum、重要度、Fessell-Vesely 法计算习题 4.7 中的计算机系统。从这三个计算结果里能观察到什么?

4.9 汽车动力总成系统包含发动机、变速器以及传动轴系统,逻辑上为串联。系统可靠性目标是 36h 时为 0.98。对每一个子系统平均分配可靠性目标。

4.10 在习题 4.9 的基础上,发动机、变速器和轴的寿命服从指数分布,失效率分别为 6.3×10^{-5} 次/月、3.1×10^{-5} 次/月以及 2.3×10^{-5} 次/月。用 ARINC 法计算每一个子系统的可靠性目标

4.11 一个系统含有 4 个子系统串联连接,500h 连续工作的目标可靠性是 0.975。用 AGREE 法计算可靠性目标,数据见表 4.6。

表 4.6 习题 4.11 的数据

子系统	模块数量(个)	重要度	运行时间/h
1	33	1	500
2	18	1	500
3	26	0.93	405
4	22	1	500

4.12 某产品含有 4 个子系统。QFD 分析表明该产品有 4 个重要客户期望(E_i,$i=1,2,3,4$),4 条系统关键特性(Y_j,$j=1,2,3,4$)和 E_i 强关联,Y_j 向下有 6 条子系统性能特性(x_k,$k=1,2,\cdots,6$)。这里 x_1 和 x_2 属于子系统 1,x_3 属于子系统 2,

x_4、x_5 属于子系统 3,x_6 属于子系统 4。E_i 和 Y_j 以及 Y_j 和 x_k 之间的强关系如图 4.37 所示。客户对 E_1、E_2、E_3 和 E_4 的满意度分别是 90%、92%、95% 和 87%。求出为了满足客户所需要的各个子系统的可靠性目标。

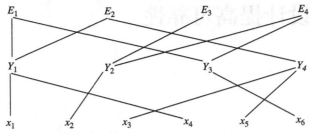

图 4.37　E_i 和 Y_j 以及 Y_j 和 x_k 之间的强关系

4.13　在例 4.21 的基础之上,如果系统能承受的最高成本是 250 美元,求出系统可靠性最高的时候,各个子系统的可靠性目标。

5

通过健壮设计提高可靠性

5.1 概述

在第3章中,我们介绍了为产品设计可靠性目标的方法。这个目标量化了可靠性需求,这也是必须满足的设计标准。在第4章中我们讲解的是把可靠性目标分配到产品的子系统和零部件的方法和预测产品可靠性的方法。在很多情况下,预测的可靠性值比目标可靠性或者分配的可靠性低。通常含有新技术的产品这种差别会很大。为了实现可靠性目标,我们通常在产品设计阶段提出很严格的可靠性的要求。提高可靠性有很多种方法。冗余是常用的可靠性设计方法,但是这会增加成本和重量,因此在民用产品(例如汽车)上很难应用。采用可靠性高的材料和元件也是常见的方法,但是这种方法因为成本增加,可能在当今竞争激烈的环境下很难有效。

健壮设计是一种低成本、快速提高可靠性的有效的方法。健壮设计是一种统计工程方法,用来优化产品或者过程使产品性能受变异的影响最低。这种方法首先由田口(Taguchi, 1987)发明并推广。从20世纪80年代开始,这种方法被广泛使用,无数个产品和工艺得到改善。同时也有大量的文献介绍这方面的成功案例。Ryoichi(2003)介绍了健壮设计法在航空发动机工程中的应用,并专门给出了3个成功案例。Menon等人(2002)详细描述了一个主轴电动机的健壮设计的案例。Tu等人(2006)介绍了一个生产工艺的健壮设计。Chen(2001)介绍了超大集成电路(VLSI)工艺和设备的健壮设计。Taguchi(2000)和Taguchi等人(2005)列出了多家公司大量成功的项目。

众多文献都说明了健壮设计也是提高可靠性的有效的方法。Yang和Yang(1998)提出了通过使产品和过程对环境应力不敏感而实现健壮可靠性的一种设计和试验方法。这种方法用一个集成电路连接的案例分析说明可靠性的提高。Chiao和Hamada(2001)提出了从健壮设计试验里分析退化试验数据的方法。具体给出的案例讲的是增加发光二极管的可靠性。Tseng等人(1995)讲述了用老化数据提高荧光灯的可靠性。Wu和Hamada(2000)介绍了试验设计并用一整章来描述通过健壮参数设计来提高可靠性。Condra(2001)把Taguchi的方法和基本可靠性知识安排在同一本书里介绍，同时还讨论了一些案例。Phadke 和 Smith（2004）采用健壮设计方法来提高发动机控制软件的可靠性。

在这一章里，我们介绍可靠性与健壮性的概念并讨论它们之间的关系。具体讲解怎样用健壮设计方法和过程来提高可靠性，并辅以一些业内的实例。在这一章的最后还介绍了一些更深入的健壮设计的专题，这些材料提供给希望更进一步学习的读者。

5.2 可靠性与健壮性

和第 2 章里给出的标准的可靠性定义不同的是，IEEE 可靠性学会（2006）把可靠性定义为："可靠性是设计工程的一个领域，它应用科学知识来保证产品在需要的时间内、给定的环境下完成期望的功能。"这把包括维护、试验以及支持产品的能力设计进去。可靠性的最佳描述是保持产品性能的能力。这种能力是通过工程设计里的其他领域协同获得的：选择系统架构、材料、过程以及元件（包括软件和硬件方面）；随后是通过分析和试验来验证这些选择。

和标准的定义相比较，IEEE 可靠性学会的定义更加面向工程的角度。它强调可靠性是属于工程设计的范畴，因为产品的可靠性、可维护性、可试验性以及保障性都在很大程度上取决于设计工作的质量。就像上文说的，一种有效的方法就是健壮设计，在设计阶段就把健壮性设计进去。

健壮性定义为产品在噪声因子影响的情况下能够持续实现期望功能的能力。这里，噪声因子是指对期望功能有负面影响但却无法控制的变量。环境应力是典型的噪声因子。在质量工程领域里，保证新出厂产品的健壮性使这个定义得到广泛应用。如果想要使客户持续满意，时间的效果应该考虑进去。

可靠性和健壮性是相互关联的。一方面，可靠性可以视为健壮性的维持。健壮的产品在使用初期时的各种情况下表现出高的可靠性。要实现可靠性，产品需要长时间保持健壮。一个健壮的产品有可能随时间变化而表现得不可靠。我们来考虑一个情景：一个产品有性能特性越过了阈值，就称为失效。产品在使用阶段早期对各种工况和同一种产品之间的差异保持健壮。随着时间的进展，性能特性迅速老化，从而可靠性降低。这个情况在图 5.1 里表示了出来，其中 S_1 和 S_2 表示两种不同的使用工况，G 是性能特性 y 的阈值。另一方面，健壮性可以被视为在不同使用工况下的可靠性。可靠的产品在特定的工况下有较高的健壮性。产品必须要在不同的工况下维持可靠性才能称为健壮。一个可靠的产品未必是健壮的。例如，产品在 S_1 工况下可靠但不一定在 S_2 工况下可靠。这样，这个产品在使用工况下不够健壮，如图 5.2 所示。

产品的设计应该同时满足健壮性和可靠性。这样的产品对噪声因子保持健壮性，能长时间维持可靠性，如图 5.3 所示，这种情况就称为高的健壮可靠性。从上面的讨论，健壮可靠性可以定义为产品能在存在噪声因子的情况下长时间持续地完成指定的功能的特性。

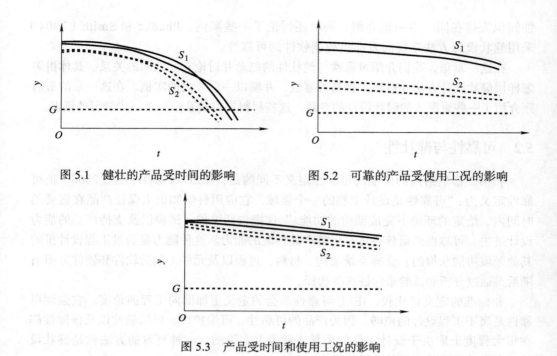

图 5.1　健壮的产品受时间的影响　　图 5.2　可靠的产品受使用工况的影响

图 5.3　产品受时间和使用工况的影响

为了实现健壮可靠性，进行健壮设计时必须在设计中包含时间这个变量。这样的设计称为健壮可靠性设计，是田口的健壮设计的延伸。在这一章里，我们主要描述改进健壮可靠性的方法。

5.3　可靠性降低和质量损失

5.3.1　质量损失函数

在工程设计里，人们大都认为所有符合设计公差规范的产品都是同样地好，无论某个质量特性（也就是性能特性）偏离目标多远。然而，从用户的角度，这些产品却有不同的质量水平，特性离目标值越近就越好。和目标值的任何偏差都会导致可以具体用金钱计算的损失。这一点可以用二次质量损失方程很好地描述，表示为

$$L(y) = K(y - m_y)^2 \tag{5.1}$$

式中，$L(y)$ 是质量损失；y 是质量特性；m_y 是 y 的目标值；K 是质量损失系数。质量特性可以分为三类：①望目特性；②望小特性；③望大特性。

1）望目特性。在工程设计中，我们经常遇到望目特性。名义值是目标值。由于生产过程中的变异，这个特性被允许在一定的范围内变化，把它叫作 $\pm \Delta_0$，其中 Δ_0

称为误差。例如，一只电池输出的电压可以写为 12V ± 0.1V。式（5.1）表示了这类特性的质量损失。质量损失函数如图 5.4 所示。如果质量损失在刚好达到误差的时候是 L_0，则式（5.1）可以写为

$$L(y) = \frac{L_0}{\Delta_0^2}(y - m_y)^2 \tag{5.2}$$

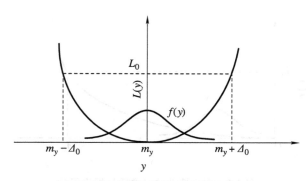

图 5.4　望目特性的二次质量损失函数

因为多个产品之间的差异，质量特性 y 是一个随机变量，因而可以用概率分布表示。把 y 的概率密度函数称为 $f(y)$，如图 5.4 所示。如果 y 的均值是 μ_y，标准差是 σ_y，则质量损失的期望值就是

$$\begin{aligned} E[L(y)] &= E[K(y - m_y)^2] = KE[(y - \mu_y) + (\mu_y - m_y)]^2 \\ &= K[(\mu_y - m_y)^2 + \sigma_y^2] \end{aligned} \tag{5.3}$$

式（5.3）表示为了让质量损失的期望值尽可能低，必须使 y 的变异最小，并把均值 μ_y 设为目标值 m_y。

2）望小特性。如果 y 是一个望小特性，其范围可以写为 $[0, \Delta_0]$，其中 0 就是目标值而 Δ_0 是上限。这样就可以把 $m_y = 0$ 代入式（5.1）里得到质量损失方程

$$L(y) = Ky^2 \tag{5.4}$$

这个质量损失函数如图 5.5 所示。如果 y 刚好达到误差上限，质量损失是 L_0，则质量损失方程可以写为

$$L(y) = \frac{L_0}{\Delta_0^2} y^2 \tag{5.5}$$

质量损失的期望值是

$$E[L(y)] = K(\mu_y^2 + \sigma_y^2) \tag{5.6}$$

3）望大特性。如果 y 是一个望大特性，它的范围就是 $[\Delta_0, +\infty]$，其中 Δ_0 是下限。因为望大特性的倒数的数量特性和望小特性相同，质量损失方程就可以通过把式（5.4）里的 y 替换为 $1/y$ 得到

$$L(y) = K\left(\frac{1}{y}\right)^2 \tag{5.7}$$

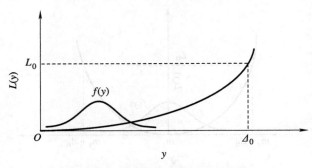

图 5.5　望小特性的二次质量损失函数

质量损失函数如图 5.6 所示。如果 y 刚好达到下限 Δ_0，质量损失是 L_0，则 y 的质量损失方程就是

$$L(y) = \frac{L_0 \Delta_0^2}{y^2} \tag{5.8}$$

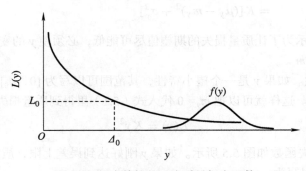

图 5.6　望大特性的二次质量损失函数

质量损失的期望值可以通过泰勒展开得到：

$$E[L(y)] \approx \frac{K}{\mu_y^2}\left(1 + \frac{3\sigma_y^2}{\mu_y^2}\right) \tag{5.9}$$

式（5.9）表明提高均值或者降低方差都可以降低质量损失。

5.3.2 可靠性退化

在第 2 章中讲过，失效模式可以分为两类：硬失效和软失效。硬失效是彻底的失效，而软失效是产品性能退化到了不可接受的程度。在第 5.3.1 小节里讲到的质量损失函数对这两种失效模式都适用。

1）硬失效。对硬失效的产品，通常在失效发生之前没有性能退化的表现。用户把产品寿命视为重要的质量特性。很明显，寿命是望大特性。寿命的质量损失函数可以用式（5.7）表示。然后用式（5.8）计算质量损失，其中 Δ_0 是设计寿命而 L_0 是由于在设计寿命时的失效导致的损失。这里设计寿命是需要的设计寿命，因为用户通常期望产品在设计寿命里无失效地工作。L_0 可能由寿命周期成本来确定。Dhillon（1999）描述了计算成本的一些方法。

寿命质量损失的期望值用式（5.9）表示。要把因为失效导致的损失降到最低，我们不得不把平均寿命延长并降低寿命的变动。在健壮可靠性设计里，可以通过选择最优的设计参数来实现。

2）软失效。对软失效的产品，失效被定义为一个性能特性超过一个预定的阈值。这样的性能特性通常属于望小特性或者望大特性，极少是望目特性。无论什么类型，与失效相关的性能特性就是导致质量损失的质量特性。这个特性通常是客户最关注的。

在第 5.3.1 小节里讲的质量损失函数描述了由于材料或者工艺中的变异使性能特性扩散导致的初期的损失。在产品投入使用之后，性能特性随时间退化。这样，可靠性降低，质量损失增加。很明显质量损失随时间是非递减的。考虑到时间因素，望小特性损失的数学期望可以写为

$$E\{L[y(t)]\} = K[\mu_y^2(t) + \sigma_y^2(t)] \quad (5.10)$$

类似地，望大特性损失的期望是

$$E\{L[y(t)]\} \approx \frac{K}{\mu_y^2(t)}\left[1 + \frac{3\sigma_y^2(t)}{\mu_y^2(t)}\right] \quad (5.11)$$

图 5.7 和图 5.8 里表示了性能退化、可靠性以及质量损失之间的关系。图 5.7 表示的是望小特性随时间退化以及这个特性相关的失效概率的增加。在图 5.7 里 Δ_0 是阈值 G，$f[y(t_i)]$（$i=1,2,3$）是 y 在 t_i 时的概率密度函数。在第 8 章里我们会详细讲解可靠性退化。图 5.8 绘出了在不同时刻的质量损失函数。很明显，失效概率随着质量损失的提高而增加。因此，尽量降低质量损失能使得可靠性最大化。如式（5.10）和式（5.11）所示，质量损失可能通过减轻性能退化降到最小，这可以通过后面将介绍的健壮设计来实现。

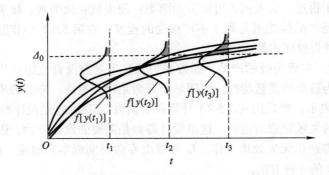

图 5.7　失效概率和性能退化之间的关系

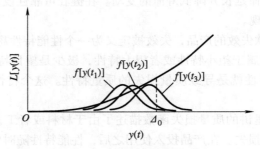

图 5.8　二次质量失效函数

5.4　健壮设计过程

在第 5.3 节中我们在可靠性退化和质量损失之间建立了关联,并理解到可靠性可以通过健壮设计来实现。在这一节里我们介绍健壮设计的过程。

5.4.1　健壮设计的三个阶段

健壮设计是一种统计工程方法,它通过选择产品或者性能的最优参数来降低产品或者过程的性能变异,使性能不受噪声因子的影响。根据 Taguchi(1987)的说明,健壮设计分为三个阶段:系统设计、参数设计以及公差设计。

系统设计包括选用技术和元件、设计系统架构、制作符合客户需求的样机,以及确定制造工艺。系统设计对成本、产出、可靠性、可维护性,以及产品的很多其他性能有重大影响。它对降低产品对噪声因子的影响也有至关重要的作用。如果系统设计不当,后续参数设计和公差设计在提高健壮性方面将会毫无成效。近些年,出现了一些有效的系统设计方法，比如公理化设计和TRIZ。Dieter（2000）、Suh（2001）、Rantanen和Domb（2002），以及Yang和El-Haik（2003）都详细描述了系统设计。然而在文献里很少有系统的方法，主要是因为系统设计十分复杂。

参数设计的目的是通过把设计参数设定在最优水平，从而把噪声因子对产品或过程性能的影响降到最低。在这一步里，通常要设计试验来分析设计参数和产品或者工艺性能特性之间的关系。利用这种关系就可以得到最优的设计参数。在本书的范畴里，参数设计等同于狭义的健壮设计。在更广的意义上，前者是后者的子集。

公差设计是在成本允许范围内为重要元件选择公差，来降低性能对噪声因子的敏感度。公差设计可以在参数设计完成之后进行。如果通过参数设计无法实现足够的健壮性，就需要采用公差设计。在这一步里，通过试验识别出对产品敏感度影响最高的重要元件。然后根据增加成本和降低性能变异之间的折中关系，收紧这些元件的公差，使这些元件成为更高级别的元件。Jeang（1995）、P. J. Ross（1996）、Creveling（1997）、Wu和Tang（1998）、Lee（2000），以及Vlahinos（2002）详细解释了公差设计的理论和应用。

5.4.2 健壮设计的步骤

如前面所讲，在这本书里健壮设计就是指参数设计。制定健壮设计的步骤是为了节约时间和成本以及高效地改进健壮可靠性。步骤见下：

1）确定边界。健壮设计通常是针对复杂产品的子系统或者零部件进行的。这一步的目的是确定产品里要进行健壮设计的子系统或者零部件，并且识别出其周围的子系统和零部件对其在功能上的交互以及噪声方面的影响。在这一章的剩余部分，除非专门提出，要分析的子系统或者零部件将被称为系统。第5.5节详细讲述边界定义。

2）绘制p图（参数图）。它用直观的方法表示了：①要进行分析的系统；②设计参数（控制因子）；③噪声因子；④输入（信号）；⑤输出（功能、响应）；⑥失效模式。p图包括所有后续健壮设计需要的信息。在第5.6节中我们详细讨论p图。

3）确定最能够表示系统功能的关键质量特性参数。这些特性要在试验中进行监控和测量。对一个二元状态的系统，寿命通常是关键的质量特性，用于试验响应。对老化系统，关键的性能特性就是关键质量特性。在第8章里，我们讨论关键性能特性。

4）识别关键噪声因子并确定它们的水平。通常，分析的系统会受很多噪声因子影响。要把它们全部包括在健壮设计里是不可能或者不切实际的，只有关键因子可以进行分析。关键因子是指那些对系统功能损害最严重的因子。噪声的水平范围要尽可能广，才能代表实际的使用工况。噪声的水平受试验时间、成本以及试验设备的限制。

5）确定主要试验控制因子以及水平。主要控制因子是指系统对它们最敏感的因子。控制因子水平的范围应该尽可能广并且同时维持特定的功能。水平的数量受时间、预算和试验资源的限制。在这一步里，重要的一点是识别控制因子之间潜在的交互作用。两个因子里，如果有一个因子对系统的影响取决于另一个因子是否存在，那么这两个因子就是有交互作用的。

6）试验设计。在这一步里，使用正交表进行试验设计。选出内表来控制因子以及它们之间潜在的作用。外表用于列出噪声因子。在第 5.8 节里我们详细讲解试验设计。在这一步里我们也应该决定每一个试验条件下试验的重复次数，从而在现有的资源下获得足够的统计准确度。试验的顺序应该是随机的以避免受倾向性的影响。在这一步里还要选用试验设备、测量工具以及对关键质量特性测量的频率。如果必要，还要进行量具的重复性和再现性（通常称为量具 R&R）分析。

7）执行试验。这一步产生并收集了试验对象在不同试验条件下关键质量特性的测量数据。在试验中，重要的一点是必须遵守设备的试验操作标准并降低人因误差。在有些情况下，可以采用计算机仿真来代替实物试验从而节约时间和成本。仿真不需要重复进行，因为每次运行都得到同样的结果。计算机仿真成功最重要的条件是建立能够充分模拟系统的模型。

8）试验数据分析。在这一步里，我们要用统计方法识别出对试验响应有重大影响的控制因子，求出重要控制因子的最优组合，预测在这个最优组合下的响应。通常在这一步里还会使用图像响应分析或者方差分析（ANOVA）。

9）运行一次确认试验。用样件在最优设置下进行一次试验，来确认各个控制因子的水平是最优的。

10）建议的举措。最优的设置应该在设计和制造阶段实施。为了维持改进，建议进行跟踪比如统计过程控制。例如，Montgomery（2001a）和 Stamatis（2004）介绍了包括统计过程控制的质量控制方法。

5.5 边界定义和交互分析

复杂的产品通常价格高昂。通过对最终产品进行试验来进行健壮设计一般是难以负担的。因此，健壮设计经常是针对产品的子系统或者零部件（如上文所说，这里都称为系统）的。要对系统进行健壮设计，我们首先要定义系统的边界。所选的系统是产品的一个部分，因此和产品里的其他子系统、零部件和软件都有交互作用。另外，系统也可能直接和外部环境有交互作用。交互作用包括物理接触、信息交换或者能量流动。最后两种形式的作用可以是单向的，也可以是双向的。有些作用是系统功能的重要部分，有些可以导致影响系统工作的噪声。

通常采用边界图表示系统的边界。图 5.9 表示了一个通用的边界图的例子，其中单向的箭头表示单向的作用，双向的箭头表示双向的作用。定义系统的边界这个过程包括识别输入到系统的信号、系统的输出以及干扰系统的噪声源。因此边界图为后续 p 图提供了有用的信息。而且边界图对 FMEA 也是很有价值的输入，因为它找出了系统失效的影响。FMEA 将在第 6 章里讨论。

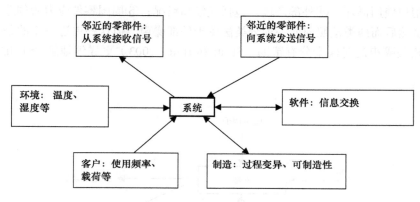

图 5.9 通用的边界图

5.6 p 图

p 图表示了系统的输入（信号）、输出（指定的功能或者响应）、控制因子、噪声因子以及失效模式。图 5.10 表示的是一个通用的 p 图，如果在此之前制作了边界图，那其中的噪声因子、信号以及指定的功能可以从边界图里借用过来。控制因子和失效模式是新增加的。p 图包括健壮设计所需要的信息。p 图里的要素解释如下：

1）信号是指从用户或者其他子系统或者零部件到对象系统的输入。系统随之把信号转化为功能响应，当然随之还有失效模式。信号对系统完成任务至关重要。例如，施加在汽车制动踏板上的力对制动系统来说就是信号，它将被转化成使车在安全距离内停住的制动力。

2）噪声因子是对健壮性有损害的，并且是无法控制的变量。通常，有以下三种噪声因子：

① 内部噪声：随着使用时间的增加，性能发生的退化或者老化。例如，汽车制动系统里的磨损就属于内部噪声。

② 外部噪声：对系统功能造成干扰的作业条件，包括环境应力比如温度、湿度和振动，以及作业载荷。对制动系统来说，路况、驾驶习惯以及车辆载荷都是外部噪声。

③ 个体差异噪声：由于材料和过程中的变异导致的性能、尺寸以及几何的变异。

这种噪声不可避免，但是可以通过公差设计和过程控制降低。在制动系统的例子里，制动鼓和制动片的厚度就属于这种噪声因子。

在汽车行业里，对噪声因子有更详细的分类。例如，在福特汽车公司里，噪声因子分为五种类型：①个体差异；②随着时间或者里程而发生变化的尺寸、性能或者强度；③用户使用循环；④外部环境，包括气候和路况；⑤周围零件应力所创造的内部环境。虽然后面两类按照前面一种分类法属于外部噪声，但这种更进一步的条目在讨论所有相关噪声的时候十分有帮助。Strutt 和 Hall（2003）更详细地解释了五类噪声因子。

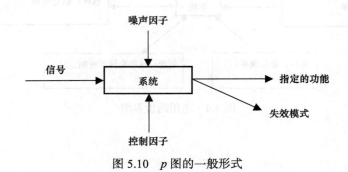

图 5.10　p 图的一般形式

3）控制因子是指水平由设计人员规定的设计参数。健壮设计的目的是为这些参数选择最优的水平。在实际中，一个系统可能会有大量的设计参数，但就对健壮性的贡献来讲并不是相同的。通常，在健壮设计里只考虑关键的参数。这些参数可以通过工程判断、分析研究、前期试验或者历史数据等识别出来。

4）指定的功能是指系统要实现的功能。功能取决于信号、噪声因子以及控制因子。噪声因子和控制因子影响功能响应的均值和方差，而信号只决定均值，却对方差没有影响。

5）失效模式表示系统无法完成指定的功能。如前文所讲，失效模式可以分为两种：硬失效和软失效。在制动系统这个例子里，制动距离过长是软失效，而失去液压助力则是硬失效。

例 5.1　在汽车上安装有一个在线诊断（OBD）系统用来监控排气再循环（EGR）元件的失效。这样的 OBD 系统也常称为 EGR 监控器。当有元件失效时，EGR 监控器会发现失效并点亮仪表板上的故障灯提醒驾驶人需要修理。EGR 监控器的 p 图如图 5.11 所示。这个例子只是针对这个监控器，并不全面。监控器完整的 p 图包含更多的噪声因子和大量（约 70 个）的标定参数，以及不同的标定策略和算法。

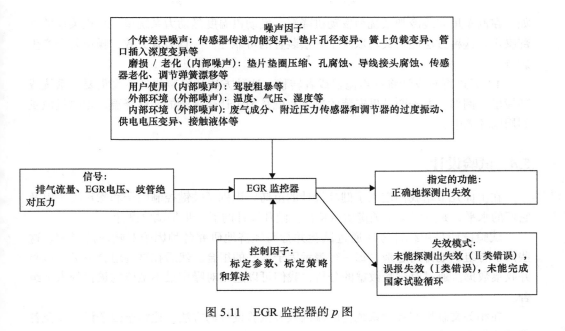

图 5.11 EGR 监控器的 p 图

5.7 噪声影响的管理

p 图的创建帮助识别出所有干扰功能响应并产生失效模式的噪声因子。噪声因子和失效模式有因果关系,这种关系通常十分复杂。一个噪声因子可能导致多个失效模式,一个失效模式可能是由多个噪声因子导致的。例如,在图 5.11 中,"未能探测出失效(Ⅱ类错误)"这个失效模式就是由多种噪声因子导致的,包括传感器传递功能变异、导线接头腐蚀、供电电压变异以及其他。另外,传感器传递功能变异可以造成Ⅰ类和Ⅱ类错误。因为产品通常包含很多噪声因子,很重要的一点是识别出那些导致最棘手的失效模式的关键因子,这些失效模式在 FMEA 工作中的风险优先系数(见第6章)很高。

关键噪声因子的效果必须在健壮设计中加以考虑。系统设计、参数设计以及公差设计是降低噪声效果的基本方法。在系统设计里,人们常用下列方法消除或者减轻负面影响:

1)采取不同的技术和系统构造。这是一种主动而昂贵的方法。它对消除内部噪声和外部噪声都有效果。

2)通过设计降低或者消除噪声。这种方法需要专门针对特定的噪声进行专门的设计。例如,在电子电路设计里,会把一些电容并联来减少静电的影响。

3)采用补偿装置。虽然这是一种被动的方法,但是在很多情况下都很有用。例如，在汽车里安装冷却系统为发动机降温，发动机温度是动力系统里一个很关键的外部噪声。这种方法能否成功取决于补偿装置的可靠性。一旦装置失效，噪声就会产生影响。

4）通过特殊设计将噪声掩盖或者转移。这种方法让噪声绕到不太重要的系统或环境里。例如，电子产品里安装的散热片就是为了让热敏感的元件降温，把热量散发到周围环境中。

5.8 试验设计

在上面几节里我们定义了健壮设计的范畴，识别了关键控制因子和噪声因子以及它们的水平，并且定义了关键质量特性。健壮设计的下一步是试验设计。

试验设计是用统计方法通过试验并行而经济地研究各种因子对响应的影响。这些因子有组织地排列起来，每一行表示因子水平的组合。然后在这些组合下进行试验并收集数据。通过对试验数据的分析，我们可以选出对噪声最不敏感的最优的水平组合。

在相关文献里有各种系统化的排列或者试验设计的方法，比如全因子设计以及各种部分因子设计（例如 Wu 和 Hamada，2000；Montgomery，2001b）。在全因子设计中，运行的试验次数等于试验水平数量对因子数量的乘方。例如，2个水平8个因子的全因子试验需要运行 $2^8 = 256$ 次。如果因子的数量很大，试验时间和成本就会过高。在这种情况下，就会采用部分因子设计。部分因子设计是通过一定的标准选出的全因子设计的子集。常用的经典的部分子集是 2^{k-p} 和 3^{k-p}，其中 2（和 3）是水平的数量，k 是因子的数量，而 2^p 和 3^p 用来做分母。例如，2水平、8因子的半数因子试验只需要运行 $2^{8-1} = 128$ 次。

经典的部分因子试验需要所有的因子都有同等的水平数。例如，2^{k-p} 设计只可以包含2个水平。但在实际中，有些因子经常需要有不同数量的水平。在这种情况下，经典的部分因子设计是无法满足要求的。更灵活的方法是通过正交表设计，这种方法在健壮设计里得到广泛应用。在后面的讨论中我们会知道，经典的部分因子设计实际上是正交表设计的特殊情况。在这一节中，我们使用正交表来进行试验设计。

5.8.1 正交表的结构

正交表是一种平衡的部分因子表，其中每行表示每次试验里因子的水平，每列表示某一个因子的水平数。在这个平衡的表里：

1）任意两列中所有可能的组合在这两列里出现的次数相同。这两列也称为正交的。

2）每一列中某因子的每个水平在这个列里出现的次数相同。

例如，在表 5.1 中的 $L_8(2^7)$ 正交表。正交表里有 7 列。每一列里可以包含一个因子的两个水平，即低水平和高水平，分别记为 0 和 1。从表 5.1 我们看到任意两列，比如第 1 列和第 2 列有（0，0）、（0，1）、（1，0）以及（1，1）这几个水平组合，每个组合在这两列里出现两次。因此，任意两列都可以称为正交的。另外，每一列中的 0 和 1 的数量都重复四次。这个排列含有 8 行，每一行表示一次试验。带有 7 个因子、2 个水平的全因子试验需要进行 $2^7 = 128$ 次试验，因此，这个正交表中只有全因子设计的 1/16。通常，因为试验次数减少，正交表会大幅度节省试验资源。虽然试验效率提高了，但正交表可能会使主要的影响（因子）和其间的交互作用产生干扰。为了避免或者尽量减轻这种干扰，我们应该在试验设计之前识别出所有的相互影响并合理地安排试验。这在后面的几节里会进一步讨论。

表 5.1　$L_8(2^7)$ 正交表

试验次数	列						
	1	2	3	4	5	6	7
1	0	0	0	0	0	0	0
2	0	0	0	1	1	1	1
3	0	1	1	0	0	1	1
4	0	1	1	1	1	0	0
5	1	0	1	0	1	0	1
6	1	0	1	1	0	1	0
7	1	1	0	0	1	1	0
8	1	1	0	1	0	0	1

总体来讲，一个正交表可以用 $L_N(I^P \times J^Q)$ 表示，其中 N 表示试验次数，p 是 I 水平列的数量，而 Q 是 J 水平的列的数量。例如 $L_{18}(2^1 \times 3^7)$ 说明这个表有 18 次试验，一个 2 水平的列，7 个 3 水平的列。最常用的正交表在所有的列里的水平数是一样的，这样 $L_N(I^P \times J^Q)$ 就可以简化成 $L_N(I^P)$。例如 $L_8(2^7)$ 表明正交表有 7 列，每一列有 2 个水平。这个表需要运行 8 次试验，见表 5.1。

因为这种正交性，$L_N(I^P)$ 里的有些列是基本（独立）列，所有其他的都是从两个或者多个基本列产生的。构造公式见下，极少例外：

（从 i 个基本列中产生的列的数字）

$$= \sum_{j=1}^{i} (\text{基本列 } j \text{ 中的数字})(\text{对 } I \text{ 取模}) \quad (5.12)$$

式中，$2 \leq i \leq$ 基本列的总数；总数除以 I 之后的余数就是模数。

例 5.2　表 5.1 中 $L_8(2^7)$ 的列 1、2 和 4 是基本列，所有其他列都是从这 3 个列生成的。例如，列 3 是从列 1 和列 2 生成的：

$$\begin{pmatrix}0\\0\\0\\0\\1\\1\\1\\1\end{pmatrix} + \begin{pmatrix}0\\0\\1\\1\\0\\0\\1\\1\end{pmatrix} (对2取模) = \begin{pmatrix}0\\0\\1\\1\\1\\1\\0\\0\end{pmatrix}$$

5.8.2 线性图

如第 5.8.1 小节中讲述的，正交表由基本列和非基本列组成。基本列是独立的，而非基本列是交互列。例如在表 5.1 中，列 1 和列 2 的交互生成了列 3。在试验中，如果因子 A 在列 1 而因子 B 在列 2，$A \times B$ 这种交互如果有的话应该放在列 3。把独立因子放在列 3 会导致数据分析错误以及错误的结论，因为独立因子的影响会和交互因子的影响混在一起。这样的试验设计错误可以通过线性图来预防。

线性图直观地表示了交互关系，它由点和线组成。每一个点表示可以放置因子（主要影响）的一列。连接两个点的线段表示这两个点对应的两个因子之间的交互关系。点或者线段处标注的号码表示在正交表中的列数。在试验设计里，因子用点表示，交互关系用线段表示。如果用线段表示的交互关系可以忽略，可以把一个因子赋到这个线段上。

图 5.12 表示 $L_8(2^7)$ 的两个线性图。图 5.12a 表示列 1、列 2、列 4 和列 7 可以用来放置因子。列 1、列 2 之间的交互放在列 3，列 2、列 4 的交互放在列 6，列 1、列 4 的交互放在列 5。图 5.12 中列 7 表示了列 1、列 2 和列 4 这三个列的交互关系。线性图假设三方或者更多方的交互关系是可以忽略的。因此，列 7 可以放置因子。需要注意的是，所有的线性图里都有这个假设，虽然在有些情况下可能有问题。

例 5.3 有个试验 $L_8(2^7)$ 含有 5 个（A、B、C、D 和 E）两水平的因子，以及 $A \times B$ 和 $B \times C$ 这两个交互作用。利用图 5.12a 我们可以把因子 A 放在列 1，因子 B 放在列 2，因子 C 放在列 4，因子 D 放在列 7，因子 D 放在列 5，交互因子 $A \times B$ 放在列 3，还有 $B \times C$ 放在列 6。

大部分正交表有两个或者更多个线性图。线性图的数量和复杂程度随着正交表变大而增加。有各种各样的线性图来表达因子和交互作用。附录列出了最常用的正交表和线性图。

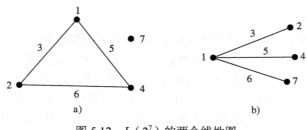

图 5.12 $L_8(2^7)$ 的两个线性图

5.8.3 二水平的正交表

二水平的正交表表示为 $L_N(2^P)$。最常用的正交表有 $L_4(2^3)$、$L_8(2^7)$、$L_{12}(2^{11})$ 和 $L_{16}(2^{15})$。

表 5.2 中的 $L_4(2^3)$ 是半因子排列表。前两列可以用于两个因子。第三列用于这两个因子的交互作用，其线性图如图 5.13 所示。如果这个交互作用可以忽略，则第三列可以用于另一个因子。

表 5.2 $L_4(2^3)$ 正交表

试验次数	列		
	1	2	3
1	0	0	0
2	0	1	1
3	1	0	1
4	1	1	0

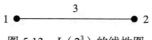

图 5.13 $L_4(2^3)$ 的线性图

$L_8(2^7)$ 的表和线性图分别见表 5.1 和图 5.12。表里只需要 8 次试验，对分析因子的效果、影响以及交互作用十分方便。它通常用在小规模的试验设计里。

$L_{12}(2^{11})$ 在本书附录里可以看到，特别的一点是，表里任何两列的交互都分布在其余的列里。这种特性消除了因子之间和交互作用的混淆。如果在实际应用中已经知道这种交互作用是微弱的，那么这个表在分析主要效果的时候是有效的。但如果需要评估这种交互作用的话，就不能采用这种表。

$L_{16}(2^{15})$ 通常用在大型的试验设计中。对应的表和常用的线性图可以在附录里找到。这个表可以检查简单的和复杂的双向影响。例如，它可以包含 10 个因子和 5 个交互关系，或者 5 个因子和 10 个交互关系。

5.8.4 三水平的正交表

当需要审视因子和相互之间的二次关系的时候就需要用到三水平的正交表了。虽然响应面法被认为用来分析这种关系更具优势,试验设计在实际工作中仍然因为数据分析简便易行而得到广泛使用。Montgomery(2001b)讲解了响应面分析法。

$L_N(3^P)$ 指的是三水平正交表,其中 0、1 和 2 分别表示低、中、高三个水平。列里面包含 3 个水平的正交表称为三水平正交表。例如,$L_{18}(2^1 \times 3^7)$ 是三水平正交表。最常用的三水平正交表是 $L_9(3^4)$、$L_{18}(2^1 \times 3^7)$ 以及 $L_{27}(3^{13})$。

$L_9(3^4)$ 是三水平正交表里最简单的。就像在表 5.3 中,这个表需要运行 9 次试验,有 4 列。前两列是基本列,后两列是针对前两列的交互关系,如图 5.14 所示。如果确认没有交互,则这个表可以包含 4 个因子。

表 5.3 $L_9(3^4)$ 正交表

试验次数	列			
	1	2	3	4
1	0	0	0	0
2	0	1	1	1
3	0	2	2	2
4	1	0	1	2
5	1	1	2	0
6	1	2	0	1
7	2	0	2	1
8	2	1	0	2
9	2	2	1	0

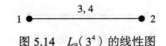

图 5.14 $L_9(3^4)$ 的线性图

$L_{18}(2^1 \times 3^7)$ 是一个比较独特的正交表(具体表和线性图请见附录)。这个表的第一列包含两个水平,而其他各列包含三个水平。前两列的交互作用与所有列都是正交的。因此,交互作用可以不必占用其他列就计算出来。但是三水平的列中,任意两列之间的交互作用扩散到了其他列。如果三水平的各列之间的交互作用强烈,这个正交表则无法使用。

$L_{27}(3^{13})$ 在它的 13 个列当中,每一列都包含 3 个水平(具体表和线性图见附录)。这张表可以包含 4 个交互作用和 5 个因子,或者 3 个交互作用和 7 个因子。因为两列的交互扩展到另外两列,需要占用两列应对一个交互。

5.8.5 混合水平正交表

目前我们讨论的正交表仅仅包括 2 个水平或者 3 个水平。除了 $L_{18}(2^1 \times 3^7)$，表中需要所有的因子有同等数量的水平。但是在实际中，我们经常会遇到因子的水平的数量不同的情况。这时，表就因为水平数量多的因子而变大。例如，$L_8(2^7)$ 适合有 5 个独立变量的情况。然是如果这 5 个变量中之一有 4 个水平，就不得不为这个变量使用 $L_{16}(4^5)$，很明显这样的试验很不经济。为了提高效率，这一节里我们介绍利用合并列的方法处理混合水平正交表。这种方法基于线性图以及自由度的概念（第 5.8.6 小节）。这一节中我们主要讲 4 水平列的和 8 水平列的标准正交表。

首先，我们来看在两水平正交表里建立 4 水平的列。因为 4 水平的列有 3 个自由度而 2 水平列有 1 个自由度，所以需要三个 2 水平的列来构成一个 4 水平的列。这个过程有三个步骤：

1）选择任意两个独立的（基本）列以及它们的交互列。例如，在 $L_8(2^7)$ 里生成一个 4 水平的列，可以选择第 1、第 2 和第 3 列，如图 5.15 所示。

2）合并这两个独立（基本）列的数值并得出 00、01、10 和 11，分别记作 0、1、2 和 3。这样合并的列形成了一个新的列，包含 0、1、2 和 3 这些水平。在 $L_8(2^7)$ 这个例子里，合并第 1、2 列的数值就得出来表 5.4 中的新的数值。

3）用 4 水平的列来替换这三列。在 $L_8(2^7)$ 这个例子中，前三列被新列替换了。新的列和除前三列之外的其他任意列都是正交的。现在，4 水平的因子可以放到新列中，而其他 2 水平的因子放到第 4、5、6 和 7 列中。

在试验工作中有时候需要 8 水平的列。用 4 水平的列，可以采用列合并的方法生成 8 水平的列。因为 8 水平的列对应 7 个自由度，可以通过合并 7 个 2 水平的列来得到。这个步骤和创建 4 水平的列类似。

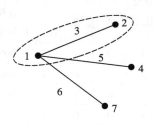

图 5.15　选择三列形成一个新的列

表 5.4　在 $L_8(2^7)$ 里构造一个 4 水平的列

试验次数	列								
	1	2	3	合并的数	新列	4	5	6	7
1	0	0	0	00	0	0	0	0	0
2	0	0	0	00	0	1	1	1	1
3	0	1	1	01	1	0	0	1	1
4	0	1	1	01	1	1	1	0	0
5	1	0	1	10	2	0	1	0	1
6	1	0	1	11	3	1	0	1	0
7	1	1	0	11	3	0	1	1	0
8	1	1	0	11	3	1	0	0	1

1）选择任意3个独立（基本）的列，并利用线性图找出4个交互列。比如，如果在表 $L_{16}(2^{15})$ 里创建一个8水平的列，我们可以选择列1、列2和列4这三个独立列和它们的交互列3、列5、列6和列7，如图5.16所示。列7包含了三个列的交互作用（列1、列2和列4）或者两个列的交互作用（列1和列6）。

2）合并选择出的三个独立（基本）列的数值，得到000、001、010、011、100、101、110和111，分别记为0、1、2、3、4、5、6和7。然后合并的列形成一个含有这8个水平的新列，见表5.5。

3）把选的这七列替换为8水平的列。在 $L_{16}(2^{15})$ 的例子里，从列1到列7被新的列替换。新列与原来七列之外的任何其他列都正交。这样，新的表就能够表示8水平的因子以及最多八个2水平因子了。

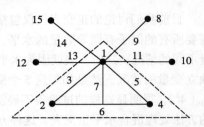

图5.16 选择7列形成一个新的列

表5.5 8水平列的构成 $L_{16}(2^{15})$

试验次数	列											
	1	2	3	合并的数	新列	8	9	10	11	12	13	14	15
1	0	0	0	000	0	0	0	0	0	0	0	0	0
2	0	0	0	000	0	1	1	1	1	1	1	1	1
3	0	0	1	001	1	0	0	0	1	1	1	1
4	0	0	1	001	1	1	1	1	0	0	0	0
5	0	1	0	010	2	0	0	1	0	0	1	1
6	0	1	0	010	2	1	1	0	1	1	0	0
7	0	1	1	011	3	0	1	1	0	1	1	0
8	0	1	1	011	3	1	0	0	1	0	0	1
9	1	0	0	100	4	0	1	0	1	0	1	0
10	1	0	0	100	4	1	0	1	0	1	0	1
11	1	0	1	101	5	0	1	1	0	0	0	1
12	1	0	1	101	5	1	0	0	1	1	0	1
13	1	1	0	110	6	0	1	0	1	1	0	0
14	1	1	0	110	6	1	0	1	0	0	1	1
15	1	1	1	111	7	0	0	1	1	0	1	1
16	1	1	1	111	7	1	1	0	0	1	0	0

5.8.6 把因子赋给各列

为了安排试验，我们需要选择一个适当的正交表并把因子以及它们的交互关系分配到表中各个列里。正交表的选择根据自由度的概念，因子的赋值和交互作用根据线性图来决定。

自由度这个词在物理、化学、工程和统计各领域有不同的含义。在统计分析里，自由度是指要做一个判断时需要进行的最少的比较的次数。例如，一个4水平的因子，各水平记为 A_0、A_1、A_2 和 A_3。这个因子有3个自由度，因为我们需要对 A_0 和另外3个水平进行3次比较才能做出对 A_0 的判断。通常，在试验设计里，一个因子的自由度等于因子水平数量减1。例如，2水平的因子有1个自由度，3水平的因子有2个自由度。

因子交互的自由度等于参与交互的因子自由度的乘积。例如，一个3水平的因子和一个4水平的因子的交互结果有 $(3-1) \times (4-1) = 6$ 个自由度。

正交表的自由度等于每一列里自由度的总和。如果继续使用 $L_N(I^P)$ 表示正交表，这个表的自由度应该是 $(I-1)P$。例如，$L_{16}(2^{15})$ 这个表的自由度是 $(2-1) \times 15 = 15$。$L_{18}(2^1 \times 3^7)$ 是一个特殊的例子，需要额外注意。如第5.8.4小节里所说，第一列和第二列的交互作用与所有其他各列都是正交的。这个交互提供了 $(2-1) \times (3-1) = 2$ 个自由度。这样整体的自由度就是 $2 + (2-1) \times 1 + (3-1) \times 7 = 17$。从这些例子可以看出，正交表的自由度等于试验次数减1，也就是 $N-1$。这是因为表的 N 次试验提供了 $N-1$ 个自由度。

理解了自由度的概念和计算方法以后，我们可以选择合适的正交表并利用线性图给因子和交互作用赋值。具体步骤是：

1）计算自由度的总数来分析因子（主要）和交互作用。这是需要的自由度。
2）选择含有所需要自由度的最小的正交表。
3）如果必要，通过合并列或者其他方法来保证因子的水平。
4）构造线性图来表示出因子和交互作用。点代表因子，连线代表因子之间的交互作用。
5）选择和所需线性图最接近的标准线性图。
6）对需要的线性图进行修正，使它成为标准线性图的子集。
7）根据线性图，对各列里的因子和交互作用赋值。未赋值的列为误差列。

例 5.4 汽车上某结构件会随着道路的颠簸而在端部开裂。现在要设计一组试验来改善这个结构件的疲劳寿命。疲劳寿命可能受设计参数和制造工艺的影响，在锻造时产生的微小裂纹在汽车行驶的过程中逐渐扩展。因此，这个问题里的控制因子包括设计参数和工艺参数。主要的控制因子包括：

- 因子 A：材料；$A_0 = 1$ 类，$A_1 = 2$ 类。

- 因子 B：锻件厚度；$B_0 = 7.5\text{mm}$，$B_1 = 9.5\text{mm}$。
- 因子 C：喷丸状态；$C_0 =$ 常规，$C_1 =$ 覆盖。
- 因子 D：折弯半径；$D_0 = 5\text{mm}$，$D_1 = 9\text{mm}$。

除了这些主要的因子，在分析过程中还要包括可能的 $B \times D$ 和 $C \times D$。选择合适的正交表然后制定试验。

解：为了设计这个试验，我们首先计算因子和交互作用的自由度。每个因子有 2 个水平，因此自由度是 $2 - 1 = 1$。每个交互作用有 $(2-1) \times (2-1) = 1$ 个自由度。整体自由度等于 $4 \times 1 + 2 \times 1 = 6$。因此我们选择有 7 个自由度的 $L_8(2^7)$ 这个表来计划试验。

下一步就是构造线性图表示各个因子和它们之间的交互作用。见图 5.17a，这个图和图 5.17b 里面的标准线性图类似。我们然后参照标准线性图重新构造线性图并给因子和交互作用赋值，如图 5.18 所示。把因子 A 赋给第 7 列而不是第 6 列的原因是要避免与因子 B 和 C 产生交互。第 6 列不赋值，用作误差列。

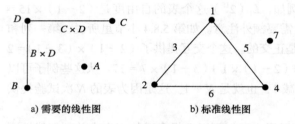

图 5.17 线性图

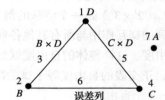

图 5.18 $L_8(2^7)$ 因子和交互关系的赋值

5.8.7 交叉表

至此，试验设计仅仅涉及控制因子。健壮设计的目的是通过选择最优的设计参数水平让产品对噪声因子不敏感。为了达到这个目的，需要把噪声因子考虑进去。比如 Wu 和 Hamada（2000）提出采用一种单一表（single array）来处理控制因子和噪声因子。在田口的健壮设计的方法里，控制因子和噪声因子放在不同的正交表里。含有控制因子的正交表称为内表，而放置噪声因子的正交表称为外表。内表和外表共同形成了交叉表。表 5.6 表示了一个交叉表，其内表是 $L_8(2^7)$，外表是 $L_4(2^3)$。外表可以含有 3 个噪声因子（z_1、z_2 和 z_3）。

交叉表的试验次数为 Nl，其中 N 是内表的大小而 l 是外表的大小。表 5.6 的交叉表，试验次数是 $8 \times 4 = 32$。如果更多的噪声因子或者水平要包含在这个试验里，外表会变得很大，因此试验次数也会相应增加，而且试验成本也会大幅提高。这个问题可以通过噪声复合法来解决。

表 5.6 交叉表

试验次数	内表因子和交互作用							外表			
								z_1	0	0	1	1
								z_2	0	1	0	1
	1	2	3	4	5	6	7	z_3	0	1	1	0
1	0	0	0	0	0	0	0					
2	0	0	0	1	1	1	1					
3	0	1	1	0	0	1	1					
4	0	1	1	1	1	0	0		试验数据			
5	1	0	1	0	1	0	1					
6	1	0	1	1	0	1	0					
7	1	1	0	0	1	1	0					
8	1	1	0	1	0	0	1					

使用外表的目的是把产品在实际使用中遇到的噪声集成到试验里。试验对象的控制因子受噪声环境的影响。在极端的噪声条件下，试验对象的质量特性通常有极端的表现。如果这个质量特性在极端的噪声条件下表现健壮，那么在极端条件以内的任何条件下都会表现得健壮。因此，在外表里只使用噪声最高和最低的极值就顺理成章了。最不严重的条件通常是各噪声因子浮动范围的下限，而最严重的条件由上限组成。

在可靠性试验里，在使用条件下的噪声因子的水平里进行试验很少会出现失效或者老化。考虑到这一点，仔细选择出一些噪声因子并提高水平通常会使寿命缩短或者导致更多的老化。必须避免这些噪声因子和控制因子发生交互作用。否则，加速寿命试验数据会导致错误的优化结果（第 5.14.4 小节）。

例 5.5 参考例 5.4。噪声因子如下：
- 噪声因子 M：振动频率；$M_0 = 0.5\text{Hz}$，$M_1 = 3\text{Hz}$。
- 噪声因子 S：振动幅度；$S_0 = 15\text{mm}$，$S_1 = 25\text{mm}$。

噪声水平有 4 种组合，但是在最轻和最严重的组合下试验就能得到足够的信息。噪声最轻的组合是 M_0 和 S_0，而最严重的组合是 M_1 和 S_1。我们称这两种组合为 z_{11} 和 z_{12}。然后外表只需要包含这两种噪声条件。使用图 5.18 的线性图，我们为试验制定出了交叉表，见表 5.7。

表 5.7 试验交叉表

试验次数	内表							外表	
	D	B	D×B	C	D×C		A	z_{11}	z_{12}
	1	2	3	4	5	6	7		
1	0	0	0	0	0	0	0		
2	0	0	0	1	1	1	1		
3	0	1	1	0	0	1	1		
4	0	1	1	1	1	0	0	疲劳寿命数据	
5	1	0	1	0	1	0	1		
6	1	0	1	1	0	1	0		
7	1	1	0	0	1	1	0		
8	1	1	0	1	0	0	1		

5.9 试验寿命数据分析

在第 5.8.7 小节里，我们介绍了使用如表 5.6 和表 5.7 的交叉表来进行试验设计。设计结束后，下一步就是根据交叉表进行试验。因为试验主要的响应是可靠性，这里的试验实际上是可靠性试验。我们已经知道，产品有两种失效的模式：硬失效和软失效。如果产品会发生完全的失效，这个产品可以说成是二元状态的：不是完好就是失效。寿命是唯一一个有效的描述这类产品的质量特性。在这一节里我们讲解分析寿命试验数据的方法。如果产品逐渐丧失功能，可能在试验过程中监控并测量性能特性。性能特性是后续设计优化里使用的关键质量特性。在第 5.10 节我们讨论试验退化数据分析。

5.9.1 寿命与噪声因子的关系

多数产品的寿命可以用对数正态或者威布尔分布来建模。如第 2 章里讲的，如果寿命 T 服从对数正态分布，其中形状参数为 σ，尺度参数为 μ，那么 $Y = \ln T$ 就服从正态分布，其尺度参数（标准差）为 σ，位置参数（均值）为 μ。如果 T 服从威布尔分布，形状参数是 β，特征寿命是 α，$Y = \ln T$ 就服从最小极值分布，其尺度函数是 $\sigma = 1/\beta$，位置参数是 $\mu = \ln \alpha$。上述这四个分布属于位置尺度分布族。

如果在指定的控制因子的条件下的位置参数 μ 是应力（噪声因子）的线性函数，我们就有

$$\mu = \beta_0 + \beta_1 z_1 + \cdots + \beta_p z_p = z^T \beta \qquad (5.13)$$

式中，$\beta_i (i = 0, 1, \cdots, p)$ 是将要从试验数据里估算出的系数；$z_i (i = 1, 2, \cdots, p)$

是噪声因子；p 是噪声因子的数量；$z^T = (1, z_1, \cdots, z_p)$；$\boldsymbol{\beta} = (\beta_0, \beta_1, \cdots, \beta_p)^T$。在式（5.13）中，$z_i$ 可以是一个变换后的噪声因子。例如，如果温度是噪声因子，并且我们使用了阿伦尼乌斯（Arrhenius）模型，则 z_i 就是热力学温度的倒数。如果电压是噪声因子并且逆幂律适用的话，则 z_i 就是电压的对数。阿伦尼乌斯模型和逆幂律都会在第 7 章里讲解。

如果考虑到二阶噪声效应以及噪声与噪声之间的交互影响，寿命与噪声因子的关系可以写为

$$\mu = \beta_0 + \beta_1 z_1 + \cdots + \beta_p z_p + \beta_{11} z_1^2 + \cdots + \beta_{pp} z_p^2 +$$
$$\beta_{12} z_1 z_2 + \cdots + \beta_{(p-1)p} z_{(p-1)} z_p \qquad (5.14)$$
$$= \beta_0 + \boldsymbol{Z}^T \boldsymbol{b} + \boldsymbol{Z}^T \boldsymbol{B} \boldsymbol{Z}$$

式中

$$\boldsymbol{Z} = \begin{pmatrix} z_1 \\ z_2 \\ \vdots \\ z_p \end{pmatrix}, \quad \boldsymbol{b} = \begin{pmatrix} \beta_1 \\ \beta_2 \\ \vdots \\ \beta_p \end{pmatrix} \quad \boldsymbol{B} = \begin{pmatrix} \beta_{11} & \beta_{12}/2 & \cdots & \beta_{1p}/2 \\ \beta_{21}/2 & \beta_{22} & \cdots & \beta_{2p}/2 \\ \vdots & \vdots & & \vdots \\ \beta_{p1}/2 & \beta_{p2}/2 & \cdots & \beta_{pp} \end{pmatrix}$$

$\boldsymbol{B}$ 是对称矩阵，也就是说 $\beta_{ij} = \beta_{ji}$。如果不存在二级噪声效应，那么在 $i \neq j$ 的时候 $\beta_{ji} = 0$。

在第 7 章里我们将提到，如果产品同时受到电压（V_0）和温度（T_0）的影响，式（5.14）可以写为

$$\mu = \beta_0 + \beta_1 z_1 + \beta_2 z_2 + \beta_{12} z_1 z_2 \qquad (5.15)$$

式中，$z_1 = 1/T_0$；$z_2 = \ln V_0$。

如第 5.8.7 小节里讨论过的，噪声复合法可以使外表变小。为了让式（5.13）和式（5.14）里的参数可估算，复合噪声的水平数必须大于或者等于未知数的个数。

5.9.2 似然函数

样本似然函数可以视为所观测数据的联合概率。概率取决于假设的模型和模型参数。在第 7 章里我们将讨论似然函数。为了方便起见，我们使用

$$z(u) = \frac{u - \mu}{\sigma}$$

式中，μ 和 σ 分别是位置参数和形状参数。

1）对数正态分布。实际失效时间的对数 y 的对数似然函数是

$$LE = -\frac{1}{2}\ln(2\pi) - \ln \sigma - \frac{1}{2}[z(y)]^2 \qquad (5.16)$$

失效时间 y 和 y' 之间的对数的对数似然函数是

$$\text{LI} = \ln\{\Phi[z(y')] - \Phi[z(y)]\} \tag{5.17}$$

式中，$\Phi[\cdot]$ 是标准正态分布的累积分布函数。

在记录时间 y 处左删失观测的对数似然函数是

$$\text{LL} = \ln\{\Phi[z(y)]\} \tag{5.18}$$

在记录时间 y' 处右删失观测的对数似然函数是

$$\text{LR} = \ln\{1 - \Phi[z(y')]\} \tag{5.19}$$

2）威布尔分布。在失效时间 y 处的对数似然函数是

$$\text{LE} = -\ln\sigma - \exp[z(y)] + z(y) \tag{5.20}$$

y 和 y' 失效时间的对数的对数似然函数是

$$\text{LI} = \ln\{\exp[-e^{z(y)}] - \exp[-e^{z(y')}]\} \tag{5.21}$$

在记录时间 y 处左删失观测的对数似然函数是

$$\text{LL} = \ln\{1 - \exp[-e^{z(y)}]\} \tag{5.22}$$

在记录时间 y' 处右删失观测的对数似然函数是

$$\text{LR} = -\exp[z(y')] \tag{5.23}$$

3）一次运行的似然函数。试验响应（寿命）可以视为一个准确的值、一个区间，或者左删失或者右删失。一次运行的对数似然函数是所有试验对象的和，也就是

$$\text{LT} = \sum_{i \in \text{EXT}} \text{LE}_i + \sum_{i \in \text{INT}} \text{LI}_i + \sum_{i \in \text{LFT}} \text{LL}_i + \sum_{i \in \text{RHT}} \text{LR}_i \tag{5.24}$$

式中，EXT、INT、LFT 和 RHT 表示准确值、区间值、左删失以及右删失。实际情况下，只出现上述 4 种数据中的 1 种或者 2 种，因此对数似然函数的形式比式（5.24）简单得多。

5.9.3 作为质量特性的可靠性

样本对数似然是模型参数 σ、β 或 b 和 B 的函数。这些参数可以通过把式（5.24）中的 LT 最大化来估算。通常，这样的估算是无法得到闭式解的。这时，就需要使用数值方法。

式（5.24）里的 LT 的极大似然的估计在运行时是有条件的。每次试验都有一组不同的估计值。然后就可以针对每次试验和每个噪声水平计算出给定时间的可靠性。把内表和外表的每个交叉组合下的可靠性全部计算出来，就可以把可靠性的估值填

入比如表 5.8 中。这里的可靠性估值是观测到的质量特性并且会用到后续的设计优化（见第 5.11 节）中。

我们知道，产品的可靠性取决于噪声因子和控制因子的水平。如果寿命分布中的位置参数用控制因子和噪声因子来表示，交叉表的对数似然可以通过如式（5.24）里对交叉表中所有的样本求和得出。Wu 和 Hamada（2000）对此有详细的解释。然后就可以使用上面介绍过的后续的步骤来估算出内表和外表中各种组合的可靠性。可惜这种方法很复杂。我们已经看出这种方法需要对寿命和控制因子之间的关系建立模型，而这种模型极为复杂，难以处理。当噪声因子和控制因子之间有交互作用的时候追溯性会变差。

表 5.8 带有可靠性估值的交叉正交表

试验次数	内表 因子和交互作用							外表			
								z_1:	0	0	1	1
								z_2:	0	1	0	1
	1	2	3	4	5	6	7	z_3:	0	1	1	0
1	0	0	0	0	0	0	0		R_{11}	R_{12}	R_{13}	R_{14}
2	0	0	0	1	1	1	1		R_{21}	R_{22}	R_{23}	R_{24}
3	0	1	1	0	0	1	1					
4	0	1	1	1	1	0	0					
5	1	0	1	0	1	0	1		⋮	⋮	⋮	⋮
6	1	0	1	1	0	1	0					
7	1	1	0	0	1	1	0					
8	1	1	0	1	0	0	1		R_{81}	R_{82}	R_{83}	R_{84}

5.9.4 作为质量特性的寿命

从删失数据来估算可靠性需要假设寿命与噪声的关系并且还要有复杂的模型。显然，这里的估算包括了模型和残余误差。如果试验不包括删失而全部是完整的寿命数据，那么应该用观测到的数据而不是估算出的可靠性来进行后续的设计优化。

5.10 试验退化数据分析

对有些产品而言，失效定义为性能特性超过了一个特定的阈值。产品的寿命则是性能特性达到这个阈值的时刻。对于这样的产品，可以在试验过程中监控并测量性能特性。通过测量获得产品可靠性方面有效的信息，并且一用在后续的优化当中。

5.10.1 作为质量特性的性能特性

在试验过程中，试验样本可能是受到持续监控的，也可能是定期检查的。如果是后者，建议所有的样本采用同样的检查时间，这样，各个样本的测量可以直接进行比较，而不必采用退化模型。这两种情况下，记录下的删失时间都表征了质量特性，并且可以用在后续的优化设计里。这种方法不需要建立退化模型并对性能特性外延到更长的时间。因此这减少了模型误差和残差。

实际上，样本当中有可能会出现不同的删失时间。例如，有些样本因为试验设备出现故障而必须提前停止。在这样的情况下，需要利用退化模型对早些失效的样本的退化路径进行建模。在第 8 章里，我们将详细讲解退化模型。借用退化模型，我们就可以把性能特性外延到正常的删失时间。图 5.19 解释了这种情况，其中 $y(t)$ 是一个随时间 t 变化的望小的性能特性，t_0 是一个正常的删失时间，t_1 是提前停止的时刻，G 是 y 的阈值。图 5.19 的退化曲线里虚线的部分是 $y(t)$ 的外延。然后延伸的特性值和删失时间上正常的测量值都是后续设计优化的质量特性。这种方法需要退化路径的模型和对早期删失的样本的外延。如果样本很少，则建模和外延造成的误差对选择优化设计的参数几乎没有影响。

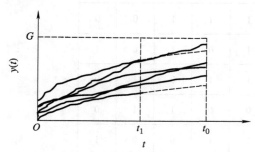

图 5.19 把 $y(t_1)$ 外延到正常的删失时间

5.10.2 作为质量特性的寿命

各个不同水平的设计参数的样本可能会出现完全失效。尤其当参数分布范围比较大的时候容易出现这种情况。例如，电磁继电器可能在健壮性试验设计中有不同种失效模式。通常，继电器会因为两个触点之间的接触电阻过高而失效。如果触点之间的间隙过小,则继电器可能一段时间之后由于触点熔化而突然无法工作。熔化把触点焊接在一起,从而无法正常开关。触点焊在一起之后电阻降为零。图 5.20 表示了样本里接触电阻的这两种失效模式的退化路径,其中 $y(t)$ 是接触电阻,t 是循环次数,G 是阈值。

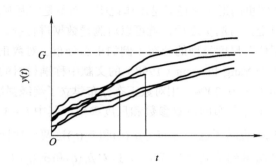

图 5.20 两种失效模式的退化路径

如果在试验完成之前就出现了完全失效,则寿命应该被视为质量特性。在删失时间之前已经突然失效或者逐渐失效的样本,它们的寿命被准确地记录。对寿命超过删失时间的样本,它们的寿命通过退化模型实现。我们将在第 8 章里看到,退化模型可以表达为

$$y = g(t; \beta_1, \beta_2, \cdots, \beta_p) + e \qquad (5.25)$$

式中,y 是在时刻 t 对性能特性的观测值;$g(t; \beta_1, \beta_2, \cdots, \beta_p)$ 是实际的退化路径;$\beta_1, \beta_2, \cdots, \beta_p$ 是未知模型参数;$e \sim N(0, \sigma_e^2)$ 是观测值的残差,σ_e 是一个常数。在第 8 章,我们介绍式(5.25)的各种形式以及对模型参数的估计。

对产品来说,y 值越过阈值 G 就称为失效。这样样本的寿命表示为

$$\hat{t} = g^{-1}(G; \beta_1, \beta_2, \cdots, \beta_p) \qquad (5.26)$$

从式(5.26)得出的寿命其实是虚拟寿命,它包含模型误差和残差。虚拟寿命数据和观测值一起为后续的设计优化提供质量特性的参考。

5.10.3 作为质量特性的可靠性

在有些产品上,退化程度的测量通常是破坏性的;也就是说,每一个元件的退化的程度只能观测一次。例如,对连接的机械强度的观测或者绝缘强度的观测都需要破坏元件。对这些产品,无法在同一个元件上重复进行测量。因此,也就无法对一个元件建立起退化路径的模型。

虽然在不进行破坏的情况下,实际的退化程度无法得知,但退化的分布可以通过观测数个样本进行估计。

测量这些产品需要比较大的样本数量。每一次要破坏性地测量数个样本。然后就可以估计出在这一时刻退化的统计分布。等试验进行到下一个时间点,再破坏性地测量另一组样本。每个时间点上进行一次测量。这样在最后一次测量时,所有的样本都耗尽了。图 5.21 绘制了在不同时刻对某一望大特性进行破坏性测量的记录。黑点表示破坏了的样本。这个图里的退化路径只是用作说明,而不是实际观测的结果。

在每一个时间点上进行测量之后,就可以对测量数据进行统计拟合。在许多情况下,测量数据可以用位置尺度类型的分布(例如正态分布、对数正态分布或者威布尔分布)来表示。例如在 Yang 和 Yang(1998)的文献中称铜材料的抗剪强度基本服从正态分布,而 Nelson(1990,2004)用对数正态分布建立了绝缘强度的模型。让 $\mu_y(t_i)$ 和 $\sigma_y(t_i)$ 分别是 t_i 时采样分布的位置参数和尺度参数,其中 $i = 1, 2, \cdots, k$,并且 k 是测量的次数。图 5.21 表示了这个分布。$\hat{\mu}_y(t_i)$ 和 $\hat{\sigma}_y(t_i)$ 这两个估计值可以通过分析图形或者极大似然估计法得到(见第 7 章)。通过对 $\hat{\mu}_y(t_i)$ 和 $\hat{\sigma}_y(t_i)$($i = 1, 2, \cdots, k$)进行线性或者非线性回归分析,我们可以建立回归模型 $\hat{\mu}_y(t;\hat{\boldsymbol{\beta}})$ 和 $\hat{\sigma}_y(t;\hat{\boldsymbol{\theta}})$,其中 $\hat{\boldsymbol{\beta}}$ 和 $\hat{\boldsymbol{\theta}}$ 是回归模型参数的估值的矢量。这样在关注的时刻 τ 下,望小特性的可靠性的估计值是

$$\hat{R}(\tau) = \Pr[y(\tau) \leqslant G] = F\left[\frac{G - \mu_y(\tau;\hat{\boldsymbol{\beta}})}{\sigma_y(\tau;\hat{\boldsymbol{\theta}})}\right] \tag{5.27}$$

对一个望大特性

$$\hat{R}(\tau) = \Pr[y(\tau) \geqslant G] = 1 - F\left[\frac{G - \mu_y(\tau;\hat{\boldsymbol{\beta}})}{\sigma_y(\tau;\hat{\boldsymbol{\theta}})}\right] \tag{5.28}$$

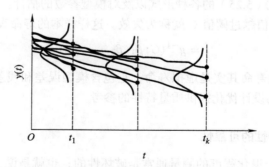

图 5.21　在不同时刻进行破坏性测量

式中,F 表示的是位置尺度类型的分布。如果 y 用对数正态分布或者威布尔分布来表示,则用 $\ln G$ 来替代上式中的 G。在第 8 章我们对破坏性检测的试验方法和数据分析有更深入的讨论。

可对内表和外表的每一个交叉组合来计算可靠性。可以把表 5.8 中的可靠性全部

估算出来，并给后续设计优化用来做观测值。在第 5.13 节中我们会给出一个引线键合的破坏性检测的案例。

5.11　设计优化

在前几节里，我们研究了试验设计和试验数据的预分析。健壮设计的下一步是设计优化，也就是发现最主要的控制因子并得出这些因子的水平来优化产品的健壮性。在这一节里，我们介绍设计优化所需要的统计方法。

5.11.1　控制因子的类型

在设计优化里，可以根据因子对质量特性的影响，把控制因子分为四组。

1）散度因子（dispersion factor）：对质量特性有强烈的扩散作用的因子（见图 5.22a）。在图里，z 是噪声因子，A 是控制因子，下标 0 表示低水平，1 代表高水平。这个图显示噪声因子的变异传递到了质量特性的变异。A_1 下的质量特性的分布比 A_0 更广，因此 A_0 是更优的选择。图 5.22a 还说明了散度因子和噪声因子的交互作用。正是这种交互作用提供了改进健壮性的机会。通常，散度因子的水平要使质量特性的散度最小。

2）均值调节因子（mean adjustment factor）：对均值有重大影响并且对质量特性的散度没有影响的控制因子（见图 5.22b）。A_0 的响应线和 A_1 在噪声范围内平行，这说明均值调节因子和噪声因子之间没有交互作用。通常，均值调节因子的水平要使质量特性的均值调整到目标值。

3）散度和均值调节因子（dispersion and mean adjustment factor）：影响散度和均值的控制因子（见图 5.22c）。这种因子和噪声因子有交互作用并且应该被视为散度因子。通常，要最小化散度。

4）次要因子（insignificant factor）：对散度和均值都没有影响的控制因子（见图 5.22d）。A_0 的响应在噪声范围内和 A_1 相等。水平受其他因子的影响，比如经济性、制造性、操作性和简易性。

5.11.2　信噪比

信噪比是在通信工程领域里常用的一个指标。它衡量的是信号和噪声的功率的比值。在健壮设计里，信号传入系统并转换为指定的功能以及相应的失效模式，就像在 p 图中（见图 5.10）。指定的功能和失效模式的功率之间的比值就称为信噪比。Taguchi（1986）提出了使用这个指标来衡量产品或者过程的健壮性。数学上，信噪比 η 可以定义为

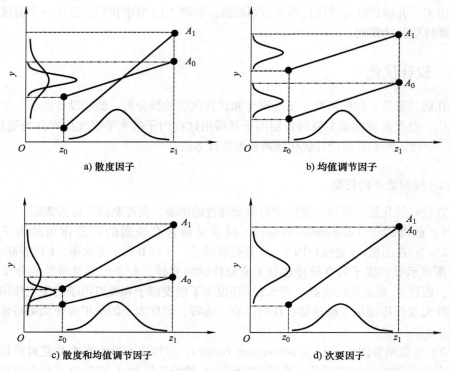

图 5.22 控制因子

$$\eta = \frac{\mu_y^2}{\sigma_y^2} \tag{5.29}$$

式中，μ_y 和 σ_y^2 是一组控制因子下质量特性的均值和方差。η 值越大，产品越健壮。η 值取决于控制因子的水平。然后健壮设计的工作就变成了选择控制因子的水平从而让 η 值最大。

定义信噪比的质量特性可能是寿命、可靠性，或者某个性能特性，取决于失效模式（软失效或者硬失效）。还把质量特性称为 y。表 5.9 表示的是内表和外表每个交叉组合的 y 的观测值。在这张表里，y_{ijk} 是在第 i 行第 j 列的第 k 次观测，其中 $i = 1, 2, \cdots, N$，$j = 1, 2, \cdots, l$，$k = 1, 2, \cdots, n_{ij}$，N 是内表的行数，P 是内表的列数，l 是外表的列数；n_{ij} 是第 i 行和第 j 列的交叉组合的重复次数。当 y 是可靠性的时候，在试验组合里就不会出现重复的观测了，也就是说 n_{ij} 一直是 1。

1. 望目质量特性

对这类特性，信噪比和式（5.29）是相同的。为了简化数值运算，通常我们写作

$$\eta = 10\log\left(\frac{\mu_y^2}{\sigma_y^2}\right) \quad (5.30)$$

式中，log（ ）是常用对数；η 的单位是 dB。

实际应用当中，式（5.30）里的均值和方差是未知的。它们可以通过质量特性的观测值估算出。在表 5.9 里的第 i 行，让

$$k_i = \sum_{j=1}^{l} n_{ij}, \quad \overline{y}_i = \frac{1}{k_i}\sum_{j=1}^{l}\sum_{k=1}^{n_{ij}} y_{ijk}, \quad D_i = k_i \overline{y}_i^2, \quad i = 1, 2, \cdots, N$$

表 5.9 试验安排和观测

试验次数	内表 因子和交互				外表				$\hat{\eta}$	$\overline{y}$
					1	2	$\cdots$	l		
					0	0	$\cdots$	1		
					$\cdots$	$\cdots$		$\cdots$		
	1	2	$\cdots$	P	0	1	$\cdots$	0		
1	0	0	$\cdots$	0	$y_{111}, \cdots, y_{11n_{11}}$	$y_{121}, \cdots, y_{21n_{21}}$	$\cdots$	$y_{1l1}, \cdots, y_{1ln_{1l}}$	$\hat{\eta}_1$	$\overline{y}_1$
2	0	0	$\cdots$	1	$y_{211}, \cdots, y_{21n_{21}}$	$y_{221}, \cdots, y_{22n_{22}}$	$\cdots$	$y_{2l1}, \cdots, y_{2ln_{2l}}$	$\hat{\eta}_2$	$\overline{y}_2$
$\vdots$									$\cdots$	$\cdots$
i					$y_{i11}, \cdots, y_{i1n_{i1}}$	$y_{i21}, \cdots, y_{i2n_{i2}}$	$\cdots$	$y_{il1}, \cdots, y_{iln_{il}}$	$\hat{\eta}_i$	$\overline{y}_i$
$\vdots$									$\cdots$	$\cdots$
N	1	1	$\cdots$	0	$y_{N11}, \cdots, y_{N1n_{N1}}$	$y_{N21}, \cdots, y_{N2n_{N2}}$	$\cdots$	$y_{Nl1}, \cdots, y_{Nln_{Nl}}$	$\hat{\eta}_N$	$\overline{y}_N$

这样，均值和方差的估计值分别是

$$\hat{\mu}_{y_i}^2 = \frac{D_i - \hat{\sigma}_{y_i}^2}{k_i}$$

$$\hat{\sigma}_{y_i}^2 = \frac{1}{k_i - 1}\sum_{j=1}^{l}\sum_{k=1}^{n_{ij}}(y_{ijk} - \overline{y}_i)^2$$

把上述的估计值代入式（5.30），得到

$$\hat{\eta}_i = 10\log\left(\frac{D_i - \hat{\sigma}_{y_i}^2}{k_i \hat{\sigma}_{y_i}^2}\right) = 10\log\left(\frac{\overline{y}_i^2 - \hat{\sigma}_{y_i}^2/k_i}{\hat{\sigma}_{y_i}^2}\right) \quad (5.31)$$

如果 k_i 足够大,则 $\hat{\sigma}_{y_i}^2 / k_i$ 可以忽略不计。这样信噪比就可以写成

$$\hat{\eta}_i \approx 10\log\left(\frac{\bar{y}_i^2}{\hat{\sigma}_{y_i}^2}\right) = 20\log\left(\frac{\bar{y}_i}{\hat{\sigma}_{y_i}}\right), \qquad i = 1, 2, \cdots, N \qquad (5.32)$$

注意 $\bar{y}_i / \hat{\sigma}_{y_i}$ 是变异系数的倒数,方差衡量的是质量特性的分散程度。因此,将信噪比最大化就是将特性分散程度最小化。

2. 望小质量特性

对这类特性,目标值是零,均值的估计值是零或者负数。这样,我们无法进行像式（5.30）那样的对数变换。因此信噪比表示为

$$\eta = -10\log(\text{MSD}) \qquad (5.33)$$

式中,MSD 是质量特性目标值的均方差。因为望小质量特性的目标值就是零,第 i 行的 MSD 可以用这个式子得出：

$$\text{MSD}_i = \frac{1}{k_i}\sum_{j=1}^{l}\sum_{k=1}^{n_{ij}} y_{ijk}^2, \qquad i = 1, 2, \cdots, N$$

信噪比可以这样得出

$$\hat{\eta}_i = -10\log\left(\frac{1}{k_i}\sum_{j=1}^{l}\sum_{k=1}^{n_{ij}} y_{ijk}^2\right), \qquad i = 1, 2, \cdots, N \qquad (5.34)$$

3. 望大质量特性

如果 y 是望大质量特性,那么 $1/y$ 就是望小质量特性。因此 $1/y$ 的目标值是零。第 i 行的 $1/y$ 的 MSD 是

$$\text{MSD}_i = \frac{1}{k_i}\sum_{j=1}^{l}\sum_{k=1}^{n_{ij}}\frac{1}{y_{ijk}^2}, \qquad i = 1, 2, \cdots, N$$

信噪比是

$$\hat{\eta}_i = -10\log\left(\frac{1}{k_i}\sum_{j=1}^{l}\sum_{k=1}^{n_{ij}}\frac{1}{y_{ijk}^2}\right), \qquad i = 1, 2, \cdots, N \qquad (5.35)$$

如上文提到,可靠性有时候被视为质量特性。因为可靠性 R 是范围从 0 到 1 的望大特性,则 $1/R$ 就是目标值为 1 的望小特性。$1/R$ 的 MSD 就是

$$\text{MSD}_i = \frac{1}{l}\sum_{j=1}^{l}\left(\frac{1}{R_{ij}} - 1\right)^2, \qquad i = 1, 2, \cdots, N$$

式中，R_{ij} 就是第 i 行第 j 列的交叉组合处的可靠性估值。这样信噪比就是

$$\hat{\eta}_i = -10\log\left[\frac{1}{l}\sum_{j=1}^{l}\left(\frac{1}{R_{ij}}-1\right)^2\right], \quad i=1,2,\cdots,N \quad （5.36）$$

例 5.6 参考表 5.8。假设第一行可靠性估值是 0.92、0.96、0.8 和 0.97。计算这一行的信噪比。

解：把可靠性估值代入式（5.36），我们得到

$$\hat{\eta}_1 = -10\log\left\{\frac{1}{4}\left[\left(\frac{1}{0.92}-1\right)^2 + \left(\frac{1}{0.96}-1\right)^2 \right.\right.$$
$$\left.\left. + \left(\frac{1}{0.8}-1\right)^2 + \left(\frac{1}{0.87}-1\right)^2\right]\right\} = 16.3$$

式中，log 以 10 为底数。后文的计算中如无特殊说明，则都以 10 为底数。

对内表的每一行，用式（5.32）、式（5.34）、式（5.35）或者式（5.36）可以计算信噪比，具体取决于质量特性的类型。然后进一步用图形响应法或者方差分析就可以得出控制因子的最优组合。

5.11.3 设计优化的步骤

当获得了所有试验数据 y_{ijk}（见表 5.9）之后，试验员需要对数据进行分析从而优化产品设计。设计优化有几个步骤。这些步骤随质量特性不同而不同。

1. 望小特性和望大特性

1）计算内表里每一行的信噪比，见表 5.9。

2）通过图形响应分析（第 5.11.4 小节）或者方差分析（第 5.11.5 小节）识别出对信噪比影响最大的控制因子。

3）通过将信噪比最大化，求出重要控制因子的最佳设置。

4）通过材料成本、工艺性、易操作性和简洁性等方面求出非重要控制因子的最佳设置。

5）在最佳组合下预测信噪比。

6）用最优组合进行一次确认性的试验，验证这个最优的组合能够达到预期的健壮性。

2. 望目特性

1）对内表每一行计算信噪比以及平均响应（表 5.9 中的 $\bar{y}_i$）。

2）识别出重要控制因子，并将它们分为散度因子、均值调节因子、散度和均值调节因子（视为散度因子）。

3）选择使得信噪比最大化的散度因子的水平。
4）选择使得质量特性最接近目标的均值调节因子。
5）通过分析物料成本、工艺性、可操作性和简洁性各方面，得出非重要控制因子的水平。
6）预测在最优组合下的信噪比和均值响应。
7）进行一次确认性的试验，看最优组合下信噪比和均值响应是否与预测相符。

5.11.4 图形响应分析

图形响应分析的目的是找出对响应影响大的因子和交互作用，并确定能产生最佳的响应的因子水平。这种图形方法直观、简单、却卓有成效，因此经常是工程师的得力工具。这种分析已经程序化；一些商用软件比如 Minitab 里面提供了这种图形分析的能力。

为了更好地理解，我们来看一个例题。

例 5.7 汽车上的某卡扣在汽车行驶时发出噪声。对噪声水平有影响的两个变量是卡扣的长度和材料。这两个变量可能有交互作用。对噪声有影响的噪声因子包括车辆的速度以及温度。控制因子和噪声因子的水平如下：

- 控制因子 A：长度。$A_0 = 25\text{cm}$，$A_1 = 15\text{cm}$。
- 控制因子 B：材料。$B_0 = $ 塑料，$B_1 = $ 金属。
- 噪声因子 z：行驶速度和温度。z_1：40mile/h，15°C。z_2：85mile/h，30°C。

内表使用 $L_4(2^3)$ 来放置控制因子。外表包含两列，每一噪声因子一列。试验的安排见表 5.10。然后根据交叉表进行试验。在试验里每 1500mile 采集一次噪声的数据（单位为 dB）。数据见表 5.10。

噪声水平是一个望小特性。信噪比从式（5.34）计算出来并在表 5.10 中进行了归纳。例如，第一次试验得到的值是

$$\hat{\eta}_1 = -10\log\left[\frac{1}{2}(15^2 + 19^2)\right] = -24.7$$

继续求出 $\hat{\eta}_2$、$\hat{\eta}_3$、$\hat{\eta}_4$，填写在表 5.10 的最后一列。

表 5.10 卡扣设计的试验安排

试验次数	A	B	A×B	z_1	z_2	$\hat{\eta}$
1	0	0	0	15	19	−24.7
2	0	1	1	47	49	−33.6
3	1	0	1	28	36	−30.2
4	1	1	0	26	29	−28.8

随后计算因子 A 和 B 在 0 和 1 两个水平时的平均响应。
例如，在因子 B 水平 0 的响应的均值是

$$\overline{B}_0 = \frac{-24.7 - 30.2}{2} = -27.45$$

继续求出另外 3 个均值，于是 4 个均值如下：

水平	A	B
0	−29.15	−27.45
1	−29.5	−31.2

然后，针对因子 A 和 B 之间的交互作用做出一个双向表：

	A_0	A_1
B_0	−24.7	−30.2
B_1	−33.6	−28.8

　　计算了因子和交互作用在每一水平上的平均响应，我们要求出主要因子和交互作用然后选出最优的因子水平。这项工作可以用图形响应分析法。

　　图形响应分析法是通过绘制出在因子和交互作用各水平下的平均响应，然后从图形中找出主要因子和最优水平。对一个因子水平的平均响应是对应这个水平的响应的观测值的和除以观测次数。例 5.7 中有在 B_0 下的平均响应的计算过程。在图上绘制平均响应点，其中横轴是因子的水平，纵轴是响应。然后把这些点连接起来。这个图就称为主效应图。图 5.23a 就是例 5.7 里的因子 A 和 B 的主效应图。两个因子之间的交互作用的平均响应通常使用双向表表示，其中行列交叉处是平均响应，对应的是两个因子各水平的组合（见例 5.7 里的双向表）。在横轴为因子水平的图上绘出平均响应，图中有多条线段，每一条表示的是另一个因子的一个水平，此图称为交互作用图。例 5.7 里的交互作用图如图 5.23b 所示。

　　各因子和交互作用的重要性可以从图上表现出来。主效应图里如果线段陡峭，则表明这个因子影响力大。如果线段平缓，则这个因子影响力就小。在交互作用图里，如果线段之间平行就说明两个因子之间没有交互作用，否则就说明存在交互作用。我们再回头看例 5.7。图 5.23a 表明因子 B 对响应有强烈的影响因为线段很陡峭。因子 A 的影响就很小，因为对应的线段几乎是水平的。图 5.23b 的交互作用图表明两条线段完全不平行。因此这两个因子的交互作用是显著的。

　　一旦识别出重要控制因子，就要求出这些因子的最优水平。如果有重要的交互作用，就要选择那些能产生最佳响应的因子和水平。对没有参与交互作用的因子，最佳组合就是最佳平均响应的因子水平的组合。当两个因子之间的交互作用较强的时候，其主效应就没有多大实际意义。通过交互作用分析得到的水平应该比主效应图里的水平更重要。在例 5.7 里，交互作用图表明 A 和 B 两个因子的交互作用比较重要。A 和

B 的水平应该根据交互作用图来确定。从图 5.23b 中可以看出 A_0B_0 的信噪比是最高的。这个水平组合一定要用到设计里，尽管主效应图显示因子 A 是一个次要的变量，但可以用在其他方面（例如把卡扣改短些来节约材料成本）。

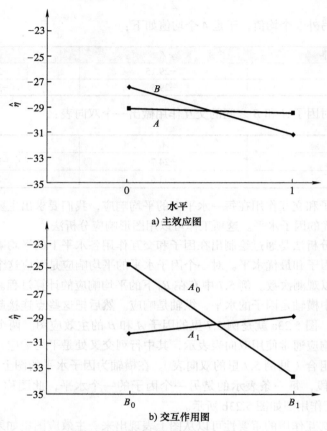

图 5.23 主效应图和交互作用图

如果试验响应是一个望目特性，我们就要对信噪比和平均响应绘制主效应图和交互作用图。如果发现一个因子既是散度因子也是均值调节因子，就应该将其视为散度因子。使用上述方法选择它的水平来使信噪比最大化。对均值调节因子，要确定最优水平，我们要列举出每一个均值调节因子水平组合的平均响应。水平组合的平均响应通常使用下面的预测方法。然后选择能够使平均响应满足要求的组合。

选择了最优的因子水平组合之后，需要预测最优组合下的平均响应。这是因为：①预测值能够表明这个健壮设计的改进空间有多大。如果收益仍然不够大，可能需要再用其他方法做进一步的改进，比如公差设计。②后续需要进行确认试验，并且把试验结果与预测值进行对比，来验证设计的优化程度。预测是根据重要因子和交互作用

的影响做出的。为了方便,我们分别用 T 和 $\overline{T}$ 表示响应的总和和响应的均值。于是我们就有

$$T = \sum_{i=1}^{N} y_i, \qquad \overline{T} = \frac{T}{N}$$

式中,y_i 代表 $\hat{\eta}_i$ 或者 $\overline{y}_i$,见表 5.9。

重要因子在最优水平下的平均响应是

$$\hat{y} = \overline{T} + \sum_{i \in \text{MET}} (\overline{F}_i - \overline{T}) + \sum_{j > i \in \text{INT}} [(\overline{F}_{ij} - \overline{T}) - (\overline{F}_i - \overline{T}) - (\overline{F}_j - \overline{T})] \quad (5.37)$$

式中,MET 是一组重要的主效应;INT 是一组重要的交互作用;$\overline{F}_i$ 是因子 F_i 在最优水平下的平均响应;$\overline{F}_{ij}$ 是因子 $\overline{F}_i$ 和 $\overline{F}_j$ 在最优水平时的交互作用的平均响应。因为交互作用的影响包括相关因子的主效应,这个主效应应该从交互作用里减掉,如式(5.37)里面第二项。如果响应是一个望目特性,则式(5.37)应该包含所有重要的散度因子和均值调节因子以及交互作用。然后应用这个方程来估算信噪比和平均响应。

在例 5.7 中,B 和 $A \times B$ 是重要的,$A_0 B_0$ 是最优组合。总的平均响应是 $\overline{T} = -29.3$。信噪比在最优组合处的预测值根据式(5.37)可得

$$\hat{\eta} = \overline{T} + (\overline{B}_0 - \overline{T}) + [(\overline{A_0 B_0} - \overline{T}) - (\overline{A}_0 - \overline{T}) - (\overline{B}_0 - \overline{T})] = \overline{A_0 B_0} - \overline{A}_0 + \overline{T}$$
$$= -24.7 + 29.15 - 29.3 = -24.85$$

这和表 5.10 中从经验数据里算出的 $A_0 B_0$ 处的信噪比 -24.7 非常接近。

总体来说,确认试验应该在将最优组合实施到投产之前进行。组合的优化程度通过验证结果和预测接近来得到验证。可能要用到统计假设检验来达到统计上合理的结论。

5.11.5 方差分析

图形分析是一种识别重要因子和交互作用的比较直观的方法。当因子数量比较少的时候,这种方法易于理解和使用。然而在因子数量众多的时候,分析就变得很困难。在这样的情况下,方差分析(analysis of variance,ANOVA)就更有效。

1. 单因子试验的 ANOVA

为了理解 ANOVA 的概念和步骤,我们先从单因子开始,考虑如何设计试验来求出因子 A 的影响。因子 A 有 p 个水平,每一个水平有 n 次重复。让 y_{ij} 来表示对质量特性 y 的水平 i 的第 j 次观察。试验的安排见表 5.11。从统计的角度讲,这个试验的

目的是验证平均响应在所有水平下都相等的这个假设。用 $y_{i.}$ 和 $\bar{y}_{i.}$ 表示水平 i 所有观察值的总和和均值，用 $y_{..}$ 和 $\bar{y}_{..}$ 表示所有观察值的总和和均值，这样我们有

$$y_{i.} = \sum_{j=1}^{n} y_{ij}, \quad \bar{y}_{i.} = \frac{y_{i.}}{n}, \quad i = 1, 2, \cdots, p$$

$$y_{..} = \sum_{i=1}^{p}\sum_{j=1}^{n} y_{ij}, \quad \bar{y}_{..} = \frac{y_{..}}{N}$$

式中，$N = pn$ 是试验中所有的观察的数量。

表 5.11　单因子试验

因子水平	观察值				总和	均值
1	y_{11}	y_{12}	$\cdots$	y_{1n}	$y_{1.}$	$\bar{y}_{1.}$
2	y_{21}	y_{22}	$\cdots$	y_{2n}	$y_{2.}$	$\bar{y}_{2.}$
$\vdots$	$\vdots$	$\vdots$		$\vdots$	$\vdots$	$\vdots$
p	y_{p1}	y_{p2}	$\cdots$	y_{pn}	$y_{p.}$	$\bar{y}_{p.}$

我们定义修正的总的平方和

$$SS_T = \sum_{i=1}^{p}\sum_{j=1}^{n}(y_{ij} - \bar{y}_{..})^2$$

来测量数据整体的变异程度。SS_T 可以写作

$$SS_T = \sum_{i=1}^{p}\sum_{j=1}^{n}(y_{ij} - \bar{y}_{..})^2 = \sum_{i=1}^{p}\sum_{j=1}^{n}[(\bar{y}_{i.} - \bar{y}_{..}) + (y_{ij} - \bar{y}_{i.})]^2$$

$$= n\sum_{i=1}^{p}(\bar{y}_{i.} - \bar{y}_{..})^2 + \sum_{i=1}^{p}\sum_{j=1}^{n}(y_{ij} - \bar{y}_{i.})^2 = SS_A + SS_E$$

(5.38)

式中

$$SS_A = n\sum_{i=1}^{p}(\bar{y}_{i.} - \bar{y}_{..})^2, \quad SS_E = \sum_{i=1}^{p}\sum_{j=1}^{n}(y_{ij} - \bar{y}_{i.})^2$$

SS_A 称为因子的平方和，而 SS_E 称为误差的平方和。式（5.38）表明总的平方和可以分为这两部分。

因子 A 有 p 个水平，因此 SS_A 有 $p-1$ 个自由度。试验中有 N 个观察值，因此 SS_T 有 $N-1$ 个自由度。因为对 p 个水平中的每一个有 n 次观察，这样在计算试验误差的时候就有 $n-1$ 个自由度，SS_E 有 $p(n-1) = N-p$ 个自由度。注意 SS_T 的自由度

等于 SS_A 和 SS_A 的自由度的和。各个平方和除以各自的自由度的就能得到均方值 MS，也就是，

$$MS_x = \frac{SS_x}{df_x} \tag{5.39}$$

式中，x 表示 A 或 E；df_x 是 SS_x 的自由度。

用于检验所有水平的均值响应均相等的假设的 F 统计量为

$$F_0 = \frac{MS_A}{MS_E} \tag{5.40}$$

它服从 F 分布，自由度为 $p-1$ 和 $N-p$。我们可以得出的结论是，如果

$$F_0 > F_{\alpha, p-1, N-p}$$

成立，那么 A 因子对显著性水平 $100\alpha\%$ 具有显著作用。

为了方便数值计算，平方和可以改写为

$$SS_T = \sum_{i=1}^{p} \sum_{j=1}^{n} y_{ij}^2 - \frac{y_{..}^2}{N} \tag{5.41}$$

$$SS_A = \sum_{i=1}^{p} \frac{y_{i.}^2}{n} - \frac{y_{..}^2}{N} \tag{5.42}$$

$$SS_E = SS_T - SS_A \tag{5.43}$$

方差分析的过程可以列在表 5.12 中。该表称为 ANOVA 表。

表 5.12 单因子 ANOVA 表

变异来源	平方和	自由度	均方值	F_0
因子	SS_A	$p-1$	MS_A	MS_A/MS_E
误差	SS_E	$N-p$	MS_E	
总和	SS_T	$N-1$		

例 5.8 设计了一个试验来研究空燃比对汽车发动机排气阀温度的影响。对每个空燃比用了四个样品重复试验。试验数据总结在表 5.13 中。确定空燃比是否在 5% 的显著性水平上有很大影响。

表 5.13 发动机试验总的温度数据

空燃比	温度 /℃				总和	均值
10.6	701	713	722	716	2852	713.00
11.6	745	738	751	761	2995	748.75
12.6	773	782	776	768	3099	774.75

解： 表 5.13 中计算并汇总了温度观测值的总和和均值。总和和均值为

$$y_{..} = \sum_{i=1}^{3} \sum_{j=1}^{4} y_{ij} = 701 + 713 + \cdots + 768 = 8946, \quad \bar{y}_{..} = \frac{8946}{12} = 745.5$$

平方和是

$$SS_T = \sum_{i=1}^{3} \sum_{j=1}^{4} y_{ij}^2 - \frac{y_{..}^2}{12} = 701^2 + 713^2 + \cdots + 768^2 - \frac{8946^2}{12} = 8311$$

$$SS_A = \sum_{i=1}^{3} \frac{y_{i.}^2}{4} - \frac{y_{..}^2}{12} = \frac{2852^2 + 2995^2 + 3099^2}{4} - \frac{8946^2}{12} = 7689.5$$

$$SS_E = SS_T - SS_A = 8311 - 7689.5 = 621.5$$

均方和 F_0 的计算很简单。值汇总在表 5.14 中。因为 $F_0 = 55.64 > F_{0.05, 2, 9} = 4.26$，于是我们可以得出结论，在 5% 的显著性水平下，空燃比对排气阀温度有很大影响。

表 5.14　排气阀温度的 ANOVA 表

变异来源	平方和	自由度	均方值	F_0
因子	7689.5	2	3844.75	55.67
误差	621.5	9	69.06	
总和	8311	11		

2. 正交内表的 ANOVA

在试验设计中，外表的目的是使样本暴露于噪声因子下。收集试验数据后，外表已完成其作用。除非我们对噪声因子对质量特性的影响感兴趣，否则外表通常不参与后续用于设计优化的 ANOVA。一般使用内表的 ANOVA 确定设计参数的最佳水平。

内表的一列可以分配给一个因子、一个交互作用或一个误差（空列）。$L_N(I_P)$ 中的 I 个水平的列可以视为 I 个水平的因子，每个水平具有 $n = N / I$ 个重复项。因此，式（5.41）可用于计算内表的修正的总的平方和，而式（5.42）可应用于内表的一列。令 T 为观察值的总和：

$$T = \sum_{i=1}^{N} y_i$$

式中，y_i 表示 $\hat{\eta}$ 或者 $\bar{y}_i$，见表 5.9 中的。这样修正的总的平方和可以写为

$$SS_T = \sum_{i=1}^{N} y_i^2 - \frac{T^2}{N} \tag{5.44}$$

同样，让 T_j 表示在一列中在水平 j 处获得的观察值的总数。具有 I 水平的第 i 列的平方和为

$$\mathrm{SS}_i = \frac{I}{N}\sum_{j=0}^{I-1} T_j^2 - \frac{T^2}{N} \tag{5.45}$$

对两水平的列，式（5.45）简化成

$$\mathrm{SS}_i = \frac{(T_0 - T_1)^2}{N} \tag{5.46}$$

我们现在看一下简单表 $L_9(3^4)$。根据式（5.45），第一列的平方和是

$$\mathrm{SS}_1 = \frac{3}{9}[(y_1 + y_2 + y_3)^2 + (y_4 + y_5 + y_6)^2 + (y_7 + y_8 + y_9)^2] - \frac{1}{9}\left(\sum_{i=1}^{9} y_i\right)^2$$

表的第二列的平方和是

$$\mathrm{SS}_2 = \frac{3}{9}[(y_1 + y_4 + y_7)^2 + (y_2 + y_5 + y_8)^2 + (y_3 + y_6 + y_9)^2] - \frac{1}{9}\left(\sum_{i=1}^{9} y_i\right)^2$$

在内表中，某些列可能为空，并被视为误差列，可用式（5.45）计算误差列的平方和。然后，将所有误差列的平方和相加。如果分配的列的平方和很小，则可以将其视为误差列，并且这个平方和应该合并到误差列的平方和中。修正后的总的平方和等于因子列、交互列和误差列的平方和的总和。回想一下，对于 I 个水平的列，自由度为 $I-1$，对于 $L_N(I^P)$，自由度的数目为 $N-1$。误差的自由度是误差列的自由度之和。分别从式（5.39）和式（5.40）计算因子或交互作用的均方和 F 统计量。结论是，在

$$F_0 > F_{\alpha, I-1, \mathrm{dfe}}$$

时，因子或交互作用在 $100\alpha\%$ 的显著性水平上很重要。其中 dfe 是误差自由度。

ANOVA 的计算可能很麻烦，尤其是当涉及大量因子和交互作用时。有几种商业软件包，例如 Minitab，可以进行计算。

如果质量特性是望小特性或望大特性，则信噪比数据的 ANOVA 将决定因子和交互作用的重要性。下一步是选择重要因子和交互作用的最佳水平。选择方法在第 5.11.4 小节中讨论过。

如果质量特性属于望目特性，则应同时针对信噪比和平均响应数据执行 ANOVA。在这种情况下，选择散度因子的水平以最大化信噪比，同时将均值调节因子设置为使响应达到目标的水平。选择最佳设置的过程与图形分析的过程相同。

指定最优设置后，应使用式（5.37）预测最佳设置下的平均响应。运行确认试验以验证是否达到了预测值。

例 5.9 请参阅示例 5.4 和 5.5。某结构件的试验设计具有四个控制因子和两个交互作用。$L_8(2^7)$ 用作内表用于控制因子。外表里填的是两种噪声水平组合。在两个噪声组合中的每个组合上都分别运行具有相同控制因子设置的测试件。疲劳寿命数据

（以 1000 循环计）见表 5.15。

疲劳寿命是望大特性。内表每一行的信噪比使用式（5.35）计算，见表 5.15。例如，第一行的值是

$$\hat{\eta}_1 = -10\log\left(\frac{1}{4}\sum_{i=1}^{4}\frac{1}{y_i^2}\right)$$

$$= -10\log\left[\frac{1}{4}\left(\frac{1}{7.6^2} + \frac{1}{8.2^2} + \frac{1}{6.2^2} + \frac{1}{6.9^2}\right)\right] = 17.03$$

表 5.15 疲劳寿命的交叉表

试验次数	内表							外表				$\hat{\eta}$
	D	B	D×B	C	D×C		A	Z_{11}		Z_{12}		
	1	2	3	4	5	6	7					
1	0	0	0	0	0	0	0	7.6	8.2	6.2	6.9	17.03
2	0	0	0	1	1	1	1	7.1	6.7	4.9	4.2	14.55
3	0	1	1	0	0	1	1	4.8	6.3	5.2	3.9	13.68
4	0	1	1	1	1	0	0	6.2	5.2	4.4	5.1	14.17
5	1	0	1	0	1	0	1	3.9	4.3	3.6	4.7	12.18
6	1	0	1	1	0	1	0	5.7	5.1	4.7	3.8	13.38
7	1	1	0	0	1	1	0	6.4	5.9	5.7	6.4	15.67
8	1	1	0	1	0	0	1	6.8	6.2	4.3	5.5	14.72

信噪比的总和为

$$T = \sum_{i=1}^{8}\hat{\eta}_i = 17.03 + 14.55 + \cdots + 14.72 = 115.38$$

根据式（5.46）计算每列的平方和。例如，第 2 列（因子 B）的平方和为

$$SS_2 = \frac{1}{8}\times(17.03 + 14.55 + 12.18 + 13.38 -$$

$$13.68 - 14.17 - 15.67 - 14.72)^2 = 0.15$$

表 5.16 中给出了因子、交互作用和误差的平方和。由于每列都有两个水平，因此每个因子、交互作用和误差的自由度为 1。请注意，在表中，因子 B 的平方和被合并到误差 e 中以给出新的误差项（e'）。因此，新的误差列具有 2 个自由度。

表 5.16 疲劳寿命的 ANOVA 表

变异来源	平方和	自由度	均方值	F_0
A	3.28	1	3.28	27.33
B	0.15	1	0.15	
C	0.38	1	0.38	3.17
D	1.51	1	1.51	12.58
$D \times B$	9.17	1	9.17	76.42
$D \times C$	0.63	1	0.63	5.25
e	0.69	1	0.09	
(e)	(0.24)	(2)	(0.12)	
总和	15.21	7		

在 10% 的显著性水平下，F 统计量的临界值为 $F_{0.1, 1, 2} = 8.53$。通过将 ANOVA 表中的因子和交互作用的临界值与 F_0 值进行比较，我们得出结论，A、D 和 $D \times B$ 具有显著影响，而 B、C 和 $D \times C$ 在统计上并不重要。

为了进行比较，我们使用第 5.11.4 小节中描述的图形响应方法来生成主效应图和交互作用图，如图 5.24 所示。图 5.24a 表明因子 A 和因子 D 的斜率很大，因此这些因子具有很强的影响，而因子 B 显然无关紧要。根据该图，很难判断因子 C 的重要性。这表明应该进行 ANOVA。图 5.24b 表明尽管因子 B 本身并不重要，但因子 B 和 D 之间的交互作用非常强。如图 5.24c 所示，由于两条线不平行，因此 C 与 D 之间存在交互作用。但是，这种交互作用比 B 和 D 之间的交互作用要弱得多。ANOVA 表明，这种交互作用在统计学上不明显，但是 F_0 的值接近临界值。

一旦确定了重要因子和交互作用，就应该选择最佳水平。因为交互作用 $D \times B$ 具有很强的作用，所以 B 和 D 的水平由交互作用决定。根据交互作用图我们选择 B_0D_0。根据图 5.24a 或为进行方差分析而计算的因子 A 的 A_0 和 A_1，选择 A_0。因为因子 C 被认为不重要，所以选择 C_0 来维持当前的制造过程。综上所述，设计中应使用 1 类材料，锻件厚度为 7.5mm，折弯半径为 5mm，并在制造过程中进行常规喷丸处理。

从最佳值 $A_0B_0C_0D_0$ 下预测的信噪比可从式（5.37）得到

$$\hat{\eta} = \overline{T} + (\overline{A}_0 - \overline{T}) + (\overline{D}_0 - \overline{T}) + [(\overline{D_0B_0} - \overline{T}) - (\overline{D}_0 - \overline{T}) - (\overline{B}_0 - \overline{T})]$$
$$= \overline{A}_0 + \overline{D_0B_0} - \overline{B}_0 = 15.06 + 15.49 - 14.28 = 16.27$$

应该运行确认试验以验证是否达到了预期的信噪比。最佳设置 $A_0B_0C_0D_0$ 的估计平均疲劳寿命为 $\hat{y} = 10^{\hat{\eta}/20} \times 1000 = 6509$，单位为循环。此寿命估算值是在噪声水平和个体差异上的寿命数据的均值。

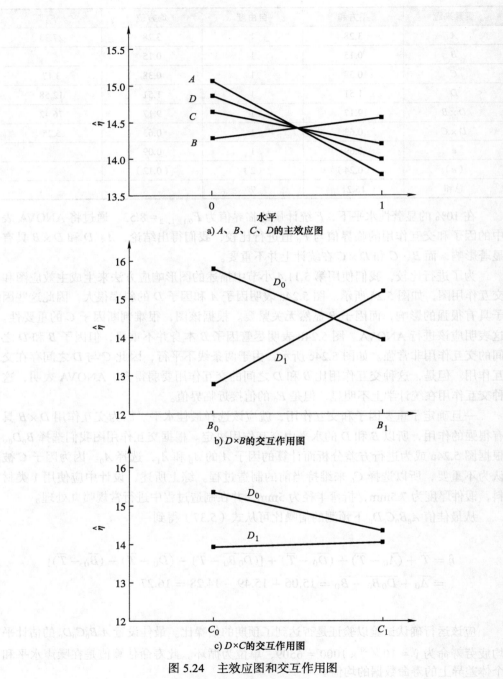

a) A、B、C、D的主效应图

b) $D \times B$的交互作用图

c) $D \times C$的交互作用图

图 5.24 主效应图和交互作用图

5.12 诊断系统的健壮可靠性设计

在本节中，我们会描述诊断系统的健壮可靠性设计方法的开发，该诊断系统的功能与常见硬件系统的功能不同，因为系统的信号和响应是二进制的。特别是，在本节中，我们定义和测量系统的可靠性和健壮性，评估噪声影响并确定噪声因子的优先级。

5.12.1 问题描述

诊断系统是基于软件的内置测试系统，用于检测、隔离和指示主系统的故障，其中主系统是指由诊断系统监视的硬件系统。诊断系统的使用减少了由于主系统故障而造成的损失，并有助于随后的维修。由于这些好处，诊断系统已被广泛应用在工业中，特别是在主系统故障导致严重后果的情况下。例如，OBD 系统已集成到汽车中，以监视组件和系统的故障是否会引起排放问题。当此类组件或系统发生故障时，OBD 系统会检测到故障，仪表板上的灯会亮起，并显示"×××需尽快维修"，以提醒驾驶人需要维修并存储与故障相关的诊断故障代码，以帮助故障隔离。在现代软件密集型的诊断系统中，一般是对算法进行编码以执行诊断操作。理想情况下，诊断应指示主系统的真实状态（失效或成功）。但是，如果设计不充分，该算法对噪声源很敏感，因此会导致诊断系统犯以下两种错误：

- Ⅰ类错误（α 错误）。该错误以 α 表示，是在系统未发生故障的前提下，诊断系统却检测到故障的概率来衡量的。
- Ⅱ类错误（β 错误）。该错误用 β 表示，是在系统发生故障的前提下，诊断系统却未检测到故障的概率来衡量的。

由于 α 错误，诊断系统可能会在尚存的主系统上生成故障指示。因此，α 错误会导致不必要的产品维修。厂家十分急切于消除或最小化这种类型的错误，因为不必要的维修会产生可观的保修费用。另外，由于 β 错误，诊断系统可能不会在故障的主系统上生成故障指示。结果，β 错误会给客户带来潜在的损失，因此制造商也有责任减少 β 错误。在汽车行业里，OBD 系统的较大 β 错误会导致被政府机构发出车辆强制召回。因此，在广泛的噪声因子范围内将 α 和 β 错误均降至最低是十分重要的。健壮的可靠性设计是实现此目标的有效技术。

5.12.2 可靠性和健壮性的定义和度量

基本系统通常具有二元状态：成功或失败。诊断系统应有的功能是在一段时间内正确地诊断状态。也就是说，诊断系统应在主系统发生故障时指示该故障，而不是在未发生故障时表明有故障。因此，可以如下定义诊断系统的可靠性和健壮性：

1) 诊断系统的可靠性定义为系统在指定的条件下在指定的时间段内成功检测到主系统的真实状态的概率。

2）诊断系统的健壮性是指在存在噪声源的情况下，系统能够始终如一地检测主系统的真实状态的能力。

健壮性可以通过 α 和 β 来衡量。这两种类型的错误是负相关的。也就是说，α 随着 β 的减小而增加，反之亦然。因此，通常难以仅使用 α 和 β 来判断诊断系统的性能。可靠性是衡量性能的更合理、更全面的指标。

Yang 和 Zaghati（2003）使用总概率定律，并给出了诊断系统的可靠性：

$$R(t) = (1-\alpha) - (\beta - \alpha)M(t) \qquad (5.47)$$

式中，$R(t)$ 是诊断系统的可靠性；$M(t)$ 是故障主系统的概率。式（5.47）表示：

1）如果主系统具有 100% 的可靠性 [即 $M(t) = 0$]，则诊断系统的可靠性将变为 $1-\alpha$。这意味着不可靠性完全归因于错误检测。

2）如果主系统出现故障 [即 $M(t) = 1$]，则诊断系统的可靠性将变为 $1-\beta$。这意味着不可靠仅是由于系统无法检测故障。

3）如果 $\alpha = \beta$，则可靠性变为 $1-\alpha$ 或 $1-\beta$。这意味着 $M(t)$ 对可靠性没有影响。如果 $\beta > \alpha$，则 $R(t)$ 表示为 $1-\beta \leq R(t) \leq 1-\alpha$（在大多数情形下）。

对式（5.47）求导，得

$$\frac{\partial R(t)}{\partial \alpha} = M(t) - 1, \qquad \frac{\partial R(t)}{\partial \beta} = -M(t), \qquad \frac{\partial R(t)}{\partial M(t)} = -(\beta - \alpha) \qquad (5.48)$$

由于导数为负，因此 $R(t)$ 随着 α、β 或 $M(t)$ 的增加而减小。在大多数情况下，$M(t)$ 小于 0.5。因此，$|\partial R(t)/\partial \alpha| > |\partial R(t)/\partial \beta|$。这表明 $R(t)$ 受 α 的影响大于受 β 的影响。

由于可靠性被视为质量特性，因此运行中信噪比由式（5.36）得

$$\hat{\eta} = -10\log\left[\frac{1}{l}\sum_{j=1}^{l}\left(\frac{1}{R_j} - 1\right)^2\right]$$

式中，l 是外表中的列数；R_j 是第 j 个噪声水平下的可靠性。

5.12.3　噪声影响评估

如第 5.6 节所述，噪声因子分为三种：外部噪声、内部噪声和个体差异噪声。其中一些噪声因子会直接干扰诊断系统并增加 α 错误和 β 错误。同时，其他噪声可能危害主系统的功能并降低其可靠性。通常，噪声因子可能会影响变量 α、β 和 $M(t)$ 中的一个或多个。根据哪些变量受到干扰，可以对噪声因子进行分类，表 5.17 中分为七种类型。不同类型的噪声因子对诊断系统的可靠性有不同的影响。可以通过可靠性对噪声因子的敏感度来评估噪声因子的显著性。敏感度通过使用式（5.48）获得，并汇总在表 5.17 中。该表还列出了根据敏感度排序的七种噪声因子的优先级，假设 $M(t) > \beta > \alpha$。因为不可能包含所有试验中的噪声因子，仅应该考虑高优先级组中的

噪声因子。

表 5.17 噪声因子的分组和排序

噪声类型	变量			敏感度	排序
	α	β	$M(t)$		
1	×	×	×	$-(1+\beta-\alpha)$	1
2	×	×		-1	2
3	×		×	$-(1+\beta-\alpha-M)$	3
4		×	×	$-(M+\beta-\alpha)$	5
5	×			$-(1-M)$	4
6		×		$-M$	6
7			×	$-(\beta-\alpha)$	7

注：× 表示噪声影响此变量。

5.12.4 试验设置

从主系统到诊断系统的信号具有二元状态：成功或失效。诊断系统应对各种状态和噪声因子具有健壮性。在健壮设计中，信号和噪声因子进入外表中，设计参数置于内表中。表 5.18 给出了用于健壮设计的通用试验设置。在此表中，$M_1 = 0$ 表示主系统正在运行，而 $M_2 = 1$ 表示主系统已发生故障。α_{ij} 和 β_{ij}（$i = 1, 2, \cdots, N; j = 1, 2, \cdots, l$）是第 i 行和第 j 列交叉组合的 α 和 β 值。

表 5.18 对诊断系统的通用试验设置

	设计参数				$M_1 = 0$				$M_2 = 1$			
	A	B	C	...	z_1	z_2	...	z_l	z_1	z_2	...	z_l
1					α_{11}	α_{12}	...	α_{1l}	β_{11}	β_{12}	...	β_{1l}
2					α_{21}	α_{22}	...	α_{2l}	β_{21}	β_{22}	...	β_{2l}
3	正交表				α_{31}	α_{32}	...	α_{3l}	β_{31}	β_{32}	...	β_{3l}
⋮					⋮	⋮	⋮	⋮	⋮	⋮	⋮	⋮
N					α_{N1}	α_{N2}	...	α_{Nl}	β_{N1}	β_{N2}	...	β_{Nl}

根据以上设置进行试验，该设置要求诊断系统的设计参数设置相同，以在各种噪声水平下监视正常运行的主系统和发生故障的主系统。例如，在第一次试验中，将构建具有第一组参数的诊断系统，以诊断在 l 个噪声水平下成功运行的主系统。然后，使用相同的诊断系统诊断发生故障的主系统。试验期间，记录在 $M_1 = 0$ 下运行时诊

系统检测到的故障发生次数，以及在 $M_2 = 1$ 下诊断系统未检测到的故障发生次数。根据定义，通过检测到的故障发生次数除以给定 $M_1 = 0$ 的重复总数，可以估算出 α_{ij}。β_{ij} 的估计值是未检测到的故障发生次数除以给定 $M_2 = 1$ 的重复总数。

5.12.5 试验数据分析

在关注的时间 τ（例如，保修期或设计寿命）下，第 i 行和第 j 列交叉处的诊断系统的可靠性可由式（5.47）计算得出

$$R_{ij}(\tau) = (1 - \alpha_{ij}) - (\beta_{ij} - \alpha_{ij})M(\tau)$$

可靠性的估计值用于通过式（5.36）计算信噪比。表 5.19 总结了可靠性和信噪比的值。

一旦计算出信噪比，就应执行 ANOVA 或图形响应分析以识别重要因子。选择这些因子的最佳水平以最大化信噪比。最后，应通过确认测试来验证所选设计参数设置是最佳的。

表 5.19　诊断系统的可靠性和信噪比估计

试验次数	z_1	z_2	⋯	z_l	$\hat{\eta}$
1	$\hat{R}_{11}$	$\hat{R}_{12}$	⋯	$\hat{R}_{1l}$	$\hat{\eta}_1$
2	$\hat{R}_{21}$	$\hat{R}_{22}$	⋯	$\hat{R}_{2l}$	$\hat{\eta}_2$
3	$\hat{R}_{31}$	$\hat{R}_{32}$	⋯	$\hat{R}_{3l}$	$\hat{\eta}_3$
⋮	⋮	⋮	⋮	⋮	⋮
N	$\hat{R}_{N1}$	$\hat{R}_{N2}$	⋯	$\hat{R}_{Nl}$	$\hat{\eta}_N$

5.12.6 应用实例

该示例通过汽车测试数据说明如何计算 α、β、可靠性和信噪比。健壮设计的步骤是标准步骤，因此在此示例中未给出。

1. 测试方法

对安装了按照当前设计参数设置的 OBD 系统的 SUV 进行测试，以评估系统中监视器的健壮性。负载和发动机转速是干扰监视器的主要噪声因子。负载和转速的组合分为七个噪声水平；在每个水平，由于难以将噪声因子控制在固定数值，因此负载和转速都在一定区间内变化。表 5.20 显示了噪声水平。车辆以不同的负载和转速组合行驶。预期在设计寿命（$\tau = 10$ 年）结束时，被监视的主系统（组件）的故障概率为 10%。因此，在测试过程中，认为主系统发生故障的概率为 10%。该测试记录了发生故障时未检测到的故障数，以及未发生故障时检测到的故障数。

2. 测试数据

在每个噪声水平上，分别显示了失效次数、未检测到的失效次数、成功操作次数以及从成功操作中检测到的失效次数，表示为 I_1，I_2，S_1 和 S_2，见表 5.20。测试数据已经过编码以保护专属信息。

表 5.20　噪声水平和经过编码的测试数据

噪声水平	负载	转速	S_2/S_1	I_2/I_1
z_1	(0.0, 0.3)	(0.0, 1.6)	1/3200	0/400
z_2	(0.0, 0.3)	[1.6, 3.2)	100/10 400	110/1200
z_3	[0.3, 0.6)	[1.6, 3.2)	30/7500	40/800
z_4	[0.6, 0.9)	[1.6, 3.2)	30/3700	100/400
z_5	(0.0, 0.3)	[3.2, 4.8)	20/600	20/80
z_6	[0.3, 0.6)	[3.2, 4.8)	30/4800	300/600
z_7	[0.6, 0.9)	[3.2, 4.8)	160/7800	800/900

3. 数据分析

α 和 β 的估值分别等于 S_2/S_1 和 I_2/I_1 的值。根据式（5.47），用 α 和 β 的估计值和 $M(\tau)=0.1$，可以计算出每种噪声水平下监视器在 10 年的可靠性。然后从式（5.36）计算出监视器的信噪比。表 5.21 总结了 α、β、可靠性和信噪比的估计值。

表 5.21　α、β、可靠性和信噪比的估计值

	z_1	z_2	z_3	z_4	z_5	z_6	z_7
$\hat{\alpha}$	0.0003	0.01	0.004	0.008	0.033	0.006	0.02
$\hat{\beta}$	0	0.09	0.05	0.25	0.25	0.5	0.89
$\hat{R}(\tau)$	0.9997	0.982	0.9914	0.9678	0.9453	0.9446	0.893
$\hat{\eta}$				34.83			

5.13　案例研究

在本节中，将通过案例研究来说明本章前面介绍的健壮可靠性设计方法的应用。该案例研究旨在通过优化引线键合参数来提高集成电路（IC）引线键合的可靠性和健壮性。本案例涉及破坏性检测，如第 5.10.3 小节所述。

5.13.1　问题描述

在半导体器件制造中，关键工艺之一是在芯片和封装之间通电。金线的互连已被证明是可靠的。但是，成本很高，而在当前竞争性商业环境中需要降低成本。正在开发铜线连接技术，有望在某些应用中替代金线。铜线通常使用热超声能键合。

在本案例研究中，铜线被键合到新型衬底上。在这个过程中，有四个重要的过程参数需要确定其最佳水平。表 5.22 列出了参数及其水平。初步试验表明，这些参数之间的交互作用并不重要。因为热循环是导致引线键合失效的主要因素，所以希望使引线键合对热循环不敏感。表 5.23 列出了试验中使用的热循环参数作为噪声因子。在表 5.23 中，T_{max} 和 T_{min} 分别是热循环的高温和低温，T 是高温和低温之间的温度差，dT/dt 是温度变化率。

表 5.22 引线键合工艺参数及其水平

标号	工艺参数	水平		
		1	2	3
A	温度 /℃	100	125	150
B	超声波功率（单位）	6	7	8
C	键合力 /gf	60	80	100
D	键合时间 /ms	40	50	60

表 5.23 热循环的参数

参数	水平	
	1	2
T_{max}/℃	150	120
T_{min}/℃	-6	-30
ΔT/℃	215	150
$dT/dt/$（℃/min）	15	20

5.13.2 工艺参数设计

由于没有重要的交互作用，因此使用具有两个水平的 $L_9(3^4)$ 内表和外表分别容纳工艺参数和噪声因子。使用每种工艺参数设置生成键合值，然后进行热循环试验。在测试过程中，为了测量抗剪强度（y；以 gf 为单位），分别在 0、50、100、200、300、500 和 800 循环下剪切了 20 个键合点。抗剪强度可以用正态分布建模，均值为 μ_y，标准差为 σ_y。图 5.25 显示对于在噪声因子水平 1 和 2 进行试验的引线键合，μ_y 和 σ_y 随热循环数（N_{TC}）的变化而变化的情况。图中的每条曲线代表 $L_9(3^4)$ 正交表中工艺参数的设置。

如果引线键合的抗剪强度小于或等于 18gf，则认为该引线键合失败。然后由式（5.28）可以将引线键合的可靠性写成

5 通过健壮设计提高可靠性

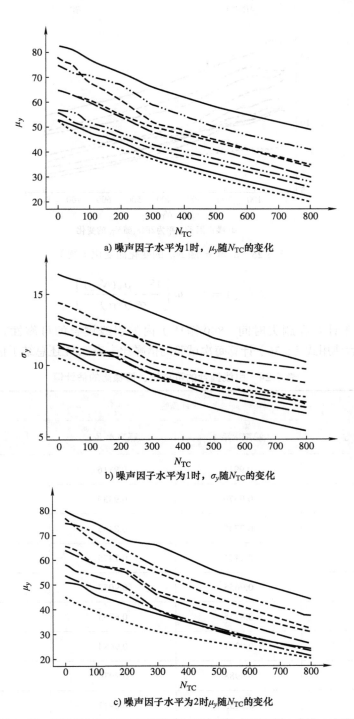

a) 噪声因子水平为1时，μ_y 随 N_{TC} 的变化

b) 噪声因子水平为1时，σ_y 随 N_{TC} 的变化

c) 噪声因子水平为2时 μ_y 随 N_{TC} 的变化

图 5.25 μ_y 和 σ_y 随 N_{TC} 的变化而变化

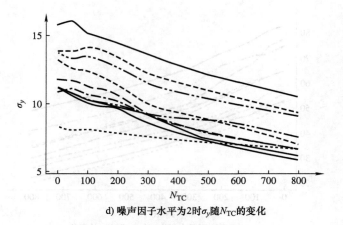

d) 噪声因子水平为2时σ_y随N_{TC}的变化

图 5.25 μ_y 和 σ_y 随 N_{TC} 的变化而变化（续）

$$\hat{R}(N_{TC}) = 1 - \Phi\left[\frac{18 - \mu_y(N_{TC})}{\sigma_y(N_{TC})}\right]$$

该式用于计算在删失时间（800 循环）内的引线键合的可靠性。结果估计见表 5.24。然后使用式（5.36）计算每次试验的信噪比。表 5.24 还总结了信噪比的值。

表 5.24 引线键合的可靠性、信噪比的估计值

试验次数	可靠性		$\hat{\eta}$
	噪声水平 1	噪声水平 2	
1	0.9911	0.9816	36.66
2	0.9670	0.9339	25.10
3	0.7748	0.8495	12.37
4	0.9176	0.7475	12.14
5	0.9655	0.9052	22.13
6	0.8735	0.6753	8.99
7	0.9901	0.9684	32.35
8	0.9988	0.9934	46.42
9	0.7455	0.6937	8.08

基于信噪比的值进行 ANOVA。分析见表 5.25。由于因子 D 的平方和很小，因此将该因子视为误差项。因子 A、B 和 C 的 F 统计量的值大于临界值 $F_{0.1,2,2} = 9.0$。因此，温度、超声波功率和键合力在 10% 的显著性水平上具有统计学意义。这些设计参数的最佳水平为：温度 = 150℃，超声波功率 = 7 单位，键合力 = 60gf。由于键合时间不重要，因此将其水平设置为 40ms 以提高生产率。

表 5.25　引线键合可靠性的 ANOVA 表

变异来源	平方和	自由度	均方值	F_0
A	334.85	2	167.42	81.67
B	772.65	2	386.32	188.45
C	365.02	2	182.51	89.03
D	4.10	2	2.05	
(e)	(4.10)	(2)	(2.05)	
总和	1476.62	8		

5.13.3　信噪比的比较

在进行这项研究之前，工艺工程师使用以下设计参数：温度 = 100℃，超声波功率 = 7 单位，键合力 = 80gf，键合时间 = 50ms。这些水平的组合得出 $\hat{\eta}$ = 25.10。这项分析的最佳水平将信噪比提高了 $(46.42 - 25.10)/25.10 = 85\%$。因此，针对热循环的可靠性的健壮性已经显著提高。

5.14　深入探讨健壮设计

在本节中，我们介绍进一步的问题，包括信噪比的替代方法、多重响应、响应面方法和加速试验，它们与本章前面讨论的主题有关。

这里简要介绍这些主题的最新进展。本节的内容有助于进行更有效的健壮设计。

5.14.1　信噪比的替代方法

Taguchi（1986，1987）提出使用信噪比来衡量产品性能的健壮性。由于其简单易用，该指标已在工业中得到广泛使用。如第 5.11.3 小节所述，当响应是望小特性或者望大特性时，可以通过一步就找到最佳设置：选择使信噪比最大的控制因子水平。这个指标是工程师不错的选择。

但是正如 Nair（1992）所指出的，信噪比也有一些缺点，主要是在望目特性的变异受各个重要控制因子影响的情况下，将信噪比最小化不会自动导致二次质量损失函数式（5.1）最小化。但是，可以通过数据转换来减轻此问题的影响，通过数据转换，可以使转换后的数据的变动与均值调节因子无关（Robinson 等人，2004）。Box（1988）提出使用 Lambda 图来找出产生这种独立性的转换。

位置和散度模型是替代信噪比的一种度量。对于表 5.9 中的每次试验，用 $\bar{y}_i$ 和 $\ln s_i^2$ 代表样本在同样噪声因子下的均值和对数样本方差，分别当作位置和散度的度量。它们是

$$\bar{y}_i = \frac{1}{k_i}\sum_{j=1}^{l}\sum_{k=1}^{n_{ij}} y_{ijk}, \quad s_i^2 = \frac{1}{k_i-1}\sum_{j=1}^{l}\sum_{k=1}^{n_{ij}}(y_{ijk}-\bar{y}_i)^2, \quad i=1,2,\cdots,N \tag{5.49}$$

式中，$k_i = \sum_{j=1}^{l} n_{ij}$。

对于望目特性，获得控制因子最佳设置的步骤与第 5.11.3 节中描述的优化信噪比的步骤相同。对于望大特性和望小特性的问题，该过程包括两个步骤：

1）选择均值调节因子的水平以最小化（或最大化）位置。
2）选择不含均值调节因子的散度因子水平，以最小化散度。

Wu 和 Hamada（2000）和 Nair 等人（2002）详细地讨论了使用位置和散度模型来实现健壮性。

5.14.2 多重响应

在健壮可靠性设计中，响应或质量特性可能是寿命、可靠性或性能。如果使用寿命或可靠性，则该产品具有单个响应。当产品具有多个性能特性，就会出现多重响应，并且其中一些或全部同等重要。出于实际目的，本章描述的健壮可靠性设计只使用了一个特性，即最能反映产品可靠性的特性。特性的选择基于工程判断、客户期望、经验或测试数据；在第 8 章中，我们会介绍特性的选择。

在有些情况下，使用多重响应可以生成更好的设计。为了简便，在分析多重响应数据时，有时会分别分析每个响应以确定该响应的最佳设计参数设置。如果响应之间几乎没有相关性，则这种简单的处理方法效果还好。但是，当多个响应之间高度相关时，对于一个响应最佳的设计可能会降低另一个响应的质量。在这种情况下，就需要多重响应分析。在相关文献中，有两种主要的方法来处理多重响应优化问题：期望函数法和损失函数法。

1. 期望函数法

该方法由 Derringer 和 Suich（1980）提出，并由 Del Casttillo 等人（1996）改进。

使用期望函数将多重响应问题转化为单响应问题。该函数是

$$D = [d_1(y_1) \times d_2(y_2) \times \cdots \times d_m(y_m)]^{1/m} \quad (5.50)$$

式中,$d_i(y_i)$($i = 1, 2, \cdots, m$)是响应 y_i 的期望值;m 是响应的个数;D 是总期望值。现在,产品的响应为 D,这是望大特性。在本章所述的健壮设计的背景下,应从 D 的值计算信噪比。然后,健壮设计就是选择使信噪比最大的最佳控制因子设置。

每个响应的期望程度取决于响应的类型。对于望目特性的响应,单个期望值为

$$d_i = \begin{cases} \left(\dfrac{y_i - L_i}{m_i - L_i}\right)^{w_L}, & L_i \leqslant y_i \leqslant m_i \\ \left(\dfrac{y_i - H_i}{m_i - H_i}\right)^{w_H}, & m_i < y_i \leqslant H_i \\ 0, & y_i < L_i \text{ 或 } y_i > H_i \end{cases} \quad (5.51)$$

式中,m_i、L_i 和 H_i 分别是 y 的目标值、最小允许值和最大允许值;w_L 和 w_H 是正的常数。如果响应值小于目标和大于目标一样的不理想,则这两个常数相等。

对望小特性的响应,单个期望值是

$$d_i = \begin{cases} 0, & y_i \leqslant L_i \\ \left(\dfrac{y_i - H_i}{L_i - H_i}\right)^w, & L_i < y_i \leqslant H_i \\ 1, & y_i > H_i \end{cases} \quad (5.52)$$

式中,w 是一个正常数,L_i 是一个足够小的数。

对望大特性的响应,单个期望值是

$$d_i = \begin{cases} 0, & y_i \leqslant L_i \\ \left(\dfrac{y_i - L_i}{H_i - L_i}\right)^w, & L_i < y_i \leqslant H_i \\ 1, & y_i > H_i \end{cases} \quad (5.53)$$

式中,w 是一个正常数;H_i 是一个足够大的数。

每个响应的期望值取决于指数的值。指数的值的选择可以是任意的,因此是主观的。在许多情况下,对望小特性和望大特性的响应很难指定有意义的最小允许值和最大允许值。然而,该方法已经在工业中得到了许多应用(参见 Dabbas 等人(2003)、Corzo 和 Gomez(2004)的文献。

2. 损失函数法

Pignatiello(1993)、Ames 等人(1997)、Vining(1998)描述的多重响应的损失函数,是对单响应质量损失函数的自然扩展。望目特性的响应的损失函数为

$$L = (Y - m_y)^T K (Y - m_y) \quad (5.54)$$

式中，$Y = (y_1, y_2, \cdots, y_m)$ 是响应向量；$m_y = (m_{y1}, m_{y2}, \cdots, m_{ym})$ 是目标向量，K 是一个 $m \times m$ 矩阵，其元素为常数。常数值与产品的维修和报废成本有关并且可以根据产品的功能要求来确定。在通常，K 的对角线元素衡量的是 m 个响应的权重，而非对角线元素表示这些响应之间的相关性。

像单响应情况一样，损失函数式（5.54）可以扩展为衡量望小特性或望大特性响应的损失（Tsui，1999）。对望小特性的响应，我们将固定目标 m_{yi} 替换为零。对望大特性的响应，将响应的倒数代入式（5.54）并当作望小特性的响应处理。

如果 Y 服从多元正态分布，均值向量为 μ，方差-协方差矩阵为 Σ，则期望损失可以写为

$$E(L) = (\mu - m_y)^T K (\mu - m_y) + \mathrm{tr}(K\Sigma) \quad (5.55)$$

式中，μ 和 Σ 是控制因子和噪声因子的函数，可以通过多变量分析方法从试验数据中进行估算。该方法在 Johnson（1998）的文献中有描述。

获得最佳控制因子设置的最简单方法是直接使期望损失（式（5.55））最小化。这种直接优化方法 Romano 等人（2004）使用过。因为该方法可能当控制因子的数量很大时十分耗时，人们提出了一些间接的但更有效的优化程序。最常见的方法是一种两步法，它来源于 Taguchi 针对单响应的两步优化方法。该方法首先最小化某个适当的变异性指标，然后使响应的均值向目标看齐。Pignatiello（1993）和 Tsui（1999）描述了这两个步骤详细的方法。

5.14.3 响应面方法

由于缺少响应和控制因子之间的信息关系，本章所述的试验分析可能会导致局部最优。一种更有效的试验设计是响应面方法（RSM），这被称为顺序试验技术。RSM 的目的是通过建立和分析响应和试验变量之间的关系来确定设计参数的全局最佳设置。变量可以包括控制因子和噪声因子。RSM 试验通常从一阶试验开始，目的是建立这样的关系：

$$y = \beta_0 + \sum_{i=1}^{n} \beta_i x_i + e \quad (5.56)$$

式中，y 是响应；x_i 是试验变量；e 是残差；β_i 是代表 x_i 的线性效应的系数，该线性效应将从试验数据中估算出来；n 是试验变量的个数。建立关系后，必须在试验区域上进行搜索以确定响应是否含有曲率。如果有，应进行二阶试验以建立和估计这种关系：

$$y = \beta_0 + \sum_{i=1}^{n} \beta_i x_i + \sum_{i<j}^{n} \beta_{ij} x_i x_j + \sum_{i=1}^{n} \beta_{ii} x_i^2 + e \quad (5.57)$$

式中，β_i 是代表 x_i 的线性效应的系数；β_{ij} 是代表 x_i 和 x_j 之间的线性交互作用的系数；β_{ii} 是代表 x_i 的二次效应的系数。试验变量的最佳区域通过将式（5.57）中的 y 对 x_i 求导并将导数设置为 0 来求得。例如，Wu 和 Hamada（2000）以及 Myers 和 Montgomery（2002）详细描述了 RSM 试验的设计和分析。

RSM 的原理可用于提高从 ANOVA 或图形响应分析获得的设置的最优性（Yang 和 Yang，1998）。在本章介绍的健壮设计的背景下，式（5.57）中的响应 y 是信噪比。如果存在交互作用或二次效应，则信噪比与控制因子之间的关系可用式（5.57）建模，其中 y 替换为 η。该模型包含 $1 + 2n + n(n-1)/2$ 个参数。为了求出参数，试验必须进行至少 $1 + 2n + n(n-1)/2$ 次，并且每个因子必须至少包含 3 个水平。使用某些正交表（例如 $L_9(3^4)$ 和 $L_{27}(3^{13})$）就可以满足要求；这样，可以继续进行试验设计的响应面分析。最佳设置可以通过使用标准方法进行响应面分析来获得，如 Wu 和 Hamada（2000）、Myers 和 Montgomery（2002）的文献中所述。

RSM 假定所有变量都是连续的，并且可导。但是，实际上，某些设计参数可能是离散变量，例如材料的类型。在这种情况下，式（5.57）仍然有效。但是它不能用于确定最佳值，因为离散变量的导数是无法定义的。为了继续进行响应面分析，我们假设存在 n_1 个离散变量和 n_2 个连续变量，其中 $n_1 + n_2 = n$。由于 n_1 个离散变量的最佳水平已在以前的分析中通过使用图形响应方法或 ANOVA 确定，因此可以对 n_2 个连续变量执行响应面分析。由于已经选择了 n_1 个变量的水平，因此只能将包含所选 n_1 个变量的水平组合的参数设置用于响应面分析。通常，此类设置的数量为

$$w_s = N \prod_{i=1}^{n_1} \frac{1}{q_i} \quad (5.58)$$

式中，N 是内表的试验次数，q_i 是离散变量 x_i 的水平数。请参阅表 5.3，$L_9(3^4)$ 用于容纳四个设计参数，假设其中之一是离散变量并分配给第一列。如果 ANOVA 已得出结论，水平 1 是此变量的最佳水平，那么 $w_s = 9/3 = 3$，因为只有第 4、5 和 6 次试验的响应可以应用于我们的响应面分析。

从模型中排除离散变量，式（5.57）仅包含 n_2 个连续变量，并具有 $1 + 2n_2 + n_2(n_2-1)/2$ 个要计算的参数。因此，要求 $w_s \geq 1 + 2n_2 + n_2(n_2-1)/2$，当 $n_1 \geq 2$ 时，通常无法满足该要求。因此，在大多数情况下，响应面分析只有在仅涉及一个离散设计参数时才是可用的。

5.14.4 健壮设计中的加速试验

为提高健壮性和可靠性的试验的主要响应就是寿命或性能下降。当噪声因子的

水平在正常使用范围内时，该试验在删失点可能会产生很少的故障或几乎没有性能下降。在这些情况下，很难或不可能执行数据分析并找到设计参数的真正最佳设置。显然，获得更多的寿命数据或性能下降信息是必要的。这可以通过仔细应用加速试验的方法来实现。尽管已经对加速试验进行了广泛的研究和应用，但是在旨在提高可靠性的健壮设计中很少讨论加速试验。

为了在试验中缩短寿命并实现性能下降，自然可以考虑到提高噪声因子水平，就像在典型的加速试验中通常做的那样。然后分析加速试验数据以得出有关控制因子的最佳设置。然而，在健壮设计的背景下，如果加速噪声因子与控制因子交互作用，则结论可能是错误的。在不失一般性的前提下，我们假设一种健壮设计涉及一个控制因子和一个噪声因子。如果寿命具有位置尺度分布，则位置参数 μ 可写为

$$\mu = \beta_0 + \beta_1 x + \beta_2 z + \beta_{12} xz \tag{5.59}$$

式中，x 是控制因子；z 是噪声因子；β_0，β_1，β_2 和 β_{12} 是要根据试验数据算出的系数。

噪声水平 z_1 和 z_2 的寿命之间的加速因子为

$$A_f = \frac{\exp(\mu_1)}{\exp(\mu_2)} = \exp(\mu_1 - \mu_2) \tag{5.60}$$

式中，A_f 是加速因子；μ_i 是噪声水平 i 时的位置参数。第 7 章详细介绍了加速因子的定义、解释和计算。对于给定的控制因子水平，通过将式（5.59）代入式（5.60），可以得到噪声水平 z_1 和 z_2 之间的加速因子。那我们有

$$A_f = \exp[(z_1 - z_2)(\beta_2 + \beta_{12}x)] \tag{5.61}$$

这表明加速因子是控制因子水平的函数。通常当控制因子和加速噪声因子之间存在交互作用时就会这样。

如果加速因子取决于控制因子的水平，则加速试验的数据可能会导致错误地优化设计参数设置。以下论证会说明这一点。为了方便起见，我们仍然假设健壮设计仅仅涉及一个设计参数和一个噪声因子。控制因子有两个水平：x_0 和 x_1。噪声因子也有两个水平：z_1 和 z_2，其中 z_1 在正常使用范围内，z_2 是更高的水平。令 y_{ij}（$i = 0, 1; j = 1, 2$）表示 x_i 和 z_j 处的寿命。另外，令 A_{f0} 和 A_{f1} 分别表示 x_0 和 x_1 处的加速因子。然后从式（5.35）可以得出，在 x_0 点的信噪比 $\hat{\eta}_0'$ 是

$$\hat{\eta}_0' = -10 \log \left[\frac{1}{2} \left(\frac{1}{y_{01}^2} + \frac{1}{y_{02}^2} \right) \right] = 10 \log 2 - 10 \log \left[\frac{1}{y_{01}^2}(1 + A_{f0}^2) \right]$$

类似可得，在 x_1 点的信噪比 $\hat{\eta}_1'$ 是

$$\hat{\eta}_1' = 10 \log 2 - 10 \log \left[\frac{1}{y_{11}^2}(1 + A_{f1}^2) \right]$$

如果有

$$\frac{1}{y_{01}^2}(1+A_{f0}^2) < \frac{1}{y_{11}^2}(1+A_{f1}^2) \tag{5.62}$$

那么 $\hat{\eta}_0' > \hat{\eta}_1'$。这表明 x_0 是设计的最佳水平。注意，该结论是从加速试验数据得出的。

现在假设该试验是在噪声因子水平 z_0 和 z_1 上进行的，其中 z_0 和 z_1 都在正常使用范围内。噪声水平 z_1 保持不变，$z_0 = 2z_1 - z_2$。然后，从式（5.61）中我们知道 A_{f0} 等于 z_0 寿命和 z_1 寿命之间 x_0 处的加速因子，A_{f1} 等于 z_0 寿命和 z_1 寿命之间 x_1 处的加速因子。设 y_{ij}（$i=0,1$；$j=0,1$）为 x_i 和 z_j 的寿命。x_0 处的信噪比 $\hat{\eta}_0$ 为

$$\hat{\eta}_0 = -10\log\left[\frac{1}{2}\left(\frac{1}{y_{00}^2}+\frac{1}{y_{01}^2}\right)\right] = 10\log 2 - 10\log\left(\frac{1}{y_{01}^2}\frac{1+A_{f0}^2}{A_{f0}^2}\right)$$

类似地，在 x_1 处的信噪比 $\hat{\eta}_1$ 为

$$\hat{\eta}_1 = 10\log 2 - 10\log\left(\frac{1}{y_{11}^2}\frac{1+A_{f1}^2}{A_{f1}^2}\right)$$

如果式（5.62）成立，且 $A_{f0} \geqslant A_{f1}$，就有

$$\frac{1}{y_{01}^2}\frac{1+A_{f0}^2}{A_{f0}^2} < \frac{1}{y_{11}^2}\frac{1+A_{f1}^2}{A_{f1}^2} \tag{5.63}$$

即 $\hat{\eta}_0 > \hat{\eta}_1$。因此，$x_0$ 是最佳水平。这与从加速试验数据得出的结论一致。但是，如果式（5.62）成立且 $A_{f0} < A_{f1}$，则式（5.63）可能无效。也就是说，x_0 可能不是最佳水平。在这种情况下，从加速试验数据得出的结论是错误的。

让我们考虑一个简单的示例，来说明会导致错误结论的加速试验数据。假设寿命 y 在（$x_0=0$，$z_1=1$）时为 50，在（$x_0=0$，$z_2=2$）时为 25，在（$x_1=1$，$z_1=1$）时为 60，在（$x_1=1$，$z_2=2$）时为 15。根据这些寿命数据计算得出，加速因子的值在 x_0 处为 2，在 x_1 处为 4。信噪比的值在 x_0 处为 30，在 x_1 处为 26.3。可以基于加速试验数据得出结论，x_0 就是最佳水平。现在假设该试验是在正常使用范围内的噪声因子水平下进行的：z_0 和 z_1。寿命 y 在（$x_0=0$，$z_0=0$）时为 100，在（$x_1=1$，$z_0=0$）时为 240；两者都是通过应用加速因子得出的。信噪比的值在 x_0 时为 36.0，在 x_1 时为 38.3。然后我们可以得出结论，x_1 是最优水平，这与从加速试验数据得出的结论矛盾。

在健壮设计中，加速噪声因子应与控制因子无关，以免得出错误的结论。高水平的加速噪声因子应尽可能高，以最大限度地提高故障数量或退化程度，但它们不应引起正常使用范围以外的故障模式。加速噪声因子的低水平应尽可能低，以使噪声水平

范围最大化，但它们应产生足够的故障或退化信息。可惜的是，这种独立的噪声因子即使有也可能很难在进行试验之前找到。在这些情况下，可以借用经验、工程判断或类似数据。初步加速试验也可能确定独立性。

除噪声因子外，某些控制因子也可以用作加速变量，如第 7 章以及 Joseph 和 Wu（2004）的文献中所述。此类控制因子应对失效或退化产生重大影响，并且这些影响能根据产品的技术内容得出。在传统试验中，这些因子对设计人员没有直接的意义。它们不参与试验设计，并且其水平在试验中保持在正常值。相反，在加速健壮试验中，这些因子被提高到更高的水平，以增加故障数量或退化程度。对加速试验数据进行分析能找出设计参数的最佳设置。在实际产品设计中，加速控制因子设置为正常水平。为了使结论在加速控制因子的正常水平下有效，这些因子不应与其他控制因子有交互作用。由于难以识别独立的加速控制因子，因此这一条要求限制了该方法的使用。

总之，许多试验都需要加速试验。但是，加速变量不应与控制因子有交互作用。否则，设计设置的最佳值可能是错误的。

习题

5.1 为您选择的产品绘制边界图、p 图和噪声影响管理策略。解释噪声因子与故障模式之间的因果关系。

5.2 为了提高车用电磁开关的可靠性和健壮性，要进行健壮设计。对电磁开关试验到失效，试验响应是寿命（开 - 关循环次数）。试验选择的设计参数如下：

A：弹簧力：$A_0 = 12\text{gf}$，$A_1 = 18\text{gf}$，$A_2 = 21\text{gf}$。

B：弹簧材料：$B_0 = 1$ 型，$B_1 = 2$ 型，$B_2 = 3$ 型。

C：升程调节：$C_0 = 0.3\text{mm}$，$C_1 = 0.4\text{mm}$。

D：气隙：$D_0 = 0.8\text{mm}$，$D_1 = 1.6\text{mm}$，$D_2 = 2.5\text{mm}$。

E：线圈匝数：$E_0 = 800$，$E_1 = 1000$，$E_2 = 1200$。

因子 C 和 D 之间可能有交互作用，需要进行调查。电磁线圈的寿命受电压和温度的影响很大，电压和温度被认为是关键的噪声因子。它们的水平是：

V：电压；$V_0 = 10\text{V}$，$V_1 = 12\text{V}$，$V_2 = 15\text{V}$。

T：温度；$T_0 = 100\text{°C}$，$T_1 = 230\text{°C}$。

（1）选择一个内表来分配设计参数。

（2）在外表中分配噪声因子。

（3）V_1 是电压的标称值。制定出噪声复合法以简化外表。

（4）描述找出设计参数最佳水平的步骤。

5.3 使用 $L_{27}(3^{13})$ 创建一个 9 水平的列。这个 9 水平的列与其他列正交吗？写下 9 水平列的平方和。

5.4 使用 $L_{16}(2^{15})$ 正交表，分配以下因子和交互作用，以找到适用于以下情况的试验设计：

（1）2 水平因子 A、B、C、D、F、G 和 H，以及交互作用 $A \times B$、$B \times C$ 和 $F \times G$。

（2）2 水平因子 A、B、C、D、F、G、H 和 I，以及交互作用 $A \times B$、$A \times C$、$A \times I$、$G \times F$ 和 $G \times H$。

（3）一个 8 水平因子 A，三个 2 水平因子 B、C 和 D。

5.5 Condra（2001）介绍了一种表贴电容的健壮设计。在设计中，介电成分（因子 A）和工艺温度（因子 B）是需要优化的控制因子。控制因子有 2 个水平，列在表 $L_4(2^2)$ 中。噪声因子是工作电压（因子 C）和温度（因子 D）。电压有 4 个水平：200V、250V、300V 和 350V。温度有 2 个水平：175℃ 和 190℃。通常的电压和温度为 50V 和 50℃。因此，该试验是一种加速试验。表 5.26 显示了试验设置和响应数据。响应是根据 10 个服从对数正态分布的样本计算的 MTTF（单位为 h）。

（1）计算内表里每次试验的信噪比。使用图形响应方法分析信噪比数据。确定重要因子和交互作用。控制因子的最佳水平是多少？

（2）使用 ANOVA 重新分析在（1）中计算出的信噪比数据。结论与图形响应分析的结论是否相同？

表 5.26 试验设置和 MTTF

试验次数	内表		外表								
			0	0	1	1	2	2	3	3	C
	A	B	0	1	0	1	0	1	0	1	D
1	0	0	430	950	560	210	310	230	250	230	
2	0	1	1080	1060	890	450	430	320	340	430	
3	1	0	890	1060	680	310	310	310	250	230	
4	1	1	1100	1080	1080	460	620	370	580	430	

（3）绘制 $C \times A$、$C \times B$、$D \times A$ 和 $D \times B$ 的交互作用图。这些图是否表明了噪声和控制因子之间有交互作用？使用电压和温度作为加速因子是否合适？

（4）绘制 $C \times D$ 的交互作用图，是否显示电压与温度有交互作用？

5.6 现需要通过健壮可靠性设计，来改善汽车正时带的疲劳寿命及其变异程度。设计参数包括正时带宽度（因子 A）、正时带张力（B）、正时带涂层（C）和张紧阻尼（D）。每个设计参数都有 2 个水平。关注的是 B 和 D 之间的交互作用。噪声因子是温度，它被设置为 3 个水平：60℃、100℃ 和 140℃。试验响应是由一个寿命单位衡量的故障前循环数，寿命指数是望大特性。在等效寿命单位为 2350 循环时试验停止。设计寿命相当于 1500 个寿命单位。正时带的试验数据列于表 5.27。假设寿命服从威布尔分布，并且其与温度的关系可以采用 Arrhenius 模型建模（第 7 章）。

表 5.27 正时带的试验数据

试验次数	内表							外表					
	A	B		D		B×D	C	60℃		100℃		140℃	
	1	2	3	4	5	6	7						
1	0	0	0	0	0	0	0	1635	1677	1457	1433	1172	1232
2	0	0	0	1	1	1	1	1578	1723	1354	1457	1149	1222
3	0	1	1	0	0	1	1	1757	1673	1247	1178	1080	1109
4	0	1	1	1	1	0	0	1575	1507	1103	1077	985	937
5	1	0	1	0	1	0	1	2350	2350	2173	2237	2058	1983
6	1	0	1	1	0	1	0	2035	2147	1657	1573	1338	1435
7	1	1	0	0	1	1	0	1758	1850	1713	1543	1478	1573
8	1	1	0	1	0	0	1	2350	1996	1769	1704	1503	1374

（1）计算出在设计参数和温度的每种组合下，设计寿命的可靠性。

（2）进行 ANOVA 以找出重要因子。找出最佳的设计参数水平。

（3）预测最佳设置下的信噪比。计算三个温度下的平均可靠性。

5.7 为了提高氧气传感器的可靠性，选择了 4 个设计参数（A 到 D）并分配给 $L_9(3^4)$，见表 5.28。在两个复合噪声水平（温度和湿度）下测试了传感器，并记录了给定氧气水平下的响应电压。如果响应电压与传感器之间的偏差超过 30%，则表示传感器发生故障。表 5.28 给出了试验终止时的漂移百分比。

（1）进行图形响应分析，识别出重要因子。

（2）进行 ANOVA 以确定重要因子。什么是最佳设计参数的水平？

（3）预测最佳设置下的信噪比。

（4）当前设计为 $A_0B_0C_0D_0$。最佳设置将健壮性改进了多少？

（5）计算整个噪声水平的平均漂移百分比。

（6）设计参数与复合噪声之间的交互作用是否显著？

表 5.28 氧气传感器的试验设置和响应数据

试验次数	内表				外表			
	A	B	C	D	噪声因子1		噪声因子2	
	1	2	3	4				
1	0	0	0	0	11	15	22	16
2	0	1	1	1	8	12	16	14
3	0	2	2	2	15	19	26	23
4	1	0	1	2	17	23	28	35
5	1	1	2	0	7	11	18	22
6	1	2	0	1	8	5	15	18
7	2	0	2	1	23	19	20	26
8	2	1	0	2	16	20	24	26
9	2	2	1	0	8	13	17	15

6

潜在失效模式的预防

6.1 概述

在第5章中,我们说过失效是在设计缺乏稳健性或设计出现失误的情况下导致的,并提出了在产品中创建稳健可靠性的方法。本章我们将描述关于发现和消除这些失误的技术。

可靠的产品应经久耐用且没有失效。然而俗话说得好,人非圣贤,孰能无过。工程师会将价值和缺陷同时设计到产品中。缺陷会在不知不觉中嵌入产品的设计和生产过程之中。从材料的误用到系统需求的错误设定都可能引起缺陷。Chao 和 Ishii(2003)将设计缺陷分为知识、分析、交流、实施、变更、组织这六个方面。一些专业学科,比如软件工程或土木工程,通常都有各自的失效分类规则。

产品中的任何缺陷都会波及产品特性、上市时间、生命周期成本,甚至人身安全。很显然缺陷应该被消除,但是尽早消除缺陷的重要性却总被忽视。在初期设计阶段发现并修复缺陷的成本要远低于设计成品投产时再修正的成本。总而言之,缺陷越晚被发现,耗费的成本越高。在许多情况下,所需成本呈时间的指数级增长。因此,在缺陷产生之初就尽早修正才是理想的做法。失效模式与影响分析(FMEA)和故障树分析(FTA)都是可以帮助实现这一目标的有效方法。由于计算机技术与软件工程的进步,计算机辅助设计分析作为另一种缺陷探测技术在现如今被广泛应用。这种技术中涵盖了机械应力分析、热分析、振动分析等多种方法。在本章我们将对这三种技术进行详细阐述。

6.2 失效模式与影响分析

失效模式与影响分析(Failure Mode and Effect Analysis,FMEA),是发现、纠正设计缺陷的预防性工具;它对潜在失效模式、影响和机理进行分析,并推荐相应的纠正措施。FMEA 被描述为"用于识别、评估在产品或工艺流程当中的潜在失效及其影响,确定消除或减少这些潜在失效发生概率的措施,以及记录这一过程的系统性方法"（SAE，2002）。事实上，它就是一个涵括了一系列步骤措施的自底向上的流程。FMEA首先在最低层级上（例如零部件）对其失效模式进行识别，然后逐渐发展到对最高层级（例如消费者）的影响进行确定。这个流程通过归纳法总结出低层级的失效如何对更高层级产生一重或多重的影响。

FMEA拥有诸多益处。它的结果对于设计工程师确定行动及其优先程度具有宝贵的价值。值得一提的是，FMEA可以识别出哪些潜在失效模式会导致严重后果而必须在产品设计阶段消除，哪些可以通过纠正或缓解措施来处理，以及哪些无关痛痒的可以被忽略掉。FMEA的输出结果对于设计验证方案（DVP）和生产控制计划的制定具有重要作用，同时对于现场服务工程师进行问题诊断和确定修复方案也有很强的指导意义。

由于FMEA的这些价值，因此它被普遍应用于各个行业，其中在汽车行业中更是有着广泛的应用，并且制定了SAE J1739标准（SAE，2002）。该标准由美国主要的汽车制造商制定和推广。尽管该标准起源于汽车领域，但它在其他领域也深受欢迎——如海洋工业。另外一个深具影响力的行业标准是IEC 60812（IEC，1985），它最初被应用于电子工程之中。军工行业则普遍采用符合美国军标MIL-STD-1629A（U.S.DoD，1984）的失效模式、影响与危害度分析（FMECA）。FMECA类似于FMEA，但是FMECA的潜在失效后果是根据其失效的严重度来进行分类的。因为两者十分相似，因此介绍FMEA。FMEA已经成为许多公司设计过程中不可或缺的一部分。FMEA可以通过一些商业软件（例如IQ-FMEA、ReliaSoft、Relex和Item）来进行，它们通常支持多种标准，如上文中提及的各个标准。

6.2.1 FMEA的类型与益处

根据分析层次，FMEA基本上可以被分为系统FMEA、设计FMEA和工艺FMEA三类。其他类型的FMEA基本上都可以算作这三大类的延伸扩展。比如，软件和机械FMEA可以被视为特殊类型的设计FMEA。

1. 系统FMEA

系统FMEA有时也被称为概念FMEA，因为它是在概念设计阶段进行的分析。这是能够进行的最高层级的FMEA，它可以用于分析和预防与技术和系统结构相关的失效。系统FMEA应在系统设计（即健壮设计的初始阶段）完成后立即进行，以验证系统设计将运行过程中的功能故障的风险降至最低。若使用得当，系统FMEA可以节省下一大笔开支，因为在概念设计阶段的任何改进相比于之后阶段都要经济很多。

系统FMEA的益处很多。它能够识别由系统内部结构缺陷和与其他系统或子系统的交互而引起的潜在系统失效模式。此外，这种类型的FMEA还有助于：①分析可能引起继发性设计缺陷的系统规范；②选择最优的系统设计方案；③确定硬件系统冗余设计的必要性；④规定具体的系统级试验要求。它就像是系统级诊断技术和故障管理策略的发展的基础。更重要的是，系统 FMEA 在概念设计阶段就能够制定相应措施确保客户满意度，而且，它也是后续设计 FMEA 的一个重要输入。

2. 设计 FMEA

设计 FMEA 是一个重要的分析工具，用处是：①识别潜在失效模式和机理；②评估失效风险；③确定在投产之前的纠正措施。为了实现价值的最大化，在失效模式被无意地设计到产品中之前，设计 FMEA 就应当启动。从这层意义上说，FEMA 相当于一个错误预防工具。实际上，设计 FMEA 通常在第一版设计方案确定时便应尽快开始，并在分析基础上确定纠正措施，用于消除或减轻被识别出的失效模式。其底线是避免设计中出现严重的失效模式。

设计 FMEA 最大的优点在于能够降低失效的风险。它识别和处理在设计初期可能对环境、安全或遵循政府法规有不良影响的潜在失效模式。设计 FMEA 还可以从功能要求、方案、可制造性、维修性、环境适应性等方面对设计进行客观评价。它确保客户满意度在设计阶段初期就得到考虑。另外，这种类型的 FMEA 还可以帮助建立设计验证计划、生产控制计划和现场服务策略。设计 FMEA 的输出则是工艺 FMEA 的输入。

3. 工艺 FMEA

工艺 FMEA 是结构化的逻辑和系统分析方法，它旨在：①识别潜在失效模式和机理；②评估失效风险；③在首轮生产进行前提供纠正措施。工艺过程中的潜在失效模式被定义为"生产制造过程中有未能满足工艺过程要求或设计需求的潜在失效"。因为一系列因素都会导致过程的失效，工艺 FMEA 通常通过一系列步骤来分析考量，包括人、机器、方法、材料、测量系统和环境产生的影响。因此，工艺 FMEA 比系统 FMEA 和设计 FMEA 更加复杂，耗时更长。

工艺 FMEA 能够发现产品和相关工艺过程的潜在失效模式及其失效机理。它帮助确定关键工艺参数，聚焦于减少或探测失效状态。这种类型的 FMEA 也可以对终端客户的潜在失效进行评估，确保在工艺开发阶段就考虑客户满意度。通过对加工或装配过程的设计改进，工艺 FMEA 可以处理在设计 FMEA 中识别的关键失效模式。

可以看出，这三类 FMEA 有十分相似之处。在这一部分的剩余章节我们将会对设计 FMEA 进行讨论。

6.2.2 FMEA 流程

执行 FMEA 之前，我们需要确定研究的对象系统。应当全面了解此系统和其他系统之间的相互作用，以确定潜在失效模式的影响和机理。为此，第 5 章所描述的边界图对此十分有帮助。

一旦确定了 FEMA 的研究范围，那么就可以确定系统中最底层的组成部分，并可以对其功能进行分析。每项功能都应当有明确的技术描述，同时需要完整地确定这些功能的失效标准。接下来就是辨别这些组成部分的失效模式。紧跟着就是分析每项失效模式的影响，以及这些影响的严重度。对于每一个失效模式来说，需要确定其相应的失效机理及其发生频次。随后的步骤是制定相应的措施计划，以帮助消除或检测失效机理、模式及其影响。每项计划的效果都会经过分级评估。下一步便是评估失效模式的整体风险。整体风险通过风险优先系数（RPN）进行衡量，它是严重度（SEV）、发生率（OCC）和探测度（DET）的乘积。高 RPN 则预示着高失效风险，应当采取适当的纠正措施以规避风险。最后，FMEA 的结果会以标准格式被记录下来。

以上关于进行 FMEA 的步骤在图 6.1 中进行了描述。图 6.2 是一个典型的设计 FMEA 的工作表。在实际应用中，也可以应用根据企业产品特点和组织要求制定类似的模板。

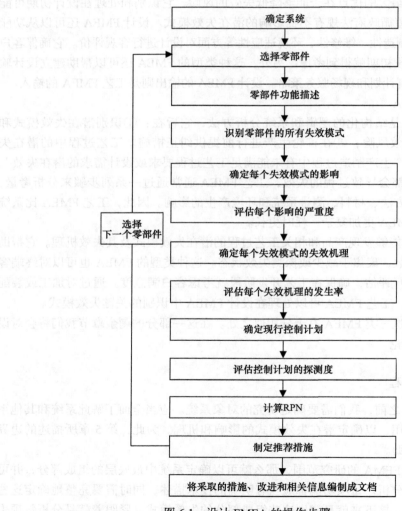

图 6.1 设计 FMEA 的操作步骤

6 潜在失效模式的预防

FMEA

系统：_____　　　　设计负责人：_____　　　　FMEA编号：_____
子系统：_____　　　关键日期：_____　　　　　编制人：_____
零部件：_____　　　页码：_____　　　　　　　FMEA日期：_____
核心团队：_____

项目 / 要求	潜在失效模式	失效的潜在后果	SEV	潜在失效机理	OCC	设计控制	DET	RPN	建议的措施	职责及目标完成日期	措施结果			
											采取的措施	SEV	OCC	DET	RPN

图 6.2　典型的设计 FMEA 的工作表

6.2.3 系统定义

正像第5章健壮设计中对系统进行定义，在 FMEA 研究中对系统进行定义是为了确定进行 FMEA 的系统边界。对于有些相对独立的系统而言，其边界是比较清晰的。然而，如果一个系统在很大程度上与其他系统存在相互影响，那为它做出界定则需要全面地了解其目标、邻域系统以及它们之间的相互作用。执行这一步骤通常需要通过第5章介绍的方法进行系统交互分析并创建边界图。交互分析也为接下来的 FMEA 步骤提供帮助：①了解失效模式对其他系统和终端客户的影响；②评估影响的程度；③发现可能源自其他系统的失效机理。

系统定义完成后，根据 FMEA 研究的目标，系统应该被分解为子系统、组件或零部件。高级别（子系统级别或组件级别）的分析常常是为了查明高优先级的对象，以便进一步研究。零部件级别的分析则更加必要和有价值，因为它可以确定失效的原因。因此，实践中 FMEA 主要集中在零部件级别的分析。

6.2.4 潜在失效模式

潜在失效模式指的是零部件、组件、子系统或系统可能无法满足设计意图、性能要求或客户期望。潜在失效模式能够引起更高层级（组件、子系统或是系统）的失效。它也可能是更低层级（零部件、组件或子系统）的失效而产生的后果。

如图 6.1 所示，零部件的所有失效模式都应当被彻底界定并罗列出来。这些失效模式不仅包括我们已知的，也包括在特定运行情况下（比如炎热、寒冷、潮湿的环境）可能出现的未知项目。在 FMEA 中，两种失效模式应当予以考虑：硬失效和软失效。硬失效是指功能的完全丧失。它又可以根据失效的持续性进一步划分为两类：

1）不可逆失效：功能完全、永久性地丧失。
2）间歇性失效：短暂性的功能完全失效；过后功能会自动恢复。

软失效是指随时间的推移性能逐渐退化，从而引起部分功能丧失。性能退化往往无法复原，并会引起功能的完全丧失。关于这两种的类型的失效可以参考第2章的详细讨论。

p 图是辨别失效模式的重要输入。系统在 p 图中罗列出来的所有失效模式都应当包含在 FMEA 中。FTA（稍后将会进行讨论）也可以帮助发现失效模式，FTA 中的顶事件是需要重点考虑的系统失效模式。

6.2.5 失效的潜在影响和严重度

失效的潜在影响指的是失效模式对于相邻部件和更高层级系统在功能上的影响。失效的潜在影响可以通过这个问题来确定：如果失效发生了，会引起什么样的后果？需要从产品功能的角度对失效后果进行评估。因为零部件、组件、子系统和系统层级之间存在的层级关系，被分析的产品失效可能会在多个层面上对系统产生不利影响。最低层级的影响是局部影响，这是失效对分析对象本身的工作或功能而产生的后果。第二级影响则是其对上一个层级的影响，指的是失效对更高层级的工作或功能而产生的影响。某一系统层级的失效影响，是对其上更高层级而产生的影响。最高层级的影响则是最终影响，它指的是系统功能的失效，是会被最终用户所注意到的影响。比如，对汽车的最终影响会从噪声、异味、过热、运转不稳定、间歇停机、无法起动、颠簸、不稳定、泄漏或其他方面表现出来。

失效的最终影响是从严重度来评估的。在 FMEA 中，严重度是在特定范围内的相对危害等级评价。军工行业常常采用从"灾难性失效"到"轻微失效"的四级评级标准见表 6.1。在这个评级标准中，最低级别表示最严重的情况，反之亦然。汽车行业通常采用十级评级标准，见表 6.2。严重度评级是从对客户的影响或是政府规定的符合性角度来评价的。失效模式可能会有多个影响，每个影响都有其严重度等级。在 FMEA 表格的 RPN 计算时，通常只用其最严重的影响等级。

表 6.1　军工行业四级评级标准

等级	说明
I	灾难性失效：可能会导致人员死亡或系统（例如，飞机、坦克、导弹、舰）功能完全丧失的失效
II	致命失效：可能会导致严重的人身伤害，重大财产损失，或是导致系统不能完成其功能的次要系统失效
III	临界失效：可能造成轻微伤害，轻微财产损失，或是导致系统延误、降低可用性或任务不能完全达成的次要系统失效
IV	轻微失效：不会造成严重的人员伤害，财产损失或系统损坏，但会导致非计划性维护或维修

资料来源：U.S.DoD（1984）。

表 6.2　汽车十级严重度评级标准

后果	判定准则：后果严重度	级别
无预警的严重危害	严重级别很高。潜在失效模式影响车辆安全运行和/或包含不符合政府法规情形。失效发生时无预警	10
有预警的严重危害	严重级别很高。潜在失效模式影响车辆安全运行和/或包含不符合政府法规情形。失效发生时有预警	9

（续）

后果	判定准则：后果严重度	级别
很高	车辆/系统无法运行（丧失基本功能）	8
高	车辆/系统能运行，但性能下降。客户很不满意	7
中等	车辆/系统能运行，但舒适性/方便性方面失效。客户不满意	6
低	车辆/系统能运行，但舒适性/方便性方面性能下降。客户有些不满意	5
很低	装配和外观/尖响声和咔嗒声不符合要求，多数客户发现有缺陷（多于75%）	4
轻微	装配和外观/尖响声和咔嗒声不符合要求，50%的客户发现有缺陷	3
很轻微	装配和外观/尖响声和咔嗒声不符合要求，有辨识能力的客户发现有缺陷（少于25%）	2
无	没有可识别的后果	1

资料来源：SAE（2002）。

6.2.6 潜在失效机理与发生率

潜在失效机理是设计的薄弱环节，其后果就是失效模式。确定失效机理即是寻找设计的失误。正是由于这个原因，FMEA成为发现和纠正设计错误的重要技术。

通过询问一系列关于"是什么"和"为什么"的问题来识别失效机理，比如：在这种情况下是什么引起了产品的失效？为什么产品会在运行过程中丧失其功能？类似于FTA法、因果图等技术，在查明某个特定失效模式的机理中起着极其重要的作用。失效机理可能包括零部件的错误选择、材料的误用、不正确的安装、过应力、疲劳、腐蚀等。

每一个被识别的失效机理都有各自的发生率。发生率是指特定的失效机理在产品设计寿命中出现的概率，它并不是绝对意义上的概率值，而是在FMEA规定范围内的相对等级。汽车行业应用十级评级标准，见表6.3。数值越高则表示发生的概率越大，数值越低则出现的概率越小。失效机理的大约故障率可以通过历史数据中统计推断得到，比如先前的加速试验数据或者返修数据。在使用历史数据进行评估时，需要考虑产品设计变更而产生的影响和产品设计寿命中运行状态的变化。

表 6.3 汽车产品的十级发生率评级标准

失效的可能性	在设计寿命中的发生率	评级
极高：一直发生	每千辆或千件中超过 100	10
	每千辆或千件中超过 50 但不高于 100	9
高：经常发生	每千辆或千件中超过 20 但不高于 50	8
	每千辆或千件中超过 10 但不高于 20	7
中：时常发生	每千辆或千件中超过 5 但不高于 10	6
	每千辆或千件中超过 2 但不高于 5	5
	每千辆或千件中超过 1 但不高于 2	4
低：较少发生	每千辆或千件中超过 0.5 但不高于 1	3
	每千辆或千件中超过 0.1 但不高于 0.5	2
很低：几乎不发生	每千辆或千件中不高于 0.01	1

资料来源：SAE（2002）。

一个失效模式可以是多个失效机理的后果，这些失效机理可能有不同的发生率。在 FMEA 工作表的 RPN 计算时，需要输入每个失效机理的发生率。

6.2.7 设计控制和探测度

设计控制包括预防和检测失效模式及其机理的措施。预防措施旨在消除失效机理、模式和影响，或是降低其发生率。检测措施则是为了在产品投产之前发现其失效机理和模式。显然，预防措施是主动的和优先的方法，应当尽可能地采用它。如果在设计过程中采用这种方法，失效机理的初始发生率评级应当会有所降低。但由于为失效机理制定的预防措施并非在任何情况下都可以得到应用，所以还应该制定相应的检测措施。检测措施包括计算机辅助设计分析（稍后会进行讨论）、设计评审和试验。

检测措施的效果可以通过探测度来评估，探测度是用于评价检测措施有效性的评级标准。SAE J1739（SAE，2002）运用十级评级标准，其中 1 代表检测方法极有可能检测出潜在失效机理或其失效模式，10 则代表检测方法没有达到其探测目标。表 6.4 中为汽车行业探测度评级标准。

表 6.4 汽车行业探测度评级标准

探测难度	评级标准：通过设计控制手段探测到的可能性	评级
完全无法探测	设计控制手段不能探测出潜在的失效原因或机理以及后续失效模式，或者仍然没有设计控制手段	10
几乎完全无法探测	设计控制手段几乎完全无法探测出潜在的失效原因或机理以及后续失效模式	9
无法探测	设计控制手段无法探测出潜在的失效原因或机理以及后续失效模式	8
非常低	设计控制探测出潜在的失效原因或机理以及后续失效模式的可能性非常低	7
低	设计控制探测出潜在的失效原因或机理以及后续失效模式的可能性低	6
中等	设计控制探测出潜在的失效原因或机理以及后续失效模式的可能性中等	5
较高	设计控制探测出潜在的失效原因或机理以及后续失效模式的可能性较高	4
高	设计控制探测出潜在的失效原因或机理以及后续失效模式的可能性高	3
非常高	设计控制探测出潜在的失效原因或机理以及后续失效模式的可能性非常高	2
几乎一定可以探测出	设计控制探测出潜在的失效原因或机理以及后续失效模式的可能性非常低	1

资料来源：SAE（2002）。

6.2.8 RPN 和建议的措施

失效模式的整体风险都可以通过 RPN 来评估，它是严重度、发生率和探测度的乘积：

$$RPN = SOD \tag{6.1}$$

式中，S 代表严重度；O 代表事故发生率；D 代表探测度。如果这三项要素每个的赋值都是从 1 到 10，那么 RPN 的范围即是从 1 到 1000。

RPN 越大，就表示失效的风险越大。通常需要为 RPN 值较高的失效模式制定纠正措施。可以通过帕累托对失效模式的 RPN 进行排序，并确定高风险部分的纠正措施。纠正措施包括但不局限于设计变更、材料升级和修订试验方案。设计变更可以减轻失效影响的严重度，降低失效机理的发生率。相比之下，试验方案的修订只能增强检测措施的效果，降低探测度的。增加试验方案的严密性则是一个不太理想的工程行为，因为它需要投入更多的试验资源，但并不会降低失效的严重度和发生率。

通常情况下，当失效模式的严重度较高时，无论 RPN 值为多少，都需要立刻采取纠正措施,用以预防失效产生的严重后果。比如在汽车行业中,当严重度达到 9 或者 10 时,必须给予高度重视,确保通过预防或纠正措施对风险进行管理。严重度的降低只有通过以下方式实现:消除失效模式,或通过设计变更以减轻失效模式产生的影响。

应当在产品投产之前采取这些推荐措施。这些措施可以实现降低严重度、发生率和探测度。RPN 会被计算和记录下来。整个 FMEA 过程应当通过标准的格式记录下来,如图 6.2 所示。

6.2.9 设计 FMEA 实例

例 6.1 为了减少氮氢化物的排放,增强燃烧率,汽车 EGR 系统将会回收小部分排气到进气歧管,并将其与新鲜空气进行混合。一个典型的 EGR 系统包括以下几项子系统:EGR 阀、压差反馈式 EGR(DPFE)传感器、EGR 真空调节器(EVR)、动力系统控制模块(PCM),以及 EGR 管,如图 6.3 所示。排气可直接从 EGR 管到达 ERG 阀。ERG 阀能够调节进入进气歧管的排气流量。排气循环量的期望值由 EGR 控制策略确定,并由 PCM 计算得到。PCM 向 EVR 发出信号,规定 EGR 阀的真空度。在到达规定的真空度后,EGR 阀就会将适量的可循环排气输送到进气歧管中。EGR 系统是一个闭合回路系统,DPFE 传感器可以测量排气循环流量并向 PCM 提供反馈。PCM 则再次进行计算,并调节真空度,直到达到排气循环所期望的级别。排气循环控制过程显示出各个子系统同处于一条逻辑链条,任何一个子系统的失效都会导致整个系统的崩溃。根据设 SAE J1739 的要求,进行了子系统的设计 FMEA。图 6.4 展示了该 FMEA 的一部分作为示例,并没有展现所有的分析结果。

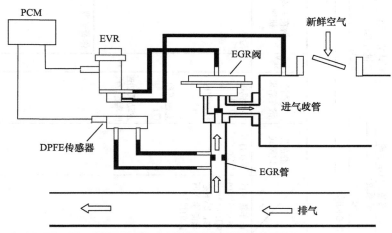

图 6.3 典型 EGR 系统

项目	要求	潜在失效模式	失效的潜在后果	SEV	潜在失效机理	OCC	设计控制	DET	RPN	建议的措施	职责及目标完成日期	采取的措施	SEV	OCC	DET	RPN
	在车辆的目标寿命(10年或150 000mile)内，EVR必须能输送所需的排气	卡在打开位置	发动机熄火(10) / 排放超标(9) / 怠速不稳(7) / 发动机加速时喘振(7)	10	污染	7	设计评审 设计验证试验 查看历史数据和故障案例	5	350	制定过程控制计划 改善零件验收标准		制定过程控制计划 改善零件验收标准	10	3	5	150
					弹簧破裂	3	CAE耐久性分析 设计验证试验	3	90							

FMEA

× 系统：EGR系统
　 子系统：
　 零部件：
　 核心团队：

设计负责人：
关键日期：
页码：

FMEA编号：
编制人：
FMEA日期：

图6.4 汽车EGR系统的设计FMEA

6 潜在失效模式的预防

功能	潜在失效模式	潜在失效后果	严重度(S)	潜在失效起因/机理	频度(O)	现行设计控制	探测度(D)	RPN	建议措施	措施结果			
										S	O	D	RPN
	EVR保持恒定真空度	排放超标(9) 降低燃油效率(5)	9	卡在关闭位置		设计评审 EVR组件的CAE电路分析和加速试验	4	3	120					
	EGR阀膜片破裂					设计评审验证试验 查看历史数据和故障案例	6	6	324	更换膜片材料 CAE耐久性分析	更换膜片材料 将CAE耐久性集成到设计过程中	9	4	3	108
	EVR无法提供真空度					设计评审 EVR组件的CAE电路分析和加速试验	5	3	135					

图 6.4 汽车 EGR 系统的设计 FMEA（续）

6.3 对 FMEA 的深入讨论

6.3.1 RPN 特性

RPN 是 FMEA 的一项重要衡量指标。为了更有效地使用它，应当更了解它的特性，Bowles（2003）对此进行了深入的研究。

如果严重度、发生率和探测度的数值都是从 1 到 10，那么 RPN 的范围为 1~1000。RPN 并不在一个连续区间之内，区间内 88% 的数值都是空的。RPN 是严重度、发生率和探测度的乘积，其结果只涵盖了 1000 个数值中的 120 个，并且有 67 个的数值小于 200。按照式（6.1），没有可以超过 10 的素数。比如说，数字 11，22，33，…，990，都是数字 11 的倍数，它们是无法生成且在分析范围之外的数字。1000 是 RPN 所能达到的最大值，900 是第二大的数值，再往下是 810，800，729，等等。图 6.5 展示的是可能出现的 RPN 的分布情况。表 6.5 总结了 RPN 的区间分布频率。从图 6.5 中可以看出，还存在很多空白，这些空白对 FMEA 分析者在优先级排序、进一步选择失效模式进行研究等方面造成了困扰。比如，很难确定 270 和 256 之间的区别相比于 256 和 254 之间是相同的，还是更大的。因为这三个数字是相连续的 RPN。另外，有些连续的 RPN 之间的巨大差值，可能会导致分析者忽略其相邻的第二高 RPN 的失效模式。

在图 6.5 中，显示了一些 RPN 的重复项。在这 120 个 RPN 当中，只有 6 个是由唯一的严重度（S）、发生率（O）和探测度（D）的乘积得到的。大部分 RPN 都是由几种不同的组合得到的。比如表 6.6 中所示，RPN = 252 可以由九种不同的 S、O 和 D 相乘得到。依靠 RPN 排列失效模式是将得到同样 RPN 的所有的组合结果和失效模式等而视之。然而从实际操作的角度来看，即使 RPN 都是 252，但严重度为 9、发生率为 7、探测度为 4（$S=9$，$O=7$，$D=4$）要远比严重度为 6、发生率为 6、探测度为 7（$S=6$，$O=6$，$D=7$）严重得多。因此，建议使用严重度与发生率的乘积进一步评估 RPN 相等或者相近的风险。

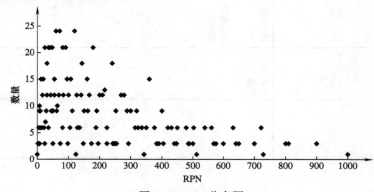

图 6.5　RPN 分布图

6 潜在失效模式的预防

表 6.5 RPN 的区间分布频率

区间	数量	比重（%）
[1, 200]	67	55.8
(200, 400]	26	21.7
(400, 600]	17	14.2
(600, 800]	7	5.8
(800, 1000]	3	2.5

表 6.6 RPN 为 252 时，可能存在的 S、O、D 组合

严重度	发生率	探测度
4	7	9
4	9	7
6	6	7
6	7	6
7	4	9
7	6	6
7	9	4
9	4	7
9	7	4

对严重度、发生率、探测度这三个因素中其中一个的评级的误判，都会对于 RPN 有很大影响，特别是当另外两个因素的评级较高时。令 S_0，O_0，D_0 分别为 S，O，D 的真值。相应地，RPN_0 则为 RPN 的真值。不夸张的情况下，假设 D 被高估了 1，而 S 和 D 都为真值。那么 RPN 就是

$$RPN = S_0 O_0 (D_0 + 1)$$

而由于高估所增加的 RPN 为

$$RPN - RPN_0 = S_0 O_0$$

可以看出，由于其中一个因素被高估（或低估）了 1 而造成的 RPN 的上升（或下降）等同于其他两个因素的乘积。当其他两个因素的数值较大时，这种区别尤其明显。例如，如果 $S_0 = 9$，$O_0 = 9$，$D_0 = 5$，那么 $RPN_0 = 405$。而 D 如果被高估了 1，那么 RPN 的值就增加到 486。

总之，RPN 评价法在对失效模式进行优先排序方面还有一些不足。为了优化这种处理技术，一些人运用模糊理论做了许多的尝试（比如：Bowles 和 Pelaez，1995；Franceschini 和 Galetto，2001；Pillay 和 Wang，2003），所提出的排序方法更加客观和健壮。但由于这些方法需要复杂的数学运算，限制了它在工业企业中的应用。

6.3.2 软件 FMEA

由于软件工程的巨大进步，现在产品系统的复杂性和精密度日益增加。将软件融合到系统中，可使系统经济有效地实现更多新的功能，但它同样会成为这些系统失效的导火索。实际上，软件要对大部分的系统失效负责。在系统设计过程中，减少软件失效的概率并减小失效的影响是一个终极挑战。软件 FMEA 是帮助实现这一目标的有效工具。

软件 FMEA 用来确定软件中任何单一失效是否会导致灾难性的系统影响，并识别其他意想不到的软件性能而产生的后果，其中将软件失效定义为给软件变量分配了非正确值。类似于硬件 FMEA，软件 FMEA 可以在不同软件层次结构上进行，如可以分为代码级、方法级、类级、模块级和软件包级（Ozarin，2004）。为了方便起见，这些层级大致可以分为两组：系统层级和详细层级。

1. 系统层级的软件 FMEA

系统层级的软件 FMEA 用以评估软件架构是否能保护系统免受软件和硬件失效的影响的能力。分析应当在设计过程中被及早运用，这样可以减少由于分析引起的设计变更而造成的影响。一般来说，软件设计团队一旦完成软件架构设计，把功能要求分配到所设计的软件中，分析就可以开始。系统层级的软件 FMEA 将软件视为黑匣子，并不关心软件代码，只是确认分配给软件单元的设计要求。软件单元的典型失效模式包括未执行客户指令、不完全执行指令、错误输出和不准时。另外，也应当识别系统层级上的失效模式，其中包括错误输入值、错误输出值、运行中断、非正确中断返回、优先次序错误和资源冲突（Goddard，2000）。应该分析软件单元和系统在某些特定应用条件下的其他潜在失效模式。一旦确定了失效模式，应该立即查明和评估它们的影响。如果结果很严重，那么必须进行软件系统架构和系统需求的审查和改进。

2. 详细层级的软件 FMEA

详细层级的软件 FMEA 的目的是评估软件设计达到规定的安全要求，并提供所有需要的系统保护的能力。进行该层级的分析，需要已经完成软件的设计及其实现方式，至少需要有伪代码。通过进行这个分析，可以确定软件单元的每个变量和算法的失效模式。可能的失效模式种类取决于变量的类型。表 6.7 罗列了典型的软件变量失效模式（Goddard，1993）。失效的影响要从代码追溯到系统的输出。如果失效会导致系统崩溃，那么应当进行系统结构、算法和代码的审查，以此评估安全要求是否被完全实施。如果发现有被遗漏的要求，那么必须提出设计更改的建议。

不同于硬件 FMEA，关于软件 FMEA 的研究和应用都十分有限。尽管在某种程度上，软件 FMEA 被推荐用于评估关键系统，比如 IEC 61508（IEC，1998，2000），还有 SAE ARP 5580（SAE，2000），但在软件 FMEA 的应用方面，目前还没有统一的行业标准和公认流程。它现今仍停留在企业内部研究阶段；每个用户所应用的软件 FMEA 流程、技术和格式都不尽相同。

表 6.7　软件变量失效模式

变量类型	失效模式
模拟值（实型、整型）	值超过了上限
	值超过了下限
枚举值（允许的值为 a、b、c）	值应该为 b 时，被误赋为 a
	值应该为 c 时，被误赋为 a
	值应该为 a 时，被误赋为 b
	值应该为 c 时，被误赋为 b
	值应该为 a 时，被误赋为 c
	值应该为 b 时，被误赋为 c
带有有效标记的枚举值	值应该为 b 时，被误赋为 a；标记为有效
	值应该为 c 时，被误赋为 a；标记为有效
	值应该为 a 时，被误赋为 b；标记为有效
	值应该为 c 时，被误赋为 b；标记为有效
	值应该为 a 时，被误赋为 c；标记为有效
	值应该为 b 时，被误赋为 c；标记为有效
布尔（真假值）	值应该为假时，被误赋为真
	值应该为真时，被误赋为假

资料来源：Goddard（1993）。

6.4　故障树分析

故障树模型是展现失效事件之间逻辑关系的图形分析方法，通过因果分析，其顶事件及其相关的事件通过逻辑符进行连接。不同于 FMEA 的归纳性方法，故障树分析（FTA）法则是采用演绎的方式，分析从顶事件开始，得到会导致顶事件发生的所有可能的原因。因其自上而下的过程，FTA 从其在 20 世纪 60 年代开始应用以来，便广泛应用于确定重大的特定失效模式的原因。这种方法最初被用于安全关键系统的分析，例如军工和航空设备。后来，美国核管理委员会发布了著名的故障树分析手册（Vesely 等人，1981），这在一定程度上推动和促进了 FTA 在该行业的应用，并使其标准化操作。如今，许多商业产品的开发都采取了 FTA 做因果分析。它经常与 FMEA 搭配使用，增强了识别具有严重影响的失效模式和失效机理的能力。现如今，可以通过 Relex、Isograph 和 Item 等商业软件进行故障树分析。

6.4.1　FTA 的价值和流程

FTA 是一个自上而下的过程，通过逻辑分析，将顶事件（不希望发生的事件）逐级展开到可能导致其发生的原因，并增加这些原因的详细信息，以确定这些原因及其组合对顶事件的影响。一个完整的 FTA 可以得出关于系统的定性和定量的信息。定性信息可能包括失效路径、根本原因和系统的薄弱环节。故障树的建立使分析者能够更好地理解系统功能之间的关系和失效的潜在来源,因此被作为消除设计失误、减少潜在失效的审查方法。FTA 的结果是设计验证计划、运行维护政策,以及诊断和维修策略的重要输入。故障树的定量分析则可以得到顶事件发生的概率,其结果可以评价设计的可靠性和安全性是否合格。FTA 还可以揭示失效路径,通过它就更容易确定导致顶事件的原因,以及失效的发生率,这可以帮助确定需要进行纠正措施的关键点。

类似于 FMEA,FTA 从定义系统和失效开始,并以理解失效的原因为目的。尽管进行 FTA 的步骤需要根据分析研究的目的和系统来确定,不过其基本的分析步骤可以总结为如下几点:

1)确定系统、相关假设和失效标准。利用故障树分析所有潜在失效原因时,系统与其相邻系统之间的相互影响,包括人机接口,都应当被全面考虑。因此,第 5 章中提到的边界图对此有很大帮助。

2)了解系统的层级结构和子系统与部件之间的功能关系。框图所展现的系统功能及其关系对此有着重要作用。

3)识别并优先处理系统中的故障顶事件。当 FTA 与 FMEA 共同进行时,顶事件应该是高严重度的失效模式。对于每一个选定的顶事件,都需要创建一个单独的故障树。

4)应用第 6.4.2 小节中的符号构建已选定顶事件的故障树。识别出所有可能导致顶事件的原因。这些原因可以被视作中间事件。

5)罗列所有可能导致中间事件的原因,并对故障树做出相应展开。继续确定下一层级所有可能导致中间事件的原因,直到所有潜在根源都被识别出来。

6)完成故障树后,分析并了解失效路径中的因果逻辑和相互关系。

7)识别所有单点失效,并按照发生概率对割集(第 6.4.3 小节)进行优先排序。

8)如果需要定量分析结果,则可以计算顶事件出现的概率。

9)确定是否需要纠正措施。如果需要,则建立相应措施来消除失效路径或者减小失效出现的概率。

10)将分析记录下来,并跟踪建议的纠正措施,确保其得到实施。当发生设计变更时,需要更新这个分析。

6.4.2 事件和逻辑符号

如同之前所定义的那样,故障树是一个表示失效事件之间逻辑关系的示意图。因此,故障树分析可以被视为一个关于事件和逻辑符号的系统。无论是规范的、独立的还是微小的事件都可以通过事件符号显示出来。表 6.8 罗列了最常用的事件符号和它们的意义。这些符号可以做如下表述：

1）圆圈：不需要进一步发展的基本事件。它代表着最低层级的一类事件，也代表故障树分支的终止。这类事件的可靠性信息应当用于故障树的定量分析。

2）矩形：可以进一步分析的中间事件。它代表由多个基本事件通过逻辑门组合导致的事件。

3）菱形：未展开事件，可能因其发生概率小，或因信息不够充分，该事件不需要进行进一步分析。

4）椭圆形：条件事件。它与其他逻辑门一起使用，如禁门（在下文中进行讨论）。

5）房屋形：外部事件，本身并非失效，但它会触发输出事件。在故障树的某些特殊情况下，房屋事件可以被人工触发或关闭。

6）输入三角：故障树在其他分支进一步分析的象征符号（比如在下一页）。它与输出三角常常成对使用。

7）输出三角：代表这一部分的故障树必须和与其相应的输入三角联系起来。

表 6.8　故障树事件符号

名称	事件符号	描述
圆形	 ○	有充足数据的基本事件
矩形	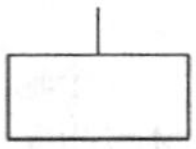 ▭	中间事件
菱形	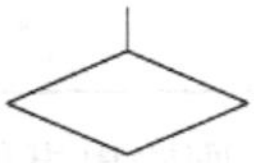 ◇	未展开事件
椭圆形	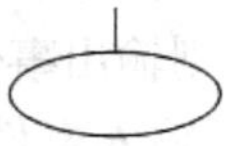 ⬭	条件事件
房屋形	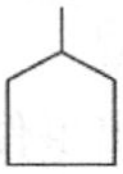 ⌂	房屋事件
输入三角	 △	转入符号
输出三角	 △	转出符号

逻辑符号将事件连接起来，并根据因果关系形象地展示了低层级事件对上一级事件的影响。它可能有一个或多个输入事件，但是只有一个输出事件。表 6.9 列出了常用的逻辑符号。符号的含义如下所述：

表 6.9 故障树逻辑符号

名称	符号	描述
与门		所有输入事件发生才会导致输出事件发生
或门		一个输入事件发生就会导致输出事件发生
禁门	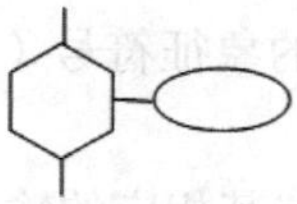	条件事件发生时，输入事件会导致输出事件发生
异或门		仅当一个输入事件发生时才导致输出事件发生
表决门	 k/n	n 个输入事件的至少 k 个发生时，输出事件才发生

1）与门。如果所有的输入事件同时发生，则输出事件就会产生。

2）或门：如果一个或多个输入事件发生，则输出事件就会产生。

3）禁门：只有当一定的条件得到满足时，输入事件才会产生输出事件。它与条件事件符号一起使用。禁门是与门的一种特殊类型。

4）异或门：仅当一个输入事件发生时，输出事件才会产生。如果多于一个输入事件发生，则输出事件不会发生。异或门可以被与门和或门的组合使用所替代。

5）表决门：仅当 n 个输入事件中至少有 k 个事件发生时，输出事件才发生。

例 6.2　参考例 6.1，将排气无法流入进气歧管为顶事件，建立一个故障树。

解：顶事件的故障树如图 6.6 所示，其中所有的逻辑门都按字母顺序排列，也对基本事件进行了编号，方便日后查阅。如图 6.6 所示，中间事件 "EGR 阀卡在关闭位置" 由 "EGR 阀膜片破裂" 或 "EVR 无法提供真空" 引起。值得注意的是，这两个原因已经在 EGR 系统的 FMEA 中确定，如图 6.4 所示。在一般情况下，FMEA 结果有助于故障树分析。

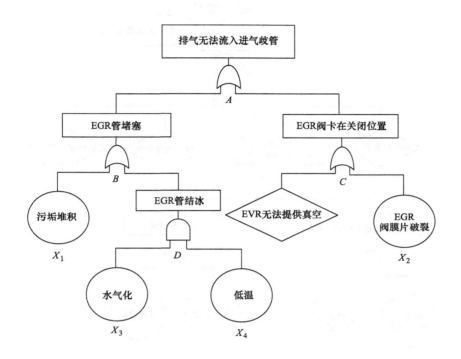

图 6.6　为顶事件建立故障树

例 6.3　正如例 5.1 所述，安装在汽车中的 OBD 系统用于诊断 EGR 系统中部件的失效。如果某个部件失效，OBD 系统应当检测出其失效并点亮故障指示灯（MIL），并在仪表盘上显示"立即检修发动机"字样，提醒驾驶人尽快维修。如果没有相关失效发生，OBD 系统则不会点亮故障指示灯。然而，故障指示灯在一些特定情况下也会被错误触发；这种错误叫 I 类错误或 α 错误。请创建一个故障树来确定导致故障指示灯被错误触发的原因。

解：错误触发故障指示灯是一个顶事件。为此顶事件创建的故障树如图 6.7 所示。这里使用禁门进行逻辑描述，即故障指示灯只有当 EGR 系统部件没有失效时才会被触发，这个错误逻辑与 I 类错误的定义一致。在故障树当中，只有事件"故障指示灯判据被错误性满足"被完全展开到最低层级，因为我们对该事件的起因是最感兴趣的。通过故障树可以看出，错误触发故障指示灯是由软件算法问题和传感器错误共同作用而引发的。

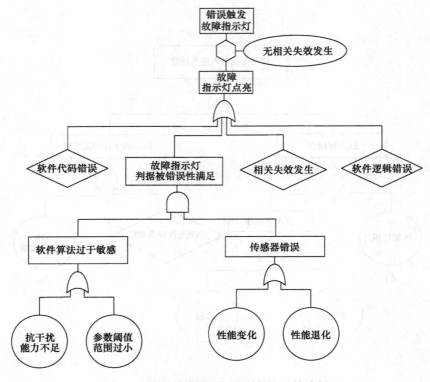

图 6.7 关于故障指示灯错误触发的故障树

6.4.3 用割集进行定性分析

进行故障树分析的首要目的是确定顶事件出现的原因以及怎么发生的。割集则是为了达到这个目的的一项常用工具。它是一些基本事件的集合，当这些基本事件发生时会导致顶事件的发生。比如，在图 6.6 当中，如果事件 X_3 和 X_4 同时出现，那么顶事件"排气无法流入进气歧管"则会发生。所以，$\{X_3, X_4\}$ 就是一个割集。同样地，$\{X_1, X_3\}$ 和 $\{X_2, X_4\}$ 也是两个割集。总之，一个故障树有多个割集。一些割集也许无法表示最简单的基本事件结构，如 $\{X_1, X_3\}$ 和 $\{X_2, X_4\}$。如果是这样的情况，它们可以被简化割集到最小割集。

最小割集指的是最少的几个基本事件的集合。当它们同时发生的时候，顶事件就会发生。一个最小割集代表着这几个最小的基本事件的组合将足够触发一个顶事件。假如从割集中移除任一事件，其余的事件集合将不会构成一个割集。举例来说，图 6.6 中的故障树有三个最小割集：$\{X_1\}$，$\{X_2\}$ 和 $\{X_3, X_4\}$。上文中提到的割集 $\{X_1, X_3\}$ 和 $\{X_2, X_4\}$ 不是最小割集，因为可以分别简化为割集 $\{X_1\}$ 和 $\{X_2\}$。最小割集可以通过布尔代数来确定（见第 6.4.5 小节）。

即使在无法准确评估割集或是顶事件发生概率时，故障树的最小割集也能够将复杂系统的潜在薄弱点的信息展现出来。同一系统中不同基础部件的失效概率常常与其大小规模的排列顺序相一致，因此，一个最小割集的失效概率会随着最小割集的规模增大而减小。基于此，可以通过最小割集的阶数对处理顺序进行排列，进而分析出这些最小割集的重要性等级。大体来说，阶数越小，最小割集的重要性越高。一个单一事件的最小割集通常重要性最高，因为单点失效就会引起顶事件的发生。重要性排在第二位的则是双重事件，接下来是三重事件，以此类推。最小割集的优先处理顺序对设计改进起指导作用，它为制定纠正措施提供了依据。

最小割集的另一种应用是共因分析。共因指的是能够引起多个基本事件发生的情况或事件。比如，火灾是引起工厂各设备故障的共因。在定性分析中，所有潜在的共因都需要被罗列出来，并且要分析每个基本事件对每个共因的敏感度。最小割集中易受影响的基本事件的数量决定了割集的相对重要性。如果最小割集包含了两个或多个容易受共因影响的基本事件，则这些基本事件就会被视为一个事件，并且最小割集应当被相应缩小。而最小割集的重要性也要根据缩小后的割集规模进行重新评估。除此之外，应该通过分析得出推荐的措施，来减少共因的出现，并保护基本事件不受共因失效的影响。

6.4.4　使用可靠性框图进行定量分析

故障树可以转换成可靠性框图，通过可靠性框图并运用第 4 章的方法，就能够进行可靠性评估。当故障树只包含与门和或门时，分析会极为简便实用。

故障树中的与门在逻辑上等同于可靠性框图并联模型，它们都采取相同的逻辑关系描述，即当所有的原因全部发生时才触发顶事件发生。比如，图 6.8a 中显示了一个包含两个基本事件的与门故障树，图 6.8b 则表示相应的并联模型。假设基本事件 1 和 2 失效的概率分别为 $p_1 = 0.05$，$p_2 = 0.1$，那么顶事件的可靠性则为

$$R = 1 - p_1 p_2 = 1 - 0.05 \times 0.1 = 0.995$$

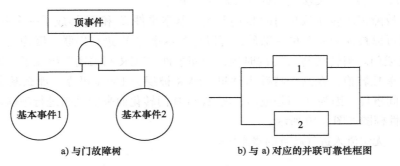

图 6.8　与门故障树及对应的可靠性框图

故障树的或门在逻辑上与可靠性框图的串联模型相对应，它们采取同样的逻辑关系描述，因为当其中一个基本事件发生就会引发顶事件发生。比如，图 6.9a 显示了包含两个基本事件的或门故障树，而图 6.9b 则显示了相应的串联模型。假设事件 1 和事件 2 的失效概率分别为 $p_1 = 0.05$，$p_2 = 0.1$，那么顶事件的可靠性为

$$R = (1 - p_1)(1 - p_2) = (1 - 0.05)(1 - 0.1) = 0.855$$

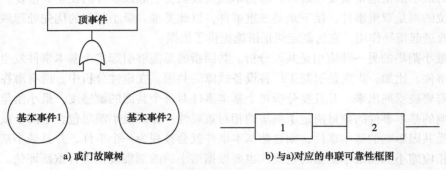

a) 或门故障树　　　　　　　　　b) 与a)对应的串联可靠性框图

图 6.9　或门故障树及对应的可靠性框图

实现从故障树到可靠性框图的转换通常从故障树的底层开始。同一逻辑门下最低层级的基本事件根据逻辑门的不同类型而形成一个框图。该框图在上一级的逻辑门下被视为一个基本事件。第一个形成的框图又与其他基本事件一起生成一个扩展的框图。而扩展后的框图又被视为一个单一事件并继续进行转换，直到完成某个中间事件的逻辑门下的所有转换。接着，中间事件会经历同样的过程转换为框图。这个框图和之前存在的框图以及基本事件都将根据逻辑门的类型组合在一起。这个过程会不断重复，直至最顶层的逻辑门转换完毕。

例 6.4　将图 6.6 的故障树转换为可靠性框图。假设 EVR 总能够保证 EGR 阀的真空状态，而基本事件 X_1, X_2, X_3, X_4 的失效概率分别为 $p_1 = 0.02$, $p_2 = 0.05$, $p_3 = 0.01$ 和 $p_4 = 0.1$，计算排气无法流入进气歧管的概率。

解：故障树的转换从与门的 D 门开始。基本事件 X_3 和 X_4 形成了一个并联框图。这个框图可以被视为一个单一部件，可以与基本事件 X_1 进行串联，因为上一个层级的 B 门是或门。当转换到 A 门的时候，中间事件"EGR 阀关闭"出现了。这个中间事件需要单独转换。在这个特殊事件里，EVR 被视为 100% 可靠，那么基本事件 X_2 决定了中间事件。因为 A 门是或门，将 X_2 与 B 门转化而来的框图进行串联。这个完整的可靠性框图如图 6.10 所示。

而排气无法流入进气歧管的概率则是

$$R = (1-p_1)(1-p_2)(1-p_3 p_4) = (1-0.02)(1-0.05)(1-0.01 \times 0.1)$$
$$= 0.93$$

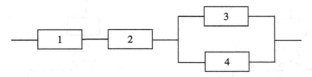

图 6.10　可靠性框图（与图 6.6 的故障树对应）

6.4.5　通过布尔代数确定最小割集

在故障树分析中，确定最小割集是定性分析和定量分析的关键步骤。实现此目标最有效的工具则是布尔代数。它指的是通过代数集合和二进制逻辑进行逻辑计算。在一些资料中可以找到布尔代数的理论和应用的详细描述，如 Whitesitt（1995）。基本上，故障树可以看作是故障树中事件引发顶事件的布尔关系示意图。可以通过使用布尔代数法则，将故障树转换成一个完全等价的布尔表达式。

以下这些布尔代数常用于 FTA 当中，符合"·"代表交集，符号"+"代表并集，而 X，Y，Z 代表集合。在 FTA 中，交集等同于逻辑与门而并集代表逻辑或门。关于布尔代数的其他法则，可以参考 Vesely 等人（1981）、Henley 和 Kumamoto（1992）的文献。

1）交换律：$X \cdot Y = Y \cdot X$；$X + Y = Y + X$。
2）幂等律：$X \cdot X = X$；$X + X = X$。
3）结合律：$X \cdot (Y \cdot Z) = (X \cdot Y) \cdot Z$；$X + (Y + Z) = (X + Y) + Z$。
4）吸收律：$X \cdot (X + Y) = X$；$X + X \cdot Y = X$。
5）分配律：$X \cdot (Y + Z) = X \cdot Y + X \cdot Z$；$X + Y \cdot Z = (X + Y) \cdot (X + Z)$。

对于一个故障树，可以通过自上而下或自下而上的过程计算相应的布尔表达式。在自上而下的过程中，从顶事件开始逐层级分解故障树中的层次，将逻辑门转化为布尔表达式。自下而上的过程则着手于最低层级，逐步向上直至顶事件，将逻辑门用布尔表达式进行替换。无论哪一个流程，所有替换逻辑门的表达式都结合起来并逐步简化为一个单一表达式。而后，这个表达式会应用布尔代数法则进一步简化，最终表示为最小割集的并集。在这里，我们将会通过以下的例子阐述自下而上的过程。

例 6.5　运用布尔代数确定图 6.11 中故障树的最小割集。

解：图 6.11 中的故障树通过自下而上的程序转换为布尔表达式。为此，我们首先要写出故障树最低层级逻辑门的表达式，如下所示：

$$E_5 = X_4 \cdot X_5 \tag{6.2}$$

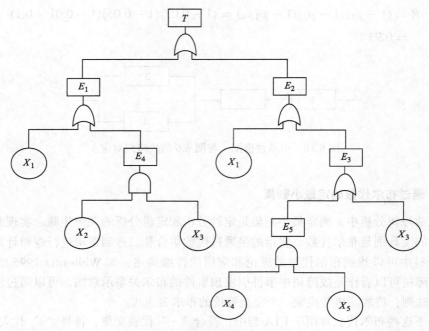

图 6.11　例 6.5 当中的故障树

自下而上转化到中间事件时，我们会得到

$$E_3 = X_3 + E_5 \tag{6.3}$$

$$E_4 = X_2 \cdot X_3 \tag{6.4}$$

将式（6.2）代入式（6.3）当中，可以得到

$$E_3 = X_3 + X_4 \cdot X_5 \tag{6.5}$$

再往上到达更高层级的中间事件时，我们可以得到

$$E_1 = X_1 + E_4 \tag{6.6}$$

$$E_2 = X_1 + E_3 \tag{6.7}$$

将式（6.4）代入式（6.6），将式（6.5）代入式（6.7），可以得到

$$E_1 = X_1 + X_2 \cdot X_3 \tag{6.8}$$

$$E_2 = X_1 + X_3 + X_4 \cdot X_5 \tag{6.9}$$

进行到故障树的顶事件，并将或门转换，得

$$T = E_1 + E_2 \tag{6.10}$$

将式（6.8）和式（6.9）代入式（6.10）中，得

$$T = X_1 + X_2 \cdot X_3 + X_1 + X_3 + X_4 \cdot X_5 \tag{6.11}$$

式（6.11）在逻辑上等同于图 6.11 的故障树。式（6.11）当中，X_1，$X_2 \cdot X_3$，X_3，$X_4 \cdot X_5$ 各是一个割集，它们都能够导致顶事件的出现。然而这些割集并非最小割集，通过布尔代数将表达式简化得到

$$T = X_1 + X_3 + X_4 \cdot X_5 \tag{6.12}$$

现在 X_1，X_3 和 $X_4 \cdot X_5$ 是故障树的最小割集。式（6.12）显示了顶事件可以被表达为三个最小割集的并集。

总而言之，顶事件可以被表达为有限个最小割集的并集。将它用数学表达式表现出来，那么我们可以得到

$$T = C_1 + C_2 + \cdots + C_n \tag{6.13}$$

式中，T 代表顶事件，$C_i (i = 1, 2, \cdots, n)$ 是最小割集，n 代表了最小割集的个数。C_i 是致使发生顶事件所需最小数目的基本事件的交集。

对于小的故障树而言，将顶事件转换成最小割集的并集可以用上述方法手工计算完成。然而，当一个故障树中含有 20 个或更多逻辑门时，事情就变得棘手起来。在这些情况下，就需要应用故障树分析软件。现如今，有许多商业软件，如 Relex、Isograph 和 Item 等可以帮助确定最小割集并计算顶事件出现的概率。

6.4.6 通过最小割集进行定量分析

故障树的定量分析是为了评估顶事件出现的概率大小。正如式（6.13）中所述，顶事件能够被转换为有限个最小割集的并集。因此，顶事件出现的概率为

$$\Pr(T) = \Pr(C_1 + C_2 + \cdots + C_n) \tag{6.14}$$

运用容斥原理，可以将式（6.14）展开

$$\Pr(T) = \sum_{i=1}^{n} \Pr(C_i) - \sum_{i<j=2}^{n} \Pr(C_i \cdot C_j) + \sum_{i<j<k=3}^{n} \Pr(C_i \cdot C_j \cdot C_k) + \cdots + (-1)^{n-1} \Pr(C_1 \cdot C_2 \cdots \cdot C_n) \tag{6.15}$$

式（6.15）包含了以下三个步骤：

1）确定基本事件的发生概率。这一步通常需要应用不同的数据源，比如加速试验数据、现场和保修数据、历史数据以及标杆分析。

2）计算所有对顶事件有影响的最小割集的概率。本质上，这一步将用于计算基本事件交集的概率。

3）通过式（6.15），计算顶事件出现的概率。

第一步在本书的其他章节有详细介绍。现在我们将重点放在第二步和第三步。

如最小割集（C）是包含有限（m）个基本事件的交集，即 X_1，X_2，$\cdots$，X_m，那么最小割集的概率为

$$\Pr(C) = \Pr(X_1 \cdot X_2 \cdots \cdot X_m) \tag{6.16}$$

如果 m 个基本事件都是相互独立的，那么式（6.16）可简化为

$$\Pr(C) = \Pr(X_1)\Pr(X_2)\cdots\Pr(X_m) \tag{6.17}$$

式中，$\Pr(X_i)$ 是基本事件 X_i 的概率。在许多情况下，"相互独立"的假设是成立的，因为一个部件的失效通常不会受系统中其他部件失效的影响，除非它们属于共因失效。如果它们相互影响，应该用其他方法进行计算，比如马尔可夫模型（详见 Henley 和 Kumamoto（1992）的文献）。

在计算出顶事件的概率前，应当先计算式（6.15）中最小割集的交集的出现概率。作为特例，如果 n 个最小割集互斥，则可以将式（6.15）简化为

$$\Pr(T) = \sum_{i=1}^{n} \Pr(C_i) \tag{6.18}$$

如果最小割集不互斥，而是相互独立，那么最小割集的交集的概率就是这些最小割集的概率的积。例如，两个最小割集 C_1 和 C_2 的交集的概率为

$$\Pr(C_1 \cdot C_2) = \Pr(C_1)\Pr(C_2) \tag{6.19}$$

在许多情况下，系统中的最小割集之间会相互影响，因为这些割集可能包含了一个或多个共同的基本事件。尽管如此，如果基本事件是相互独立的，那么最小割集的交集的概率仍旧可以通过简化而表达出来。例如，如果 X_1，X_2，$\cdots$，X_k 是相互独立的基本事件，它们存在于最小割集 C_1、C_2 或者两者兼有，那么 C_1、C_2 的交集的概率可以表示为

$$\Pr(C_1 \cdot C_2) = \Pr(X_1)\Pr(X_2)\cdots\Pr(X_k) \tag{6.20}$$

式（6.20）的正确性可以通过下面的示例进行证明。假如 $C_1 = X_1 \cdot X_2 \cdots \cdot X_i$ 而 $C_2 = X_i \cdot X_{i+1} \cdots X_k$，那么 C_1 和 C_2 不是相互独立的，因为它们都包括了基本事件 X_i。而 C_1 和 C_2 的交集可以表示为

$$C_1 \cdot C_2 = X_1 \cdot X_2 \cdots X_i \cdot X_i \cdot X_{i+1} \cdots X_k$$

根据幂等律，$X_i \cdot X_i = X_i$，那么

$$\Pr(C_1 \cdot C_2) = \Pr(X_1 \cdot X_2 \cdots X_i \cdot X_{i+1} \cdots X_k) = \Pr(X_1)\Pr(X_2)\cdots\Pr(X_k)$$

一旦计算出最小割集的交集的概率，式（6.15）则可以估算顶事件的发生概

率。在独立基本事件的假设下,进行此项运算似乎十分容易,但当故障树中包含有大量的最小割集时,此运算则会十分冗长。因为多个集合相交的概率通常较低,所以式(6.15)中的第三项及以后的项在实际操作中可忽略不计。

例 6.6 参考例 6.5。假设基本事件 X_1,X_2,$\cdots$,X_5 相互独立,它们发生的概率分别为 $p_1 = 0.01$,$p_2 = 0.005$,$p_3 = 0.005$,$p_4 = 0.003$,$p_5 = 0.008$。计算顶事件出现的概率。

解:由式(6.12),顶事件表现为最小割集的并集。那么顶事件出现的概率为

$$\begin{aligned}
\Pr(T) &= \Pr(X_1 + X_3 + X_4 \cdot X_5) = \Pr(X_1) + \Pr(X_3) + \Pr(X_4 \cdot X_5) - \Pr(X_1 \cdot X_3) - \\
&\quad \Pr(X_1 \cdot X_4 \cdot X_5) - \Pr(X_3 \cdot X_4 \cdot X_5) + \Pr(X_1 \cdot X_3 \cdot X_4 \cdot X_5) \\
&= p_1 + p_3 + p_4 p_5 - p_1 p_3 - p_1 p_4 p_5 - p_3 p_4 p_5 + p_1 p_3 p_4 p_5 \\
&= 0.01 + 0.005 + 0.003 \times 0.008 - 0.01 \times 0.005 - 0.01 \times 0.003 \times 0.008 - \\
&\quad 0.005 \times 0.003 \times 0.008 + \\
&\quad 0.01 \times 0.005 \times 0.003 \times 0.008 = 0.015
\end{aligned}$$

在定量分析中,我们通常更关心衡量最小割集或基本事件的相对重要性。这些信息有助于确定需要进行设计改进的地方,并制定有效的纠正措施。最简单也是最有效的措施如下所述。在其他资料中可以找到更复杂的方法,如 Henley 和 Kumamoto (1992)的文献。

最小割集的相对重要性是最小割集的概率与顶事件概率的比值。其表达式为

$$I_C = \frac{\Pr(C)}{\Pr(T)} \tag{6.21}$$

一个基本事件或许会影响多个最小割集。包含该基本事件的最小割集越多,割集顶事件发生的概率越高,那么此基本事件的重要性越大。因此,一个基本事件的相对重要性可被定义为

$$I_X = \frac{\sum_{i=1}^{k} \Pr(C_i)}{\Pr(T)} \tag{6.22}$$

其中,I_X 是基本事件 X 的相对重要性,k 代表包括了 X 的最小割集数量。

值得注意的是,顶事件的概率和重要性衡量是与时间相关的,因为基本事件的发生概率通常随时间而增加。因此,量化评估设计寿命内和某段重要时间内(如保修期)内的相关指标是十分重要的。

6.5 对 FTA 的深入讨论

6.5.1 故障树分析与二元决策图

本章介绍的布尔代数是进行故障树定性与定量分析最常用的方法。这个方法需要确定最小割集,但当故障树规模较大时就变得难以操作。于是,基于二元决策图(BDD)的方法被提出并得到了使用(见 Rauzy(1993)、Bouissou(1996)、Sinnamon 和 Andrews(1996,1997a,1997b)、Dugan(2003)的文献)。二元决策图并不需要用最小割集来进行定量分析,在概率计算中,它更加有效和精确。

二元决策图是表示布尔函数的有向非循环图。所有通向二元决策图的路径最后都以以下两种状态中的一种作为终结:状态 1 或是状态 0。状态 1 代表系统失效(顶事件发生),状态 0 代表系统没有失效(顶事件不发生)。所有以状态 1 终结的路径都会形成故障树的割集。一个二元决策图包含一个根结点、若干非终结点和若干终结点,它们被分支连接在一起。分支有时也被称为边。终结点以数值 0 或 1 结束,而非终结点则代表了相应的基本事件。根结点总是有两个分支。分支(边)也被赋值为 1 或 0,其中 0 代表基本事件未发生而 1 代表基本事件发生。左向的分支为每个结点赋值为 1,称为分支 1;所有右向的分支为每个结点赋值为 0,称为分支 0。图 6.12 展示了一个二元决策图的例子,其中 X_i 是基本事件。

可以从二元决策图中获得割集。首先,我们选取一个终结点 1 并逐步向上,通过非终结点到达根结点。所有的可选择路径都从同样的终结点 1 开始,逐步上升到应当被识别的根结点。一个割集由每条路径的分支 1 形成。这个过程为其他终结点 1 不断重复,相应的割集也是用同样的方法进行确定。在图 6.12 所示的例子当中,从 X_4 的终结点 1 形成了两个割集:$X_4 \cdot X_3$ 和 $X_4 \cdot X_3 \cdot X_1$。从 X_3 的终结点 1 只能形成了一个割集:$X_3 \cdot X_2 \cdot X_1$。因此,图 6.12 的二元决策图中有三个割集。

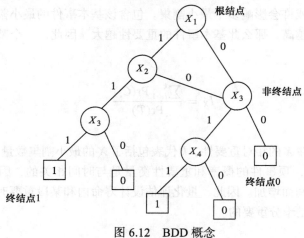

图 6.12 BDD 概念

故障树可以通过应用"如果 - 则 - 否则"（if–then–else）结构转化为二元决策图。这个结构可以用 ite（X, f_1, f_2）表示，它的含义是：如果 X 失效，则考虑功能 f_1，否则考虑功能 f_2。功能 f_1 基于 X 的分支 1 而 f_2 则是分支 0。我们可以为 ite 结构定义以下操作流程：

令 J = ite（X_1, J_1, J_2），H = ite（X_2, H_1, H_2），那么

$$J * H = \begin{cases} \textbf{ite}(X_1, J_1 * H, J_2 * H), & \text{如果 } X_1 < X_2 \\ \textbf{ite}(X_1, J_1 * H_1, J_2 * H_2), & \text{如果 } X_1 = X_2 \end{cases} \quad (6.23)$$

式中，"*"代表 AND（·）或者 OR（+）。基本上，式（6.23）能够通过以下规则进行简化：

$$1 \cdot \textbf{ite}(X, f_1, f_2) = \textbf{ite}(X, f_1, f_2)$$
$$0 \cdot \textbf{ite}(X, f_1, f_2) = 0$$
$$1 + \textbf{ite}(X, f_1, f_2) = 1$$
$$0 + \textbf{ite}(X, f_1, f_2) = \textbf{ite}(X, f_1, f_2)$$

通过上述的定义和标记法，故障树能够转化为二元决策图。转化过程如下：

1）将基本事件排序，比如 $X_1 < X_2$。通常可以采用自上而下的顺序。也就是说，排在故障树顶端的基本事件被认为"小于"故障树底端的基本事件。一个无效的排序可能极大地增加最后二元决策图的规模。

2）通过自下而上的方法将每个中间事件转化到故障树的 ite 结构当中。将结构简化为最简单的形式。

3）在 ite 结构中将顶事件用表达式写出并进行简化。转化过程正如下例所示。

例 6.7 图 6.13 展示了一个故障树。为此故障树建立一个二元决策图。

解：首先我们为基本事件定一个随意的顺序，比如 $X_1 < X_2 < X_3$。那么中间事件 E_1 和 E_2 在 ite 结构中可以被写为

$$E_1 = X_1 + X_3 = \textbf{ite}(X_1, 1, 0) + \textbf{ite}(X_3, 1, 0) = \textbf{ite}(X_1, 1, \textbf{ite}(X_3, 1, 0))$$
$$E_2 = X_3 + X_2 = \textbf{ite}(X_3, 1, 0) + \textbf{ite}(X_2, 1, 0) = \textbf{ite}(X_3, 1, \textbf{ite}(X_2, 1, 0))$$

顶事件则可以被表述为

$$T = E_1 \cdot E_2 = \textbf{ite}(X_1, 1, \textbf{ite}(X_3, 1, 0)) \cdot \textbf{ite}(X_3, 1, \textbf{ite}(X_2, 1, 0))$$
$$= \textbf{ite}(X_1, \textbf{ite}(X_3, 1, \textbf{ite}(X_2, 1, 0)), \textbf{ite}(X_3, 1, \textbf{ite}(X_2, 1, 0)))$$
$$= \textbf{ite}(X_1, \textbf{ite}(X_3, 1, \textbf{ite}(X_2, 1, 0)), \textbf{ite}(X_3, 1, 0))$$

$$(6.24)$$

根据式（6.24），转化后的二元决策图如图 6.14 所示。其中割集是 $X_3 \cdot X_1$，$X_2 \cdot X_1$ 和 X_3。

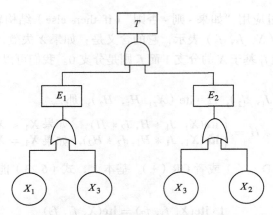

图 6.13 含有重复事件 X_3 的故障树示例

资料来自：Sinnamon 和 Andrews（1997b）。

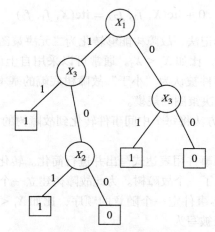

图 6.14 图 6.13 中故障树的二元决策图

顶事件的概率能够用二元决策图估算出来。首先我们找到二元决策图的不相交路径。这是运用确定割集的方法来解决的，并将分支 0 上的基本事件包含在路径中，这种基本事件被表示为 $\overline{X}_i$，表示事件 X_i 没有发生。顶事件的概率与二元决策图中不相交路径数量的概率的和相同。在例 6.7 当中，不相交路径分别是 $X_3 \cdot X_1$，$X_2 \cdot \overline{X}_3 \cdot X_1$ 和 $X_3 \cdot \overline{X}_1$。那么顶事件出现的概率则可以用下式表示

$$\begin{aligned} \Pr(T) &= \Pr(X_3 \cdot X_1 + X_2 \cdot \overline{X}_3 \cdot X_1 + X_3 \cdot \overline{X}_1) \\ &= \Pr(X_3 \cdot X_1) + \Pr(X_2 \cdot \overline{X}_3 \cdot X_1) + \Pr(X_3 \cdot \overline{X}_1) \\ &= p_1 p_3 + p_1 p_2 (1 - p_3) + p_3 (1 - p_1) = p_1 p_2 (1 - p_3) + p_3 \end{aligned} \quad (6.25)$$

6.5.2 动态 FTA

在本节之前，我们所描述的逻辑门关注的是在同一时间范围内的失效事件；其故障树通常被称为静态故障树。在某些系统中，失效事件的出现是有先后顺序的。例如，假设一个系统由一个工作零件以及一个通过切换控制器连接的备用部件组成。如果在备用部件运行后，切换控制器失效，那么工作零件的失效并不会中断整个系统的功能。然而，如果在工作零件失效之前切换控制器就失效了，一旦工作零件失效，那么整个系统就会停止运行，因为备用部件无法被激活。因此，系统是否失效不仅由基本事件的组合所决定，也由事件发生的顺序来决定。为了将失效事件发生的动态表现进行建模，规定了如下一些动态门概念（Dugan，2003）：

1）冷备用（CSP）门：只有主要部件和所有冷备用组件全部失效，输出事件才会发生，其中主要部件是最初启用的部件，所有冷备用部件则作为主要部件的替换部件。冷备用部件在被切换到运行之前，其失效率可能为零。

2）温备用（WSP）门：如果主要部件和所有温备用部件全部失效，输出事件就会发生。温备用组件被切换到运行之前，其失效率可能为较低。

3）热备用（HSP）门：如果主要部件和热备用组件全部失效，输出事件就会发生。热备用组件被切换到运行的前后可能具有相同的失效率。

4）功能依赖性（FDEP）门：此门具有单个触发事件（可能是一个基本事件，或是故障树另一个逻辑门的输出）和一个或多个依赖性基本事件。当单个触发事件发生时，依赖性基本事件会被迫触发。输出反映了触发事件的状态。

5）顺序执行（SENF）门：输入事件被迫在门内按照从左到右的顺序发生。

6）优先与（PAND）门：如果输入事件按顺序发生，输出事件就会发生。它在逻辑上等效于与门，但它增加了事件必须按特定顺序发生的要求。

故障树可能由静态子故障树和动态子故障树组成。静态子故障树通过运用本章之前介绍过的方法来解决，而动态故障树通常转化为马尔可夫模型并通过运用马尔可夫方法来解决（Manian et al.，1999）。

例 6.8 假设有一个自动喷水灭火系统（Meshkat 等人，2000）。这个系统包含三个温度传感器、一个数字控制器和两个水泵。每个水泵都由阀门和过滤器构成流道的组成部分。传感器能够发送信号到数字控制器，因此，当三个传感器中有两个的温度读数达到预设临界值时，其中一个水泵就会被触发。另一个水泵则处于备用状态。如果两个水泵失效，那么系统就会失效。自动喷水灭火系统的最低要求是：两个传感器和一个水泵正常运行。为"系统无法喷水"这个顶事件建立故障树。

解： 为此系统建立失效的模型需要动态门，包括描述中提到的冷备用门，以及用于水泵阀门和过滤器的功能依赖性门。故障树结果如图 6.15 所示。

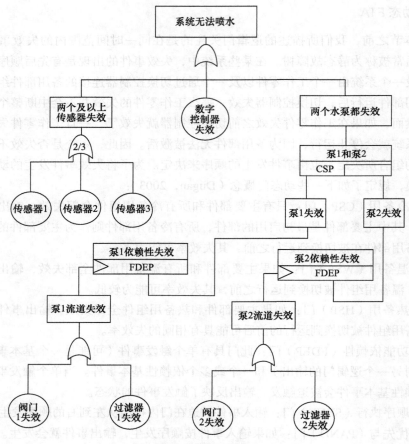

图 6.15 自动喷水灭火系统的故障树

6.6 计算机辅助设计控制方法

传统的设计流程通常是"设计—试验—改正"的过程。在此过程中,设计完成并通过有限的设计评审后就结束了。然后在存在各种干扰因素的情况下制造和试验原型。试验通常能够暴露出大量设计缺陷,并导致设计变更。接着又会制造新的样机,进行下一轮试验,它有可能暴露出与之前相同或不同的设计缺陷。为了解决设计验证试验中发现的失效,可能又需要进行新的设计变更。通常情况下,在设计发布之前,需要进行多轮"设计—试验—改正"的过程。显而易见,从时间和成本角度来说,这种设计流程都是低效的。正如在第 3 章中所讨论的那样,在当下充满竞争的商业环境中,需要在样机制造之前,将可靠性技术结合到设计开始阶段,以此来优化设计流程。设计控制是其中一种可靠性方法,它着重于识别设计的潜在失效模式。目前有多种设计控制方法，包括机械应力分析、热分析、振动分析、公差分析、电磁兼容性分析（EMC 分析）等。适合某一特定设计的方法则取决于产品类型、预期工作环境和负载、在 FMEA 得到的潜在失效模式和其他一些因素。

在大多数实际应用中，必须在样机制造前对设计进行分析。即使是相对简单的设计，分析法通常都需要构建复杂的数学模型和进行密集的计算。因此，使用计算机模拟方法通常是有用且必不可少的。在这一章我们将简单描述机械应力分析、热分析和振动分析，它们都在有限元分析（FEA）法的基础上进行。FEA 应用很多小而简单的结构单元来近似构建复杂的几何结构。因此原本复杂的计算可以被许多简单结构单元的简便运算所替代。这些运算可以通过专业的计算机软件来进行。

6.6.1 机械应力分析

机械结构，包含电子封装结构，通常会由于应力过大而失效，其失效有多种形式，比如断裂、过度变形、疲劳和金属蠕变。Ireson et al.（1996）描述了其他更多的机械失效模式。设计分析是设计过程不可或缺的一部分，以此确定应力分布，发现易于导致早期失效或其他问题的过应力环境。

如上所述，机械应力分析需要运用 FEA。为了计算应力和变形，FEA 需要将边界条件、作用力／载荷、材料属性和加工过程输入有限元模型中。进行机械应力 FEA 分析的相关理论和应用可以在一些资料中获得，如 Adams 和 Askenazi（1998）的文献。分析一般需要应用商业软件，如 Hypermesh、Ansys 和 Cosmos。通过分析结果可以发现潜在的不可接受应力条件和变形。为了解决这些问题，也应当推荐相应的设计改进。例如，运用 FEA 模型分析发动机部件，以此辨别过度变形和过应力问题。图 6.16 是这个部件的 FEA 模型和应力分布分析结果。分析表明部件顶端的存在过应力。这个分析结果使得在该设计变成样机之前就可以采取纠正措施。

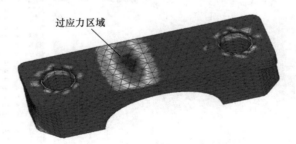

图 6.16　发动机部件的 FEA 模型和应力分布

6.6.2 热分析

热应力会导致多种失效。对于机械结构（包括电子封装和连接件）来说，热应力产生的热膨胀或收缩会导致其开裂、疲劳、金属蠕变和变形过大。温度过高会导致各种电子部件的失效模式,比如过度漏电流或降低输出。根据Arrhenius模型(第7章),温度的升高会导致产品寿命缩短,因此,确定对温度敏感的产品的温度分布,评估其对产品安全和可靠性的影响就显得尤为重要。为了达到这一目的,可以采用基于FEA的热分析。

热分析的其中一个主要用途就是针对印制电路板(PCB)的设计。分析的主要目的是在印制电路板上确定温度分布,找出准确的高温区域。为完成这一任务,可以采用BetaSoft或CARMA等软件建立和计算FEA模型。与机械应力分析的FEA软件不同,热分析软件能够根据PCB的尺寸、几何结构和层数自动生成FEA模型。在规定电力负荷、板和部件的热特性、封装形式和室温边界的条件下,软件能够运用这种模型计算得到PCB的温度分布。温度分布结果则会显示高温区域。应当进行高温区域部件的功能和可靠性检查。如果高温区域的温度会产生潜在风险,那么必须进行设计更改,包括散热片的应用、组件重构、电路更改等。Sergent和Krum(1998)对电子装配的热分析进行了详细描述,其中也包括对PCB的介绍。

让我们来看一个例子。当车身控制PCB的方案设计和电路板布置设计完成后,就可以进行热分析来发现潜在的设计缺陷。PCB的温度分布如图6.17所示,其中的矩形和椭圆形代表电子组件。不难发现,PCB上的高温区域与两个电阻安放的位置相一致。即使高温区域的温度不会对铜引线的载流能力和焊点完整性造成任何重大影响,但这两个电阻过高的温度会降低产品在现场的长期可靠性。因此,必须进行设计更改来降低温度。

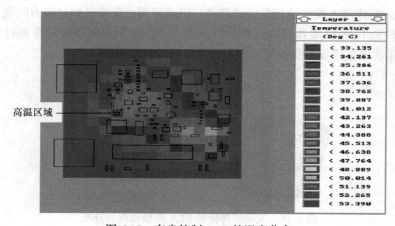

图6.17 车身控制PCB的温度分布

6.6.3 振动分析

飞机、汽车等产品都需要在严酷的振动条件下工作。个人计算机等产品平时虽然在平稳环境中工作，但在运输过程中也会受到振动影响。可以肯定地说，基本上所有的产品在寿命周期内都不可避免会经受振动的考验。对于绝大多数产品来说，振动对于产品功能和可靠性有不利的影响。振动应力导致的失效模式可能包括裂纹、疲劳、接触不良等。在第 7 章有更多关于振动的讨论。在振动存在的情况下，确定产品的表现就显得尤为重要。为了实现这一目标，我们需要进行振动分析。

振动分析通常建立在 FEA 的基础上，应用 MATLAB、MathCAD 或 CARMA 等商业软件。通过输入边界条件和振动环境条件，计算产品固有频率和位移。装配和连接方法决定了边界条件，振动类型（正弦波振动或不规则振动）及其严重程度定义了振动环境。

一旦计算得到固有频率和位移，就可以进行更多的分析。比如，最大位移应当和最小间隙进行对比，可以预防任何潜在机械干涉。一阶固有频率通常用来计算由振动导致的应力，预估疲劳寿命。低阶固有频率代表高应力、大位移。一旦发现任何问题，就应采取纠正措施以提高产品固有频率。这些措施包括应用加强筋、更改装配方式等。

在 PCB 的设计中，通常需要进行振动分析，以发现潜在的问题，比如 PCB 和焊接接头开裂，寿命过短等。举例来说，书中第 6.2 小节提到的车身控制 PCB，图 6.18 中显示了其 FEA 振动分析结果，包括前三阶固有频率和一个基本模态。该控制板四边固定并经受随机振动。由于指定的振动条件，关于弯曲应力和寿命的进一步计算表明不需要引起更多忧虑。关于电子设备振动分析的更多细节可以在一些参考书中找到，如 Steinberg（2000）的文献。

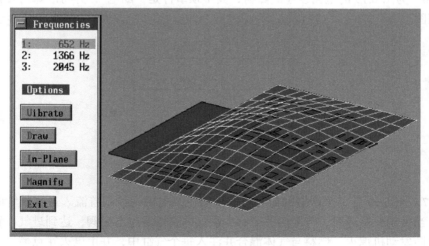

图 6.18　车身控制 PCB 的振动分析结果

习题

6.1 请解释设计 FMEA 和 FTA 如何识别设计错误。人为失误是否可以通过 FMEA 和 FTA 来发现？

6.2 解释以下几项内容在设计 FMEA 和故障树中的联系和区别：
（1）失效模式和顶事件。
（2）失效机理/原因和基本事件。
（3）失效影响和中间事件。
（4）发生率和失效概率。

6.3 根据图 6.2 的模板，选择一个产品进行设计 FMEA，并回答以下问题：
（1）RPN 应当先考虑哪三个因素？
（2）$S \times O$ 需要考虑的前三个因素是什么？它的结果与 RPN 结果相同吗？在你选取的事例中，$S \times O$ 的结果比 RPN 更有意义吗？
（3）为最高严重度的失效模式创建故障树。故障树是否能够提供更详细的导致失效模式发生的信息？

6.4 以下操作对于严重度、发生率和探测度有什么影响？
（1）增加一种新的试验方法。
（2）在样机完成之前实施设计控制措施。
（3）在设计中实行失效预防措施。

6.5 描述 FTA 中定性分析和定量分析的目的，以及最小割集的作用。

6.6 为图 6.19 的电路创建故障树，其中顶事件是"断电"，并将故障树转化为可靠性框图。

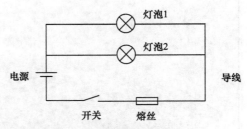

图 6.19　两个灯泡的照明电路

6.7 图 6.20 是一个四缸的简易汽车发动机，电磁阀控制着流入进气歧管的空气流量。当发动机怠速时，节气门关闭，少量气体绕道通过电磁阀，达到进气歧管，它可以预防发动机熄火。燃料与气体混合并注入每个气缸中，并由电火花点燃。假设油门、电磁阀、电火花和喷油器的失效概率分别为 0.001、0.003、0.01 和 0.008；顶事件为"车辆怠速时发动机熄火"，请完成以下任务：

（1）为顶事件建立一个故障树。
（2）确定最小割集。
（3）估算顶事件的概率。
（4）将故障树转换为可靠性框图并计算顶事件概率。

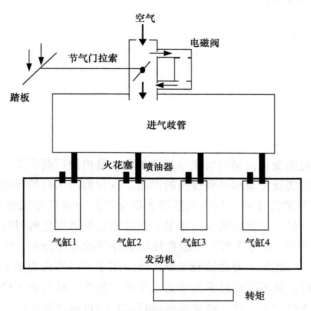

图 6.20　简易汽车发动机系统

6.8　参考第 6.7 题。如果顶事件是"车辆行驶时发动机熄火"，完成以下任务：
（1）为顶事件建立故障树。
（2）确定最小割集。
（3）计算顶事件的概率。
（4）将故障树转换为 BDD，并计算顶部事件的概率。

7

加速寿命试验

7.1 概述

全球市场环境的变化使得市场竞争日益加剧。这迫使厂商需要在更短时间和更低成本的条件下交付功能复杂和可靠性高的产品。这种前所未有的挑战敦促厂商不断制定和实施有效的可靠性计划，其中包括第3章介绍的加速寿命试验（ALT）。加速寿命试验采用高于产品实际使用的应力水平，以便缩短失效发生的时间，以此获得寿命数据，并通过"寿命-应力模型"推断在使用条件下的寿命分布。由于可以在短时间内获得失效信息，因此加速寿命试验可以广泛应用于产品寿命周期中的多个阶段。在产品设计早期阶段，就可以通过更高应力水平的试验来对材料和零件的可靠性进行评估验证。随着设计过程的推进，经常需要进行健壮的可靠性设计以优化设计参数以提高产品可靠性。正如第5章讨论的，健壮可靠性设计需要进行大量的试验，其中可能就需要提高噪声因子的水平。一旦设计完成，就要对样机进行DV试验。若试验通过，下一步还要进行PV试验。DV和PV在第3章中也均有讨论。这两种试验通常包含加速寿命试验，旨在展示达到了指定的可靠性目标。加速寿命试验有时也会在设计全面投入生产之后进行。比如，我们需要依靠这种试验来查找工艺中变异过度的原因，以此复现在实际应用中发现的关键失效模式。简而言之，加速寿命试验是所有高效的可靠性工作的重要组成部分，它在提高和评估可靠性方面有着不可替代的作用。本书作者已连续五年出席可靠性及维护性研讨会（Annual Reliability and Maintainability Symposia），并且发现关于加速寿命试验的话题一直受到比其他与会话题远远更多的关注。

取决于试验的目的，加速寿命试验既可以是定性的，也可以是定量的。在设计与开发阶段通常会规划和执行定性试验，以此尽快地激发失效。接着通过失效分析和纠正措施来提高可靠性。这种试验被称为高加速寿命试验（HALT），将在本章第7.9节中介绍。本章的其他章节则着重于介绍定量试验，旨在分析产品的寿命分布，特别是失效百分位数和失效概率（如失效部分的占比）。

7.2 制定试验计划

提前对加速寿命试验进行规划是成功获取有效而精准信息的关键步骤。一个合理可行的试验计划应当考虑管理、后勤和技术。管理方面需要考虑团队的组建，组员的角色和职责，团队协作以及其他人员管理任务。后勤任务是确保试验设备的可用性，比如试验箱、功能检测系统和测量仪器。技术方面包括确定试验的目的、样本容量和规模、失效定义、时间尺度、加速模型、数据收集和分析，这些都会在本章予以讨论。

7.2.1 试验目的

从产品寿命周期的角度来考虑，加速寿命试验可以被归为以下三类：设计 ALT、验证 ALT 和生产 ALT。这些试验的目的不尽相同。

在设计与开发阶段，试验的常见目的如下：

1）比较、评估材料和部件的可靠性。这类试验在设计与开发早期进行，帮助选择合适的材料和部件的供应商。

2）制定最优设计方案。对于处在产品结构低层级的零部件，设计工程师通常会有多种备选设计方案。这些零部件通常功能正常，而且成本不高。可以通过加速寿命试验衡量每个备选方案的可靠性表现，以此选择最优方案。健壮可靠性设计中的加速寿命试验就是这个目的。

3）确定设计更改的有效性。在新产品设计过程中，设计更改在设计与开发阶段几乎不可避免。即使是设计冻结，可能也需要做一些必要的改善。而这些更改必须尽早验证。加速寿命试验可以实现此目的。

4）评估可靠性与应力的关系。有时加速寿命试验用于评估一定应力下可靠性的敏感度。分析结果有助于提高设计的健壮性，以及（或者）确定产品使用条件的界限。

5）发现潜在失效模式。此类目的的试验对于新产品而言十分重要。致命的失效模式能够引起严重后果，比如安全风险，因此必须在设计与开发阶段得到根除或缓解。

设计完成后，使用与大批量生产相同的工艺制造样机，然后进行 DV 试验。在这个阶段，加速寿命试验的目的如下：

1）验证设计已达到指定的可靠性目标。供应商负责此类目的的加速寿命试验，必须在与整机厂家讨论确定的样本容量、试验时间、应力等级等条件下进行。实际上，为此目的进行的试验即是可靠性验证试验（见第 9 章）。

2）评估设计的可靠性。通常，为了增强竞争力并预测保修成本，必须评估产品设计在真实使用条件下的可靠性。

一旦设计通过 DV 试验，就进行实际生产过程制造的样机的 PV 试验，该阶段通常包括以下几个目的的加速寿命试验：

1）验证生产过程能够制造符合特定可靠性目标的产品。与 DV 试验阶段一样，如果由供应商负责试验，则它必须在与整机厂家讨论确定的样本容量、试验时间、应力等级等条件下进行。这些试验实际上是可靠性验证试验。

2）评估产品可靠性。因为寿命试验数据包括产品设计可靠性和制程变异的信息，可靠性分析结果与未来消费者体验到的可靠性水平十分接近。

在设计通过 PV 试验后，就将进行大批量产品生产。生产制造阶段的加速寿命试验的主要目的是：

1）辨别具有特殊统计意义的过程变异原因。统计过程控制方法可以探测到这些变异并触发一系列调查活动，其中就包括加速寿命试验，用以找出由制程变异导致的失效模式或寿命分布的变化。

2）复现实际应用中的关键失效模式，用于确定失效机理。

3）验收取样。可以应用加速寿命试验决定特定批次的产品是否应当停止交付给消费者。

7.2.2 样本代表性和样本容量

在产品设计初期，加速寿命试验旨在评估设计中材料和组件的可靠性。因此，试验应当从大量产品、多个批次中随机抽取样品，组成具有代表性的样本。这种随机样本的选择同样适用于应用于大批量生产的产品的可靠性评估。就产品开发而言，比如在最优设计的选择以及设计变更的评估时，加速寿命试验通常在样机的基础上进行。试验样本需要在特定的控制因子（比如设计配置和设计参数）水平条件下制造，需要将类似于"个体差异"等噪声因子的变异控制在最小的范围，使其不会对产品产生影响。设计控制因子和噪声因子都已经在第 5 章中进行了定义和分类。

在 DV 试验阶段，试验样本很大程度上类似于最终产品，但实际上它们仍是雏形，因为此阶段的加工过程还可以进行更改。另外，在试生产阶段通常不会发生大批量生产的制程变异。因此，我们需要注意，本阶段的可靠性估算不会完全等同于消费者最终体验到的可靠性。这个结果通常比较乐观。

在 PV 试验阶段进行的加速寿命试验的样本可以认为代表了最终成品，因为其所采用的材料、部件、设计全部相同，生产过程和过程监控技术也完全一致。然而由于试验样本在短时期内完成，因此也难免会存在批次之间的差异。严格来说，这些样本不能完全代表大批量生产的产品。不过本阶段加速寿命试验中的可靠性结果对于决策而言十分重要且比较真实。

正如前文所述，加速寿命试验有时用于调查某些特殊原因或者测算一个批次的合格率。这种试验的样本应当来自特殊的产品批次，而不是所有的生产批次。比如，当需要应用加速寿命试验识别由于批次变化而产生的某种特殊原因，那么试验样本应当选自于不同的批次。否则试验就不能够得出有效的结论。

样本容量十分重要，而且必须在试验之前决定。它在很大程度上影响着试验成本、试验设备的能力、试验时间和结果准确性。如果加速寿命试验是 DV 或 PV 试验的一部分，则样本容量取决于可靠性目标，以及消费者和生产者承担的风险。在第 9 章中我们描述了计算适当的样本容量的方法。尽可能大的样本容量有助于得到准确的加速寿命试验结果。正如 Nelson（1990，2004）、Meeker 和 Escobar（1998）所述，可以通过特定的统计方法获得用于准确可靠性评估的样本容量。然而统计样本规模通常太大以至于无法承受。在实际应用中，所用的样本容量通常要少于统计计算的结果，但不应少于试验中可能发生的失效模式总数。最小的样本容量应当能够确保每种失效模式都在试验中发生。当试验目的是复现实际应用中的关键失效模式，那么必须满足这个要求。

7.2.3 加速方法

加速试验的目的是更加快速地提供可靠性信息。任何出于该目的的方法都是加速方法。加速方法基本上有四种：①增加应力；②提高使用率；③改变控制因子水平；④收紧失效阈值。这些方法可以进一步细分，如图 7.1 所示。对于某一特定产品，选择比较合适的方法需要依据试验目的和产品特点而定。在实际应用中，加速寿命试验通常需要使用到这四种方法中的一到两种。

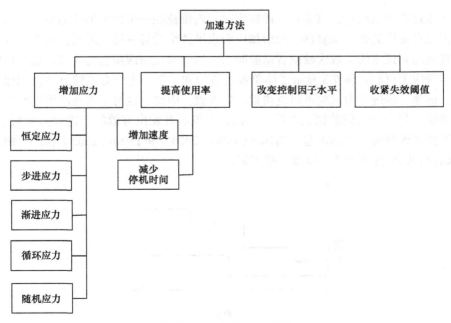

图 7.1　加速方法的分类

1. 增加应力

增加应力是最常用的加速方法，它使用比实际应力更高的应力进行试验。试验使用的应力水平应当比实际更快地加速失效的发生。应力包括温度、湿度、热循环、辐射、电压、电流、振动以及机械负荷。应力增加可以通过不同方式，其中包括恒定应力、步进应力、渐进应力、循环应力和随机应力。下文将简单介绍这些概念。

在恒定应力试验中，时间不断改变，但应力水平恒定不变。加速寿命试验可以在多个应力下进行，每一组都有不同的应力水平。图 7.2 分别显示了高应力和低应力水平下的寿命分布。高应力下分组的寿命更短，另外一组则具有更长的使用寿命。这种试验方法在实际应用中最为常见，因为其应力应用和数据分析都较为简单。

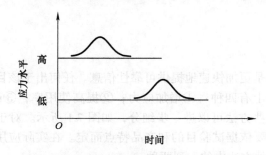

图 7.2　两个不同应力下的寿命分布

在步进应力试验中，试验在一段特定时长内维持在一个恒定的应力水平，对于结束时仍没有发生失效的试验件，则增加应力水平并维持另一特定时长。这个过程不断持续直到达到预定的失效次数或者试验时长。当试验仅用两步就完成时，也可以叫作简单步进应力试验。图 7.3 显示了简单步进应力和多重步进应力试验方法。相比于恒定应力试验，步进应力试验可以更快地产生失效。因此，这对于发现高可靠性产品的失效来说，是一个有效的试验方法。然而，并没有开发出有效的步进应力分析模型，因此可能导致分析结果的误差。Nelson（1990，2004）和 Pham（2003）曾经介绍了相关的试验和数据分析方法，以及一些实例。

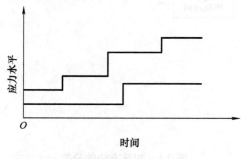

图 7.3　两种步进应力方法

在渐进应力试验当中，应力水平不断增加（通常呈线性增长），直到试验达到预定的失效次数或是试验时长。渐进应力方法如图 7.4 所示。直线的斜率就是应力增加的比率，这代表应力的严酷性。比率越高，导致失效所用的时间越短。类似于步进应力试验，渐进应力试验方法在获取失效信息方面十分有效，但是对数据建模分析有一定的困难。Nelson（1990，2004）曾经介绍了相关的试验和数据分析方法，以及一些实例。

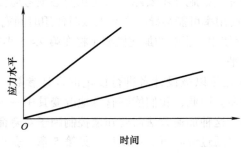

图 7.4　渐进应力方法

在循环应力试验中，应力水平随着固定周期而变化。这类应力通常使用热循环和正弦振动。相比于固定振幅的循环应力，随机应力试验是按照某一概率分布随机变换因子水平。随机振动试验是典型的随机应力方法。图 7.5 展示了这两类不同的应力加载方法。应力加载的首要目标是能够反映产品在实际应用中可能遭遇的情况。

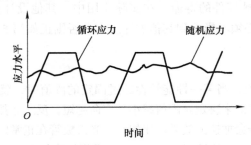

图 7.5　循环应力和随机应力方法

2. 提高使用率

使用表示的是产品的使用程度。它可以是英里数、循环次数、旋转次数、打印页数等。使用率是产品使用的频率，可以用赫兹（Hz）、每小时的循环次数、每分钟转速、每月的英里数、每分钟的打印页数等进行衡量。许多商业产品都是间歇性工作的。相比之下，试验连续或更加频繁地进行可以减少试验时间。举例来说，许多汽车每天运行的时间不足 2h，大约 100mile。在试验场地，每天汽车可能行驶至少 8h，大约 500mile 以上。另外，有些产品在正常使用中速度较低。这包括轴承、电动机、继电器、开关等。在试验中，可以使其在更高的速度下进行，用以缩短试验时间。对于这两种试验方法，产品的寿命通常用失效时使用程度来衡量，如失效循环次数或是失效里程。

在应用该加速方法时，需要特别注意一点。我们通常假设在高使用率条件下发生的失效等同于实际使用率的，但当使用率提高导致额外的环境、机械、电或化学应力时，则该假设不成立。举例来说，提高运行速度会导致温度升高，或者减少停机时间导致散热时间不足等。除非采取散热风扇等补偿措施，要不这种等效假设就不成立了。然而，在许多试验中使用补偿措施并不实际。因此我们必须考虑使用率提高后而导致的对寿命的影响。更高的使用率可能会导致产品失效时使用时间衡量指标的增加或降低。Yang（2005）提出了量化使用率影响的加速模型（将在第7.4.5小节中有讨论）。

3. 改变控制因子水平

控制因子水平指的是可以被设计者进行设定的设计参数。从第5章可知，控制因子水平会影响产品寿命。因此，我们能够有意地改变其中一个或多个控制因子的水平以缩短试验件的寿命。这种加速方法需要知道控制因子对寿命的影响。寿命与控制因子水平之间的关系可以通过健壮可靠性设计（见第5章）获得。这种试验方法的常见手段是改变尺寸。举例说明，因为小直径轴的疲劳寿命更短，所以我们可以通过小直径轴的试验推测大直径轴的寿命。大电容由于绝缘面积较大而更易失效，基于这个前提，可以通过大电容试验预测小电容的寿命。Nelson（1990，2004）曾经介绍了不同尺寸的失效率的尺寸影响模型。Bai和Yun（1996）也对这种模型进行了讨论。这种加速方法的另外一种应用是改变几何形状。举例来说，减少圆角半径会增加应力集中，从而缩短一个机械零件的寿命。在实际应用中，其他设计参数可能成为加速变量。然而，控制因子必须不影响到其他加速应力，否则正如第5章所述，试验的结果可能会是无效的。

4. 收紧失效阈值

对于某些产品来说，当某一性能特性超过固定的阈值时，就认为其发生失效。显然，产品的寿命可由阈值来决定。阈值越小，寿命越短，反之亦然。因此，我们能够通过收紧阈值从而达到寿命加速的效果。比如，发光二极管在正常阈值情况下，即光通量（流明维持率）为30%时，能够工作5000h。如果阈值降低到20%，则工作时间缩短为3000h。这种加速方法需要建立寿命和阈值之间的模型，这将在第8章详细讨论。

加速寿命试验的一个重要概念是加速因子，它是在应力水平 S 下的寿命与应力水平 S' 下的寿命的比率。从数学的角度而言，

$$A_f = \frac{t_p}{t'_p} \tag{7.1}$$

式中，A_f 是加速因子；p 是特定的失效概率（如失效样本占总体的百分比）；$t_p(t'_p)$ 是在应力 $S(S')$ 条件下失效百分比为 p 的时间点。通常情况下，p 值在0.5到0.632之间。

加速因子最主要的作用便是基于高应力水平下失效百分比来推测低应力水平下的失效百分比。它同样展示了低应力水平相对于高应力水平的等效试验时间。加速因子

的隐含假设是寿命分布在不同应力水平具有相同的形状。举例来说，对于（转换的）位置尺度分布，假设不同应力水平下的尺度参数相同。比如使用威布尔分布，如果使用简单的加速模型，则形状参数不随应力水平而变化。

加速因子能够使用寿命分布参数加以表述。从式（2.43）和式（7.1）可以得出，对于 σ 为常数的对数正态分布而言，加速因子可以写为

$$A_\mathrm{f} = \exp(\mu - \mu') \tag{7.2}$$

式中，μ 和 μ' 分别为 S 和 S' 的尺度参数。

同样地，从式（2.25）和式（7.1）中可知，对于 β 为常数的威布尔分布，加速因子为

$$A_\mathrm{f} = \frac{\alpha}{\alpha'} \tag{7.3}$$

式中，α 和 α' 分别是在应力为 S 和 S' 时，威布尔分布的特征寿命。

7.2.4 数据收集方法

在只要可能的情况下，应当在试验过程中对试验件进行实时监控，以便得到准确的失效时间。对于二元状态的产品，当产品停止工作时，监控系统可以准确地探测到其失效。其失效寿命即为发生重大失效时的试验时长。对于性能衰退类试验件，监控系统应当不间断或经常测量或监控其性能特性，以此获得确切的失效时间，确保后续分析的准确性。试验件的寿命则是其性能特性达到其失效阈值的时间点。这种数据收集方法通常需要自动化数据收集系统和高级的软件。

在许多情况下，定期检查或测量比实时监控在技术上和经济上更加可行。如果采用这种方法，我们需要尽量避免大部分失效都发生在某些时间区间的情况。通常可以通过缩短检查时间间隔来达到这一目的。如果产品服从指数分布或形状参数小于 1 的威布尔分布，那么试验早期的检查间隔需要短一些，这是因为试验早期可能发生更多的失效。如果是对数正态分布或形状参数大于 1 的威布尔分布，则可以使早期检查间隔稍微放长，而后缩短，在试验后期再放长的策略。为了更好地制定检查时间表，我们可以应用可靠性手册、历史数据和初步试验数据预估产品的寿命分布。

7.2.5 优化试验方案

加速寿命试验通常用于评估产品使用条件下的寿命分布。评估的统计误差则取决于试验方案。当然，若能设计出最优试验方案，实现误差的最小化则是再好不过了。对于恒定应力试验而言，试验方案包括应力水平、分配给每一应力水平的样本数量和其他变量的值。步进应力试验方案通常包括应力水平增加的次数或应力水平增加而导致的失效数。恒定应力试验更加普遍，其细节将在之后的章节详细介绍。

7.3 常见应力及其影响

无论是应用单个还是多个加速方法,增加应力都是加速试验的第一个选择(也是最好选择)。试验中应用的应力应当能够加速实际使用中产品的失效模式。实验室试验不可应用能够引起非实际使用中失效机理的应力,否则可靠性评估没有任何意义。如果在实际使用中有多重应力而试验中只应用少部分应力,那么所选择的应力应当能有效地激发相关的失效模式。为了帮助选择合适的应力,本节将介绍最常用的应力,并简单介绍由其引起的常见失效机理和失效模型。

7.3.1 恒温

高温可能是加速试验中最常见的应力。这很大程度上是因为高温加速了大部分产品的失效机理。个人计算机等很多产品虽然看上去是在室温下工作。但这些产品的很多的内部零部件——比如计算机的中央处理器(CPU),可能会在高温下工作。而高温能够激发多种失效模式。除了在接下来的章节中详细介绍的一些常见失效模式外,还有其他很多种失效模式。我们将看到,这些都是基本的失效模式,但它们能够引起更高层级的失效模式。

1. 氧化

狭义上,氧化是由物质与氧气的化学反应导致的。当有些材料接触氧气之后,这些材料就会和氧气发生化学反应而生成氧化物。金属是最容易被氧化的物质。高温为这种化学反应提供了能量,也因此加速了氧化的过程。氧化是引起许多失效模式的原因,这些都可以直接观察到。举个例子,氧化会引起金属腐蚀并导致结构的破裂。电子部件的氧化增加了接触电阻,并引起部件电性能的退化。作为对策,许多电子产品都采用密封保护。

2. 电迁移

当电流流经金属时,电子与金属原子交换动量。这将导致沿电子运动方向上的质量输运。另外,当金属原子被这个动量交换激活,就可能使它们经受与电子运动相反的力,并向电子运动相反的方向移动。这两种运动都会因高温而加速,它们相互作用从而决定质量输运的方向。结果就导致金属表面形成坑洞和土丘。坑洞会导致孔隙和微裂痕,这会导致接触电阻增加和电路断路。土丘则是指金属的表面质量在金属表面聚集并导致短路。除了温度和电流密度,电迁移的敏感度也取决于材料特性。银是最常发生这种失效的金属。

3. 蠕变

蠕变指的是在高温和机械应力下,部件逐渐塑性变形,从而导致部件的延长。在部件断裂之前,蠕变过程一般包括了三个阶段,如图 7.6 所示。首先,瞬时蠕变发生在第一阶段,其蠕变率(应变-时间曲线的斜率)很高。经过一段时间后,蠕变率逐渐降低并保持平稳,这一阶段叫作稳态蠕变阶段(也就是第二阶段)。随时间增加,蠕变进入第三阶段,这时蠕变率迅速增加,当应变过大时就导致了裂缝的发生。在实际应用中,由于弹性强度的损失,许多产品早在进入第三阶段之前就已经失效。举例说明,电磁继电器的接触簧片在循环载荷和高温下工作,会发生蠕变,并导致应力松弛或是弹性强度的减少,相应地也会减少接触力、增加接触阻力并最终导致失效。

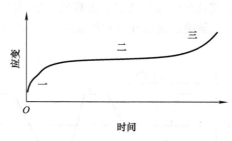

图 7.6 蠕变过程的三个阶段

4. 互相扩散

当两种不同的物料在表面密切接触,其中一种物质的分子和原子会迁移到另一种物质当中,反之亦然。类似于电迁移,互相扩散也是一种质量输运过程,它对于温度十分敏感。在高温情况下,分子和原子由于被热激活,它们的运动会加速,扩散率得以增加。如果两种物质的扩散率不等,互相扩散会引发一种物质的空洞并引发产品的电气、化学、力学性能退化。互相扩散可能是多种可观测到的失效模式的成因,比如电阻的增加或材料破裂。

7.3.2 热循环

热循环是随时间推移的高低温交替。确定热循环曲线(见图 7.7)的变量包括高温(T_{max})、低温(T_{min})、高温下的驻留时间(t_{max})和低温下的驻留时间(t_{min})以及温度变化率(dT/dt)。热循环是一个常用的试验方法,各种工程技术标准将其作为综合环境应力试验的一部分。例如,MIL-STD-883F(U.S. DoD, 2004)中为试验微电路制定了六个热循环曲线(从 A 到 F),曲线 A 最为温和,从 -55℃的低温到 85℃的高温;温差逐步增加,曲线 F 条件最为严苛,从 -65℃的低温到 300℃的高温。因为大多数产品在实际应用中都会经历热循环,使得这种试验方法被广泛应用。以汽车发动机部件为例,当发动机在寒冷的天气里起动,或是汽车在冰冻的路面上行驶时,就需要经受这种应力。发动机部件不得不承受前一种情况下的温度攀升,或是后一种情况下的温度骤降。更重要的是,热循环对于发现试验中的疲劳失效十分有效,特别是两种不同材料间的连接,比如电子产品的膜片固定、金属线连接和表面镀层。

疲劳是最常见的由热循环引发的失效模式之一。在循环应力作用下,产品中两种不同材料的机械连接部分将承受连续的膨胀和收缩。由于两种材料的热膨胀系数并不一致，这种膨胀和收缩将产生循环的机械应力，这通常会导致非连续点或材料中的缺陷部分产生微裂纹。微裂纹一旦形成，应力就集中在裂纹尖端，局部应力将高于大部分材料的强度。裂纹范围随时间在循环应力下逐步扩大。当裂纹的尺寸达到临界阈值，材料的强度将低于所承受的应力幅值，疲劳失效因此形成。对于大部分电子产品来说，电子性能和热力性能比失效发生之前大大降低。热循环下的疲劳寿命取决于热循环曲线、热膨胀系数和其他决定裂纹开裂和扩展速率的物料特性。

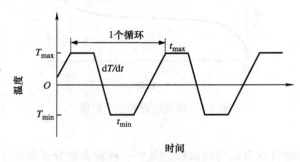

图 7.7　热循环曲线

7.3.3　湿度

在实际使用过程中，衡量湿度的方法有两种：绝对湿度和相对湿度。绝对湿度是一定体积的空气中的水的含量。在科学和工程应用中，我们通常应用相对湿度的概念，相对湿度是指表示空气中的绝对湿度与同温度下的饱和绝对湿度的比值（得数是一个百分比）。因为后者的大小取决于温度，所以相对湿度既是关于湿度含量的函数，也是关于气温的函数。特别是，相对湿度与温度呈相反趋势，直至达到露点温度，在此温度下，水分会凝结物体到表面。

由潮湿引起的重要失效模式包括短路和腐蚀。腐蚀对于金属或合金而言是一种渐进性的损伤，它由化学侵蚀或是电化学反应引起。潮湿环境下的主要腐蚀情况就是电化学反应，在此过程中，氧化和还原反应同时发生。当金属原子暴露在潮湿环境中时，它们可以产生电子并变为阳离子，由此形成原电池。在还原过程中电子被消耗。还原过程可能在局部产生凹坑或是裂纹，这为疲劳的产生以及进一步发展为疲劳破坏提供了条件。部件表面的腐蚀发展到临界点时会引发电气性能和机械强度的退化。高温的环境会加速腐蚀程度。这也是湿度应力通常与高温应力同时加载的原因。举例说明，85/85 的意思代表 85℃和 85% 的相对湿度，这是各种工程标准推荐的试验条件。

除腐蚀之外，短路有时也是电子产品在潮湿环境下工作一个需要考虑的因素。当温度低于露点温度时，水分就会凝结到物体表面。沉积在电路中的液态水可能导致关键性的失效，比如短路。为了减轻湿度的不利影响，大多数电子产品都采取了密封保护。

7.3.4 电压

电压是两点之间的电势差。在任意两点之间施加电压时,材料的绝缘强度会对其有所阻碍。根据欧姆定律,通过材料的电流与电压成正比。因此,若材料为绝缘体,通过其的电流通常可以忽略不计,这种电流也称为漏电流,会随着电压的增加而增大。如果电压增大到一定水平,绝缘体将崩溃而电流则会猛增。失效通常发生于材料的薄弱点或缺陷处,这里的介电强度相对较低。总之,电压越高,绝缘体的寿命越低。基于此,电压通常用作测试绝缘体和电容等电子元器件的加速变量。

对于导体和电子元器件而言,高电压相当于高电流;因此,由高电流(接下来会提到)引起的失效模式可以在高电压的情况下观察到。另外,高电压是电弧的一个重要激发因素。当湿度环境同时出现,电弧的能量和频率会大大增强。电弧会引发临近元器件的电磁噪声并侵蚀电接触表面。电弧是机电零部件失效的常见原因。让我们再看一下电磁继电器。当触点分离时,加载了电压的继电器构成了电弧。电弧磨损了电接触表面的贵金属材料并损坏了接触表面。结果导致接触电阻的增大。在最坏的情况下,电弧产生的高温会将触点焊在一起,因此无法进行正常的分离操作。

7.3.5 电流

电流时常用作电子和电子产品的应力加速,比如发动机、继电器以及发光二极管。当电流流过导体时会产生热量,并且热量会被传送到相邻组件当中导致温度的升高。在这种情况下,电流与外部温度应力在产品中的作用相类似。此外,电流还可能产生以下影响:

1)电流加速了电迁移。当应用电流产生的电流密度高于临界值,电迁移就会开始。此后,迁移率会随着电流密度的增加而增加(Young 和 Christou,1994)。因此,高电流可能导致包括电迁移催生的失效模式,比如电阻增大或电气参数的偏移。

2)电流加速了电腐蚀。如前文所述,腐蚀是一种电化学过程,其中的氧化反应生成了金属离子和自由电子,还原反应则会消耗这种电子。当电流在组件中运行时,还原过程就会加快发生。结果,腐蚀率便会增加。实际上,电流是加速腐蚀试验当中的常用加速应力。

3)电流产生磁场。磁场会干扰临近的电子组件,这个现象被称为电磁干扰(EMI)。

7.3.6 机械振动

从物理意义上说,机械振动指的是物体从其平衡位置开始,在交替相反的方向上进行有限的往复运动。许多产品在日常使用中都会发生振动。比如,所有的汽车零部件在行驶过程中都会感受到这种应力。飞机零部件在飞行过程中也会经历同样的过程。振动不仅无处不在,并且是产品失效的关键原因。因此,工程标准推荐进行振动试验。比如,MIL-STD-810F(U.S. DoD,2000)和MIL-STD-202G(U.S. DoD,2002)都规定了多种振动试验条件。

正弦振动和随机振动是两种常见的振动类型。正弦振动发生频率较高,可以预测其在未来时间内的位移。这种振动可以通过频率(Hz)、位移(mm)、速率(mm/s)或加速度(mm/s^2 或 g)进行衡量量。图7.8展示了频率为0.406Hz的振动实例。纵轴代表位移。实际上,这种振动通常由产品的循环操作引发。比如,汽车发动机的点火会导致正弦振动,它影响了发动机舱盖下的零部件。但大多数产品会经历第二种振动,即随机振动。与正弦振动相比,随机振动发生频率较大,也无法预测其未来的瞬时位移。图7.9展示了一个5s的随机振动实例,纵轴代表加速度。因为其随机性,振动通过功率谱密度(PSD)进行描述,并用g^2/Hz表示。因为PSD是关于频率的函数,随机振动曲线应当根据PSD的不同频率值进行细分。图7.10展示了一个汽车零部件的振动试验条件曲线的实例。Steinberg(2000)对这种机械振动进行了详述。

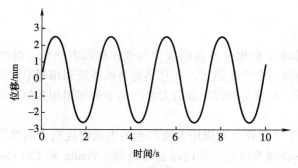

图7.8 正弦振动

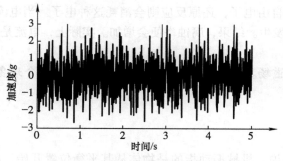

图7.9 随机振动

在某些情况下,为了满足特定的功能,需要有目的地产生特定的振动。比如超声波焊产生的振动可以在引线键合工艺中将两个部件焊接在一起。但在大多数情况下，振动都会导致一些不良后果，比如疲劳、磨损和连接松动。因为日积月累的加速度变化，振动会产生循环应力。正如前文所述，循环应力会导致微裂纹的出现并不断恶化，最终导致疲劳并断裂。振动也会产生机械磨损，这是指两个部件在相对移动过程中产生的对材料表面的磨损。机械磨损可以是黏着磨损、磨料磨损、腐蚀磨损或是它们的组合。每种磨损的机理可以在讨论"摩擦与磨损"的相关文献中找到。读者有兴趣可以参考 Stachowiak 与 Batchelor（2000）或者 Bhushan（2002）的相关著作。过度磨损会逐渐引起不同的失效模式，包括噪声、剧烈振动、局部过热、泄漏以及机械运行精度降低。连接松动是另外一种经常在振动环境下可以观察到的失效模式。这种失效模式可能导致各种不良影响，比如泄漏、连接强度的退化和间歇性电接触。

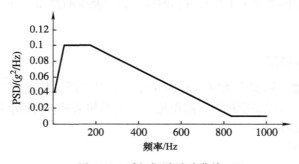

图 7.10　随机振动试验曲线

7.4　寿命 – 应力关系

一个定量的 ALT 的首要目标应当是估计使用条件下的寿命分布。通过提高应力水平观测到的数据，对寿命数据进行分析推断，就可以达到这一目的。为了实现这一目标，我们需要一个与寿命与加速应力（比如温度、湿度或电压）相关的模型。这种模型通常称为加速模型，它们可以被分为以下三类：

1. 物理模型

在少数情况下，我们很清楚外加应力会导致材料或是零部件在微观层面上的响应，以及在应力下的失效过程如何发展。有了这些知识，我们就可以对寿命和相关的外加应力进行建模。这些模型通常都很复杂，因为失效机理的产生和进一步发展是许多因素共同作用导致的。合理的模型简化是可以接受的，通常情况下也是必须进行的。合理的物理模型可以帮助获得高精确性的推断结果。当然，必须选择合适的高应力水平值，以此确保在高应力水平下的失效机理与使用情况下的失效机理相同。因为这种模型只适用于特定的失效机理，因此即使是同一产品，它通常也不适用于其他的失效机理。

2. 准物理模型

这类模型并非直接建立在受关注的失效过程的特定失效机理基础之上。然而，这样的模型或者基于已知的物理或化学理论，或者建立在宏观层面的失效机理之上。大多数广泛应用的加速模型都属于这一类，比如阿伦尼乌斯模型（稍后进行讨论）。因为这种模型并非来源于特定的失效机理，所有在应用范围比物理模型更广。基本上，这些模型比经验模型可以获得更加准确的推断结果。

3. 经验模型

许多情况中，在外加应力的作用下，我们无法知道发生在材料或零部件中的物理或化学反应。如果没有理解失效机理，就无法建立物理模型。作为替代，可以通过线性或是非线性回归法，我们可以拟合实验数据以获得经验模型。一个典型的例子便是多项式模型。这种模型适用于现有数据的拟合，但是推断使用条件下的可靠性会存在一定的偏差。

7.4.1 寿命-温度模型

正如前文所述，温度广泛应用于 ALT 中。它对于激发特定的失效机理和缩短失效时间相当有效。在许多应用中，阿伦尼乌斯模型和艾林（Eyring）模型很好地描述了寿命与温度之间的关系。

1. 阿伦尼乌斯模型

阿伦尼乌斯模型模拟了温度对一阶化学反应率的影响，它可以写为

$$v = A_0 \exp\left(-\frac{E_a}{kT}\right) \tag{7.4}$$

式中，v 代表化学反应率，单位是 mol/s；E_a 代表活化能，单位是 eV；k 代表玻耳兹曼常数，$k = 8.6171 \times 10^{-5}$ eV/℃；T 代表热力学温度（其数值为摄氏温度数值加 273.15）；A_0 代表材料特性的常数。

化学反应率是指单位时间内发生反应的反应物数量。假设反应的反应物达到临界数量（摩尔数）将导致失效的发生。当时间达到此临界数量时，正是失效发生的时间。因为失效时间与反应率的倒数呈正比，因此式（7.4）可以写为

$$L = A \exp\left(\frac{E_a}{kT}\right) \tag{7.5}$$

式中，L 代表寿命；A 代表常数，它要依赖于材料特性、失效标准、产品设计等因素。式（7.5）被称为阿伦尼乌斯寿命关系式。寿命在此处指的是额定寿命，可以用百分比表示。举例来说，它可以是对数正态分布和正态分布的中位寿命，威布尔分布的特征寿命以及指数分布的平均寿命。

为了进行数据分析，可以将式（7.5）进行线性处理。因此

$$\ln L = a + \frac{b}{T} \quad (7.6)$$

式中，$a = \ln A$；$b = E_a/k$。式（7.6）表明，额定寿命的自然对数是关于温度倒数的线性函数。线性关系使求解实验数据的拟合关系式以及拟合优度的直观检查都十分方便。

活化能是阿伦尼乌斯模型当中的一个重要概念。化学反应是反应物分子之间相互碰撞的结果。碰撞发生得相当频繁，但只有一小部分的碰撞会引起产品中的反应物发生反应。只有发生碰撞的分子携带的最小能量能够打破某一定的能量值限制时，才可能发生有效碰撞。这个最小能量又被称为活化能，它是一个分子需要逾越的障碍。活化能越高反应率越低，则寿命越长。活化能对某一种反应而言是独一无二的，这决定了导致失效的失效机理。因此，即使是同一产品，每种失效机理都有不同的活化能。对于电子元器件或设备的大部分机理来说，活化能的范围在 0.3~1.5eV。

因为阿伦尼乌斯寿命代表了寿命百分位数，在温度 T 下的寿命 L 和 T' 温度下的寿命 L' 的加速因子 A_f 为

$$A_f = \frac{L}{L'} = \exp\left[\frac{E_a}{k}\left(\frac{1}{T} - \frac{1}{T'}\right)\right] \quad (7.7)$$

这表示加速因子随着活化能的增加而增加。基本上，当温度每增加 10℃，寿命就会减少将近一半，这就是众所周知的 10℃ 原则。随着技术的进步，一些产品能够获得更大的温度耐受力。10℃ 原则在这些产品中的适用性还有待验证。

例 7.1 在电子传感器的健壮可靠性设计中，温度是被认为是关键的噪声因子。试验中应用的噪声因子水平分别为 85℃、100℃ 和 115℃。对于每一组设计参数，分别对两个试验件进行失效测试，结果见表 7.1。应用阿伦尼乌斯模型对温度和寿命关系进行建模。计算活化能、平均温度为 35℃ 时的平均寿命，以及从 35℃ 到 70℃ 的加速因子。

解： 首先，我们计算每个温度下的平均寿命，见表 7.1。接着使用式（7.6）计算温度与寿命的关系。我们应用统计软件进行线性回归分析（商业统计和可靠性软件）并获得 a 和 b 的值。

表 7.1 不同温度下的寿命数据

温度 /℃	85	100	115
寿命 /h	2385，2537	1655，1738	1025，1163
平均寿命 /h	2461	1696.5	1094

$\hat{a} = -2.648$，$\hat{b} = 3750.636$。因为 $b = E_a/k$，所以活化能的计算结果为

$$\hat{E}_a = k\hat{b} = 8.6171 \times 10^{-5} \times 3750.636 \text{ eV} = 0.323 \text{ eV}$$

活化能相对较小，表示设计参数的选择并非最优。

从式（7.6）中可知，35℃时的平均寿命为

$$\hat{L} = \exp\left(-2.648 + \frac{3750.636}{35 + 273.15}\right) \text{h} = 13\ 677\ \text{h}$$

温度为35~70℃时，平均寿命中的加速因子为

$$\hat{A}_f = \exp\left[\frac{0.323}{8.6171 \times 10^{-5}}\left(\frac{1}{35 + 273.15} - \frac{1}{70 + 273.15}\right)\right] = 3.5$$

这个加速因子可以大致被理解为：传感器在70℃下，为时1h的试验相当于35℃下为时3.5h的试验。也就是说，如果传感器在70℃下工作1h而失效，那么它在35℃的环境下，工作3.5h也会失效。同样，如果传感器在70℃的情况下工作1h没有失效，那么在35℃的环境下工作3.5h也不会失效。

阿伦尼乌斯模型被广泛应用了几十年。举个例子，它广泛应用于以下的领域，比如医疗设备（Jiang等人，2003）、锂离子电池（Broussely等人，2001）、加油站型的铁磁流体（Segal等人，1999）以及电机绝缘系统（Oraee，2000）。值得注意的是，阿伦尼乌斯模型不仅仅被应用于以上将温度作为加速因子的领域。比如，Gillen等人（2005）介绍了该模型在商用氯丁二烯橡胶电缆护套材料中的应用，以及Dimaria和Stathis（1999）介绍了在超薄氧化硅膜中的应用。重要的是，我们需要确定模型是否适用于需要分析的试验数据。

2. 艾林模型

在一些应用当中，阿伦尼乌斯模型并不足以描述温度下的寿命L。而艾林模型派生于量子力学，可能会更加适合。其关系式为

$$L = \frac{A}{T}\exp\left(\frac{E_a}{kT}\right) \tag{7.8}$$

式中，符号与式（7.5）中相同。相比于阿伦尼乌斯模型，艾林模型有另外一个因子：$1/T$。因此，当温度对于化学反应率有更强的影响时，它更加适用。尽管有这个好处，但它在一些文献中很少提及。

艾林模型中温度T和T'的加速因子关系为

$$A_f = \frac{T'}{T}\exp\left[\frac{E_a}{k}\left(\frac{1}{T} - \frac{1}{T'}\right)\right] \tag{7.9}$$

这表明艾林模型中的加速因子是T/T'乘以阿伦尼乌斯模型中的加速因子。

7.4.2 寿命 - 热循环模型

尽管热循环是温度应力的一种，但正如前文所述，它对失效模式的激发方式不同于由恒温引起的失效模式。通常使用Coffin–Manson模型以及其广义模型进行热循环

影响的建模。Nachlas（1986）还提出了另一种通用模型。

1. Coffin–Manson 模型

如果产品的寿命与热循环相关，一般通过失效时循环数进行衡量。Coffin（1954）和 Manson（1966）认为，失效时的名义循环数 L 和温度差范围的关系可表述为

$$L = \frac{A}{(\Delta T)^B} \quad (7.10)$$

式中，ΔT 代表温度差范围 $T_{max} - T_{min}$；A 和 B 代表材料属性和产品设计的特征常数，B 通常为正值，在一些应用当中，A 可能是关于循环变量的函数，如频率或最大温度，这些情况在 Norris–Landzberg 模型中讨论更为合适（下一节进行讨论）。在接下去的介绍中，我们也可以看到式（7.10）是逆幂律模型的一种特殊形式。

为了进行数据分析，我们可将式（7.10）转换为线性函数。对式（7.10）两边取对数后可以得到

$$\ln L = a + b \ln(\Delta T) \quad (7.11)$$

式中，$a = \ln A$；$b = -B$。如果 A 与热循环变量无关，那么两个温度差 ΔT 和 $\Delta T'$ 的加速因子为

$$A_f = \left(\frac{\Delta T'}{\Delta T}\right)^B \quad (7.12)$$

Coffin-Manson 模型的建立是为了描述金属的疲劳失效与热循环的关系。一直以来它都被广泛应用于机械和电子零部件当中。这种模型是 S-N 曲线的变形，它描述了失效循环次数（N）与应力（S）的关系。对于这种模型进行应用的有 Naderman 和 Rongen（1999）、Cory（2000）、Sumikawa 等人（2001）、Basaran 等人（2004），Li（2004）等人。

2. Norris–Landzberg 模型

Coffin–Manson 模型暗含的假设是疲劳寿命仅仅依赖于热循环的温度范围。在一些应用当中，疲劳寿命同样也与循环频率和高温有关，比如 Ghaffarian（2000）、Teng 和 Brillhart（2002）、以及 Shohji 等人（2004）的描述。考虑到热循环变量的影响，Norris 和 Landzberg（1969）对低周疲劳模型进行了调整，得到

$$L = A(\Delta T)^{-B} f^C \exp\left(\frac{E_a}{kT_{max}}\right) \quad (7.13)$$

式中，L 是失效时循环次数的名义值；A、B、C 分别为材料性质、产品设计和失效标准的特征常数；T_{max} 是最高热力学温度；f 是循环频率；E_a、k 和 T 的含义与在式（7.5）和式（7.10）当中的意义完全相同。f 可能以小时为周期，可能以天为周期或是其他，等等，这取决于哪一种更方便常用。值得注意的是，当循环频率增加时，疲劳寿命在

$C > 0$ 时增长，$C < 0$ 时减少，$C = 0$ 时不变。这使得该模型十分灵活，可以适应于各种频率的影响。式（7.13）从根本上而言来源于式（7.10），它有时也被称为 Coffin-Manson 模型的变形。

为了方便数据分析，我们将式（7.13）转化为线性函数，即

$$\ln L = a + b\ln(\Delta T) + c\ln f + \frac{d}{T_{\max}} \qquad (7.14)$$

式中，$a = \ln A$；$b = -B$；$c = C$；$d = E_a/k$。未知系数 a、b、c、d 可以通过应用多重线性回归方法进行计算，Hines 等人（2002）对此有相关描述。Minitab 等许多商业软件都可以用于相关计算。

两个热循环曲线的加速因子为

$$A_f = \left(\frac{\Delta T'}{\Delta T}\right)^B \left(\frac{f}{f'}\right)^C \exp\left[\frac{E_a}{k}\left(\frac{1}{T_{\max}} - \frac{1}{T'_{\max}}\right)\right] \qquad (7.15)$$

这个模型很好地表达了一种加速情况。在计算中，E_a/k 可以由 d 代替，其数值可通过线性回归分析进行估算。

例 7.2 Shohji 等人（2004）通过应用热循环，对芯片尺寸封装（CSP）焊点的可靠性进行了评估，其中焊点为合金 Sn–37Pb。在试验中，共应用了 12 种热循环曲线，见表 7.2。在每种试验条件下都对 5 个 CSP 进行了试验，每一个都有多个焊点。当其中一个焊点不牢固时，CSP 就认为已经失效。试验会进行到所有试验件失效。（需要注意的是，当我们想要计算得到寿命分布的尾部，就必须试验到所有样件都失效，但这是一个比较不经济的试验设计。）每一个试验条件下的平均寿命是在同一试验条件下 5 个试验件失效循环数的平均数。平均寿命数据见表 7.2。通过应用 Norris-Landzberg 模型，我们可以在假设 $T_{\min} = -10$℃，$T_{\max} = 25$℃，并且 $f = 1$ 循环 /h 时，计算活化能和使用条件下的平均寿命。此外，当 $T_{\min} = -30$℃，$T_{\max} = 105$℃，$f = 2$ 循环 /h 的时候，请计算在使用条件和加速条件之间的加速因子。

表 7.2 热循环曲线和 CSP 焊点试验结果

组	$T_{\min}$/℃	$T_{\max}$/℃	ΔT/℃	f（循环/h）	平均寿命（循环）
1	−40	80	120	1	208
2	−40	80	120	2	225
3	−40	80	120	3	308
4	−40	100	140	2	142
5	−40	120	160	2	108
6	−20	100	120	2	169
7	0	120	120	2	131
8	30	80	50	2	1300

（续）

组	T_{min}/℃	T_{max}/℃	ΔT/℃	f（循环/h）	平均寿命（循环）
9	30	100	70	2	650
10	30	120	90	2	258
11	−20	30	50	2	6231
12	−40	30	70	2	1450

解：式（7.14）适用于这些数据。可以应用 Minitab 进行多重线性回归分析。分析结果见表 7.3。

方差分析结果汇总在表 7.3 中，F 值较大表明平均寿命和某些循环变量之间存在线性转换关系。简言之，式（7.14）因拟合度不足而需要被加以检验。这样通常需要在同一试验条件下进行反复观察（Hines 等人，2002）。这种观察方法并没有在 Shohji 等人（2004）的文献中提及。表 7.3 当中的分析同时表明，由于 T 的数值过小，循环频率在统计学上的意义并不大，可能并不适用于该模型。在此例中，我们还是使用该模型，并得到

$$\ln \hat{L} = 9.517 - 2.064 \ln(\Delta T) + 0.345 \ln f + \frac{2006.4}{T_{max}} \qquad (7.16)$$

表 7.3 Minitab 多重线性回归结果

```
The regression equation is
ln(Life) = 9.52 - 2.06 ln(DT) + 0.345 ln(f) + 2006 1/Tmax

Predictor        Coef         SE Coef          T           P
Constant         9.517        1.918           4.96        0.001
ln(DT)          -2.0635       0.2388         -8.64        0.000
ln(f)            0.3452       0.3091          1.12        0.296
1/Tmax(K)        2006.4       361.5           5.55        0.001

S = 0.2459       R-Sq = 97.1%     R-Sq(adj) = 96.0%

Analysis of Variance

Source           DF           SS              MS          F          P
Regression       3            16.1083         5.3694      88.81      0.000
Residual Error   8            0.4837          0.0605
Total            11           16.5920
```

因为 $d = E_a/k$，活化能 $\hat{E}_a = 8.6171 \times 10^{-5} \times 2006.4$ eV $= 0.17$ eV。将使用条件代入式（7.16）可得

$$\ln \hat{L} = 9.517 - 2.064 \ln(25+10) + 0.345 \ln 1 + \frac{2006.4}{25 + 273.15} = 8.908$$

在该使用剖面下的平均寿命 $\hat{L} = \exp(8.908) = 7391$，单位为循环。对于参数 B 和 C 的估算：$\hat{B} = -\hat{b} = 2.064$，$\hat{C} = \hat{c} = 0.345$。为了估算使用条件和加速条件之间的加速因子，我们将 B、C、E_a 的结果以及相关变量值代入式（7.15）可得

$$\hat{A}_f = \left(\frac{135}{35}\right)^{2.064} \left(\frac{1}{2}\right)^{0.345} \exp\left[2006.4 \times \left(\frac{1}{25+273.15} - \frac{1}{105+273.15}\right)\right] = 53$$

7.4.3 寿命-电压模型

正如前文所述，电压对于加速多种失效机理十分有效。因此，它经常用作产品（比如电容、互感器和绝缘体）的加速应力。电压对于寿命的作用通常可以应用逆幂律模型。Montanari 等人（1988）、Kalkanis 与 Rosso（1989），以及 Feilat 等人（2000）等介绍了逆幂律模型的一些应用。在少数情况下，寿命对于电压的依赖关系可能是服从指数模型的，即电压越大寿命越长（大家可以参考 Yassine 等人（2000）、Vollertsen 和 Wu（2004）的文献）。这里我们要讨论的是逆幂律模型。

逆幂律模型可以被表述为

$$L = \frac{A}{V^B} \tag{7.17}$$

式中，L 表示额定寿命；V 表示应力；A 和 B 表示取决于材料特性、产品设计、失效标准等因素的常数。

该模型通常用于电压 V 下的绝缘体寿命。值得注意的是，逆幂律模型也可以应用于一些非电压应用中，包括机械载荷、压力、电流等。举例来说，Harris（2001）应用该模型表示轴承寿命与机械载荷的关系，Black（1969）则描述了在特定温度下，微电路导体的电迁移失效是电流密度的逆幂律函数。此外，Coffin–Manson 模型式（7.10）和使用率模型（稍后进行讨论）是逆幂律函数的特殊形式。

为了方便数据分析，我们可将式（7.17）转化为线性关系，得

$$\ln L = a + b \ln V \tag{7.18}$$

式中，$a = \ln A$；$b = -B$。a 和 b 都可以通过试验数据估计得到。

两个应力水平的加速因子为

$$A_f = \left(\frac{V'}{V}\right)^B \tag{7.19}$$

式中，V' 代表更高水平的应力。

例 7.3 为了评估表面贴装式电解电容的可靠性，分别进行三组试验，每组有八个样件，其中电压分别为 80V、100V 和 120V。当电容漂移值大于 25% 时，可以认为其失效，试验直到所有样件都失效。失效时间以小时计，试验结果见表 7.4。请分析

额定电压为 50V 时的平均寿命。如果电容在 120V 的环境下运行 1500h 都没有失效，请计算在额定电压下，电容能够工作的等效时间。

表 7.4 高电压应力下的寿命数据

电压	80V	100V	120V
寿命 /h	1770	1090	630
	2448	1907	848
	3230	2147	1121
	3445	2645	1307
	3538	2903	1321
	5809	3357	1357
	6590	4135	1984
	6744	4381	2331
平均寿命 /h	4197	2821	1362

解：额定电压下的平均寿命是指该电压下的寿命平均数。平均寿命的结果见表 7.4 所示。式（7.18）可用于计算每个电压水平下的平均寿命。简单线性回归分析得到 $\hat{a}$ = 20.407，$\hat{b}$ = −2.738。回归线和原始寿命数据绘制在图 7.11 中。A 和 B 的结果分别为 $\hat{A}$ = exp(20.407) = 7.289 × 10^8，$\hat{B}$ = 2.738。电压为 50V 下的平均寿命为：$\hat{L}_{50}$ = 7.289 × 10^8/$50^{2.738}$ h=16 251h。

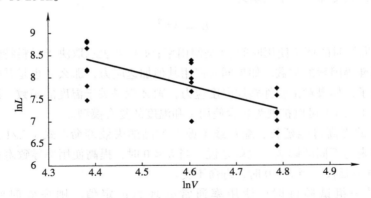

图 7.11 电容平均寿命的散点图和回归线

120V 对应 50V 时的加速因子为 $\hat{A}_f$ = (120/50)$^{2.738}$ = 10.99。而 120V 电压下工作 1500h 相当于 50V 电压下工作 1500h × 10.99 = 16 485h。也就是说，如果电容在 120V 的电压下工作 1500h 没有失效，那么电容在 50V 电压下可工作 16 485h。

7.4.4 寿命-振动模型

振动有时可作为电子和机械产品疲劳失效的加速变量。通常情况下，疲劳寿命 L

能够通过逆幂律模型进行建模，并可表述为

$$L = \frac{A}{G^B} \quad (7.20)$$

式中，A 和 B 是常数；G 代表 $G_{rms}(g)$，也被称为均方根加速度。

正弦振动时，G_{rms} 在正弦振动下等于加速度峰值乘以 0.707，对于随机振动则为加速度峰值乘以功率谱密度（PSD，g^2/Hz）曲线下方面积的平方根。这种模型在 MIL-STD-810F（U.S.DoD，2000）也有应用，产品不同类型决定了不同的 B 值。举个例子，在随机振动条件下空军航空电子设备的 B 值为 4，在正弦振动条件下则为 6。简言之，B 可以通过试验数据估算得到。

7.4.5 寿命-使用率模型

正如前文所述，在实际工作中使用率较低，所以提高使用率对某些产品而言也是一种加速方式。使用率的提高可能会影响到产品的失效寿命，使用率可以通过循环数、转速、里程等单位进行衡量。换句话说，不同使用率下的失效寿命可能不尽相同。一些试验结果和理论解释可以在 Popinceanu 等人（1977）、Tamai 等人（1997）、Harris（2001）、以及 Tanner 等人（2002）的文献当中找到。Yang（2005）用使用率的幂函数表示额定寿命。这个模型为

$$L = Af^B \quad (7.21)$$

式中，L 是失效时的额定使用时间；f 是使用率；A 和 B 表示取决于材料特性、产品设计、失效标准等因素的常数。如果同时使用其他加速应力，那么 A 也是其他应力的函数。举个例子，如果对试验件施加温度应力，则 A 就是关于温度的函数，即阿伦尼乌斯模型。式（7.21）可以扩展为包含使用率和温度的复合模型。

使用率的提高可能延长、缩短或不改变产品的失效寿命。式（7.21）的兼容性较强，能够表达不同的影响。也就是说，当 $B<0$ 时，提高使用率导致寿命缩短，当 $B>0$ 时，寿命延长，当 $B=0$ 时，寿命不变。

在面对一组试验件时，使用率通常处理为恒定值。则失效时间 τ 可以表述为

$$\tau = \frac{Af^B}{f} = Af^{B-1} \quad (7.22)$$

这表明：①当 $B<1$ 时，使用率的提高会导致寿命和试验时间的缩短；②当 $B=1$ 时，不会影响到寿命和试验时间；③当 $B>1$ 时，寿命和试验时间都会增加。显而易见，加速方法的有效性取决于 B 的数值，这在试验之前无法得知。它能够应用历史数据、初步试验、工程经验或可靠性手册——比如 MIL-HDBK-217F（U.S.DoD，1995）

进行预估。

请注意，式（7.21）是逆幂律模型的一个变形。使用率模型的线性转换方式和加速因子与逆幂律模型相似。线性关系为

$$\ln L = a + b \ln f \tag{7.23}$$

式中，$a = \ln A$，$b = B$。当 $B < 1$ 时，两个使用率之间的加速因子为

$$A_f = \frac{L}{L'} = \left(\frac{f}{f'}\right)^B \tag{7.24}$$

式中，撇号代表高使用率的情况。值得注意的是，当 $0 < B < 1$ 时 $A_f < 1$。这同时表明产品寿命随着使用率的增加而增加。无论如何，如果对失效的寿命时间进行加速，那么试验时间随之缩短。

例 7.4 Tamai 等人（1997）曾经研究了微型继电器接触电阻的转换率对寿命的影响。报告指出，在单分子层形成之前，失效时循环次数随转换率的增加而增加。继电器的样品暴露在含硅蒸气的环境中，质量分数为 0.13%，并处于 10V、5A 的直流环境下。继电器在转换率为 0.05Hz、0.3Hz、0.5Hz、1Hz、5Hz、10Hz 和 20Hz 时的失效循环数分别为 600、740、780、860、1100、1080 和 1250，这些结果可以从其文献中找到。计算转换率为 0.01Hz 时的失效循环数，以及在给定环境下，0.01Hz 到 5Hz 的加速因子。

解：式（7.23）适用于转换率对应和平均失效循环次数的关系。通过简单的线性回归分析可得 $\ln \hat{L} = 6.756 + 0.121 \ln f$。因此，$\hat{L} = 859.45 f^{0.121}$。回归线如图 7.12 所示，这表明式（7.21）适用于该例。因此在转换率为 0.01Hz 时，平均失效循环次数为 $\hat{L} = 859.45 \times 0.01^{0.121} = 491$。5Hz 时对应于 0.01Hz 的加速因子为：$\hat{A}_f = (0.01/5)^{0.121} = 0.47$。请注意，加速因子小于 1。这表明 5Hz 时的失效循环次数大于 0.01Hz 下的失效循环次数。然而，应用 5Hz 条件可以减少试验时间，因为 $\hat{B} = 0.121 < 1$。

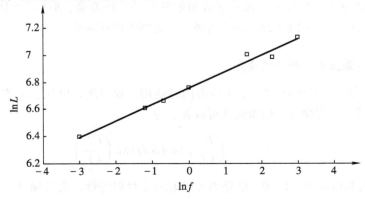

图 7.12　微型继电器平均寿命数据的回归线

7.4.6 寿命 - 尺寸模型

为了满足各种客户需求，产品在制造过程中必须满足各种尺寸规范，而产品尺寸可能影响寿命。举例说明，Brooks（1974）表明，一小段试验电缆与较长的试验电缆的寿命就有所不同。Nelson（1990，2004）举了更多例子，包括电容、微电子导体等由于尺寸不同而失效时间不同的产品。在实际应用中，因为尺寸的影响，我们可能更倾向于试验比实际产品更大（或更小）的样品，以此进行加速。同样的加速方法可以用于改变其他设计控制因子的水平。

在 Nelson（1990，2004）的启发下，Bai 与 Yun（1996）提出了失效率与产品尺寸的关系：

$$\lambda'(t) = \left(\frac{s'}{s}\right)^B \lambda(t) \tag{7.25}$$

式中，$\lambda(t)$ 和 $\lambda'(t)$ 分别为产品尺寸为 s 和 s' 时的失效率；B 表示尺寸的影响，它为一个取决于材料特性、失效标准、产品设计等因素的常数，当 $B=1$ 时，该模型简化为 Nelson（1990，2004）所提出的那个模型。

尺寸效应模型是比例风险模型中比较特殊的一个，由 Cox（1972）提出，Meeker 与 Escobar（1998），还有 Blischke 与 Murthy（2000），都对此进行过讨论研究。因为此模型描述的是在试验条件下（或本章讨论的尺寸效应下）对失效率的影响，而不是对寿命的影响，因此在使用条件下的寿命不仅仅是试验条件下的寿命乘以加速因子。由于其复杂性，式（7.25）的应用只适用于某些情形。当产品服从威布尔分布时，式（7.25）可以写为

$$\frac{\alpha}{\alpha'} = \left(\frac{s'}{s}\right)^{B/\beta} \tag{7.26}$$

式中，α 和 α' 分别为在尺寸 s 和 s' 下威布尔分布的特征寿命，β 表示共同形状参数。从式（7.3）中可知，式（7.26）是这两种尺寸之间的加速因子。

7.4.7 寿命 - 温度和非热应力模型

在 ALT 当中，温度常常与非热应力同时使用，如湿度、电压、电流、压强、振动以及机械载荷。寿命关系模型通常可以表示为

$$L = \frac{A}{T} \exp\left(\frac{E_a}{kT}\right) \exp(BS) \exp\left(\frac{CS}{kT}\right) \tag{7.27}$$

式中，S 代表非热应力；A、B、C 分别表示取决于材料特性、失效标准、产品设计等因素的常数；其他因子可以参见阿伦尼乌斯模型。式（7.27）被称为广义的艾林模型，

最后包含常数 C 的一项表示 T 和 S 的相互关系模型。该相互关系项暗示温度的加速效应取决于 S，反之亦然。如果该相互关系不存在，最后这项则可以通过设置 $C=0$ 来简化。读者可以参照第 5 章的"通过方差分析或交互作用图确定交互作用"。在许多应用当中，第一项的 $1/T$ 通常被忽略，而 S 则是非热应力 V 的变形，如 $S = \ln V$。广义的艾林模型可以有很多变形，如下所示：

1. 寿命-温度和湿度模型

在许多应用中，湿度都与高温共同应用于加速寿命试验中，如电子设备的塑料包装。Peck（1986）在研究了大量关于铝腐蚀失效的公开试验数据后，提出了这样一个模型：

$$L = \frac{A}{(\text{RH})^B} \exp\left(\frac{E_\text{a}}{kT}\right) \tag{7.28}$$

式中，RH 表示相对湿度；A 和 B 代表常数；其他符号可参照阿伦尼乌斯模型。通过分析公开数据，Peck（1986）发现 B 的数值在 -2.5 到 -3.0 之间，E_a 的值为 $0.77 \sim 0.81$ eV。此后 Hallberg 和 Peck（1991）更新了这些数值，$B = -3.0$，$E_\text{a} = 0.9$ eV。尽管这个结果是从有限数量的产品数据中回归得到的，但它也可用于其他情况，但是具体的参数值会有所不同。举个例子，应用该模型对砷化镓假晶高电子迁移率晶体管（GaAs PHEMT）的试验数据进行分析，得到 $B = -10.7$（Ersland 等人，2004）。

请注意，式（7.28）能够从广义的艾林模型中转化而来，它忽略了第一项的 $1/T$ 和最后一项，并有 $S = \ln(\text{RH})$。对式（7.28）等号两边取对数为

$$\ln L = a + b \ln(\text{RH}) + \frac{c}{T} \tag{7.29}$$

式中，$a = \ln A$；$b = -B$；$c = E_\text{a}/k$。在 T 和 RH 条件下和 T' 和 $(\text{RH})'$ 条件下的寿命加速因子为

$$A_\text{f} = \left[\frac{(\text{RH})'}{\text{RH}}\right]^B \exp\left[\frac{E_\text{a}}{k}\left(\frac{1}{T} - \frac{1}{T'}\right)\right] \tag{7.30}$$

2. 寿命-温度和电压模型

在试验电子和电气产品（如电容、电阻、二极管、微电子电路或介电绝缘体）时，温度和电压常常一起使用，这样可以增大加速的效果。寿命和应力之间的模型可以通过下式表示：

$$L = \frac{A}{V^B} \exp\left(\frac{E_\text{a}}{kT}\right) \exp\left(\frac{C \ln V}{kT}\right) \tag{7.31}$$

式中，V 表示电压；A、B、C 分别表示常数；其他可以参见阿伦尼乌斯模型。在实际

应用中，如果温度与电压之间的关系不明显，最后项通常被假设为不存在（具体可以参见 Mogilevsky 与 Shirn（1988）、Al-Shareef 与 Dimos（1996）的文献），接着，可以得到只与主要应力影响有关的简化关系，这在阿伦尼乌斯模型和逆幂律模型当中有过单独介绍。

3. 寿命 - 温度和电流模型

电流和温度有时能够组合应用于加速某些失效模式，比如电迁移和腐蚀。寿命和组合应力的模型通常能够表示为

$$L = \frac{A}{I^B} \exp\left(\frac{E_a}{kT}\right) \tag{7.32}$$

式中，I 代表电流；A 和 B 代表常数；其他可参照阿伦尼乌斯模型。在电迁移中，电流密度可用每平方单位长度的电流数来表示。式（7.32）也被称为 Black（1969）等式，它一直被广泛应用。

7.5 单一试验条件下的可靠性图形估计

恒定应力的 ALT 包括两组或多组样件在不同条件下的试验。每个试验条件下的寿命数据首先都要进行单独分析，用以确定合适的寿命分布，识别每个数据的离群值，并评估在特定条件下的分布特征。然后将所有条件下的寿命结合起来分析，并预测使用条件下的寿命。在本节我们会着重讨论单一试验条件下的寿命数据分析，使用条件下的可靠性评估将在稍后予以讨论。一种简单有效的寿命数据分析方法就是图形估计。如今，许多商业软件都应用图形估计法，它们大大减少了绘图和分析的时间；然而，它不代表我们能够将软件当作"黑匣子"。实际上，了解理论知识有助于正确解释和使用软件的输出结果。在本节中我们将对不同类型数据的图形估计理论和应用进行讨论。

7.5.1 删失机制和数据类型

删失机制和数据类型是寿命数据分析的两个重要概念，在介绍绘图和分析方法之前，我们将对这两个概念进行解释。

1. 删失机制

通常情况下，试验不得不在所有样件失效前终止。这种情况就会引起删失。删失会导致小部分数据的观测值缺失，并增加统计误差。当时间、试验设备能力、人员等试验资源有限时，尽管不太情愿，但是为了缩短试验时间，我们必须采用这种方法。在实际应用中，我们有三种删失类型：类型Ⅰ、类型Ⅱ以及随机删失。

类型Ⅰ删失也被称为时间删失（定时截尾），即当样件并未全部失效而达到预定

时间时试验终止。这个时间被称为删失时间。当产品寿命同时使用时间和使用率进行描述时，删失机制可以细化为时间删失和使用率删失。试验在达到预先设定的时间或使用率时终止，以先到为准。举个例子，汽车的试验场试验就是时间和里程删失，当试验进行到预先设定的累积时间或里程数时，汽车就可以终止试验。类型 I 删失可能会出现随机的失效数，有时这个数值也可能为零。确保足够的删失时间并使试验件失效是十分重要的。如若不然，数据分析则十分困难，甚至无法进行。由于方便进行时间管理，这种删失在实际中很常用。

类型 II 删失也被称为失效删失（定数截尾），即当达到预定的失效数时就终止试验。这种删失方法可提供固定数量的失效数，这有助于进行数据统计分析。另外，其删失时间是随机变量，这使得时间约束较为困难。因为这个不足，类型 II 删失在实际中的应用少于类型 I。

随机删失是随机终止试验。这种类型的删失通常是由于试验中出现了事故。举例来说，试验设备的失效或是样品的损坏会引起试验的终止。试验中非关心的失效模式的发生也会导致随机删失。这种删失类型使得试验时间和失效数都具有随机性。

2. 数据类型

加速寿命试验可能会产生多种数据类型，这取决于数据收集方法和删失方法。如果试验过程中对试验件进行持续监控，当试验件失效时，试验就能够提供准确的寿命。相比之下，试验中通常是对试验件进行阶段性的观察，失效只有在观察时才能被发现。失效时间则被认为是在上次观察和本次观察之间，这种数据被称为区间寿命数据。作为一个特例，当试验件在第一次观测之前失效，那么试验件的寿命则为左删失数据。相比之下，如果试验件在删失时间内未失效，那么其寿命则被称为右删失数据。如果所有存活的试验件在试验终止时具有相同的运行时间，则它们的数据被称为单一右删失。为获得这种类型的数据，我们需要详细计划并谨慎进行试验。在实际中，删失组通常具有不同的运行时间，这种试验件的数据被认为是多重右删失。当某些试验件被从试验中较早地移除，或是试验件开始进行试验的时间不同但在同时进行观测时，这种情况就会发生。如果删失时间足够长，则所有试验件产品都失效，那么这些失效时间则为完整寿命数据。但通常很少在寿命试验中采用此方法，特别是当我们只关注寿命分布的前段时。

7.5.2 概率图

寿命数据的图形分析需要应用概率图，它用图形的方式展示了时间和累积分布函数之间的关系。正如第 2 章当中所述，对于指数分布、威布尔分布、正态分布和对数正态分布，这种关系是非线性的。为了便于绘图和形象，数据被绘制在概率图上，概率图具有的特殊比例，能够线性展现累积分布函数。如果寿命数据在威布尔概率图的绘制点接近于一条直线，那么威布尔分布适用于该总体的数据。通常，累积分布函数

的线性化方程可以写为

$$y = a + bx \tag{7.33}$$

式中，x 和 y 表示变换后的时间和累积分布函数；a 和 b 则与分布参数相关。现在让我们计算一下常用分布的 a、b、x 和 y。

1. 指数分布

指数分布的累积分布函数为

$$F(t) = 1 - \exp(-\lambda t)$$

式中，λ 代表失效率。将此累积分布函数按式（7.33）的形式进行线性转换后，可以得到 $y = \ln[1/(1-F)]$，$x = t$，$a = 0$，$b = \lambda$。指数分布的概率图中，纵坐标为 $\ln[1/(1-F)]$，横坐标为 t。任何指数的累积分布函数在此概率图上都呈一条直线。如果数据点在概率图上接近于直线，则说明指数分布是其合适的模型。

λ 的值为累积分布函数线的斜率。因为当 $1 - F = e^{-1}$ 或 $F = 0.632$ 时，$\lambda t = 1$，那么 λ 的值应当等于 $F = 0.632$ 时的时间的倒数。

2. 威布尔分布

威布尔分布的累积分布函数为

$$F(t) = 1 - \exp\left[-\left(\frac{t}{\alpha}\right)^{\beta}\right]$$

式中，α 和 β 分别为特征寿命和形状参数。将此累积分布函数按式（7.33）的形式进行线性转换后，可以得到 $y = \ln\ln[1/(1-F)]$，$x = \ln t$，$a = -\beta\ln\alpha$，$b = \beta$。威布尔分布的概率图中，纵坐标为 $\ln\ln[1/(1-F)]$，横坐标为 $\ln t$。如果数据点在此图上接近于直线，那么威布尔分布是其合适的模型。

参数 α 和 β 能够通过绘制点直接进行估算。请注意，当 $1 - F = e^{-1}$ 或 $F = 0.632$ 时，有 $-\ln\alpha + \ln t = 0$ 或 $\alpha = t_{0.632}$，即特征寿命的值等于 $F = 0.632$ 时对应的时间。形状参数是概率图中直线的斜率。有些威布尔分布图有专门用于估算 β 的概率尺。

3. 正态分布

正态分布的累积分布函数为

$$F(t) = \Phi\left(\frac{t - \mu}{\sigma}\right)$$

式中，μ 和 σ 分别表示位置参数和尺度参数，或是平均差和标准差。$\Phi(\cdot)$ 则是标准正态分布的累积分布函数。将此累积分布函数按式（7.33）的形式进行线性转换后，可以得到 $y = \Phi^{-1}(F)$ 且 $\Phi^{-1}(\cdot)$ 是 $\Phi(\cdot)$ 的反函数，$x = t$，$a = -\mu/\sigma$，$b = 1/\sigma$。正态概率纸中，纵轴为 $\Phi^{-1}(F)$，横轴为 t，任何正态累积分布函数都是直线。如果数据点在纸上近似于直线，正态分布则是一个合理的模型。

参数 μ 与 σ 能够通过绘制点进行估算。其中 $F = 0.5$，$t_{0.5} = \mu$。因此，均值为 $F = 0.5$。相似地，当 $F = 0.841$，$t_{0.841} = \mu + \sigma$。而 $\sigma = t_{0.841} - \mu$。或者，σ 能够通过直线的斜率倒数进行估算。

4. 对数正态分布

对数正态分布的累积分布函数为

$$F(t) = \Phi\left(\frac{\ln t - \mu}{\sigma}\right)$$

式中，μ 和 σ 分别为尺度参数和形状参数。将此累积分布函数按式（7.33）的形式进行线性转换后，可以得到 $y = \Phi^{-1}(F)$，$x = \ln t$，$a = -\mu/\sigma$，$b = 1/\sigma$。从对数正态概率图中可得，纵轴为 $\Phi^{-1}(F)$，横轴为 $\ln t$。除了横轴为 $\ln t$，对数正态分布概率图类似于正态分布概率图。如果数据呈对数分布，则绘制点呈直线。

中位数 $t_{0.5}$ 可以由 $F = 0.5$ 得到，尺度参数 $\mu = \ln t_{0.5}$。与正态分布相似，当 $F = 0.841$，$t_{0.841} = \exp(\mu + \sigma)$。因此 $\sigma = \ln t_{0.841} - \mu$。而 $t_{0.841}$ 可以由 $F = 0.841$ 得到。或者，σ 可以通过直线的斜率倒数进行估算。这里需要用到以 e 为底的对数，有些应用中也会用到以 10 为底的对数。

7.5.3 概率图的应用

在本小节中我们将介绍概率图在不同数据类型下的应用，这能够对寿命分布进行评估，并对参数、百分位数、失效概率（总体失效比例）进行估算。数据包括完全精确数据、单一右删失精确数据、多重右删失精确数据或是间歇寿命时间。

1. 完全精确和单一右删失精确数据

失效概率 F 的失效时间未知。为了建立概率图，我们通常采取 F 的近似绘制点位置。为了得到绘制点位置，我们首先需要将可能的失效时间从小到大排列，比如 $t_{(1)} \leq t_{(2)} \leq \cdots \leq t_{(r)}$，其中 r 代表失效次数。如果 r 等于样本容量 n，则数据集完全，否则它是删失的。$t_{(i)}$ 的绘制点 F_i 为

$$F_i = \frac{i - 0.5}{n} \tag{7.34}$$

式中，$i = 1, 2, \cdots, r$。相关文献中有其他关于绘制点位置的计算公式，大部分统计和可靠性软件包都提供多种公式。若有删失组，其绘制点位置不会被计算，且它们的时间不会被绘制。为每次失效计算过 F_i 之后，在合适的概率纸上绘制 F_i 与 $t_{(i)}$。若不能根据经验判断此分布类型，则数据经应当被绘制在多个概率纸上。纸上绘制点最接近直线的有可能是最合适的分布。更重要的是，我们利用概率纸选择的分布类型应该

符合实际失效情况。如今，大多数概率绘制通过可靠性或统计商业软件包进行，能够得出合适的绘制点并估算模型参数而且伴有其他一些好处，比如通过特定时段（保修期或设计寿命）来得出失效概率和百分位数。单一删失数据集的绘制过程如下所示。

例 7.5 为了估算温度为 35℃时，一种微型电子模块的可靠性，需要将三组微型电子模块进行试验，试验温度分别为 100℃、120℃和 150℃。三组样本容量分别为 12、8 和 10。在 150℃下试验的样品需要运行至失效，而试验温度为 100℃和 120℃的删失寿命分别为 5500h 和 4500h。寿命数据见表 7.5 中。

请估算各个温度下的寿命分布。我们将在使用温度下估算可靠性时重新再来考虑此例。

解： 数据分别在 100℃、120℃，以及 150℃的情况下进行单一删失。我们首先分析数据在 100℃的情况。失效时间从小到大进行排列，见表 7.5。那么每个 $t_{(i)}$ 的 F_i 可利用式（7.34）计算，其中 $n = 12$，而 $i = 1, 2, \cdots, 8$。在对数正态概率纸和威布尔概率纸上对 F_i 和 $t_{(i)}$ 进行绘制。绘制点通过 Minitab 完成，它绘制的是 $100F_i$。威布尔概率纸（见图 7.13）给出了最直的绘制点形状。软件提供了对于特征寿命和形状参数的估计值：$\hat{\alpha}_1 = 5394h$，$\hat{\beta}_1 = 2.02$。相似地，120℃和 150℃时在威布尔概率纸上也得到了直线。120℃时对模型参数的估计值为 $\hat{\alpha}_2 = 3285h$，$\hat{\beta}_2 = 2.43$。150℃时的估计值为 $\hat{\alpha}_3 = 1330h$，$\hat{\beta}_3 = 2.41$。软件应用最小二乘法得出了估计值。稍后我们将看到，最大似然法能够提供更为准确的估计值。

表 7.5 微型电子模块的失效时间

组	1	2	3
温度 /℃	100	120	150
寿命 /h	1138	1121	420
	1944	1572	650
	2764	2329	703
	2846	2573	838
	3246	2702	1086
	3803	3702	1125
	5046	4277	1387
	5139	4500①	1673
	5500①		1896
	5500①		2037
	5500①		
	5500①		

① 删失寿命。

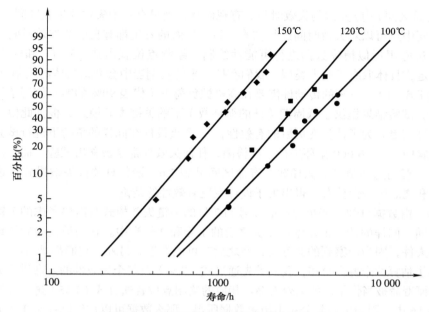

图 7.13 不同温度下的威布尔分布与寿命

2. 多重右删失精确数据

对于多重删失数据，绘制点位置的计算要比完全/单一删失数据更加复杂。Kaplan 和 Meier（1958）认为产品-限制估算可以表示为

$$F_i = 1 - \prod_{j=1}^{i}\left(\frac{n-j}{n-j+1}\right)^{\delta_j} \quad (7.35)$$

式中，n 代表观察值的数量；i 代表第 i 次观察；δ_j 代表指标，如果 j 需要进行删失，则 $\delta_j = 1$。也可用其他公式来计算绘制点位置。一些软件包（比如 Minitab）能够提供关于绘制点位置的多重选择，包括 Kaplan–Meier 位置。绘制过程与完全/单一删失数据相同，在例 7.6 中有详解。

3. 区间数据

通常情况下，试验件在试验过程中并不是持续被检测的。由于技术和经济上的限制，大多数都采用分段式检测。这样失效只有在检测时才能被发现。因此，失效时间无法得到精确数值，这就是区间数据。令 t_i（$i = 1, 2, \cdots, m$）标识出 i 个检测时间，其中 m 是检测的总数。假设在 t_i 时发现 r_i 失效，而 $0 \leqslant r_i \leqslant n$，$n$ 代表样本容量。精确失效时间未知，我们将其平均地分散在区间当中。因此，在（t_{i-1}, t_i] 的失效时间大约为

$$t_{ij} = t_{i-1} + j\frac{t_i - t_{i-1}}{r_i + 1}, \quad i = 1, 2, \cdots, m; j = 1, 2, \cdots, r_i \quad (7.36)$$

式中，t_{ij}是区间i内j失效的失效时间。直观而言，当只有一个失效发生在区间当中时，通过区间中点可以对失效时间进行估算。每个失效的发生都有自己的失效时间，我们可以通过应用近似精确数据进行可能性绘制，绘制点位置由式（7.34）和式（7.35）进行测定，具体取决于删失类型。我们在接下来的实例当中会介绍具体的绘制过程。

例 7.6 10个汽车的传动件需要在高机械负荷下（代表90%的客户使用条件）进行试验。试验结果提供了低周期（低的循环数）下的关键失效模式，根据此模式，进行了设计变更。为了估算变更后的有效性，12个重设件在同样的负荷下进行试验。在所有试验中，每20 000循环进行一次检测，任何失效件都会被移出试验，而后试验继续进行，直到达到预设的循环数。寿命区间见表7.6。请估算关键失效模式在设计变更之前和之后的寿命分布，得出关于设计变更有效性的结论。

解： 由数据可知，变更之前的4号和7号的关键失效模式与需要考虑的关键失效模式不同。同样的情况也发生在变更之后的1号和2号当中。它们被视为后续数据分析的删失件，因为观察到的关键模式在之后有可能发生。另外，它们都是右删失。

为了估算两个寿命分布，我们首先通过式（7.36）对每个失效件的寿命进行大概估算。大概寿命被当作精确的失效寿命。相应的绘制点位置通过式（7.35）进行计算并呈现在表7.6中。因为威布尔分布由历史数据所得，那么数据可以被绘制在威布尔分布概率纸上。绘制点如图7.14所示，它从Minitab中计算得来。图7.14表明对于试验数据而言这些分布已是合适的。威布尔分布的最小二乘法估计的变更之前参数为$\hat{\alpha}_B = 3.29 \times 10^5$循环，$\hat{\beta}_B = 1.30$。设计工程师对于$B_{10}$十分感兴趣，利用式（2.25）计算可得

$$\hat{B}_{10,B} = 3.29 \times 10^5 \times [-\ln(1-0.10)]^{1/1.30} \text{循环} = 0.58 \times 10^5 \text{循环}$$

表7.6 传动件的寿命数据

试验件	之前			之后		
	寿命区间 （10^5循环）	近似寿命 （10^5循环）	绘制点	寿命区间 （10^5循环）	近似寿命 （10^5循环）	绘制点
1	(0.4, 0.6]	0.50	0.10	(2.4, 2.6]	2.50①	
2	(1.2, 1.4]	1.27	0.20	(3.2, 3.4]	3.30①	
3	(1.2, 1.4]	1.33	0.30	(3.8, 4.0]	3.90	0.10
4	(1.8, 2.0]	1.90①		(4.2, 4.4]	4.30	0.20
5	(2.4, 2.6]	2.47	0.42	(5.0, 5.2]	5.07	0.30
6	(2.4, 2.6]	2.53	0.53	(5.0, 5.2]	5.13	0.40
7	(3.2, 3.4]	3.30①		(6.2, 6.4]	6.30	0.50
8	(3.7, 4.0]	3.90	0.69	(7.6, 7.8]	7.70	0.60
9	(4.6, 4.8]	4.70	0.84	(8.4, 8.6]	8.47	0.70
10	(4.8, +∞)	4.80①		(8.4, 8.6]	8.53	0.80
11				(8.8, +∞)	8.80①	
12				(8.8, +∞)	8.80①	

① 由于试验终止或出现其他故障模式而删失。

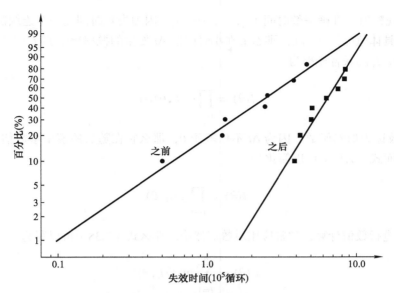

图 7.14　传动件寿命数据的威布尔分布绘制点

对于变更之后的试验件,则有 $\hat{\alpha}_A = 7.33 \times 10^5$ 循环,而 $\hat{\beta}_A = 3.08$。B_{10} 的估算公式为

$$\hat{B}_{10,A} = 7.33 \times 10^5 \times [-\ln(1-0.10)]^{1/3.08} \text{ 循环} = 3.53 \times 10^5 \text{ 循环}$$

设计变更大大增长了 B_{10}。图 7.14 展示了变更后试验件的寿命大大长于变更前,特别是在低尾情况下。因此,我们可以得出结论:设计变更能够有效延缓关键失效模式的发生。

7.6　单一试验条件下的分析可靠性估算

尽管之前所展示的图示法十分简单,但常用的分析方法经常用于获取更精准的估算。在本节中,我们将要讨论最大似然(ML)法以及它在不同寿命分布当中的参数估算,其中包括指数分布、威布尔分布、正态分布和对数分布以及各种类型的数据。最大似然法在大多数计算中都比较复杂,它需要应用多种数值算法。幸运的是,许多商业软件包目前都可以进行所需的运算。有了估算的分布参数,我们能够估算百分位数、失效概率和其他感兴趣的指标。

7.6.1　不同类型数据的似然函数

样本似然函数可以视为观察值的联合概率。假设样本容量为 n,它从概率密度函数为 $f(t;\theta)$ 的总体中所提取,θ 代表模型参数(θ 可能是一个参数向量)。样本提供

n 个独立观察值（准确失效时间）$t_1, t_2, \cdots, t_n$。因为失效时间是一个连续随机变量，它取一个具体值的概率为 0。那么 t_i 在小时间段 Δt 发生的概率等于 $f(t_i;\theta)\Delta t$。那么 $t_1, t_2, \cdots, t_n$ 的联合概率为

$$l(\theta) = \prod_{i=1}^{n} f(t_i;\theta)\Delta t \tag{7.37}$$

$l(\theta)$ 也被称为似然函数。因为 Δt 不依赖于 θ，那么它在随后的模型参数估算中可以被省略。而式（7.37）可以简化为

$$l(\theta) = \prod_{i=1}^{n} f(t_i;\theta) \tag{7.38}$$

为了进行数值计算，常常应用对数似然法。那么式（7.38）可以写为

$$L(\theta) = \sum_{i=1}^{n} \ln[f(t_i;\theta)] \tag{7.39}$$

式中，$L(\theta) = \ln[l(\theta)]$ 是对数似然且依赖于模型参数 θ。最大似然法对于 θ 的估算是使 $L(\theta)$ 的数值最大化。对于 θ 的估算能够通过以下等式解决：

$$\frac{\partial L(\theta)}{\partial \theta} = 0 \tag{7.40}$$

其他时候，也可以经过反复研究来发现使 $L(\theta)$ 最大的 θ。$\hat{\theta}$ 是关于 $t_1, t_2, \cdots, t_n$ 的函数，因此也被称为最大似然估计量（MLE）。如果 θ 是 k 个参数的向量，其估计量由解决 k 个类似于式（7.40）的式子或是直接最大化 $L(\theta)$ 进行测定。在大多数情况下，计算需要用到多次迭代，这可以通过商业软件包进行计算。不难看到，对数似然函数的形式随假设寿命分布不同而不同。另外，它同样依赖于数据类型，因为删失机制和数据收集方法（持续检测或是阶段性检测）影响着联合概率，如式（7.37）中所示。各种数据类型的对数似然函数在接下来将会有介绍。

1. 完全精确数据

正如前文所示，这种数据只有当所有试验件都失效并采取持续检测时才能得到。这种数据的对数似然函数可通过式（7.39）进行计算。完全精确数据能够提供更精准的估算。

2. 右删失精确数据

当试验件的时间删失都为右删失，且进行持续检测，那么观察值为右删失精确失效时间。假设样本容量 n 中，有 r 个失效且 $n-r$ 个删失时间。令 $t_1, t_2, \cdots, t_r$ 代表 r 个失效时间，$t_{r+1}, t_{r+2}, \cdots, t_n$ 代表 $n-r$ 个删失时间。删失件 i 在删失时间 t_i 以后失效的概率为 $[1-F(t_i;\theta)]$，其中 $F(t;\theta)$ 是 $f(t;\theta)$ 的累积分布函数。则样本对数似然

函数为

$$L(\theta) = \sum_{i=1}^{r} \ln[f(t_i;\theta)] + \sum_{i=r+1}^{n} \ln[1 - F(t_i;\theta)] \tag{7.41}$$

当删失时间 t_{r+1}, t_{r+2}, ⋯, t_n 全都相同时，数据为单一删失数据。如果至少有两个不同，那么数据为多重删失数据。

3. 完全区间数据

有时所有的试验件都运行至失效，且检测在试验中阶段性进行，则通常这些试验件有着相同的检测区间，这就叫作完全区间数据。令 t_i ($i = 1$, 2, ⋯, m) 作为 i 个检测时间，而 m 则是检测区间总数。m 个检测区间为 $(t_0, t_1]$, $(t_1, t_2]$, ⋯, $(t_{m-1}, t_m]$。假设在 t_i 上检测到 r_i 个失效，其中 $0 \leqslant r_i \leqslant n$, $n = \sum_{1}^{m} r_i$, n 是样本容量，因为失效发生在区间 i 内的概率为 $[F(t_i;\theta) - F(t_{i-1};\theta)]$，那么样本对数似然函数为

$$L(\theta) = \sum_{i=1}^{m} r_i \ln[F(t_i;\theta) - F(t_{i-1};\theta)] \tag{7.42}$$

4. 右删失区间数据

当试验件在 t_1, t_2, ⋯, t_m 的时间进行试验时，一些未失效的试验件在检测时被移出试验（类型 I 删失），这就是右删失区间数据。正如上文所述，我们通过 $(t_0, t_1]$, $(t_1, t_2]$, ⋯, $(t_{m-1}, t_m]$ 表示 m 个区间，其中发生了 r_1, r_2, ⋯, r_m 个失效。假设 d_i 个试验件在时间 t_i 删失之后被立即终止，那么 t_i 则代表 d_i 个试验件的删失时间。当 n 为样本容量时，总删失件数量则为 $\sum_{1}^{m} d_i = n - \sum_{1}^{m} r_i$。则样本对数似然函数为

$$L(\theta) = \sum_{i=1}^{m} r_i \ln[F(t_i;\theta) - F(t_{i-1};\theta)] + \sum_{i=1}^{m} d_i \ln[1 - F(t_i;\theta)] \tag{7.43}$$

如果一直到最后的检测结束才终止试验，也就有 $d_1 = d_2 = \cdots = d_{m-1} = 0$ 以及 $d_m \geqslant 1$，那么试验能够提供单一删失数据。如果试验件有两个或多个不同的检测时间，那么数据则为多重删失数据。

7.6.2 近似置信区间

在第 7.6.1 小节，我们介绍了用于获取模型参数 ML 点估计量的多个似然函数，这通常存在着大量的统计不确定性。估计值可能会或可能不会接近估算出的总体参数真值。因此，我们通常对于参数的置信区间也加以考虑。基本上，置信区间可以通过近似法、分析法和引导法建立。在包含删失数据的可靠性分析中，分析法比较困难。引导法基于计算机模拟和大量运算。但这两种方法提供了精确或良好的近似置信区间。这里，我们将介绍普通的近似法。当失效数量相对较大时（比如 15 个或更多），这种方法相对简单并比较有效。大部分商业软件包的可靠性和统计数据分析都能够进

行这种运算。

在第 7.6.1 小节，我们认为模型参数 θ 可能是一个向量。那么假设 θ 代表 k 个参数 θ_1, θ_2, $\cdots$, θ_k。参数的 MLE 有时能够通过解类似于式（7.40）的 k 个等式来求得，记为 $\hat{\theta}_1$, $\hat{\theta}_2$, $\cdots$, $\hat{\theta}_k$。通常它们都可以通过最大化 $L(\theta)$ 被直接发现。为每个参数建立置信区间的步骤如下所示：

1）计算关于参数模型的所有对数似然函数的二阶偏导。

2）建立负二阶偏导的对称矩阵，也就是

$$I = \begin{pmatrix} -\dfrac{\partial^2 L}{\partial \theta_1^2} & -\dfrac{\partial^2 L}{\partial \theta_1 \partial \theta_2} & \cdots & -\dfrac{\partial^2 L}{\partial \theta_1 \partial \theta_k} \\ -\dfrac{\partial^2 L}{\partial \theta_2 \partial \theta_1} & -\dfrac{\partial^2 L}{\partial \theta_2^2} & \cdots & -\dfrac{\partial^2 L}{\partial \theta_2 \partial \theta_k} \\ \vdots & \vdots & & \vdots \\ -\dfrac{\partial^2 L}{\partial \theta_k \partial \theta_1} & -\dfrac{\partial^2 L}{\partial \theta_k \partial \theta_2} & \cdots & -\dfrac{\partial^2 L}{\partial \theta_k^2} \end{pmatrix} \quad (7.44)$$

I 的期望值则是众所周知的 Fisher 信息矩阵。

3）令 $\theta_i = \hat{\theta}_i (i = 1, 2, \cdots, k)$，计算式（7.44），得出 Fisher 信息矩阵的局部估计量，表示为 $\hat{I}$。

4）计算 Fisher 信息矩阵的逆矩阵，表示为 $\hat{I}^{-1}$。

5）利用下式测定 $\hat{\theta}_i (i = 1, 2, \cdots, k)$ 方差的估计量：

$$\hat{\Sigma} = \begin{pmatrix} \hat{\mathrm{V}}\mathrm{ar}(\hat{\theta}_1) & \hat{\mathrm{C}}\mathrm{ov}(\hat{\theta}_1, \hat{\theta}_2) & \cdots & \hat{\mathrm{C}}\mathrm{ov}(\hat{\theta}_1, \hat{\theta}_k) \\ \hat{\mathrm{C}}\mathrm{ov}(\hat{\theta}_2, \hat{\theta}_1) & \hat{\mathrm{V}}\mathrm{ar}(\hat{\theta}_2) & \cdots & \hat{\mathrm{C}}\mathrm{ov}(\hat{\theta}_2, \hat{\theta}_k) \\ \vdots & \vdots & & \vdots \\ \hat{\mathrm{C}}\mathrm{ov}(\hat{\theta}_k, \hat{\theta}_1) & \hat{\mathrm{C}}\mathrm{ov}(\hat{\theta}_k, \hat{\theta}_2) & \cdots & \hat{\mathrm{V}}\mathrm{ar}(\hat{\theta}_k) \end{pmatrix} = \hat{I}^{-1} \quad (7.45)$$

$\hat{\Sigma}$ 代表渐近方差 - 协方差矩阵 Σ 的估计量。

6）置信水平为 $1 - \alpha$ 的模型参数 θ_i 的双侧置信区间为

$$[\theta_{i,\mathrm{L}}, \theta_{i,\mathrm{U}}] = \hat{\theta}_i \pm z_{1-\alpha/2} \sqrt{\hat{\mathrm{V}}\mathrm{ar}(\hat{\theta}_i)}, \qquad i = 1, 2, \cdots, k \quad (7.46)$$

式中，$\theta_{i,\mathrm{L}}$ 和 $\theta_{i,\mathrm{U}}$ 为下限和上限。请注意，式（7.46）假设 θ_i 服从均值为 $\hat{\theta}$ 和标准差为 $\sqrt{\hat{\mathrm{V}}\mathrm{ar}(\hat{\theta}_i)}$ 的正态分布。当失效数量较大（15 个或以上）时，那么正态分布就足够应对了。单侧 $100(1 - \alpha)\%$ 置信区间通过将式（7.46）中的 $z_{1-\alpha/2}$ 替换为 $z_{1-\alpha}$ 来求得。当 θ_i 为正数，那么 $\ln \hat{\theta}_i$ 可能应用正态分布更容易计算。所得的正的置信区间为

$$[\theta_{i,\mathrm{L}}, \theta_{i,\mathrm{U}}] = \hat{\theta}_i \exp\left(\pm \dfrac{z_{1-\alpha/2} \sqrt{\hat{\mathrm{V}}\mathrm{ar}(\hat{\theta}_i)}}{\hat{\theta}_i}\right) \quad (7.47)$$

通常，我们希望计算出可靠性、失效概率、百分位数或其他指标的置信区间，用 $\theta_1, \theta_2, \cdots, \theta_k$ 的函数来表示。令 $g = g(\theta_1, \theta_2, \cdots, \theta_k)$ 代表指标，且 $\hat{g} = g(\hat{\theta}_1, \hat{\theta}_2, \cdots, \hat{\theta}_k)$ 代表估计量。经过计算 $\hat{\Sigma}$，我们可得 $\hat{g}$ 的方差为

$$\hat{\mathrm{Var}}(\hat{g}) \approx \sum_{i=1}^{k} \left(\frac{\partial g}{\partial \theta_i}\right)^2 \hat{\mathrm{Var}}(\hat{\theta}_i) + \sum_{i=1}^{k} \sum_{\substack{j=1 \\ i \neq j}}^{k} \left(\frac{\partial g}{\partial \theta_i}\right)\left(\frac{\partial g}{\partial \theta_j}\right) \hat{\mathrm{Cov}}(\hat{\theta}_i, \hat{\theta}_j) \quad (7.48)$$

式中，用 $\hat{\theta}_1, \hat{\theta}_2, \cdots, \hat{\theta}_k$ 来计算 $\partial g/\partial \theta_i$。如果参数估计的相关性很弱，那么式（7.48）的第二项可以忽略。

置信水平为 $1-\alpha$ 的 g 的双侧置信区间为

$$[g_L, g_U] = \hat{g} \pm z_{1-\alpha/2} \sqrt{\hat{\mathrm{Var}}(\hat{g})} \quad (7.49)$$

如果 g 必须为正，那么我们为 g 建立置信区间需要对数转换，并且表示为类似于式（7.47）的上下限。在本章后文我们将用实例介绍置信区间的计算。

7.6.3 指数分布

在本节我们将描述简单指数分布的最大似然法，来计算感兴趣的指标的最大似然估计量和置信区间。正如前文所述，指数分布的概率密度函数为

$$f(t) = \frac{1}{\theta} \exp\left(-\frac{t}{\theta}\right) \quad (7.50)$$

式中，θ 代表平均寿命；失效率为 $\lambda = 1/\theta$。

1. 完全精确数据

这种数据的样本对数似然函数可以通过将式（7.50）代入式（7.39）来求得，为

$$L(\theta) = -n \ln \theta - \frac{1}{\theta} \sum_{i=1}^{n} t_i \quad (7.51)$$

式中，θ 的最大似然估计量为

$$\hat{\theta} = \frac{1}{n} \sum_{i=1}^{n} t_i \quad (7.52)$$

最大似然估计量的失效率为 $\hat{\lambda} = 1/\hat{\theta}$，百分位数、可靠性、失效概率或其他指标的估计量可以通过将 $\hat{\theta}$ 或 $\hat{\lambda}$ 代入第 2 章相应的公式可得。

$\hat{\theta}$ 的方差的估计量为

$$\hat{\mathrm{Var}}(\hat{\theta}) = \frac{\hat{\theta}^2}{n} \tag{7.53}$$

从式（7.46）可得，θ 的置信水平为 $1-\alpha$ 的双侧置信区间为

$$[\theta_\mathrm{L}, \theta_\mathrm{U}] = \hat{\theta} \pm \frac{z_{1-\alpha/2}\hat{\theta}}{\sqrt{n}} \tag{7.54}$$

单侧置信区间可以通过将式（7.54）中的 $z_{1-\alpha/2}$ 替换为 $z_{1-\alpha}$ 来求得。
θ 的精确置信区间为

$$[\theta_\mathrm{L}, \theta_\mathrm{U}] = \left[\frac{2n\hat{\theta}}{\chi^2_{(1-\alpha/2);2n}}, \frac{2n\hat{\theta}}{\chi^2_{\alpha/2;2n}} \right] \tag{7.55}$$

式中，$\chi^2_{p;2n}$ 是 χ^2 分布的第 $100p$ 百分位数，并具有 $2n$ 的自由度。
λ 的置信区间为

$$[\lambda_\mathrm{L}, \lambda_\mathrm{U}] = \left[\frac{1}{\theta_\mathrm{U}}, \frac{1}{\theta_\mathrm{L}} \right]$$

特定时间的失效概率置信区间为

$$[F_\mathrm{L}, F_\mathrm{U}] = \left[1 - \exp\left(-\frac{t}{\theta_\mathrm{U}}\right), 1 - \exp\left(-\frac{t}{\theta_\mathrm{L}}\right) \right]$$

请注意，F 的置信区间依赖于 t。
第 $100p$ 百分位数的置信区间为

$$[t_{p,\mathrm{L}}, t_{p,\mathrm{U}}] = [-\theta_\mathrm{L} \ln(1-p), -\theta_\mathrm{U} \ln(1-p))]$$

例 7.7 为了实现 40℃下 MTTF 能达到 $\theta = 15\,000\mathrm{h}$，我们需要一个机电模块。在 DV 试验中，15 个试验件在 125℃的情况下进行试验，这是为了缩短试验时间。众所周知，寿命服从指数分布，两个温度之间的加速因子为 22.7。失效时间为 88h、105h、141h、344h、430h、516h、937h、1057h、1222h、1230h、1513h、1774h、2408h、2920h 和 2952h。测定设计是否满足可靠性要求（置信水平为 90%）。

解：从式（7.52）可知，125℃时 MTTF 的最大似然估计值为

$$\hat{\theta}' = \frac{1}{15} \times (88\mathrm{h} + 105\mathrm{h} + \cdots + 2952\mathrm{h}) = 1175.8\mathrm{h}$$

撇号表示加速条件。

在 125℃时，置信水平为 90% 的 MTTF 的近似置信下限为

$$\theta'_L = \hat{\theta}' - \frac{z_{1-\alpha}\hat{\theta}'}{\sqrt{n}} = 1175.8\text{h} - \frac{1.282 \times 1175.8\text{h}}{\sqrt{15}} = 786.6\text{h}$$

40℃时置信下限为 $\theta_L = 22.7 \times 786.6\text{h} = 17\,856\text{h}$。因为 $\theta_L = 17\,856\text{h} > 15\,000\text{h}$，我们可以得出结论，在90%的置信水平下，设计超出 MTTF 要求。

2. 右删失精确数据

假设 n 个中有 r 个在试验中失效，其余皆为右删失（类型Ⅱ删失）。失效时间分别为 $t_1, t_2, \cdots, t_r$，删失时间为 $t_{r+1}, t_{r+2}, \cdots, t_n$。那么 $\sum_1^n t_i$ 则为总试验时间。通过将 n 替换为失效数 r，式（7.52）到式（7.55）能够用于右删失精确数据。以上公式可以用于类型Ⅰ删失，但从式（7.55）得出的置信区间不是十分精确。

例 7.8 请参照例 7.7。假设 DV 试验删失时间为 1000h。请测定在置信水平为 90% 时，应用删失数据是否能够满足 MTTF 要求。

解：在此例中，$n=15$ 且 $r=8$。失效事件为 $t_1, t_2, \cdots, t_8$，这是已知条件，$t_9 = t_{10} = \cdots = t_{15} = 1100\text{h}$。则在 125℃ 时 MTTF 的最大似然估计值为

$$\hat{\theta}' = \frac{1}{r}\sum_{i=1}^n t_i = \frac{1}{8} \times (88\text{h} + 105\text{h} + \cdots + 1057\text{h} + 7 \times 1100\text{h}) = 1414.8\text{ h}$$

式中，撇号代表加速条件。因为失效数比较小，正态近似置信区间则不一定十分精确。我们通过 χ^2 分布计算置信区间。置信水平为 90% 的单侧置信下限为

$$\theta'_L = \frac{2r\hat{\theta}'}{\chi^2_{(1-\alpha);2r}} = 2 \times 8 \times \frac{1414.8\text{h}}{23.54} = 961.6\text{ h}$$

40℃时置信下限为 $\theta_L = 22.7 \times 961.6\text{h} = 21\,828\text{h}$。

$21\,828\text{h} > 15\,000\text{h}$，因此我们可以得出结论，在 90% 的置信水平下，设计超过 MTTF 要求。但请注意，早期删失给平均寿命和置信下限提供了乐观的估算。

3. 区间数据

完全区间数据的样本对数似然函数为

$$L(\theta) = \sum_{i=1}^m r_i \ln\left[\exp\left(-\frac{t_{i-1}}{\theta}\right) - \exp\left(-\frac{t_i}{\theta}\right)\right] \qquad (7.56)$$

对式（7.56）求导，使导数等于 0，不能得出 θ 的解析解。对于 θ 的估算可以通过一系列运算并最大化 $L(\theta)$ 得出结论，举个例子，Newton–Raphson 法。Microsoft Excel 的"规划求解"为解决这样的小问题提供了一种方便的方法。大多数统计和可靠性商业软件包都能够进行这种运算。平均寿命和其他指标的置信区间可能通过上文介绍的方法进行计算。

我们可以得到右删失区间数据的样本对数似然函数：

$$L(\theta) = \sum_{i=1}^{m} r_i \ln\left[\exp\left(-\frac{t_{i-1}}{\theta}\right) - \exp\left(-\frac{t_i}{\theta}\right)\right] - \frac{1}{\theta}\sum_{i=1}^{m} d_i t_i \quad (7.57)$$

正如式（7.56），θ 的估计可以通过最大化 $L(\theta)$ 来进行。平均寿命的近似置信区间这里不再给出，请看第 7.6.2 节相关内容。

7.6.4 威布尔分布

本节我们讨论完全数据和类型 I 删失数据情况下威布尔分布参数的 ML 估计。参数的置信区间和其他感兴趣的指标都被表述出来。该方法适用于类型 II 删失数据。

正如前文所述，威布尔分布的概率密度函数为

$$f(t) = \frac{\beta}{\alpha^\beta} t^{\beta-1} \exp\left[-\left(\frac{t}{\alpha}\right)^\beta\right] \quad (7.58)$$

式中，β 是形状参数；α 是尺度参数或特征寿命。

1. 完全精确数据

当数据完全精确时，样本对数似然函数可以通过把式（7.58）代入式（7.39）来得到：

$$L(\alpha, \beta) = \sum_{i=1}^{n}\left[\ln\beta - \beta\ln\alpha + (\beta-1)\ln t_i - \left(\frac{t_i}{\alpha}\right)^\beta\right] \quad (7.59)$$

估计量 $\hat{\alpha}$ 和 $\hat{\beta}$ 可以通过最大化式（7.59）得到。繁杂的计算可以应用 Newton-Raphson 法，它的有效性和涵盖性依赖于初始数据。Qiao 和 Tsokos（1994）为解决最优问题提供了一个更加有效的算法。当然，估计量可以通过似然等式来解决。为了达到这一目的，我们可以对式（7.59）求 α 和 β 的偏导数，使偏导数为 0，通过进一步简化可得

$$\frac{\sum_{i=1}^{n} t_i^\beta \ln t_i}{\sum_{i=1}^{n} t_i^\beta} - \frac{1}{\beta} - \frac{1}{n}\sum_{i=1}^{n}\ln t_i = 0 \quad (7.60)$$

$$\alpha = \left(\frac{1}{n}\sum_{i=1}^{n} t_i^\beta\right)^{1/\beta} \quad (7.61)$$

式（7.60）只包含一个未知参数，能够用数值算法迭代得到 $\hat{\beta}$。Farnum 和 Booth（1997）为迭代提供了一个好的初始值。一旦 $\hat{\beta}$ 得到，它被代入式（7.61）来计算 $\hat{\alpha}$。当失效数很小时此估计会有严重的偏差，所以要校正方法提供更好的估计。Thoman 等人（1969）把不同值的样本容量和形状参数的偏差校正系数制成表格。Ross（1994）将

形状参数的估计量的校正因子表达为样本容量的函数。Hirose（1999）还为形状参数和尺度参数的无偏估计以及百分位数提供了一个简单的公式。

第 $100p$ 百分位数、可靠性、失效概率或其他指标的估计量可以通过将 $\hat{\alpha}$ 和 $\hat{\beta}$ 代入第 2 章的公式来得到。

α 和 β 的置信水平为 $1-\gamma$ 的双侧置信区间为

$$[\alpha_L, \alpha_U] = \hat{\alpha} \pm z_{1-\gamma/2}\sqrt{\hat{V}ar(\hat{\alpha})} \tag{7.62}$$

$$[\beta_L, \beta_U] = \hat{\beta} \pm z_{1-\gamma/2}\sqrt{\hat{V}ar(\hat{\beta})} \tag{7.63}$$

方差的估计量是从第 7.6.2 小节所描述的局部 Fisher 信息矩阵求逆计算得出的。对 $\hat{\alpha}$ 和 $\hat{\beta}$ 进行对数转换会得到一个更好的正态近似估计量。由式（7.47），近似置信区间是

$$[\alpha_L, \alpha_U] = \hat{\alpha} \exp\left(\pm \frac{z_{1-\gamma/2}\sqrt{\hat{V}ar(\hat{\alpha})}}{\hat{\alpha}}\right) \tag{7.64}$$

$$[\beta_L, \beta_U] = \hat{\beta} \exp\left(\pm \frac{z_{1-\gamma/2}\sqrt{\hat{V}ar(\hat{\beta})}}{\hat{\beta}}\right) \tag{7.65}$$

失效概率 F 在特定的时间 t 内的置信区间可以通过使用式（7.48）和式（7.49）来获取，其中 $g = F(t;\alpha,\beta)$。更准确的区间为

$$[F_L, F_U] = [G(w_L), G(w_U)] \tag{7.66}$$

式中

$$[w_L, w_U] = \hat{w} \pm z_{1-\gamma/2}\sqrt{\hat{V}ar(\hat{w})}, \qquad \hat{w} = \hat{\beta}\ln\left(\frac{t}{\hat{\alpha}}\right)$$

$$\hat{V}ar(\hat{w}) = \left(\frac{\hat{\beta}}{\hat{\alpha}}\right)^2 \hat{V}ar(\hat{\alpha}) + \left(\frac{\hat{w}}{\hat{\beta}}\right)^2 \hat{V}ar(\hat{\beta}) - \frac{2\hat{w}}{\hat{\alpha}}\hat{C}ov(\hat{\alpha},\hat{\beta})$$

$$G(w) = 1 - \exp[-\exp(w)]$$

这里 $G(w)$ 是标准的最小极值分布的累积分布函数。

第 $100p$ 百分位数 t_p 的置信水平为 $1-\gamma$ 的近似置信区间为

$$[t_{p,L}, t_{p,U}] = \hat{t}_p \exp\left(\pm \frac{z_{1-\gamma/2}\sqrt{\hat{V}ar(\hat{t}_p)}}{\hat{t}_p}\right) \tag{7.67}$$

式中

$$\hat{\text{Var}}(\hat{t}_p) = \exp\left(\frac{2u_p}{\hat{\beta}}\right)\hat{\text{Var}}(\hat{\alpha}) + \left(\frac{\hat{\alpha}u_p}{\hat{\beta}^2}\right)^2 \exp\left(\frac{2u_p}{\hat{\beta}}\right)\hat{\text{Var}}(\hat{\beta}) -$$

$$\left(\frac{2\hat{\alpha}u_p}{\hat{\beta}^2}\right)\exp\left(\frac{2u_p}{\hat{\beta}}\right)\hat{\text{Cov}}(\hat{\alpha},\hat{\beta})$$

$$u_p = \ln[-\ln(1-p)]$$

大多数商业软件包使用式（7.64）和式（7.65）计算 α 和 β 的置信区间，使用式（7.66）计算 F，使用式（7.67）计算 t_p。手算时，我们可以使用 Bain 和 Engelhardt（1991）的公式来近似：

$$\hat{\text{Var}}(\hat{\alpha}) \approx \frac{1.1087\hat{\alpha}^2}{n\hat{\beta}^2}, \quad \hat{\text{Var}}(\hat{\beta}) \approx \frac{0.6079\hat{\beta}^2}{n}, \quad \hat{\text{Cov}}(\hat{\alpha},\hat{\beta}) \approx \frac{0.2570\hat{\alpha}}{n}$$

2. 右删失精确数据

假设 n 个试验件中的 r 个失效，剩下的是右删失（类型 I 删失）。失效时间为 t_1, t_2, …, t_r，删失时间为 t_{r+1}, t_{r+2}, …, t_n。样本对数似然函数为

$$L(\alpha,\beta) = \sum_{i=1}^{r}\left[\ln\beta - \beta\ln\alpha + (\beta-1)\ln t_i - \left(\frac{t_i}{\alpha}\right)^\beta\right] - \sum_{i=r+1}^{n}\left(\frac{t_i}{\alpha}\right)^\beta \quad (7.68)$$

正如完全精确数据对应的式（7.59），对于 $\hat{\alpha}$ 和 $\hat{\beta}$，式（7.68）不产生解析解。估计量可以通过最大化 $L(\alpha,\beta)$ 或通过求解似然方程直接得到：

$$\frac{\sum_{i=1}^{n} t_i^\beta \ln t_i}{\sum_{i=1}^{n} t_i^\beta} - \frac{1}{\beta} - \frac{1}{r}\sum_{i=1}^{r}\ln t_i = 0 \quad (7.69)$$

$$\alpha = \left(\frac{1}{r}\sum_{i=1}^{n} t_i^\beta\right)^{1/\beta} \quad (7.70)$$

当 $r=n$ 或试验无删失时，式（7.69）和式（7.70）分别等同于式（7.60）和式（7.61）。正如完全数据，删失数据会产生偏差估计，尤其是当试验是严重删失时（失效数很小）。例如 Bain 和 Engel hardt（1991）、和 Ross（1996）都提出了偏差纠正的方法。

完全精确数据的置信区间的式（7.64）到式（7.66）在这里也同样适用于删失数据。在实践中，计算是用商业软件完成的（见下面的例子）。Bain 和 Engel hardt（1991）提供了估计值的方差和协方差的近似值，这在当必须手算时是很有用的。

例7.9 参考例 7.6。使用 ML 估计法去重新分析近似寿命。如那个例子中的图形分析，将寿命作为右删失精确数据。

解：例 7.6 的图显示对于此数据集威布尔分布是足够用的。现在我们使用 ML 估计法来估计模型参数和计算置信区间。估计值可以利用 Excel 或一个小的计算机程序计算解出式（7.69）和式（7.70）而得出。然后遵循第 7.4.6 小节的步骤计算置信区间。在这里计算使用 Minitab 进行。对于"之前"组，ML 参数估计为 $\hat{\alpha}_B = 3.61 \times 10^5$ 循环，$\hat{\beta}_B = 1.66$。置信水平为 90% 的双侧置信区间为 $[\alpha_{B,L}, \alpha_{B,U}] = [2.47 \times 10^5, 5.25 \times 10^5]$，$[\beta_{B,L}, \beta_{B,U}] = [0.98, 2.80]$，这分别从式（7.64）和式（7.65）得出。相应的 B_{10} 为 $B_{10,B} = 0.93 \times 10^5$ 循环。类似地，对于"之后"组，Minitab 给出 $\hat{\alpha}_A = 7.78 \times 10^5$ 循环，$\hat{\beta}_A = 3.50$，$[\alpha_{A,L}, \alpha_{A,U}] = [6.58 \times 10^5, 9.18 \times 10^5]$，$[\beta_{A,L}, \beta_{A,U}] = [2.17, 5.63]$，$B_{10} = 4.08 \times 10^5$ 循环。注意 ML 估计值不同于图形的估计值。一般来说，ML 估计法提供了更好的估计。尽管不同，这两种估计法产生同样的结论；也就是说，设计变更是有效的，因为低尾的性能的巨大改进。图 7.15 显示了两个概率图，以及 ML 拟合和百分位数的双侧置信区间。可以看到，在"之后"组的置信区间的下限要大于"之前"组的上限。这验证了设计更改的有效性。

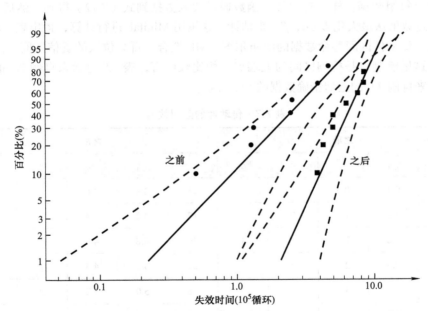

图 7.15　传动件的近似精确寿命数据的威布尔图、ML 拟合，以及百分位数置信区间

3. 区间数据

当所有的试验件都遵循同样的检测时间 $t_1, t_2, \cdots, t_m$，则完整的区间数据的样本对数似然函数为

$$L(\alpha, \beta) = \sum_{i=1}^{m} r_i \ln \left\{ \exp\left[-\left(\frac{t_{i-1}}{\alpha}\right)^{\beta}\right] - \exp\left[-\left(\frac{t_i}{\alpha}\right)^{\beta}\right] \right\} \quad (7.71)$$

式中，r_i 是在第 i 个检测区间（t_{i-1}，t_i）内的失效数；m 是检测次数。似然函数比精确数据的更复杂；相应的似然方程不产生模型参数的解析解。所以估计值要用数值法得到。右删失区间数据也是同样的情况，其样本对数似然函数为

$$L(\alpha, \beta) = \sum_{i=1}^{m} r_i \ln \left\{ \exp\left[-\left(\frac{t_{i-1}}{\alpha}\right)^{\beta}\right] - \exp\left[-\left(\frac{t_i}{\alpha}\right)^{\beta}\right] \right\} - \sum_{i=1}^{m} d_i \left(\frac{t_i}{\alpha}\right)^{\beta} \quad (7.72)$$

式中，m、r_i 和 t_i 的含义与式（7.71）中的相同；d_i 是在检测时间 t_i 时试验件删失的数量。区间数据的置信区间可由精确数据的公式计算得出。

例 7.10 在例 7.6 和 7.9 中，传动件的寿命被近似为准确数据。为了比较，现在我们将寿命作为区间数据（它实际上就是）。数据根据式（7.72）重新排列，见表 7.7，其中仅导致失效、删失或二者兼有的检测区间被列出。检测时间单位是 10^5 循环。

对于每组数据，样本对数似然函数通过代入数据到式（7.72）得到。然后 α 和 β 可以通过数值法最大化 $L(\alpha, \beta)$ 来估计。这里用 Minitab 进行计算，得出表 7.8 所示的结果。传动件区间寿命数据的威布尔图、ML 拟合、百分位数的置信区间如图 7.16 所示。这里绘制点是检测区间的上端点。相比较而言，表 7.8 包括来自例 7.6 的图形估计和来自例 7.9 的近似精确数据的 ML 分析。

表 7.7 传动件的区间数据

	之前					之后			
i	t_{i-1}	t_i	r_i	d_i	i	t_{i-1}	t_i	r_i	d_i
3	0.4	0.6	1		13	2.4	2.6		1
7	1.2	1.4	2		17	3.2	3.4		1
10	1.8	2.0			20	3.8	4.0	1	
13	2.4	2.6			22	4.2	4.4	1	
17	3.2	3.4		1	26	5.0	5.2	2	
20	3.8	4.0	1		32	6.2	6.4	1	
24	4.6	4.8	1	1	39	7.6	7.8	1	
					43	8.4	8.6	2	
					44	8.6	8.8		2

表 7.8 不同方法和数据类型得出的估计值

估计量	ML		图形：近似精确数据
	区间数据	近似精确数据	
$\hat{\alpha}_B$	3.63×10^5	3.61×10^5	3.29×10^5
$\hat{\beta}_B$	1.65	1.66	1.30
$\hat{B}_{10,B}$	0.93×10^5	0.93×10^5	0.58×10^5
$[\alpha_{B,L}, \alpha_{B,U}]$	$[2.49, 5.29] \times 10^5$	$[2.47, 5.25] \times 10^5$	
$[\beta_{B,L}, \beta_{B,U}]$	$[0.98, 2.79]$	$[0.98, 2.80]$	
$\hat{\alpha}_A$	7.78×10^5	7.78×10^5	7.33×10^5
$\hat{\beta}_A$	3.50	3.50	3.08
$\hat{B}_{10,A}$	4.09×10^5	4.08×10^5	3.53×10^5
$[\alpha_{A,L}, \alpha_{A,U}]$	$[6.59, 9.19] \times 10^5$	$[6.58, 9.18] \times 10^5$	
$[\beta_{A,L}, \beta_{A,U}]$	$[2.17, 5.64]$	$[2.17, 5.63]$	

比较表明：ML 估计和图形估计有些不同。一般来说，ML 估计法产生更精确的结果，以及当用软件来进行 ML 计算可行时，应该使用软件。

基于近似精确数据以及区间数据的 ML 分析提供了接近的估计值，这通常是在检测区间同分布宽度相比较短时成立。差异随区间变宽而增加。

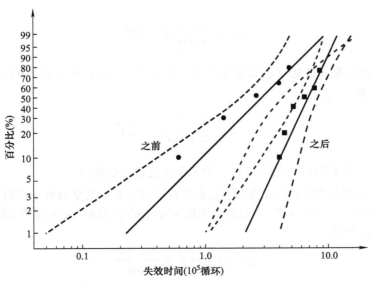

图 7.16 传动件区间寿命数据的威布尔图，ML 拟合、百分位数的置信区间

7.6.5 正态分布和对数正态分布

在本节中，我们描述针对完全或类型 I 删失数据的正态分布和对数正态分分布的参数的 ML 估计。针对参数和其他感兴趣的指标的置信区间也做了介绍。此方法同样适用于类型 II 删失数据。

正如在第 2 章所讨论的，如果一个变量 x 服从尺度参数 μ 和形状参数 σ 的对数正态分布，则 $t = \ln x$ 就服从均值为 μ 和标准差为 σ 的正态分布。因此，$t = \ln x$ 的概率密度函数是

$$f(t) = \frac{1}{\sqrt{2\pi}\sigma} \exp\left[-\frac{(t-\mu)^2}{2\sigma^2}\right] \quad (7.73)$$

1. 完全精确数据

从式（7.39），针对完全精确数据正态分布的样本对数似然函数为

$$L(\mu, \sigma) = \sum_{i=1}^{n} \left[-\frac{1}{2}\ln(2\pi) - \ln\sigma - \frac{(t_i - \mu)^2}{2\sigma^2}\right] \quad (7.74)$$

求 μ 和 σ 的偏导数，使其等于 0，得到似然方程。求解这些方程得出 MLE：

$$\hat{\mu} = \frac{1}{n}\sum_{i=1}^{n} t_i \quad (7.75)$$

$$\hat{\sigma}^2 = \frac{1}{n}\sum_{i=1}^{n}(t_i - \hat{\mu})^2 \quad (7.76)$$

注意式（7.75）是 μ 的通常的无偏估计量，然而式（7.76）并不是 σ^2 的无偏估计量。无偏估计量为

$$s^2 = \frac{1}{n-1}\sum_{i=1}^{n}(t_i - \hat{\mu})^2 \quad (7.77)$$

当 n 很大时，式（7.76）和式（7.77）结果很接近或近似相同。

在之前的章节中我们用正态分布近似估计量的分布。这里 $\hat{\mu}$ 服从均值为 μ 且标准差为 $\sigma/\sqrt{n}$ 的正态分布。$n\hat{\sigma}^2/\sigma^2$ 服从自由度为 $n-1$ 的 χ^2 分布。μ 和 σ^2 置信水平为 $1-\alpha$ 的双侧置信区间是

$$[\mu_L, \mu_U] = \hat{\mu} \pm \frac{z_{1-\alpha/2}\sigma}{\sqrt{n}} \quad (7.78)$$

$$[\sigma_L^2, \sigma_U^2] = \left[\frac{n\hat{\sigma}^2}{\chi^2_{(1-\alpha/2);(n-1)}}, \frac{n\hat{\sigma}^2}{\chi^2_{\alpha/2;(n-1)}}\right] \quad (7.79)$$

σ 的真值通常是未知的。如果用 S 代替式（7.78）中的 σ，则 $\sqrt{n}(\hat{\mu}-\mu)/s$ 服从自由度为 $n-1$ 的 t 分布。相应的准确的置信区间是

$$[\mu_L, \mu_U] = \hat{\mu} \pm \frac{t_{\alpha/2;(n-1)}s}{\sqrt{n}} \quad (7.80)$$

为计算方便，大多数可靠性和统计软件使用的是近似的置信区间：

$$[\mu_L, \mu_U] = \hat{\mu} \pm z_{1-\alpha/2}\sqrt{\hat{\text{Var}}(\hat{\mu})} \quad (7.81)$$

$$[\sigma_L, \sigma_U] = \hat{\sigma}\exp\left(\pm\frac{z_{1-\alpha/2}\sqrt{\hat{\text{Var}}(\hat{\sigma})}}{\hat{\sigma}}\right) \quad (7.82)$$

式中，$\hat{\text{Var}}(\hat{\mu}) \approx \hat{\sigma}^2/n$；$\hat{\text{Var}}(\hat{\sigma}) \approx \hat{\sigma}^2/2n$。单侧置信区间通过把 $z_{1/2-\alpha}$ 替换为 $z_{1-\alpha}$ 和使用适当的符号得到。

在特定时间 t 时失效概率 F 的近似的置信区间可以使用式（7.48）和式（7.49）得到，其中 $g(\mu, \sigma) = F(t; \mu, \sigma)$。更准确的表达为

$$[F_L, F_U] = [\Phi(w_L), \Phi(w_U)] \quad (7.83)$$

式中

$$[w_L, w_U] = \hat{w} \pm z_{1-\alpha/2}\sqrt{\hat{\text{Var}}(\hat{w})}, \qquad \hat{w} = \frac{t-\hat{\mu}}{\hat{\sigma}}$$

$$\hat{\text{Var}}(\hat{w}) = \frac{1}{\hat{\sigma}^2}[\hat{\text{Var}}(\hat{\mu}) + \hat{w}^2\hat{\text{Var}}(\hat{\sigma}) + 2\hat{w}\hat{\text{Cov}}(\hat{\mu}, \hat{\sigma})]$$

第 $100p$ 百分位数的估计量为

$$\hat{t}_p = \hat{\mu} + z_p\hat{\sigma} \quad (7.84)$$

t_p 的双侧置信区间为

$$[t_{p,L}, t_{p,U}] = \hat{t}_p \pm z_{1-\alpha/2}\sqrt{\hat{\text{Var}}(\hat{t}_p)} \quad (7.85)$$

式中，$\hat{\text{Var}}(\hat{t}_p) = \hat{\text{Var}}(\hat{\mu}) + z_n^2\hat{\text{Var}}(\hat{\sigma}) + 2z_p\hat{\text{Cov}}(\hat{\mu},\hat{\sigma})$。注意，当 $p = 0.5$ 时式（7.85）简化为式（7.81）。

对数正态分布的第 $100p$ 百分位数和置信区间分别使用式（7.84）和式（7.85）的逆对数转化来计算。

例 7.11 整机制造商想要从供应商 1 或 2 选择一个氧传感器。为帮助做决定，需要两个供应商的氧传感器的可靠性。这是通过在高温下测试随机地从每个供应商选取

的 15 个氧传感器来完成的。同时运行 30 个氧传感器直到一家供应商的所有氧传感器都失效，另一组则是删失。结果是供应商 1 的 15 个失效和供应商 2 的 10 个失效。当供应商 1 的最后一个失效时，供应商 2 的删失时间是 701h。供应商 1 的失效时间为 170h、205h、207h、240h、275h、285h、324h、328h、334h、352h、385h、479h、500h、607h 和 701h。供应商 2 的是 220h、264h、269h、310h、408h、451h、489h、537h、575h 和 663h。供应商 1 氧传感器的寿命是完全精确数据。估计制造商感兴趣的寿命分布、200h 时的总体失效比例和中位寿命。供应商 2 的数据（右删失）将在例 7.12 进行分析。

解： 正如对数正态概率图（这里没有显示）表明的，对数正态分布充分地符合供应商 1 的寿命数据。下一个步骤是计算 ML 估计值和置信区间。这个可以用 Minitab 来完成。出于演示目的这里我们用手算。首先计算对数寿命。然后根据式（7.75），μ 的估计值是

$$\hat{\mu}_1 = \frac{1}{15}(\ln 170 + \ln 205 + \cdots + \ln 701) = 5.806$$

在此例中，角标 1 表示供应商 1。σ_1^2 的估计值是

$$\hat{\sigma}_1^2 = \frac{1}{15}[(\ln 170 - 5.806)^2 + (\ln 205 - 5.806)^2 + \cdots + (\ln 701 - 5.806)^2]$$
$$= 0.155$$

则　　$\hat{\sigma}_1 = 0.394$。

200h 时的总体失效比例估计值为

$$\hat{F}_1(200) = \Phi\left(\frac{\ln 200 - 5.806}{0.394}\right) = 0.097 = 9.7\%$$

中位寿命的对数正态估计值是

$$\hat{x}_{0.5,1} = \exp(\hat{\mu}_1) = \exp(5.806) = 332$$

$\hat{\mu}_1$ 和 $\hat{\sigma}_1$ 的方差估计值是

$$\hat{\text{Var}}(\hat{\mu}_1) \approx \frac{0.155}{15} = 0.0103, \quad \hat{\text{Var}}(\hat{\sigma}_1) \approx \frac{0.155}{2 \times 15} = 0.0052$$

根据式（7.81），μ_1 的双侧置信区间是

$$[\mu_{1,L}, \mu_{1,U}] = 5.806 \pm 1.6449 \times \sqrt{0.0103} = [5.639, 5.973]$$

σ_1 的双侧置信区间是

$$[\sigma_{1,\mathrm{L}}, \sigma_{1,\mathrm{U}}] = 0.394 \times \exp\left(\pm \frac{1.6449 \times \sqrt{0.0052}}{0.394}\right) = [0.292, 0.532]$$

对于完全数据，$\mathrm{Cov}(\hat{\mu}_1, \hat{\sigma}_1) = 0$，然后 $\hat{w} = (t - \hat{\mu}_1)/\hat{\sigma}_1$ 的方差估计值是

$$\hat{\mathrm{Var}}(\hat{w}) = \frac{1}{0.155} \times [0.0103 + (-1.2987)^2 \times 0.0052] = 0.123$$

对于 $t = \ln 200 = 5.298$，我们有

$$[w_\mathrm{L}, w_\mathrm{U}] = -1.2987 \pm (-1.6449 \times \sqrt{0.123}) = [-1.8756, -0.7218]$$

然后根据式（7.83），200h 时总体失效比例的置信区间是

$$[F_{1,\mathrm{L}}, F_{1,\mathrm{U}}] = [0.030, 0.235] = [3.0\%, 23.5\%]$$

对数正态数据的中位寿命置信区间是

$$[x_{0.5,1,\mathrm{L}}, x_{0.5,1,\mathrm{U}}] = [\exp(\mu_{1,\mathrm{L}}), \exp(\mu_{1,\mathrm{U}})] = [\exp(5.639), \exp(5.973)] = [281, 393]$$

以上结果将会和例 7.12 中供应商 2 的对应结果做比较。

2. 右删失精确数据

假设样本容量为 n，有 r 个失效。其他 $n-r$ 个遭受类型 I 右删失。r 个失效时间是 $t_1, t_2, \cdots, t_r$，删失时间是 $t_{r+1}, t_{r+2}, \cdots, t_n$。样本对数似然函数是

$$L(\mu, \sigma) = \sum_{i=1}^{r}\left[-\frac{1}{2}\ln(2\pi) - \ln\sigma - \frac{(t_i - \mu)^2}{2\sigma^2}\right] + \sum_{i=r+1}^{n}\ln\left[1 - \Phi\left(\frac{t_i - \mu}{\sigma}\right)\right] \quad (7.86)$$

$\hat{\mu}$ 和 $\hat{\sigma}$ 可以通过直接最大化式（7.86）来得到。基于从删失数据获取的方差估计值，均值、标准差、失效概率（总体失效比例）和第 $100p$ 百分位数的正态近似置信区间可以分别由式（7.81）、式（7.82）、式（7.83）和式（7.85）计算得出。

例 7.12 参考例 7.11。供应商 2 的寿命数据是右删失精确数据。样本容量为 $n = 15$，失效数 $r = 10$，删失时间是 701h。估计供应商 2 的寿命分布和中位寿命，并与例 7.11 中供应商 1 的结果做比较，然后决定选择哪个供应商。

解：正如在例 7.11 中，对数正态图显示对数正态分布充分地符合供应商 2 的寿命数据。直接把寿命数据代入式（7.86）中，最大化对数似然函数来估计此分布参数。利用 Minitab 计算的尺度参数和形状参数的估计值为 $\hat{\mu}_2 = 6.287$，$\hat{\sigma}_2 = 0.555$；在本例中下标 2 表示供应商 2。200h 时的总体失效比例是 $\hat{F}_2(200) = 0.037$（或 3.7%），中位寿命的对数正态的估计值是 $\hat{x}_{0.5,2} = 538\mathrm{h}$。对于 μ_2 的双侧置信区间为 $[\mu_{2,\mathrm{L}}, \mu_{2,\mathrm{U}}] = [6.032, 6.543]$。$\sigma_2$ 的置信区间是 $[\sigma_{2,\mathrm{L}}, \sigma_{2,\mathrm{U}}] = [0.373, 0.827]$。200h 时的总体失效比例的置信区间是 $[F_{2,\mathrm{L}}, F_{2,\mathrm{U}}] = [0.006, 0.145]$ 或 $[0.6\%, 14.5\%]$。对数正态数据的中位寿命置信区间是 $[x_{0.5,2,\mathrm{L}}, x_{0.5,2,\mathrm{U}}] = [417, 694]$。

比较例 7.11 和例 7.12 的结果，我们可以看到，由供应商 2 制造的氧传感器是更可靠的，特别是服务时间长时。特别地，供应商 2 的中位寿命显著大于供应商 1 的（它们的置信区间不重叠）。此外，虽然两个供应商的置信区间都有部分交叉，而供应商 2 在 200h 时失效概率更低。显然，从可靠性角度，制造商应当选择供应商 2。

3. 区间数据

完全区间数据的样本对数似然函数为

$$L(\mu,\sigma) = \sum_{i=1}^{m} r_i \ln\left[\Phi\left(\frac{t_i-\mu}{\sigma}\right) - \Phi\left(\frac{t_{i-1}-\mu}{\sigma}\right)\right] \qquad (7.87)$$

式中，r_i 是在第 i 次检测区间（t_{i-1}, t_i]的失效数；m 是检测的次数。不同于精确数据的似然函数，式（7.87）不产生参数估计的解析解。必须使用数值法才能得到结论。实际上，商业的可靠性软件擅长这一点。若这些软件不可用，我们可利用 Excel 的"规划求解"。由于 Excel 包含了标准正态分布函数，因此用来解决此问题很方便。可用 Excel 或其他软件来处理右删失区间数据，其样本对数似然函数为

$$L(\mu,\sigma) = \sum_{i=1}^{m} r_i \ln\left[\Phi\left(\frac{t_i-\mu}{\sigma}\right) - \Phi\left(\frac{t_{i-1}-\mu}{\sigma}\right)\right] + \sum_{i=1}^{m} d_i \ln\left[1-\Phi\left(\frac{t_i-\mu}{\sigma}\right)\right] \qquad (7.88)$$

式中，m、r_i 和 t_i 与式（7.87）的含义相同；d_i 为在 t_i 时的删失数量。

区间数据的置信区间计算可应用之前在本小节给出的精确数据的公式。

7.7 在使用条件下的可靠性估计

在前面的章节中，我们讨论了使用图形和 ML 估计法对试验条件下的样本进行可靠性估计。在本节中，我们使用这些方法以及第 7.4 节中的加速关系，来估计使用条件下的可靠性。

7.7.1 统计加速模型

第 7.4 节中的加速关系是确定性的。换句话说，这描述了额定寿命但并没有对寿命的分布做出说明。在可靠性分析中，我们不仅考虑额定寿命对应力的依赖，也关心寿命的分布。这两个问题可以通过将加速关系与寿命分布相组合来解决。然后在加速关系中的额定寿命就是寿命分布的特定的百分位数，并且所得到的组合是物理-统计加速模型。例如，如果温度是一个加速变量且使用威布尔分布对寿命进行建模，那么加速关系（例如 Arrhenius 模型）中的额定寿命就是特征寿命。

通过加速寿命试验来估计使用应力水平下的寿命分布，需要以下假设：

1）在使用和高应力水平下的失效时间可以使用（变换的）位置尺度分布（例如

指数分布、威布尔分布或对数正态分布）来建模。其他分布较少用于寿命建模，但也可以使用。

2）（变换的）位置尺度分布的尺度参数不取决于应力水平。特别地，对数正态的 σ 和威布尔的 β 在任何应力水平下都是常数。当 $\beta=1$ 时，作为威布尔分布的特殊情况，指数分布总是满足这个假设。在某些应用中，尺度参数可能不是常数，而随后的数据分析要复杂得多。

3）加速关系应超出从最高试验应力到正常使用水平的应力范围。位置参数是应力的（转换的）线性函数，即

$$y = \gamma_0 + \gamma_1 x_1 + \cdots + \gamma_k x_k \quad (7.89)$$

式中，$\gamma_i(i=0,1,2,\cdots,k)$ 是取决于材料性质、失效标准、产品设计以及其他因素的系数；x_i 是（转化的）应力；k 是应力的数量；y 是寿命分布的位置参数。特别地，对于指数分布，$y=\ln\theta$；对于威布尔分布，$y=\ln\alpha$；对于对数正态分布，$y=\mu$。

在应用中，寿命-应力关系和寿命分布决定了式（7.89）的具体形式。例如，如果我们使用式（7.6），并且寿命服从威布尔分布，则式（7.89）可以写成

$$\ln\alpha = \gamma_0 + \gamma_1 x \quad (7.90)$$

式中，$x=1/T$。

如果我们使用式（7.18），并且寿命服从对数正态分布，则式（7.89）成为

$$\mu = \gamma_0 + \gamma_1 x \quad (7.91)$$

式中，$x=\ln V$。如果我们使用式（7.14），并且寿命服从指数分布，则式（7.89）简化为

$$\ln\theta = \gamma_0 + \gamma_1 x_1 + \gamma_2 x_2 + \gamma_3 x_3 \quad (7.92)$$

式中，$x_1=\ln(\Delta T)$，$x_2=\ln f$，$x_3=1/T_{\max}$。

7.7.2 图形估计

在第 7.5 节中，我们介绍了利用概率图对单一试验条件下的样本进行寿命分布的参数的估计。以下步骤用于估计使用条件下的寿命分布：

1）在适当的概率纸上绘制每个试验条件下的寿命数据，并估计位置参数和比例参数，即 $\hat{y}_i$ 和 $\hat{\sigma}_i(i=1,2,\cdots,m)$，其中 m 是应力水平的数量。这一步在第 7.5 节中已经做了详细描述。

2）将 $\hat{y}_i$ 和 x_i 的值代入线性关系式式（7.89）并使用线性回归法求解关于系数的方程。然后计算在使用应力水平下的 y 的估计值，用 $\hat{y}_0$ 表示。或者，$\hat{y}_0$ 可以通过绘制 $\hat{y}_i$ 与（线性变换的）应力水平的关系直线并将该直线投射到使用水平来获得。

3）根据下式计算共同尺度参数估计值 σ_0：

$$\hat{\sigma}_0 = \frac{1}{r}\sum_{i=1}^{m} r_i \hat{\sigma}_i \qquad (7.93)$$

式中，r_i 是在应力水平 i 的失效数量，$r = \sum_{1}^{m} r_i$。式（7.93）假设了一个常数尺度参数，是共同尺度参数的近似估计量。Nelson（1982）给出了更准确但更复杂的估计。

4）使用位置参数为 y_0 和尺度参数为 σ_0 的寿命分布估计使用压力水平下的相关指标。

应该指出，上面的图形方法产生了使用条件下的近似寿命估计量。只要有可能，应该使用 ML 估计法（第 7.7.3 小节）以获得更佳的估计。

例 7.13　参考例 7.5。使用 Arrhenius 模型，估计在使用温度 35℃下的 B_{10} 寿命和在 10 000h 时的可靠度。

解：例 7.5 中给出了不同温度下的估计值：100℃时，$\hat{\alpha}_1 = 5394$，$\hat{\beta}_1 = 2.02$；120℃时，$\hat{\alpha}_2 = 3285$，$\hat{\beta}_2 = 2.43$，150℃时，$\hat{\alpha}_3 = 1330$，$\hat{\beta}_3 = 2.41$。如式（7.90）所示，$\ln\alpha$ 是 $1/T$ 的线性函数。因此，我们使用 Excel 绘制了 $\ln \hat{\alpha}_i$ 和 $1/T_i$ 的图，且拟合了回归线。图 7.17 展示了绘制的图以及回归线。比较高的 R^2 表明了 Arrhenius 模型足够适合。在 35℃时威布尔尺度参数的估计值为 $\hat{\alpha}_0 = \exp(4452.6 \times 0.003\ 245 - 3.299)\text{h} = $ 69 542h。根据式（7.93），共同形状参数估计值为

$$\hat{\beta}_0 = \frac{8 \times 2.02 + 7 \times 2.43 + 10 \times 2.41}{8 + 7 + 10} = 2.29$$

因此，在使用温度为 35℃时，威布尔拟合的形状参数为 2.29，尺度参数为 69 542h。$\hat{B}_{10} = 69\ 542\text{h} \times [-\ln(1 - 0.1)]^{1/2.29} = 26\ 030\text{h}$，在 10 000h 时的可靠度为：$\hat{R}(10\ 000) = \exp[-(10\ 000/69\ 542)^{2.29}] = 0.9883$，意味着在 10 000h 时估计 1.2% 的总体会失效。

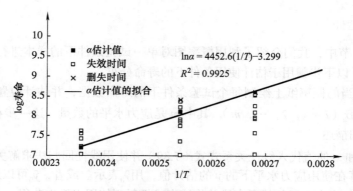

图 7.17　电子模块的拟合 Arrhenius 模型图

7.7.3 ML 估计

在第 7.6 节中，我们描述了对试验条件下的样本进行寿命分布估计的 ML 估计法，分别分析了在不同应力水平下获取的寿命数据，每个分布是特定数据集的最佳拟合。这些分析的推论应用于这些压力水平。我们知道，ALT 的主要目的是估计在使用条件下的寿命分布。

为了实现这一点，在第 7.7.1 小节中，我们假设了一个（变换的）位置尺度分布，包含共同尺度参数值和介于位置参数和应力水平间的加速关系。对于这个模型，我们同时对所有应力水平下的寿命数据进行模型拟合。获得在使用条件下的估计如下：

1）通过概率图来拟合在单个应力水平下的寿命分布并估计各自的尺度参数。

2）将所有数据集及其单独的累积分布函数拟合绘制在同一个概率图上。检验一个常数尺度参数的假设。如果数据图和拟合的直线大致平行，假设可能是合理的并且可以开始 ML 分析。否则，则有必要调查试验方法、失效模式和其他方面。如果没发现问题，则应使用非常数尺度参数来分析。Nelson（1990，2004）讨论了尺度参数对应力水平的依赖性。常数尺度参数的假设可以以另一种方式检验。首先使用式（7.93）计算共同尺度参数估计值。然后绘制单个数据及和此尺度参数的最佳拟合。如果所有直线同数据集充分拟合，则假设可能是合理的。

3）写出总样本对数似然函数，它是每个试验组的所有对数似然函数的总和。第 7.6 节给出了对于单一组的样本的对数似然函数。现在我们看一个例子。ALT 由在低应力和高应力水平下的两个试验组组成。低应力水平下的小组产生右删失精确寿命数据，而高应力组产生完全精确寿命数据。对于威布尔分布，低应力和高应力水平下的样本对数似然函数分别由式（7.68）和式（7.59）给出。然后总样本对数似然函数为

$$L(\alpha_1, \alpha_2, \beta) = \sum_{i=1}^{r} \left[\ln\beta - \beta\ln\alpha_1 + (\beta-1)\ln t_{1i} - \left(\frac{t_{1i}}{\alpha_1}\right)^\beta \right] - \sum_{i=r+1}^{n_1} \left(\frac{t_{1i}}{\alpha_1}\right)^\beta + \sum_{i=1}^{n_2} \left[\ln\beta - \beta\ln\alpha_2 + (\beta-1)\ln(t_{2i}) - \left(\frac{t_{2i}}{\alpha_2}\right)^\beta \right] \quad (7.94)$$

式中，下标 1 和 2 分别表示低应力水平和高应力水平。

4）将适当的加速关系代入总样本对数似然函数。在步骤 3）的例子中，如果使用的是 Arrhenius 关系，将式（7.90）代入式（7.94）得

$$L(\gamma_0, \gamma_1, \beta) = \sum_{i=1}^{r} \left[\ln\beta - \beta(\gamma_0 + \gamma_1 x_1) + (\beta-1)\ln t_{1i} - \left(\frac{t_{1i}}{e^{\gamma_0+\gamma_1 x_1}}\right)^{\beta} \right] -$$

$$\sum_{i=r+1}^{n_1} \left(\frac{t_{1i}}{e^{\gamma_0+\gamma_1 x_1}}\right)^{\beta} +$$

$$\sum_{i=1}^{n_2} \left[\ln\beta - \beta(\gamma_0 + \gamma_1 x_2) + (\beta-1)\ln t_{2i} - \left(\frac{t_{2i}}{e^{\gamma_0+\gamma_1 x_2}}\right)^{\beta} \right]$$

(7.95)

式中，x_1 和 x_2 分别表示变换的低温和高温。

5) 通过使用数值法直接地最大化总对数似然函数来估计模型参数（例如式（7.95）中的 γ_0、γ_1 和 β）。此外，可以通过迭代来求解似然方程来获得估计值。然而，这种做法通常比较困难。在这个例子中，该步骤产生 γ_0、γ_1 和 β 的估计量。

6) 使用总对数似然函数和在第 7.6.2 小节中描述的 Fisher 信息矩阵的局部估计来计算方差-协方差矩阵。在这个例子中，这一步骤得出

$$\hat{\Sigma} = \begin{pmatrix} \hat{V}ar(\hat{\gamma}_0) & \hat{C}ov(\hat{\gamma}_0, \hat{\gamma}_1) & \hat{C}ov(\hat{\gamma}_0, \hat{\beta}) \\ \hat{C}ov(\hat{\gamma}_0, \hat{\gamma}_1) & \hat{V}ar(\hat{\gamma}_1) & \hat{C}ov(\hat{\gamma}_1, \hat{\beta}) \\ \hat{C}ov(\hat{\gamma}_0, \hat{\beta}) & \hat{C}ov(\hat{\gamma}_1, \hat{\beta}) & \hat{V}ar(\hat{\beta}) \end{pmatrix}$$

7) 计算使用应力水平下的寿命分布估计量。根据加速关系来计算分布的位置参数估计量。在这个例子中，在使用条件下的威布尔特征寿命为 $\hat{\alpha} = \exp(\hat{\gamma}_0 + \hat{\gamma}_1 x_0)$，其中 $x_0 = 1/T_0$，T_0 为使用温度。威布尔分布的形状参数估计为 $\hat{\beta}$。有 $\hat{\alpha}_0$ 和 $\hat{\beta}$，我们就可以估计相关指标，如可靠度和百分位数。

8) 估计使用条件下位置参数方差以及位置参数和尺度参数估计量的协方差。由式（7.48）和加速关系得到方差。对于对数正态分布，给定应力水平下的协方差为

$$\hat{C}ov(\hat{\mu}, \hat{\sigma}) = \hat{C}ov(\hat{\gamma}_0, \hat{\sigma}) + \sum_{i=1}^{k} x_i \hat{C}ov(\hat{\gamma}_i, \hat{\sigma})$$

(7.96)

式中，k 和 x_i 的含义与式（7.89）中的含义相同。将使用应力水平 x_{10}, x_{20}, …, x_{k0} 代入式（7.96）得到尺度参数估计值的协方差和在使用应力水平下的位置参数。类似地，对于威布尔分布，

$$\hat{C}ov(\hat{\alpha}, \hat{\beta}) = \hat{\alpha} \left[\hat{C}ov(\hat{\gamma}_0, \hat{\beta}) + \sum_{i=1}^{k} x_i \hat{C}ov(\hat{\gamma}_i, \hat{\beta}) \right]$$

(7.97)

对于上例中的单个应力,根据式(7.97),$\hat{\alpha}_0$ 和 $\hat{\beta}$ 的协方差为

$$\hat{\text{Cov}}(\hat{\alpha}_0, \hat{\beta}) = \hat{\alpha}_0[\hat{\text{Cov}}(\hat{\gamma}_0, \hat{\beta}) + x_0\hat{\text{Cov}}(\hat{\gamma}_1, \hat{\beta})]$$

9)计算先前估计的关注量的置信区间。这通过将在使用条件下的模型参数的方差和协方差估计值代入在第 7.6 节中介绍的单一试验条件下的置信区间来实现。在例子中,在给定时间内的和使用条件下的失效概率的置信区间通过将 $\hat{\text{Var}}(\hat{\alpha}_0)$、$\hat{\text{Var}}(\hat{\beta})$ 和 $\hat{\text{Cov}}(\hat{\alpha}_0, \hat{\beta})$ 代入式(7.66)获得。

实际上,以上的计算是在 Minitab、ReliaSoft ALTA 等商业软件上进行的。现在我们用以下两个例子来说明这样的计算,其中一个是单一加速应力,另一个有两个加速应力。

例 7.14 例 7.13 阐释了对于微型电子模块在使用温度下的图形的可靠性估计。寿命数据呈现在例 7.5 中。在这里我们估计寿命分布、B_{10} 寿命和在 10 000h 和使用温度下的可靠度,并使用 ML 估计法计算其置信区间。

解:例 7.5 中的图形分析显示了威布尔分布在每个温度下充分拟合的寿命数据。威布尔拟合的三个数据集如图 7.13 所示,这表明尽管 100℃ 的线不太平行于另外两条,但常数形状参数是合理的。在图 7.18 中,威布尔拟合绘制的三个数据集具有一个共同形状参数,在例 7.13 中被计算为 $\beta_0 = 2.29$。图 7.18 显示了该共同形状参数是合理的。

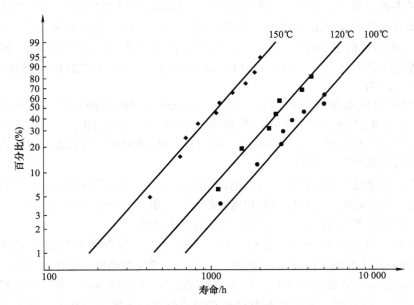

图 7.18 电子模块的威布尔拟合(共同形状参数 β)

100℃ 和 120℃ 的组都有右删失精确数据,而在 150℃ 的是完全数据。如果寿命 -

温度关系使用式（7.90）建模，总样本对数似然函数是

$$L(\gamma_0, \gamma_1, \beta) = \sum_{i=1}^{8}\left[\ln\beta - \beta(\gamma_0 + \gamma_1 x_1) + (\beta - 1)\ln t_{1i} - \left(\frac{t_{1i}}{e^{\gamma_0 + \gamma_1 x_1}}\right)^{\beta}\right] - 4 \times \left(\frac{5500}{e^{\gamma_0 + \gamma_1 x_1}}\right)^{\beta} +$$

$$\sum_{i=1}^{7}\left[\ln\beta - \beta(\gamma_0 + \gamma_1 x_2) + (\beta - 1)\ln t_{2i} - \left(\frac{t_{2i}}{e^{\gamma_0 + \gamma_1 x_2}}\right)^{\beta}\right] -$$

$$\left(\frac{4500}{e^{\gamma_0 + \gamma_1 x_2}}\right)^{\beta} +$$

$$\sum_{i=1}^{10}\left[\ln\beta - \beta(\gamma_0 + \gamma_1 x_3) + (\beta - 1)\ln t_{3i} - \left(\frac{t_{3i}}{e^{\gamma_0 + \gamma_1 x_3}}\right)^{\beta}\right]$$

式中，x_1=1/(100+273.15)=0.00268，x_2= 0.00254，x_3=0.00236，t_{1i}、t_{2i}和t_{3i}分别为在100℃、120℃和150℃下观测到的失效次数。通过在 Excel 中直接地最大化 $L(\gamma_0, \gamma_1, \beta)$ 来非常容易地计算得到估计值$\hat{\gamma}_0$、$\hat{\gamma}_1$、$\hat{\beta}$。然而，通过 Excel 的方差 - 协方差矩阵的计算涉及了手算，因此不被推荐。这里我们使用 Minitab 来做此分析；也可以选择其他软件，如 ReliaSoft ALTA。模型参数的估计值是$\hat{\gamma}_0 = -3.156$，$\hat{\gamma}_1 = 4390$，$\hat{\beta} = 2.27$。$\hat{\gamma}_0$、$\hat{\gamma}_1$和$\hat{\beta}$的方差估计值是$\hat{V}\text{ar}(\hat{\gamma}_0) = 3.08$，$\hat{V}\text{ar}(\hat{\gamma}_1) = 484\,819.5$，$\hat{V}\text{ar}(\hat{\beta}) = 0.1396$。模型参数的双侧置信区间为 $[\gamma_{0,L}, \gamma_{0,U}] = [-6.044, -0.269]$，$[\gamma_{1,L}, \gamma_{1,U}] = [3244.8, 5535.3]$，$[\beta_L, \beta_U] = [1.73, 2.97]$。

在 35℃时威布尔特征寿命的估计是$\hat{\alpha}_0$ =exp(-3.156+4390 × 0.003245)=65 533h。在 35℃时的 B_{10} 是$\hat{B}_{10} = 24\,286$h。寿命的双侧置信区间是 $[B_{10,L}, B_{10,U}]=[10\,371, 56\,867]$。在 10 000h 和 35℃下的可靠度是$\hat{R}$ (10 000)=0.9860。可靠度的双侧置信区间是 $[R_L, R_U] = [0.892, 0.998]$。

注意，这里使用 ML 估计法得到的$\hat{\beta}$值和例 7.13 中用图形分析方法得到的非常接近。在这个特定的例子中其他参数和指标的差别也很小（小于 6%）。总体上，两种方法通常会给出相当不同的结果，且 ML 估计通常更精确。

例 7.15 在这个例子中，我们使用 ML 估计法分析有两个加速应力的 ALT。Yang 和 Zaghati（2006）通过 ALT 提出了一种 18V 紧凑型电磁继电器的可靠性验证的案例。继电器将安装在某系统中，在 30℃的情况下，5 循环 /min。系统设计规范要求继电器在 20 万循环时，置信水平为 90% 的可靠性置信下限大于 99%。将 120 个试验件分成四组，每组各在高于使用温度和开关率的情况下进行试验。在试验中，正常闭合和打开继电器的触点都加载了 2A 的电阻负载。继电器的最大允许温度和开关率分

别为 125℃和 30 循环 /min。对于此种继电器，由于散热的时间更短和更多的电弧，开关率的提高减少了失效的循环数。其效应可以通过寿命 - 使用率模型式（7.21）来描述。温度对失效循环的影响用 Arrhenius 模型来模拟。这个 ALT 涉及两个加速变量。表 7.9 展示了 Yang 的折中试验计划，这会在下一节介绍。试验计划规定了删失时间，其中删失循环数是删失时间乘以开关率。失效循环数总结在表 7.10 中。估计在使用温度和开关率下的寿命分布，并验证继电器是否符合系统设计规范。

表 7.9 继电器的折中试验计划

组别	温度 /℃	开关率 / (循环 /min)	样本容量	删失时间 /h	删失循环数 (10^3 循环)
1	64	10	73	480	288
2	64	30	12	480	864
3	125	10	12	96	57.6
4	125	30	23	96	172.8

解：我们首先使用图形分析四组的寿命数据。组 1 和 3 是右删失数据，2 和 4 是完全数据。单个组的概率图表明威布尔分布足够适用于所有小组，且如图 7.19 所示，常数形状参数是合理的。

表 7.10 继电器的失效循环数

组别	失效循环数
1	47 154, 51 307, 86 149, 89 702, 90 044, 129 795, 218 384, 223 994, 227 383, 229 354, 244 685, 253 690, 270 150, 281 499, 288 000^{+59}
2	45 663, 123 237, 192 073, 212 696, 304 669, 323 332, 346 814, 452 855, 480 915, 496 672, 557 136, 570 003
3	12 019, 18 590, 29 672, 38 586, 47 570, 56 979, 57 600^{+6}
4	7151, 11 966, 16 772, 17 691, 18 088, 18 446, 19 442, 25 952, 29 154, 30 236, 33 433, 33 492, 39 094, 51 761, 53 926, 57 124, 61 833, 67 618, 70 177, 71 534, 79 047, 91 295, 92 005

注：上标 +x 表示 x 个继电器将持续超过该循环数（右删失）。

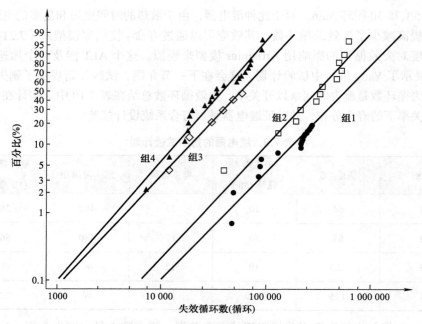

图 7.19 每组各自的威布尔拟合

图形分析应遵循最大似然法。这里没有给出总样本对数似然函数，但可以通过对单个小组的对数似然函数进行求和得到。结合 Arrhenius 模型和寿命 - 使用率模型的加速关系为

$$\alpha(f, T) = Af^B \exp\left(\frac{E_a}{kT}\right) \quad (7.98)$$

式中，$\alpha(f, T)$ 是威布尔特征寿命，其他符号与式（7.5）和式（7.21）中的含义是相同的。线性化式（7.98），得

$$\ln[\alpha(x_1, x_2)] = \gamma_0 + \gamma_1 x_1 + \gamma_2 x_2 \quad (7.99)$$

式中，$x_1 = 1/T$，$x_2 = \ln f$，γ_0、γ_1 和 γ_2 为常数系数。注意式（7.99）是式（7.89）的特殊形式。下一步是把式（7.99）和寿命数据代入总样本对数似然函数。然后通过直接地最大化总样本对数似然函数来估计模型参数 γ_0、γ_1、γ_2 和 β。

另外，我们使用 Minitab 做极大似然估计得到 $\hat{\gamma}_0 = 0.671$，$\hat{\gamma}_1 = 4640.1$，$\hat{\gamma}_2 = -0.445$，$\hat{\beta} = 1.805$。

每组的共同 $\hat{\beta} = 1.805$，威布尔拟合绘制在图 7.20 中。在使用温度（30℃）和通常的开关率（5 循环 /min）下的威布尔特征寿命估计值为

$$\hat{\alpha}_0 = \exp[0.671 + \frac{4640.1}{303.15} - 0.445 \times \ln 5] \text{循环} = 4.244 \times 10^6 \text{循环}$$

20万循环时的可靠性估计值为

$$\hat{R}(200\,000) = \exp\left[-\left(\frac{200\,000}{4.244 \times 10^6}\right)^{1.805}\right] = 0.996$$

可靠性的单侧置信下限为 $R_L(200\,000) = 0.992$。0.992 大于 99%，因此我们认为继电器符合要求。

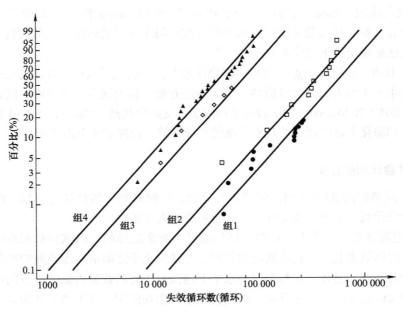

图 7.20　具有共同 β 的各组的威布尔拟合

此外，E_a 的估计值为

$$\hat{E}_a = \hat{\gamma}_1 k = 4640.1 \times 8.6171 \times 10^{-5}\,\mathrm{eV} = 0.4\,\mathrm{eV}$$

E_a 的双侧置信区间为 [0.347，0.452]。开关率效应参数的估计为 $\hat{B} = \hat{\gamma}_2 = -0.445$。$B$ 的双侧置信区间为 [−0.751，−0.160]。因为此置信区间不包括 0，所以开关率对寿命的效应不应被忽略。Yang 和 Zaghati（2006）讨论了关于相同继电器的开关率效应的重要性的更多内容。

7.8　折中试验计划

如前面部分所述和说明的，ALT 的主要目的是估计在使用条件下的使用寿命分布和其他关注量。

这种估计包括通过使用加速模型从更高的应力水平进行外推，因此也会产生模型误差和统计的不确定性。有时候，模型误差比统计误差影响更大。只有通过更好地了解失效机理和使用更准确的模型才可降低或消除模型误差，而通过仔细选择好的试验计划可以减少统计上的不确定性。典型的试验计划的特性是应力水平、分配给每个水平的试验单元的数量及其删失时间。从统计的角度来看，越长的删失时间通常会产生越准确的估计。然而，删失时间受到了试验资源和时间安排的限制，并且在大多数应用中被预先指定。Yang（1994）、Yang 和 Jin（1994）、Tang 和 Xu（2005）对删失时间做了优化。剩余的变量（即应力水平和分配到每个水平的试验单元的数量）可以通过各种方法来确定，下面简要来介绍一下。

在本节中，我们将重点放在折中试验计划上，它优化了试验变量的值来最小化在使用应力水平下的寿命百分位数估计量的渐近方差。其他试验计划可以在例如 Nelson（1990，2004）和 Meeker 和 Escobar（1998）的文献中找到。Nelson（2005）提供了加速寿命（和退化）试验计划的几乎完整的参考文献，包含 159 个出版物。

7.8.1 试验计划的分类

有不同类型的 ALT 计划，包括主观计划、传统计划、最佳传统计划、统计最优计划和折中计划。下面简要地进行了讨论来增加优先选择。

1）主观计划。本质上，试验计划是通过判断来选择的。当试验必须在短时间内结束，工程师通常会大幅提高低应力水平，并减少水平之间的差距来缩短产品寿命和符合试验时间表。另外，在每个应力水平下的试验单元的数量由测试设备的可用容量或试验单元的成本决定。这种试验计划往往会产生在使用条件下的不准确甚至错误的产品可靠性的估计，因而不应使用。

2）传统计划。低应力水平由经验决定，最高的是最大允许应力。中等应力水平（如果有的话）取前两者的中间值。各水平的间距通常是在线性转换后而不是原始值相同。例如，温度应使用 $1/T$，但实践中两者之间的差异可能是微不足道的。将试验单元同等地分配到每个水平上，这是一个糟糕的做法，原因如下。例如，30 个电子传感器的样本在三个温度下进行测试。低温和高温选择为 85℃和 150℃。那么中间的温度就是低温和高温间的中间约为 115℃。30 个单元中的 1/3（即 10 个单元）在每个温度下进行测试。一般来说，低应力水平应该有更多的单元以避免在这些水平上没有或很少有失效，这样才能产生更准确的在使用应力水平下的外推寿命的估计量。试验单元的相同分配违反了这一原则，并且在使用条件下经常产生较差的估计量。传统计划不推荐使用，尽管它曾在实践中被广泛地使用。

3）最佳传统计划。像传统计划一样，最佳传统计划使用等间隔的应力水平，每个应力有相同数量的试验单元，但是优化了低水平来最小化在使用条件下的寿命百分位数的估计量的渐近方差。Nelson（1990，2004）描述了这种试验计划。虽然比传统计划好，但由于试验单元的相同分配，最佳传统计划的准确度低于下述计划。

4）统计最优计划。对于单个加速变量，最优计划使用两个应力水平。低应力水平及其样本分配被优化以最小化在使用条件下的特定的寿命百分位数的估计量的渐近方差。高应力水平必须预先确定。高应力应该尽可能地高以产生更多的失效数和减少估计量的方差。然而，高应力水平不应该引入不同于使用应力下的那些失效模式。因为只使用了两个应力水平，试验计划对寿命分布的误设和模型参数的预估值非常敏感，而这些是在计划的计算中所必需的。换句话说，寿命分布和预估值的不正确选择可能会极大地危害计划的最优性，导致差的估计。仅使用两个应力水平，且当低应力水平下没有失效时，就不能检验既定关系的线性度，也不能产生关系参数的估计值。因此，这些计划经常不实用。但是，它们具有最小的方差，是其他试验计划的标杆。例如，下述的折中试验计划经常与统计最优计划进行比较，以评估为获得健壮性而损失的准确度。Nelson 和 Kielpinski（1976）、Nelson 和 Meeker（1978）描述了最优计划的相关理论。Kielpinski 和 Nelson（1975）、Nelson 和 Meeker（1975）给出了必要的图表以计算具体的计划。Nelson（1990，2004）总结了相关理论和图表。Meeker 和 Escobar（1995，1998）描述了两个或更多加速变量的最优计划。

5）折中试验计划。当涉及单个加速变量时，此计划使用三个或更多的应力水平。高应力水平必须明确具体。中间的应力水平通常在低和高应力水平间间距相等，但也可以使用不等间距。对低应力水平及其单元数做了优化。分配给中等水平的数量可以指定为总样本量或在低或高的应力水平下的单元数的固定的百分率。在后一种情况下，此数量是一个变量。有各种各样的优化标准，其中包括在使用条件下的寿命百分位数的估计量的渐近方差的最小化（最常用的标准）、总试验时间，以及其他（Nelson, 2005）。重要的折中计划由 Meeker（1984）、Meeker 和 Hahn（1985）、Yang（1994）、Yang 和 Jin（1994）、Tang 和 Yang（2002）、Tang 和 Xu（2005）做了介绍。当涉及两个加速变量时，Yang 和 Yang（2002）、Yang（2005）给出了因子折中计划，它使用了四个试验条件。Meeker 和 Escobar（1995，1998）描述了 20% 的折中计划，它采用了五个试验条件。在这一节我们关注 Yang 的带有一个或两个加速变量的威布尔分布和对数正态分布的实际的折中试验计划。

7.8.2 带有一个加速变量的威布尔分布

在本小节中我们介绍 Yang 的带有一个加速变量和线性关系的威布尔分布的折中试验计划。此试验计划基于以下模型：

1）寿命分布遵循形状参数为 β、特征寿命为 α 的威布尔分布。也就是说，对数寿命 $x = \ln t$ 服从尺度参数为 $\sigma = 1/\beta$、位置参数为 $\mu = \ln\alpha$ 的最小极值分布。

2）尺度参数 σ 与应力的水平无关。

3）位置参数 μ 是经转换的应力 S 的线性函数，即 $\mu(S) = \gamma_0 + \gamma_1 S$，其中 γ_0 和 γ_1 是需要根据试验数据估计的未知参数。

注意，这个模型在第 7.7 节中给出了更通用的形式。

Yang 的折中试验计划使用三个应力水平。在这里三个水平的删失时间由测试时间表、设备能力和其他约束预先确定。一般来说，较低的应力水平需要更长时间的删失时间以来产生足够的失效数量。如果总的试验时间固定下来了，则建议使用不相等的删失时间。必须制定高的应力水平，应力水平要尽可能高到能产生更多的失效，这样能减少实际应力估计量的方差；但是，要避免引入实际使用中不会出现的那些失效模式。应该把低应力水平及样件的数量调整到让实际情况下平均对数寿命估计量的方差逐渐最小化。在这里，中间的应力水平处在低和高应力水平之间，其试验单元的数量被指定为高应力水平下的一半。这个规定有些随意，但在应用中却符合常理。

我们使用以下符号：

n = 样本容量。
n_i = 分配给 S_i 的试验样件总数，$i = 1, 2, 3$。
S = 变换后的应力。
S_i = S 的第 i 个水平，$i = 0, 1, 2, 3$；$i = 0$ 表示实际使用水平，$i = 3$ 表示高水平。
$\xi_i = (S_i - S_3)/(S_0 - S_3)$，是 S_i 的变换后的应力因子；对 S_0，$\xi_0 = 1$；对 S_3，$\xi_3 = 0$。
$\pi_i = n_i/n$，是第 i 应力水平下样件的占样本容量的比例，$i = 1, 2, 3$。
η_i = 在应力水平 i 下的删失时间，$i = 1, 2, 3$。
μ_i = 在应力水平 i 下的位置参数，$i = 0, 1, 2, 3$。
$a_i = [\ln\eta_i - \mu_3]/\sigma$ 是标准化的删失时间，$i = 1, 2, 3$。
$b = (\mu_0 - \mu_3)/\sigma$。

对最小极值分布，均值等于第 43 百分位数。均值的极大似然估计量 $\hat{x}_{0.43}$ 的渐进方差在实际应力水平（$\xi_0 = 1$）下等于

$$\mathrm{Var}[\hat{x}_{0.43}(1)] = \frac{\sigma^2}{n} V \tag{7.100}$$

式中，V 是标准化的方差，是 a_i、b、ξ_0 以及 π_i（$i = 1, 2, 3$）的函数。在 Yang 与 Jin（1994）和 Meeker（1984）的文献中给出了 V 的计算方法。a_i、b 的值由 μ_0、μ_3 和 σ 决定，但是它们的值在试验计划阶段不明确，因此需要预估一下。后面我们会介绍预估的方法。应力因子 ξ_1 和抽样数量 π_i 将优化到使 $\mathrm{Var}[\hat{x}_{0.43}(1)]$ 达到最小值。因为 n 和 σ 在式（7.100）里是常数，优化模型可以写为

$$\min_{\xi_1, \pi_1} V \tag{7.101}$$

$$\text{s.t.} \begin{cases} \xi_2 = \xi_1/2 \\ \xi_3 = 0 \\ \pi_2 = \pi_3/2 \\ \pi_3 = 1 - \pi_1 - \pi_2 \\ 0 \leq \xi_1 \leq 1 \\ 0 \leq \pi_1 \leq 1 \end{cases}$$

这里 $\pi_2=\pi_3/2$ 这个约束与 $\pi_2=(1-\pi_1)/3$ 是一样的。因为 $x = \ln t$,$\text{Var}[\hat{x}_{0.43}(1)]$ 最小化等效于在正常使用应力下,威布尔分布的平均对数寿命的极大似然估计的渐进方差最小化。

有了 a_i($i=1,2,3$)和 b 的值,我们就能用数值法求解式(7.101)中的 ξ_1 和 π_1。表 7.11 给出了各组(a_1, a_2, a_3, b)对应的 ξ_1、π_1 和 V 的最优值。当 $a_1 = a_2 = a_3$ 时,试验计划的删失时间一致。要从表中找出计划,可以先从 b 的值开始查找,然后依次是 a_3、a_2、a_1。如果某组(a_1, a_2, a_3, b)的值无法从表中直接查到,可以使用线性内插法,用表外数据外推是不可以的,而应该使用数值方法。获得这些标准化的值之后,我们通过下式把它们转化成变换后的应力和实际抽样分配,这样 S_i 就变换回到实际应力水平了。

$$S_i = S_3 + \xi_i(S_0 - S_3), \qquad n_i = \pi_i n \qquad (7.102)$$

上文已经说过,试验计划取决于由 μ_0、μ_3 和 σ。它们在试验规划阶段是未知的,因此需要通过经验、类似数据或者预试验来估计。Yang(1994)建议 μ_0 参考像 MIL-HDBK-217F(U.S. DoD, 1995)这样的可靠性预测手册做近似估计,这种估计通常使用常数失效率。通过手册我们预测实际应力下的失效率,称为 λ_0。这样 $1/\lambda_0$ 就是平均寿命。对 μ_0 的预估是

$$\mu_0 = -\ln[\lambda_0 \Gamma(1 + \sigma)] \qquad (7.103)$$

例 7.16 用于控制泵的电子模块通常在 45℃下运行。为了评估它在此温度下的可靠性,将在三个更高的温度下测试 50 个样件。最高温度为 105℃,比最高允许温度低 5℃。对于较低温、中温和最高温,指定的删失时间分别为 1080h、600h 和 380h。历史数据分析表明,可以使用威布尔对产品寿命进行建模,其中 $\hat{\mu}_3 = 5.65$,$\hat{\sigma} = 0.67$。确定 Yang 提出的使 45℃时平均对数寿命的 MLE 的渐近方差达到最小的折中试验方法。

解:根据 MIL-HDBK-217F(U.S.DoD, 1995),以及每个样件的载荷、质量水平、工作环境等其他信息,我们预计在 45℃下的失效率是 $\lambda_0 = 6.83 \times 10^{-5}$ 次/h。从式(7.103),我们得到

$$\mu_0 = -\ln[6.83 \times 10^{-5} \times \Gamma(1 + 0.67)] = 9.69$$

表 7.11　针对威布尔分布的单个加速变量的折中试验计划

序号	a_1	a_2	a_3	b	π_1	ξ_1	V	序号	a_1	a_2	a_3	b	π_1	ξ_1	V
1	0	0	0	4	0.564	0.560	85.3	38	3	3	1	5	0.787	0.721	7.3
2	1	0	0	4	0.720	0.565	29.5	39	4	3	1	5	0.909	0.890	3.2
3	2	0	0	4	0.795	0.718	10.0	40	4	4	1	5	0.909	0.891	3.2
4	3	0	0	4	0.924	0.915	3.6	41	2	2	2	5	0.695	0.583	17.9
5	1	1	0	4	0.665	0.597	27.9	42	3	2	2	5	0.795	0.709	7.4
6	2	1	0	4	0.788	0.721	10.0	43	4	2	2	5	0.911	0.886	3.2
7	3	1	0	4	0.923	0.915	3.6	44	3	3	2	5	0.788	0.717	7.3
8	2	2	0	4	0.767	0.739	9.7	45	4	3	2	5	0.909	0.887	3.2
9	3	2	0	4	0.921	0.916	3.6	46	4	4	2	5	0.909	0.888	3.2
10	3	3	0	4	0.918	0.919	3.6	47	3	3	3	5	0.788	0.717	7.3
11	1	1	1	4	0.661	0.608	27.8	48	4	3	3	5	0.909	0.887	3.2
12	2	1	1	4	0.795	0.704	9.9	49	4	4	3	5	0.909	0.888	3.2
13	3	1	1	4	0.923	0.901	3.6	50	4	4	4	5	0.909	0.888	3.2
14	2	2	1	4	0.773	0.720	9.6	51	0	0	0	6	0.527	0.391	205.6
15	3	2	1	4	0.920	0.902	3.6	52	1	0	0	6	0.652	0.386	78.8
16	3	3	1	4	0.917	0.904	3.6	53	2	0	0	6	0.683	0.483	30.6
17	2	2	2	4	0.774	0.720	9.6	54	3	0	0	6	0.725	0.609	13.3
18	3	2	2	4	0.920	0.900	3.6	55	1	1	0	6	0.587	0.417	73.8
19	3	3	2	4	0.917	0.902	3.5	56	2	1	0	6	0.672	0.487	30.4
20	3	3	3	4	0.917	0.902	3.5	57	3	1	0	6	0.724	0.609	13.3
21	0	0	0	5	0.542	0.461	138.8	58	2	2	0	6	0.639	0.511	29.3
22	1	0	0	5	0.678	0.459	51.2	59	3	2	0	6	0.716	0.614	13.2
23	2	0	0	5	0.724	0.577	18.9	60	3	3	0	6	0.707	0.626	13.1
24	3	0	0	5	0.793	0.731	7.7	61	1	1	1	6	0.586	0.422	73.5
25	1	1	0	5	0.617	0.491	48.1	62	2	1	1	6	0.683	0.469	29.8
26	2	1	0	5	0.714	0.581	18.8	63	3	1	1	6	0.735	0.586	12.7
27	3	1	0	5	0.792	0.732	7.7	64	4	1	1	6	0.805	0.729	6.0
28	2	2	0	5	0.686	0.605	18.2	65	2	2	1	6	0.648	0.490	28.7
29	3	2	0	5	0.786	0.735	7.7	66	3	2	1	6	0.727	0.590	12.7
30	3	3	0	5	0.780	0.744	7.6	67	4	2	1	6	0.803	0.729	6.0
31	1	1	1	5	0.614	0.499	48.0	68	3	3	1	6	0.717	0.600	12.5
32	2	1	1	5	0.724	0.563	18.5	69	4	3	1	6	0.800	0.732	5.9
33	3	1	1	5	0.800	0.709	7.4	70	4	4	1	6	0.798	0.734	5.9
34	4	1	1	5	0.912	0.889	3.3	71	2	2	2	6	0.649	0.490	28.7
35	2	2	1	5	0.694	0.583	17.9	72	3	2	2	6	0.728	0.586	12.6
36	3	2	1	5	0.794	0.713	7.4	73	4	2	2	6	0.804	0.725	5.9
37	4	2	1	5	0.911	0.889	3.3	74	5	2	2	6	0.907	0.885	3.0

（续）

序号	a_1	a_2	a_3	b	π_1	ξ_1	V	序号	a_1	a_2	a_3	b	π_1	ξ_1	V
75	3	3	2	6	0.718	0.596	12.5	112	3	2	2	7	0.687	0.500	19.2
76	4	3	2	6	0.800	0.728	5.9	113	4	2	2	7	0.742	0.615	9.4
77	5	3	2	6	0.906	0.885	3.0	114	5	2	2	7	0.812	0.746	5.0
78	4	4	2	6	0.799	0.730	5.9	115	3	3	2	7	0.674	0.511	18.9
79	5	4	2	6	0.906	0.885	3.0	116	4	3	2	7	0.737	0.618	9.4
80	5	5	2	6	0.906	0.885	3.0	117	5	3	2	7	0.810	0.746	5.0
81	3	3	3	6	0.718	0.596	12.5	118	4	4	2	7	0.735	0.620	9.4
82	4	3	3	6	0.800	0.728	5.9	119	5	4	2	7	0.809	0.747	5.0
83	5	3	3	6	0.906	0.885	3.0	120	5	5	2	7	0.809	0.748	5.0
84	4	4	3	6	0.799	0.730	5.9	121	3	3	3	7	0.674	0.511	18.9
85	5	4	3	6	0.906	0.885	3.0	122	4	3	3	7	0.737	0.618	9.4
86	5	5	3	6	0.906	0.885	3.0	123	5	3	3	7	0.810	0.746	5.0
87	4	4	4	6	0.799	0.730	5.9	124	4	4	3	7	0.735	0.620	9.4
88	5	4	4	6	0.906	0.885	3.0	125	5	4	3	7	0.809	0.747	5.0
89	5	5	4	6	0.906	0.885	3.0	126	5	5	3	7	0.809	0.748	5.0
90	5	5	5	6	0.906	0.885	3.0	127	4	4	4	7	0.735	0.620	9.4
91	0	0	0	7	0.518	0.339	285.5	128	5	4	4	7	0.809	0.747	5.0
92	1	0	0	7	0.635	0.333	112.4	129	5	5	4	7	0.809	0.748	5.0
93	2	0	0	7	0.656	0.415	45.2	130	5	5	5	7	0.809	0.748	5.0
94	3	0	0	7	0.683	0.522	20.5	131	0	0	0	8	0.510	0.300	378.7
95	1	1	0	7	0.567	0.362	105.0	132	1	0	0	8	0.623	0.293	152.0
96	2	1	0	7	0.645	0.419	44.8	133	2	0	0	8	0.638	0.363	62.5
97	3	1	0	7	0.682	0.522	20.4	134	3	0	0	8	0.655	0.456	29.1
98	2	2	0	7	0.609	0.443	43.1	135	1	1	0	8	0.553	0.320	141.6
99	3	2	0	7	0.673	0.527	20.3	136	2	1	0	8	0.625	0.367	62.0
100	3	3	0	7	0.663	0.539	20.1	137	3	1	0	8	0.654	0.457	29.1
101	1	1	1	7	0.566	0.366	104.6	138	2	2	0	8	0.587	0.391	59.5
102	2	1	1	7	0.656	0.402	43.9	139	3	2	0	8	0.644	0.462	28.9
103	3	1	1	7	0.695	0.499	19.4	140	3	3	0	8	0.632	0.474	28.5
104	4	1	1	7	0.743	0.618	9.5	141	1	1	1	8	0.552	0.322	141.1
105	2	2	1	7	0.618	0.423	42.1	142	2	1	1	8	0.638	0.352	60.6
106	3	2	1	7	0.685	0.503	19.3	143	3	1	1	8	0.668	0.435	27.6
107	4	2	1	7	0.741	0.619	9.5	144	4	1	1	8	0.703	0.537	13.9
108	3	3	1	7	0.673	0.514	19.0	145	2	2	1	8	0.597	0.372	58.0
109	4	3	1	7	0.736	0.622	9.5	146	3	2	1	8	0.657	0.439	27.3
110	4	4	1	7	0.734	0.625	9.4	147	4	2	1	8	0.700	0.538	13.9
111	2	2	2	7	0.619	0.422	42.1	148	3	3	1	8	0.643	0.450	26.9

（续）

序号	a_1	a_2	a_3	b	π_1	ξ_1	V	序号	a_1	a_2	a_3	b	π_1	ξ_1	V
149	4	3	1	8	0.694	0.542	13.8	186	3	2	1	9	0.636	0.390	36.8
150	4	4	1	8	0.692	0.544	13.8	187	4	2	1	9	0.671	0.476	19.1
151	2	2	2	8	0.597	0.371	58.0	188	3	3	1	9	0.621	0.400	36.1
152	3	2	2	8	0.659	0.436	27.2	189	4	3	1	9	0.664	0.480	19.0
153	4	2	2	8	0.702	0.534	13.7	190	4	4	1	9	0.662	0.483	18.9
154	5	2	2	8	0.753	0.646	7.5	191	2	2	2	9	0.581	0.331	76.4
155	3	3	2	8	0.644	0.447	26.8	192	3	2	2	9	0.638	0.387	36.6
156	4	3	2	8	0.695	0.537	13.7	193	4	2	2	9	0.673	0.472	18.9
157	5	3	2	8	0.751	0.646	7.5	194	5	2	2	9	0.713	0.569	10.5
158	4	4	2	8	0.693	0.540	13.6	195	3	3	2	9	0.623	0.397	36.0
159	5	4	2	8	0.749	0.648	7.5	196	4	3	2	9	0.666	0.476	18.8
160	5	5	2	8	0.749	0.648	7.5	197	5	3	2	9	0.710	0.570	10.5
161	3	3	3	8	0.644	0.447	26.8	198	4	4	2	9	0.663	0.479	18.7
162	4	3	3	8	0.695	0.537	13.7	199	5	4	2	9	0.708	0.572	10.5
163	5	3	3	8	0.751	0.646	7.5	200	5	5	2	9	0.708	0.572	10.5
164	4	4	3	8	0.693	0.540	13.6	201	3	3	3	9	0.623	0.397	36.0
165	5	4	3	8	0.749	0.648	7.5	202	4	3	3	9	0.666	0.476	18.8
166	5	5	3	8	0.749	0.648	7.5	203	5	3	3	9	0.710	0.570	10.5
167	4	4	4	8	0.693	0.540	13.6	204	4	4	3	9	0.663	0.478	18.7
168	5	4	4	8	0.749	0.648	7.5	205	5	4	3	9	0.708	0.572	10.5
169	5	5	4	8	0.749	0.648	7.5	206	5	5	3	9	0.708	0.572	10.5
170	5	5	5	8	0.749	0.648	7.5	207	4	4	4	9	0.663	0.478	18.7
171	0	0	0	9	0.505	0.268	485.0	208	5	4	4	9	0.708	0.572	10.5
172	1	0	0	9	0.613	0.262	197.5	209	5	5	4	9	0.708	0.572	10.5
173	2	0	0	9	0.624	0.324	82.7	210	5	5	5	9	0.708	0.572	10.5
174	3	0	0	9	0.635	0.406	39.3	211	0	0	0	10	0.500	0.243	604.5
175	1	1	0	9	0.542	0.287	183.7	212	1	0	0	10	0.606	0.236	249.0
176	2	1	0	9	0.611	0.327	82.0	213	2	0	0	10	0.614	0.291	105.6
177	3	1	0	9	0.633	0.406	39.3	214	3	0	0	10	0.619	0.365	51.0
178	2	2	0	9	0.571	0.349	78.5	215	1	1	0	10	0.533	0.260	231.4
179	3	2	0	9	0.623	0.411	39.0	216	2	1	0	10	0.600	0.295	104.8
180	3	3	0	9	0.610	0.423	38.5	217	3	1	0	10	0.618	0.365	51.0
181	1	1	1	9	0.542	0.288	183.1	218	2	2	0	10	0.558	0.316	100.2
182	2	1	1	9	0.624	0.312	80.1	219	3	2	0	10	0.607	0.370	50.6
183	3	1	1	9	0.649	0.385	37.1	220	3	3	0	10	0.593	0.382	49.9
184	4	1	1	9	0.675	0.475	19.1	221	1	1	1	10	0.533	0.261	230.6
185	2	2	1	9	0.581	0.332	76.5	222	2	1	1	10	0.613	0.281	102.2

（续）

序号	a_1	a_2	a_3	b	π_1	ξ_1	V	序号	a_1	a_2	a_3	b	π_1	ξ_1	V
223	3	1	1	10	0.634	0.346	48.1	237	5	3	2	10	0.681	0.511	14.1
224	4	1	1	10	0.654	0.426	25.1	238	4	4	2	10	0.641	0.430	24.6
225	2	2	1	10	0.569	0.299	97.5	239	5	4	2	10	0.678	0.513	14.0
226	3	2	1	10	0.621	0.350	47.6	240	5	5	2	10	0.678	0.513	14.0
227	4	2	1	10	0.650	0.427	25.1	241	3	3	3	10	0.606	0.357	46.5
228	3	3	1	10	0.605	0.360	46.8	242	4	3	3	10	0.644	0.427	24.7
229	4	3	1	10	0.642	0.430	24.9	243	5	3	3	10	0.681	0.511	14.1
230	4	4	1	10	0.639	0.433	24.9	244	4	4	3	10	0.641	0.430	24.6
231	2	2	2	10	0.569	0.299	97.4	245	5	4	3	10	0.678	0.513	14.0
232	3	2	2	10	0.623	0.347	47.4	246	5	5	3	10	0.678	0.513	14.0
233	4	2	2	10	0.652	0.423	24.8	247	4	4	4	10	0.641	0.430	24.6
234	5	2	2	10	0.684	0.510	14.1	248	5	4	4	10	0.678	0.513	14.0
235	3	3	2	10	0.606	0.357	46.5	249	5	5	4	10	0.678	0.513	14.0
236	4	3	2	10	0.644	0.427	24.7	250	5	5	5	10	0.678	0.513	14.0

于是有

$$a_1 = \frac{\ln 1080 - 5.65}{0.67} = 1.99, \quad a_2 = 1.11, \quad a_3 = 0.43, \quad b = \frac{9.69 - 5.65}{0.67} = 6.03$$

从表 7.11 得出 $(a_1, a_2, a_3, b) = (2, 1, 0, 6)$ 时，$\pi_1 = 0.672$，$\xi_1 = 0.487$，$V = 30.4$；而 $(a_1, a_2, a_3, b) = (2, 1, 1, 6)$ 时，$\pi_1 = 0.683$，$\xi_1 = 0.469$，$V = 29.8$。$(a_1, a_2, a_3, b) = (2, 1, 0.43, 6)$ 时，$a_3 = 0.43$，利用插值法得到最优的 $\pi_1 = 0.677$，$\xi_1 = 0.479$，$V = 30.1$。这样，得出 $\pi_2 = (1 - 0.677)/3 = 0.108$，$\xi_2 = 0.479/2 = 0.24$，$\pi_3 = 1 - 0.677 - 0.108 = 0.215$，$\xi_3 = 0$。将标准化的值换算到原来的单位。例如，低的热力学温度数值的倒数是

$$S_1 = \frac{1}{105 + 273.15} + 0.479 \times \left(\frac{1}{45 + 273.15} - \frac{1}{105 + 273.15} \right) = 0.002\,883$$

摄氏温度 $T_1 = (1/0.002\,883 - 273.15)$℃ $= 74$℃。在低的温度下进行的试验样件数量是 $n_1 = 0.677 \times 50 = 34$。

极大似然估计法求解 45℃时的对数寿命的方差估计值为

$$\hat{V}\mathrm{ar}[\hat{x}_{0.43}(1)] = \frac{0.67^2 \times 30.1}{50} = 0.27$$

但真实的方差需要在获取试验数据之后推算出来。

电子模块的实际折中试验计划见表 7.12。

表 7.12 电子模块的实际折中试验计划

组	温度 /℃	试验样件数量（个）	删失时间 /h
1	74	34	1080
2	89	5	600
3	105	11	380

7.8.3 带有一个加速变量的对数正态分布

Yang 提出的带有一个加速变量和线性关系的对数正态分布的折中试验计划和在第 7.8.2 小节里提到的威布尔分布类似。两者的假设（除了分布本身以外）是一样的，符号是一样的，而且中间应力水平和样件在各水平的分配也是一样的。就像威布尔的例子里，对数正态分布的计划也能让实际应力下对数寿命的均值的极大似然估计值的渐进方差最小化。

试验计划取决于 μ_0、μ_3 和 σ 这几个值，但它们都是未知的，应该根据经验、类似数据和初步试验进行预估。如果根据 MIL-HDBK-217F（U.S.DoD，1995），μ_0 可以这样估算：

$$\mu_0 = -\ln\lambda_0 - 0.5\sigma^2 \tag{7.104}$$

式中，λ_0 是从可靠性预测中得出的在实际应力下的失效率。

对 (a_1, a_2, a_3, b) 不同组合下的试验计划见表 7.13。

表 7.13 针对带有一个加速变量的对数正态分布的折中试验计划

序号	a_1	a_2	a_3	b	π_1	ξ_1	V	序号	a_1	a_2	a_3	b	π_1	ξ_1	V
1	0	0	0	4	0.476	0.418	88.9	16	3	3	1	4	0.801	0.829	3.6
2	1	0	0	4	0.627	0.479	27.8	17	2	2	2	4	0.656	0.682	8.9
3	2	0	0	4	0.716	0.635	9.6	18	3	2	2	4	0.809	0.825	3.6
4	3	0	0	4	0.827	0.815	3.7	19	3	3	2	4	0.798	0.832	3.6
5	1	1	0	4	0.561	0.515	25.7	20	3	3	3	4	0.797	0.833	3.6
6	2	1	0	4	0.700	0.640	9.4	21	0	0	0	5	0.472	0.340	139.9
7	2	1	0	4	0.827	0.815	3.7	22	1	0	0	5	0.599	0.395	45.4
8	2	2	0	4	0.667	0.662	9.0	23	2	0	0	5	0.662	0.523	16.6
9	3	2	0	4	0.814	0.819	3.7	24	1	1	0	5	0.732	0.671	7.0
10	3	3	0	4	0.803	0.826	3.6	25	1	1	0	5	0.536	0.426	42.0
11	1	1	1	4	0.554	0.545	24.9	26	1	1	1	5	0.646	0.528	16.4
12	2	1	1	4	0.691	0.650	9.4	27	2	1	1	5	0.731	0.672	7.0
13	3	1	1	4	0.825	0.817	3.7	28	3	1	1	5	0.612	0.550	15.6
14	2	2	1	4	0.660	0.673	9.0	29	2	2	1	5	0.715	0.678	6.9
15	3	2	1	4	0.812	0.821	3.7	30	3	3	0	5	0.702	0.689	6.7

7　加速寿命试验

（续）

序号	a_1	a_2	a_3	b	π_1	ξ_1	V	序号	a_1	a_2	a_3	b	π_1	ξ_1	V
31	1	1	1	5	0.534	0.446	40.9	68	3	3	1	6	0.649	0.588	10.9
32	2	1	1	5	0.639	0.536	16.3	69	4	3	1	6	0.736	0.708	5.4
33	3	1	1	5	0.731	0.673	7.0	70	4	4	1	6	0.731	0.712	5.4
34	4	1	1	5	0.837	0.826	3.2	71	2	2	2	6	0.578	0.479	23.8
35	2	2	1	5	0.608	0.557	15.6	72	3	2	2	6	0.660	0.580	11.1
36	3	2	1	5	0.715	0.679	6.9	73	4	2	2	6	0.745	0.704	5.5
37	4	2	1	5	0.832	0.827	3.2	74	5	2	2	6	0.845	0.838	2.8
38	3	3	1	5	0.702	0.689	6.7	75	3	3	2	6	0.647	0.591	10.9
39	4	3	1	5	0.824	0.831	3.2	76	4	3	2	6	0.734	0.709	5.4
40	4	4	1	5	0.821	0.834	3.1	77	5	3	2	6	0.839	0.840	2.8
41	2	2	2	5	0.607	0.564	15.4	78	4	4	2	6	0.730	0.713	5.4
42	3	2	2	5	0.712	0.683	6.8	79	5	4	2	6	0.835	0.842	2.8
43	4	2	2	5	0.831	0.829	3.2	80	5	5	2	6	0.834	0.843	2.8
44	3	3	2	5	0.700	0.693	6.7	81	3	3	3	6	0.647	0.591	10.9
45	4	3	2	5	0.823	0.833	3.2	82	4	3	3	6	0.734	0.710	5.4
46	4	4	2	5	0.819	0.835	3.1	83	5	3	3	6	0.839	0.840	2.8
47	3	3	3	5	0.700	0.694	6.7	84	4	4	3	6	0.730	0.714	5.4
48	4	3	3	5	0.822	0.833	3.2	85	5	4	3	6	0.835	0.842	2.8
49	4	4	3	5	0.819	0.836	3.1	86	5	5	3	6	0.834	0.843	2.8
50	4	4	4	5	0.819	0.836	3.1	87	4	4	4	6	0.730	0.714	5.4
51	0	0	0	6	0.470	0.287	202.8	88	5	4	4	6	0.835	0.842	2.8
52	1	0	0	6	0.582	0.335	67.4	89	5	5	4	6	0.834	0.843	2.8
53	2	0	0	6	0.631	0.444	25.6	90	5	5	5	6	0.834	0.843	2.8
54	3	0	0	6	0.679	0.570	11.4	91	0	0	0	7	0.468	0.247	277.5
55	1	1	0	6	0.521	0.363	62.3	92	1	0	0	7	0.570	0.291	93.9
56	2	1	0	6	0.614	0.449	25.3	93	2	0	0	7	0.610	0.386	36.6
57	3	1	0	6	0.678	0.570	11.3	94	3	0	0	7	0.645	0.495	16.8
58	2	2	0	6	0.580	0.470	24.1	95	1	1	0	7	0.511	0.315	86.8
59	3	2	0	6	0.661	0.578	11.2	96	2	1	0	7	0.593	0.390	36.2
60	3	3	0	6	0.647	0.589	10.9	97	3	1	0	7	0.644	0.495	16.8
61	1	1	1	6	0.521	0.377	61.0	98	2	2	0	7	0.560	0.409	34.5
62	2	1	1	6	0.609	0.455	25.2	99	3	2	0	7	0.627	0.502	16.5
63	3	1	1	6	0.679	0.570	11.3	100	3	3	0	7	0.613	0.514	16.1
64	4	1	1	6	0.752	0.701	5.5	101	1	1	1	7	0.512	0.327	85.2
65	2	2	1	6	0.579	0.474	24.0	102	2	1	1	7	0.589	0.394	36.0
66	3	2	1	6	0.662	0.577	11.1	103	3	1	1	7	0.646	0.494	16.7
67	4	2	1	6	0.746	0.702	5.5	104	4	1	1	7	0.701	0.607	8.5

（续）

序号	a_1	a_2	a_3	b	π_1	ξ_1	V	序号	a_1	a_2	a_3	b	π_1	ξ_1	V
105	2	2	1	7	0.560	0.412	34.4	142	2	1	1	8	0.575	0.348	48.9
106	3	2	1	7	0.629	0.501	16.5	143	3	1	1	8	0.623	0.436	23.2
107	4	2	1	7	0.694	0.609	8.5	144	4	1	1	8	0.667	0.536	12.1
108	3	3	1	7	0.615	0.511	16.1	145	2	2	1	8	0.546	0.363	46.6
109	4	3	1	7	0.683	0.615	8.4	146	3	2	1	8	0.606	0.442	22.9
110	4	4	1	7	0.679	0.619	8.3	147	4	2	1	8	0.660	0.537	12.1
111	2	2	2	7	0.559	0.416	34.2	148	3	3	1	8	0.592	0.452	22.3
112	3	2	2	7	0.627	0.503	16.4	149	4	3	1	8	0.648	0.543	11.9
113	4	2	2	7	0.693	0.610	8.5	150	4	4	1	8	0.644	0.547	11.8
114	5	2	2	7	0.766	0.727	4.6	151	2	2	2	8	0.546	0.367	46.4
115	3	3	2	7	0.614	0.513	16.1	152	3	2	2	8	0.604	0.444	22.8
116	4	3	2	7	0.682	0.616	8.4	153	4	2	2	8	0.659	0.538	12.1
117	5	3	2	7	0.759	0.729	4.6	154	5	2	2	8	0.716	0.641	6.8
118	4	4	2	7	0.678	0.620	8.3	155	3	3	2	8	0.592	0.453	22.3
119	5	4	2	7	0.754	0.733	4.5	156	4	3	2	8	0.648	0.544	11.9
120	5	5	2	7	0.753	0.734	4.5	157	5	3	2	8	0.708	0.644	6.8
121	3	3	3	7	0.614	0.514	16.0	158	4	4	2	8	0.643	0.548	11.8
122	4	3	3	7	0.682	0.617	8.4	159	5	4	2	8	0.703	0.647	6.7
123	5	3	3	7	0.759	0.729	4.6	160	5	5	2	8	0.702	0.649	6.7
124	4	4	3	7	0.678	0.621	8.3	161	3	3	3	8	0.592	0.454	22.3
125	5	4	3	7	0.754	0.733	4.5	162	4	3	3	8	0.647	0.544	11.9
126	5	5	3	7	0.753	0.734	4.5	163	5	3	3	8	0.708	0.644	6.8
127	4	4	4	7	0.678	0.621	8.3	164	4	4	3	8	0.643	0.549	11.8
128	5	4	4	7	0.754	0.733	4.5	165	5	4	3	8	0.703	0.647	6.7
129	5	5	4	7	0.753	0.734	4.5	166	5	5	3	8	0.701	0.649	6.7
130	5	5	5	7	0.753	0.734	4.5	167	4	4	4	8	0.643	0.549	11.8
131	0	0	0	8	0.467	0.218	364.1	168	5	4	4	8	0.703	0.648	6.7
132	1	0	0	8	0.562	0.257	124.7	169	5	5	4	8	0.701	0.649	6.7
133	2	0	0	8	0.595	0.341	49.6	170	5	5	5	8	0.701	0.649	6.7
134	3	0	0	8	0.621	0.437	23.3	171	0	0	0	9	0.466	0.194	462.5
135	1	1	0	8	0.503	0.279	115.5	172	1	0	0	9	0.555	0.231	160.0
136	2	1	0	8	0.578	0.345	49.0	173	2	0	0	9	0.584	0.305	64.7
137	3	1	0	8	0.621	0.438	23.3	174	3	0	0	9	0.604	0.392	30.9
138	2	2	0	8	0.546	0.362	46.8	175	1	1	0	9	0.498	0.250	148.3
139	3	2	0	8	0.603	0.444	22.9	176	2	1	0	9	0.567	0.309	63.9
140	3	3	0	8	0.590	0.455	22.4	177	3	1	0	9	0.604	0.392	30.9
141	1	1	1	8	0.505	0.288	113.6	178	2	2	0	9	0.535	0.325	60.9

（续）

序号	a_1	a_2	a_3	b	π_1	ξ_1	V	序号	a_1	a_2	a_3	b	π_1	ξ_1	V
179	3	2	0	9	0.586	0.398	30.4	215	1	1	0	10	0.494	0.226	185.2
180	3	3	0	9	0.573	0.408	29.7	216	2	1	0	10	0.558	0.280	80.7
181	1	1	1	9	0.500	0.257	146.1	217	3	1	0	10	0.591	0.355	39.6
182	2	1	1	9	0.565	0.311	63.7	218	2	2	0	10	0.527	0.294	77.0
183	3	1	1	9	0.607	0.390	30.8	219	3	2	0	10	0.573	0.361	39.0
184	4	1	1	9	0.642	0.479	16.4	220	3	3	0	10	0.561	0.370	38.1
185	2	2	1	9	0.536	0.325	60.8	221	1	1	1	10	0.496	0.232	182.7
186	3	2	1	9	0.589	0.395	30.3	222	2	1	1	10	0.557	0.281	80.5
187	4	2	1	9	0.635	0.480	16.4	223	3	1	1	10	0.594	0.353	39.5
188	3	3	1	9	0.576	0.404	29.6	224	4	1	1	10	0.624	0.433	21.4
189	4	3	1	9	0.623	0.486	16.2	225	2	2	1	10	0.528	0.294	76.9
190	4	4	1	9	0.619	0.490	16.0	226	3	2	1	10	0.576	0.358	38.8
191	2	2	2	9	0.536	0.328	60.5	227	4	2	1	10	0.617	0.434	21.3
192	3	2	2	9	0.588	0.397	30.2	228	3	3	1	10	0.563	0.366	37.9
193	4	2	2	9	0.635	0.481	16.4	229	4	3	1	10	0.605	0.440	21.0
194	5	2	2	9	0.681	0.573	9.4	230	4	4	1	10	0.600	0.444	20.8
195	3	3	2	9	0.576	0.406	29.6	231	2	2	2	10	0.528	0.297	76.5
196	4	3	2	9	0.623	0.487	16.1	232	3	2	2	10	0.575	0.359	38.8
197	5	3	2	9	0.673	0.576	9.4	233	4	2	2	10	0.616	0.435	21.3
198	4	4	2	9	0.619	0.491	16.0	234	5	2	2	10	0.656	0.518	12.5
199	5	4	2	9	0.667	0.579	9.3	235	3	3	2	10	0.563	0.367	37.9
200	5	5	2	9	0.666	0.581	9.3	236	4	3	2	10	0.605	0.440	21.0
201	3	3	3	9	0.575	0.406	29.5	237	5	3	2	10	0.647	0.520	12.4
202	4	3	3	9	0.623	0.487	16.1	238	4	4	2	10	0.600	0.444	20.8
203	5	3	3	9	0.673	0.576	9.4	239	5	4	2	10	0.642	0.524	12.3
204	4	4	3	9	0.618	0.491	16.0	240	5	5	2	10	0.640	0.525	12.3
205	5	4	3	9	0.667	0.579	9.3	241	3	3	3	10	0.563	0.368	37.8
206	5	5	3	9	0.666	0.581	9.3	242	4	3	3	10	0.605	0.440	21.0
207	4	4	4	9	0.618	0.491	16.0	243	5	3	3	10	0.647	0.521	12.4
208	5	4	4	9	0.667	0.580	9.3	244	4	4	3	10	0.600	0.444	20.8
209	5	5	4	9	0.666	0.581	9.3	245	5	4	3	10	0.641	0.524	12.3
210	5	5	5	9	0.666	0.581	9.3	246	5	5	3	10	0.640	0.526	12.3
211	0	0	0	10	0.465	0.175	572.8	247	4	4	4	10	0.600	0.444	20.8
212	1	0	0	10	0.551	0.209	199.7	248	5	4	4	10	0.641	0.524	12.3
213	2	0	0	10	0.575	0.276	81.7	249	5	5	4	10	0.640	0.526	12.3
214	3	0	0	10	0.591	0.354	39.7	250	5	5	5	10	0.640	0.526	12.3

例 7.17 参考例 7.16。假设该电子模块的寿命分布错误地采用了对数正态分布建模，其他数据和例 7.16 相同。制定试验计划。评论寿命分布选择错误对 Yang 的折中试验计划的影响。

解：对例 7.16 中的预估值，表 7.13 和线性插值给出最优值 $\pi_1 = 0.612$, $\xi_1 = 0.451$, $V = 25.2$。这样，就有 $\pi_2 = (1 - 0.612)/3 = 0.129$, $\xi_2 = 0.451/2 = 0.23$, $\pi_3 = 1 - 0.612 - 0.129 = 0.259$, $\xi_3 = 0$。如例 7.16 中，标准化的试验计划可以很容易地转化为实际的计划。

上文中根据不正确的对数正态分布制定出的试验计划，用实际的威布尔分布评估。换言之，威布尔试验计划中的标准化的方差 V_0 是针对上文得到的 $\pi_1 = 0.612$ 和 $\xi_1 = 0.451$ 计算出的。这样我们就得到了 $V_0 = 31.1$。方差增加率是 $100\% \times (31.1 - 30.1)/30.1 = 3.3\%$，其中 30.1 是例 7.16 中的标准化的方差。这里少量的增加是因为 Yang 的折中试验计划对给定的预估值的寿命分布的误设不敏感。

7.8.4 带有两个加速变量的威布尔分布

在这一小节里我们介绍带有两个加速变量的威布尔分布的 Yang 的折中试验计划。Yang（2005）介绍了试验计划的理论。这个试验计划基于下面这个模型：

1）寿命 t 服从形状参数为 β、特征寿命为 α 的威布尔分布，也就等同于寿命的对数 $x = \ln t$ 服从尺度参数为 $\sigma = 1/\beta$、位置参数为 $\mu = \ln \alpha$ 的最小极值分布。

2）尺度参数 σ 与应力水平无关。

3）位置参数 μ 是变换后的应力（S_1 和 S_2）的线性组合，也就是

$$\mu(S_1, S_2) = \gamma_0 + \gamma_1 S_1 + \gamma_2 S_2 \tag{7.105}$$

式中，γ_0、γ_1 和 γ_2 都是未知的参数，要通过试验数据算出。

Yang 的这种试验计划采用矩形试验点，如图 7.21 所示。试验计划是全因子设计，其中每个加速变量都是含有两个水平的因子。多数情况下，这样的试验计划看上去很经济。比如，如果加速变量是温度和电压，试验计划仅仅需要两个试验箱（每个温度一个），每个试验箱可以容纳两个电压。类似的例子还发生在试验更高的温度和使用率时。同一温度下两组试验样件可以在一个试验箱内同时运行。

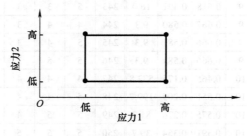

图 7.21 2^2 的全因子设计

像带有一个加速变量的试验计划一样，这里的四个试验点都有预先设定的删失时间。通常，应力水平较低的试验点需要更长的删失时间才能产生足够的失效数。如果总试验时间固定，左下方的点删失时间应该是最长的，而右上方的点应该是最短的。如果可以在同一测试设备上同时进行试验，则删失时间可以设置为相等。除了删失时间以外，我们还指定了两种应力的高应力水平。应力水平应尽可能高，以产生更多失效并减少使用应力下估计量的方差；但是，它们不应导致与使用时不同的故障模式。低应力的水平（左下点）和相应分配的样件数要让使用应力下对数寿命均值的MLE的渐近方差达到最小。分别将总样本量的10%分配到右下角和左上角的试验点。Yang（2005）认为，这样的选择结果与退化试验方案相比，方差增加了不到20%。退化试验方案在统计上是最佳的，但在实践中没有用（Meeker 和 Escobar，1998）。还可以使用其他分配方法，但需要仔细斟酌。

我们采用下面的符号：

n = 样本容量。

n_{ij} = 每一个试验点（S_{1i}，S_{2j}）对应的试验样件数；i=1，2；j=1，2。

S_1，S_2 = 变换后的应力1和应力2。

S_{1i} = S_1 的 i 水平，i=0，1，2；i=0 表示使用水平；i=2 表示高水平。

S_{2j} = S_2 的 j 水平，j=0，1，2；j=0 表示使用水平；j=2 表示高水平。

$\xi_{1i} = (S_{1i} - S_{12}) / (S_{10} - S_{12})$，是应力 S_1 的变换因子；对 S_{10}，$\xi_{10}=1$，对 S_{12}，$\xi_{12}=0$。

$\xi_{2j} = (S_{2j} - S_{22}) / (S_{20} - S_{22})$，是应力 S_2 的变换系数；对 S_{20}，$\xi_{20}=1$，对 S_{22}，$\xi_{22}=0$。

$\pi_{ij} = n_{ij}/n$ 是总的样本 n 中分配到试验点（S_{1i}，S_{2j}）的比例。

η_{ij} = 试验点（S_{1i}，S_{2j}）的删失时间。

μ_{ij} = 在试验点（S_{1i}，S_{2j}）位置参数。

$a_{ij} = [\ln\eta_{ij} - \mu_{22}]/\sigma$，是标准化的删失时间。

$b = (\mu_{00} - \mu_{20})/\sigma$。

$c = (\mu_{00} - \mu_{02})/\sigma$。

与一个加速变量的情况类似，均值MLE的方差在（$\xi_{10}=1$，$\xi_{20}=1$）这个点的值是

$$\text{Var}[\hat{x}_{0.43}(1,1)] = \frac{\sigma^2}{n}V \quad (7.106)$$

式中，V 称为标准化的方差。V 是 a_{ij}、b、c、ξ_{1i}、ξ_{2j} 和 π_{ij} 的函数，而和 n 与 σ 无关。如何计算 V 在 Meeker 和 Escobar（1995）、Yang（2005）的文献中有讲解。如上所述，$\xi_{12}=0$，$\xi_{22}=0$，$\pi_{12}=\pi_{21}=0.1$。在预先估计的 a_{ij}、b、c 下，通过使 $\text{Var}[\hat{x}0.43(1,1)]$ 达到最小，试验计划找到了 ξ_{11}、ξ_{21} 和 π_{11} 的最优值。因为式（7.106）中的 n 和 σ 是常数，故优化模型可以写为

$$\min_{\xi_{11},\xi_{21},\pi_{11}} V \quad (7.107)$$

$$\text{s.t.} \begin{cases} \xi_{12} = 0 \\ \xi_{22} = 0 \\ \pi_{12} = \pi_{21} = 0.1 \\ \pi_{22} = 1 - \pi_{11} - \pi_{12} - \pi_{21} \\ 0 \leq \xi_{11} \leq 1 \\ 0 \leq \xi_{21} \leq 1 \\ 0 \leq \pi_{11} \leq 1 \end{cases}$$

因为 $x = \ln t$,求 $\text{Var}[\hat{x}_{0.43}(1,1)]$ 的最小值就等效于求在实际应力下威布尔分布的对数寿命均值的 MLE 的渐进方差的最小值。

这个试验计划包含 6 个预先给定的值 (a_{11}, a_{12}, a_{21}, a_{22}, b, c)。为了让试验计划列成表便于管理,我们只考虑两个删失时间,一个是左下的点,另一个是右上的点。因此,$a_{11} = a_{12} \equiv a_1$,以及 $a_{21} = a_{22} \equiv a_2$。这种特例是有现实意义的,在实际中也经常遇到。就像前面说到的,两组样件可能在同一台设备上同时进行试验,并且在同一时间发生删失。当 $a_1 = a_2$,所有试验点的删失时间都相同。表 7.14 给出了所有组 (a_1, a_2, b, c) 的 ξ_{11}、ξ_{21}、π_{11} 和 V 的值。要从表中找到一个试验计划,可以从 c 的值开始,然后依次是 b、a_2 和 a_1。如果需要,可以对某一组表里不包含的 (a_1, a_2, b, c) 进行线性插值,但不能外推到表外,对优化模型可以进行数值计算。本书作者也可以提供 Excel 的计算表格。获得了标准化的值之后,我们可以通过下式把它们转换为变换后的应力水平,以及抽样分配:

$$S_{1i} = S_{12} + \xi_{1i}(S_{10} - S_{12}), \quad S_{2j} = S_{22} + \xi_{2j}(S_{20} - S_{22}), \quad n_{ij} = \pi_{ij} n \quad (7.108)$$

这样 S_{1i} 和 S_{2j} 就可进一步变换回到实际应力水平了。

表 7.14 针对带有两个加速变量的威布尔分布的折中试验计划

序号	a_1	a_2	b	c	π_{11}	ξ_{11}	ξ_{21}	V	序号	a_1	a_2	b	c	π_{11}	ξ_{11}	ξ_{21}	V
1	2	2	2	2	0.637	0.769	0.769	10.3	11	4	2	5	2	0.611	0.596	0.700	10.0
2	3	2	2	2	0.730	0.912	0.934	4.2	12	2	2	2	3	0.584	0.636	0.597	18.8
3	3	2	2	2	0.584	0.597	0.636	18.8	13	3	2	2	3	0.648	0.731	0.710	8.3
4	3	2	2	2	0.644	0.706	0.770	8.1	14	4	2	2	3	0.729	0.893	0.871	3.9
5	4	2	3	2	0.724	0.868	0.935	3.8	15	2	2	3	3	0.548	0.516	0.516	29.9
6	2	2	4	2	0.555	0.486	0.543	29.8	16	3	2	3	3	0.596	0.593	0.610	13.8
7	3	2	4	2	0.599	0.577	0.660	13.3	17	4	2	3	3	0.651	0.718	0.737	6.8
8	4	2	4	2	0.654	0.706	0.798	6.5	18	2	3	3	3	0.592	0.618	0.618	13.5
9	2	2	5	2	0.538	0.409	0.474	43.2	19	2	3	3	3	0.647	0.732	0.737	6.7
10	3	2	5	2	0.570	0.488	0.579	19.8	20	5	3	3	3	0.719	0.878	0.883	3.6

（续）

序号	a_1	a_2	b	c	π_{11}	ξ_{11}	ξ_{21}	V	序号	a_1	a_2	b	c	π_{11}	ξ_{11}	ξ_{21}	V
21	2	2	4	3	0.528	0.432	0.454	43.6	59	4	3	5	4	0.552	0.472	0.494	20.3
22	3	2	4	3	0.565	0.500	0.539	20.5	60	5	3	5	4	0.584	0.561	0.585	11.6
23	4	2	4	3	0.606	0.603	0.646	10.4	61	5	4	5	4	0.583	0.563	0.585	11.6
24	3	3	4	3	0.562	0.514	0.544	20.2	62	6	4	5	4	0.622	0.661	0.685	7.1
25	4	3	4	3	0.603	0.612	0.646	10.4	63	2	2	6	4	0.493	0.300	0.322	99.9
26	5	3	4	3	0.655	0.731	0.767	5.7	64	3	2	6	4	0.517	0.345	0.381	49.1
27	2	2	5	3	0.515	0.371	0.404	59.7	65	4	2	6	4	0.540	0.414	0.454	26.4
28	3	2	5	3	0.544	0.431	0.483	28.4	66	3	3	6	4	0.513	0.354	0.385	48.6
29	4	2	5	3	0.577	0.521	0.578	14.8	67	4	3	6	4	0.537	0.419	0.454	26.3
30	3	3	5	3	0.542	0.440	0.486	28.2	68	5	3	6	4	0.563	0.498	0.535	15.3
31	4	3	5	3	0.575	0.526	0.578	14.7	69	5	4	6	4	0.563	0.499	0.535	15.3
32	5	3	5	3	0.615	0.628	0.684	8.3	70	6	4	6	4	0.594	0.586	0.625	9.4
33	2	2	6	3	0.507	0.324	0.365	78.3	71	2	2	7	4	0.488	0.269	0.297	123.7
34	3	2	6	3	0.530	0.380	0.439	37.5	72	3	2	7	4	0.508	0.311	0.353	61.0
35	4	2	6	3	0.556	0.459	0.526	19.8	73	4	2	7	4	0.527	0.374	0.421	33.0
36	3	3	6	3	0.528	0.385	0.440	37.4	74	3	3	7	4	0.505	0.317	0.355	60.5
37	4	3	6	3	0.555	0.464	0.528	19.8	75	4	3	7	4	0.525	0.378	0.421	32.9
38	5	3	6	3	0.587	0.551	0.620	11.3	76	5	3	7	4	0.547	0.448	0.495	19.4
39	2	2	2	4	0.555	0.543	0.486	29.8	77	4	4	7	4	0.524	0.378	0.421	32.9
40	3	2	2	4	0.606	0.615	0.575	13.8	78	5	4	7	4	0.547	0.449	0.495	19.4
41	4	2	2	4	0.663	0.744	0.704	6.8	79	6	4	7	4	0.574	0.527	0.577	12.1
42	2	2	3	4	0.528	0.454	0.432	43.6	80	2	2	2	5	0.538	0.474	0.409	43.2
43	3	2	3	4	0.569	0.513	0.506	20.8	81	3	2	2	5	0.581	0.533	0.484	20.7
44	4	2	3	4	0.611	0.617	0.611	10.6	82	4	2	2	5	0.625	0.641	0.592	10.4
45	3	3	3	4	0.562	0.544	0.514	20.2	83	2	2	3	5	0.515	0.404	0.371	59.7
46	4	3	3	4	0.605	0.635	0.610	10.4	84	3	2	3	5	0.552	0.453	0.432	29.2
47	5	3	3	4	0.658	0.754	0.732	5.7	85	4	2	3	5	0.586	0.543	0.523	15.2
48	2	2	4	4	0.511	0.389	0.389	59.8	86	3	3	3	5	0.542	0.486	0.440	28.2
49	3	2	4	4	0.545	0.441	0.455	29.0	87	4	3	3	5	0.578	0.562	0.522	14.9
50	4	2	4	4	0.579	0.529	0.545	15.1	88	5	3	3	5	0.620	0.663	0.627	8.4
51	5	3	4	4	0.614	0.642	0.648	8.4	89	2	2	4	5	0.500	0.353	0.339	78.6
52	4	4	4	4	0.572	0.547	0.547	14.9	90	3	2	4	5	0.532	0.395	0.393	38.9
53	5	4	4	4	0.612	0.648	0.648	8.4	91	4	2	4	5	0.560	0.473	0.472	20.6
54	6	4	4	4	0.661	0.761	0.762	5.0	92	3	3	4	5	0.524	0.419	0.401	37.9
55	2	2	5	4	0.500	0.339	0.353	78.6	93	4	3	4	5	0.554	0.487	0.472	20.4
56	3	2	5	4	0.529	0.387	0.414	38.4	94	5	3	4	5	0.587	0.575	0.562	11.7
57	4	2	5	4	0.556	0.464	0.494	20.4	95	4	4	4	5	0.551	0.495	0.475	20.2
58	3	3	5	4	0.524	0.401	0.419	37.9	96	5	4	4	5	0.584	0.583	0.563	11.6

（续）

序号	a_1	a_2	b	c	π_{11}	ξ_{11}	ξ_{21}	V	序号	a_1	a_2	b	c	π_{11}	ξ_{11}	ξ_{21}	V
97	6	4	4	5	0.623	0.682	0.661	7.1	135	5	5	8	5	0.523	0.379	0.412	29.5
98	2	2	5	5	0.491	0.312	0.312	100.0	136	6	5	8	5	0.542	0.444	0.480	18.8
99	3	2	5	5	0.518	0.351	0.362	49.8	137	2	2	3	6	0.507	0.365	0.324	78.3
100	4	2	5	5	0.542	0.419	0.432	26.8	138	3	2	3	6	0.540	0.407	0.378	38.9
101	3	3	5	5	0.511	0.369	0.369	48.8	139	4	2	3	6	0.569	0.486	0.459	20.5
102	4	3	5	5	0.536	0.430	0.432	26.6	140	3	3	3	6	0.528	0.440	0.385	37.4
103	5	3	5	5	0.564	0.508	0.513	15.5	141	4	3	3	6	0.560	0.505	0.457	20.2
104	5	4	5	5	0.562	0.513	0.513	15.4	142	5	3	3	6	0.595	0.593	0.549	11.6
105	4	4	5	5	0.593	0.600	0.601	9.5	143	2	2	4	6	0.493	0.322	0.300	99.9
106	5	5	5	5	0.561	0.513	0.513	15.4	144	3	2	4	6	0.523	0.359	0.347	50.2
107	6	5	5	5	0.593	0.601	0.601	9.5	145	4	2	4	6	0.548	0.428	0.418	26.9
108	2	2	6	5	0.484	0.279	0.288	123.9	146	4	3	4	6	0.539	0.443	0.417	26.5
109	3	2	6	5	0.508	0.316	0.337	62.0	147	5	3	4	6	0.568	0.521	0.498	15.4
110	4	2	6	5	0.528	0.377	0.400	33.7	148	4	4	4	6	0.536	0.455	0.421	26.2
111	3	3	6	5	0.502	0.329	0.341	61.0	149	5	4	4	6	0.563	0.532	0.498	15.3
112	4	3	6	5	0.524	0.385	0.400	33.5	150	6	4	4	6	0.596	0.619	0.585	9.5
113	5	3	6	5	0.547	0.455	0.473	19.7	151	2	2	5	6	0.484	0.288	0.279	123.9
114	5	4	6	5	0.545	0.458	0.473	19.7	152	3	2	5	6	0.511	0.322	0.322	62.7
115	6	4	6	5	0.572	0.536	0.553	12.3	153	4	2	5	6	0.532	0.383	0.385	34.0
116	5	5	6	5	0.545	0.458	0.473	19.7	154	4	3	5	6	0.502	0.341	0.329	61.0
117	6	5	6	5	0.571	0.537	0.553	12.3	155	4	3	5	6	0.525	0.395	0.385	33.6
118	2	2	7	5	0.480	0.252	0.268	150.3	156	5	3	5	6	0.549	0.465	0.458	19.8
119	3	2	7	5	0.500	0.288	0.314	75.4	157	4	4	5	6	0.523	0.402	0.388	33.4
120	4	2	7	5	0.518	0.343	0.374	41.3	158	5	4	5	6	0.545	0.473	0.458	19.7
121	3	3	7	5	0.495	0.297	0.318	74.5	159	6	4	5	6	0.572	0.550	0.536	12.3
122	4	3	7	5	0.514	0.349	0.374	41.1	160	5	5	5	6	0.545	0.473	0.458	19.7
123	5	3	7	5	0.534	0.413	0.440	24.4	161	6	5	5	6	0.571	0.553	0.537	12.3
124	5	4	7	5	0.533	0.415	0.440	24.4	162	3	3	6	6	0.494	0.307	0.307	74.8
125	6	4	7	5	0.555	0.485	0.513	15.4	163	4	3	6	6	0.514	0.356	0.359	41.5
126	5	5	7	5	0.533	0.415	0.440	24.6	164	5	3	6	6	0.534	0.420	0.425	24.6
127	6	5	7	5	0.555	0.486	0.513	15.4	165	4	4	6	6	0.513	0.361	0.361	41.3
128	3	2	8	5	0.493	0.264	0.295	90.0	166	5	4	6	6	0.532	0.425	0.425	24.5
129	4	2	8	5	0.509	0.315	0.351	49.6	167	6	4	6	6	0.555	0.496	0.497	15.5
130	3	3	8	5	0.490	0.270	0.298	89.2	168	5	5	6	6	0.532	0.425	0.425	24.5
131	4	3	8	5	0.506	0.319	0.350	49.4	169	6	5	6	6	0.554	0.497	0.497	15.5
132	4	4	8	5	0.506	0.320	0.351	49.4	170	6	6	6	6	0.554	0.497	0.497	15.5
133	5	4	8	5	0.523	0.379	0.412	29.5	171	3	3	7	6	0.488	0.279	0.288	89.7
134	6	4	8	5	0.542	0.444	0.480	18.8	172	4	3	7	6	0.506	0.325	0.337	50.0

(续)

序号	a_1	a_2	b	c	π_{11}	ξ_{11}	ξ_{21}	V	序号	a_1	a_2	b	c	π_{11}	ξ_{11}	ξ_{21}	V
173	5	3	7	6	0.523	0.384	0.397	29.9	211	4	4	6	7	0.505	0.338	0.328	49.9
174	4	4	7	6	0.505	0.328	0.338	49.9	212	5	4	6	7	0.522	0.396	0.386	29.9
175	5	4	7	6	0.522	0.386	0.397	29.9	213	6	4	6	7	0.542	0.462	0.452	19.0
176	6	4	7	6	0.541	0.452	0.464	19.0	214	5	5	6	7	0.522	0.397	0.387	29.9
177	5	5	7	6	0.522	0.387	0.397	29.9	215	6	5	6	7	0.541	0.464	0.452	19.0
178	6	5	7	6	0.541	0.452	0.464	19.0	216	6	6	6	7	0.541	0.464	0.452	19.0
179	6	6	7	6	0.541	0.452	0.464	19.0	217	4	4	7	7	0.498	0.308	0.308	59.4
180	3	3	8	6	0.483	0.255	0.271	105.9	218	5	4	7	7	0.513	0.362	0.363	35.8
181	4	3	8	6	0.499	0.299	0.317	59.3	219	6	4	7	7	0.530	0.423	0.424	22.9
182	5	3	8	6	0.514	0.353	0.374	35.7	220	5	5	7	7	0.513	0.363	0.363	35.8
183	4	4	8	6	0.498	0.301	0.318	59.2	221	6	5	7	7	0.530	0.424	0.424	22.9
184	5	4	8	6	0.513	0.355	0.374	35.6	222	6	6	7	7	0.530	0.424	0.424	22.9
185	6	4	8	6	0.530	0.415	0.436	22.8	223	4	4	8	7	0.477	0.276	0.299	70.0
186	5	5	8	6	0.513	0.355	0.374	35.6	224	5	4	8	7	0.506	0.334	0.342	42.2
187	6	5	8	6	0.531	0.416	0.436	22.8	225	6	4	8	7	0.521	0.390	0.399	27.1
188	6	6	8	6	0.530	0.415	0.436	22.8	226	5	5	8	7	0.506	0.334	0.343	42.2
189	2	2	4	7	0.488	0.297	0.269	123.7	227	6	5	8	7	0.521	0.391	0.400	27.1
190	3	2	4	7	0.517	0.329	0.311	62.8	228	6	6	8	7	0.521	0.391	0.400	27.1
191	3	3	4	7	0.505	0.355	0.317	60.5	229	2	2	5	8	0.476	0.250	0.230	179.3
192	4	3	4	7	0.529	0.407	0.374	33.4	230	3	2	5	8	0.502	0.276	0.264	92.3
193	5	3	4	7	0.554	0.477	0.447	19.7	231	3	3	5	8	0.490	0.298	0.270	89.2
194	4	4	4	7	0.524	0.421	0.378	32.9	232	4	3	5	8	0.510	0.341	0.317	50.0
195	5	4	4	7	0.548	0.490	0.447	19.5	233	5	3	5	8	0.530	0.399	0.378	29.9
196	6	4	4	7	0.577	0.568	0.526	12.2	234	4	4	5	8	0.506	0.351	0.320	49.4
197	2	2	5	7	0.480	0.268	0.252	150.3	235	5	4	5	8	0.524	0.409	0.378	29.6
198	3	2	5	7	0.506	0.297	0.290	76.8	236	6	4	5	8	0.545	0.474	0.443	18.9
199	4	2	5	7	0.525	0.353	0.348	42.0	237	5	5	5	8	0.523	0.412	0.379	29.5
200	3	3	5	7	0.495	0.318	0.297	74.5	238	6	5	5	8	0.542	0.480	0.444	18.8
201	4	3	5	7	0.516	0.367	0.350	41.5	239	3	2	7	8	0.487	0.235	0.237	127.0
202	5	3	5	7	0.538	0.429	0.414	24.6	240	3	3	7	8	0.478	0.249	0.242	123.9
203	4	4	5	7	0.513	0.374	0.351	41.0	241	4	3	7	8	0.494	0.287	0.282	70.1
204	5	4	5	7	0.533	0.438	0.414	24.4	242	5	3	7	8	0.509	0.337	0.334	42.4
205	6	4	5	7	0.557	0.509	0.485	15.4	243	4	4	7	8	0.492	0.292	0.284	69.7
206	5	5	5	7	0.533	0.440	0.415	24.4	244	5	4	7	8	0.506	0.342	0.334	42.2
207	6	5	5	7	0.555	0.513	0.485	15.4	245	6	4	7	8	0.522	0.398	0.390	27.2
208	3	3	6	7	0.488	0.288	0.279	89.7	246	5	5	7	8	0.506	0.343	0.334	42.2
209	4	3	6	7	0.507	0.332	0.325	50.2	247	6	5	7	8	0.521	0.400	0.391	27.1
210	5	3	6	7	0.525	0.391	0.386	30.0	248	6	6	7	8	0.521	0.400	0.391	27.1

(续)

序号	a_1	a_2	b	c	π_{11}	ξ_{11}	ξ_{21}	V	序号	a_1	a_2	b	c	π_{11}	ξ_{11}	ξ_{21}	V
249	3	3	8	8	0.474	0.230	0.230	143.1	254	6	4	8	8	0.513	0.369	0.369	31.8
250	4	3	8	8	0.489	0.266	0.268	81.2	255	5	5	8	8	0.499	0.317	0.317	49.2
251	5	3	8	8	0.502	0.313	0.316	49.4	256	6	5	8	8	0.513	0.369	0.369	31.8
252	4	4	8	8	0.487	0.269	0.269	80.9	257	6	6	8	8	0.513	0.369	0.369	31.8
253	5	4	8	8	0.499	0.316	0.316	49.2									

例 7.18 有 70 台气泵要在恒温下进行正弦振动试验,来计算使用状态下的可靠性。实际温度和均方根加速度分别是 40℃ 和 $1.5G_{rms}$,最大许用值分别是 120℃ 和 $12G_{rms}$。已知寿命服从威布尔分布。基于阿伦尼乌斯模型式(7.5)和寿命与振动之间的关系模型式(7.20),我们根据式(7.105)把对数特征寿命 μ 视为温度 T 和 G_{rms} 的函数,其中 $S_1=1/T, S_2=\ln G_{rms}$。前一代气泵产品的预估值 $\mu_{00}=10, \mu_{02}=6.8, \mu_{20}=7.5, \mu_{22}=4.7, \sigma=0.53$。删失时间是 $\eta_{11}=\eta_{12}=900h, \eta_{21}=\eta_{22}=450h$。制定 Yang 的折中试验计划。

解: 根据预估值,我们得到

$$a_1 = a_{11} = a_{12} = \frac{\ln 900 - 4.7}{0.53} = 3.97$$

$$a_2 = a_{21} = a_{22} = 2.66$$

$$b = \frac{10 - 7.5}{0.53} = 4.72$$

$$c = \frac{10 - 6.8}{0.53} = 6.04$$

由于 a_2 和 b 的值没有包含在表 7.14 中,需要进行多次线性插值。首先,查到 $(a_1, a_2, b, c)=(4, 2, 4, 6)$ 和 $(4, 3, 4, 6)$,然后进行线性插值得到 $(4, 2.66, 4, 6)$。然后,查到 $(4, 2, 5, 6)$ 和 $(4, 3, 5, 6)$,并进行线性插值得到 $(4, 2.66, 5, 6)$。然后对 $(4, 2.66, 4, 6)$ 和 $(4, 2.66, 5, 6)$ 插值得出 $(4, 2.66, 4.72, 6)$,并得出 $\pi_{11}=0.531, \xi_{11}=0.399, \xi_{21}=0.394, V=31.8$。为了进行比较,我们直接对 $(3.97, 2.66, 4.72, 6.04)$ 计算优化模型,得出 $\pi_{11}=0.530, \xi_{11}=0.399, \xi_{21}=0.389, V=32.6$。这样可以看出线性插值的逼近效果不错。

从线性插值得出的标准化的试验计划通过式(7.108)转化为实际试验计划。实际的计划在表 7.15 中列出。

表 7.15 气泵的实际折中试验计划

组别	温度/℃	均方根加速度/G_{rms}	样件数量(个)	删失时间/h
1	84	5.3	37	900
2	84	12	7	900
3	120	5.3	7	450
4	120	12	19	450

有了试验数据,要检查变换后的线性加速模型是否合适。在预先检查中使用预先

估计，我们对两个应力制成交互作用图（见第 5 章），如图 7.22 所示。这两条线基本平行，说明温度和振动之间的交互作用很小，线性模型已经足够准确。

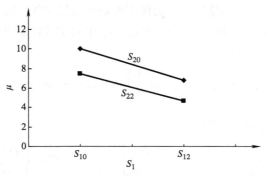

图 7.22　温度和振动的交互作用图

7.8.5　带有两个加速变量的对数正态分布

带有两个加速变量的 Yang 的对数正态分布的折中试验计划和线性关系与第 7.8.4 小节中介绍的威布尔分布的相似。它们有相同的假设（除了分布）、相同的符号，也采用矩形试验点，对右下点和左上点（$\pi_{12} = \pi_{21} = 0.1$）进行相同的样件分配。与在威布尔情况下相同，对数正态分布的计划也是使使用应力下对数寿命均值的 MLE 的渐近方差最小。表 7.16 给出了各组试验计划（a_1, a_2, b, c）。

例 7.19　参考例 7.18。如果对气泵的寿命错误地使用了对数正态分布来表示，其他数据和例 7.18 相同，制定试验计划。分析寿命分布选择错误对 Yang 的折中试验计划的影响。

解：对例 7.18 中的预估值，利用表 7.16 和线性插值法可得，$\pi_{11} = 0.509$，$\xi_{11} = 0.422$，$\xi_{21} = 0.412$，$V = 26.4$。这些值和对这一组（3.97，2.66，4.72，6.04）的优化模型直接计算出的值 $\pi_{11} = 0.507$，$\xi_{11} = 0.418$，$\xi_{21} = 0.407$，$V = 27.0$ 十分接近。正确的威布尔分布下，近似试验计划得出的方差是 32。方差的增加率是 $100\% \times (32 - 31.8)/31.8 = 0.6\%$，其中 31.8 是例 7.18 里得出的标准化的方差。这种很小的变化说明 Yang 的折中试验计划方法受寿命分布误设的影响很小。

7.8.6　更高使用率的试验

如前所述，某些产品的使用寿命可以通过使用程度来衡量（例如里程和周期或循环数）。在试验此类产品时，我们经常使用较高的应力以及增加使用率来缩短试验时间。增加使用率可能会延长或缩短失效时间，并且可以用式（7.21）模拟效果。因此，这样的试验涉及两个加速变量。假设位置参数与变换后的应力 S_1 与使用率 S_2 之间的关系可以用式（7.105）建模，其中，$S_2 = \ln f$，f 等于原来样件的使用率。这样，只要有了删失使用度（而不是删失时间），针对威布尔分布和对数正态分布的双变量试验计划就可以适用。在很多情况下，因为要统筹试验资源，删失时间是预先定好的。这样删失使用度取决于对应的使用率，而使用率是可以优化的，这就导致优化模型发生小的变化（Yang, 2005）。但是表 7.14 和表 7.16 中的试验计划仍然可以使用，通过下面的公式计算出 a_{ij}、b 和 c：

$$a_{ij} = \frac{1}{\sigma}[\ln(\eta_{ij} f_2) - \mu_{22}] = \frac{1}{\sigma}\left[\ln(\eta_{ij} f_2) - \mu_{20} - B\ln\left(\frac{f_2}{f_0}\right)\right]$$

$$b = \frac{1}{\sigma}(\mu_{00} - \mu_{20})$$

$$c = \frac{1}{\sigma}\left[\mu_{00} - \mu_{02} + \ln\left(\frac{f_2}{f_0}\right)\right] = \frac{1}{\sigma}(1-B)\ln\left(\frac{f_2}{f_0}\right)$$

(7.109)

式中，η_{ij} 是删失时间；B 是式（7.21）中的使用率参数，f_0 和 f_2 分别是常规和最高的许用使用率。注意使用率的单位应该和删失时间对应。例如，如果使用率是每小时周期数，那么删失时间应该用小时表示。

表 7.16 针对带有两个加速变量的对数正态分布的折中试验计划

序号	a_1	a_2	b	c	π_{11}	ξ_{11}	ξ_{21}	V	序号	a_1	a_2	b	c	π_{11}	ξ_{11}	ξ_{21}	V
1	2	2	2	2	0.565	0.708	0.708	9.3	22	3	2	4	3	0.529	0.504	0.536	17.0
2	3	2	2	2	0.666	0.847	0.861	4.0	23	4	2	4	3	0.576	0.607	0.647	9.0
3	2	2	3	2	0.527	0.564	0.602	15.9	24	2	3	4	3	0.528	0.514	0.540	16.8
4	3	2	3	2	0.595	0.685	0.737	7.2	25	4	3	4	3	0.573	0.617	0.647	8.9
5	4	2	3	2	0.681	0.826	0.885	3.5	26	5	3	4	3	0.628	0.728	0.762	5.0
6	2	2	4	2	0.506	0.469	0.525	24.4	27	2	2	5	3	0.478	0.360	0.394	47.4
7	3	2	4	2	0.556	0.574	0.646	11.4	28	3	2	5	3	0.512	0.440	0.485	23.3
8	4	2	4	2	0.618	0.695	0.776	5.8	29	4	2	5	3	0.550	0.531	0.585	12.6
9	2	2	5	2	0.493	0.401	0.467	34.5	30	5	2	5	3	0.511	0.446	0.488	23.1
10	3	2	5	2	0.532	0.494	0.576	16.5	31	3	4	2	3	0.548	0.538	0.585	12.5
11	4	2	5	2	0.580	0.599	0.693	8.8	32	4	4	2	3	0.591	0.636	0.688	7.2
12	2	2	2	3	0.527	0.602	0.564	15.9	33	2	2	2	6	0.471	0.318	0.360	61.3
13	3	2	2	3	0.598	0.713	0.690	7.3	34	3	2	2	6	0.499	0.390	0.444	30.5
14	4	2	2	3	0.685	0.847	0.837	3.6	35	4	2	2	6	0.531	0.472	0.535	16.7
15	2	3	2	3	0.503	0.491	0.491	24.7	36	2	3	2	6	0.499	0.394	0.446	30.3
16	3	2	2	3	0.555	0.591	0.602	11.7	37	3	3	2	6	0.530	0.477	0.535	16.6
17	4	2	2	3	0.616	0.708	0.727	6.0	38	5	3	6	3	0.565	0.565	0.629	9.8
18	2	2	3	3	0.553	0.607	0.607	11.5	39	2	2	3	6	0.506	0.525	0.469	24.4
19	4	3	3	3	0.612	0.724	0.728	5.9	40	4	2	3	6	0.562	0.616	0.575	11.7
20	5	3	3	3	0.687	0.850	0.858	3.2	41	5	2	3	6	0.627	0.730	0.700	6.0
21	2	2	4	3	0.488	0.415	0.437	35.2	42	2	2	3	4	0.488	0.437	0.415	35.2

（续）

序号	a_1	a_2	b	c	π_{11}	ξ_{11}	ξ_{21}	V	序号	a_1	a_2	b	c	π_{11}	ξ_{11}	ξ_{21}	V
43	3	2	3	4	0.531	0.521	0.509	17.2	80	2	2	2	5	0.493	0.467	0.401	34.5
44	4	2	3	4	0.581	0.621	0.618	9.2	81	3	2	2	5	0.540	0.544	0.493	17.1
45	3	3	3	4	0.528	0.540	0.514	16.8	82	4	2	2	5	0.593	0.641	0.601	9.1
46	4	3	3	4	0.574	0.640	0.617	9.0	83	2	2	3	5	0.478	0.394	0.360	47.4
47	5	3	3	4	0.630	0.747	0.730	5.1	84	3	2	3	5	0.516	0.466	0.442	23.8
48	2	2	4	4	0.477	0.374	0.374	47.7	85	4	2	3	5	0.558	0.554	0.537	12.9
49	3	2	4	4	0.512	0.451	0.460	23.7	86	3	3	3	5	0.511	0.488	0.446	23.1
50	4	2	4	4	0.551	0.540	0.556	12.9	87	4	3	3	5	0.550	0.574	0.536	12.7
51	5	3	4	4	0.590	0.649	0.656	7.4	88	5	3	3	5	0.596	0.668	0.636	7.4
52	4	4	4	4	0.546	0.558	0.558	12.6	89	2	2	4	5	0.469	0.341	0.328	62.0
53	5	4	4	4	0.589	0.656	0.657	7.3	90	3	2	4	5	0.500	0.409	0.403	31.4
54	6	4	4	4	0.639	0.759	0.761	4.4	91	4	2	4	5	0.535	0.488	0.488	17.4
55	2	2	5	4	0.469	0.328	0.341	62.0	92	3	3	4	5	0.497	0.422	0.406	30.7
56	3	2	5	4	0.498	0.398	0.420	31.1	93	4	3	4	5	0.529	0.502	0.487	17.1
57	4	2	5	4	0.531	0.478	0.507	17.2	94	5	3	4	5	0.565	0.587	0.577	10.1
58	3	3	5	4	0.497	0.406	0.422	30.7	95	4	4	4	5	0.528	0.509	0.490	16.9
59	4	3	5	4	0.528	0.487	0.507	17.0	96	5	4	4	5	0.563	0.597	0.577	10.0
60	5	3	5	4	0.563	0.574	0.598	10.0	97	6	4	4	5	0.603	0.688	0.670	6.2
61	5	4	5	4	0.562	0.578	0.599	10.0	98	2	2	5	5	0.462	0.302	0.302	78.5
62	6	4	5	4	0.603	0.670	0.693	6.2	99	3	2	5	5	0.489	0.364	0.371	40.0
63	2	2	6	4	0.463	0.292	0.315	78.1	100	4	2	5	5	0.518	0.436	0.449	22.4
64	3	2	6	4	0.488	0.356	0.388	39.5	101	3	3	5	5	0.487	0.373	0.373	39.3
65	4	2	6	4	0.516	0.429	0.468	22.0	102	4	3	5	5	0.514	0.446	0.449	22.1
66	3	3	6	4	0.487	0.362	0.389	39.1	103	5	3	5	5	0.544	0.524	0.530	13.3
67	4	3	6	4	0.514	0.435	0.468	21.9	104	5	4	5	5	0.543	0.530	0.530	13.2
68	5	3	6	4	0.544	0.514	0.551	13.1	105	6	4	5	5	0.576	0.613	0.614	8.3
69	5	4	6	4	0.543	0.517	0.552	13.1	106	5	5	5	5	0.542	0.531	0.531	13.2
70	6	4	6	4	0.577	0.600	0.638	8.2	107	6	5	5	5	0.576	0.615	0.615	8.3
71	2	2	7	4	0.459	0.263	0.292	95.8	108	2	2	6	5	0.457	0.271	0.280	96.6
72	3	2	7	4	0.481	0.323	0.360	48.8	109	3	2	6	5	0.481	0.328	0.345	49.5
73	4	2	7	4	0.505	0.390	0.435	27.5	110	4	2	6	5	0.506	0.395	0.417	28.0
74	3	3	7	4	0.480	0.327	0.362	48.4	111	3	3	6	5	0.479	0.335	0.347	48.8
75	4	3	7	4	0.503	0.394	0.435	27.3	112	4	3	6	5	0.502	0.402	0.416	27.7
76	5	3	7	4	0.529	0.466	0.512	16.6	113	5	3	6	5	0.529	0.473	0.491	16.8
77	4	4	7	4	0.503	0.395	0.436	27.2	114	5	4	6	5	0.528	0.477	0.492	16.7
78	5	4	7	4	0.529	0.468	0.513	16.5	115	6	4	6	5	0.556	0.552	0.569	10.7
79	6	4	7	4	0.558	0.543	0.592	10.6	116	5	5	6	5	0.527	0.478	0.492	16.7

（续）

序号	a_1	a_2	b	c	π_{11}	ξ_{11}	ξ_{21}	V	序号	a_1	a_2	b	c	π_{11}	ξ_{11}	ξ_{21}	V
117	6	5	6	5	0.556	0.554	0.570	10.7	154	3	3	5	6	0.479	0.347	0.335	48.8
118	2	2	7	5	0.453	0.246	0.262	116.5	155	4	3	5	6	0.503	0.412	0.403	27.8
119	3	2	7	5	0.474	0.299	0.322	60.0	156	5	3	5	6	0.531	0.483	0.476	17.0
120	4	2	7	5	0.496	0.360	0.389	34.1	157	4	4	5	6	0.502	0.418	0.404	27.5
121	3	3	7	5	0.473	0.304	0.324	59.3	158	5	4	5	6	0.528	0.490	0.477	16.8
122	4	3	7	5	0.494	0.366	0.389	33.9	159	6	4	5	6	0.557	0.565	0.553	10.8
123	5	3	7	5	0.517	0.431	0.459	20.8	160	5	5	5	6	0.527	0.492	0.478	16.7
124	5	4	7	5	0.516	0.434	0.459	20.7	161	6	5	5	6	0.556	0.569	0.554	10.7
125	6	4	7	5	0.541	0.503	0.531	13.4	162	3	3	6	6	0.001	0.591	0.591	100.3
126	5	5	7	5	0.516	0.435	0.460	20.7	163	4	3	6	6	0.001	0.721	0.591	79.5
127	6	5	7	5	0.540	0.504	0.532	13.4	164	5	3	6	6	0.001	0.856	0.592	68.5
128	3	2	8	5	0.469	0.275	0.303	71.4	165	4	4	6	6	0.001	0.722	0.722	59.2
129	4	2	8	5	0.489	0.332	0.366	40.9	166	5	4	6	6	0.001	0.859	0.723	48.6
130	3	3	8	5	0.468	0.279	0.305	70.7	167	6	4	6	6	0.001	0.999	0.723	42.4
131	4	3	8	5	0.487	0.336	0.366	40.6	168	5	5	6	6	0.001	0.861	0.861	38.1
132	4	4	8	5	0.487	0.337	0.367	40.5	169	6	5	6	6	0.001	0.999	0.862	32.1
133	5	4	8	5	0.507	0.399	0.432	25.0	170	6	6	6	6	0.001	0.999	0.999	26.2
134	6	4	8	5	0.528	0.463	0.499	16.3	171	3	3	7	6	0.001	0.507	0.591	118.9
135	5	5	8	5	0.507	0.399	0.432	25.0	172	4	3	7	6	0.001	0.618	0.592	90.8
136	6	5	8	5	0.528	0.463	0.499	16.3	173	5	3	7	6	0.001	0.735	0.592	76.0
137	2	2	3	6	0.471	0.360	0.318	61.3	174	4	4	7	6	0.001	0.620	0.723	70.3
138	3	2	3	6	0.506	0.423	0.391	31.3	175	5	4	7	6	0.001	0.738	0.724	55.9
139	4	2	3	6	0.543	0.501	0.476	17.4	176	6	4	7	6	0.001	0.859	0.724	47.6
140	3	3	3	6	0.499	0.446	0.394	30.3	177	5	5	7	6	0.001	0.739	0.861	45.3
141	4	3	3	6	0.533	0.522	0.474	17.0	178	6	5	7	6	0.001	0.861	0.862	37.2
142	5	3	3	6	0.573	0.604	0.563	10.1	179	6	6	7	6	0.001	0.862	0.999	31.2
143	2	2	4	6	0.463	0.315	0.292	78.1	180	3	3	8	6	0.001	0.444	0.591	140.2
144	3	2	4	6	0.492	0.374	0.359	40.1	181	4	3	8	6	0.001	0.542	0.592	103.8
145	4	2	4	6	0.524	0.445	0.436	22.5	182	5	3	8	6	0.001	0.644	0.593	84.7
146	4	3	4	6	0.516	0.461	0.435	22.1	183	4	4	8	6	0.001	0.543	0.723	82.9
147	5	3	4	6	0.548	0.537	0.515	13.3	184	5	4	8	6	0.001	0.646	0.724	64.3
148	4	4	4	6	0.514	0.469	0.437	21.8	185	6	4	8	6	0.001	0.753	0.724	53.5
149	5	4	4	6	0.544	0.548	0.516	13.1	186	5	5	8	6	0.001	0.647	0.862	53.6
150	6	4	4	6	0.579	0.630	0.598	8.3	187	6	5	8	6	0.001	0.754	0.863	43.0
151	2	2	5	6	0.457	0.280	0.271	96.6	188	6	6	8	6	0.001	0.755	0.999	36.9
152	3	2	5	6	0.482	0.336	0.333	49.9	189	2	2	4	7	0.001	0.703	0.401	171.3
153	4	2	5	6	0.509	0.401	0.403	28.2	190	3	2	4	7	0.486	0.346	0.324	49.8

（续）

序号	a_1	a_2	b	c	π_{11}	ξ_{11}	ξ_{21}	V	序号	a_1	a_2	b	c	π_{11}	ξ_{11}	ξ_{21}	V
191	3	3	4	7	0.480	0.362	0.327	48.4	225	6	4	8	7	0.001	0.753	0.621	64.4
192	4	3	4	7	0.506	0.426	0.393	27.7	226	5	5	8	7	0.001	0.647	0.739	61.0
193	5	3	4	7	0.535	0.495	0.466	16.9	227	6	5	8	7	0.001	0.754	0.740	50.2
194	4	4	4	7	0.503	0.436	0.395	27.2	228	6	6	8	7	0.001	0.755	0.862	42.0
195	5	4	4	7	0.530	0.508	0.466	16.6	229	2	2	5	8	0.001	0.563	0.351	236.7
196	6	4	4	7	0.560	0.581	0.541	10.7	230	3	2	5	8	0.474	0.292	0.276	72.6
197	2	2	5	7	0.453	0.262	0.246	116.5	231	3	3	5	8	0.468	0.305	0.279	70.7
198	3	2	5	7	0.477	0.312	0.302	60.7	232	4	3	5	8	0.489	0.360	0.335	41.0
199	4	2	5	7	0.503	0.372	0.366	34.7	233	5	3	5	8	0.512	0.419	0.397	25.5
200	3	3	5	7	0.473	0.324	0.304	59.3	234	4	4	5	8	0.487	0.367	0.337	40.5
201	4	3	5	7	0.495	0.384	0.366	34.1	235	5	4	5	8	0.507	0.428	0.397	25.1
202	5	3	5	7	0.520	0.448	0.433	21.0	236	6	4	5	8	0.531	0.492	0.461	16.5
203	4	4	5	7	0.493	0.390	0.368	33.7	237	5	5	5	8	0.507	0.432	0.399	25.0
204	5	4	5	7	0.516	0.457	0.433	20.8	238	6	5	5	8	0.529	0.498	0.462	16.3
205	6	4	5	7	0.542	0.526	0.503	13.5	239	3	2	7	8	0.462	0.247	0.247	99.6
206	5	5	5	7	0.516	0.460	0.435	20.7	240	3	3	7	8	0.459	0.255	0.248	97.8
207	6	5	5	7	0.541	0.531	0.504	13.4	241	4	3	7	8	0.476	0.304	0.298	57.1
208	3	3	6	7	0.001	0.591	0.507	118.9	242	5	3	7	8	0.494	0.356	0.353	35.9
209	4	3	6	7	0.001	0.721	0.507	97.7	243	4	4	7	8	0.474	0.307	0.300	56.7
210	5	3	6	7	0.001	0.856	0.507	86.5	244	5	4	7	8	0.491	0.361	0.353	35.6
211	4	4	6	7	0.001	0.723	0.620	70.3	245	6	4	7	8	0.509	0.416	0.409	23.6
212	5	4	6	7	0.001	0.860	0.620	59.4	246	5	5	7	8	0.491	0.362	0.354	35.5
213	6	4	6	7	0.001	0.999	0.621	53.1	247	6	5	7	8	0.508	0.419	0.410	23.5
214	5	5	6	7	0.001	0.861	0.739	45.3	248	6	6	7	8	0.508	0.419	0.410	23.4
215	6	5	6	7	0.001	0.999	0.739	39.2	249	3	3	8	8	0.001	0.444	0.444	181.1
216	6	6	6	7	0.001	0.999	0.862	31.2	250	4	3	8	8	0.001	0.542	0.445	143.8
217	4	4	7	7	0.001	0.620	0.620	81.5	251	5	3	8	8	0.001	0.644	0.445	124.0
218	5	4	7	7	0.001	0.738	0.621	66.9	252	4	4	8	8	0.001	0.543	0.543	107.3
219	6	4	7	7	0.001	0.859	0.621	58.4	253	5	4	8	8	0.001	0.646	0.544	88.2
220	5	5	7	7	0.001	0.739	0.739	52.6	254	6	4	8	8	0.001	0.753	0.544	77.0
221	6	5	7	7	0.001	0.861	0.740	44.3	255	5	5	8	8	0.001	0.647	0.647	69.4
222	6	6	7	7	0.001	0.862	0.862	36.2	256	6	5	8	8	0.001	0.754	0.648	58.6
223	4	4	8	7	0.001	0.543	0.620	94.3	257	6	6	8	8	0.001	0.755	0.755	47.9
224	5	4	8	7	0.001	0.646	0.621	75.4									

例 7.20 在例 7.15 中，我们介绍了为电磁继电器在更高的温度和开关率下进行 Yang 的折中试验计划。根据在例 7.15 中的数据制定试验计划。使用温度是 30℃，最大许用温度是 125℃，常用的开关率是 5 循环/min，最高许用的开关率是 30 循环/

min。样本容量为 120，125℃ 下的删失时间为 96h，在低温下的删失时间（待优化）是 480h。

解：在 125℃、开关率为 5 循环/min 的情况下对类似的继电器进行试验，表明失效循环数可以用形状参数为 1.2、特征寿命为 56 954 循环的威布尔分布表示。这近似给出了所分析的继电器的形状参数和特征寿命。我们于是有了 $\sigma = 1/1.2 = 0.83$，$\mu_{20} = \ln 56\ 954 = 10.95$。使用可靠性预测手册 MIL-HDBK-217F（U.S.DoD, 1995），在 5 循环/min 的情况下，我们预估失效率为 1.39×10^{-4} 次/h，每循环中 0.46×10^{-6} 次失效，在 30 循环/min 的情况下，失效率为 14.77×10^{-4} 次/h，每循环中 0.82×10^{-6} 次失效。这些对数寿命的位置参数的预估值是从式（7.103）得出的，$\mu_{00} = 14.66$，$\mu_{02} = 14.08$。从式（7.21），我们知道 B 的预估值是

$$B = \frac{\mu_{00} - \mu_{02}}{\ln f_0 - \ln f_2} = \frac{14.66 - 14.08}{\ln 5 - \ln 30} = -0.324$$

因为 $B = -0.324 < 1$，增加开关率缩短了试验时间。

根据预估值和已知的删失时间，我们有

$$a_1 = a_{11} = a_{12} = \frac{1}{0.83}[\ln(480 \times 30 \times 60) - 10.95 + 0.324\ln(30/5)] = 3.98$$

$$a_2 = a_{21} = a_{22} = 2.04$$

$$b = \frac{1}{0.83}(14.66 - 10.95) = 4.47$$

$$c = \frac{1}{0.83}(1 + 0.324)\ln(30/5) = 2.86$$

如在例 7.18 中，利用表 7.14 和反复使用线性插值能对（4，2，4.47，2.86）制定出试验计划。这里我们直接计算优化模型式（7.107）得出 $\pi_{11} = 0.604$，$\xi_{11} = 0.57$，$\xi_{21} = 0.625$。通过式（7.108）标准化的试验计划就变换成实际的试验计划。实际试验计划见表 7.9。

7.9 高加速寿命试验

与前面各节介绍的定量 ALT 不同的是，高加速寿命试验（HALT）是定性的。它不用于计算产品可靠性。相反，HALT 用于早期设计与开发阶段揭示在实际工作中可能发生的潜在故障模式。在试验中发现的任何故障都要认真对待。要进行故障分析来确定原因。然后制定适当的整改措施并实施，再确认措施的效果。一旦消除了故障模式，产品的可靠性就会增加到更高的水平。显然，HALT 的主要目的不是测量，但要提高可靠性。

HALT 旨在高效地激发出故障。为此，人们经常使用最有效的试验应力，这个应

力可能在实际工作中出现，也可能不出现。换句话说，没有必要完全与实际工作中的应力一致。例如，心脏起搏器的试验中可能会包含各种能造成脱焊的热循环，尽管它实际在人体中永远不会遇到这样的应力。经常使用的应力包括温度、热循环、湿度、振动、电压以及任何其他能够在短时间内造成故障的刺激。应力是逐级施加的；也就是说，应力逐渐增加提高直到故障发生。与定量 ALT 不同，HALT 允许应力超过工作极限并达到破坏极限，因为它的目的就是发现潜在的故障模式。一旦产生故障，就要进行故障分析，并且后续要制定纠正措施并实施。然后将改进后的产品进行下一次 HALT 来确认措施的有效性，并查找新的故障模式。显然，完整的 HALT 过程是一个试验—修复—试验的过程，但就效率而言，它比传统的试验—修复—试验有效得多。要查阅 HALT 更多的详细说明，请参见 Hobbs（2000）和 O'Connor（2001）的文献。Becker 和 Ruth（1998）、Silverman（1998）、Misra 和 Vyas（2003）也给出了 HALT 的应用实例。

由于试验应力与实际应力之间缺乏直接的相关性，因此无法保证 HALT 产生的故障模式会在现场发生。尽管消除了所有观察到的故障模式显然会提高可靠性，但也可能导致过度设计，从而导致过高的设计成本和过长的设计时间。因此，重要的是要检查每一次在 HALT 中引起的故障，从中识别出并修复对客户有影响的那些。这些工作很困难，但确实必不可少。一些设计可靠性方法，例如 FMEA 对这个目的是有帮助的。

从上文我们可以看出在 HALT 中的应力水平是可以超过工作极限的，而且出现的失效模式可能和在实际工作中的不同。这样的试验可能违反了量化的 ALT 试验的基本前提。因此，HALT 的寿命无法外推到用于计算可靠性的设计应力。反之，前文中定量的试验计划也无助于 HALT 的试验开发和分析。这两种方法的区别见表 7.17。

表 7.17　HALT 和 ALT 的区别

项目	HALT	定量的 ALT
目的	提高可靠性	衡量可靠性
何时进行	设计与开发阶段	设计与开发阶段及以后
应力类型	任何类型，只要有效	实际应力
应力程度	到破坏极限	工作极限之下
应力施加模式	阶梯状施加	持续、阶梯、逐渐升高、周期式，或者随机应力
试验时间	短	长
删失	不可行	可行
样本容量	少	多
加速模型	无	有
寿命数据分析	无	有
失效分析	需要	视情形
失效会在实际发生	不确定	会
失效主要原因	设计错误	缺少健壮性或者设计错误
确认性试验	需要	不需要

习题

7.1 任意选择一种产品（例如别针、灯泡、电吹风），制定加速寿命试验计划来计算它的可靠性。计划中应该包括加速方法、应力类型（温度、热循环、电压等）、应力水平、样本容量、删失时间、失效定义、数据收集方法、加速模型、以及数据分析方法，这些应该在收集数据之前确定下来。说明试验计划的合理性。将试验计划写成详细的提案交给你的主管。

7.2 说明当计划加速试验时，理解施加的应力所产生的影响的重要性。什么类型的应力可能适用于加速金属腐蚀？什么应力会加速导体电迁移？

7.3 列出可能加速疲劳失效的应力，并解释在每个应力下的疲劳机制。

7.4 某机电总成在更高的机械载荷和更高的工作频率下进行试验。试验条件和疲劳寿命数据见表7.18。

表 7.18 机电总成的寿命数据

组别	机械载荷 /kgf	工作频率 /（循环 /min）	试验次数	寿命（10^3 循环）
1	8	10	16	20.9, 23.8, 26.8, 39.1, 41.5, 51.5, 55.9, 69.4, 70, 70.5, 79.6, 93.6, 131.9, 154, 155.9, 229.9
2	16	10	10	4.8, 6.8, 8.7, 14.8, 15.7, 16.6, 18.9, 21.3, 27.6, 58.6
3	8	20	10	10.5, 12.7, 18, 22.4, 26.2, 28, 29.3, 34.9, 61.5, 82.4
4	16	20	10	0.9, 1.8, 3.1, 5, 6.3, 6.6, 7.4, 8.7, 10.3, 12.1

（1）绘制机械载荷和工作频率交互作用图，响应是中位寿命的对数值。解释这个交互作用。

（2）绘制机械载荷和工作频率主效应图，响应是中位寿命的对数值。这两个应力对寿命有重要影响吗？

（3）假设寿命-机械载荷之间的关系以及寿命-工作频率之间的关系都可以用逆幂律来表示。写出中位寿命和机械载荷与工作频率之间的加速模型。

（4）计算关系参数，并说明这种关系是否充分。

（5）计算试验条件（16kgf 和 20 循环 /min）下中位寿命的加速因子，以及在使用条件（2.5kgf 和 5 循环 /min）下的加速因子。

（6）在使用条件下的中位寿命是多少？

7.5 解释 Coffin-Manson 模型和 Norris–Landzberg 模型之间的区别。

7.6 解释为什么提高使用率并不一定能减少试验时间。忽略使用率的影响可能会带来什么后果？

7.7 通过线性回归分析，说明计算艾林模型式（7.8）参数的方法和广义的艾林模型式（7.27）参数的方法。

7.8 请参阅习题 7.4。

（1）在对数正态概率纸上绘制每个试验组的寿命数据。

（2）在威布尔概率纸上绘制每个试验组的寿命数据。

（3）说明哪种寿命分布更合适。解释您的选择。

（4）计算每个试验组所选分布的参数。

（5）假设第 1 组的试验单位在 1×10^5 循环时删失。在（3）里选择的概率纸上绘制该组的寿命数据。这种分布看起来仍然准确吗？计算分布参数并将其与在（4）中得出的参数进行比较。

7.9 对某阀门进行了初步试验，以估算阀门的寿命分布，并将其用于制定后续加速寿命试验的最佳方案。在试验中，对 10 个样件加热到最高许用温度，得出以下寿命数据（单位：10^3 循环）：67.4，73.6 *，105.6，115.3，119.3，127.5，170.8，176.2，200.0 *，200.0 *，其中星号表示删失。历史数据表明阀门寿命可以由威布尔分布描述。

（1）在威布尔概率纸上绘制寿命数据。

（2）评论威布尔分布的充分性。

（3）估计威布尔参数。

（4）计算 B_{10} 寿命。

（5）估计 40 000 循环的失效概率。

（6）在试验温度和使用温度之间使用 35.8 的加速因子，并计算使用温度下的特征寿命。

7.10 请参阅习题 7.9。

（1）使用极大似然估计法解决习题 7.9 的（3）~（6）。

（2）解释（1）的结果与习题 7.9 里对应部分之间的差异。

（3）计算威布尔参数置信水平为 90% 的双侧置信区间、B_{10} 寿命，以及在试验温度下经历 40 000 循环时出现故障的概率。

7.11 请参见例 7.3。

（1）在同一张威布尔概率纸上绘制三组寿命数据。

（2）在同一张对数正态概率纸上绘制三组寿命数据。

（3）威布尔分布或对数正态分布哪个拟合得更好？选择出拟合得更好的分布。

（4）评价所选概率纸中三条线的平行程度。

（5）对于每个试验电压，计算（变换后的）位置参数和尺度参数。

（6）估计共同（变换后的）尺度参数。

（7）计算在 50V 的额定电压下的分布参数。

(8）估算 50V 下的 MTTF，并将结果与例 7.3 中平均寿命进行比较。

7.12 使用最大似然估计法再次计算习题 7.11（5）~（8）。

7.13 Ersland 等人（2004）给出了在高温和高湿的条件下，对 GaAs PHEMT 开关进行的直流偏置寿命试验的结果。寿命数据见表 7.19，其中 5×[20，70] 表示在 20~70h 发生了 5 次故障。

表 7.19 GaAs PHEMT 开关的试验条件和寿命数据

温度 /℃	相对湿度（%）	删失的试件	删失时间 /h	失效时间 /h
115	85	1	340	74，200，200，290，305
130	85	3	277	105，160，245
130	95	2	120	58，65，90，105
145	85	0	181	8.5，5×[20，70]，105，110，110，140，181

（1）在同一张对数正态概率纸上绘制四组寿命数据。评论对数正态分布是否适当。

（2）是否能说明对数正态分布的形状参数取决于试验条件？哪些因素可能导致其特殊性？

（3）写下该试验的加速模型。

（4）使用常数形状参数，写出总样本对数似然函数。

（5）计算模型参数。

（6）计算活化能和相对湿度指数的置信水平为 90% 的双侧置信区间。

（7）活化能和相对湿度指数是否在统计上与经验值不同（例如 Hallberg 和 Peck（1991）给出的是 0.9 eV 和 −3）？

（8）在 30℃和 45% 相对湿度的使用条件下，计算第 10 百分位数。

（9）计算在使用条件下第 10 百分位数的置信水平为 90% 的双侧置信区间。

7.14 欲进行加速寿命试验，以评估一种激光二极管产品在 30mA 的使用电流下的可靠性。采用了 85 个样件在三个更高的电流水平下进行试验。最高的电流是最大允许值，为 220mA。最高电流下的删失时间是 500h，中等电流下 880h，最低电流下 1050h。二极管的寿命用形状参数为 1.1 的对数正态分布表示。估计 30mA 和 220mA 时的尺度参数分别为 6.2 和 11.7。设计 Yang 的折中试验计划。

7.15 请参见例 7.3。假设必须在 2000h 的时候分析试验数据，最大允许电压为 120V。

（1）制定 Yang 折中试验计划。使用在例题中的数据来计算试验计划所需的未知数。

（2）计算例题中使用的试验计划的标准化的方差。

（3）方差增加率是多少？

（4）如果在试验过程中某个样件在低应力水平丢失，那么两个试验计划的方差增加率是多少？哪个试验计划对样件的丢失更敏感？

7.16 为了评估使用条件下的可靠性，将在更高的温度和压力下测试 65 个液压件。使用温度为 50℃，正常压力为 9.18×10^6 Pa，最大许用温度和压力为 130℃ 和 32.3×10^6 Pa。对上一代产品的数据分析表明，寿命可以用威布尔分布建模，形状参数为 2.3。在使用条件、(130℃，9.18×10^6 Pa)、(50℃，32.3×10^6 Pa) 下的特性寿命分别为 12 537h、1085h 和 3261h。

（1）写下加速模型，假设温度和压力之间没有交互作用。

（2）预估 130℃ 和 32.3×10^6 Pa 时的特征寿命。

（3）低温试验中在 960h 发生删失，在高温试验中 670h 发生删失，设计 Yang 的折中试验计划。

7.17 描述 HALT 过程，并说明 HALT 在计划定量的 ALT 中的作用。

8

退化试验和分析

8.1 概述

正如在第 7 章中所解释的,加速寿命试验在几乎所有有效的可靠性项目中都是一个重要的任务。在今天竞争的商业环境下,允许的试验时间一直在减少。另外,由于技术和制造能力的进步产品变得更加可靠。因此加速寿命试验在低应力水平下不产生或极少产生失效是很常见的。在这些情况下分析寿命数据并对产品的可靠性制定有意义的推理是非常困难或不可能的。对某些产品,其性能特性随时间退化,当性能特性超过特定的阈值时则失效已经发生。这种失效被称为软失效,在第 2 章和第 5 章做了讨论。特性的退化表明了可靠性的恶化。特性的测量包含了许多关于产品可靠性的有用的和可信的信息。因此,通过分析退化数据推导可靠性是可能的。

退化试验有几个超过寿命试验的优点。可靠性分析使用退化数据把可靠性和物理特性直接地联系起来,这样就使可靠性在样件失效前就可以被估计并因此大大缩短了试验时间。退化试验经常会比那些来自寿命数据的分析产生更精确的估计,特别是试验被高度地删失时。正如第 7 章展示的,未失效的样件仅仅在删失时间内影响估计值。从删失到失效的时间,或剩余的寿命,是未知的,并且没有被考虑到寿命数据分析中。与此相反,退化试验在不同的时间,包括删失时间内测量未失效样件的性能特性。退化过程与最后一次测量和特定的阈值之间的差距是已知的。在退化分析中,此类信息也被用于估计可靠性。诚然,退化分析有确定和局限性。例如,它经常会需要大量的计算。

在本章中我们描述基于退化数据的多种可靠性评估方法,这可能产生于无破坏的或者破坏性的观察,也会介绍收紧阈值的加速退化试验的原则和方法。我们也会给出退化试验计划的优化设计的一个简单的结论。

8.2 关键性能特性的确定

一个产品的性能通常由多种特性来度量。典型的,小零件诸如电容或电阻有三个或更多的特性，复杂的系统诸如汽车即使没有几百个也能有几十个特性。每个特性在某种程度上反映产品的可靠性水平。在退化分析中，量化所有特性相关的可靠性即使不是不可能也将是非常困难的。实际上，大部分特性既不是相互独立也不是同等重要的。在很多应用中，有一个关键特性，它描述了主要的退化过程。这个特性可用于表征产品的可靠性。第5章讨论的健壮可靠性设计就基于这样的特性。

在很多应用中，关键特性是相当明显的，且可以使用物理知识、客户要求或者经验辨认出来。安装在系统内的零部件的关键特性通常是对系统性能有最大影响的那个特性。这个特性的漂移和变化导致系统性能显著地恶化。零部件特性和系统性能之间的关系可通过使用试验设计来探索。对一个商业化产品，关键特性是客户最关心的那个特性。此特性的退化密切地反映了客户对产品的不满意度。关键性能的确定可以通过使用质量功能展开图来协助实现，它把客户期望转化为产品的性能特性。此技术方法在第3章中做了详细描述。

被选为表征产品可靠性的关键特性必须是随时间单调增加或降低的。也就是说，特性的退化是不可逆的。大部分实际情况都满足此要求。例如，汽车轮胎的磨损总是随着里程而增加，以及焊点的粘合强度总是随使用年限而降低。然而，由于老化影响，某些电子产品特性可能在寿命早期不是单调变化的。特性在短时间段内会波动然后会变为单调的。例如发光二极管，在最初的几百个小时使用中发光能力可能会增加然后会随时间降低。对这些产品，在退化分析中去除老化阶段收集的观察值是非常重要的。

8.3 伪寿命的可靠性估计

假设退化试验使用 n 个样件。试验中，每个样件被周期性地检查以测量关键性能特性 y。检查是非破坏性的，意味着样件不会被检查破坏并在检查后恢复其功能。用 y_{ij} 表示样件 i 在时间 t_{ij} 时的 y 的测量值，其中 $i=1, 2, \cdots, n$, $j=1, 2, \cdots, m_i$，并且 m_i 是样件 i 的测量次数。退化轨迹可以被模拟为

$$y_{ij} = g(t_{ij}; \beta_{1i}, \beta_{2i}, \ldots, \beta_{pi}) + e_{ij} \tag{8.1}$$

式中，$g(t_{ij}; \beta_{1i}, \beta_{2i}, \cdots, \beta_{pi})$ 是样件 i 在时间 t_{ij} 的真实退化值 y；e_{ij} 是误差项。通常地，误差项同 i 和 j 相独立且由均值为0、标准差为常数 σ_e 的正态分布模拟得出。尽管对同一个样件进行测量，若测量读数是分布广泛，那 e_{ij} 之间潜在的自相关也可以被忽略。在式（8.1）中，$\beta_{1i}, \beta_{2i}, \cdots, \beta_{pi}$ 是样件 i 的未知的退化模型参数且应根据试验数据来估计，p 是这些参数的个数。

在试验中，对样件 i 的观察产生数据点 (t_{i1}, y_{i1}), (t_{i2}, y_{i2}), $\cdots$, (t_{im_i}, y_{im_i})。由于 $e_{ij} \sim N(0, \sigma_e^2)$，样件 i 的测量数据的对数似然函数 L_i 是

$$L_i = -\frac{m_i}{2}\ln(2\pi) - m_i \ln(\sigma_e) - \frac{1}{2\sigma_e^2}\sum_{j=1}^{m_i}[y_{ij} - g(t_{ij};\beta_{1i},\beta_{2i},\ldots,\beta_{pi})]^2 \quad (8.2)$$

式中，$\hat{\beta}_{1i}$，$\hat{\beta}_{2i}$，$\cdots$，$\hat{\beta}_{pi}$ 和 $\hat{\sigma}_e$ 的估计量通过使最大化 L_i 直接地获得。

参数也可通过最小二乘法来估计。这通过使来自真实退化轨迹的测量值的方差总和最小化实现，由下式给出

$$\text{SSD}_i = \sum_{j=1}^{m_i} e_{ij}^2 = \sum_{j=1}^{m_i}[y_{ij} - g(t_{ij};\beta_{1i},\beta_{2i},\ldots,\beta_{pi})]^2 \quad (8.3)$$

式中，SSD_i 是样件 i 的方差总和。注意极大似然估计量和最小二乘估计量是相同的。

一旦获得估计值 $\hat{\beta}_{1i}$，$\hat{\beta}_{2i}$，$\cdots$，$\hat{\beta}_{pi}$，我们可计算伪寿命。一旦 y 超过阈值 G，失效发生，则样件 i 的寿命通过下式给出

$$\hat{t}_i = g^{-1}(G;\hat{\beta}_{1i},\hat{\beta}_{2i},\ldots,\hat{\beta}_{pi}) \quad (8.4)$$

式中，g^{-1} 是 g 的反函数。对每个样件应用式（8.4）得到寿命估计值 $\hat{t}_1$，$\hat{t}_2$，$\cdots$，$\hat{t}_n$。明显地，伪寿命是完全精确数据。在第 7 章中我们描述了这种类型数据的概率图。通过使用图示方法，我们能确定充分地适合这些寿命数据的寿命分布并评估分布参数。如第 7 章中解释的，当商业软件可用时，极大似然估计法应被用于分布参数和其他指标的估计。图 8.1 描绘了退化轨迹、伪寿命和寿命分布的关系。

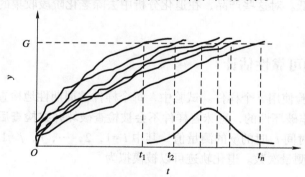

图 8.1 退化轨迹、伪寿命和寿命分布的关系

对于某些产品，真实退化轨迹是简单的，且能写为如下线性形式：

$$g(t) = \beta_{1i} + \beta_{2i}t \quad (8.5)$$

式中，$g(t)$，t，或二者都可代表对数转换。例如汽车轮胎的磨损直接同里程成正比例且 $\beta_{1i}=0$。Tseng 等人（1995）模拟了荧光灯的光通量的对数为时间的线性方程。Yang 与 Yang（1998）建立了某红外发光二极管发光能力的变化率和老化时间之间的对数-对数线性关系。根据 Lu 等人（1997）所述，金属氧化物半导体（MOS）场效应晶体管的电流对数和时间对数符合线性关系。

式（8.5）中，β_{1i} 和 β_{2i} 的最小二乘估计量是

$$\hat{\beta}_{1i} = \overline{y}_i - \hat{\beta}_{2i}\overline{t}_i$$

$$\hat{\beta}_{2i} = \frac{m_i \sum_{j=1}^{m_i} y_{ij} t_{ij} - \sum_{j=1}^{m_i} y_{ij} \sum_{j=1}^{m_i} t_{ij}}{m_i \sum_{j=1}^{m_i} t_{ij}^2 - \left(\sum_{j=1}^{m_i} t_{ij}\right)^2}$$

$$\overline{y}_i = \frac{1}{m_i}\sum_{j=1}^{m_i} y_{ij}$$

$$\overline{t}_i = \frac{1}{m_i}\sum_{j=1}^{m_i} t_{ij}$$

那么样件 i 的伪寿命是

$$\hat{t}_i = \frac{G - \hat{\beta}_{1i}}{\hat{\beta}_{2i}}$$

例 8.1 Lu 等人（1997）给出了 5 个 MOS 场效应晶体管在不同时间的跨导百分比退化数据。试验在 40 000s 时被删失。失效标准是跨导百分比退化大于或等于 15%。数据显示在习题 8.10 的表 8.11 中，且被绘制成图 8.2 的对数 - 对数关系图，其中纵轴是跨导百分比退化，横轴是以秒为单位的时间。此图显示了对数 - 对数线性退化模型：

$$\ln y_{ij} = \beta_{1i} + \beta_{2i}\ln t + e_{ij}$$

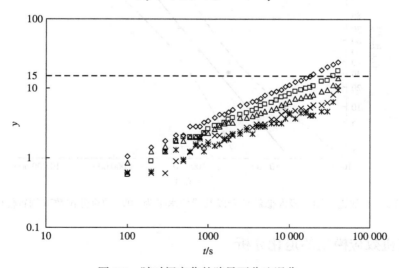

图 8.2 随时间变化的跨导百分比退化

上面的退化模型适合于每个退化轨迹。简单的线性退化分析显示退化模型是足够的。5 个轨迹的最小二乘估计值见表 8.1。获得估计值之后，我们来计算伪寿命。例如，

对于第 5 个样件我们有

$$\ln \hat{t}_5 = \frac{\ln 15 + 2\,217}{0.383} = 12.859$$

$$\hat{t}_5 = 384\,285\ \text{s}$$

表 8.1　模型参数的最小二乘估计量

估计量	单元				
	1	2	3	4	5
$\hat{\beta}_{1i}$	−2.413	−2.735	−2.056	−2.796	−2.217
$\hat{\beta}_{2i}$	0.524	0.525	0.424	0.465	0.383

类似地，对于其他 4 个样件，其伪寿命为 $\hat{t}_1$=17 553s，$\hat{t}_2$= 31 816s，$\hat{t}_3$= 75 809s，$\hat{t}_4$= 138 229s。在通常使用的寿命分布中，对数正态是这些数据最好的拟合分布。图 8.3 显示了对数正态图、极大似然拟合以及置信水平为 90% 的百分位数双侧置信区间。尺度参数和形状参数的极大似然估计值为 $\hat{\mu} = 11.214$，$\hat{\sigma} = 1.082$。

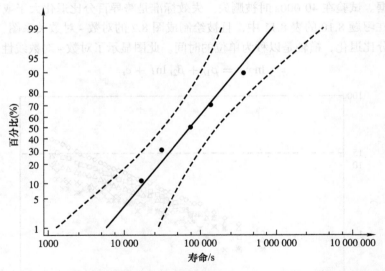

图 8.3　对数正态图、极大似然拟合以及置信水平为 90% 的百分位数双侧置信区间

8.4　随机效应模型的退化分析

8.4.1　随机效应模型

根据例 8.1 可以看到对每个样件，退化模型的参数值是不同的。总体上，式

(8.1)中某些或者所有的模型参数 β_1、$\beta_2\cdots\beta_p$ 会根据样件不同而变化,可以认为它们是从对应的总体中随机抽取的。随机效应存在是由于材料属性变化,制造过程变化,应力变化,以及其他很多不可控因子。这些参数并不是独立的,它们通常共同形成一个联合分布。实际中,为了简化,通常使用均值向量 $\boldsymbol{\mu_\beta}$ 和方差-协方差矩阵 $\boldsymbol{\Sigma_\beta}$ 的多变量正态分布。例如,Ahmad 与 Sheikh(1984)使用了一个双变量正态模型来研究工具磨损问题。使用多变量正态分布和式(8.1),n 个样件的所有测量数据的似然函数 l 可写成

$$l = \prod_{i=1}^{n} \int_{-\infty}^{+\infty} \cdots \int_{-\infty}^{+\infty} \frac{1}{(2\pi)^{(p+m_i)/2}\sigma_e^{m_i}|\boldsymbol{\Sigma_\beta}|^{1/2}}$$

$$\exp\left\{-\frac{1}{2}\left[\sum_{j=1}^{m_i} z_{ij}^2 + (\boldsymbol{\beta}_i - \boldsymbol{\mu_\beta})^T \boldsymbol{\Sigma_\beta}^{-1}(\boldsymbol{\beta}_i - \boldsymbol{\mu_\beta})\right]\right\} \mathrm{d}\beta_{1i}\cdots\mathrm{d}\beta_{pi} \quad (8.6)$$

式中,$z_{ij} = [y_{ij} - g(t_{ij}; \beta_{1i}, \beta_{2i}, \cdots, \beta_{pi})]/\sigma_e$; $\boldsymbol{\beta}_i = (\beta_{1i}, \beta_{2i}, \cdots, \beta_{pi})$; $|\boldsymbol{\Sigma_\beta}|$ 是 $\boldsymbol{\Sigma_\beta}$ 的行列式。概念上,模型参数,包括均值矢量 $\boldsymbol{\mu_\beta}$ 和 $\boldsymbol{\Sigma_\beta}$ 以及误差 σ_e 的标准差,可以通过直接地使极大似然法来估计。然而,实际中,除非真实退化轨迹遵循如式(8.5)中的简单的线性形式,否则计算是极其困难的。

这里我们提供估计模型参数 $\boldsymbol{\mu_\beta}$ 和 $\boldsymbol{\Sigma_\beta}$ 的多变量方法。此方法尽管很简单却大致精确。首先,我们对每个个体退化轨迹拟合退化模型式(8.1),并通过最大化式(8.2)或最小化式(8.3)来计算参数估计值 $\hat{\beta}_{1i}, \hat{\beta}_{2i}, \cdots, \hat{\beta}_{pi}$($i=1, 2, \cdots, n$)。每个参数的估计值被当作一组样本的 n 个观察值。样本的均值向量为

$$\overline{\boldsymbol{\beta}} = (\overline{\beta}_1, \overline{\beta}_2, \cdots, \overline{\beta}_p) \quad (8.7)$$

式中

$$\overline{\beta}_j = \frac{1}{n}\sum_{i=1}^{n} \hat{\beta}_{ji}, \qquad j = 1, 2, \cdots, p \quad (8.8)$$

样本的方差-协方差矩阵通过下式给出

$$\boldsymbol{S} = \begin{pmatrix} s_{11} & s_{12} & \cdots & s_{1p} \\ s_{21} & s_{22} & \cdots & s_{2p} \\ \vdots & \vdots & & \vdots \\ s_{p1} & s_{p2} & \cdots & s_{pp} \end{pmatrix} \quad (8.9)$$

式中

$$s_{kj} = \frac{1}{n}\sum_{i=1}^{n}(\hat{\beta}_{ki} - \overline{\beta}_k)(\hat{\beta}_{ji} - \overline{\beta}_j) \quad (8.10)$$

式中，$k = 1, 2, \cdots, p$；$j = 1, 2, \cdots, p$；$s_{kj}(k \neq j)$ 是 β_k 和 β_j 的协方差；当 $k = j$，s_{kk} 是 β_k 的样本方差。当样本容量太小时，例如 $n \leq 15$，通过用 $n-1$ 来代替 n 来调整方差 - 协方差以得到无偏估计。使用统计软件包如 Minitab 可以很容易地完成计算。

通过相关系数 ρ_{kj} 可以估计 β_k 和 β_j 之间的相关性，相关系数被定义为

$$\rho_{kj} = \frac{s_{kj}}{\sqrt{s_{kk}}\sqrt{s_{jj}}} \tag{8.11}$$

$\overline{\beta}$ 和 s 分别为 μ_β 和 Σ_β 的估计量。正如我们将要在第 8.4.2 小节中看到的，估计量在计算退化可靠性时是非常有用的。

例 8.2 在例 8.1 中我们已经拟合了每个退化轨迹对数 - 对数线性模型并得到每个轨迹的估计值 $\hat{\beta}_1$ 和 $\hat{\beta}_2$。现 β_1 和 β_2 被认为是随机变量，且我们想通过使用多变量方法来估计 μ_β 和 Σ_β。

解：首先我们在正态概率纸上绘制如图 8.4 所示的 β_1 和 β_2 的 5 个估计值。大致来看，绘制图表明 β_1 和 β_2 服从联合正态分布。β_1 的均值是 $\overline{\beta}_1 =$（$-2.413 - 2.735 - 2.056 - 2.796 - 2.217$）$/5 = -2.443$，类似地，$\overline{\beta}_2 = 0.464$。然后均值向量的估计值是 $\overline{\beta} = (\overline{\beta}_1, \overline{\beta}_2) = [-2.443, 0.464]$。$\beta_1$ 的方差估计值是

$$s_{11} = \frac{(-2.413 + 2.443)^2 + \cdots + (-2.217 + 2.443)^2}{5 - 1} = 0.1029$$

类似地，$s_{22} = 0.00387$。β_1 和 β_2 的协方差估计值是

$$s_{12} = s_{21} = \frac{1}{5-1}[(-2.413 + 2.443)(0.524 - 0.464) + \cdots +$$
$$(-2.217 + 2.443)(0.383 - 0.464)] = -0.01254$$

方差 - 协方差矩阵的估计值是

$$S = \begin{pmatrix} s_{11} & s_{12} \\ s_{21} & s_{22} \end{pmatrix} = \begin{pmatrix} 0.1029 & -0.01254 \\ -0.01254 & 0.00387 \end{pmatrix}$$

β_1 和 β_2 之间的相关系数是

$$\rho_{12} = \frac{s_{12}}{\sqrt{s_{11}}\sqrt{s_{22}}} = \frac{-0.01254}{\sqrt{0.1029}\sqrt{0.00387}} = -0.628$$

ρ_{12} 的绝对值较大，表示两个参数间的相关不能被忽略，而负号表明随 β_2 的降低 β_1 增加，反之亦然。换句话说，在此特例中，在试验时间早期（$t = 1s$）一个较小的跨导百分比退化的样件将有一个较大的退化率。

8 退化试验和分析

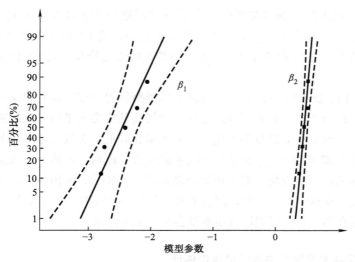

图 8.4 β_1 和 β_2 估计值的正态拟合

8.4.2 退化和失效的关系

正如我们之前看到的,在真实退化轨迹 $g(t;\beta_1,\beta_2,\cdots,\beta_p)$ 中的某些或者所有的参数是随机变量。正因如此,在给定时间内的退化量随样件不同而变化,而且某些样件在这个时间可能已经超过特定的阈值。在给定时间时关键特性跨过阈值的概率等于在那时的失效概率。随着时间的推进,这些概率会增加。图 8.5 描绘了特性 y 的分布和失效被定义为 $y \geqslant G$ 的情况的产品的寿命分布的关系,其中 G 是特定的阈值。在图 8.5 中,在时间 t_i 时的 y 分布的阴影部分等于那个时间处的寿命分布的阴影部分,代表了 $y(t_i) \geqslant G$ 的概率等同于 $T \leqslant t_i$ 的概率,其中 T 代表失效时间。总体上,在时间 t 的失效概率可以被表示为

$$F(t) = \Pr(T \leqslant t) = \Pr[y(t) \geqslant G] = \Pr[g(t;\beta_1,\beta_2,\cdots,\beta_p) \geqslant G] \quad (8.12)$$

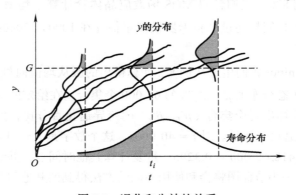

图 8.5 退化和失效的关系

301

对一个单调地减少的性能特性，失效概率可通过用 $y \leqslant G$ 代替式（8.12）中的 $y \geqslant G$ 来计算。在随后将会介绍的某些简单实例中，式（8.12）可能导致一个 $F(t)$ 的闭合式。然而，在很多应用中，对于模型参数的给定分布，式（8.12）必须用数值法来估计。

如式（8.12）所示的，失效概率依赖于模型参数的分布，而后者反过来又是应力水平的函数。正因如此，加速试验通常在一个提高的应力水平被导入以在试验被删失前产生更多的失效或更大数量的退化。充分的退化降低了失效概率估计的统计上的不确定性。另外，式（8.12）也表明失效概率被阈值所影响。本质上，阈值是主观的并且可能在具体的应用中变化。对于单调地增加的性能特性，阈值越低，寿命越短并且失效概率越大。在这个意义上说，阈值能被认为是一个应力；收紧阈值就加速了试验。这种加速方法在第 7 章中提到过且在本章会更详细地讨论。

8.4.3 利用蒙特卡罗模拟来进行可靠性估计

一旦获得 β_1，β_2，…，β_p 的 $\boldsymbol{\mu}_\beta$ 和 $\boldsymbol{\Sigma}_\beta$ 的估计，我们便可使用蒙特卡罗模拟来生成大量的退化轨迹。通过在感兴趣的时间处的模拟的退化轨迹超出特定的阈值的百分比来估计失效概率 $F(t)$。估计 $F(t)$ 的步骤如下：

1）生成服从均值向量 $\overline{\boldsymbol{\beta}}$ 和方差-协方差矩阵 S 的多变量正态分布的 β_1，β_2，…，β_p 的 n（大数量，比如说 100 000）个集合，用 β'_{1i}，β'_{2i}，…，β'_{pi} 表示，其中 $i = 1, 2, …, n$。

2）对每个 i，通过把 β'_{1i}，β'_{2i}，…，β'_{pi} 代入 $g(t; \beta_1, \beta_2, …, \beta_p)$ 来计算给定时间 t 时的真实退化。

3）对超过阈值的 y_i（$i=1, 2, …, n$）计数，用 r 来表示。

4）在时间 t 的失效概率通过 $F(t) \approx r/n$ 来近似得出。然后可靠性是 $1 - F(t)$。

例 8.3 在例 8.2 中我们针对 MOS 场效应晶体管计算了均值向量 $\overline{\boldsymbol{\beta}}$ 和方差-协方差矩阵 S。现在我们想通过蒙特卡罗模拟来估计在 1000s、2000s、3000s、一直到 900 000s 的失效概率。

解：使用 Minitab 我们生成从例 8.2 计算得出的服从均值向量 $\overline{\boldsymbol{\beta}}$ 和方差-协方差矩阵 S 的双变量正态分布的 β'_1 和 β'_2 的 65 000 个集合。在给定的时间内（例如，$t = 40\ 000$s），我们计算出每个集合（β'_1，β'_2）的跨导退化百分比，然后算出退化百分比大于 15% 的（退化）数目。对 $t = 40\ 000$s，这个数字是 $r = 21\ 418$。失效概率是 $F(40\ 000) \approx 21\ 418/65\ 000 = 0.3295$。重复计算其他时间点，并绘制出失效概率图（见图 8.6）。在下一小节此图将会和使用不同的方法得到的其他图进行比较。

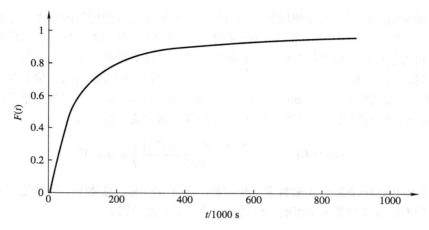

图 8.6 利用蒙特卡罗模拟计算的失效概率

8.4.4 双变量正态分布的可靠性估计

我们使用双变量正态分布来模拟 β_1 和 β_2 的联合分布,其均值分别是 μ_{β_1} 和 μ_{β_2},方差是 $\sigma_{\beta_1}^2$ 和 $\sigma_{\beta_2}^2$,相关系数是 ρ_{12}。对线性模型式(8.5),当 $y \geqslant G$ 是失效已经发生,失效概率可写为

$$F(t) = \Pr[g(t) \geqslant G] = \Pr(\beta_1 + \beta_2 t \geqslant G)$$
$$= \Phi\left[\frac{\mu_{\beta_1} + t\mu_{\beta_2} - G}{(\sigma_{\beta_1}^2 + t^2\sigma_{\beta_2}^2 + 2t\rho_{12}\sigma_{\beta_1}\sigma_{\beta_2})^{1/2}}\right] \qquad (8.13)$$

为估计 $F(t)$,式(8.13)中的均值、方差以及相关系数被其估计值代替。

例 8.4 在例 8.2 中我们针对 MOS 场效应晶体管计算了均值向量 $\bar{\beta}$ 和方差-协方差矩阵 S。现在我们想通过式(8.13)来估计在 1000s、2000s、3000s、直到 900 000s 的失效概率。

解:因为退化轨迹在例 8.1 中是对数-对数线性的,式(8.13)中的 G 和 t 都必须做对数转换。例如对 $t = 40\,000$s 时,ln40 000=10.5966,ln15=2.7081,失效概率是

$$F(40\,000)$$
$$= \Phi\left[\frac{-2.443 + 10.5966 \times 0.464 - 2.7081}{(0.1029 + 10.5966^2 \times 0.003\,87 - 2 \times 10.5966 \times 0.628 \times \sqrt{0.1029}\sqrt{0.003\,87})^{1/2}}\right]$$
$$= \Phi(-0.4493) = 0.3266$$

其他时间点的失效概率可以类似地计算得出。图 8.7 显示了通过式(8.13)计算

后的不同时间的概率。为方便比较，用蒙特卡罗模拟和伪寿命计算的概率也显示在图 8.7 中。由式（8.13）计算和蒙特卡罗模拟生成的概率图不能直观地区分，表明这两种方法得出的估计值是相当接近的。与此相反，伪寿命计算给出了显著不同的结果，特别是当时间大于 150 000s 时。让我们来看在删失时间 t=40 000s 时的数值差异。使用式（8.13），失效概率 $F(40\ 000)$ = 0.3266。如例 8.3 所示，蒙特卡罗模拟给出的概率为 $F(40\ 000)$ = 0.3295，比前者高 0.9%。使用伪寿命方法，概率为

$$F(40\ 000) = \Phi\left(\frac{\ln 40\ 000 - 11.214}{1.085}\right) = 0.2847$$

它比 $F(40\ 000)$ = 0.3295（蒙特卡罗模拟值）低了 13.6%。总体上，同其他两种方法相比，伪寿命方法结果更不精确，但其简单化有明显的吸引力。

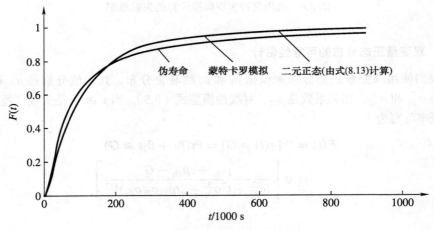

图 8.7 使用不同方法计算的概率

8.4.5 单变量正态分布的可靠性估计

如式（8.5），我们来考虑简单的线性模型 $g(t) = \beta_1 + \beta_2 t$，其中 $g(t)$ 和 t 都是原来的数据（无对数转换）。假设参数 β_1 固定且 β_2 随样件不同而变化。也就是说，β_1 代表时间零点的初始退化量，对所有的样件是同样的，β_2 代表的退化率是一个随机变量。其中一个重要的特例是 β_1 等于 0。例如，汽车轮胎使用前没有磨损。假设 β_2 服从均值为 μ_{β_2} 且标准差为 σ_{β_2} 的正态分布。对于单调地增加的特性，失效概率可以写成

$$F(t) = \Pr[g(t) \geq G] = \Pr(\beta_1 + \beta_2 t \geq G) = \Pr\left(\beta_2 \geq \frac{G - \beta_1}{t}\right)$$

$$= \Phi\left[\frac{\mu_{\beta_2}/(G - \beta_1) - 1/t}{\sigma_{\beta_2}/(G - \beta_1)}\right]$$

(8.14)

8 退化试验和分析

现在我们来考虑 $\ln\beta_2$ 能用均值为 μ_{β_2} 且标准差为 σ_{β_2} 的正态分布来模拟的情况;也就是说,β_2 服从尺度参数为 μ_{β_2} 和形状参数为 σ_{β_2} 的对数正态分布。对于单调地增加的特性,失效概率可以表达为

$$F(t) = \Pr[g(t) \geq G] = \Phi\left\{\frac{\ln t - [\ln(G - \beta_1) - \mu_{\beta_2}]}{\sigma_{\beta_2}}\right\} \quad (8.15)$$

这表明失效时间也服从对数正态分布,尺度参数是 $\ln(G - \beta_1) - \mu_{\beta_2}$,形状参数是 σ_{β_2}。把退化模型的参数和 G 代入式(8.15)可得出失效概率的估计量。

例 8.5 电磁阀被用于将气流控制在固定的流量。随着阀门的老化,实际的流量发生了偏差,这代表了阀门的性能退化。对 11 个阀门进行了试验,且在不同的循环数时对流量的偏差做了测量。图 8.8 绘制了 11 个阀门的退化轨迹。假设当偏差大于或等于 20% 时视为阀门失效,试估计阀门在 50 000 循环时的可靠性。

解: 如图 8.8 所示,退化数据显示了偏差百分比和循环数间的线性关系。由于在第一次观测时间(1055 循环)时的偏差百分比非常小,因此在时间 0 点上的偏差被忽略。因此,真实的退化轨迹可以用 $g(t) = \beta_2 t$ 来模拟,其中 t 的单位是 10^3 循环。简单的线性退化分析得出 11 个样件的 β_2 的估计值。估计值为 0.2892、0.2809、0.1994、0.2303、0.3755、0.3441、0.3043、0.4726、0.3467、0.2624 和 0.3134。图 8.9 显示了估计量的对数正态图、极大似然拟合以及 90% 置信水平下百分位数的双侧置信区间。可以看到,通过 $\hat{\mu}_{\beta_2} = -1.19406$ 和 $\hat{\sigma}_{\beta_2} = 0.22526$ 的对数正态分布,β_2 能被充分地近似得出。

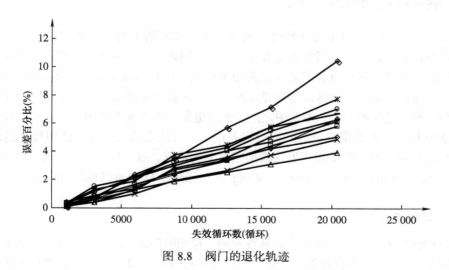

图 8.8 阀门的退化轨迹

从式(8.15)中,失效循环的值也服从对数正态分布。50 000 循环时的失效概率

为

$$F(50) = \Phi\left\{\frac{\ln 50 - [\ln 20 + 1.194\ 06]}{0.225\ 26}\right\} = 0.1088$$

此时间点的可靠性为 0.8912，表明大约 89% 的阀门会存活到 50 000 循环时。

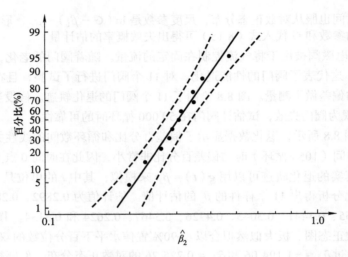

图 8.9 $\hat{\beta}_2$ 估计量的对数正态图、极大似然拟合以及百分位数置信区间

8.5 破坏性检测的退化分析

对某些产品，为测量性能特性（通常是单调减弱的）的检测必须完全地或部分地破坏部件的功能。这类部件不能重新拥有像检测之前同样的功能，并且会被终止试验。因此，产品的每个部件只能在试验中被检测一次且只能生成一个测量值。例如，必须剪下一焊点或使其脱落以得到焊点的强度，并且测量绝缘体的介电强度绝缘体会被击穿。对于这样的产品，本章中之前描述的退化分析方法不适用。在本节中我们讲述关于退化试验和数据分析的随机过程方法。值得注意的是这种方法同样可适用于非破坏的产品并且特别适用于退化模型很复杂的情况。这类的应用例子参见 Yang 与 Xue（1996）、Yang 与 Yang（1998）、Wang 与 Dragomir-Daescu（2002）的文献。

8.5.1 试验方法

试验使用了 n 个样件和 m 次破坏性检测。检测时间是 t_1, t_2, …, t_m。在 t_1（可能是时间为 0）处，n_1 个样件被破坏并产生测量值 y_{1i}（$i = 1, 2, …, n_1$）。然后退化试验在剩余的 $n - n_1$ 个样件上继续（进行）直到 t_2 时，在此点 n_2 个样件被检测到。检测给

出测量值 $y_{i2}(i=1, 2, \cdots, n_2)$。重复过程直到 $(n-n_1-n_2-\cdots-n_{m-1})$ 个样件在时间 t_m 处被测量。最后的检测产生测量值 $y_{im}(i=1, 2, \cdots, n-n_1-n_2-\cdots-n_{m-1})$。很明显，$\sum_{j=1}^{m} n_j = n$。单个检测时间内分配的样件可能是相等的；然而，这种分配可能统计上是无效的。更好的分配应当考虑退化轨迹和性能离散随时间变化的形状。退化轨迹可能是线性的、凸的、凹的。换句话说，测量值的离散可能是常数或者依赖于时间。图 8.10 显示了退化轨迹的三种形状，对于线性轨迹，性能离散随时间递减。对于其他形状，递减的离散是可能的，但并没有显示在图 8.10 中。更好的样件分配原则在下文给出。优化的分配作为试验计划的一部分应当进一步研究。

1）若退化轨迹是线性的，并且性能离散是时间的常数，则 n 个试验样件应当均匀地分配给每个检测时间。

2）若退化轨迹是线性的，并且性能离散随时间而减少，则更多的样件应当被分配给前面的时段。

3）对于图 8.10 中的凸的递减的退化轨迹，退化率随时间增加而变得更小。对于两个连续的检测时间之间的显而易见的退化量，更多的部件应带被分配给后面的时段，而不管其性能离散如何。部件间的变异性效应通常没有老化效应那么重要。

4）对于图 8.10 中的凹面的递减的退化轨迹，在前面的时段退化率几乎不变。更多的样件应当被分配给前面的时段。此原则对常数和递减的性能离散都适用。

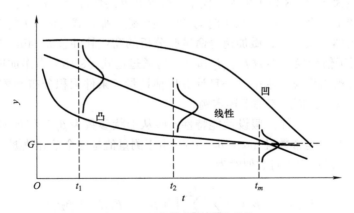

图 8.10　退化轨迹的三种形状

8.5.2　数据分析

为分析破坏性的退化数据，需要做如下假设：

1）任意给定时间处的（对数）性能特性 y 服从（转换后的）位置尺度分布（威布尔分布、正态分布或对数正态分布）。其他分布虽不常见，但可能也会用到。

2）位置参数 μ_y 是时间的函数且被表示为 $\mu_y(t;\boldsymbol{\beta})$，其中 $\boldsymbol{\beta}=(\beta_1,\beta_2,\cdots,\beta_p)$ 是 p 未知参数的向量。$\mu_y(t;\boldsymbol{\beta})$ 代表了一个（转换后）"典型的"退化轨迹。其具体形式可从经验或试验数据获得。最简单的情况是将 μ_y 作为（对数）时间 t 的线性方程：

$$\mu_y(t;\beta_1,\beta_2)=\beta_1+\beta_2 t \tag{8.16}$$

3）若尺度参数 σ_y 是时间 t 的函数，函数 $\sigma_y(t;\boldsymbol{\theta})$ 的具体形式可从经验或试验数据获得，其中 $\boldsymbol{\theta}=(\theta_1,\theta_2,\cdots,\theta_k)$ 是含 k 个未知参数的向量。通常，σ_y 假定和时间相独立。例如，Nilson（1990，2004）使用常数 σ_y 作为绝缘击穿数据，Wang 和 Dragomir-Daescu（2002）用常数 σ_y 模拟了一个异步电动机退化的相对轨道区域。

正如在试验方法中描述的，在时间 t_j 的检测产生 n_j 个测量值 y_{ij}，其中 $j=1,2,\cdots,m$，$i=1,2,\cdots,n_j$。现在我们想使用测量值 y_{ij} 来估计给定时间内的可靠性。如前所述，任意时间的性能特性服从（转换后）位置尺度分布。用 $f_y(y;t)$ 来表示时间 t 的条件概率密度函数。$f_y(y;t)$ 包含未知的参数 $\mu_y(t;\boldsymbol{\beta})$ 和 $\sigma_y(t;\boldsymbol{\theta})$，这两个参数取决于未知的参数 $\boldsymbol{\beta}$ 和 $\boldsymbol{\theta}$。这些参数可以通过极大似然法来估计。因为观察值 y_{ij} 来自不同的样件，因此它们互相独立。总样本对数似然函数可以写成

$$L(\boldsymbol{\beta},\boldsymbol{\theta})=\sum_{j=1}^{m}\sum_{i=1}^{n_j}\ln[f_y(y_{ij};t_j)] \tag{8.17}$$

直接地最大化式（8.17）可求得模型参数 $\boldsymbol{\beta}$ 和 $\boldsymbol{\theta}$ 的估计量。若 σ_y 是常数且 $\mu_y(t;\boldsymbol{\beta})$ 是在式（8.16）给定的（对数）时间的线性函数，那么式（8.17）将会被极大地简化。在这个具体的实例中，做加速寿命试验分析的商业软件包如 Minitab 和 ReliaSoft ALTA 能应用于估计模型参数 β_1、β_2 和 σ_y。这通过把式（8.16）当作加速模型对待来完成，其中 t_j 被当作应力水平。一旦计算出估计量，条件累积分布函数 $F_y(y;t)$ 就很容易得到。现在我们来考虑下述实例。

实例 1 威布尔性能。假设性能特性 y 服从形状参数为 β_y 和特征寿命为 α_y 的威布尔分布，其中 β_y 是常数且 $\ln\alpha_y=\beta_1+\beta_2 t$。由于测量值是完全精确数据，由式（7.59）和式（8.17）可得总样本对数似然为

$$L(\beta_1,\beta_2,\beta_y)=\sum_{j=1}^{m}\sum_{i=1}^{n_j}\Big[\ln\beta_y-\beta_y(\beta_1+\beta_2 t_j)+ \\ (\beta_y-1)\ln y_{ij}-\Big(\frac{y_{ij}}{e^{\beta_1+\beta_2 t_j}}\Big)^{\beta_y}\Big] \tag{8.18}$$

$\hat{\beta}_1$、$\hat{\beta}_2$ 和 $\hat{\beta}_y$ 的估计量可以通过使式（8.18）最大化来直接计算得出。在加速寿命试验数据分析中，商业软件可以被应用于得到这些估计量。在计算中，我们把性能特性 y 当作寿命，线性关系 $\ln\alpha_y=\beta_1+\beta_2 t$ 当作加速模型，检测时间 t 作为一个应力，m

作为应力水平的个数，n_j 作为在应力水平 t_j 试验的样件数。若 y 是单调递减的特性，比如强度，时间对 y 的影响和应力对寿命的影响是类似的。若 y 是单调递增的特性（大部分在非破坏性实例中），两种影响是正好相反的。如此的差异性并不会削弱软件对这种类型的特性的适用性。在这种实例中，参数 β_2 应当是正数。

y 的条件累积分布函数可以被写为

$$F_y(y;t) = 1 - \exp\left[-\left(\frac{y}{e^{\hat{\beta}_1+\hat{\beta}_2 t}}\right)^{\hat{\beta}_y}\right] \tag{8.19}$$

实例 2 对数正态性能。若性能特性 y 服从尺度参数为 μ_y 和形状参数为 σ_y 的对数正态分布，$\ln y$ 服从均值为 μ_y 和标准差为 σ_y 的正态分布。若 σ_y 是常数且有 $\mu_y = \beta_1 + \beta_2 t$，从式（7.73）和式（8.17）可以很容易地获得总样本对数似然。在威布尔实例中，模型参数可能通过直接地使似然函数最大化或通过使用现存的商业软件来计算出。

y 的条件累积分布函数可以被表达为

$$F_y(y;t) = \Phi\left[\frac{\ln y - \hat{\beta}_1 - \hat{\beta}_2 t}{\hat{\sigma}_y}\right] \tag{8.20}$$

实例 3 非常数 σ_y 的正态性能。有时性能特性 y 能通过平均数为 μ_y 和标准差为 σ_y 的正态分布来模拟，其中

$$\ln \mu_y = \beta_1 + \beta_2 t, \quad \ln \sigma_y = \theta_1 + \theta_2 t \tag{8.21}$$

从式（7.73）、式（8.17）和式（8.21），总样本对数似然是

$$L(\beta_1, \beta_2, \theta_1, \theta_2) = \sum_{j=1}^{m}\sum_{i=1}^{n_j}\left\{-\frac{1}{2}\ln(2\pi) - \theta_1 - \theta_2 t_j - \frac{1}{2}\left[\frac{y_{ij} - \exp(\beta_1 + \beta_2 t_j)}{\exp(\theta_1 + \theta_2 t_j)}\right]^2\right\} \tag{8.22}$$

现有的商业软件不能处理非常数 σ_y 的情况；通过直接地使式（8.22）最大化可以计算出 $\hat{\beta}_1$，$\hat{\beta}_2$，$\hat{\theta}_1$ 和 $\hat{\theta}_2$ 的估计量。这将会在例 8.6 中做解释。

y 的条件累积分布函数是

$$F_y(y;t) = \Phi\left[\frac{y - \exp(\hat{\beta}_1 + \hat{\beta}_2 t)}{\exp(\hat{\theta}_1 + \hat{\theta}_2 t)}\right] \tag{8.23}$$

上述三个实例阐释了如何决定性能特性的累积分布函数。现在我们想把性能特性和一个寿命分布联系起来。同第 8.4.2 小节中描述的非破坏性检测相类似，给定时间

的失效概率等于该时间点性能特性越过阈值的概率。特别地，若失效以 $y \leq G$ 的方式定义，则在时间 t 时的失效概率等同于 $y(t) \leq G$ 的概率，即

$$F(t) = \Pr(T \leq t) = \Pr[y(t) \leq G] = F_y(G; t) \tag{8.24}$$

在某些简单的实例中，可以用闭型表达式来表达 $F(t)$。例如，对于实例 2，失效概率由下式给出：

$$F(t) = \Phi\left[\frac{\ln G - \hat{\beta}_1 - \hat{\beta}_2 t}{\hat{\sigma}_y}\right] = \Phi\left\{\frac{t - [\ln G - \hat{\beta}_1]/\hat{\beta}_2}{-\hat{\sigma}_y/\hat{\beta}_2}\right\} \tag{8.25}$$

这表明失效时间服从均值为 $[\ln G - \hat{\beta}_1]/\hat{\beta}_2$ 和标准差为 $-\hat{\sigma}_y/\hat{\beta}_2$ 的正态分布。注意对于单调递减的特性，β_2 是负值，因此 $-\hat{\sigma}_y/\hat{\beta}_2$ 是正值。

例 8.6 在第 5.13 节中我们介绍了 IC 引线键合的健壮可靠性设计的实例研究。研究的目的是选择键合参数以最大化健壮性和可靠性。在试验中，引线键合按照试验设计生成了不同的键合参数的设置。同样的设置生成的样件被分成两组，每组有 140 个。一组进行水平 1 的热循环而另一组经受水平 2 的热循环。为测量样件的强度，140 个样件又被平均分成 7 组，7 组样件分别在 0、50、100、200、300、500 和 800 循环处被剪。在此例中，我们想估计经过 1000 循环的水平 2 的热循环后引线键合的可靠性，这些键合是由优化设置过的键合参数生成的。优化设置是 150℃ 的温度、7 单位的超声波功率、60gf 的键合力以及 40ms 的键合时间。如同在第 5.13 节中描述的，最小的可接受的抗剪强度是 18gf。

解： 在每个检测时间处的强度测量值（用 gf 表示）可以用正态分布模拟。图 8.11 显示了对在 0、300 和 800 循环的强度数据的正态拟合。在第 5.13 节中我们得出了正态的均值和标准差随着热循环的次数而降低。它们的关系能使用式（8.21）来模拟。图 8.12 绘制了 μ_y、σ_y 与水平 2 的热循环的关系。由简单的线性回归分析可得 $\hat{\beta}_1 = 4.3743$，$\hat{\beta}_2 = -0.000\,716$，$\hat{\theta}_1 = 2.7638$，$\hat{\theta}_2 = -0.000\,501$。把这些估计值代入式（8.23）和式（8.24）能产生给定时间的失效概率的估计值。为提高估计的精确度，我们使用极大似然法。参数通过使式（8.22）最大化来估计，其中 y_{ij} 是强度测量值，$m = 7$，对所有的 j 有 $n_j = 20$。从线性回归分析获得的估计值充当初始值。极大似然估计值为 $\hat{\beta}_1 = 4.3744$，$\hat{\beta}_2 = -0.000\,712$，$\hat{\theta}_1 = 2.7623$，$\hat{\theta}_2 = -0.000\,495$。从式（8.23）和式（8.24），在 1000 循环时的可靠性估计值是

$$R(1000) = 1 - \Phi\left[\frac{18 - \exp(4.3744 - 0.000\,712 \times 1000)}{\exp(2.7623 - 0.000\,495 \times 1000)}\right] = 0.985$$

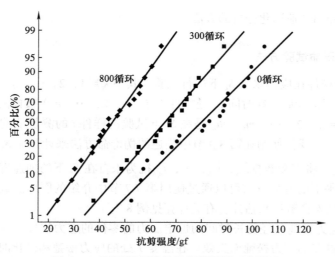

图 8.11　不同循环数的强度数据的正态拟合

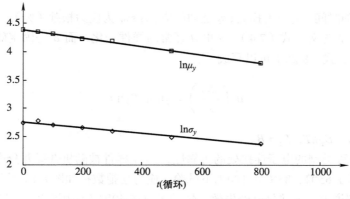

图 8.12　μ_y、σ_y 与水平 2 的热循环的关系

8.6　应力加速的退化试验

在前述的章节中,我们叙述了有可能在单应力水平(使用应力水平或提高的水平)下的退化分析的方法。在很多情况下,在使用应力水平下试验一个样件会导致其在一段合理的时间内的少量退化。不充足的退化不可避免地会使可靠性估计有偏。为克服这个问题,正如在加速寿命试验一样,两个或更多的组的样件被在高于使用条件的应力水平下试验。如此获得的退化数据被用来估计使用应力水平下的可靠性。在本

节中，我们会介绍加速退化分析的方法。

8.6.1 伪加速寿命试验方法

假设 n_k 个样件在应力水平 S_k 下进行试验，其中 $k = 1, 2, \cdots, q$，且 q 是应力水平数量。在 S_k 下试验后，在时间 t_{ijk} 处样件 i ($i = 1, 2, \cdots, n_k$) 被检测并且得到测量值 y_{ijk}，其中 $j = 1, 2, \cdots, m_{ik}$，m_{ik} 是在 S_k 下试验的样件 i 的测量值的数量。根据已经获得的测量值，我们使用在第 8.3 节中描述的伪寿命方法来计算在 S_k 下试验的样件 i 的近似寿命 $\hat{t}_{ik}$。将寿命数据 $\hat{t}_{1k}, \hat{t}_{2k}, \cdots, \hat{t}_{n_k k}$ 视为来自在 S_k 下的加速寿命试验。然后在使用应力水平下的寿命分布可以通过使用第 7.7 节中介绍的图形法或极大似然估计法从 q 个集合的寿命数据来估计。有关计算见例 8.7。

例 8.7 应力松弛是经受长时间的恒定压力的零件的应力损失。电子连接处的接触点经常由于过多的应力松弛而失效。在温度 T 处的应力松弛和老化时间的关系可以被表达为

$$100 \times \frac{\Delta s}{s_0} = At^B \exp\left(-\frac{E_a}{kT}\right) \quad (8.26)$$

式中，Δs 是随时间 t 的应力损失；s_0 是初始应；$\Delta s/s_0$ 为应力松弛（%）；A 和 B 是未知量；其他符号的含义同式（7.4）。这里 A 经常随样件变化，而 B 是固定效应参数。在给定的温度下，式（8.26）可以写成

$$\ln\left(\frac{\Delta s}{s_0}\right) = \beta_1 + \beta_2 \ln t \quad (8.27)$$

式中，$\beta_1 = \ln A - E_a/kT$，$\beta_2 = B$。

为估计一种类型的电子连接处的可靠性，18 个样件被随机选择并分进三个相等的组，然后分别在 65℃、85℃和 100℃下试验。应力松弛数据如图 8.13 所示。若应力松弛超过 30，则说电子连接处已经失效。估计运行在 40℃（使用温度）、15 年（设计寿命）时的电子连接处的失效概率。

解：首先我们利用式（8.27）拟合每个退化轨迹，并使用最小二乘法估计每个样件的参数 β_1 和 β_2。图 8.14 绘制了测量数据的退化模型的拟合，并表明模型是合适的。然后我们使用 $\hat{t} = \exp[(\ln 30 - \hat{\beta}_1)/\hat{\beta}_2]$ 计算每个样件的近似寿命。寿命在 65℃ 时为 15 710h、20 247h、21 416h、29 690h、41 167h 和 42 666h，在 85℃时为 3676h、5524h、7077h、7142h、10 846h 和 10 871h，在 100 ℃ 时 为 1702h、1985h、2434h、2893h、3343h 和 3800h。寿命数据被绘制成如图 8.15 所示的对数正态概率图。可以看到在三个温度值下寿命服从一般形状参数为 σ 的对数正态分布。

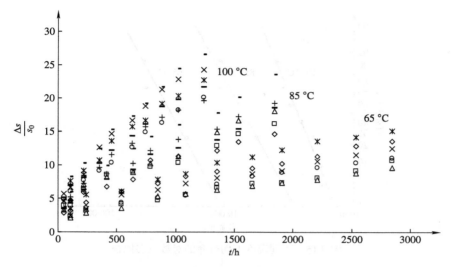

图 8.13 不同时间和温度下的应力松弛

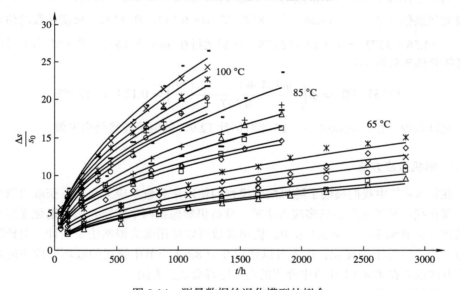

图 8.14 测量数据的退化模型的拟合

由于当 $\Delta s/s_0 \geqslant 30$ 失效发生，故根据式（8.26）额定寿命可以写成

$$t = \left(\frac{30}{A}\right)^{1/B} \exp\left(\frac{E_a}{kBT}\right)$$

因此，合理的假设对数正态的尺度参数 μ 是 $1/T$ 的线性函数，即 $\mu = \gamma_0 + \gamma_1/T$，其中 γ_0 和 γ_1 是常数。

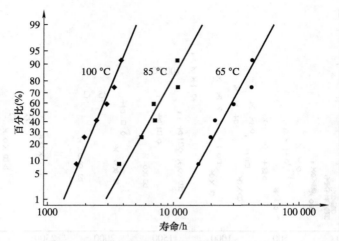

图 8.15 不同温度下伪寿命的对数正态拟合

通过使用在第 7.7 节中描述的对加速寿命数据分析的极大似然估计法，我们获得了极大似然估计值 $\hat{\gamma}_0 = -14.56$，$\hat{\gamma}_1 = 8373.35$，$\hat{\sigma} = 0.347$。在 40℃下尺度参数的估计值为 $\hat{\mu} = -14.56 + 8373.35/313.15 = 12.179$。然后运行在 40℃下 15 年（设计寿命）时的电子连接处的失效概率是

$$F(131\ 400) = \Phi\left(\frac{\ln 131\ 400 - 12.179}{0.347}\right) = 0.129 = 12.9\%$$

也就是说，使用在 40℃下，15 年时估计 12.9% 的电子连接处会失效。

8.6.2 随机效应方法

在第 8.4 节中我们描绘了随机效应模型的使用来分析单应力水平下获取的退化数据。现在我们扩展此分析到多应力水平。分析仍然包括两个步骤：估计退化模型参数以及评估失效概率。在第 8.4 节中，模型参数可以使用极大似然法来估计，但计算很费力。为了计算上的简化，读者可以使用在第 8.6.3 小节中描述的破坏性检测的数据分析方法或者在第 8.6.1 小节中介绍的伪加速寿命试验方法。

1. 估计模型参数

退化模型 $g(\beta_1, \beta_2, \cdots, \beta_p)$ 描述了在给定应力水平下的真实的退化轨迹。应力效应被隐性地嵌入在 $\beta_1, \beta_2, \cdots, \beta_p$ 中的一个或多个参数中。换句话说，例 8.7 中的 β_1 取决于温度，然而 β_2 不是。应力松弛的温度效应可以被描述为 $\ln \Delta s/s_0 = \ln A - E_a/kT + \beta_2 \ln t$，其中参数 A 和 β_2 随样件不同而变化，且活化能 E_a 通常是固定效应类型。总体来说，由于额外的应力变量，模型参数的总体数量增加了，不过为了概念上的便利性，此处仍用 p 来表示。因此，真实的退化轨迹可以被写成 $g(t, S; \beta_1, \beta_2, \cdots,$

β_p),其中 S 表示应力(转换过的),并且模型参数与应力效应无关。均值向量 μ_β 和方差 - 协方差矩阵 Σ_β 可以通过最大化似然函数式(8.6)来直接估计,其中真实的退化轨迹用 $g(t_{ij}, S_i; \beta_{1i}, \beta_{2i}, \cdots, \beta_{pi})$ 代替,S_i 是样件 i 的应力水平。注意应力参数是常数并且对应的方差和协方差元素为 0。正如之前提到的,根据式(8.6)估计 μ_β 和 Σ_β 需要大量的计算。

2. 估计失效概率

同式(8.12)类似,对于单调递增的特性,在使用应力水平 S_0 时的失效概率可以被表达为

$$F(t) = \Pr[g(t, S_0; \beta_1, \beta_2, \ldots, \beta_p) \geq G] \tag{8.28}$$

式中,β_1 和 β_2 服从双变量正态分布且 γ 是常数。在使用应力水平 S_0 时的失效概率为

$$F(t) = \Pr[g(t, S_0) \geq G] = \Pr(\beta_1 + \gamma S_0 + \beta_2 t \geq G)$$
$$= \Phi\left[\frac{\mu_{\beta_1} + \gamma S_0 + t\mu_{\beta_2} - G}{(\sigma_{\beta_1}^2 + t^2\sigma_{\beta_2}^2 + 2t\rho_{12}\sigma_{\beta_1}\sigma_{\beta_2})^{1/2}}\right] \tag{8.29}$$

这是 $F(t)$ 的闭型表达式。总体上说,若 $F(t)$ 可以被表达为闭型表达式,则通过把 μ_β 和 Σ_β 的估计量代入 $F(t)$ 表达式,其估计量可以简单地得出。否则,我们使用第 8.4 节中描述的蒙特卡罗模拟方法(来计算得出)。

8.6.3 随机过程方法

在第 8.5 节中我们描述了对于单应力水平下的破坏性和非破坏性测量的退化分析的随机过程方法。接下来我们将会展示,这种方法也可以被扩展到多应力水平。此扩展使用以下假设:

1)给定时间 t 时的(对数)性能特性 y 和应力 S 服从(转换后的)位置尺度分布(威布尔分布、正态分布或对数正态分布)。其他分布不太常用,但也可以使用。

2)位置参数 μ_y 是 t 和 S 的单调函数。函数可以被表示成 $\mu_y(t, S; \boldsymbol{\beta})$,其中 $\boldsymbol{\beta} = (\beta_1, \beta_2, \cdots, \beta_p)$。通过经验或者试验数据可以得知 $\mu_y(t, S; \boldsymbol{\beta})$ 的具体形式。最简单的情况是 μ_y 作为(对数)时间和(转换后的)应力的线性函数:

$$\mu_y(t, S; \boldsymbol{\beta}) = \beta_1 + \beta_2 t + \beta_3 S \tag{8.30}$$

若尺度参数 σ_y 是 t 和 S 的函数,通过经验或者试验数据可以得知 $\sigma_y(t, S; \boldsymbol{\theta})$ 的具体形式,其中 $\boldsymbol{\theta} = (\theta_1, \theta_2, \cdots, \theta_k)$。通常地,$\sigma_y$ 被假定为同 t 和 S 独立。

1. 估计模型参数

对于伴随破坏性检测的加速的退化试验,第 8.5 节中描述的试验方法应用于每个 k 应力水平。我们用 y_{ijk} 来表示在时间 t_{jk} 处在样件 i 上的应力水平 S_k 时的测量值。其中,$i = 1, 2, \cdots, n_{jk}$,$j = 1, 2, \cdots, m_k$,$k = 1, 2, \cdots, q$,n_{jk} 是在时间 t_{jk} 处检测到的样

件数量，m_k 是在 S_k 处的检测数量；q 是应力水平的数量。明显地，$\sum_{k=1}^{q}\sum_{j=1}^{m_k}n_{jk} = n$，其中 n 是总体样本容量。我们用 $f_y(y; t, S)$ 来表示以 t 和 S 为条件的 y 分布的概率密度函数。同式（8.17）类似，总样本对数似然函数可以被表达为

$$L(\boldsymbol{\beta}, \boldsymbol{\theta}) = \sum_{k=1}^{q}\sum_{j=1}^{m_k}\sum_{i=1}^{n_{jk}}\ln[f_y(y_{ijk}; t_{jk}, S_k)] \tag{8.31}$$

对于非破坏性的检测，上述的符号略有不同。y_{ijk} 表示在时间 t_{ik} 处在样件 i 上的应力水平 S_k 时的测量值，其中 $i = 1, 2, \cdots, n_k$，$j = 1, 2, \cdots, m_{ik}$，$k = 1, 2, \cdots, q$，n_k 是在应力水平 S_k 处的样件数量，m_{ik} 是在应力水平 S_k 处的样件 i 的检测次数。明显地，$\sum_{k=1}^{q}n_k = n$。总样本对数似然函数同式（8.31）相类似，但是符号需要对应地改变。注意对于非破坏性的检测似然函数可能会近似正确，因为在测量值之间的潜在的自相关。为减少自相关，检测范围应该大一些。

使对数似然函数最大化直接产生了模型参数 β 和 θ 的估计量。若 σ_y 是常数并且 $\mu_y(t, S; \boldsymbol{\beta})$ 是由式（8.30）给出的（对数）时间和（转换后的）应力的线性函数，那么式（8.31）将会极大地简化。在这个特定的情况下，用来加速寿命试验分析的商业软件包可被用于估计模型参数 β_1、β_2、β_3 和 σ_y。在计算中，我们把式（8.30）当作双变量加速模型，其中时间 t 被当作一个应力。

2. 估计失效概率

获得估计值 $\hat{\boldsymbol{\beta}}$ 和 $\hat{\boldsymbol{\theta}}$ 后，我们可以计算 y 的条件累积分布函数，表示为 $F_y(y; t, S)$。若失效通过 $y \le G$ 的方式来定义，那么在时间 t 和使用应力水平 S_0 处的失效概率由下式给出：

$$F(t, S_0) = F_y(G; t, S_0) \tag{8.32}$$

举个例子，若 y 服从由式（8.30）建模得出的 μ_y 和常数 σ_y 的对数正态分布，在 t 时 S_0 处的失效概率估计量为

$$\begin{aligned} F(t, S_0) &= \Phi\left(\frac{\ln G - \hat{\beta}_1 - \hat{\beta}_2 t - \hat{\beta}_3 S_0}{\hat{\sigma}_y}\right) \\ &= \Phi\left[\frac{t - (\ln G - \hat{\beta}_1 - \hat{\beta}_3 S_0)/\hat{\beta}_2}{-\hat{\sigma}_y/\hat{\beta}_2}\right] \end{aligned} \tag{8.33}$$

注意，式（8.33）和式（8.25）相类似。

下面的例子阐释了对于非破坏性的检测的随机过程方法的应用。

例 8.8 参考例 8.7。使用随机过程方法，估计运行在 40℃（使用温度）15 年（设计寿命）时的电子连接处的失效概率。

解：图 8.16 展示了在不同时间和温度下对于应力松弛测量值的对数正态拟合。

可以看到应力松弛可使用对数正态分布以及同时间和温度适度地独立的形状参数来近似。根据式（8.26），尺度参数可写成式（8.30）那样，其中 t 是对数时间，$S = 1/T$。在此例中我们有 $q = 3$，$n_1 = n_2 = n_3 = 6$，对于 $i = 1, 2, \cdots, 6$，有 $m_{i1} = 11$，$m_{i2} = 10$，$m_{i3} = 10$。总样本对数似然函数是

$$L(\boldsymbol{\beta}, \sigma_y) = \sum_{k=1}^{3} \sum_{i=1}^{6} \sum_{j=1}^{m_{ik}} \left\{ -\frac{1}{2} \ln(2\pi) - \ln \sigma_y - \frac{1}{2\sigma_y^2} \left[\ln y_{ijk} - \beta_1 - \beta_2 \ln t_{ijk} - \frac{\beta_3}{T_k} \right]^2 \right\}$$

直接地最大化似然函数得到估计值 $\hat{\beta}_1 = 9.5744$，$\hat{\beta}_2 = 0.4519$，$\hat{\beta}_3 = -3637.75$，$\hat{\sigma}_y = 0.1532$。此计算可以使用 Microsoft Excel 的"规划求解"来执行。正如较早叙述过的，我们可以将测量值数据视为来自一组加速寿命试验。伪试验包含两个应力（温度和时间），加速模型结合了阿伦尼乌斯模型和逆幂关系。Minitab 给出的估计值为 $\hat{\beta}_1 = 9.5810$，$\hat{\beta}_2 = 0.4520$，$\hat{\beta}_3 = -3640.39$，$\hat{\sigma}_y = 0.1532$，这同由 Excel 计算得出的（结果）很相近并且可以用于随后的分析。

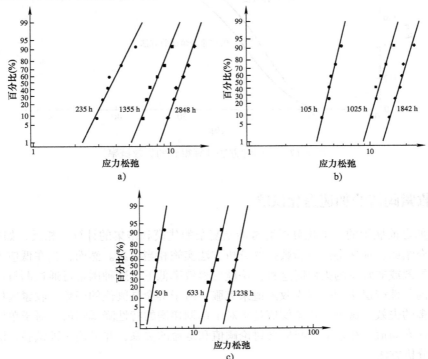

图 8.16　在 65℃、85℃ 和 100℃ 时对于应力松弛测量值的对数正态拟合

因为应力松弛有单调递增的特性,在 t 时 S_0 处的失效概率估计量是由式(8.33)得出的概率的变形,并且可以写成

$$F(t) = \Phi\left[\frac{\ln t - (\ln G - \hat{\beta}_1 - \hat{\beta}_3 S_0)/\hat{\beta}_2}{\hat{\sigma}_y/\hat{\beta}_2}\right] = \Phi\left(\frac{\ln t - 12.047}{0.3389}\right) \quad (8.34)$$

这表示失效时间服从尺度参数为 12.047、形状参数为 0.3389 的对数正态分布。注意,在例 8.7 中,伪加速寿命试验方法得出尺度参数和形状参数分别等于 12.179 和 0.347 的对数正态分布。在 15 年(131 400h)的设计寿命内,根据式(8.34)失效概率为 0.2208。此估计应当比例 8.7 中的更精确。为了比较,从两种方法计算得出的不同时间处的概率被绘制在图 8.17 中。同其他方法相比,随机过程方法总是给出更高的失效概率。总体来说,随机失效过程会得出更精确的估计值。

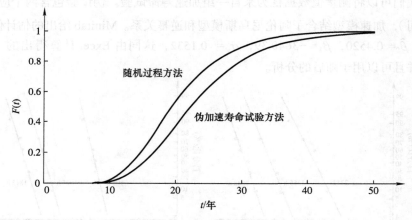

图 8.17 由两种方法计算得到的失效概率

8.7 收紧阈值的加速退化试验

正如之前展示的,退化分析通常涉及复杂的建模和密集的计算。相反,如在第 7 章中所介绍的,加速寿命试验数据的分析方法实施相当容易。然而,当在低应力水平下没有失效或非常少的失效时这种方法就变得效率低下。这种困难可通过测量加速寿命试验内的性能退化和收紧失效阈值来克服。由于寿命是阈值的函数,收紧阈值就产生了更多的失效。这里,收紧阈值是指对于单调递增的特性降低阈值,对于单调递减的特性提高阈值。在这节中我们会讨论阈值和寿命的关系,并描述一种试验方法和寿命数据分析方法。

8.7.1 寿命和阈值的关系

若性能特性越过产品的失效阈值，则认为退化中的产品已经失效。寿命是指特性到达阈值的时间。显然，一个零部件的寿命取决于阈值。对于单调递增的特性，该值越小，寿命越短，反之亦然。一个在通常的阈值并不失效的零部件可能会在收紧阈值时失效。因此，在删失试验中收紧阈值产生了更多的失效。在这个意义上，寿命可通过收紧一个阈值来加速。这样的加速方法不会诱导和那些在通常的阈值下的不同的失效模式，因为在不同的阈值下的失效是由相同的退化机制引起的。对于单调递增的特性，寿命和阈值之间的关系在图 8.18 中做了描绘，其中 G_0 是通常的阈值，G_1 和 G_2 被降低的阈值，和 $f(t|G_i)$ 是在 G_i 条件下的寿命的概率密度函数。

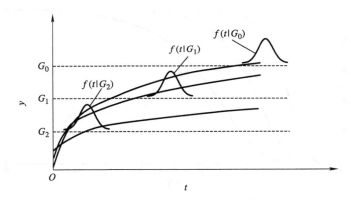

图 8.18　一个递增性能特征的阈值和寿命的关系

寿命和阈值之间的定量关系是有用的而且重要的。对于一个零部件，阈值通常是由其制造商指定的，以满足大多数应用的功能上的需求。此技术规格有些主观和随意性。当然，它可以在特定的系统设计中改变。换言之，一个零部件的阈值取决于系统技术规格。例如，安装在关键军事系统中往往比安装在商业产品中有更严格的阈值。假定一个模型，不用重复地做可靠性试验，系统设计者就可以在阈值的一个理想值处估计零部件的可靠性。寿命 - 阈值的对应关系被发现并应用于在汽车催化转换器设计中，此部件将发动机排出的废气（碳氢化合物和氮氧化物 NO_x（一组高活性的含不同量的氮和氧的气体））转换为污染性较弱的气体。

催化转换器的性能通过指数比值来表征，它使行驶里程增加。需要较小的指数比值阈值以减少实际的排放水平，但这增加了保修期内的维修次数。在早期的设计阶段，设计工程师经常依据寿命 - 阈值之间的关系来评估降低指数比值阈值对保修成本的影响。

例 8.9　参考例 8.7，对于应力松弛通常的阈值是 30%。降低阈值会缩短失效时间。试确定了失效时间和阈值的对应关系，并评估阈值对于失效概率的影响。

解： 从式（8.34）得，平均对数寿命（位置参数 μ_t）的估计值是

$$\hat{\mu}_t = \frac{\ln G - \hat{\beta}_1 - \hat{\beta}_3 S_0}{\hat{\beta}_2} = 4.5223 + 2.2124 \ln G$$

式中，$\hat{\beta}_1$、$\hat{\beta}_2$ 和 $\hat{\beta}_3$ 是从例 8.8 中获得的。可以看出，平均对数寿命是对数阈值的线性函数。阈值对于寿命的影响由于大斜率而变得很重要。图 8.19 绘制了阈值为 30%、25% 和 20% 时的失效概率。可以看出，减少阈值会大大增加失效概率。例如，在 15 年的设计寿命时，在三个阈值的失效概率分别是 0.2208，0.6627 和 0.9697。

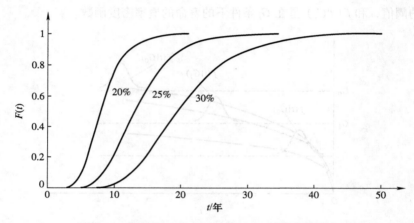

图 8.19 阈值为 30%、25% 和 20% 时的失效概率

8.7.2 试验方法

设试验样本容量为 n，有 q 个应力水平以及 m 个的收紧的阈值。n_k 个零部件在应力水平 S_k（$k = 1, 2, \cdots, q$）下进行试验直到时间 η_k。这里 $\sum_{k=1}^{q} n_k = n$。当零部件的性能测量值达到收紧的阈值 G_1，G_2，$\cdots$，G_m 时（其中 G_1 和 G_0（通常的阈值）最接近，G_m 和 G_0 最远），时间被记录下来。其结果是，一个零部件可以有 m 个寿命观察值。以 t_{ijk} 表示零部件 i 在 S_k 和 G_j 条件下的失效时间，其中 $i = 1, 2, \cdots, n_k, j = 1, 2, \cdots, m$，$k = 1, 2, \cdots, q$。在使用应力水平 S_0 和通常的阈值 G_0 时的寿命分布通过利用这些寿命数据来估计。

最严苛的阈值 G_m 应尽可能收紧以使阈值范围和在 G_m 条件下的失效数量最大化，但它必须不能落在由在试验刚开始阶段的老化效应所引起的波动的退化阶段。两个阈值之间间隔应尽可能大，以减少每个失效时间之间的潜在自相关。为此目的，我们通常使用 $m \leq 4$。在第 8.8 节中，我们会描述试验计划的优化设计。

8.7.3 寿命数据分析

寿命数据分析使用以下假设：

1）在给定阈值的（对数）失效时间服从（转换后的）位置尺度分布（威布尔分布、正态分布或对数正态分布）。其他分布是不太常见的，但也可以使用。

2）尺度参数 σ 不依赖于应力和阈值。

3）位置参数 μ 是（转换后的）应力和阈值的线性函数，即

$$\mu(S, G) = \beta_1 + \beta_2 S + \beta_3 G \tag{8.35}$$

式中，β_1、β_2 和 β_3 是根据试验数据估计的参数。可以使用非线性关系，但分析会大大地复杂化。

寿命数据分析目的是估计在使用应力水平和通常的阈值下的寿命分布。这可以通过使用第 7.7 节介绍的图形或极大似然估计法来进行。该分析在例 8.10 中做了阐述。

例 8.10 红外 LED 是在通信系统中被广泛使用的高可靠性的光电设备。此处研究的设备是砷化镓红外 LED，其波长为 880nm，设计工作电流为 50mA。设备的性能主要地通过光功率的变化率来测量。如果变化率大于 30%，则说明失效已经发生。为了估计在工作电流为 50mA 时的可靠性，80 个样件被均分为两组，每组中 25 个样件在 170mA 下进行测试，15 个样件在 320mA 下进行测试。两个严苛的阈值（10% 和 19%）在试验中被使用。表 8.2 汇总了试验计划。

表 8.2 红外 LED 的加速退化试验计划

组别	样本容量	电流/mA	阈值（%）	删失时间/h
1	15	320	19	635
2	15	320	10	635
3	25	170	19	2550
4	25	170	10	2550

在试验之前和过程中对样件的光功率进行了检测。对于 170mA 的试验组，检测在 0、24h、48h、96h、155h、368h、768h、1130h、1536h、1905h、2263h 和 2550h 处进行，对于 320mA 的试验组，在 0、6h、12h、24h、48h、96h、156h、230h、324h、479h 和 635h 处进行。图 8.20 展示了在每个检测时间处的变化率的值。此数据被展示在习题 8.8 的表 8.9 和表 8.10 中。

光功率的变化率是时间和电流的函数，并且可以写为

$$y = \frac{A}{I^B} t^C \tag{8.36}$$

式中，y 是变化率；I 是电流；A 和 C 是随机效应的参数；B 是固定效应常数。

为计算在 10% 的阈值时近似的失效时间，对于在删失时间处的 y 值大于或等于 10% 的每个退化轨迹，我们利用对数转换后的式（8.36）进行拟合，然后采用插值法。y 值小于 10% 的样件被认为是删失。为计算在 19% 的阈值时的失效时间，我们对在删失时间处 y 值大于或等于 19% 的样件同样采用插值法。剩余的样件被视为删失。由此产生的准确的失效时间示于表 8.3。失效时间可以通过使用测量值和相应的检测时间被表述为区间数据。这种方法不需要拟合退化模型和插值。例如，在 170mA 下的样件 1 在检测时间 1536h 处的测量值是 16%，在 1905h 处为 22.5%。如果阈值是 19%，则样件在这两次检测之间失效。因此，失效时间在区间 [1536h, 1905h] 内。与此相反，从插值法得出的准确时间是 1751h。

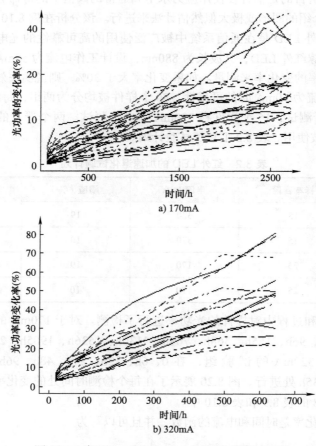

图 8.20 在 170mA 和 320mA 下的光功率的退化

表 8.3　在不同电流水平和阈值下的失效时间

样件	320mA		170mA	
	19%	10%	19%	10%
1	176	39	1751	1004
2	544	243	2550①	735
3	489	117	2550①	2550①
4	320	183	2550①	2550①
5	108	35	1545	867
6	136	47	2550①	1460
7	241	113	2550①	1565
8	73	27	1480	710
9	126	59	2550①	1389
10	92	35	2550①	2550①
11	366	74	2550①	1680
12	158	58	2550①	2550①
13	322	159	2550①	873
14	220	64	2550①	2550①
15	325	195	2550①	2138
16			2550①	840
17			2550①	2550①
18			2550①	2550①
19			2550①	1185
20			2550①	898
21			2550①	636
22			2550①	2329
23			2550①	1965
24			2550①	2550①
25			1611	618

①删失。

图 8.21 绘出了表 8.3 列出的失效时间的对数正态拟合。它表明，形状参数 σ 近似地独立于电流和阈值。此外，由式（8.36）可得，尺度参数 μ 是对数电流和对数阈值的线性函数，即

$$\mu(I, G) = \beta_1 + \beta_2 \ln I + \beta_3 \ln G \tag{8.37}$$

使用 Minitab 计算得出 $\hat{\beta}_1 = 28.913$，$\hat{\beta}_2 = -4.902$，$\hat{\beta}_3 = 1.601$，$\hat{\sigma} = 0.668$，在

50mA 的工作电流和 30% 的通常阈值条件下，平均对数寿命是 $\mu = 15.182$。在 10 年（87 600h）内失效概率是可忽略的，所以该 LED 具有超高的可靠性。

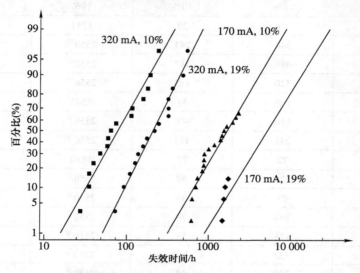

图 8.21　不同电流水平和阈值下失效时间的对数正态拟合

8.8　加速退化试验计划

类似于加速寿命试验，退化试验同样值得详细的规划。在本节中我们介绍了对于收紧的阈值，加速老化试验的折中试验计划以及退化试验计划总览。

8.8.1　对于收紧的阈值试验的折中计划

此试验计划使用的是图 7.21 中的 2^2 个全因子设计，其中，S_1 是二水平应力，S_2 是二水平阈值。样件被分为两组。一组在 S_1 的低水平被试验，而另一组则经受高水平。两组采用两个阈值。由于阈值被认为是一个应力，加速退化试验可以被认为是有两个加速变量的加速寿命试验。这样，结合在第 8.7.3 小节所述的假设，加速退化试验的折中试验计划可以使用在第 7.8.4 小节和 7.8.5 小节中所述的加速寿命试验的方法进行开发。我们使用 7.8.4 小节的符号，并用 ξ_{11} 表示低应力水平，ξ_{21} 表示低阈值，π_{11} 表示按比例分配给 ξ_{11} 的样本量，以尽量减少在使用应力和通常的阈值条件下的平均对数寿命的极大似然估计量的渐近方差。注意这里试验计划的唯一性：$\pi_{11} = \pi_{12}$，$\pi_{21} = \pi_{22}$，$\pi_{11} + \pi_{22} = 1$。Yang 和 Yang（2002）描述了试验计划的细节开发。

表 8.4 和表 8.5 分别地列出了威布尔分布和对数正态分布的试验计划。在表中，a_1 为在 S_1 时的标准化的删失时间，a_2 为在 S_2 时的标准化的删失时间。可以看出，一些

计划在使用（通常）水平下的阈值为 ξ_{11} 或 ξ_{21}，或两者兼而有之。在这些情况下，试验变为不完全加速退化试验。为了从表中找到一个计划，首先需要寻找 c 值，然后按照顺序依次是 b、a_2 和 a_1。对于表中没有给出的 a_1、a_2、b、c 的组合值，可能需要线性插值。在表格以外的外推是无效的。相反，使用数值法能得到解决方案。获得标准值后，我们使用第 7.8.4 小节给出的公式将它们转换成实际值。

试验计划取决于 μ_{00}、μ_{22}、μ_{02}、μ_{20} 以及 σ 的值。它们在试验计划阶段是未知的。通常地，正如第 7 章描述的那样，μ_{00} 可以使用经验、类似数据，或诸如 MILHDBK-217F（U.S.DoD，1995）的可靠性预测手册来粗略地估计。μ_{22}、μ_{20} 以及 σ 可以使用在较高水平应力下进行的初步的退化试验来预估计。由于 G_2 是最严苛的阈值，当试验终止时，大多数样件将会在这个阈值失效。失效时间被用来预估 μ_{22} 和 σ。另外，μ_{20} 的预估值可以通过采用在本章前面章节所描述的近似的伪寿命方法来计算得出。假设式（8.35）成立，则未知 μ_{02} 可以由 $\mu_{00} + \mu_{22} - \mu_{20}$ 来估计。

例 8.11 一种类型的新轮胎指定的胎面花纹深度为 $\frac{10}{32}$ in，且当花纹深度为 $\frac{2}{32}$ in 时必须报废。为评估在 1350lbf 的载荷下轮胎的磨损寿命，35 个样件被试验。样件被分为两组，一组加载了最大可允许的载荷 2835lbf，另一组加载了较轻的载荷。每组将运行 13 000mile，且设了两个阈值，其中一个为 $\frac{8}{32}$ in（最严苛的阈值）。磨损寿命（mile）可用 $\mu(P,G) = \beta_1 + \beta_2 \ln P + \beta_3 \ln G$ 的威布尔分布建模，其中 μ 是对数威布尔特征寿命，P 是载荷，G 是阈值。初步试验是 6 个轮胎在 2835lbf 的载荷下运行 6500mile。每 500mile 测量一次胎面磨损情况，直到试验终结。从退化数据得到预估值 $\mu_{22} = 8.56$，$\mu_{20} = 9.86$，$\sigma = 0.45$。上一代轮胎的快速试验数据产生的预估值 $\sigma = 11.32$。试着开发这个试验的一个折中试验计划。

解： 从预估计值，我们得到 $\mu_{02} = 11.32 + 8.56 - 9.86 = 10.02$，$a_1 = a_2 = 2.03$，$b = 3.24$，$c = 2.89$。做以下近似：$a_1 = a_2 \approx 2$，$c \approx 3$。由于 b 的值不包括在表 8.4 中，需要做线性插值。首先找到 $(a_1, a_2, b, c) = (2, 2, 3, 3)$ 和 $(2, 2, 4, 3)$ 的计划。然后由插值法得到 $(2, 2, 3.24, 3)$ 对应的 $\pi_{11} = 0.465$，$\xi_{11} = 0.762$，$\xi_{21} = 0.769$，$V = 17.4$。为了比较，对于 $(2.03, 2.03, 3.24, 2.89)$ 我们计算了优化模型，并得到 $\pi_{11} = 0.477$，$\xi_{11} = 0.758$，$\xi_{21} = 0.800$，$V = 16.1$。在本例中，近似与插值法产生了相当精确的结果。然后标准化计划被转换为实际的计划，见表 8.6。在实施这一计划时，作为在 2835lbf 小组的一部分，用于 6 个轮胎的初步试验应继续进行直到 13 000mile。因此，本组还需要 12 个轮胎。

⊖ 1in=2.54cm。

⊖ 1lbf=0.4536kgf。

表 8.4 威布尔分布下的折中试验计划

序号	a_1	a_2	b	c	π_{11}	ξ_{11}	ξ_{21}	V	序号	a_1	a_2	b	c	π_{11}	ξ_{11}	ξ_{21}	V
1	2	2	2	2	0.542	1.000	1.000	5.8	38	5	3	6	3	0.661	0.558	0.749	8.3
2	3	2	2	2	0.842	0.893	1.000	3.1	39	2	2	2	4	0.335	1.000	0.635	15.5
3	2	2	3	2	0.559	0.807	1.000	10.1	40	3	2	2	4	0.388	0.875	0.622	10.9
4	3	2	3	2	0.669	0.775	1.000	5.4	41	4	2	2	4	0.844	0.778	0.703	5.3
5	4	2	3	2	0.850	0.843	1.000	2.9	42	2	2	3	4	0.384	0.803	0.613	22.3
6	2	2	4	2	0.575	0.625	0.930	16.3	43	3	2	3	4	0.535	0.620	0.597	14.8
7	3	2	4	2	0.622	0.664	1.000	8.5	44	4	2	3	4	0.737	0.630	0.641	8.2
8	4	2	4	2	0.745	0.710	1.000	4.6	45	4	3	3	4	0.394	1.000	0.790	10.5
9	2	2	5	2	0.577	0.506	0.812	24.2	46	4	3	3	4	0.399	1.000	0.775	7.8
10	3	2	5	2	0.612	0.555	0.918	12.4	47	5	3	3	4	0.792	0.756	0.746	4.5
11	4	2	5	2	0.689	0.614	0.960	6.8	48	2	2	4	4	0.429	0.617	0.587	31.1
12	2	2	2	3	0.416	1.000	0.821	10.0	49	3	2	4	4	0.456	0.599	0.604	19.6
13	3	2	2	3	0.726	0.770	0.787	6.2	50	4	2	4	4	0.675	0.541	0.599	11.5
14	4	2	2	3	0.908	0.891	0.894	3.1	51	5	3	3	4	0.714	0.645	0.687	6.6
15	2	2	3	3	0.456	0.806	0.781	15.6	52	4	4	3	4	0.450	0.992	0.995	7.9
16	3	2	3	3	0.556	0.714	0.777	9.6	53	4	4	3	4	0.432	1.000	0.987	6.1
17	4	2	3	3	0.771	0.716	0.808	5.2	54	6	4	4	4	0.782	0.749	0.790	4.0
18	3	3	3	3	0.473	1.000	1.000	7.2	55	2	2	5	4	0.458	0.502	0.557	41.7
19	4	3	3	3	0.501	1.000	0.984	5.0	56	3	2	5	4	0.468	0.516	0.588	25.2
20	5	3	3	3	0.858	0.852	0.932	2.8	57	4	2	5	4	0.633	0.479	0.568	15.2
21	2	2	4	3	0.492	0.621	0.731	23.1	58	3	3	5	4	0.468	0.636	0.757	20.1
22	3	2	4	3	0.522	0.632	0.765	13.5	59	4	3	5	4	0.438	0.732	0.779	13.5
23	4	2	4	3	0.695	0.611	0.752	7.8	60	5	3	5	4	0.666	0.566	0.644	8.9
24	3	3	4	3	0.509	0.791	1.000	10.9	61	5	4	5	4	0.635	0.589	0.665	8.8
25	4	3	4	3	0.487	0.901	1.000	7.1	62	6	4	5	4	0.723	0.652	0.732	5.5
26	5	3	4	3	0.757	0.721	0.852	4.4	63	2	2	6	4	0.478	0.423	0.524	54.0
27	2	2	5	3	0.512	0.505	0.672	32.4	64	3	2	6	4	0.482	0.447	0.566	31.7
28	3	2	5	3	0.529	0.535	0.728	18.3	65	4	2	6	4	0.603	0.432	0.545	19.3
29	4	2	5	3	0.648	0.538	0.712	10.7	66	3	3	6	4	0.488	0.534	0.735	26.4
30	3	3	5	3	0.530	0.640	0.960	15.5	67	4	3	6	4	0.463	0.617	0.765	17.2
31	4	3	5	3	0.513	0.738	0.996	9.8	68	4	4	6	4	0.634	0.507	0.610	11.6
32	5	3	5	3	0.698	0.628	0.794	6.2	69	5	4	6	4	0.602	0.533	0.639	11.5
33	2	2	6	3	0.524	0.425	0.614	43.4	70	6	4	6	4	0.686	0.578	0.686	7.3
34	3	2	6	3	0.538	0.459	0.682	23.9	71	2	2	7	4	0.492	0.365	0.490	68.0
35	4	2	6	3	0.618	0.480	0.680	14.0	72	3	2	7	4	0.495	0.392	0.540	39.1
36	3	3	6	3	0.541	0.536	0.905	21.2	73	4	2	7	4	0.582	0.394	0.525	23.8
37	4	3	6	3	0.528	0.621	0.956	13.0	74	3	3	7	4	0.502	0.460	0.707	33.8

(续)

序号	a_1	a_2	b	c	π_{11}	ξ_{11}	ξ_{21}	V	序号	a_1	a_2	b	c	π_{11}	ξ_{11}	ξ_{21}	V
75	4	3	7	4	0.480	0.534	0.746	21.5	112	4	3	6	5	0.411	0.612	0.628	22.0
76	5	3	7	4	0.612	0.460	0.582	14.5	113	5	3	6	5	0.618	0.466	0.518	15.1
77	4	4	7	4	0.514	0.575	0.977	18.5	114	5	4	6	5	0.418	0.781	0.805	12.8
78	5	4	7	4	0.489	0.676	0.998	12.7	115	6	4	6	5	0.388	0.904	0.807	10.1
79	6	4	7	4	0.467	0.783	1.000	9.4	116	5	5	6	5	0.463	0.810	0.982	10.5
80	2	2	2	5	0.280	1.000	0.516	22.1	117	6	5	6	5	0.433	0.944	0.987	8.0
81	3	2	2	5	0.672	0.600	0.501	15.3	118	2	2	7	5	0.456	0.364	0.429	81.0
82	4	2	2	5	0.811	0.698	0.581	8.1	119	3	2	7	5	0.454	0.384	0.462	48.9
83	2	2	3	5	0.331	0.800	0.502	30.2	120	4	2	7	5	0.577	0.361	0.441	30.5
84	3	2	3	5	0.546	0.538	0.483	21.0	121	3	3	7	5	0.462	0.458	0.594	40.2
85	4	2	3	5	0.721	0.568	0.534	11.8	122	4	3	7	5	0.433	0.530	0.619	26.8
86	3	3	3	5	0.337	1.000	0.638	14.3	123	5	3	7	5	0.598	0.425	0.495	18.6
87	4	3	3	5	0.332	1.000	0.633	11.2	124	5	4	7	5	0.439	0.672	0.803	15.8
88	5	3	3	5	0.757	0.685	0.625	6.6	125	6	4	7	5	0.412	0.778	0.806	12.1
89	2	2	4	5	0.379	0.613	0.487	40.2	126	5	5	7	5	0.481	0.695	0.983	13.2
90	3	2	4	5	0.417	0.563	0.494	26.9	127	6	5	7	5	0.454	0.810	0.990	9.9
91	4	2	4	5	0.665	0.489	0.501	15.9	128	3	2	8	5	0.467	0.342	0.445	58.0
92	3	3	4	5	0.384	0.782	0.629	19.3	129	4	2	8	5	0.561	0.335	0.428	36.1
93	4	3	4	5	0.346	0.894	0.640	14.1	130	3	3	8	5	0.476	0.402	0.578	49.3
94	5	3	4	5	0.690	0.587	0.580	9.2	131	4	3	8	5	0.449	0.467	0.607	32.1
95	4	4	4	5	0.392	0.988	0.799	10.4	132	4	4	8	5	0.484	0.502	0.784	27.4
96	5	4	4	5	0.370	1.000	0.800	8.3	133	5	4	8	5	0.456	0.590	0.801	19.2
97	6	4	4	5	0.740	0.686	0.670	5.6	134	6	4	8	5	0.431	0.684	0.806	14.5
98	2	2	5	5	0.413	0.498	0.470	52.0	135	5	5	8	5	0.494	0.609	0.984	16.4
99	3	2	5	5	0.421	0.498	0.488	33.4	136	6	5	8	5	0.470	0.710	0.992	12.1
100	4	2	5	5	0.627	0.434	0.476	20.4	137	2	2	3	6	0.291	0.798	0.425	39.2
101	3	3	5	5	0.419	0.632	0.620	25.3	138	3	2	3	6	0.558	0.480	0.408	28.2
102	4	3	5	5	0.383	0.726	0.635	17.8	139	4	2	3	6	0.712	0.520	0.460	15.9
103	5	3	5	5	0.647	0.519	0.545	12.0	140	3	3	3	6	0.294	1.000	0.535	18.8
104	5	4	5	5	0.598	0.551	0.567	11.8	141	4	3	3	6	0.285	1.000	0.534	15.1
105	6	4	5	5	0.691	0.601	0.625	7.5	142	5	3	3	6	0.737	0.629	0.539	9.1
106	5	5	5	5	0.439	0.971	0.980	8.1	143	2	2	4	6	0.339	0.610	0.415	50.5
107	6	5	5	5	0.408	1.000	0.991	6.6	144	3	2	4	6	0.416	0.504	0.413	35.3
108	2	2	6	5	0.438	0.420	0.450	65.6	145	4	2	4	6	0.661	0.449	0.432	20.8
109	3	2	6	5	0.438	0.435	0.477	40.7	146	4	3	4	6	0.303	0.890	0.537	18.5
110	4	2	6	5	0.599	0.393	0.456	25.3	147	5	3	4	6	0.675	0.542	0.503	12.1
111	3	3	6	5	0.444	0.531	0.608	32.2	148	4	4	4	6	0.347	0.985	0.667	13.2

（续）

序号	a_1	a_2	b	c	π_{11}	ξ_{11}	ξ_{21}	V	序号	a_1	a_2	b	c	π_{11}	ξ_{11}	ξ_{21}	V
149	5	4	4	6	0.323	1.000	0.670	10.9	192	4	3	4	7	0.269	0.887	0.463	23.5
150	6	4	4	6	0.712	0.637	0.583	7.5	193	5	3	4	7	0.667	0.505	0.445	15.4
151	2	2	5	6	0.376	0.495	0.404	63.5	194	4	4	4	7	0.312	0.983	0.573	16.4
152	3	2	5	6	0.387	0.480	0.415	42.6	195	5	4	4	7	0.287	1.000	0.576	13.7
153	4	2	5	6	0.625	0.399	0.411	26.1	196	6	4	4	7	0.693	0.596	0.517	9.6
154	3	3	5	6	0.378	0.629	0.523	31.0	197	2	2	5	7	0.344	0.493	0.353	76.2
155	4	3	5	6	0.340	0.722	0.534	22.7	198	3	2	5	7	0.363	0.460	0.360	53.0
156	5	3	5	6	0.636	0.481	0.474	15.4	199	4	2	5	7	0.626	0.371	0.363	32.4
157	4	4	5	6	0.384	0.792	0.666	16.9	200	3	3	5	7	0.345	0.627	0.452	37.4
158	5	4	5	6	0.345	0.929	0.672	13.1	201	4	3	5	7	0.306	0.718	0.460	28.2
159	6	4	5	6	0.323	1.000	0.670	10.9	202	5	3	5	7	0.629	0.449	0.421	19.2
160	5	5	5	6	0.393	0.967	0.816	10.1	203	4	4	5	7	0.349	0.789	0.572	20.5
161	6	5	5	6	0.362	1.000	0.825	8.4	204	5	4	5	7	0.310	0.926	0.576	16.2
162	3	3	6	6	0.406	0.528	0.516	38.6	205	6	4	5	7	0.287	1.000	0.576	13.7
163	4	3	6	6	0.370	0.608	0.530	27.3	206	5	5	5	7	0.356	0.964	0.699	12.3
164	5	3	6	6	0.609	0.434	0.452	19.1	207	6	5	5	7	0.325	1.000	0.706	10.4
165	4	4	6	6	0.411	0.662	0.664	21.2	208	3	3	6	7	0.374	0.526	0.448	45.7
166	5	4	6	6	0.375	0.778	0.672	16.0	209	4	3	6	7	0.336	0.604	0.458	33.3
167	6	4	6	6	0.344	0.900	0.674	12.8	210	5	3	6	7	0.603	0.407	0.402	23.4
168	5	5	6	6	0.420	0.807	0.817	12.7	211	4	4	6	7	0.378	0.660	0.570	25.2
169	6	5	6	6	0.388	0.940	0.821	10.0	212	5	4	6	7	0.340	0.775	0.576	19.4
170	6	6	6	6	0.432	0.958	0.972	8.1	213	6	4	6	7	0.308	0.897	0.578	16.0
171	3	3	7	6	0.428	0.455	0.508	47.3	214	5	5	6	7	0.384	0.805	0.699	15.2
172	4	3	7	6	0.393	0.526	0.525	32.6	215	6	5	6	7	0.351	0.937	0.702	12.1
173	5	3	7	6	0.589	0.396	0.433	23.0	216	6	6	6	7	0.394	0.956	0.831	9.7
174	4	4	7	6	0.433	0.569	0.662	26.2	217	4	4	7	7	0.401	0.567	0.569	30.5
175	5	4	7	6	0.398	0.669	0.671	19.2	218	5	4	7	7	0.364	0.666	0.576	23.0
176	6	4	7	6	0.369	0.775	0.674	15.2	219	6	4	7	7	0.334	0.772	0.578	18.5
177	5	5	7	6	0.441	0.693	0.818	15.7	220	5	5	7	7	0.407	0.691	0.700	18.4
178	6	5	7	6	0.411	0.807	0.823	12.1	221	6	5	7	7	0.375	0.805	0.704	14.5
179	6	6	7	6	0.452	0.822	0.974	10.1	222	6	6	7	7	0.416	0.819	0.833	11.9
180	3	3	8	6	0.444	0.400	0.498	56.9	223	4	4	8	7	0.419	0.498	0.567	36.4
181	4	3	8	6	0.413	0.463	0.519	38.4	224	5	4	8	7	0.384	0.585	0.575	27.0
182	5	3	8	6	0.574	0.366	0.417	27.2	225	6	4	8	7	0.355	0.678	0.578	21.4
183	4	4	8	6	0.449	0.499	0.659	31.7	226	5	5	8	7	0.425	0.605	0.701	22.1
184	5	4	8	6	0.417	0.587	0.670	22.9	227	6	5	8	7	0.395	0.705	0.705	17.1
185	6	4	8	6	0.389	0.680	0.673	17.7	228	6	6	8	7	0.434	0.717	0.834	14.3
186	5	5	8	6	0.457	0.607	0.819	19.1	229	2	2	5	8	0.317	0.491	0.313	90.1
187	6	5	8	6	0.429	0.707	0.824	14.5	230	3	2	5	8	0.352	0.434	0.317	64.6
188	6	6	8	6	0.468	0.719	0.977	12.3	231	4	2	5	8	0.317	0.625	0.398	44.4
189	2	2	4	7	0.307	0.607	0.361	62.0	232	3	3	5	8	0.278	0.715	0.404	34.3
190	3	2	4	7	0.466	0.423	0.350	44.7	233	5	3	5	8	0.626	0.423	0.379	23.3
191	3	3	4	7	0.308	0.777	0.456	30.1	234	4	4	5	8	0.319	0.787	0.501	24.4

（续）

序号	a_1	a_2	b	c	π_{11}	ξ_{11}	ξ_{21}	V	序号	a_1	a_2	b	c	π_{11}	ξ_{11}	ξ_{21}	V
235	5	4	5	8	0.281	0.923	0.504	19.7	247	6	5	7	8	0.345	0.802	0.615	17.1
236	6	4	5	8	0.258	1.000	0.504	17.0	248	6	6	7	8	0.385	0.818	0.727	13.8
237	5	5	5	8	0.325	0.962	0.610	14.7	249	3	3	8	8	0.391	0.397	0.387	74.1
238	6	5	5	8	0.295	1.000	0.616	12.6	250	4	3	8	8	0.354	0.458	0.398	52.9
239	3	2	7	8	0.368	0.358	0.312	85.0	251	5	3	8	8	0.566	0.327	0.336	38.1
240	3	3	7	8	0.371	0.452	0.391	63.2	252	4	4	8	8	0.393	0.496	0.497	41.5
241	4	3	7	8	0.333	0.520	0.400	46.1	253	5	4	8	8	0.356	0.583	0.504	31.4
242	5	3	7	8	0.581	0.352	0.348	32.9	254	6	4	8	8	0.326	0.675	0.506	25.4
243	4	4	7	8	0.373	0.566	0.499	35.2	255	5	5	8	8	0.397	0.604	0.612	25.3
244	5	4	7	8	0.335	0.664	0.504	27.1	256	6	5	8	8	0.366	0.703	0.616	19.9
245	6	4	7	8	0.305	0.769	0.506	22.3	257	6	6	8	8	0.405	0.716	0.728	16.4
246	5	5	7	8	0.378	0.689	0.612	21.3									

表 8.5 对数正态分布下的折中试验计划

序号	a_1	a_2	b	c	π_{11}	ξ_{11}	ξ_{21}	V	序号	a_1	a_2	b	c	π_{11}	ξ_{11}	ξ_{21}	V
1	2	2	2	2	0.478	1.000	1.000	5.6	24	3	3	4	3	0.554	0.573	0.656	11.3
2	3	2	2	2	0.846	0.879	1.000	2.6	25	4	3	4	3	0.667	0.638	0.741	6.3
3	2	2	3	2	0.472	0.837	1.000	9.8	26	5	3	4	3	0.763	0.735	0.853	3.6
4	3	2	3	2	0.704	0.711	0.897	4.8	27	2	2	5	3	0.457	0.560	0.868	28.9
5	4	2	3	2	0.850	0.844	1.000	2.4	28	3	2	5	3	0.578	0.462	0.583	15.9
6	2	2	4	2	0.495	0.654	1.000	15.4	29	4	2	5	3	0.659	0.537	0.681	8.9
7	3	2	4	2	0.646	0.593	0.814	7.5	30	3	3	5	3	0.549	0.487	0.605	15.5
8	4	2	4	2	0.747	0.699	0.952	3.9	31	4	3	5	3	0.632	0.553	0.688	8.7
9	2	2	5	2	0.537	0.442	0.645	21.5	32	5	3	5	3	0.705	0.638	0.790	5.2
10	3	2	5	2	0.616	0.507	0.747	10.8	33	2	2	6	3	0.473	0.470	0.852	38.6
11	4	2	5	2	0.691	0.600	0.874	5.8	34	3	2	6	3	0.565	0.407	0.547	20.7
12	2	2	2	3	0.374	1.000	0.823	9.4	35	4	2	6	3	0.631	0.475	0.638	11.7
13	3	2	2	3	0.751	0.767	0.753	5.1	36	3	3	6	3	0.546	0.423	0.564	20.2
14	4	2	2	3	0.923	0.910	0.896	2.5	37	4	3	6	3	0.611	0.487	0.644	11.5
15	2	2	3	3	0.395	0.912	0.883	14.0	38	5	3	6	3	0.669	0.564	0.739	6.9
16	3	2	3	3	0.646	0.630	0.681	8.1	39	2	2	2	4	0.308	1.000	0.658	13.8
17	4	2	3	3	0.779	0.732	0.802	4.3	40	3	2	2	4	0.706	0.685	0.604	8.2
18	3	3	3	3	0.423	1.000	1.000	7.0	41	4	2	2	4	0.859	0.808	0.721	4.3
19	2	2	4	3	0.731	0.753	0.809	4.2	42	2	2	3	4	0.337	0.920	0.679	19.1
20	5	3	3	3	0.867	0.868	0.936	2.3	43	3	2	3	4	0.614	0.570	0.552	12.2
21	2	2	4	3	0.432	0.693	0.878	20.7	44	4	2	3	4	0.746	0.655	0.653	6.7
22	3	2	4	3	0.600	0.534	0.627	11.7	45	3	3	3	4	0.368	1.000	0.882	9.5
23	4	2	4	3	0.703	0.618	0.734	6.4	46	4	3	3	4	0.677	0.685	0.659	6.5

（续）

序号	a_1	a_2	b	c	π_{11}	ξ_{11}	ξ_{21}	V	序号	a_1	a_2	b	c	π_{11}	ξ_{11}	ξ_{21}	V
47	5	3	3	4	0.805	0.781	0.765	3.7	82	4	2	2	5	0.826	0.732	0.605	6.5
48	2	2	4	4	0.379	0.696	0.678	26.7	83	2	2	3	5	0.293	0.925	0.551	25.1
49	3	2	4	4	0.572	0.489	0.514	16.7	84	3	2	3	5	0.596	0.522	0.466	16.9
50	4	2	4	4	0.681	0.559	0.603	9.4	85	4	2	3	5	0.728	0.597	0.554	9.5
51	5	3	4	4	0.722	0.667	0.703	5.4	86	3	3	3	5	0.319	1.000	0.710	12.7
52	4	4	4	4	0.417	1.000	1.000	7.2	87	4	3	3	5	0.642	0.632	0.558	9.2
53	5	4	4	4	0.697	0.678	0.709	5.4	88	5	3	3	5	0.769	0.714	0.649	5.5
54	6	4	4	4	0.786	0.771	0.810	3.3	89	2	2	4	5	0.338	0.699	0.551	33.7
55	2	2	5	4	0.409	0.561	0.676	35.9	90	3	2	4	5	0.295	0.828	0.551	24.2
56	3	2	5	4	0.552	0.427	0.482	21.8	91	4	2	4	5	0.669	0.512	0.514	12.8
57	4	2	5	4	0.641	0.489	0.563	12.5	92	3	3	4	5	0.351	0.883	0.698	16.5
58	3	3	5	4	0.501	0.467	0.510	20.9	93	4	3	4	5	0.319	1.000	0.710	12.7
59	4	3	5	4	0.600	0.510	0.570	12.2	94	5	3	4	5	0.697	0.614	0.601	7.6
60	5	3	5	4	0.674	0.584	0.655	7.4	95	4	4	4	5	0.563	0.564	0.533	12.1
61	5	4	5	4	0.657	0.592	0.661	7.3	96	5	4	4	5	0.659	0.630	0.607	7.4
62	6	4	5	4	0.725	0.675	0.752	4.6	97	6	4	4	5	0.746	0.712	0.693	4.7
63	2	2	6	4	0.431	0.470	0.671	46.6	98	2	2	5	5	0.370	0.562	0.550	43.8
64	3	2	6	4	0.398	0.563	0.675	29.7	99	3	2	5	5	0.329	0.671	0.552	30.2
65	4	2	6	4	0.615	0.436	0.531	15.9	100	4	2	5	5	0.631	0.452	0.483	16.5
66	3	3	6	4	0.507	0.404	0.476	26.6	101	3	3	5	5	0.384	0.710	0.700	21.6
67	4	3	6	4	0.584	0.452	0.537	15.6	102	4	3	5	5	0.349	0.854	0.708	15.9
68	5	3	6	4	0.644	0.520	0.616	9.6	103	5	3	5	5	0.319	1.000	0.710	12.7
69	5	4	6	4	0.633	0.525	0.621	9.5	104	5	4	5	5	0.372	1.000	0.870	9.2
70	6	4	6	4	0.687	0.600	0.706	6.1	105	6	4	5	5	0.364	1.000	0.884	8.1
71	2	2	7	4	0.447	0.405	0.665	58.8	106	5	5	5	5	0.417	1.000	1.000	7.2
72	3	2	7	4	0.417	0.487	0.671	36.6	107	6	5	5	5	0.404	1.000	1.000	6.4
73	4	2	7	4	0.597	0.394	0.503	19.7	108	2	2	6	5	0.395	0.471	0.549	55.4
74	3	3	7	4	0.511	0.358	0.448	32.8	109	3	2	6	5	0.356	0.565	0.552	37.0
75	4	3	7	4	0.573	0.406	0.509	19.3	110	4	2	6	5	0.606	0.405	0.457	20.6
76	5	3	7	4	0.623	0.468	0.584	12.0	111	3	3	6	5	0.467	0.397	0.420	33.4
77	4	4	7	4	0.567	0.410	0.514	19.2	112	4	3	6	5	0.563	0.425	0.462	20.0
78	5	4	7	4	0.615	0.473	0.587	11.9	113	5	3	6	5	0.627	0.484	0.532	12.5
79	6	4	7	4	0.660	0.541	0.667	7.7	114	5	4	6	5	0.609	0.492	0.537	12.4
80	2	2	2	5	0.263	1.000	0.541	19.0	115	6	4	6	5	0.662	0.560	0.611	8.0
81	3	2	2	5	0.684	0.622	0.505	12.0	116	5	5	6	5	0.605	0.494	0.539	12.3

（续）

序号	a_1	a_2	b	c	π_{11}	ξ_{11}	ξ_{21}	V	序号	a_1	a_2	b	c	π_{11}	ξ_{11}	ξ_{21}	V
117	6	5	6	5	0.656	0.562	0.614	8.0	152	3	2	5	6	0.295	0.673	0.465	37.6
118	2	2	7	5	0.415	0.405	0.546	68.5	153	4	2	5	6	0.626	0.421	0.424	21.0
119	3	2	7	5	0.378	0.488	0.552	44.6	154	3	3	5	6	0.349	0.712	0.587	26.2
120	4	2	7	5	0.588	0.368	0.435	25.0	155	4	3	5	6	0.311	0.856	0.592	19.9
121	3	3	7	5	0.480	0.347	0.394	40.6	156	5	3	5	6	0.281	1.000	0.594	16.2
122	4	3	7	5	0.554	0.383	0.440	24.4	157	4	4	5	6	0.361	0.869	0.718	14.6
123	5	3	7	5	0.608	0.438	0.505	15.4	158	5	4	5	6	0.331	1.000	0.727	11.6
124	5	4	7	5	0.595	0.444	0.509	15.2	159	6	4	5	6	0.323	1.000	0.738	10.4
125	6	4	7	5	0.640	0.506	0.580	10.0	160	5	5	5	6	0.377	1.000	0.864	8.9
126	5	5	7	5	0.593	0.445	0.511	15.2	161	6	5	5	6	0.367	1.000	0.888	8.0
127	6	5	7	5	0.636	0.508	0.582	10.0	162	3	3	6	6	0.375	0.595	0.587	32.6
128	3	2	8	5	0.395	0.430	0.551	53.0	163	4	3	6	6	0.339	0.716	0.595	24.1
129	4	2	8	5	0.576	0.337	0.416	29.7	164	5	3	6	6	0.309	0.843	0.597	19.3
130	3	3	8	5	0.487	0.311	0.373	48.4	165	4	4	6	6	0.388	0.727	0.720	18.3
131	4	3	8	5	0.548	0.349	0.421	29.1	166	5	4	6	6	0.358	0.859	0.726	14.1
132	4	4	8	5	0.541	0.353	0.425	28.9	167	6	4	6	6	0.332	0.996	0.728	11.6
133	5	4	8	5	0.585	0.405	0.486	18.3	168	5	5	6	6	0.402	0.865	0.859	11.2
134	6	4	8	5	0.624	0.463	0.553	12.1	169	6	5	6	6	0.377	1.000	0.864	8.9
135	5	5	8	5	0.584	0.406	0.488	18.3	170	6	6	6	6	0.417	1.000	1.000	7.2
136	6	5	8	5	0.621	0.464	0.554	12.1	171	3	3	7	6	0.396	0.512	0.588	39.9
137	2	2	3	6	0.260	0.929	0.463	31.9	172	4	3	7	6	0.362	0.616	0.597	28.8
138	3	2	3	6	0.229	1.000	0.457	25.1	173	5	3	7	6	0.332	0.725	0.599	22.6
139	4	2	3	6	0.719	0.551	0.482	12.7	174	4	4	7	6	0.408	0.625	0.721	22.5
140	3	3	3	6	0.281	1.000	0.594	16.3	175	5	4	7	6	0.380	0.738	0.728	17.0
141	4	3	3	6	0.285	1.000	0.546	13.9	176	6	4	7	6	0.355	0.856	0.731	13.7
142	5	3	3	6	0.748	0.661	0.565	7.5	177	5	5	7	6	0.422	0.744	0.861	13.8
143	2	2	4	6	0.304	0.701	0.463	41.5	178	6	5	7	6	0.399	0.862	0.866	10.8
144	3	2	4	6	0.261	0.833	0.464	30.9	179	6	6	7	6	0.437	0.868	1.000	9.0
145	4	2	4	6	0.663	0.475	0.450	16.7	180	3	3	8	6	0.412	0.449	0.588	48.0
146	4	3	4	6	0.577	0.509	0.454	16.1	181	4	3	8	6	0.381	0.540	0.598	34.1
147	5	3	4	6	0.682	0.571	0.526	10.0	182	5	3	8	6	0.352	0.637	0.602	26.2
148	4	4	4	6	0.528	0.537	0.469	15.6	183	4	4	8	6	0.424	0.548	0.722	27.2
149	5	4	4	6	0.631	0.591	0.532	9.7	184	5	4	8	6	0.398	0.647	0.730	20.3
150	6	4	4	6	0.718	0.665	0.608	6.3	185	6	4	8	6	0.375	0.751	0.734	16.1
151	2	2	5	6	0.338	0.563	0.463	52.5	186	5	5	8	6	0.437	0.652	0.863	16.8

（续）

序号	a_1	a_2	b	c	π_{11}	ξ_{11}	ξ_{21}	V	序号	a_1	a_2	b	c	π_{11}	ξ_{11}	ξ_{21}	V
187	6	5	8	6	0.416	0.757	0.869	13.0	223	4	4	8	7	0.396	0.549	0.621	31.1
188	6	6	8	6	0.452	0.762	1.000	10.9	224	5	4	8	7	0.368	0.648	0.627	23.7
189	2	2	4	7	0.277	0.702	0.400	50.1	225	6	4	8	7	0.343	0.751	0.630	19.2
190	3	2	4	7	0.233	0.836	0.401	38.5	226	5	5	8	7	0.408	0.653	0.741	19.3
191	3	3	4	7	0.285	0.888	0.504	25.1	227	6	5	8	7	0.384	0.757	0.746	15.2
192	4	3	4	7	0.251	1.000	0.511	20.3	228	6	6	8	7	0.420	0.761	0.866	12.7
193	5	3	4	7	0.673	0.535	0.469	12.7	229	2	2	5	8	0.285	0.552	0.356	72.5
194	4	4	4	7	0.498	0.516	0.420	19.4	230	3	2	5	8	0.243	0.676	0.353	55.0
195	5	4	4	7	0.609	0.559	0.475	12.3	231	3	3	5	8	0.294	0.714	0.443	36.7
196	6	4	4	7	0.699	0.625	0.542	8.1	232	4	3	5	8	0.256	0.859	0.447	29.2
197	2	2	5	7	0.311	0.564	0.400	62.1	233	5	3	5	8	0.227	1.000	0.448	24.8
198	3	2	5	7	0.266	0.675	0.401	45.9	234	4	4	5	8	0.303	0.873	0.542	20.8
199	4	2	5	7	0.625	0.395	0.379	25.9	235	5	4	5	8	0.272	1.000	0.548	17.1
200	3	3	5	7	0.319	0.713	0.505	31.2	236	6	4	5	8	0.263	1.000	0.554	15.7
201	4	3	5	7	0.281	0.857	0.509	24.3	237	5	5	5	8	0.313	1.000	0.651	12.8
202	5	3	5	7	0.251	1.000	0.511	20.3	238	6	5	5	8	0.302	1.000	0.665	11.7
203	4	4	5	7	0.329	0.871	0.618	17.6	239	3	2	7	8	0.294	0.489	0.353	73.5
204	5	4	5	7	0.299	1.000	0.625	14.2	240	3	3	7	8	0.345	0.513	0.444	52.4
205	6	4	5	7	0.290	1.000	0.633	12.9	241	4	3	7	8	0.308	0.617	0.449	39.8
206	5	5	5	7	0.342	1.000	0.743	10.8	242	5	3	7	8	0.277	0.726	0.451	32.4
207	6	5	5	7	0.331	1.000	0.760	9.7	243	4	4	7	8	0.353	0.626	0.544	29.9
208	3	3	6	7	0.346	0.596	0.506	38.2	244	5	4	7	8	0.323	0.739	0.548	23.6
209	4	3	6	7	0.309	0.717	0.511	28.9	245	6	4	7	8	0.296	0.857	0.550	19.7
210	5	3	6	7	0.279	0.844	0.512	23.6	246	5	5	7	8	0.363	0.745	0.649	18.6
211	4	4	6	7	0.357	0.728	0.619	21.6	247	6	5	7	8	0.337	0.864	0.652	15.1
212	5	4	6	7	0.326	0.860	0.623	17.0	248	6	6	7	8	0.374	0.869	0.758	12.2
213	6	4	6	7	0.299	0.997	0.625	14.2	249	3	3	8	8	0.364	0.449	0.445	61.5
214	5	5	6	7	0.369	0.866	0.739	13.2	250	4	3	8	8	0.328	0.541	0.450	45.8
215	6	5	6	7	0.342	1.000	0.743	10.8	251	5	3	8	8	0.297	0.637	0.452	36.7
216	6	6	6	7	0.381	1.000	0.864	8.6	252	4	4	8	8	0.372	0.549	0.545	35.3
217	4	4	7	7	0.379	0.626	0.620	26.1	253	5	4	8	8	0.342	0.648	0.549	27.4
218	5	4	7	7	0.349	0.739	0.625	20.2	254	6	4	8	8	0.316	0.752	0.551	22.5
219	6	4	7	7	0.323	0.857	0.627	16.6	255	5	5	8	8	0.382	0.653	0.650	21.9
220	5	5	7	7	0.390	0.745	0.740	16.1	256	6	5	8	8	0.357	0.758	0.653	17.6
221	6	5	7	7	0.365	0.863	0.744	12.9	257	6	6	8	8	0.392	0.761	0.759	14.5
222	6	6	7	7	0.403	0.868	0.864	10.5									

表 8.6　轮胎的实际试验计划

组别	样本容量	载荷 /lbf	阈值 /in	删失时间 /mile
1	17	1611	3/32	13 000
2	17	1611	8/32	13 000
3	18	2835	3/32	13 000
4	18	2835	8/32	13 000

8.8.2　退化试验计划总览

如前所述，退化试验可以在使用应力水平下或高于使用应力水平的应力下进行。对于在使用应力水平下的试验，我们需要选择样本容量、检测时间（检查频率）和试验终止时间。除了这些变量，我们需要确定应力水平和分配给每个应力水平下的恒定应力加速退化试验的样本容量。试验计划通常的设计会选择这些变量的最佳值以尽量减少统计误差、总试验成本，或两者皆减，尤其是当试验计划可以被转化成下列优化问题之一时：

1) 在预先设定的成本预算约束条件下，最小化在使用应力水平下寿命的百分位数或其他指标的估计量的渐近方差（或均方误差）。

2) 在允许的统计误差条件下，最小化总试验成本。

3) 同时使渐近方差（或均方误差）和总试验成本最小化。

Nelson（2005）提供了关于试验计划的几乎完全的参考文献。大部分试验计划被转化为第一优化问题（First Optimization Problem）。Yu（2003）使用非线性整数编程技术方法设计了优化的加速退化试验计划。通过最小化在使用应力水平下的产品寿命分布的第 $100p$ 百分位数的估计量的均方误差，选择在每个应力水平下的样本容量、检测频率和试验终止时间的最佳组合。优化要受到总试验成本必须不得超过给定的预算的约束。在早期的研究中，Yu（1999）提出了类似的试验计划，但他最小化的是估计量的方差。Li 和 Kececioglu（2003）介绍了一种四步方法，用来计算样本量、试验应力水平、分配到每个应力水平下的样件数、测量时间以及试验终止时间。决策变量被优化，以使得受成本预算约束的平均寿命的估计量的均方误差最小化。利用应力和产品性能之间简单的恒定速率的关系，Park 和 Yum（1997）为破坏性检测制定了最优试验计划。该计划还确定了应力水平、分配给每个应力水平的样件的比例以及测量时间，这使得在使用应力水平下的平均寿命的极大似然估计量的渐进方差大大降低。Park 和 Yum（1999）定量地比较了他们开发的加速寿命和退化试验。不出所料，他们得出结论，加速退化试验计划提供了对寿命的百分位数更准确的估计，尤其是当失效概率较小时。针对适合于描述随着时间推移应力相关的稳定阶段（最大退化）趋于平稳的退化过程的特定的退化模型，Boulanger 和 Escobar（1994）设计了最优化的加速退化试验计划。此设计包括三个步骤：①通过最小化在使用条件下的平均对数最大退化的加权最小二乘估计量的方差，来确定应力水平和相对应的样件的比例；②在选定的应力水平下优化测量此样件的时间；③前两个步骤的结果被组合以确定样件的总数。

对于单一恒定应力水平的退化试验，Wu 和 Chang（2002）提出了一种确定样本容量、检测频率和试验终止时间的方法。优化的准则是使受到总试验成本约束的寿命百分位数估计量的方差最小。Marseguerra 等人（2003）开发了类似于 Wu 和 Chang（2002）的试验计划，并考虑了同时使方差和总试验成本最小的方法。此文献后半部分介绍了上述的第 3）类优化问题。

极少有文献涉及第 2）类优化问题。Yu 和 Chiao（2002）基于提高产品可靠性的目标设计了部分因子退化试验的优化计划。该计划通过使受预先制定的正确决策的概率约束的总试验成本最小来确定检测频率、样本容量和试验终止时间。Tang 等人（2004）介绍了步进应力加速退化试验的优化设计。该设计的目标是为了在方差要求的约束下最小化总试验成本。通过最小化得到最优化的样本容量、每个中间应力水平下的检测次数以及总检测次数。

一般来说，退化加速试验的优化设计大大地难于加速寿命试验的优化设计，主要是因为前者涉及复杂的退化模型和更多的决策变量。因此关于这个主题有很少的文献并不奇怪。正如我们可能已经观察到的，退化试验和分析是很有前途和有益的技术方法，其日益广泛的应用需要更多的在实践中有用的试验计划。

习题

8.1 一个产品通常有多于一个的性能特性。描述下确定关键特征的一般方法。解释为什么选择的关键特征必须是单调变化的。

8.2 讨论伪寿命分析的优势和劣势。相比于传统的寿命数据分析，你期望伪寿命分析能给出更准确的估计吗？为什么？

8.3 Yang 和 Xue（1996）对安装在某个内燃机内的排气阀门进行了退化分析。退化是阀门性能的衰退，表示的是随着时间变化阀门的磨损量；阀门在不同检测时间的衰退数据见表 8.7。开发一个模型来描述退化轨迹。当磨损量达到 0.025in 时则阀门失效，试通过伪寿命分析估计在 500h 处的失效概率。

表 8.7 阀门性能退化数据

时间 /h	阀门磨损量 /in						
	1	2	3	4	5	6	7
0	0	0	0	0	0	0	0
15	0.001 472	0.001 839	0.001 472	0.001 839	0.001 839	0.001 839	0.002 575
45	0.002 943	0.004 047	0.003 311	0.002 943	0.003 311	0.002 943	0.003 679
120	0.005 886	0.00 699	0.005 886	0.004 415	0.005 518	0.005 886	0.005 886
150	0.006 254	0.008 093	0.006 622	0.005 150	0.006 254	0.006 990	0.007 726
180	0.008 461	0.009 933	0.008 093	0.006 622	0.007 726	0.008 461	0.010 301

8.4 请参阅习题 8.3。假设阀门退化模型参数具有随机效应且服从二元正态分布。试使用多变量的方法计算均值向量和方差 - 协方差矩阵。试通过蒙特卡罗模拟估计阀门在 500h 处的失效概率。

8.5 请参阅习题 8.4。试通过使用式（8.13）估计阀门在 500h 处的失效概率。并把结果同习题 8.3 和 8.4 的结果相比较。

8.6 在第 8.5.1 小节中，我们描述了对于破坏性检测的样本分配的方法。解释此方法如何提高了可靠性估计的统计上的精度。

8.7 一种新型聚合物在高温下被暴露在碱性环境中来评估长期可靠性。在 50℃、65℃和 80℃下，分别对 25 个样件进行试验。在试验中，在每个检测时间处 5 个样件被破坏性地来检测拉伸强度。退化性能是拉伸强度同原来的标准强度的比。当该比值小于 60% 时，则认为样件已经失效。表 8.8 展示了在不同的检测时间和温度下的比值。

（1）对于温度和检测时间的每一种组合，在对数正态纸上绘制数据及其极大似然拟合。对数正态分布是否适用？

（2）形状参数是否随着时间而变化？

（3）为给定的温度确定退化模型。

（4）对每个温度，使用最小二乘方法估计退化模型参数。哪（几）个模型参数依赖于温度？

（5）对每个温度，估计试验终止时间处的失效概率。

（6）对于设计寿命为 10 年的（产品），计算（5）中提出的失效概率。

表 8.8 聚合物性能退化数据

时间/天	温度		
	50℃	65℃	80℃
8	98.3 94.2 96.5 98.1 96.0	87.5 85.2 93.3 90.0 88.4	80.8 82.3 83.7 86.6 81.2
25	92.4 88.1 90.5 93.4 90.2	83.2 80.5 85.7 86.3 84.2	73.3 72.3 71.9 74.5 76.8
75	86.2 82.7 84.2 86.1 85.5	77.0 73.2 79.8 75.4 76.2	67.4 65.4 64.3 65.3 64.5
130	82.3 78.5 79.4 81.8 82.3	73.9 70.1 75.8 72.3 71.7	64.3 60.4 58.6 58.9 59.7
180	77.7 74.6 76.1 77.9 79.2	68.7 65.3 69.8 67.4 66.6	60.4 55.3 56.7 57.3 55.7

8.8 例 8.10 描述了红外 LED 的退化分析。设备在不同的检测时间和电流水平的退化数据见表 8.9 和表 8.10。

表 8.9 在 170mA 下的红外 LED 的退化数据　　　　　　　　　（%）

样件	时间										
	24h	48h	96h	155h	368h	768h	1130h	1536h	1905hh	2263h	2550h
1	0.1	0.3	0.7	1.2	3.0	6.6	12.1	16.0	22.5	25.3	30.0
2	2.0	2.3	4.7	5.9	8.2	9.3	12.6	12.9	17.5	16.4	16.3

（续）

样件	时间										
	24h	48h	96h	155h	368h	768h	1130h	1536h	1905hh	2263	2550h
3	0.3	0.5	0.9	1.3	2.2	3.8	5.5	5.7	8.5	9.8	10.7
4	0.3	0.5	0.8	1.1	1.5	2.4	3.2	5.1	4.7	6.5	6.0
5	0.2	0.4	0.9	1.6	3.9	8.2	11.8	19.5	26.1	29.5	32.0
6	0.6	1.0	1.6	2.2	4.6	6.2	10.5	10.2	11.2	11.6	14.6
7	0.2	0.4	0.7	1.1	2.4	4.9	7.1	10.4	10.8	13.7	18.0
8	0.5	0.9	1.8	2.7	6.5	10.2	13.4	22.4	23.0	32.2	25.0
9	1.4	1.9	2.6	3.4	6.1	7.9	9.9	10.2	11.1	12.2	13.1
10	0.7	0.8	1.4	1.8	2.6	5.2	5.7	7.1	7.6	9.0	9.6
11	0.2	0.5	0.8	1.1	2.5	5.6	7.0	9.8	11.5	12.2	14.2
12	0.2	0.3	0.6	0.9	1.6	2.9	3.5	5.3	6.4	6.6	9.2
13	2.1	3.4	4.1	4.9	7.2	8.6	10.8	13.7	13.2	17.0	13.9
14	0.1	0.2	0.5	0.7	1.2	2.3	3.0	4.3	5.4	5.5	6.1
15	0.7	0.9	1.5	1.9	4.0	4.7	7.1	7.4	10.1	11.0	10.5
16	1.8	2.3	3.7	4.7	6.1	9.4	11.4	14.4	16.2	15.6	16.6
17	0.1	0.2	0.5	0.8	1.6	3.2	3.7	5.9	7.2	6.1	8.8
18	0.1	0.1	0.2	0.3	0.7	1.7	2.2	3.0	3.5	4.2	4.6
19	0.5	0.7	1.3	1.9	4.8	7.7	9.1	12.8	12.9	15.5	19.3
20	1.9	2.3	3.3	4.1	5.2	8.9	11.8	13.8	14.1	16.2	17.1
21	3.7	4.8	7.3	8.3	9.0	10.9	11.5	12.2	13.5	12.4	13.8
22	1.5	2.2	3.0	3.7	5.1	5.9	8.1	7.8	9.2	8.8	11.1
23	1.2	1.7	2.0	2.5	4.5	6.9	7.5	9.2	8.5	12.7	11.6
24	3.2	4.2	5.1	6.2	8.3	10.6	14.9	17.5	16.6	18.4	15.8
25	1.0	1.6	3.4	4.7	7.4	10.7	15.9	16.7	17.4	28.7	25.9

表 8.10 在 320mA 下的红外 LED 的退化数据 （%）

样件	时间									
	6h	12h	24h	48h	96h	156h	230h	324h	479h	635h
1	4.3	5.8	9.5	10.2	13.8	20.6	19.7	25.3	33.4	27.9
2	0.5	0.9	1.4	3.3	5.0	6.1	9.9	13.2	17.0	20.7
3	2.6	3.6	4.6	6.9	9.5	13.0	15.3	13.5	19.0	19.5
4	0.2	0.4	0.9	2.4	4.5	7.1	13.4	21.2	30.7	41.7
5	3.7	5.6	8.0	12.8	16.0	23.7	26.7	38.4	49.2	47.2
6	3.2	4.3	5.8	9.9	15.2	20.3	26.2	33.6	39.5	53.2
7	0.8	1.7	2.8	4.6	7.9	12.4	20.2	24.8	32.5	45.4
8	4.3	6.5	7.8	13.0	21.7	33.0	42.1	49.9	59.9	78.6
9	1.4	2.7	5.0	7.8	14.5	23.3	29.0	43.3	59.8	77.4
10	3.4	4.6	7.8	13.0	16.8	26.8	34.1	41.5	67.0	65.5

（续）

样件	时间									
	6h	12h	24h	48h	96h	156h	230h	324h	479h	635h
11	3.6	4.7	6.2	9.1	11.7	13.8	14.5	15.5	23.1	24.0
12	2.3	3.7	5.6	8.8	13.7	17.2	24.8	29.1	42.9	45.3
13	0.5	0.9	1.9	3.5	5.9	10.0	14.4	22.0	26.0	31.8
14	2.6	4.4	6.0	8.7	14.6	16.8	17.9	23.2	27.0	31.3
15	0.1	0.4	0.7	2.0	3.5	6.6	12.2	18.8	32.3	47.0

（1）拟合退化模型式（8.36）到每个退化轨迹，并使用最小二乘方法估计模型的参数。

（2）计算每个样件的伪寿命。

（3）对于每个电流，在对数正态纸上绘制伪寿命数据及其极大似然拟合。对数正态分布是否适用？

（4）形状参数是否显著依赖电流？

（5）使用电流的逆幂关系，估计 50mA 的使用电流时对数正态分布的尺度参数和失效概率。评论其和例 8.10 中得到的结果的差异。

8.9 请参阅习题 8.7。

（1）形状参数是否显著依赖温度？

（2）确定一个退化模型来描述平均对数比值和时间与温度之间的关系。

8.10 参照例 8.1。5 个 MOS 场效应晶体管在不同时间的跨导百分比退化数据见表 8.11。

（1）在不拟合退化模型的情况下，对阈值在 3%、8% 和 13% 时的每个样件，分别确定其失效时间区间。

（2）估计每个阈值下的寿命分布。

（3）尺度参数是否取决于阈值？

（4）试确定分布的位置参数和阈值之间的模型。

（5）在平时的阈值 15% 的情况下，估计分布的位置参数。并与例 8.1 中的结果相比较。

8.11 为了估算在使用温度 50℃时的电阻的可靠性，制造商计划使用 45 个样件，并将它们分成两组，每组都在升高的温度下进行试验。电阻漂移大于 0.05% 被定义为失效。最严格的失效标准为 0.01%，最大的允许温度是 175℃。电阻的失效时间服从形状参数为 1.63 的威布尔分布。对数特征寿命的预估值为 μ_{00} = 12.1，μ_{20} = 8.3，μ_{22} = 5.9。每组进行 2350h 的试验或者直到所有样件失效，以先到者为准。请制定一个折中试验计划。

表 8.11　MOS 场效应晶体管的退化数据　　　　　　　　　　　（%）

时间 /s	样件				
	1	2	3	4	5
100	1.05	0.58	0.86	0.6	0.62
200	1.4	0.9	1.25	0.6	0.64
300	1.75	1.2	1.45	0.6	1.25
400	2.1	1.75	1.75	0.9	1.3
500	2.1	2.01	1.75	0.9	0.95
600	2.8	2	2	1.2	1.25
700	2.8	2	2	1.5	1.55
800	2.8	2	2	1.5	1.9
900	3.2	2.3	2.3	1.5	1.25
1 000	3.4	2.6	2.3	1.7	1.55
1 200	3.8	2.9	2.6	2.1	1.5
1 400	4.2	2.9	2.8	2.1	1.55
1 600	4.2	3.2	3.15	1.8	1.9
1 800	4.5	3.6	3.2	2.1	1.85
2 000	4.9	3.8	3.2	2.1	2.2
2 500	5.6	4.2	3.8	2.4	2.2
3 000	5.9	4.4	3.8	2.7	2.5
3 500	6.3	4.8	4	2.7	2.2
4 000	6.6	5	4.2	3	2.8
4 500	7	5.6	4.4	3	2.8
5 000	7.8	5.9	4.6	3	2.8
6 000	8.6	6.2	4.9	3.6	3.1
7 000	9.1	6.8	5.2	3.6	3.1
8 000	9.5	7.4	5.8	4.2	3.1
9 000	10.5	7.7	6.1	4.6	3.7
10 000	11.1	8.4	6.3	4.2	4.4
12 000	12.2	8.9	7	4.8	3.7
14 000	13	9.5	7.2	5.1	4.4
16 000	14	10	7.6	4.8	4.4
18 000	15	10.4	7.7	5.3	4.1
20 000	16	10.9	8.1	5.8	4.1
25 000	18.5	12.6	8.9	5.7	4.7
30 000	20.3	13.2	9.5	6.2	4.7
35 000	22.1	15.4	11.2	8	6.4
40 000	24.2	18.1	14	10.9	9.4

资料来源：Lu 等人（1997）。

9

可靠性验证试验

9.1 概述

在一个产品生命周期的设计与开发阶段，通过应用前面几章阐述的技术，可靠性可以被前置在产品设计中。下面的任务是验证设计能满足在产品规划阶段规定的功能、环境、可靠性以及法规要求。在工业中这个任务经常当作 DV 被提及。可靠性验证试验是整个设计验证试验的一部分，它的主要目的是验证设计中的可靠性。若试验过程中，设计不能证实可靠性的要求，必须在严苛的失效分析后更改设计。然后对重新设计的产品重新进行验证试验。这个试验—改进—试验的过程一直持续直到达到可靠性要求。这个重复的过程由于增加了上市前的成本和时间，会危及此产品在市场上的竞争力。如今大部分产品的设计力求首次 DV 试验就能通过。因此，设计内嵌可靠性和早至在产品原型建立前就消除潜在的失效模式是至关重要的。

若成功通过 DV 试验，设计将会发布到生产阶段。然后会设置生产工艺/过程来制造满足所有要求且变异最小的产品。据我们所知，设计内嵌或内在的可靠性水平总会降低流程的变异，产品的功能和其他性能也会变好。因此，在完全量产前，工艺必须通过满足资格试验，这通常在工业中被称作 PV。它的目的是验证已经创建的工艺流程足够来制造满足产品规划阶段制定的功能、环境、可靠性以及法规要求的产品。如 DV 试验，PV 试验也必须包含可靠性验证试验中以证实最终的产品达到了要求的可靠性水平。如果工艺流程通过验证，可以开始量产。另外，工艺更改必须在因果分析后实施。不通过 PV 试验会导致昂贵的试验—改进—试验重复的过程。因此，具体的工艺计划是非常关键的，这就需要采用诸如过程 FMEA、过程能力研究和统计过程控制图等前摄性的技术方法。

在本章中我们将介绍 DV 和 PV 阶段中使用的可靠性验证试验技术。这些技术包括：

1) Bogey 试验：广泛应用于工业。
2) 序贯寿命试验：广泛应用于军事和政府产品。
3) 退化试验：定位于验证高度可靠的产品的可靠性。

9.2 可靠性验证试验计划

9.2.1 试验类型

可靠性验证有四种类型的试验：Bogey（这里 Bogey 指的是要求）试验、序贯寿命试验、失效性试验以及退化试验。在试验计划中我们需要确定适用于产品和试验目的的试验类型。

1) Bogey 试验用于测试某个时期预先确定数量的样件。若试验中无失效发生，则核实了必需的可靠性。样本容量和试验的时间由在第 9.3 节和第 9.4 节中描述的方法来确定。这种类型的试验易于实现；在试验中不需要失效检测和性能测量。因此，它在工业中广受欢迎。例如，汽车制造商和其供应商是这种试验的忠实实践者。然而这种试验毁誉参半。试验中的失效和退化观察值对于得出关于可靠性的结论既不是必需的，也不是有用的。总之，正如第 9.3 节中展示的，这种试验需要大样本量和/或很长的时间。

2) 序贯寿命试验每次测试一个样件直到失效或达到预先指定的时间长度。累计的试验结果同预先确定的结论规则相比较以决定是达到了可靠性要求、没有达到可靠性要求，还是继续试验。由于这种动态的特性，样本容量不是固定的。这种试验的吸引力在于它需要的样本容量比 Bogey 试验的小。和仅仅考虑消费者风险的 Bogey 试验相比较，序贯寿命试验同时考虑消费者和生产者的风险。它经常被应用于军事和政府产品。

3) 失效性试验测试样件直到它们都失效，经常需要较长的时间；然而，它需要较小的样本容量并且产生相当多的信息。通过试验也能估计（样件的）实际的可靠性水平。这种试验经常在加速条件下进行，因此需要适当的加速模型。对某些产品，失效以性能特性是否超过阈值的方式来定义。正如第 8 章中阐述的，产品的退化测量值可以用于评估可靠性。因此，没有必要测试这样的产品直到其失效。退化试验的这种优势使其适用于高度可靠的产品。

9.2.2 试验样本

在 DV 阶段，要实施可靠性验证试验以证实设计可靠性。在每个设计细节方面，例如结构、功能、连接、材料、零件以及外壳，试验的样本原型件都必须能够代表最终产品。在所有的情形下都必须避免使用代用的零部件。另外，原型件的作业工具和装配工艺流程必须尽可能和实际生产过程相近。虽然生产工艺流程不能在 DV 阶段完全设置好，但工艺流程计划也在工艺流程步骤、工具机床、装配工艺等方面取得了相当可观的进展，这些形成了构建样件工艺流程的基础。让我们以车身控制模块为例来说明。DV 样件代表最终的模块安装到汽车上。样件选用了和后期生产中相同的电路设计、相同的印制电路板和模块包材料，以及来自制造商的相同的电子元器件和焊料。工装和工艺流程参数，如组件组装顺序和波峰焊的温度和时间，是根据工艺流程计划输出来确定的。

PV 阶段的可靠性验证试验目的是验证生产工艺过程能够制造达到必需的可靠性水平的产品。在这个阶段，工艺流程已经被设立，为开足马力生产做好准备。因此，测试的样件是客户将会在市场上看到的产品。换句话说，样件和最终产品没有区别，因为采用同样的材料、零部件、生产工艺流程以及过程监控和测量技术手段。像上面讨论的车身控制模块，DV 和 PV 验证的样件基本上是一样的，除了 PV 的样件是使用实际的生产工艺流程建造的，这和 DV 的样件在某些工艺流程参数上有轻微的不同。严格来说，PV 的样件不完全具备量产产品的特性，因为样件是在很短的时间内制造的，因此也没有包括太多的批次差异。

9.2.3 试验应力

在 DV 和 PV 阶段，可靠性验证试验应使用同样的试验应力类型和等级。应力类型可能包括温度、机械振动、热循环、湿度、机械力、电子载荷、辐射、海拔、盐雾等。试验中应用的应力类型和量级应当根据真实的使用情况来确定，这定义了客户的操作频率、载荷和环境。这些真实的使用情况又被称为应力分布，如图 9.1 所示，其中 S 是应力，$f(S)$ 是 S 的概率密度函数。通常选择高百分位数的应力水平来代表大百分比的客户使用情况。例如，图 9.1 中 S_0 是第 95 百分位数对应的应力水平。图 9.1 中的曲线本质上描述了外部噪声因子的分布。若可靠性验证试验在产品的子系统或零部件上进行，则该曲线应当解释为在所研究的子系统或零部件上施加的载荷。然后载荷必须被叠加在内部噪声因子上。总应力决定了试验的应力水平。外部和内部的噪声因子在第 5 章做过讨论。

当不能得到客户真实的使用情况时，试验应力应该从适当的工程标准中选择。例如，MIL-HDBK-781（U.S.DoD，1996）提供了针对军事装备如何评估试验环境和设计试验的信息。在私营企业中，大部分（企业）都有试验标准；大规模制造商也会发布适合自己产品的试验指导方针。零部件或子系统供应商通常被要求遵循这个指导方针或由承包商认可的其他工程标准。这些文档指定了试验应力曲线和试验持续时间以及样本容量。任何指定条目的更替都必须仔细调整并且由承包商批准。

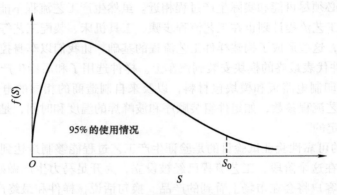

图 9.1 真实的使用情况

在之后的章节中将会展示，在高置信水平验证高可靠性需要大的样本容量或很长的试验时间，大部分试验者都无法承担这些。加速试验是一个很自然的选择。然而，必须特别注意以确保提高的应力水平不会导致产生和实际应用中不同的失效模式。

9.2.4 试验时间

基本上，试验时间服从于可靠性要求的时间。

此时间可能为质保期、设计寿命或其他时间，取决于可靠性的要求。然而，试验时间通常长到难以接受。例如，测试一个汽车零部件到其设计寿命 100 000mile 经济上不可行且时间不允许。如随后将介绍的，若样本容量减少是必须的，那试验持续时间会进一步延长。由于试验时间对总成本和投入市场的时间有直接的影响，它就成为计划可靠性验证试验主要的关心事项。试验计划人员寻求缩短试验时间的途径，那考虑加速试验是一个自然的选择。如前所述，提高的应力水平必须不会引起不同于现场的那些（失效）的失效模式。

9.3 Bogey 试验

Bogey 试验是固定数量的样件被同时运行在预先指定长度的时间内在特定的实验环境下的一种一次性试验。如果没有发生故障，则我们得出结论，在给定的置信水平下，所要求的可靠性是可以达到的。Bogey 试验的特性是简单地由样本容量、试验时间和试验应力组成。正如第 9.2 节所述，由于试验时间和应力经常预先指定，在本节我们提出了计算样本容量的方法。该方法可处理二项分布和威布尔分布。

9.3.1 二项 Bogey 试验

假设我们想在 100% 的置信水平下证明可靠度 R_L。此任务就相当于检验假设

$$H_0: R(t_L) \geq R_L, \qquad H_1: R(t_L) < R_L$$

式中，$R(t_L)$ 是在时间 t_L 处总体的真实可靠性。

一个大小为 n 的随机样本被从总体中抽取。每个样件都测试直到指定的时间 t_L，除非它提前失效。若 $r > c$ 则拒绝 H_0，其中，r 是在试验中失效的次数，c 是临界值。因为每个样件都具有二元结果（即不失效或失效），所以 r 服从二项分布并由下式给出：

$$p(r) = C_n^r p^r (1-p)^{n-r}, \qquad r = 0, 1, \cdots, n$$

式中，p 是失效概率。

失效次数 r 小于或等于临界值 c 的概率为

$$\Pr(r \leq c) = \sum_{i=0}^{c} C_n^i p^i (1-p)^{n-i} \tag{9.1}$$

理想状态是，当 $p = 1 - R_L$ 时，有小于或等于 $1 - C$ 的 II 类错误（消费者的风险）。因此，我们有

$$\Pr(r \leq c | p = 1 - R_L) \leq 1 - C \tag{9.2}$$

合并式（9.1）和式（9.2）得到

$$\sum_{i=0}^{c} C_n^i (1 - R_L)^i R_L^{n-i} \leq 1 - C \tag{9.3}$$

若 c、R_L 和 C 给出，则式（9.3）可以解出最小的样本容量。当 $c = 0$ 时，在 Bogey 试验的情况下，式（9.3）可简化为

$$R_L^n \leq 1 - C \tag{9.4}$$

由式（9.4），最小的样本容量为

$$n = \frac{\ln(1-C)}{\ln R_L} \tag{9.5}$$

若一个大小为 n 的样本（最小样本容量）在试验中没有产生失效，我们推论在 100% 的置信水平下产品达到了要求的可靠度 R_L。图 9.2 绘制了对应于不同的 C 值和 R_L 值的最小样本容量。它显示了样本容量随着在给定置信水平下的要求的可靠度，或给定要求的可靠度时的置信水平增加而增加。当要求的可靠度接近 1 时，样本容量急速上升。

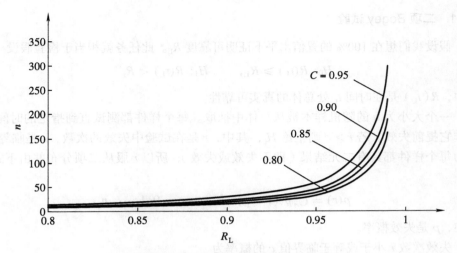

图 9.2　不同 C 值和 R_L 值对应的样本容量

例 9.1　确定最小样本容量来验证 $R90/C90$——这在业界通常表示在 90% 的置信水平下 90% 的可靠度。

为验证 $R99/C90$ 的最小样本容量是多少？

解：为验证 $R90/C90$ 的最小样本容量是

$$n = \frac{\ln(1-0.9)}{\ln 0.9} = 22$$

若 $R = 99\%$ 且 $C = 90\%$，则最小样本容量为 $n = 230$。

在一些应用中，当测试一个大小为 n 的样本时，我们可能对可靠度的下限感兴趣。若在时间 t_L 处没有失效发生，在 $100C\%$ 置信水平下的可靠度下限可以由式（9.5）计算为

$$R_L = (1-C)^{1/n} \tag{9.6}$$

例 9.2　有 30 个样件的随机样本被测试了 15 000 循环并且没有产生失效。计算 90% 置信水平下的可靠度下限。

解：由式（9.6），90% 置信水平下的可靠度下限为

$$R_L = (1-0.9)^{1/30} = 0.926$$

注意：这个可靠度是在试验条件下 15 000 循环时的。

9.3.2　威布尔 Bogey 试验

当高可靠性被进行验证时，在第 9.3.1 小节我们已经看到最小样本容量变得太大以至于不能负担得起。如例 9.1 所示，需要 230 个样件，以验证在 90% 的置信水平下的 99% 的可靠度。若我们从历史数据上可得出产品寿命的相关信息，需要的样本容量

9 可靠性验证试验

可能会减少。假设产品的寿命服从尺度参数为 α 和形状参数为 β，且 β 为已知的威布尔分布。任务依然是验证在 $100C\%$ 置信水平下的可靠度 R_L 下限。为进行假设检验，大小为 n_0 的样本被随机抽取并在指定的时间周期 t_0 内经受 Bogey 试验。在 t_0 处的可靠性是

$$R(t_0) = \exp\left[-\left(\frac{t_0}{\alpha}\right)^\beta\right] \quad (9.7)$$

大小为 n_0 的样本不产生失效的概率从式（9.1）可获得

$$\Pr(r=0) = \exp\left[-n_0\left(\frac{t_0}{\alpha}\right)^\beta\right] \quad (9.8)$$

类似地，大小为 n 的样本测试到 t_L 处且无失效的概率是

$$\Pr(r=0) = \exp\left[-n\left(\frac{t_L}{\alpha}\right)^\beta\right] \quad (9.9)$$

由式（9.8）和式（9.9）相等，可得

$$n_0 = n\pi^{-\beta} \quad (9.10)$$

式中，$\pi = t_0/t_L$，且被称为 Bogey 比率。

将式（9.5）代入式（9.10）得到

$$n_0 = \frac{\ln(1-C)}{\ln R_L \pi^\beta} \quad (9.11)$$

当 Bogey 比率等于 1 时式（9.11）退化为式（9.5），这表示通过提高 Bogey 比率（即延长试验时间）可以减小样本容量。减少的幅度取决于 β 的值。值越大，样本容量减小就越多。表 9.1 列出了对应于不同 R_L、C、π 和 β 时的样本容量。

表 9.1 威布尔分布的 Bogey 试验的样本容量

β	π	100C	180				90				95			
		$100R_L$	90	92.5	95	97.5	99	90	92.5	95	97.5	99	90	92.5	95	97.5	99
1.25	1		16	21	32	64	161	22	30	45	91	230	29	39	59	119	299
	1.5		10	13	19	39	97	14	18	28	55	139	18	24	36	72	180
	2		7	9	14	27	68	10	13	19	39	97	12	17	25	50	126
	2.5		5	7	10	21	51	7	10	15	29	73	10	13	19	38	95
	3		4	6	8	17	41	6	8	12	24	59	8	10	15	30	76
	3.5		4	5	7	14	34	5	7	10	19	48	6	9	13	25	63
	4		3	4	6	12	29	4	6	8	17	41	6	7	11	21	53
1.5	1		16	21	32	64	161	22	30	45	91	230	29	39	59	119	299
	1.5		9	12	18	35	88	12	17	25	50	125	16	21	32	65	163

（续）

β	π	100C	180				90					95				
		100R_L	90	92.5	95	97.5	99	90	92.5	95	97.5	99	90	92.5	95	97.5	99
1.5	2		6	8	12	23	57	8	11	16	33	82	11	14	21	42	106
	2.5		4	6	8	17	41	6	8	12	24	58	8	10	15	30	76
	3		3	4	7	13	31	5	6	9	18	45	6	8	12	23	58
	3.5		3	4	5	10	25	4	5	7	14	35	5	6	9	19	46
	4		2	3	4	8	21	3	4	6	12	29	4	5	8	15	38
1.75	1		16	21	32	64	161	22	30	45	91	230	29	39	59	119	299
	1.5		8	11	16	32	79	11	15	23	45	113	14	19	29	59	147
	2		5	7	10	19	48	7	9	14	28	69	9	12	18	36	89
	2.5		4	5	7	13	33	5	6	10	19	47	6	8	12	24	60
	3		3	4	5	10	24	4	5	7	14	34	5	6	9	18	44
	3.5		2	3	4	8	18	3	4	6	11	26	4	5	7	14	34
	4		2	2	3	6	15	2	3	4	9	21	3	4	6	11	27
2	1		16	21	32	64	161	22	30	45	91	230	29	39	59	119	299
	1.5		7	10	14	29	72	10	14	20	41	102	13	18	26	53	133
	2		4	6	8	16	41	6	8	12	23	58	8	10	15	30	75
	2.5		3	4	6	11	26	4	5	8	15	37	5	7	10	19	48
	3		2	3	4	8	18	3	4	5	11	26	4	5	7	14	34
	3.5		2	2	3	6	14	2	3	4	8	19	3	4	5	10	25
	4		1	2	2	4	11	2	2	3	6	15	2	3	4	8	19
2.25	1		16	21	32	64	161	22	30	45	91	230	29	39	59	119	299
	1.5		7	9	13	26	65	9	12	19	37	93	12	16	24	48	120
	2		4	5	7	14	34	5	7	10	20	49	6	9	13	25	63
	2.5		2	3	4	9	21	3	4	6	12	30	4	5	8	16	38
	3		2	2	3	6	14	2	3	4	8	20	3	4	5	10	26
	3.5		1	2	2	4	10	2	2	3	6	14	2	3	4	8	18
	4		1	1	2	3	8	1	2	2	5	11	2	2	3	6	14
2.5	1		16	21	32	64	161	22	30	45	91	230	29	39	59	119	299
	1.5		6	8	12	24	59	8	11	17	34	84	11	14	22	43	109
	2		3	4	6	12	29	4	6	8	17	41	6	7	11	21	53
	2.5		2	3	4	7	17	3	3	5	10	24	3	4	6	12	31
	3		1	2	3	5	11	2	2	3	6	15	2	3	4	8	20
	3.5		1	1	2	3	7	1	2	2	4	10	2	2	3	6	14
	4		1	1	1	2	6	1	1	2	3	8	1	2	2	4	10
2.75	1		16	21	32	64	161	22	30	45	91	230	29	39	59	119	299
	1.5		6	7	11	21	53	8	10	15	30	76	10	13	20	39	98
	2		3	4	5	10	24	4	5	7	14	35	5	6	9	18	45
	2.5		2	2	3	6	13	2	3	4	7	19	3	4	5	10	24
	3		1	2	2	4	8	2	2	3	5	12	2	2	3	6	15
	3.5		1	1	2	3	6	1	1	2	3	8	1	2	2	4	10
	4		11	1	1	2	4	1	1	1	3	6	1	1	2	3	7

（续）

β	π	100C	180				90					95				
		$100R_L$	90	92.5	95	97.5	99	90	92.5	95	97.5	99	90	92.5	95	97.5	99
3	1		16	21	32	64	161	22	30	45	91	230	29	39	59	119	299
	1.5		5	7	10	19	48	7	9	14	27	68	9	12	18	36	89
	2		2	3	4	8	21	3	4	6	12	29	4	5	8	15	38
	2.5		1	3	3	5	11	2	2	3	6	15	2	3	4	8	20
	3		1	2	2	3	6	1	2	2	4	9	2	2	3	5	12
	3.5		1	1	1	2	4	1	1	2	3	6	1	1	2	3	7
	4		1	1	1	1	3	1	1	1	2	4	1	1	1	2	5

式（9.11）可按照 Wang（1991）和其他人所介绍的另一种方法得到。假设大小为 n_0 的样本进行了 t_0 时长的试验并且无失效产生。根据 Nelson（1985），在 $100C\%$ 置信水平的威布尔尺度参数 α 的下限是

$$\alpha_L = \left(\frac{2n_0 t_0^\beta}{\chi_{C,2}^2}\right)^{1/\beta} \quad (9.12)$$

式中，$\chi_{C,2}^2$ 是自由度为 2 的 χ^2 分布的第 $100C$ 百分位数。在时间 t_L 处的可靠度下限为

$$R_L = \exp\left[-\left(\frac{t_L}{\alpha_L}\right)^\beta\right] = \exp\left(-\frac{t_L^\beta \chi_{C,2}^2}{2t_0^\beta n_0}\right) \quad (9.13)$$

假设 $\pi = t_0/t_L$。然后最小样本容量可以写为

$$n_0 = -\frac{\chi_{C,2}^2}{2\pi^\beta \ln R_L} \quad (9.14)$$

考虑到 $\chi_{C,2}^2 = -2\ln(1-C)$，式（9.14）可简化为式（9.11）。

例 9.3 一个工程师计划去验证在 15 000 循环处，在 90% 的置信水平下，电子传感器可靠性的置信下限能达到 95%。历史数据分析表明，寿命分布近似地服从形状参数介于 1.5 和 2 之间的威布尔分布。工程师希望通过测试传感器至 33 000 循环以减少样本容量。试确定最小样本容量。

解：Bogey 比率 $\pi = 33\ 000/15\ 000 = 2.2$。为保守起见，形状参数的值被选定为 1.5。当 $R_L = 0.9$，$C = 0.9$，$\beta = 1.5$，从表 9.1 可得出，$\pi = 2$ 时的样本容量为 16，$\pi = 2.5$ 时的样本容量为 12。线性插值法给出的样本容量为 14。直接从式（9.11）计算也可得到 $n_0 = 14$。现在 Bogey 试验是测试 14 个该传感器至 33 000 循环。如果没有出现失效，则在 90% 的置信水平下且在 15 000 循环处的 95% 的可靠度被验证。

例 9.4 请参见例 9.3。假定最大允许样本容量为 10。计算所需的试验时间。

解：根据式（9.11），Bogey 比率为

$$\pi = \left[\frac{\ln(1-C)}{n_0 \ln R_L}\right]^{1/\beta} = \left[\frac{\ln(1-0.9)}{10 \ln 0.95}\right]^{1/1.5} = 2.72$$

所需的试验时间为 $t_0 = \pi t_L = 2.72 \times 15\,000$ 循环 $= 40\,800$ 循环。

正如在例 9.3 和例 9.4 所示的，样本容量的减少是以增加试验时间为代价。在许多情况下延长试验时间是不可能的。相反，试验应力水平的提高是可行的且实用的。若加速因子 A_f 位于提高的应力和使用应力水平之间且是已知的，则实际的测试时间 t_a 是

$$t_a = \frac{t_0}{A_f} \tag{9.15}$$

在第 7 章中，我们已经介绍了计算 A_f 的方法。

9.4 通过尾部试验减少样本容量

9.4.1 试验方法

产品固有的寿命由产品的物理特性确定，如几何尺寸和材料属性；在寿命和特性之间存在关系。这种关系也被称作传递函数，意味着寿命可以由特性传递而来。Nelson（1990，2004）提供了导体和介电体的寿命与相关件的尺寸紧密相关的例证。这些例子包括：

1）电容介质的寿命由介质的区域决定。
2）电缆绝缘层的寿命极大地依赖电缆长度。
3）微电子学中的导体寿命同自身长度成比例。
4）绝缘层的寿命由其厚度决定。

Allmen 和 Lu（1994）也观察到：

1）汽车发动机的连接连杆的疲劳寿命同其材料硬度成比例。
2）汽车悬架臂的寿命由臂的厚度决定。

物理特性的变化经过传递函数可能会被降低、放大或不改变，取决于传递函数。图 9.3 阐释了这三种情况的传递函数，其中 t 是寿命，y 是望大物理特性。可以看到特性最弱的样件有最短的寿命。若最易受伤害的样件能通过试验，可以放心地得出结论：其余样件都将会通过试验。确实，没有必要试验强的样件。然后可靠性验证就转变为选取和试验来自特性分布较弱的尾部的样件的任务。具体地，任务由以下步骤组成：

1）确定关键物理特性 y。
2）通过分析历史数据和/或分析研究建立寿命和 y 的关系（例如，传递函数）。

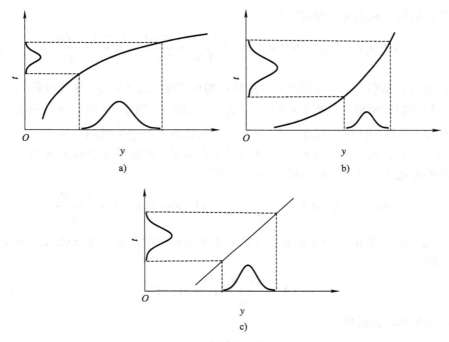

图 9.3 三种情况的传递函数

3）抽取大样本以测量 y 值。

4）建立 y 的分布。

5）计算由传递函数测量得到的每个样件的寿命。

6）建立寿命分布。

7）选取寿命分布的一定百分比 q，并计算第 $100q$ 百分位数 t_q。我们必须有 $q > 1 - R_L$，且 $t_q > t_L$，其中 t_L 是所要求达到的可靠度 R_L 处的时间。

8）用传递函数转化 t_q 为 y 分布的第 $100q'$ 百分位数 $y_{q'}$，其中 q' 是 y 分布的一定百分比。

9）从总体中抽取样本容量为 n_q 的样本，每个样件必须在由 $y_{q'}$ 定义的尾部区域。

10）测试 n_q 个样件直到时间 t_L 处，如果没有失效发生，则在 100% 的置信水平内验证了可靠度 R_L。

在这种方法中，样本容量 n_q 和 q 是两个重要的量，将会在接下来的章节中讨论。

9.4.2 样本容量的确定

样本容量 n_q 是从特性分布的由被 $y_{q'}$ 定义的弱尾抽取的。n_q 中的每个样件都测试到时间 t_L 除非它已提前失效。如果寿命分布的第 $100q$ 百分位数 t_q 比试验时间 t_L 要长，

则样件在时间 t_L 时的可靠性可以写为

$$R(t_L|t_q) = \Pr(t \geq t_L | t \leq t_q) = \frac{\Pr(t_L \leq t \leq t_q)}{\Pr(t \leq t_q)} = 1 - \frac{1 - R(t_L)}{q} \quad (9.16)$$

式中，$R(t_L)$ 是从整个总体中随机选取的样件的可靠性。式（9.16）显示可靠性 $R(t_L|t_q)$ 随着 q 值增加而降低，且当 $q < 1$ 时有 $R(t_L|t_q) < R(t_L)$。当 $q = 1$ 时，也就是说，试验样件从整个总体中随机抽取时，式（9.16）可简化为 $R(t_L|t_q) = R(t_L)$。

可靠性验证的最初任务是在 $100C\%$ 的置信水平下验证整个总体达到 R_L。当样本从总体的左尾抽取时，任务等同于检验以下假设：

$$H_0: R(t_L|t_q) \geq 1 - \frac{1 - R_L}{q}, \quad H_1: R(t_L|t_q) < 1 - \frac{1 - R_L}{q}$$

同式（9.4）类似，如果在 Bogey 试验中不允许失效，Ⅱ类错误能从二项分布中获得，即

$$\left(1 - \frac{1 - R_L}{q}\right)^{n_q} \leq 1 - C \quad (9.17)$$

然后最小的样本容量是

$$n_q = \frac{\ln(1 - C)}{\ln(R_L + q - 1) - \ln q} \quad (9.18)$$

式中，$q > 1 - R_L$。当 $q = 1$ 时，式（9.18）简化为式（9.5）。当 $1 - R_L < q < 1$ 时，需要的样本容量比式（9.5）的 n 要小。图 9.4 绘制了不同 R_L 和 q 值对应的 n_q/n 值。可以看到对给定的 R_L 值，q 值越小，样本容量减少得越多。然而，考虑到传递函数的变化性，q 值不应当太小。总体上，我们选取 $q \geq 0.3$。

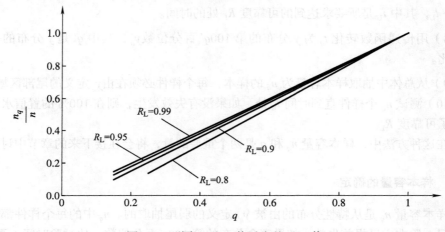

图 9.4　不同 R_L 和 q 值对应的 n_q/n 值

9.4.3 尾部试验的风险

同尾部试验相关联的风险来自于传递函数的变化性。在实际中，传递函数从历史数据中获取，因此包含了统计的不确定性和/或模型误差。传递函数可能会导致寿命被低估或高估。图 9.5 展示了三个非线性传递函数和其导致的寿命分布。在图中，中间的传递函数被假设为是正确的，其他两个有偏差。正确的传递函数导致 t 轴上中间的寿命分布，上部的传递函数引起较长的寿命，而下部的传递函数产生较短的寿命。如图 9.5 所示，在高估的情形下，错误的寿命分布的第 $100q$ 百分位数会要求在小于 y_H 的范围内采集样本（y_H 比正确的 y_0 大）。明显地，试验结果是乐观的。更进一步说，即使试验中没有失效发生，在特定的置信水平下总体的可靠性可能也没有达到要求的可靠性。在低估的情形下，错误的寿命分布的第 $100q$ 百分位数转换为 y_L，它比正确的 y_0 要低。因此，试验结果是悲观的。的确，有即使样本未能通过试验但总体的可靠性能满足可靠性要求的可能性。

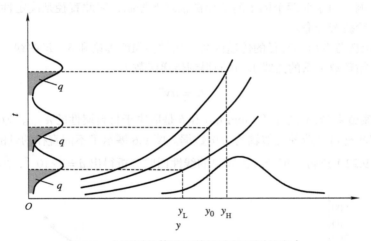

图 9.5　由不同的传递函数导致的不同的寿命

当特性服从正态分布且传递函数是线性的时，上述阐明的风险会消失。假设 y 服从 $N(\mu_y, \sigma_y^2)$ 的正态分布且传递函数为

$$t = ay + b \tag{9.19}$$

式中，a 和 b 都是常数。那么寿命也服从均值是 $\mu_t = a\mu_y + b$、标准差是 $\sigma_t = a\sigma_y$ 的正态分布。寿命分布的第 $100q$ 百分位数是

$$t_q = \mu_t + z_q\sigma_t = a\mu_y + az_q\sigma_y + b \tag{9.20}$$

式中，z_q 是标准正态分布的第 $100q$ 百分位数。

与 t_q 对应的 y 的分布的第 $100q'$ 百分位数可从式（9.19）和式（9.20）得到：

$$y_{q'} = \frac{t_q - b}{a} = \frac{a\mu_y + az_q\sigma_y + b - b}{a} = \mu_y + z_q\sigma_y \tag{9.21}$$

这说明 y 的分布的第 $100q'$ 百分位数不依赖 a 和 b 的值。因此，a 和 b 估计值的变异不会对尾部试验施加风险。此外，式（9.21）也显示了 $q' = q$。

9.4.4 应用实例

例 9.5 Bogey 试验被设计为验证在特定的周期载荷下在 5×10^5 循环时，置信水平为 90% 的轴的可靠性的置信下限 ≥ 95%。从式（9.5）得，试验需要 45 个样件，样本容量过大，由于成本和试验时间限制，此处考虑尾部试验技术。请确定试验的样本容量。

解：按照第 9.4.1 小节描述的步骤计算样本容量。

1）选取轴的特性来描述疲劳寿命。现已知疲劳寿命明显地被材料属性、表面抛光和直径影响。由于前两个因子的变异被很好地控制，因此直径是决定性的特性从而被选取以描绘疲劳寿命。

2）确定疲劳寿命和直径的传递函数。从材料强度理论和 $S - N$ 曲线（描绘机械应力和失效时循环数关系的曲线），我们得到传递函数为

$$L = ay^b \tag{9.22}$$

式中，L 是疲劳寿命；y 是直径（mm）；a 和 b 是取决于材料属性的常数。为估计 a 和 b，分析了由相同材料制造的类似轴的历史数据。图 9.6 展示了不同直径的轴的疲劳寿命，并根据式（9.22）进行了拟合。由简单的线性回归分析得出 $\hat{a} = 3 \times 10^{-27}$，$\hat{b} = 24.764$。

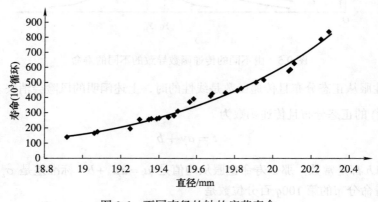

图 9.6 不同直径的轴的疲劳寿命

3）从总体中随机抽取 45 个样件并且对直径进行测量。概率图显示直径服从均值为 21.21、标准差为 0.412 的正态分布。

4）将 $\hat{a}$ 和 $\hat{b}$ 代入式（9.22）计算 45 个样件的寿命。寿命服从均值为 14.56、标准差为 0.479 的对数正态分布。

5）选取 $q = 0.3$。第 30 百分位数对应着 $t_{0.3} = 1.64 \times 10^6$ 循环，此值利用对数正态分布获得。

6）将 $t_{0.3}$ 转变为直径分布的第 $100q'$ 百分位数，从而得到 $y_{q'} = 20.989\text{mm}$。从正态分布得，$q' = 0.296$，这同 $q = 0.3$ 接近。

7）由式（9.18）计算得出样本容量为

$$n_q = \frac{\ln(1 - 0.9)}{\ln(0.95 + 0.3 - 1) - \ln 0.3} = 13$$

这比从式（9.5）得到的 45 要小得多。

现在 Bogey 试验计划是从直径分布的左尾（直径的测量值小于 $y_{q'} = 20.989\text{mm}$）抽取 13 个样件并在特定的周期载荷条件下测试 13 个样件直到 5×10^5 循环。若无失效发生，我们可得出在 90% 的置信水平内，在 5×10^5 循环时，轴的总体可以达到 95% 的可靠度。

9.5 序贯寿命试验

序贯寿命试验是一次测试一个部件直到其失效或直到预先确定的时间用完。一有新的观察值可用，就做评估以确定所需的可靠性被验证、所需的可靠性没有被验证，或继续试验。

统计上来说，序贯寿命试验是当新的观察值可用时，将其与决策规则对比，试验统计量被重新评估的一种假设检验。当拒绝或接受规则被满足，则中止试验且得出结论。否则，试验应该继续。可以看出，得出结论所需的样本容量是一个随机数且不能预先确定。因为序贯的性质，此试验方法需要比 Bogey 试验更少的样件。

9.5.1 理论基础

考虑假设

$$H_0: \theta = \theta_0, \quad H_1: \theta = \theta_1$$

式中，θ 是寿命分布的一个参数（例如，指数分布的 MTTF 或威布尔分布的尺度参数）；θ_0 和 θ_1 是 θ 的特定值。大体上，θ_0 代表可靠性要求的上限，高于此，全部的产品应当被接受；θ_1 是可靠性要求的下限，低于此，全部产品应当被拒绝。比率

$$d = \frac{\theta_0}{\theta_1} \tag{9.23}$$

被称为判别比。

假设 X 是概率密度函数为 $f(x;\theta)$ 的随机变量。假设一个序贯寿命试验产生 n 个相互独立的观察值 $x_1, x_2, \cdots, x_n$。如第 7 章中提出的，n 个观察值的似然函数是

$$L(x_1, x_2, \cdots, x_n; \theta) = \prod_{i=1}^{n} f(x_i; \theta) \tag{9.24}$$

我们定义从 θ_0 到 θ_1 的似然比是

$$\mathrm{LR}_n = \frac{L(x_1, x_2, \cdots, x_n; \theta_1)}{L(x_1, x_2, \cdots, x_n; \theta_0)} \tag{9.25}$$

LR_n 也被称为概率比，因为根据式（9.24），样本似然函数是样本的联合概率密度函数。给出一组数 $x_1, x_2, \cdots, x_n$，似然函数取决于 θ 值。极大似然原则指出，当 θ 值取真值时似然函数最大。我们可归因于 θ 值接近真值会导致似然的更大值。遵循相同的原因，若 θ_0 比 θ_1 更接近真值 θ，则 $L(x_1,x_2,\cdots,x_n;\theta_0)$ 比 $L(x_1,x_2,\cdots,x_n;\theta_1)$ 要大，且 LR_n 小于 1。当 θ_0 接近且 θ_1 偏离真值时 LR_n 会变得更小。找到一个临界值，用 A 表示，若 $\mathrm{LR}_n \leq A$，则我们会接受 H_0 是合理的。类似地，我们也可以确定另一个临界值，用 B 表示，若 $\mathrm{LR}_n \geq B$，则我们会拒绝 H_0。若 LR_n 在两个临界值之间，则我们将无法接受或拒绝 H_0；因此，试验应当继续以产生更多的观察值。决策规则如下：

1）若 $\mathrm{LR}_n \leq A$，则接受 H_0。
2）若 $\mathrm{LR}_n \geq B$，则拒绝 H_0。
3）若 $A < \mathrm{LR}_n < B$，则抽取更多样件并继续试验。

通过遵循以上决策规则，且根据 I 类错误和 II 类错误的定义，我们可以确定临界值为

$$A = \frac{\beta}{1-\alpha} \tag{9.26}$$

$$B = \frac{1-\beta}{\alpha} \tag{9.27}$$

式中，α 是 I 类错误（生产者风险）；β 是 II 类错误（消费者风险）。

在很多应用中，使用对数概率比更加方便计算，即

$$\ln(\mathrm{LR}_n) = \sum_{i=1}^{n} \ln\left[\frac{f(x_i;\theta_1)}{f(x_i;\theta_0)}\right] \tag{9.28}$$

这样继续试验的区间变为

$$\ln\left(\frac{\beta}{1-\alpha}\right) < \ln(\mathrm{LR}_n) < \ln\left(\frac{1-\beta}{\alpha}\right) \tag{9.29}$$

值得注意的是两类错误的真值并不精确地和特定的 α 和 β 值相等。计算真实的错误是困难的，但它们被下式限制

$$\alpha' \leq 1/B, \quad \beta' \leq A$$

式中，α' 和 β' 分别表示 α 和 β 的真值。例如，若一个试验指定 $\alpha = 0.1$，$\beta = 0.05$，真实的错误被 $\alpha' \leq 0.105$ 和 $\beta' \leq 0.056$ 限制。可以看到上限比指定值稍大。总体上，α' 与 α 的最大相对误差为

$$\frac{\alpha' - \alpha}{\alpha} = \frac{1/B - \alpha}{\alpha} = \frac{\beta}{1 - \beta}$$

β' 与 β 的最大相对误差为

$$\frac{\beta' - \beta}{\beta} = \frac{A - \beta}{\beta} = \frac{\alpha}{1 - \alpha}$$

在假设检验中，抽样特性（OC）曲线是有用的。它绘制了对应于 θ 的不同真值，H_0 为真时接受 H_0 的概率。此概率用 $Pa(\theta)$ 表示，可以写成

$$Pa(\theta) = \frac{B^h - 1}{B^h - A^h}, \qquad h \neq 0 \qquad (9.30)$$

式中，h 是和 θ 值相关的常数。h 和 θ 的关系被下式定义

$$\int_{-\infty}^{+\infty} \left[\frac{f(x;\theta_1)}{f(x;\theta_0)}\right]^h f(x;\theta) dx = 1 \qquad (9.31)$$

解出式（9.31）得到 $\theta(h)$。然后我们可使用以下的步骤生成 OC 曲线：
1) 为 h 设定一系列介于例如 -3 和 3 之间的任意数字。
2) 在指定的 h 值处计算 $\theta(h)$。
3) 使用式（9.30）在 h 值处计算 $Pa(h)$。
4) 通过绘制 $Pa(\theta)$ 和 $\theta(h)$ 生成 OC 曲线。

让我们来考虑两种特殊的情况。当 $h = 1$ 时，式（9.30）变为

$$Pa(\theta) = \frac{B - 1}{B - A} = 1 - \alpha \qquad (9.32)$$

当 $h = -1$ 时，式（9.30）变为

$$Pa(\theta) = \frac{B^{-1} - 1}{B^{-1} - A^{-1}} = \beta \qquad (9.33)$$

例 9.6 对于指数分布，考虑序贯寿命试验。假设 $\theta_0 = 2000$，$\theta_1 = 1000$，$\alpha = 0.1$，$\beta = 0.1$。试确定试验的决策临界值和 OC 曲线。

解：决策临界值是

$$A = \frac{\beta}{1-\alpha} = \frac{0.1}{1-0.1} = 0.111$$

$$B = \frac{1-\beta}{\alpha} = \frac{1-0.1}{0.1} = 9$$

因此，如果 n 个样件的序贯寿命试验得到 $LR_n \leq 0.111$，则接受零假设 $\theta_0 = 2000$。若 $LR_n \geq 9$，则拒绝零假设。若 $0.111 < LR_n < 9$，则再选取样件并继续试验。为建立试验的 OC 曲线，我们首先求解指数分布下的式（9.31），这里

$$f(x;\theta) = \frac{1}{\theta} \exp\left(-\frac{x}{\theta}\right), \quad x \geq 0$$

从式（9.31）我们有

$$\int_0^{+\infty} \left[\frac{\theta_0 \exp(-x/\theta_1)}{\theta_1 \exp(-x/\theta_0)}\right]^h \frac{1}{\theta} \exp\left(-\frac{x}{\theta}\right) dx = 1$$

求解此式得出

$$\theta = \frac{(\theta_0/\theta_1)^h - 1}{h(1/\theta_1 - 1/\theta_0)} \tag{9.34}$$

若 $\theta = \theta_0$，那么 $h = 1$。由式（9.32），我们有 $Pa(\theta_0) = 1 - \alpha$，也就是说，若 θ_0 是真实的 MTTF，接受整个批次的概率等于 $1 - \alpha$。

类似地，若 $\theta = \theta_1$，那么 $h = -1$，由式（9.33），我们得到 $Pa(\theta_0) = \beta$；也就是说，若 θ_1 是真实的 MTTF，则接受整个批次的概率等于 β。

为建立 OC 曲线，设定 $h = -2, -1.9, -1.8, \cdots, 1.8, 1.9, 2$，并且由式（9.34）和式（9.30）计算相应的 θ 和 $Pa(\theta)$ 的值。OC 曲线如图 9.7 所示。从曲线中我们看到，若 $\theta = 2000$ 是真值，则接受整个批次的概率是 0.9，等于 $1 - \alpha$，若 $\theta = 1000$，则此概率是 0.1，等于 β。

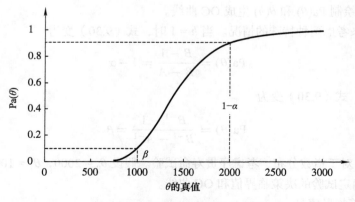

图 9.7　序贯寿命试验的 OC 曲线

9.5.2 二项分布序贯寿命试验

如同 Bogey 试验,在序贯试验中我们有时对一个样件在固定的时间周期内是否失效感兴趣。试验结果是失效或者未失效。因此,发生的概率被描述为二项分布,即

$$p(x) = p^x(1-p)^{1-x}, \qquad x = 0, 1 \qquad (9.35)$$

式中,p 是失效概率;如果没有失效发生,则 $x=0$,如果失效发生则 $x=1$。

假设 p_0 是失效概率的下限,低于此下限产品应视为通过试验,p_1 是失效概率的上限,高于此上限产品应被拒绝。很明显,有 $p_0 < p_1$。然后序贯寿命试验就等同于检验如下假设:

$$H_0: p = p_0, \qquad H_1: p = p_1$$

对 n 个观察值,由式(9.28)给出的对数似然比可以表示为

$$\ln(\mathrm{LR}_n) = r \ln\left[\frac{p_1(1-p_0)}{p_0(1-p_1)}\right] - n \ln\left(\frac{1-p_0}{1-p_1}\right) \qquad (9.36)$$

式中,r 是在 n 次试验中总的失效数且 $r = \sum_{i=1}^{n} x_i$。

继续试验的区间可通过把式(9.36)代入式(9.29)得到,并可进一步简化为

$$A_n < r < B_n \qquad (9.37)$$

式中

$$A_n = C \ln\left(\frac{\beta}{1-\alpha}\right) + nC \ln\left(\frac{1-p_0}{1-p_1}\right)$$

$$B_n = C \ln\left(\frac{1-\beta}{\alpha}\right) + nC \ln\left(\frac{1-p_0}{1-p_1}\right)$$

$$C = \ln^{-1}\left[\frac{p_1(1-p_0)}{p_0(1-p_1)}\right]$$

A_n 和 B_n 是试验的下限和上限。按照决策规则,若 $r \leq A_n$,则我们接受 H_0;若 $r \geq B_n$,则拒绝 H_0;若 $A_n < r < B_n$,则继续试验。A_n 和 B_n 是两条平行的直线,如图 9.8 所示。失效累计数可以绘制在图中以展示目前的决策并追踪试验进程。

为了绘制 OC 曲线,我们首先要求解由式(9.35)定义的二项分布下的式(9.31),得到

$$p = \frac{1 - \left(\frac{1-p_1}{1-p_0}\right)^h}{\left(\frac{p_1}{p_0}\right)^h - \left(\frac{1-p_1}{1-p_0}\right)^h} \qquad (9.38)$$

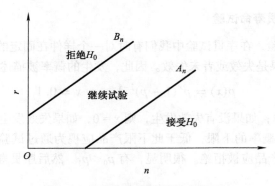

图 9.8 二项分布序贯寿命试验图示

当 p 是失效真实的概率时，接受 H_0 的概率可以通过设置 $\theta = p$ 并由式（9.30）得到，也就是说，

$$\mathrm{Pa}(p) = \frac{B^h - 1}{B^h - A^h}, \qquad h \neq 0 \tag{9.39}$$

然后 OC 曲线能通过之前描述的步骤生成。

在试验计划中我们可能对接受 H_0 的最小试验次数感兴趣。当试验中无失效发生时，可以最快地做出决策。最小试验次数 n_a 由下式给出：

$$A_n = C \ln\left(\frac{\beta}{1-\alpha}\right) + n_a C \ln\left(\frac{1-p_0}{1-p_1}\right) = 0$$

即

$$n_a = \frac{\ln\left(\dfrac{1-\alpha}{\beta}\right)}{\ln\left(\dfrac{1-p_0}{1-p_1}\right)} \tag{9.40}$$

类似地，当所有试验都没通过则导致拒绝 H_0 的最小试验次数产生。最小试验次数 n_r 由下式给出：

$$B_n = C \ln\left(\frac{1-\beta}{\alpha}\right) + n_r C \ln\left(\frac{1-p_0}{1-p_1}\right) = n_r$$

即

$$n_r = \frac{C \ln\left(\dfrac{1-\beta}{\alpha}\right)}{1 - C \ln\left(\dfrac{1-p_0}{1-p_1}\right)} \tag{9.41}$$

接受或者拒绝的决策所需试验数的期望值 $E(n|p)$ 由下式给出：

$$E(n|p) = \frac{\text{Pa}(p)\ln\left(\frac{1}{A}\right) + [1 - \text{Pa}(p)]\ln\left(\frac{1}{B}\right)}{p\ln\left(\frac{p_0}{p_1}\right) + (1-p)\ln\left(\frac{1-p_0}{1-p_1}\right)} \quad (9.42)$$

这表明了 $E(n|p)$ 是未知的真实 p 的函数。计算中它可以用估计值代替。

例 9.7 一个汽车供应商想证实在特定时间和试验条件下一次性使用的安全气囊的可靠性。假设安全气囊的合同标明 $p_0 = 0.001$，$p_1 = 0.01$，$\alpha = 0.05$，$\beta = 0.1$。请据此开发序贯试验计划。

解：把给出的数据代入式（9.37），我们可以获得继续试验的区间为 $0.0039n - 0.9739 < r < 0.0039n + 1.2504$。依据我们的决策规则：若 $r \leq 0.0039n - 0.9739$，则接受 H_0（在特定的时间和试验条件下失效概率小于或等于 0.001）；若 $r \geq 0.0039n + 1.2504$，则拒绝 H_0；若 $0.0039n - 0.9739 < r < 0.0039n + 1.2504$，则增加一个样件继续试验。

导致接受 H_0 的最小试验次数由式（9.40）确定，$n_a = 249$。导致拒绝 H_0 的最小试验次数可由式（9.41）计算得出，$n_r = 2$。

现在我们计算期望试验次数。供应商基于类似产品的加速试验数据确信安全气囊达到了要求的可靠性，并且 $p = 0.0008$。将 p 值代入式（9.38），得出 $h = 1.141$。根据给定的 α 和 β，我们得到 $A = 0.1053$，$B = 18$。从式（9.39）得到 $\text{Pa}(p) = 0.9658$。然后试验次数的期望值可根据式（9.42）计算得到，$E(n|p) = 289$。试验计划绘制在图 9.9 中，最小试验次数也可以从图中看到。

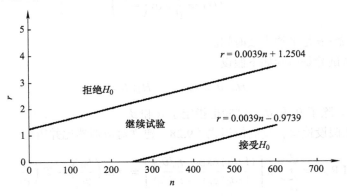

图 9.9 例 9.7 的序贯寿命试验

为绘制试验的 OC 曲线，设置 h 为介于 -3 到 3 的不同的数。然后式（9.38）计算对应的 p 值，据式（9.39）计算 $\text{Pa}(p)$，OC 曲线如图 9.10 所示。可以看到当 p 小于 0.005 时，随着 p 的真值增加，接受 H_0 的概率急速降低，即试验计划对这个区域的 p 值的变化是敏感的。

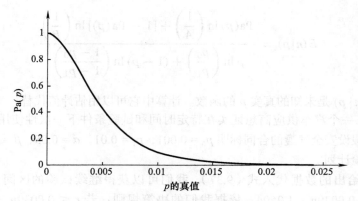

图 9.10 例 9.7 序贯寿命试验的 OC 曲线

为比较序贯寿命试验和 Bogey 试验，我们要求在 90% 的置信水平下 99.9% 的可靠度，这等同于本例中的 $p_0 = 0.001$，$\beta = 0.1$。从式（9.5）可得 $n = 2302$，远远大于 289（序贯寿命试验的期望试验次数）。

9.5.3 指数分布序贯寿命试验

指数分布能估计诸如闪存式随机存取存储器等某些产品的寿命分布。由于简易，它被广泛使用并可能被误用。本节中我们介绍这种分布的序贯寿命试验。指数分布的概率密度函数为

$$f(t) = \frac{1}{\theta} \exp\left(-\frac{t}{\theta}\right)$$

式中，t 是寿命；θ 是平均失效时间。

序贯寿命试验是检验如下假设：

$$H_0: \theta = \theta_0, \qquad H_1: \theta = \theta_1$$

式中，$\theta_0 > \theta_1$。除了 θ_0 和 θ_1，试验也指定了 α 和 β。

为进行此假设检验，我们使用式（9.28）建立对数似然比并得到

$$\ln(\mathrm{LR}_n) = \sum_{i=1}^{n} \ln\left[\frac{(1/\theta_1)\exp(-t_i/\theta_1)}{(1/\theta_0)\exp(-t_i/\theta_0)}\right] = n \ln\left(\frac{\theta_0}{\theta_1}\right) - T\left(\frac{1}{\theta_1} - \frac{1}{\theta_0}\right) \quad (9.43)$$

式中，n 是试验的总数；T 是 n 个样件的总的失效时间，$T = \sum_{i=1}^{n} t_i$。

由式（9.29）和式（9.43），继续试验的区间为

$$A_n < T < B_n \tag{9.44}$$

式中

$$A_n = C \ln\left(\frac{\alpha}{1-\beta}\right) + nC \ln\left(\frac{\theta_0}{\theta_1}\right)$$

$$B_n = C \ln\left(\frac{1-\alpha}{\beta}\right) + nC \ln\left(\frac{\theta_0}{\theta_1}\right)$$

$$C = \frac{\theta_0 \theta_1}{\theta_0 - \theta_1}$$

注意，试验中的观察值是失效时间。决策变量是总失效时间，而不是失效的总数。因此，决策规则是：若 $T \geq B_n$，则接受 H_0；若 $T \leq A_n$，则拒绝 H_0；若 $A_n < T < B_n$，则增加新样件继续试验。拒绝决策的最快途径是测试

$$n = \frac{\ln[(1-\beta)/\alpha]}{\ln(\theta_0/\theta_1)}$$

个在时间为 0 时就失效的样件。接受决策的最快途径是测试一个至少在由

$$B_1 = C \ln\left(\frac{1-\alpha}{\beta}\right) + C \ln\left(\frac{\theta_0}{\theta_1}\right)$$

给出的时间内没有失效的样件。

试验计划的 OC 曲线能通过式（9.30）和式（9.34）来求得。步骤已经在例 9.6 中做了描述。

使用式（9.44）要求对每个样件单独试验直到其失效。同截尾试验比较，此试验方法减少了样本容量，增加了试验时间。当加速试验可应用时推荐使用此方法。有时我们可能对足够数量的样本的同步试验感兴趣。决策规则和试验计划在如 Kececioglu（1994）的文献和 MIL-HDBK-781（U.S. DoD, 1996）中都有描述。

例 9.8 制造商要证明一个新的电子产品的 MTTF 不小于 5000h。假定不可接受的 MTTF 下限是 3000h，$\alpha = 0.05$，$\beta = 0.1$。试确定一个序贯试验计划。5 个样件的加速寿命试验产生的失效时间为 196.9h、15.3h、94.2h、262.6h 和 111.6h。假定加速因子是 55。试根据试验数据确定是否应当继续试验。

解：继续试验区间根据式（9.44）计算得出，为 $-21\,677.8 + 3831.2n < T < 16\,884.7 + 3831.2n$。根据决策规则，我们会推断：若 $T \geq 16\,884.7 + 3831.2n$，则产品的 MTTF 满足 5000h 的要求；而若 $T \leq -21\,677.8 + 3831.2n$，则不满足要求。

为了做出是否还继续试验的决定，我们将失效时间乘以加速因子，作为在使用应力水平的时间。总失效时间为

$$T = 55 \times (196.9h + 15.3h + 94.2h + 262.6h + 111.6h) = 37.433h$$

决策下限和上限分别为

$$A_5 = -21\,677.8 + 3831.2 \times 5 = -2521.8$$
$$B_5 = 16\,884.7 + 3831.2 \times 5 = 36\,040.7$$

由于 $T > B_5$，我们推断产品 MTTF 不小于 5000h。序贯试验结果和决策过程绘制在图 9.11 中。可以看到测试过 5 个样件之后累计试验时间穿过 B_n 边界。

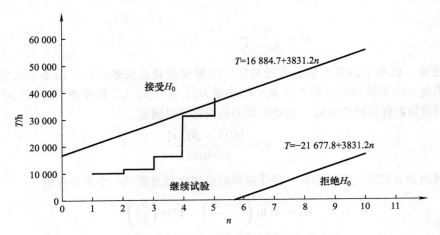

图 9.11　例 9.8 的序贯寿命试验和结果

9.5.4 威布尔分布序贯寿命试验

通常由于其形状（见第 2 章）的灵活性，威布尔分布最常被使用。在本小节中我们介绍这种分布的序贯寿命试验。威布尔分布的概率密度函数是

$$f(t) = \frac{m}{\eta}\left(\frac{t}{\eta}\right)^{m-1} \exp\left[-\left(\frac{t}{\eta}\right)^m\right], \quad t \geq 0$$

式中，m 是形状参数；η 是尺度参数。

若我们定义 $y = t^m$ 且假定 m 已知，y 服从尺度参数（均值）$\theta = \eta^m$ 的指数分布。那么威布尔分布的序贯寿命计划可以通过修改之前已经介绍的指数分布的计划得到。假定我们想证实威布尔分布的尺度参数，如 $\eta = \eta_0$，则接受全部的概率为 $1 - \alpha$，若 $\eta = \eta_1$，其中 $\eta_1 < \eta_0$，则接受的概率为 β。这等效于检验指数假设

$$H_0: \theta = \theta_0, \qquad H_1: \theta = \theta_1$$

式中，$\theta_0 = \eta_0^m$；$\theta_1 = \eta_1^m$。

由式（9.44），继续试验区间为

$$A_n < T < B_n \tag{9.45}$$

式中

$$T = \sum_{i=1}^{n} t_i^m, \qquad A_n = C \ln\left(\frac{\alpha}{1-\beta}\right) + nmC \ln\left(\frac{\eta_0}{\eta_1}\right)$$

$$B_n = C \ln\left(\frac{1-\alpha}{\beta}\right) + nmC \ln\left(\frac{\eta_0}{\eta_1}\right), \qquad C = \frac{(\eta_0 \eta_1)^m}{\eta_0^m - \eta_1^m}$$

若 $T \geq B_n$，则我们接受 H_0，若 $T \leq A_n$，则拒绝 H_0，否则继续试验。OC 曲线可以通过 $\theta_0 = \eta_0^m$、$\theta_1 = \eta_1^m$ 利用指数分布的公式和步骤来创建。

试验方法使用威布尔分布的一个已知形状参数。实际中，它可以通过在设计与开发阶段的早期得到的加速试验数据或类似产品的历史数据来估计。如果此类数据不可得到，则可以通过序贯试验本身来估计形状参数。但随着更新的估计量的可用，试验计划需要相应地修改。步骤和 Harter 和 Moore（1976）描述的那些类似，具体如下：

1）至少测试三个样件，一次一个，直到所有的都失效。
2）从试验数据估计形状参数和尺度参数。
3）使用估计的形状参数计算 A_n 和 B_n。
4）按照观察到的失效时间的顺序来利用决策规则。若做出拒绝或接受决策，终止试验。否则，进入步骤 5）。
5）增加一个样件并继续试验直到失效或接受的决策条件达到。若失效，返回步骤 2）。

尽管试验数据提供了形状参数的更好的估计值，估计值仍可能和真值有很大的误差。诚然，这种误差会影响实际的 I 类错误或 II 类错误。因此，推荐对试验计划的敏感度加以评估以发现估计量的不确定性。Sharma 和 Rana（1993）以及 Hauck 和 Keats（1997）均介绍了相关公式来计算由于形状参数的错误设定而导致的 $Pa(\eta)$ 的变化，并推断试验计划对形状参数的变化不够健壮。

例 9.9 机械零件的寿命可以用 $m = 1.5$ 的威布尔分布来建模。制造商要求验证尺度参数符合 55 000 循环的标准。给定 $\eta_1 = 45\,000$ 循环，$\alpha = 0.05$，$\beta = 0.1$，试确定序贯试验计划。

解：把给定的数据代入式（9.45），我们得到继续试验区间为

$$-106 \times 10^6 + 11.1 \times 10^6 n < \sum_{i=1}^{n} t_i^{1.5} < 82.7 \times 10^6 + 11.1 \times 10^6 n$$

试验计划绘制在图 9.12 中。注意纵轴 T 是总的转换后的失效时间。OC 曲线通过使用式（9.30）和式（9.34）以及 $\theta_i = \eta_i^m (i = 0,1)$ 创建。图 9.13 展示了在不同的威布尔尺度参数的真值时的接受概率的 OC 曲线，其中 $\eta = \theta^{1/m}$。

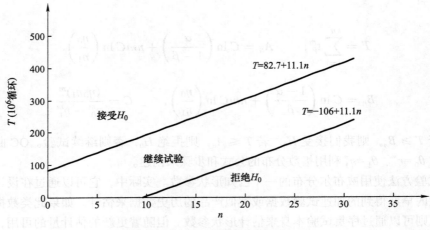

图 9.12 例 9.9 的序贯寿命试验计划

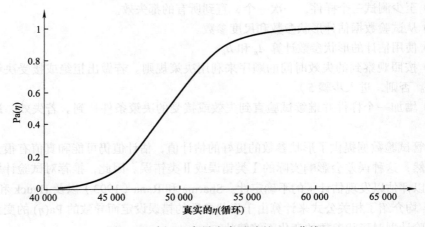

图 9.13 例 9.9 序贯寿命试验的 OC 曲线

9.6 使用先验信息的可靠性验证

当需要在高置信水平上证实高可靠性时，此前几节描述的 Bogey 试验或序贯寿命试验可能要求很大的样本容量。若存在关于待确认的寿命参数的已知先验信息，可通过使用贝叶斯方法减少样本容量。幸运的是，此类信息有时可以从设计与开发阶段早期做的加速试验中和/或从前一代产品的失效数据中获得。合并先验信息到试验计划的确定过程中能够使用贝叶斯方法达成，其中涉及了大量的统计计算。贝叶斯步骤如下：

1）确定需要证实的寿命参数 θ 的先验概率密度函数 $\rho(\theta)$。例如，θ 是二项分布 Bogey 试验中的可靠性和在指数分布序贯寿命试验的 MTTF。这个步骤涉及先验失效数据的收集、先验分布的选取以及分布参数的估计。

2）选择一个概率分布以模拟试验结果 x 的分布，给定参数 θ。分布取决于 θ 且表示为 $h(x/\theta)$。例如，若试验结果只有失效或不失效，则分布是二项分布。

3）给定参数 θ 计算来自试验的 n 个独立的观察值的条件联合概率密度函数。这是第 9.5.1 小节中的似然函数，且可以写为

$$L(x_1, x_2, \cdots, x_n|\theta) = \prod_{i=1}^{n} h(x_i|\theta)$$

4）计算来自试验的 n 个独立的观察值和 θ 的联合概率密度函数。这通过条件联合概率密度函数和先验概率密度函数相乘得出，即

$$f(x_1, x_2, \cdots, x_n; \theta) = L(x_1, x_2, \cdots, x_n|\theta)\rho(\theta)$$

5）通过在其整个范围内关于参数 θ 对联合概率密度函数积分，确定 n 个观察值的边缘概率密度函数 $k(x_1, x_2, \cdots, x_n)$，即

$$k(x_1, x_2, \cdots, x_n) = \int f(x_1, x_2, \cdots, x_n; \theta) \mathrm{d}\theta$$

6）使用贝叶斯规则，

$$g(\theta|x_1, x_2, \cdots, x_n) = \frac{L(x_1, x_2, \cdots, x_n|\theta)\rho(\theta)}{\int L(x_1, x_2, \cdots, x_n|\theta)\rho(\theta)\mathrm{d}\theta}$$

发现参数 θ 的后验概率密度函数，可通过用 n 个观察值的边缘概率密度函数除联合概率密度函数计算得出，

$$g(\theta|x_1, x_2, \cdots, x_n) = \frac{f(x_1, x_2, \cdots, x_n; \theta)}{k(x_1, x_2, \cdots, x_n)}$$

7）通过参数 θ 的后验概率密度函数和 I 类错误及 II 类错误来修正试验计划。

以上步骤在下文的 Bogey 试验中进行了应用。尽管数学上相当复杂，使用贝叶斯方法的序贯寿命试验还是在文献中被记录。有兴趣的读者可以参考 Sharma 和 Rana（1993）、Deely 和 Keats（1994）、Lee（2004），以及 Wang 和 Keats（2004）的文献。

如第 9.3.1 小节中描述的，二项 Bogey 试验是在 $100C\%$ 的置信水平下证实 R_L。样本的可靠性用 R 表示，是一个随机变量，且假设它的先验分布已知。Kececioglu（1994）、Kleyner 等人（1997）、Guida 和 Pulcini（2002）等都认为，R 的先验信息能用带有 B 分布的下式给出：

$$\rho(R) = \frac{R^{a-1}(1-R)^{b-1}}{\mathrm{B}(a,b)}, \qquad 0 \leqslant R \leqslant 1$$

式中，$\mathrm{B}(a,b) = \Gamma(a)\Gamma(b)/\Gamma(a+b)$，$\Gamma(\cdot)$ 是伽马函数；a 和 b 是可由过去数据估计的

未知参数。Martz 和 Waller（1982）提供了估计 a 和 b 的方法。

由于 Bogey 试验产生一个二元结果（不失效或失效），因此试验结果通过给定 R 的二项分布来描述。概率密度函数为

$$h(x|R) = (1-R)^x R^{1-x}$$

式中，若不失效，则 $x = 0$；若失效发生，则 $x = 1$。

通过遵循贝叶斯步骤，我们得到对应于 n 个不失效结果的（例如，试验中不允许失效）R 的后验概率密度函数

$$g(R|x_1 = 0, x_2 = 0, \cdots, x_n = 0) = \frac{R^{a+n-1}(1-R)^{b-1}}{B(a+n, b)} \quad (9.46)$$

注意后验分布也服从 B 分布，不过参数是 $a+n$ 和 b。

不允许失效的 Bogey 试验是确定需要的样本容量以在 $100C\%$ 的置信水平下证实 R_L。这等效于确定使 R 不小于 R_L 的概率等于 C 的 n。然后我们有

$$\int_{R_L}^{1} g(R|x_1 = 0, x_2 = 0, \cdots, x_n = 0) \, dR = C$$

或

$$\int_{R_L}^{1} \frac{R^{a+n-1}(1-R)^{b-1}}{\beta(a+n, b)} \, dR = C \quad (9.47)$$

式（9.47）可用来求解 n 值。样本容量比由式（9.5）给出的小。

9.7 利用退化试验进行可靠性验证

到目前为止本章已经讨论了利用 Bogey 试验和序贯寿命试验的可靠性验证。这些试验方法可能要求大量的试验时间以得出结论，特别是当需要证明高可靠性时。如第 8 章中描述的，某些产品的失效通过性能特性超出指定的阈值的方式定义。性能特性的退化和可靠性高度相关。因此，通过分析性能测量数据来证实可靠性是可能的。例如，Sohn 和 Jang（2001）介绍了基于退化数据的计算机键盘接受样本计划。尽管通过退化试验的可靠性验证有大量的好处，我们发现工业中只有极少的应用实例，这主要是因为没有系统的方法以备实施。文献中这方面的研究也很缺乏。这里我们介绍两个方法。

1. 在给定的置信水平下验证单侧可靠性下限

假设在 Bogey 试验中，我们想要在 $100C\%$ 的置信水平下验证在时间 t_L 时要求的可靠性 R_L。接下来要介绍的计算可靠性下限的步骤基于破坏性的退化分析，如同在第 8 章中提到的，它同样适用于非破坏性的数据。第 8.5 节描述的假设和符号在这里被用于数据分析。其他方法，如伪寿命分析和随机效应分析，也会被应用，但要考虑

到结果的精度和计算量。步骤如下：

1）通过使由式（8.17）给出的样本对数似然函数最大来计算 β 和 θ 的极大似然估计量。

2）对 $y \leqslant G$，使用式（8.24）计算在 t_L 时的可靠性估计量，用 $\hat{R}(t_L)$ 表示，$y \geqslant G$ 时计算类似。

3）通过估计由第 7.6.2 小节给定的局部 Fisher 信息矩阵的逆矩阵，计算 β 和 θ 的方差 - 协方差矩阵。

4）使用式（7.48）计算 $\hat{R}(t_L)$ 的方差，表示为 $\hat{\text{Var}}[\hat{R}(t_L)]$。

5）基于近似正态分布的置信水平为 $100C\%$ 的单侧可靠性下限为

$$\hat{R}(t_L) - z_C \sqrt{\hat{\text{Var}}[\hat{R}(t_L)]}$$

若下限比 R_L 大，则我们得出结论：在 $100C\%$ 的置信水平下，产品符合可靠性的要求。

上面的计算使用 $\mu_y(t;\beta)$ 和 $\sigma_y(t;\theta)$ 的已知的特定形式。实际中，它们通常未知，不过可以由试验数据确定。首先我们估计每次检测时间的位置参数和尺度参数。然后由估计量的线性或非线性的回归分析获得特定的函数关系。非线性回归分析在例如 Seber 和 Wild（2003）的书中有所描述。在很多应用中，尺度参数是常数。这极大地简化了随后的分析。

2. 近似估计

上面描述的方法需要大量计算的。这里我们介绍一种近似估计但简单的方法。假设 n 个样件被测试直到 t_0，这里 $t_0 < t_L$。若试验在 t_L 时被中止，样本会产生 r 个失效。然后 $\hat{p} = r/n$ 用来估计在 t_L 时的失效概率 p。失效数 r 是未知的；它可能由第 8 章中描述的伪寿命方法来计算。特别地，退化模型用来拟合各自的退化轨迹；然后 t_L 时的退化特性可以用模型来估计。若得出的特性达到阈值，则说部件已经失效。宽松地说，r 服从二项分布。

可靠性验证等效于检验如下假设：

$$H_0: p \leqslant 1 - R_L, \qquad H_1: p > 1 - R_L$$

当样本容量相对较大且 p 并不非常接近 0 或者 1 时，试验统计量

$$Z_0 = \frac{r - n(1 - R_L)}{\sqrt{n R_L (1 - R_L)}} \qquad (9.48)$$

可用标准正态分布来估计。决策规则是：若 $Z_0 \leqslant z_C$，则在 $100C\%$ 的置信水平下我们接受 H_0，其中 z_C 是标准正态分布的第 $100C$ 百分位数。

例 9.10 在电焊接过程中，当焊点的直径小于 4mm 时，则说电极的失效已经发生。直径随着电极的焊点数目增多而降低。为证实新设计的电极在 50 000 个焊点时且

在 95% 的置信水平下可靠性下限达到 92.5%，选取了 75 个电极且每个被测试直到焊接了 35 000 个焊点。退化分析显示如果试验继续到 50 000 个焊点，则有 5 个电极会失效。试确定电极是否满足 $R92.5/C95$ 的要求。

解：从式（9.48）我们有

$$Z_0 = \frac{5 - 75 \times (1 - 0.925)}{\sqrt{75 \times 0.925 \times (1 - 0.925)}} = -0.274$$

因为 $Z_0 < z_{0.95} = 1.645$，我们得到结论：电极满足特定的可靠性要求。

习题

9.1 描述进行可靠性验证的 Bogey 试验、序贯寿命试验和退化试验的优缺点。

9.2 进行 Bogey 试验，要验证 $R95/C95$，需要的最小样本容量是多少？若样本容量减少到 20，置信水平是多少？若试验使用 25 个样件且没有产生失效，在 90% 的置信水平下的可靠性下限是多少？

9.3 制造商想证实新的微型继电器在 25 000 循环时且在 90% 的置信水平下可靠性下限达到了 93.5%。继电器服从形状参数为 1.8 的威布尔分布。多少样件应当被测试到 25 000 循环？若试验安排可以允许 35 000 循环，对应的样本容量是多少？若仅有 12 个样件可被用于试验，那应当运行多少循环？

9.4 在形状参数为 1.8 且有 ±20% 的变动的情况下重做习题 9.3，将此结果与习题 3 的结果进行比较。

9.5 解释尾部试验的基本原理。讨论此试验方法的好处、风险以及限制。

9.6 制造商想通过序贯寿命试验验证新产品的可靠性。要求的可靠性是 0.98，最低可接受的可靠性是 0.95。开发一个二项分布序贯试验计划以验证在 $\alpha = 0.05$、$\beta = 0.1$ 时的可靠性。为做出拒绝或接受决策，平均需要测试多少样件？当真实的可靠性是 0.97 时，接受产品的概率是多少？

9.7 电子系统的寿命服从指数分布。设计的系统 MTBF 为 2500h 且最小可接受的 MTBF 为 1500h。达成协议的生产者风险和消费者风险为 10%。试开发序贯寿命试验计划，绘制其 OC 曲线。假设试验已经在 600h 和 2300h 产生两个失效，此时的决策是什么？

9.8 一机械零部件服从形状参数为 2.2 的威布尔分布。制造商被要求验证其有 5200h 的特征寿命且最小可接受的限值为 3800h。接受达到特定的特征寿命的零部件的概率为 0.95，而能坚持 3800h 的零部件的被拒绝概率为 0.9。试验的决策规则是什么？请绘制试验计划的 OC 曲线。当特征寿命的真值为 5500h 和 3500h 时，接受零部件的概率分别是多少？

9.9 在形状参数为 2.2 且有 ±20% 的变动的情况下重做习题 9.8。评论由于形状参数的变化导致的差异。

9.10 确定一个函数关系，以估计 Pa 对威布尔分布形状参数的错误设定的敏感度。

9.11 为验证一个产品在 15 000h 时且在 90% 的置信水平的下可靠性下限达到 90%，55 个样件将经受退化试验。试验持续 2500h 并没有产生失效。退化分析给出的可靠性估计为

$$R(t) = 1 - \Phi\left(\frac{\ln t - 10.9}{1.05}\right)$$

此产品符合指定的可靠性要求吗？

10

应力筛选

10.1 概述

在量产开始之前，生产工艺流程必须成功地通过确认。就像第 9 章中描述的那样，PV 试验包括可靠性验证试验，以证实最终的产品达到要求的可靠性目标。然而，我们不应期待来自产品线的每批产品都将满足可靠性的要求。诚然，由于工艺流程变化、材料缺陷和设计不足，某些产品可能存在通过功能测试不能监测到的潜在的缺陷。如果运至客户，有缺陷的产品将会在现场不被期望的短时间内出现失效。这种失效被称为早期故障，是许多电子产品关键的问题。通过让制造的所有产品经受高应力水平一段时间，应力筛选的目的是减少——若不能消除——缺陷。增加应力的过程导致潜在的缺陷可以被发现，从而避免将有缺陷的产品发送至客户处。尽管被动（对应于在设计与开发阶段的主动的可靠性提高），应力筛选是增加现场可靠性一个有效的途径。事实上，筛选是产品进入市场之前，制造能提高现场可靠性的最后措施。

在本章中，我们描述了不同的筛选技术的概念，以及筛选计划的设计。之后讨论退化筛选的原则，并将其应用到零部件级别的筛选中。随后是对基于寿命的模块级别的应力筛选的讨论。结合零部件和模块级别的筛选，我们也得到了两个级别的优化的筛选计划，这能最小化生命周期成本的重要组成部分并且满足现场可靠性的要求。

10.2 筛选方法

当前在工业中实施的筛选方法大概分为五类：①老化；②环境应力筛选（ESS）；③高加速应力筛选（HASS）；④鉴别指标筛选；⑤退化筛选。尽管这些方法在许多方面存在不同，但目标是相同的，即在运往客户之前除去有缺陷的产品。每种筛选方法简单介绍如下。

老化方法也称老炼方法，起源于国防工业，是用于剔除有缺陷的电子元器件的最早的筛选方法，并且目前仍然广泛地应用在工业中。在老化试验中，产品被加电且经受在规格界限内的固定等级应力一定的时间。例如，MIL-STD-883F（U.S.DoD，2004）中规定的微电路的老化策略要求在最低125℃且持续168h（的条件下）电偏置相关设备。老化策略在去除表面和镀金缺陷以及不牢固的焊接方面是有效的。总体来说，老化条件是宽松的，能够发现重要的潜在缺陷。有微小缺陷的产品将必定不会被老化过程发现。这些产品将被交付给客户且过早失效。Jensen和Peterson（1982）、Kuo等人（1998）介绍了老化方法。

同老化类似，环境应力筛选也是一种筛选方法，它让所有的产品在预定的时间内经受高应力水平。ESS不同于老化之处在于它使产品暴露于超过规格界限的环境应力下。通常使用的应力是热循环、随机振动、电力循环、温度以及湿度。在实际应用中，经常使用两种或多种应力的结合来提高筛选的有效性。MIL-HDBK-344A（U.S.DoD，1993）是用于计划和评估军事电子产品ESS程序的好的文档和方法。在许多场合，ESS与老化方法被混淆，尽管二者有非常大的相似性，但区别是明显的。第一，ESS的环境应力随时间而变，然而老化频繁使用固定的温度。环境刺激在发现潜在的缺陷方面是更强大的。例如，在去除电子元器件不牢固的焊点时热循环比常温更有效。第二，ESS加载在产品上超过规格界限的应力。高应力水平大大加速了老化过程中缺陷显现的速度。第三，ESS和老化经常会发现不同的瑕疵，主要是因为它们使用不同的应力。通过以上区别，大家普遍认为ESS比老化更有效。

HASS是加强应力版的ESS，在HASS中，应用的应力也许不一定必须是在现场中经受的。即任何应力都可能被应用，只要在剔除在正常使用中会出现的相关缺陷时是有效的。为了压缩筛选的持续时间，应力的等级应该尽可能高来迅速将潜在的缺陷转化为明显的失效。据我们所知，应力会加速有缺陷的产品的失效，也会导致没有缺陷的产品损坏。这里"损坏"指的是减少寿命。例如，高筛选高应力水平降低了好产品的性能且缩短了剩余的寿命。因此，筛选的应力等级必须优化，这样没有缺陷的产品就有足够的剩余寿命。应力等级的初始值大概是通过分析HALT数据来确定的，确定的优化的值用于随后的HASS。Hobbs（2000）用大量的细节描述了HASS的理论和应用。Sliverman（1998）、Rahe（2000）、Misra和Vyas（2003）的文献中也有相关的例子。

鉴别指标筛选是使用一个由正在筛选的产品的一个参数或几个参数加权形成的鉴别指标来识别有内在缺陷的产品。若产品鉴别指标的数值超过了指定的阈值，缺陷被监测到且此产品应该被除去；否则，产品没有缺陷。值得注意的是，参数不应仅仅限于产品的性能特性，而可以是允许从好的产品中鉴别出残次品的任何属性。例如，按照Fleetwood等人（1994）的观点，低频$1/f$噪声可以用作鉴别指标来确定离散的MOS件和小规模电路氧化层陷阱电荷相关的缺陷。当鉴别指标仅包括一个参数时，参数正常则直接表明无缺陷，反之亦然。即若参数的值在预先指定的阈值之内，则产品无缺陷。否则，产品被认为是残次品且需要被除去。这样简单的关系不存在于由几个参数形成的鉴别指标。特别地，所有的单个参数都在阈值内也可能导致鉴别指标在正常的范围之外。在应用中，选取的参数必须易于测量且对缺陷的量级敏感。由于参数是在使用条件下被测量的，筛选必须对有瑕疵的和好的产品都没有破坏。因为这个优势，鉴别指标筛选需要的筛选时间短且不破坏好的产品。然而实际中灵敏且可靠的鉴别指标不容易被找到，且错误的鉴别经常发生。换句话说，好的产品可能被分到坏的类别且被从总体中除去，这是Ⅰ类错误。另外，一个有缺陷的产品有可能避过筛选而被运到客户处，这是Ⅱ类错误。好的鉴别指标应该能将两类错误最小化。Jenson（1995）详细描述了这种筛选技术的理论和应用实例。

类似于 ESS，退化筛选是使所有产品遭受预先指定时间段的高应力水平。在筛选过程中，有缺陷的产品的性能特性随时间退化飞快而好的产品是逐步变坏。退化率的实质不同让有缺陷的产品可以通过测量其性能特性被识别出来。若筛选结束时，测量值越过了阈值，则认为产品是有缺陷的；否则，产品是好的且通过了筛选。应用中，阈值可以比定义现场中的失效的通用的阈值更高。从缺陷的鉴别视角看，退化筛选和鉴别指标筛选类似，但是它在监测坏的产品时更加有效。另外，这种筛选方法对好的产品造成的破坏比 ESS 少。随后的章节我们会详细讨论这种方法。

正如我们可能已经提到的，上述五种筛选方法有很大的不同和相似处，见表 10.1。

表 10.1　各种筛选方法的不同和相似处

类型	老化	环境应力筛选	高加速应力筛选	鉴别指标筛选	退化筛选
应力类型	主要是温度	热循环、随机振动、电力循环、温度、湿度等	热循环、随机振动、电力循环、温度、湿度等	没有应力应用	热循环、随机振动、电力循环、温度、湿度等
应力水平	低且恒定	高且变化的	高且变化的	不适用	高且变化的
筛选持续时长	长	短	很短	很短	很短
成本	高	低	低	低	低
对合格产品的损害	小	大	非常大	几乎没有	小
Ⅰ类错误	很低	低	很高	高	低
Ⅱ类错误	高	低	很低	高	低
缺陷标准	功能性终止	功能性终止	功能性终止	鉴别指标越过阈值	特性越过阈值

10.3 筛选计划设计

10.3.1 筛选计划的特征

筛选计划以筛选方法、应力类型、应力水平、筛选持续时间和缺陷标准为特征。在筛选开始前这些特征必须确定好。筛选方法的选取最关键，且会对筛选的效率、时间、成本、现场可靠性和其他因素有最根本的影响。可以借助表10.1来选择。若可以组成可靠且灵敏的鉴别指标并且参数的测量不需要昂贵的设备，则鉴别指标筛选方法是最好的选择。若性能特性高度反映所关心的潜在缺陷，退化筛选则是次优选择。现如今，HASS被广泛地实施以压缩（产品）上市的时间；然而，我们不应忽视筛选应力可能对好的产品造成损坏的事实。使用HASS，某些处于寿命分布的低尾的无缺陷的产品可能被破坏且因此被除去。存活的产品在筛选中可能性能大大退化，这将大大缩短剩余的寿命。因此，基于多样的标准（包括时间、成本、现场可靠性和其他因素），应该调整好对HASS和ESS的选取。在很多情况下，老化对零部件无效，反而是大规模的系统青睐这种方法。

一旦确定了筛选方法，我们应该选择应力类型。总体上，应力类型的选择应该有效的模拟和加速现场可被观察到的早期失效的失效机理。通常来说，可利用预试验发现由潜在缺陷引起的失效模式且测试在促成缺陷中所选取的应力的有效性。ESS或退化筛选经常使用产品正常运行中会遇到的应力。与此相反，在HASS中，只要是有效，就可能使用任何应力。

对于老化，应力水平应当在规格界限内。某些类型的电子产品的老化条件可以在相关的工程标准中找到。例如，MIL-STD-883F（U.S.DoD，2004）提供了微电路老化的不同应力水平和持续时间。和老化相反，ESS或退化筛选将产品暴露在超出规格界限且在产品能执行所有功能的运行极限内的应力水平。因此，筛选中持续地监控功能是可能的。HASS中，产品加载的应力水平超出运行极限因而筛选过程中产品不能执行所有功能。应力水平必须低于运行极限以监测缺陷。总之，应当使用高应力水平来减少筛选持续时间，但应力水平不应引起与现场那些早期失效不同的失效模式。

筛选的缺陷标准定义了什么构成缺陷。对缺陷导致的硬失效，产品功能完全失效表明了缺陷。若考虑软失效，在筛选结束时如果退化达到了阈值，则产品是有缺陷的。正如我们之后将要看到的，退化筛选的阈值可能比现场中定义的失效更严苛。对于鉴别指标筛选，若鉴别指标的值超过了关键值——常被选择以最小化I类和II类错误——则探测到了缺陷。

10.3.2 筛选计划的优化

一旦确定了筛选方法、筛选类型、应力水平和缺陷标准，就应该选择筛选的持续时间。持续时间对成本、可靠性和对筛选设备能力的要求有冲突。不充分的筛选可以节省筛选成本和设备容量，但会降低现场可靠性且增加现场修理费用。另外，过度的筛选会消除几乎所有的早期失效，并且降低现场修理费用，但是需要高昂的筛选费用和足够的设备能力。明显地，应当选择最佳的持续时间以在这些互相冲突的因素中做到最好的权衡。

为获得最佳的持续时间，需要一个优化模型。在文献中，很多为了建立最佳的持续时间的努力源于最小化总成本。Reddy 和 Dietrich（1994）、Pohl 和 Dietrich（1995a，b）、Kar 和 Nachlas（1997）、Yan 和 English（1997）、Wu 和 Su（2002）、Sheu 和 Chien（2004，2005）的文献中给出了一些例子。这里总成本被规划为生命周期成本的一部分，且可能由以下成本组成：

1）筛选的设置费用，这是固定成本。
2）取决于筛选持续时间的特定持续筛选的成本，这是可变成本。
3）好的产品却被剔除的成本。
4）在随后的高级别（例如主板级别）筛选和现场的修理成本。
5）因早期失效导致的名誉损失成本。

为开发更现实的筛选策略，总成本的最小化经常受到现场可靠性和筛选设备能力的限制的影响，这些限制可用公式表示成筛选持续时间的函数。例如，关于限制的优化问题，Chi 和 Kuo（1989）、Mok 和 Xie（1996）、Kim 和 Kuo（1998）、Yang（2002）都有讨论。

在现场可靠性很关键的情形下，筛选持续时间可能被优化，以达到最大的可靠性，同时满足总成本和其他因素的限制要求。Kim 和 Kuo（2005）年做了这种类型的研究，他们通过最大化系统的可靠性来决定最佳的老化时间。

10.4 退化筛选的原则

对于随着时间性能退化的产品，若性能特性（用 y 表示）超过特定的阈值，则认为已经发生了失效。退化越快，寿命越短。因此，寿命是由 y 的退化率决定的。总体中通常既有好的，也有低于标准的。实际中，好的产品数远远超出低于标准的（产品数）。在筛选中高水平应力会导致早期的失效，不合规格的产品退化迅速而合格产品是逐渐退化的，引起随机失效或磨损失效。例如，Henderson 和 Tutt（1997）认为，在偏置电流和热应力下，不合规格的砷化镓基异质结双极晶体管同合格的比较有相当大的集电极电流。Croes 等人（1998）也介绍了相关试验结果，显示在高温应力下不合规格的金属膜电阻同合格的相比有更大的电阻漂移。退化率重要的不同促成 y 的双峰分布的产生，此分布中的主分布和弱分布分别被合格和不合格的产品所支配。
图10.1阐明了一个包含合格品和不合格品的样本的退化路径，以及由退化率的不同导致的 y 的双峰分布。

好的和坏的产品的退化率依赖于筛选应力水平。应力水平越高，退化率越大。为了缩短筛选持续时长，经常会应用高应力水平。然而，应力水平不应引起不同于现场中那些早期失效的退化模式。若 y 是单调递增特性，在给定的应力水平下，y 的双峰累积分布函数可写成

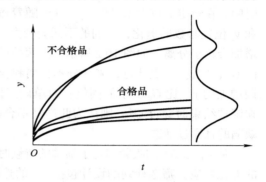

图10.1　由退化率不同导致的双峰分布

$$\Pr(y \geq G_0) = \alpha_1 \Pr[y_1(t) \geq G_0] + \alpha_2 \Pr[y_2(t) \geq G_0] = \alpha_1 F_1(t) + \alpha_2 F_2(t) \quad (10.1)$$

式中，角标1和2分别表示不合格产品和合格产品；α 表示所占比例；F 是不合格产品或合格产品的寿命分布的累积分布函数；G_0 是通用的阈值。

式（10.1）由Jensen和Peterson（1982）提出假设且已经被广泛使用，它表明了双峰寿命分布是 y 的双峰分布的结果。y 的双峰分布和寿命之间的关系如图10.2所示，其中pdf(t)是寿命的概率密度函数，pdf[$y(t)$]是 y 在时间 t 时的概率密度函数，G^* 是比 G_0 更严苛的阈值。图10.2中pdf(t)的阴影区域代表了时间 t_2 时的失效概率，同样，$\Pr[y_2(t) \geq G_0]$ 由pdf[$y(t_2)$]的阴影区域表示。

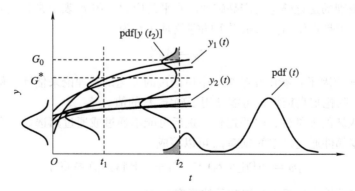

图10.2　y 的双峰分布和寿命之间的关系

如图10.2所示，筛选前（$t=0$），总体的 y 不会展示出明显的双峰分布。原因在于存在明显缺陷的产品在制造过程或产品最终试验时已经被剔除；潜在的缺陷不会显著地降低 y 值。筛选中，由于潜在缺陷的增长，y_1（例如，不合格产品的 y）会急速降低，然而 y_2（例如，合格产品的 y）会由于老化效应逐渐降低。此差异造就了 y 的双

峰分布。分布的参数由 y_1 和 y_2 的测量值决定，这两个测量值取决于筛选应力和持续时间。在给定的应力水平下，y_1 和 y_2 随着筛选时间以不同的速率退化。因此，随着 y_1 和 y_2 位置参数的退化，它们的不同会变大。因此，y 分布的两种模式随着筛选时间的增加会趋于分离，如图 10.2 所示。当两种模式分离得足够远时，就可能找到一个合适的 G^*，它比 G_0 更严苛，来区分不合格和合格的产品。更严苛的 G^* 指的是：对于单调增加的 y，比 G_0 更小的阈值；对单调降低的 y，比 G_0 更大的阈值。若产品的 y 值在筛选结束时穿过 G^*，则认为此产品不合格，应从总体中剔除；否则，此产品是无缺陷的且通过筛选。

从 G_0 到 G^* 的收紧缩短了筛选的持续时间，并因此缓和了筛选应力对于合格产品的老化效应。筛选计划的设计包括 G^* 的选取。此选取被诸如筛选应力水平、筛选持续时间和现场维修成本等限制。高昂的现场维修成本会施加更严苛的阈值以清除更多的缺陷。在较低应力水平下的较短时间的筛选也要求更严苛的阈值以增加筛选的有效性。

10.5　零部件级别的退化筛选

实际中，经常会实施两种等级的筛选，即零部件级别的筛选和模块级别的筛选，模块可以是主板、子系统或系统。零部件级别的筛选目的是通过使零部件总体经受高应力水平来剔除不合格的零部件。然后通过筛选的零部件再组装到模块上。由于组装工艺过程可能带来缺陷，此后再对模块进行特定持续时长的筛选。本部分将集中介绍零部件级别的退化筛选。

零部件级别的退化筛选对产品施加高水平的应力。用 t_p' 表示在此应力水平下的筛选持续时间。于是在使用应力水平下的等效时间 t_p 为

$$t_p = A_p t_p' \tag{10.2}$$

式中，A_p 是加速因子且能用在第 7 章中讨论过的加速试验理论来估计，例如，若温度是筛选应力，阿伦尼乌斯模型可能被用于确定 A_p 的值。

一个好或坏的零部件，经受退化筛选后可能不通过或通过筛选。一个有单调增长性能特性的零部件通过筛选的概率 p_0 可以写成

$$p_0 = \alpha_1 \Pr[y_1(t_p) \leq G^*] + \alpha_2 \Pr[y_2(t_p) \leq G^*] \tag{10.3}$$

通过筛选的零部件来自于不合格产品的概率 p_1 是

$$p_1 = \frac{\alpha_1}{p_0} \Pr[y_1(t_p) \leq G^*] \tag{10.4}$$

通过筛选的零件来自于合格产品的概率 p_2 是

$$p_2 = \frac{\alpha_2}{p_0} \Pr[y_2(t_p) \leq G^*] \tag{10.5}$$

从式（10.3）到式（10.5），我们得到 $p_1 + p_2 = 1$。

筛选后的总体的所有零部件都通过了筛选过程。然而，由于Ⅰ类错误和Ⅱ类错误，筛选过程可能并不完美。因此，筛选后的总体仍可能包含一些不合格的零部件。从筛选后的总体中随机选择的零部件是合格或者不合格的。来自筛选后的总体的零部件在时间 t 时的现场可靠性 $R_p(t)$ 可写成

$$R_p(t) = p_1 R_{p_1}(t|t_p) + p_2 R_{p_2}(t|t_p) \tag{10.6}$$

式中，$R_{p_1}(t|t_p)$ 是筛选后总体中不合格零部件在时间 t 时的现场可靠性；$R_{p_2}(t|t_p)$ 是筛选后总体中合格零件在时间 t 时的现场可靠性。因为

$$R_{p_i}(t|t_p) = \frac{R_{p_i}(t+t_p)}{R_{p_i}(t_p)} = \frac{\Pr[y_i(t+t_p) \leq G_0]}{\Pr[y_i(t_p) \leq G_0]}, \quad i = 1, 2$$

式（10.6）可以改写为

$$R_p(t) = p_1 \frac{\Pr[y_1(t+t_p) \leq G_0]}{\Pr[y_1(t_p) \leq G_0]} + p_2 \frac{\Pr[y_2(t+t_p) \leq G_0]}{\Pr[y_2(t_p) \leq G_0]} \tag{10.7}$$

把式（10.4）和式（10.5）代入式（10.7）得

$$R_p(t) = \theta_1 \Pr[y_1(t+t_p) \leq G_0] + \theta_2 \Pr[y_2(t+t_p) \leq G_0] \tag{10.8}$$

式中

$$\theta_i = \frac{\alpha_i \Pr[y_i(t_p) \leq G^*]}{p_0 \Pr[y_i(t_p) \leq G_0]}, \quad i = 1, 2 \tag{10.9}$$

筛选后的总体的零部件累积分布函数是

$$F_p(t) = 1 - \theta_1 \Pr[y_1(t+t_p) \leq G_0] - \theta_2 \Pr[y_2(t+t_p) \leq G_0] \tag{10.10}$$

对应的概率密度函数通过下式给出：

$$f_p(t) = \theta_1 f_{p_1}(t+t_p) + \theta_2 f_{p_2}(t+t_p) \tag{10.11}$$

式中

$$f_{p_i}(t+t_p) = -\frac{\mathrm{d}\Pr[y_i(t+t_p) \leq G_0]}{\mathrm{d}t}, \quad i = 1, 2$$

现在来考虑特殊的情况，零部件的性能特性为正态分布或对数正态分布。如在第8章中介绍的，这种情况在实际中经常遇到。由于对数正态分布的数据可以转化成正态分布数据，因此这里只讨论正态分布。做如下假设：

1）性能特性 y 是单调增加的且服从双峰正态分布；$y_1(y_2)$ 的位置参数为 $\mu_{y_1}(\mu_{y_2})$，尺度参数为 $\sigma_{y_1}(\sigma_{y_2})$。

2）σ_{y1} 和 σ_{y2} 都不取决于筛选应力和时间。

3）对于不合格和合格的零部件，位置参数是（转化后）筛选时间的线性函数，也就是说，

$$\mu_{y_i}(t) = \beta_{1i} + \beta_{2i}t, \qquad i = 1, 2 \qquad (10.12)$$

式中，β_{1i} 是筛选前 y_i 初始值的均值；β_{2i} 是 y_i 的退化率。这些参数能通过最初的试验数据来估计。

从式（10.11）和式（10.12），来自筛选后的总体的一个零部件的概率密度函数为

$$f_p(t) = \frac{\theta_1}{\sigma_{t_1}} \phi\left(\frac{t - \mu_{t_1}}{\sigma_{t_1}}\right) + \frac{\theta_2}{\sigma_{t_2}} \phi\left(\frac{t - \mu_{t_2}}{\sigma_{t_2}}\right) \qquad (10.13)$$

式中，$\phi(\cdot)$ 是标准正态分布的概率密度函数，

$$\mu_{t_i} = \frac{G_0 - \beta_{1i} - \beta_{2i}t_p}{\beta_{2i}}, \qquad \sigma_{t_i} = \frac{\sigma_{y_i}}{\beta_{2i}}, \qquad i = 1, 2 \qquad (10.14)$$

来自筛选后的总体的一个零件的累积分布函数为

$$F_p(t) = \theta_1 \Phi\left(\frac{t - \mu_{t_1}}{\sigma_{t_1}}\right) + \theta_2 \Phi\left(\frac{t - \mu_{t_2}}{\sigma_{t_2}}\right) \qquad (10.15)$$

式中，$\Phi(\cdot)$ 是标准正态分布的累积分布函数。式（10.15）表明取自筛选后的总体的一个不合格的或合格的零部件的寿命服从均值为 μ_{t_i}、标准差为 σ_{t_i} 的正态分布。

例 10.1 一零部件供应商在 175℃ 下持续 120h 来筛选一类电子元器件。若筛选结束时性能特性漂移超过 12%，则认为元器件有缺陷并将其从总体中剔除。筛选后的元器件会运到系统制造商处且会在 35℃ 运行。系统规格要求元器件退化少于 25%。筛选温度和使用温度的加速因子是 22。在筛选温度进行初步试验的 180 个元器件被确认有 12 个不合格。试验数据的退化分析显示退化百分比（%）服从 $\mu_{y_1} = 0.23t'$、$\sigma_{y_1} = 4.5$、$\mu_{y_2} = 0.018t'$、$\sigma_{y_2} = 3.2$ 的正态分布，撇号表示筛选条件。计算筛选后的元器件在 35℃ 条件下在设计寿命 20 000h 处的失效概率。筛选使设计寿命阶段的失效概率降低了多少？

解：考虑温度加速效应，175℃ 时的退化百分比的平均估计值转化为 35℃ 时的退化百分比，即

$$\mu_{y_1} = \frac{0.23}{22}t = 0.0105t, \qquad \mu_{y_2} = \frac{0.018}{22}t = 0.8182 \times 10^{-3}t$$

在 35℃ 时的等效筛选时间是 $t_p = 22 \times 120\text{h} = 2640\text{h}$。从给出的数据看，不合格品和合格品比例分别是 $\hat{\alpha}_1 = 12/180 = 0.0667$，$\hat{\alpha}_2 = 1 - 0.0667 = 0.9333$。

有缺陷的元器件通过筛选的概率估计值是

$$\Pr[y_1(t_p) \leq G^*] = \Phi\left(\frac{G^* - \mu_{y_1}}{\sigma_{y_1}}\right) = \Phi\left(\frac{12 - 0.0105 \times 2640}{4.5}\right) = 0.0002$$

无缺陷的元器件通过筛选的概率估计值是

$$\Pr[y_2(t_p) \leq G^*] = \Phi\left(\frac{12 - 0.8182 \times 10^{-3} \times 2640}{3.2}\right) = 0.9989$$

在筛选结束时有缺陷的元器件的可靠性估计值是

$$\Pr[y_1(t_p) \leq G_0] = \Phi\left(\frac{G_0 - \mu_{y_1}}{\sigma_{y_1}}\right) = \Phi\left(\frac{25 - 0.0105 \times 2640}{4.5}\right) = 0.2728$$

在筛选结束时无缺陷的元器件的可靠性估计是

$$\Pr[y_2(t_p) \leq G_0] = \Phi\left(\frac{25 - 0.8182 \times 10^{-3} \times 2640}{3.2}\right) \approx 1$$

由式（10.3）得，一个元器件通过筛选的概率估计值为

$$p_0 = 0.0667 \times 0.0002 + 0.9333 \times 0.9989 = 0.9323$$

把上面获得的必要的数据代入式（10.9）得出

$$\theta_1 = \frac{0.0667 \times 0.0002}{0.9323 \times 0.2728} = 0.5245 \times 10^{-4}$$

$$\theta_2 = \frac{0.9333 \times 0.9989}{0.9323 \times 1} = 0.99997$$

根据式（10.14），筛选后，有缺陷的元器件的寿命分布的均值和标准差的估计值是

$$\mu_{t_1} = \frac{25 - 0.0105 \times 2640}{0.0105} = -259, \quad \sigma_{t_1} = \frac{4.5}{0.0105} = 429$$

在习题 10.7 中，我们会寻求平均寿命是负数的解释。

类似地，筛选后，合格的元器件的寿命分布的均值和标准差的估计值是

$$\mu_{t_2} = \frac{25 - 0.8182 \times 10^{-3} \times 2640}{0.8182 \times 10^{-3}} = 27\,915$$

$$\sigma_{t_2} = \frac{3.2}{0.8182 \times 10^{-3}} = 3911$$

在 35℃ 时运行 20 000h 后，筛选后的元器件应用式（10.15）估计得到失效概率：

$$\hat{F}_p(20\,000) = 0.5245 \times 10^{-4} \times \Phi\left(\frac{20\,000 + 259}{429}\right) +$$

$$0.99997 \times \Phi\left(\frac{20\,000 - 27\,915}{3911}\right) = 0.0215$$

根据式（10.1），若元器件总体没有筛选，在 20 000h 时的失效概率是

$$\Pr(y \geqslant 25) = 0.0667 \times \left[1 - \Phi\left(\frac{25 - 0.0105 \times 20\,000}{4.5}\right)\right] +$$

$$0.9333 \times \left[1 - \Phi\left(\frac{25 - 0.8182 \times 10^{-3} \times 20\,000}{3.2}\right)\right]$$

$$= 0.07$$

因此，筛选使在 20 000h 处降低的失效概率是 0.07 − 0.0215 = 0.0485。图 10.3 绘制出了筛选过的以及未筛选的总体在不同时间处的失效概率。可以看到，直到 22 500h 之后，失效概率被筛选所恶化。这是可以理解的。几乎所有有缺陷的元器件都会在 22 500h 前失效。这个时间点之后，失效是由合格的产品主导的。由于筛选应力效应，同没有经过筛选的合格品相比，筛选后的合格品有更大的退化百分率，导致其更高的失效概率。

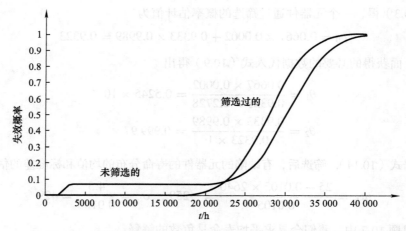

图 10.3　筛选过的和未筛选的总体在不同时间处的失效概率

10.6　模块级别的筛选

根据设计结构，筛选后的零部件被装配成模块，如前所述，这里模块可能指的是主板、子系统或者系统。装配过程通常由很多步骤组成，每个步骤都可能引入不同的缺陷，包括薄弱的焊点、松动的连接以及破裂的线束粘合处等。大部分缺陷是潜在的且不能在最终的生产试验中被探测到。当现场有应力时，它们会在寿命早期失效。因此，在送至客户前通常可比较理想地使失效发生以及剔除此类缺陷。这可以通过执行模块级别的筛选来完成。筛选中，有缺陷的连接成为失效的主要原因。同时，已筛选过的零部件也可能会失效。因此在这部分中我们会模拟零部件以及连接的失效。

10.6.1 零部件失效模拟

筛选后的零部件可能会在模块级别的筛选和现场运行中失效。一旦失效,失效后的零部件会被取自筛选后总体的新的零部件所取代。更换过程是典型的更新恢复过程。根据更新理论(Cox,1962;Tijms,1994),更新密度函数 $h_p(t)$ 可以写成

$$h_p(t) = f_p(t) + \int_0^t h_p(t-s) f_p(s) \, \mathrm{d}s \tag{10.16}$$

然后在时间区间 $[0, t]$ 内更新的期望值 $N_p(t)$ 是

$$N_p(t) = \int_0^t h_p(t) \, \mathrm{d}t \tag{10.17}$$

为计算 $N_p(t)$,我们首先需要决定 $f_p(t)$ 的拉普拉斯变换,表示为 $f_p^*(t)$。拉普拉斯变换的更新密度函数为

$$h_p(s) = \frac{f_p^*(s)}{1 - f_p^*(s)} \tag{10.18}$$

接下来的步骤是将 $h_p(s)$ 转换为在相应时域的更新密度函数(例如,$h_p(t)$)。然后 $N_p(t)$ 可以通过式(10.17)得到。不幸的是,大部分分布(如:威布尔分布)的拉普拉斯变换是非常困难的。大部分情况下,使用下面的更新函数计算 $N_p(t)$ 更方便,此更新函数是

$$N_p(t) = F_p(t) + \int_0^t N_p(t-x) f_p(x) \mathrm{d}x \tag{10.19}$$

这个 $N_p(t)$ 的更新函数是第二类沃尔泰拉积分方程的特例,沃尔泰拉积分方程属于数值分析领域。许多数值分析方法已经被提议来求解这个方程。然而,这些方法都代表性地遇到当 t 变大时会产生累计的舍入误差的问题。使用黎曼-斯蒂尔切斯积分(Riemann-Stieltjes integration)理论(Nielsen,1997)中的基本概念,Xie(1989)推荐了一种简单直接且具备良好的收敛特性的结论性方法。如下所述,这种方法使时间离散化并在每个网格点上递归地计算更新函数。

对固定的 $t \geq 0$,划分时间区间 $[0, t]$ 为 $0 = t_0 < t_1 < t_2 < \cdots < t_n = t$,其中,对给定的网格尺度 $d > 0$,有 $t_i = id$。为了计算的简化,设 $N_i = N_p(id)$,$F_i = F_p[(i-0.5)d]$,$A_i = F_p(id)$,$1 \leq i \leq n$。

计算 N_i 的递归方案为

$$N_i = \frac{1}{1 - F_1} \left[A_i + \sum_{j=1}^{i-1}(N_j - N_{j-1}) F_{i-j+1} - N_{i-1} F_1 \right], \quad 1 \leq i \leq n \tag{10.20}$$

以 $N_0 = 0$ 开始。当 t 变得越来越大时，递归方案抵消累计舍入误差是非常卓越的，而且得到了惊人的准确结果（Tijms，2004）。递归算法的实施需要计算机程序，这很容易编码。在计算中，网格尺度 d 对结果的精确度有重大的影响。选取的 d 取决于需要的精度、$F_p(t)$ 的形状以及时间区间的长度。确定结果是否足够精确的一个好办法是对网格尺度 d 和 $d/2$ 都做计算。若两个结果的差异可容忍，则精确度是符合要求的。

当 t 明显地比寿命分布的均值更长时，更新的期望值能通过下式简单地近似：

$$N_p(t) \approx \frac{t}{\mu_t} + \frac{\sigma_t^2 - \mu_t^2}{2\mu_t^2} \qquad (10.21)$$

式中，μ_t 和 σ_t 是寿命分布 $f_p(t)$ 的均值和标准差。需要注意的是，当 μ_t 和 σ_t 相等时，式（10.21）就是精确解，例如指数分布。实际中，对于一个适度的 t 值，假设 $c_x^2 = \sigma_t^2/\mu_t^2$ 不是太大或接近于 0，此近似值有足够的精度。数值研究表明对于实用目的，当 $t \geq t_x$ 时式（10.21）可使用（Tijms，1994），其中，

$$t_x = \begin{cases} \frac{3}{2}c_x^2 \mu_t, & c_x^2 > 1 \\ \mu_t, & 0.2 < c_x^2 \leq 1 \\ \frac{1}{2c_x^2}\mu_t, & 0 < c_x^2 \leq 0.2 \end{cases} \qquad (10.22)$$

当 $t \geq t_x$ 时，式（10.21）给出的近似值通常会导致小于 5% 的相对误差。

式（10.19）也可以使用近似方法来求解。在相关文献中，已经做了大量的工作来改进各种各样的寿命分布的更新函数的近似值，比如威布尔分布、对数正态分布以及截尾正态分布。例如，Baxter 等人（1982）、Smeitink 和 Dekker（1990）、Tijms（1994）、Lomnicki（1996）、Garg 和 Kalagnanam（1998）都做了论述。据作者所知，诸如在式（10.11）中表达的 $f_p(t)$ 等混合分布的近似值尚未被研究。

例 10.2 参考例 10.1。电子元器件被安装在一个模块上并运行在 35℃。一旦元器件失效，就从筛选后的总体中取一个新的取而代之。替换过程是一个更新的过程。计算元器件在设计寿命为 20 000h 的更新期望值，计算 50 000h 使用寿命时的更新期望值。

解： 使用例 10.1 中的数据，我们得到 $C_x^2 \approx 0.02$，$t_x = 711\,062$。由于 $t = 20\,000$ 比 $t_x = 711\,062$ 小得多，式（10.21）不能近似计算更新期望值。在这个例子中，使用式（10.20）。递归方案用 Visual Basic 写成代码并在 Excel 中运行。源代码在表 10.2 中给出并能容易地修改以适用于其他分布。递归计算产生 $N_p(20\,000) = 0.0216$，这几乎和例 10.1 中获得的 20 000h 的失效概率相等。这是可以理解的。如图 10.3 所示，元器件在 20 000h 内有极其低的失效概率，因此可以使用式（10.19）通过 $N_p(t) \approx F_p(t)$ 来近似。对 50 000h 使用寿命，更新的期望值是 $N_p(50\,000) = 1.146$，这通过在计算机程序

中设置 T0 = 50 000 来计算。与此相反，此时的失效概率大概等于 1。图 10.4 中绘制了 $N_p(t)$ 来阐明为何更新期望值随时间而增加。可以看到在 35 000 ~ 45 000h $N_p(t)$ 变成了稳定水平。在习题 10.10 中我们将寻求解释。

表 10.2　例 10.2 的 Visual Basic 代码

```
Sub Np（）
Dim N（5000），A（5000），F（5000）
T0 = 20000
D = 10
M = T0/D
N（0）= 0
Mean1 = -259
Sigma1 = 429
Mean2 = 27915
Sigma2 = 3911
Theta1 = 0.00005245
Theta2 = 0.99997
For i = 0 To M
ZF1 =((i- 0.5)* D - Mean1))/ Sigma1
ZF2 =((i- 0.5)* D - Mean2))/ Sigma2
ZA1 =(i * D - Mean1)/ Sigma1
ZA2 =(i * D - Mean2)/ Sigma2
FP1 = Application.WorksheetFunction.NormSDist（ZF1）
FP2 = Application.WorksheetFunction.NormSDist（ZF2）
AP1 = Application.WorksheetFunction.NormSDist（ZA1）
AP2 = Application.WorksheetFunction.NormSDist（ZA2）
F（i）= Theta1 * FP1 + Theta2 * FP2
A（i）= Theta1 * AP1 + Theta2 * AP2
Next i
For i = 1 To M
Sum = 0
For j = 1 To i- 1
Sum = Sum +（N（j）- N（j- 1））* F（i- j + 1）
Next j
N（i）=（A（i）+ Sum - N（i- 1）* F（1））/（1 - F（1））
Next i
Cells（1，1）= N（M）
End Sub
```

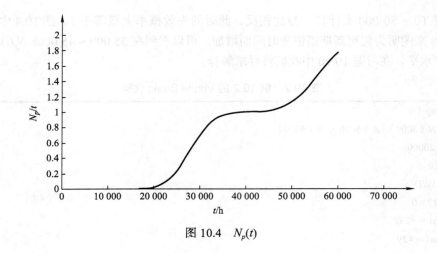

图 10.4　$N_p(t)$

10.6.2　连接失效的建模

有缺陷的连接是模块早期失效的主要来源。为了促成和维修潜在的连接缺陷，模块经常在高应力水平下来筛选。一旦失效，连接就被维修，这里的维修是最低限度的维修，意味着维修后的连接同失效前有同样的失效率。在 11 章中我们将更多地讨论这种维修策略。

假设模块包含 m 种类型的连接，例如表面安装技术（SMT）焊点、金属化孔（PTH）焊点、丝焊以及芯片焊接。很多学者认为连接的寿命能用威布尔分布来建模，例如 Wen 和 Ross（1995）、Yeo 等人（1996）、Amagai（1999）、Strifas 等人（2002）。在模块级别的筛选前，每种类型的连接都包含不合格的和合格的连接，形成了一个混合总体。因此，连接的寿命能使用混合威布尔分布来合理地建模（见第 2 章）。

在模块级别的筛选中模块经常经受高应力水平。用 t'_c 表示在高应力水平下模块级别的筛选的持续时间。在使用应力水平下的连接的等效筛选时间 t_c 是

$$t_c = A_c t'_c$$

式中，A_c 是连接在模块级别的筛选应力和使用应力间的加速因子。A_c 的值可能会随连接的类型变化，而且能用第 7 章中描述的加速试验理论来估计。

当模块经受筛选时，模块中的所有零部件都会同时老化。老化效应取决于零部件的类型。对筛选应力，某些零部件可能比其他的更加敏感。然而，所有的零部件在筛选中都会经受性能退化，导致永久的损害。对一个特定的零部件，退化量由筛选的高应力水平和持续时间决定。一个零部件在使用高应力水平下的等效老化时间 t_{cp} 为

$$t_{cp} = A_{cp} t'_c$$

式中，A_{cp} 是零部件在模块级别的筛选应力和使用应力间的加速因子。

使用混合威布尔分布，一个特定类型的未筛选的连接的可靠性可以写成

$$R_c(t) = \rho_1 R_{c_1}(t) + \rho_2 R_{c_2}(t) = \rho_1 \exp\left[-\left(\frac{t}{\eta_1}\right)^{m_1}\right] + \rho_2 \exp\left[-\left(\frac{t}{\eta_2}\right)^{m_2}\right]$$

（10.23）

式中，$R_c(t)$ 为未筛选连接的可靠性；$R_{c_1}(t)$ 为未筛选的不合格的连接的可靠性；$R_{c_2}(t)$ 为未筛选的合格的连接的可靠性；ρ_1 为不合格连接的比例；ρ_2 为合格连接的比例；m_1 为不合格连接的威布尔分布形状参数；m_2 为合格连接的威布尔分布形状参数；η_1 为不合格连接的威布尔分布特征寿命；η_2 为合格连接的威布尔分布特征寿命。

威布尔分布的参数 m_i 和 η_i ($i = 1, 2$) 能根据加速寿命的数据使用第 7 章中描述的图形方法或极大似然估计法估计。

在模块级别的筛选中一旦连接失效，就会维修它；然后筛选继续直到 t_c'。因为维修后的连接和失效前有相同的失效率，对于一个连接，在区间 $[0, t]$ 的维修期望值是

$$N_c(t) = \int_0^t \lambda_c(t)\,\mathrm{d}t = -\ln[R_c(t)]$$
$$= -\ln\left\{\rho_1 \exp\left[-\left(\frac{t}{\eta_1}\right)^{m_1}\right] + \rho_2 \exp\left[-\left(\frac{t}{\eta_2}\right)^{m_2}\right]\right\}$$

（10.24）

式中，$\lambda_c(t)$ 是连接在时间 t 时的失效率。

从式（10.24）中，对于筛选后的连接在现场时间 τ（例如，设计寿命、质保期）时的维修期望值 $N_f(\tau)$ 是

$$N_f(\tau) = N_c(\tau + t_c) - N_c(t_c)$$
$$= -\ln\left\{\frac{\rho_1 \exp\left[-\left(\frac{\tau + t_c}{\eta_1}\right)^{m_1}\right] + \rho_2 \exp\left[-\left(\frac{\tau + t_c}{\eta_2}\right)^{m_2}\right]}{\rho_1 \exp\left[-\left(\frac{t_c}{\eta_1}\right)^{m_1}\right] + \rho_2 \exp\left[-\left(\frac{t_c}{\eta_2}\right)^{m_2}\right]}\right\}$$

（10.25）

例 10.3 印制电路板上有很多表面贴装的元器件，所有的连接都是同一类型的焊点。其中，波峰焊过程中的变异造成了连接有缺陷。有缺陷的连接需要在被运至客户之前被发现且维修。这通过使电路板经受 12 循环的加速热循环来完成，加速条件和使用条件间的加速因子是 31。在加速条件下的初步的加速寿命试验显示不合格的以及合格的焊点服从威布尔分布，且得到估计值如下：$\hat{\rho}_1 = 0.04$，$\hat{\rho}_2 = 0.96$，$\hat{m}_1 = 0.63$，$\hat{m}_2 = 2.85$，$\hat{\eta}_1 = 238$ 循环，$\hat{\eta}_2 = 12\,537$ 循环。计算筛选结束时以及在两年的质保期（等

效于1500循环）内的焊点的维修期望值。若电路板没有做筛选，连接的可靠性以及质保期结束时焊点的维修期望值是什么？

解：在使用条件下等效的循环次数是 $t_c = 31 \times 12$ 循环 $= 372$ 循环。把 t_c 的值和给定的数据的值代入式（10.24），得到焊点的维修期望值为

$$\hat{N}_c(372) = -\ln\left\{0.04 \times \exp\left[-\left(\frac{372}{238}\right)^{0.63}\right] + 0.96 \times \exp\left[-\left(\frac{372}{12\,537}\right)^{2.85}\right]\right\}$$

$$= 0.0299$$

由式（10.25），质保期（$\tau = 1500$）结束时焊点的维修期望值是

$$\hat{N}_f(1500) = -\ln\left\{\frac{0.04 \times \exp\left[-\left(\frac{1500+372}{238}\right)^{0.63}\right] + 0.96 \times \exp\left[-\left(\frac{1500+372}{12\,537}\right)^{2.85}\right]}{0.04 \times \exp\left[-\left(\frac{372}{238}\right)^{0.63}\right] + 0.96 \times \exp\left[-\left(\frac{372}{12\,537}\right)^{2.85}\right]}\right\}$$

$$= 0.0143$$

对于没有经过筛选的焊点，质保期结束时的可靠性可由式（10.23）计算得到，为

$$\hat{R}_c(1500) = 0.04 \times \exp\left[-\left(\frac{1500}{238}\right)^{0.63}\right] + 0.96 \times \exp\left[-\left(\frac{1500}{12\,537}\right)^{2.85}\right]$$

$$= 0.9594$$

由式（10.24），若电路板没有经过筛选，则质保期结束时焊点的维修期望值会是

$$\hat{N}_c(1500) = -\ln[R_c(1500)] = -\ln 0.9594 = 0.0414$$

比较 $\hat{N}_f(1500)$ 和 $\hat{N}_c(1500)$ 的值，可见从模块级别的筛选中得到的益处是非常明显的。

10.7 模块可靠性建模

通常要求筛选后的模块在时间 τ 时（例如，设计寿命或质保期）的可靠性要比规定的值 R_0 大。模块的可靠性取决于模块的零部件以及连接的可靠性。根据式（10.8），两个级别的筛选后，零部件在时间 τ 时的可靠性可以写为

$$R_p(\tau) = \theta_1 \Pr[y_1(\tau + t_{cp} + t_p) \leq G_0] + \theta_2 \Pr[y_2(\tau + t_{cp} + t_p) \leq G_0] \quad (10.26)$$

现在我们考虑筛选后的连接的可靠性。根据式（10.23），通过模块级别的筛选的连接的概率 p_c 为

$$p_c = \rho_1 R_{c_1}(t_c) + \rho_2 R_{c_2}(t_c) = \rho_1 \exp\left[-\left(\frac{t_c}{\eta_1}\right)^{m_1}\right] + \rho_2 \exp\left[-\left(\frac{t_c}{\eta_2}\right)^{m_2}\right]$$

通过筛选的连接是不合格品的概率 p_{c_1} 为

$$p_{c_1} = \frac{\rho_1 R_{c_1}(t_c)}{p_c} = \frac{\rho_1}{p_c} \exp\left[-\left(\frac{t_c}{\eta_1}\right)^{m_1}\right]$$

通过筛选的连接是合格品的概率 p_{c_2} 为

$$p_{c_2} = \frac{\rho_2 R_{c_2}(t_c)}{p_c} = \frac{\rho_2}{p_c} \exp\left[-\left(\frac{t_c}{\eta_2}\right)^{m_2}\right]$$

注意：$p_{c_1} + p_{c_2} = 1$。

来自筛选后的总体的连接在时间 τ 时的可靠性是

$$\begin{aligned}
R_c(\tau) &= p_{c_1} R_{c_1}(\tau|t_c) + p_{c_2} R_{c_2}(\tau|t_c) \\
&= p_{c_1} \exp\left[-\left(\frac{\tau + t_c}{\eta_1}\right)^{m_1}\right] \bigg/ \exp\left[-\left(\frac{t_c}{\eta_1}\right)^{m_1}\right] + \\
&\quad p_{c_2} \exp\left[-\left(\frac{\tau + t_c}{\eta_2}\right)^{m_2}\right] \bigg/ \exp\left[-\left(\frac{t_c}{\eta_2}\right)^{m_2}\right]
\end{aligned} \quad (10.27)$$

假设当任何零部件或连接失效时模块就中止运转，即零部件和连接是串联的。如在第 4 章中讲到的，若零部件和连接是互相独立的，则模块的可靠性可以表示为

$$R_m(\tau) = \prod_{i=1}^{n_p} [R_{pi}(\tau)]^{L_i} \prod_{j=1}^{n_C} [R_{cj}(\tau)]^{K_j} \quad (10.28)$$

式中，n_p 为零部件的类型的数目；n_C 为连接的类型的数目；L_i 为类型 i 的零部件的数目；K_j 为类型 j 的连接数目；$R_m(\tau)$ 为模块在时间 τ 时的可靠性；$R_{pi}(\tau)$ 为类型为 i 的零部件在时间 τ 时的可靠性；$R_{cj}(\tau)$ 为类型为 j 的连接在时间 τ 时的可靠性。

$R_{pi}(\tau)$ 为和 $R_{cj}(\tau)$ = 分别由式（10.26）和式（10.27）计算得出。

例 10.4 一个电子模块包括 6 个类型的元器件以及 2 个类型的连接。表 10.3 概括了关于每种类型的元器件和连接的信息。筛选后的元器件和连接在 10 000h 时的可靠性在表 10.3 中给出。计算模块的可靠性。

表 10.3 元器件和连接信息

元器件或连接		类型	数量	可靠性
电阻	10kΩ	1	3	0.9995
	390Ω	2	1	0.9998
	27kΩ	3	2	0.9991
电容		4	2	0.9986
LED		5	1	0.9995
晶体管		6	1	0.9961
SM 连接		1	16	0.9999
PTH 连接		2	7	0.9998

解：根据所给数据，我们得到 $n_P = 6$，$L_1 = 3$，$L_2 = 1$，$L_3 = 2$，$L_4 = 2$，$L_5 = 1$，$L_6 = 1$，$n_C = 2$，$K_1 = 16$，$K_2 = 7$。

模块在 10 000h 时的可靠性通过式（10.28）计算可得

$$R_m(10\,000) = \prod_{i=1}^{6}[R_{Pi}(10\,000)]^{L_i} \prod_{j=1}^{2}[R_{cj}(10\,000)]^{K_j}$$

$$= 0.9995^3 \times 0.9998 \times 0.9991^2 \times 0.9986^2 \times 0.9995 \times 0.9961 \times$$
$$0.9999^{16} \times 0.9998^7$$

$$= 0.9864$$

10.8 成本建模

如前所述，零部件被筛选然后装配到模块中。然后模块被筛选以促成连接的缺陷被发现。因此有两个级别的筛选。每个级别的筛选都促成缺陷的发现但也带来成本的增加。筛选计划应当被设计成最小化生命周期成本的相关部分成本。这部分由内部筛选成本以及现场维修成本组成。内部筛选成本随筛选持续时间而增加，然而现场维修成本在时间达到某个点之前随着筛选持续时间而减少。既然筛选应力会使合格零部件退化，因此在某个筛选时间点现场维修成本转为增加。关键的时间点取决于不合格的以及合格零部件的退化率、不合格零部件占总体的比例以及筛选的高应力水平。图 10.5 展示了内部筛选成本、现场维修成本以及随筛选持续时间变化的总成本。内部筛选成本包含零部件以及模块级别的筛选成本，现场维修成本包括零部件更换成本以及连接维修成本。

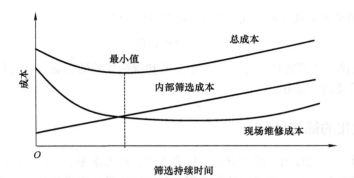

图 10.5 成本和筛选持续时间的函数关系

由零部件导致的内部筛选成本和现场维修成本由以下元素组成：
1）筛选设置成本。
2）特定的持续时间的筛选成本。
3）合格零部件被筛选除去的成本。
4）模块级别的筛选和现场的维修成本。

零部件成本模型可以写成

$$\text{TP} = C_{sp} + \sum_{i=1}^{n_P} C_{pi} L_i t'_{pi} + \sum_{i=1}^{n_P} (C_{gpi} + C_{pi} t'_{pi}) L_i \alpha_2 \Pr[y_2(t_{pi}) \geq G_i^*] + \\ \sum_{i=1}^{n_P} C_{phi} L_i N_{pi}(t_{cpi}) + \sum_{i=1}^{n_P} C_{pfi} L_i [N_{pi}(\tau + t_{cpi}) - N_{pi}(t_{cpi})]$$

（10.29）

式中，i 代表 i 类型的零部件；TP 为由零部件带来的总成本；C_{sp} 为零部件级别的筛选的设置成本；C_{pi} 为 i 类型的零部件每单位时间（如小时、循环）的筛选成本；C_{gpi} 为 i 类型的零部件成本；C_{phi} 为因 i 类型零部件失效产生的内部维修成本；C_{pfi} 为因 i 类型零部件失效产生的现场维修成本；其他符号释义已在前面给出。

类似地，由连接导致的内部筛选成本以及现场维修成本由上面给出的四种成本元素组成，从而连接成本模型可以写成

$$\text{TC} = C_{sc} + C_c t'_c + \sum_{j=1}^{n_C} C_{chj} K_j N_c(t_{cj}) + \sum_{j=1}^{n_C} C_{cfj} K_j [N_c(\tau + t_{cj}) - N_c(t_{cj})]$$

（10.30）

式中，j 表示 j 类型的连接；TC 为由连接带来的总成本；C_{sc} 为模块级别的筛选的设置成本；C_c 为模块每单位时间（如小时、循环）的筛选成本；C_{chj} 为因 j 类型连接失效产生的内部维修成本；C_{cfj} 为因 j 类型连接失效产生的现场维修成本；其他符号释义已在前面给出。

与筛选和维修相联系的总成本是 TP 和 TC 的总和

$$TM = TP + TC \qquad (10.31)$$

式中，TM 是模块（零部件和连接）由于筛选和维修导致的总成本。它代表了模块生命周期成本重要的一部分。

10.9 最优化的筛选计划

如前所述，筛选计划以筛选方法、应力类型、应力水平、筛选持续时间和缺陷标准为特征，其中前三个变量需要预先设定。剩下的变量应该最优化，包括零部件和模块的筛选持续时间，以及零部件性能特性的阈值。最优化的标准是在模块可靠性约束条件的制约下，式（10.31）给出的总成本最小。最优化模型可表示为

$$\min(TM) \qquad (10.32a)$$

$$\text{s.t.} \begin{cases} R_m(\tau) \geq R_0 & (10.32b) \\ G_i^* \leq G_{0i} & (10.32c) \\ G_i^* \geq y_{ai} & (10.32d) \\ t'_{pi}, t'_c, G_i^* \geq 0 & (10.32e) \end{cases}$$

式中，t'_c, t'_{pi} 和 G_i^* ($i=1, 2, \cdots, n_p$) 是决策变量；y_{ai} 是 i 类型的零部件的最小允许阈值；约束条件式（10.32c）被强加以加速筛选过程并减少对合格产品的破坏；某些退化不稳定的零部件需要式（10.32d）来保证达到 y_{ai}。其他约束条件的含义是明确的。

在式（10.32）中，决策变量的实际数量取决于 n_p，中等规模的模块中 n_p 可能很大。在这些情况下，使相似的零部件集合成块且减少 n_p 是很重要的。例如，例 10.4 中三种类型的电阻也许可合成为一种类型，因为它们的可靠性和成本因子相近且退化阈值（定义为电阻的漂移百分率）相同。使用诸如拉格朗日法和罚函数法等非线性编程技术方法能完成最优化模型的计算。例如，Bertsekas（1996）详细介绍了这种方法。

例 10.5 印制电路板，此处被定义为模块，贴装有 8 个同类型的元器件。PCB 有 16 个焊点作为连接。要求是 5 年（43 800h）连续使用过后 PCB 有 90% 的可靠性。任何元器件的性能特性 y 高于 100，或任何焊点断开则视为 PCB 失效。假设 y 服从双峰正态分布，以及：

1) $\mu_{y_1}(t) = 10 + 0.01t$, $\mu_{y_2}(t) = 10 + 0.0012t$, $\sigma_{y_1} = \sigma_{y_2} = 6$, $y_a = 15$。

2) $m_1 = 0.5$, $\eta_1 = 5000\text{h}$; $m_2 = 2$, $\eta_2 = 10^7 \text{h}$。

3) $C_{gp} = 10$ 美元，$C_p = 0.1$ 美元，$C_{sp} = 100$ 美元，$C_{ph} = 200$ 美元，$C_{pf} = 2000$ 美元，

C_c = 5 美元，C_{sc} = 200 美元，C_{ch} = 200 美元，C_{cf} = 2000 美元。

4）$\alpha_1 = 1\%$，$\alpha_2 = 99\%$，$\rho_1 = 1\%$，$\rho_2 = 99\%$。

选取 t'_p、t'_c 以及 G^* 的最优值，使 TM 最小且满足可靠性要求。

解：使用罚函数法计算问题的优化模型，得出 t'_p = 51h，t'_c = 13.4h，G^* = 23.1，TM = 631.68 美元。

现在我们讨论最优化的筛选计划的重要性和含义。首先，从通常的值（G_0 = 100）到最优值（G^* = 23.1）降低的阈值减少了生命周期成本。为了说明，图 10.6 绘制了在各个 G^* 值处的 TM。在给定的 G^*，通过选择最优化的 t'_p 和 t'_c 计算得到 TM。在 G^* = 23.1 时得出最小的 TM（631.68 美元）。若筛选中使用通常的阈值（G_0 = 100），TM 会是 750 美元。因使用最优化的 G^*，节省了 (750 − 631.68)/750 = 15.8% 的成本。

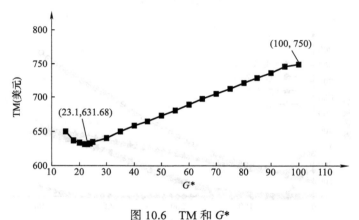

图 10.6 TM 和 G^*

优化的 G^* 也减轻了筛选应力对合格产品的老化效应。图 10.7 展示了在模块级别的筛选后，各个 G^* 值处 y_2 的均值 μ_{y_2}。μ_{y_2} 随着 G^* 下降，表明能通过使用较小的 G^* 来减轻由筛选应力引起的合格产品的退化。若筛选中使用通常的阈值（G_0 = 100），μ_{y_2} 会是 22.4。使用最优化的严苛的阈值（G^* = 23.1）减少了 (22.4 − 13.2)/22.4 = 41.1% 的退化。

现在让我们来看 t'_p 的值如何影响成本的各组成部分。图 10.8 中画出了各个 t'_p 值处的以下成本：

1）成本 1：模块级别的筛选和现场的维修成本。

2）成本 2：合格品被筛选除去的成本。

3）成本 3：零部件级别的筛选的设置成本加上 t'_p 的筛选成本。

4）TP。

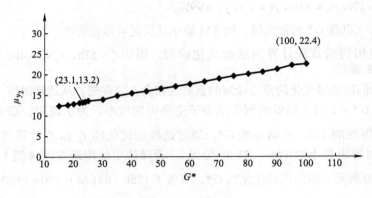

图 10.7 μ_{y_2} 和 G^*

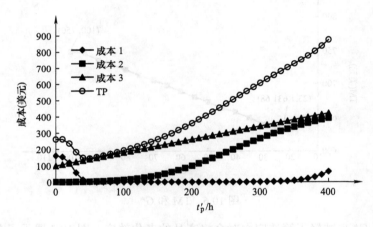

图 10.8 成本和 t'_p

在达到 51h 前随着 t'_p 的增加，成本 1 急剧减少。然而，当 t'_p 超过 300h 后，成本 1 随之增加，因为过度的筛选会明显地使合格品退化。这与经典的成本模型不同，经典模型忽视了筛选应力在合格品上的老化效应。成本 2 随 t'_p 增加而增加，因为合格品的退化提高了合格品被筛选除去的概率。成本 1、2 和 3 之和为 TP，如图 10.8 所示，TP 曲线有最低点，为其最优化值。

在 τ = 43 800h 结束时针对各个 t'_p 值，每 1000 个零部件的现场失效期望值被绘制在图 10.9 中。随着 t'_p 的增加，现场失效次数降低。当 t'_p 达到 51h 时，现场失效次数开始保持几乎不变。但随着 t'_p 进一步增加到超过 300h，由于筛选应力引起的合格品退化，现场失效次数明显增加。

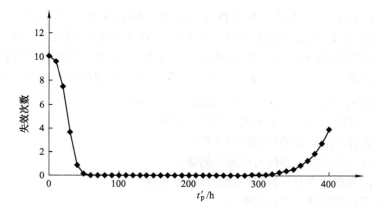

图 10.9　现场失效次数和 t'_p

习题

10.1　简述筛选的目的以及不充分和过度筛选的后果。

10.2　简述以下通常使用的筛选方法的优势和劣势：老化、环境应力筛选（ESS）、高加速应力筛选（HASS）、鉴别指标筛选和退化筛选。

10.3　当一个产品单调递减的性能特性越过特定的阈值，那么产品就已经失效，用公式表示和描绘寿命和特性的双峰分布的关系。

10.4　退化筛选要求在高应力水平下老化产品持续一定长度的时间，为什么？

10.5　一种类型的零部件的失效依据 $y \leq G_0$ 来定义，在高应力水平下经受了时长为 t_p 的退化筛选。写出如下问题的计算公式：

（1）一个零部件（不合格的或者合格的）通过筛选的概率。

（2）通过筛选的零部件来自不合格的子总体的概率。

（3）通过筛选的零部件来自合格的子总体的概率。

（4）来自筛选后的总体的零部件的可靠性。

（5）来自筛选后的总体的零部件的概率密度函数。

10.6　参考习题 10.5，假设性能特性 y 能用对数正态分布来建模，重新计算（1）~（5）。

10.7　参见例 10.1。

（1）解释筛选后为何有缺陷的元器件的平均寿命是负数。

（2）计算筛选前元器件的概率密度函数。

（3）计算筛选后元器件的概率密度函数。

（4）在同样的图上绘制筛选前后元器件的概率密度函数曲线，评论概率密度函数曲线的形状。

10.8 若某电子元器件的性能特性超过85，则认为此元器件已经失效。元器件总体中，8%有缺陷总体在高应力水平下经受110h的退化筛选。筛选和使用的应力水平之间的加速因子是18。若筛选结束时性能达到25，则此元器件被认为是有缺陷的并且被除去。假设此性能使用正态分布建模，在使用应力水平下退化模型是 $\mu_{y_1} = 4.8 + 0.021t$，$\sigma_{y_1} = 5.5$，$\mu_{y_2} = 4.8 + 0.0018t$，$\sigma_{y_2} = 3.7$。

（1）确定在使用应力水平下的等效筛选时间。

（2）计算有缺陷的元器件逃脱筛选的概率。

（3）计算无缺陷的元器件通过筛选的概率。

（4）估计筛选结束时有缺陷的元器件的可靠性。

（5）计算元器件通过筛选的概率。

（6）计算筛选后有缺陷的元器件的平均寿命和标准差。

（7）计算筛选后合格的元器件的平均寿命和标准差。

（8）计算来自筛选后总体的元器件的累积分布函数。

（9）计算来自筛选前总体的元器件的累积分布函数。

（10）绘制出（8）和（9）的累积分布函数。

（11）对筛选时间进行评价。

10.9 参考习题10.8，筛选后的电子元器件被装配到系统中。一旦元器件失效，就使用来自筛选后总体的新元器件代替。使用更新过程，计算50 000h处的更新期望值。

10.10 参考例10.2。电子元器件的更新期望值被绘制在图10.4中，它展示了在35 000~45 000h平稳的。解释其原因。这个平稳现象还能重现吗？如果可以，下次出现是什么时候？

10.11 解释最低限度的维修的概念和此维修策略可能适用于连接的原因。

10.12 一个模块同时包括退化零部件和二元零部件。假设运用了两个等级的筛选并且不合格的和合格的二元零部件形成了一个混合威布尔分布。

（1）确定来自筛选后零部件总体的二元零部件的累积分布函数和概率密度函数。

（2）计算二元零部件的更新期望值。

（3）计算模块的可靠性。

（4）算出退化和二元零部件的零部件成本模型。

（5）写下总成本模型。

10.13 参考习题10.12，若筛选计划是最小化总成本并且同时满足可靠性要求，写下最优化模型。什么是决策变量？

10.14 参考习题10.8。6个筛选后的电子元器件被装配到一个模块中，包含14个焊点，若任何一个焊点断开或任何一个元器件退化超过85，则认为模块已经失效。模块经受了模块级别的筛选，并且要求在20 000h处的可靠性高于92%。假设焊点寿命服从混合威布尔分布，$m_1 = 0.32$，$\eta_1 = 1080h$，$m_2 = 2.25$，$\eta_2 = 1.3 \times 10^7 h$，$C_{gp} = 12$美元，

C_p = 0.15 美元，C_{sp} = 5 美元，C_{ph} = 185 美元，C_{pf} = 1230 美元，C_c = 5.5 美元，C_{sc} = 175 美元，C_{ch} = 210 美元，C_{cf} = 2000 美元，ρ_1 = 1%，ρ_2 = 99%，A_c = 35，A_{cp} = 10。

（1）对于模块级别的筛选，确定最优化的筛选持续时间。

（2）计算零部件级别的筛选成本。

（3）计算模块在 20 000h 处的可靠性。

（4）计算总成本。

（5）习题 10.8 中描述的零部件级别的筛选计划不是最优化的并且需要更改。确定一个最优化的两个等级的筛选计划，重新计算（1）~（4）。

（6）将来自（5）的结果同来（1）~（4）的结果相比较。解释其中的差异。

10.15　参考习题 10.14。开发最优化的两个等级的筛选计划以最大化模块的可靠性，并且使总成本不超过在习题 10.14（5）中得到的最小总成本的 1.8 倍。

11

保修分析

11.1 概述

在产品生命周期的规划中,需要在使用阶段进行保修分析。在之前的各阶段中,包括产品规划、设计与开发、验证与确认和生产制造,产品团队应当完成各种精心策划的可靠性任务,在经济效益最高的基础上达成产品可靠性要求。然而,这并不代表产品在现场使用中不会发生失效。实际上,各种各样的原因会导致某些产品比其他产品更快地发生失效,比如使用不当、生产过程不达标和设计失误。失效不仅会增加消费者的使用成本,也会导致厂家声誉受损和潜在的销售额损失。面对激烈的全球市场竞争环境,如今大部分厂家都会提供保修条款,以图在竞争中获得优势地位。Murthy 和 Blischke(2005)讨论了保修在产品销售过程中的作用。在市场上,保修期长对于商品销售,特别是维修费用较高的商品来说,无疑是极大的卖点。另外,厂家通过这一"利器"可以开拓更广阔的市场。例如,韩国的汽车以其极其优厚的保修政策打入了北美市场,其中包括动力总成系统 5 年或 5 万 mile 保修。这与大多数当地汽车厂家提供的 3 年或 3.6 万 mile 的保修条款形成鲜明对比。除了企业主动提供保修服务外,政府部门会强制要求延长那些失效可能造成严重后果的特定产品的保修期,比如对环境造成不可逆的破坏和人员伤亡的失效。例如,美国联邦法规要求对汽车的催化转化器保修 8 年或 8 万 mile,因为该系统的失效会增加污染物的排放。简言之,保修服务在现代应用越来越广,因此保修分析的重要性也日益凸现。

当在保修期内产品发生失效时,消费者可以返修或更换失效的产品。生产厂家可以从失效数据中获得失效时间、失效模式和使用条件等信息。通常情况下,厂家会保留保修数据,这样便于数据的记录和追踪。这些数据为了解产品在实际使用现场的表现提供了珍贵和可靠的信息,因此应当对其进行全面分析,以满足各式各样的目标。保修分析通常可用于:

1)确定保修期内的保修预算。
2)预测保修期内维修或零件更换的数量。

3）预测现场可靠性表现。
4）发现会导致产品召回的关键失效模式。
5）识别不正常失效的模式和失效概率，以改进产品设计和制造工艺。
6）评估在设计、生产或维护服务中纠正措施的有效性。
7）对于导致频繁维修索赔的产品，确定是否需要将其购回。

本章中，我们将介绍保修分析的所用技术。其中，将着重介绍基本保修政策、数据挖掘策略、基于保修数据的可靠性分析、保修建模和预测、现场失效监测以及降低保修成本等内容。对于可维修系统，可能有读者对基于保修数据计算平均累积分布函数和维修率感兴趣。有兴趣的读者可以参考 Nelson（2003）、Yang 等人（2005）的文献。

11.2 保修政策

《韦氏大学词典》（Neufeldt 和 Guralnik, 1997）把保修定义为：卖方对买方所购买的物品或财产与其描述保持一致的保证，否则由卖方负责维修或更换。在产品销售过程中，卖方指的是产品的生产厂家或是出售该产品的经销商或零售商。买方指的是购买产品的消费者。卖方对买方的保证可以认为是双方的合同协议，从产品出售之日起生效。事实上，在大多数情况下，保修是卖方在产品销售的同时提供给买方的担保条款，不能因谈判而改变。如果消费者决定购买商品，就代表其接受了此项条款。

保修政策必须是具体和明确的。特别是在以下几方面，保修政策必须明确说明：①保修时限（自然时间、使用程度或其他指标）；②包括的失效保修范围；③卖方和买方在维修或更换时产生的经济责任。对于汽车之类的复杂产品，由于失效的范围太大而不能完全罗列。在这些情况下，通常把无法进行保修的失效模式或零部件罗列出来。下面是三个保修政策的例子。

1）福特轿车和皮卡的整车保修政策。在保修期间内，车主不需要承担整车任何保修范围内的维修服务费用，保修时限为自购买之日起，直到 36 个月或 36 000mile，以先到者为准。符合资质的经销商将负责维修、更换或调校车辆中所有零部件的缺陷，如原材料或工艺缺陷。但以下几种情况除外：交通事故、碰撞、火灾、爆炸、冰冻、故意损毁、使用不当、操作失误、维护不当、不恰当车辆改装等。保修时限既可通过时间计算，也可通过里程计算。保修从这两个维度进行计算，稍后会有进一步的讨论。

2）通用轮胎公司的乘用车轮胎保修政策。保修的最小时限是从购买之日起的 72 个月，购买之日指的是新车登记日期或是购买新车时开具的发票日期。根据免费更换政策和按比例更换政策，在保修时限内，无法正常使用的轮胎可以更换为新轮胎。免费更换政策的有限时限为 12 个月，或是达到 2in/32 的磨损量（先到者为准）。当免费更换政策到期时，车主可接受按比例更换条款（不包括相关税费），根据磨损的花纹深度与初始花纹深度与 2in/32 的差的比值，确定买方和卖方各自承担的比例。无论使用时间多长,当轮胎磨损至无法使用,按比例更换轮胎政策就不适用了。保修政策不包括由危险道路、操作不当或维修不当、蓄意破坏和其他引起的轮胎破坏行为。

3)通用电气公司(GE公司)的自洁式电气灶的保修政策。具体为:自商品购买之日起的一年时间内,任何由材料或工艺造成的产品失效,公司都可以提供维修服务。在一整年的保修期内,公司还会提供免费更换失效零件的上门服务。保修范围不包括由安装不当、配送不当、维修不当、滥用误用、事故、火灾、水灾、不可抗力等引起的零件失效。

如上文所述,保修政策包括三个要素:保修时限、保修范围和卖方与买方关于保修服务的经济责任。理想情况下,保修时限应当从潜在失效过程的时间维度进行描述。举个例子,关于汽车零件腐蚀性的保修一般是五年,且不限里程数。因为腐蚀性只与时间长短相关,与里程关系不大。一般来说,时间尺度指的是自然时间、使用程度(如里程数或循环数)或其他。对于许多间歇性使用的产品,失效过程与使用程度的关系通常比与自然时间的关系更大。因此,可以用使用程度来定义保修时限。然而,由于对使用程度进行追踪比较困难,通常用日历时代替。比如,即使大多数的失效都是由使用程度导致的,洗衣机的保修仍是按自然时间而不是使用次数进行计算。当累计使用程度可以追踪时,它通常与自然时间相结合来表示保修时限。一个常见的例子就是上文提到的汽车整车保修政策,它既用自然日历时间进行计算,也用行驶里程数进行计算。

保修政策的三个要素中,保修时限对保修成本的影响最大。长保修期会减少很大一笔收入,造成利润缩水;然而,它可以增加客户满意度和潜在销量。厂家往往通过分析各种因素,如产品可靠性、单次维修成本、销量、单价、法律要求和市场竞争等,以此优化保修期。如果产品失效会导致严重的社会影响,那么通常厂家在保修政策的制定上不起决定作用,政府往往通过法规强制延长产品的保修期。另一个保修政策的关键影响因素则是保修范围。通常,保修需要覆盖所有由材料或工艺造成的失效。但是,由非正常使用引起的损耗,如车祸、滥用或维护不当等通常不包括在内。保修范围通常有行业标准;单个卖方标准通常不会凌驾于行业标准之上。相比较而言,卖方在保修服务中"卖方与买方关于保修服务的经济责任"这个要素有更多的操作空间。这就造就了不同的保修政策,最常见的方式如下:

1)完全免费更换政策。当产品在保修期内失效且符合保修范围,卖方将为买方提供免费更换或修理。若产品要获得免费保修资格,则必须满足保修时限和保修范围的要求。在此政策下,卖方必须承担保修服务所需的任何费用,包括材料费、人工费、税费、处理费等。维修费用支出较为高昂,因此,除非法规明文规定,卖方通常会缩短保修时限。

2)按比例更换政策。当产品在保修期内失效且符合保修范围,卖方承担部分维修或更换零件的费用。买方所承担的比例取决于失效时产品的使用程度。保修结束前使用得越多，买方所需承担的比例越大，这是公平合理的。保修费用是使用程度占保修时限比例的函数。在此政策下，消费者可能需要支付税费和服务费。如上文提及的轮胎保修的例子。如果轮胎在购买 15 个月后爆胎，但爆胎时的花纹深度超过 6in/32，它就适用于按比例更换政策。假设一个相对较新的轮胎，花纹深度约为 11in/32，售价为 70 美元，那么消费者需要支付（11in/32 − 6in/32）/（9in/32）× 70 美元 = 38.89 美元，以及相关税费，式中使用寿命为 9in/32。

3）免费更换与按比例更换相结合的政策。这一政策包含了两个保修阶段，即 t_1 和 t_0（$t_1 < t_0$）。如果产品在 t_1 之前失效，并且在保修范围内，卖方则免费为买方提供维修或更换服务。当失效发生在 t_1 到 t_0 之间，且在保修范围内，卖方承担其中一部分维修或更换费用，买方则承担剩余部分。

以上描述的保修政策是非更新的；也就是说，维修或更换失效产品不能更新保修时限，维修或替换后的产品的保修时限并不会延长，即为原保修的剩余期限。可维修产品的保修政策通常都是非更新的。相比之下，在更新政策中，更换或维修产品后，保修时效又开始重新计算。该政策通常适用于不可修复产品。

保修时限可以从两个维度来表述。对于大多数商品来说，这两个维度为自然时间和使用程度。只要其中一个方面达到限制，保修责任就结束，无论另一个维度是否达到。如果对产品使用较多，那么它的保修责任就会在达到保修的自然时间之前提前结束。另外，如果产品使用较少，那么保修责任会在达到保修的使用程度之前结束。这两个维度的保修政策大大减少了卖方的保修支出，并将维修成本转移到买方身上。这一政策如图 11.1 所示，其中 t 代表自然时间，而 u 代表使用程度，0 则表示保修下限。图 11.1 当中，阴影表示保修所涵盖的范围，其余部分不在保修范围之内。可以再次回顾上文中汽车和轮胎的保修政策。汽车整车维修是两个维度的（自然时间和里程）免费保修政策，保修时间和里程分别是 36 个月和 36 000mile。通用轮胎的保修期包含了免费更换和按比例更换这两个政策，维修时效 t_1 和 t_0 是二维向量，t_1 代表 12 个月的保修期和磨损掉 2in/32 的花纹深度，t_0 代表 72 个月的保修期和只剩 2in/32 的花纹深度。

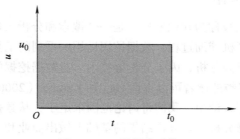

图 11.1　二维保修政策

11.3 保修数据挖掘

11.3.1 保修数据

产品在保修期内的失效,可由厂家或者授权服务商进行维修或更换。当对失效进行索赔时,关于产品的失效信息会报告给厂家。这些信息相当宝贵和可靠,因此应当对它进行全面分析,以此来帮助商务业务和工程决策。同样地,大部分厂家会维护保修数据库,用以保存保修信息。通常情况下,保修数据包括三部分信息:

1)产品数据。数据包括产品序列号、生产日期、工厂标识、销售日期、销售区域、价格、累计使用程度、维修历史记录等。其中一些数据可以直接从失效的产品中获得,而其他数据则需要根据产品序列号进行查询。这些数据可以支持进行不同目的的分析,比如,确定特定生产批次的非常见失效模式,分析现场可靠性与销售地区(使用环境)之间的关系,研究客户使用情况,了解从生产到销售所需的时间等。厂家通常将产品数据和失效数据、维修数据(下文中会提到)相结合进行召回分析,以此决定那些产生大量索赔金额的产品是否需要召回。

2)失效数据。当消费者对失效进行索赔时,提供维修服务的人员应当记录与失效有关的数据,比如消费者抱怨的失效症状。虽然消费者缺乏产品的背景知识,在表达过程中采用的也是非技术语言,然而他们对症状的描述有助于准确和有效地诊断和排除故障。

3)维修数据。维修数据包括工时、成本、失效零件号、换件费用、故障诊断及相关工作、维修日期等。在实际的维修过程中,可能会调试、修理或更换临界的失效部件。因此,维修中记录的零件可能会多于真正失效的零部件。所以在常规的分析基础上,应当进行维修数据的分析,以此追踪维修成本、识别改进保修维修程序的机会,并增加客户满意度。此外,厂家经常应用利用维修数据来分析单次维修成本、单件维修成本和总维修成本。

11.3.2 保修数据挖掘策略

数据挖掘,有时也被称为知识发现,是一个搜索和分析大量数据,进而获取隐藏在数据里的信息的计算机辅助过程。数据挖掘运用一系列的工具,包括统计分析、决策树、神经网络、主成分分析、因子分析等技术。对数据挖掘的定义、方法、工具和应用的详细信息,感兴趣的读者可以查询 Han 和 Kamber(2000)、Ye(2003)的文献。在本章的维修数据挖掘讨论中,我们将讨论范围限定于:从数据库中获取数据、利用统计分析工具进行数据分析、在分析结果的基础上做出商业和工程决策。在这一小节中,我们着重讲解获取保修数据的策略以用于后续分析;然后我们讨论其他两项任务。

通常情况下，厂家会维护保修数据库，以保存索赔过程中所有对产品不利的产品数据、失效数据和保修数据。出于财务、工程、法律等方面的考虑，索赔数据需要保存很长一段时间，可以是几年甚至几十年。时间并不是唯一使数据库变得复杂、庞大的因素。厂家经常制造不同的产品，每种产品都包含众多零部件，每一个零部件又都有不同的失效模式和机理。失效会导致来自于不同区域的索赔，并产生高昂的保修费用。要能存储这样多的变量，并且按照一个或多个变量来排序的数据库实际上是相当复杂的。从这些数据库检索所需数据需要一个灵活而高效的方法，还要仔细地实施。尽管需要根据具体的产品和数据库来制定相应的方法，但下面将描述的一般策略对此是有帮助的。这个策略包括以下四个步骤：

1）确定保修数据分析的目标。目标包括但不限于以下几项：制定保修预算、预测保修期内的维修和更换、分析现场可靠性、识别关键失效模式、改进制造工艺和分析维修效益。这一步相当关键，目标决定了需要获取的数据类型。比如，分析产品现场可靠性通常使用第一次失效的数据，但对保修期的维修量进行预测需要包括复发的失效数据。

2）确定数据范围。保修数据库通常包括上文提到的三类数据：产品数据、失效数据和维修数据。在这一步中，需要清晰界定每一类数据都需要哪些确切的数据。举例来说，如果目标是分析零部件设计改进的有效性，为了进行对比，需要将产品根据设计更改实施前后的数据分为两个子集。这个分组可以根据特定的生产日期来进行。

3）创建数据筛选条件并启动搜索。这一步是通过创建数据筛选条件从保修数据库查询数据。对于保修数据库，筛选条件包含产品、失效和维修的一些特征。在规定的筛选条件下，只有在范围内的数据可以从数据库中被提取出来。创建筛选条件后，就可以开始数据搜索。搜索时间根据不同情况而定，它取决于数据库的规模、筛选条件的复杂程度和计算机的运行速度。

4）数据格式处理。数据搜索完成后，就可以下载这些数据，按照一定的格式对它们进行格式处理，便于有效地进行后续的分析。一些综合性的数据库具备基本的统计功能，可以生成图表、统计结果、概率图等。运用这些工具进行初步分析可以为更深入的研究打下基础。

例11.1 汽车上安装有OBD系统，它用于监控EGR系统的失效。当失效发生时，OBD系统应当发现失效，触发仪表盘的指示灯，（显示如"尽快维修发动机"），以此提醒驾驶人进行维修，并将故障代码存入动力系统控制模块。当没有失效发生时，应当不会触发OBD系统的这项功能。然而，由于一些噪声因子的干扰，OBD系统有时会出现故障，并出现α错误和β错误。α错误即虚警，它由诊断系统在未发现失效的情况下触发失效警告。β错误则表示在失效发生时，诊断系统却无法发现该失效。对此的详细描述，请阅读第5.12节。根据Yang和Zaghati（2004）的研究，OBD系统的可靠性$R(t)$可以表示为

$$R(t) = 1 - F_\alpha(t) - F_\beta(t) \qquad (11.1)$$

式中，$F_\alpha(t)$ 代表没有失效发生，但 OBD 系统却报告失效的概率；$F_\beta(t)$ 代表失效发生，但 OBD 系统却没有探测出失效的概率。

保修数据分析的目标是分析福特汽车公司在 B 年份生产的 A 车型所安装的 OBD 系统的可靠性。请制定数据挖掘策略。

解： 若要运用式（11.1）计算 $R(t)$，首先，我们需要根据保修数据计算出 $F_\alpha(t)$ 和 $F_\beta(t)$ 的值。可以通过汽车发生第一次 α 错误和 β 错误的失效时间，分析出它们的发生概率。寿命数据可以从福特汽车公司的保修数据库中获得，这个数据库叫"分析性保修系统"。数据挖掘策略如下所示：

1）根据定义，α 错误指的是显示有故障，却没有进行维修或更换。因此，对此的筛选条件为：零件数量 = 0，材料成本 = 0，车型 = 车型 A，生产年份 = B，客户抱怨代码（动力控制系统中记录的）= EGR 亮灯，OBD 系统（故障代码或描述）= EGR。

2）保修中，β 错误指的是导致 EGR 部分维修或更换，但没有触发指示灯。因此，筛选条件应当为：零件数量 = 所有 EGR 零件，车型 = 车型 A，生产年份 = B，客户投诉代码（动力控制系统中记录的）= EGR 未亮灯。

3）关于汽车保修数据，寿命一般用失效前经历的月份数来衡量。从数据库中获得的寿命数据可以按失效时的月份数和车辆使用的月份数进行分组。这样的数据排列便于计算 $F_\alpha(t)$ 和 $F_\beta(t)$。值得提醒的是，这里的寿命数据属于右删失区间数据（见第 7 章）。

11.3.3 保修数据的局限性

保修数据包含了产品在实际应用条件下产品功能表现的可靠信息。相比于试验数据，保修数据更加真实，并有多个方面的优势。然而，由于以下几方面的原因，保修数据并不完美：

1）一批产品可能在各种完全不同的条件下工作。举个例子，汽车可能在炎热干燥的环境下运行，也可以在炎热潮湿、寒冷干燥的环境下运行。每位驾驶人不同的驾驶习惯也影响着汽车的可靠性。来自于不同使用情况下的保修数据通常不能进行进一步分解。这样的数据混杂会导致可靠性、保修成本等定量分析结果的偏差。

2）不同批次产品的可靠性也可能会有区别，这是由于制造工艺的偏差，尤其在制程偶尔失控时。通常情况下，新产品的失效率会高于之后生产的产品。在许多情况下，在进行保修分析时，并不知道生产过程中的渐变或突变因素，因此，不同类别的失效数据被混杂在一起，并在进一步的研究被作为同类数据进行分析。

3）除非保修即将结束，当软失效（过度退化引起的）发生时，消费者通常不会立刻将产品送修。通常情况下，消费者只会在方便时或是无法容忍失效时才会进行要求保修。这种人为延期增加了失效的时间，从而导致保修分析的偏差。Rai 和 Singh（2004）研究过这种延期。另一种延期的情况是已经申请保修并记录到数据库中，和从数据库获取数据进行分析之间的时间差。造成这种延期的原因是保修申请和批准的流程。当厂家和维修服务商来自不同的公司时，这种情况尤为明显。在这种情况下，分析使用的索赔数量会低于实际发生的数量。Kalbfleisch 等人（1991）研究过这种延期。

4）申请保修流程在很大程度上受到消费者主观的影响。在保修期内，消费者对于产品比较挑剔，对于性能下降的容忍度也不高。保修申请通常针对的是性能下降严重但确切地说还尚未失效的产品。在如今激烈的商业竞争环境下，为了增加消费者满意度，会有许多这样的产品维修或替换。即使没有进行维修或更换，这种提前的索赔也会产生诊断费用。因此，这样的索赔会导致对可靠性、保修成本等悲观的分析结果。

5）一批产品中仍在工作的数量会随时间推移而逐渐减少，厂家对于具体的数量并不清楚。在保修分析中，销售量被假定为工作产品的总数，这显然高估了实际在保产品的数量。比如，汽车制造商并不确切了解有多少汽车因为严重的事故而报废。但这些汽车在保修分析中仍被计算在内。

11.4 从申请保修次数进行可靠性分析

虽然 DV 和 PV 等试验室试验已经确认产品已达到可靠性要求，但厂家通常关注的是产品在实际应用中的可靠性。通过保修数据对可靠性进行分析则为我们提供了这一问题的答案。然而，由于保修数据的局限性，分析必须建立在某些假设情况的基础之上。我们都知道，保修数据通常包括重复维修；也就是说，在保修时限内，一个产品可能因为同一个问题而维修过不止一次。在可靠性分析中，我们仅考虑首次失效。许多其后发生的失效则被忽略了。另外，每个首次失效发生的时间被认为是服从相同分布，并且相互独立。由于上文中提到的保修数据的局限性，这一假设可能并不成立。如果认同这个事实，就应当采取行动来减少这些限制带来的影响。比如，如果一个系列产品里包括多个类别，那么我们应当将它拆分为多个相同的小类别，并对每一个小类别进行分析。

11.4.1 保修数据的结构

在实际中，产品持续售出，它们的服役时间并不相等。厂家通常追踪某一时间周期内售出的产品数量和后续若干个时间周期内这些产品发生的保修维修的数量。这个时间周期可能是一周、一个月、一季度等。以一个月为一个时间周期最为常见；比如，汽车厂家就是以一个月为单位。为了简化，在同一时段内售卖的产品都拥有相同的服役时间，而在同一时段内失效的产品则有相同的寿命。显然，产品的寿命不可能超出服役时间。假设在 i 时间段内销售的产品数量是 n_i，r_{ij} 是从时间段 j 到产品售出的时间 i 这一时间段内的失效次数，$i = 1, 2, \cdots, k$，$j = 1, 2, \cdots, k$，k 是服役时间的最大值。在汽车行业内，k 通常表示"成熟度"。在第一个时间段卖出的产品具有最大的服役时间。总之，数据可以见表 11.1，其中 TTF（Time to Failure）代表第一次失效的时间，TIS（Time in Service）代表服役时间，而且有：$r_{i\cdot} = \sum_{j=1}^{i} r_{ij}$，$r_{\cdot j} = \sum_{i=j}^{k} r_{ij}$，$r_{\cdot\cdot} = \sum_{i=1}^{k} r_{i\cdot} = \sum_{j=1}^{k} r_{\cdot j}$。其中，$r_{i\cdot}$ 是在 n_i 个产品中失效的总数，$r_{\cdot j}$ 是在 j 时间段内失效的总数，$r_{\cdot\cdot}$ 是所有产品的总失效次数。产品的失效时间要比服役时间少或持平，失效数据在表 11.1 中采取斜对角展现方式。

11.4.2 可靠性分析

表 11.1 中的数据是多组右删失数据（第 7 章）。有 $n_1 - r_{1\cdot}$ 个产品在 1 个时间段后删失，有 $n_2 - r_{2\cdot}$ 个产品在 2 个时间段后删失，以此类推。需要将其转换成寿命数据以便于进行数据分析，处理后结果见表 11.2。

表 11.1 保修数据结构

TIS	TTF					合计	销售量
	1	2	3	…	k		
1	r_{11}					$r_{1\cdot}$	n_1
2	r_{21}	r_{22}				$r_{2\cdot}$	n_2
3	r_{31}	r_{32}	r_{33}			$r_{3\cdot}$	n_3
⋮	⋮	⋮	⋮			⋮	⋮
k	r_{k1}	r_{k2}	r_{k3}	…	r_{kk}	$r_{k\cdot}$	n_k
合计	$r_{\cdot 1}$	$r_{\cdot 2}$	$r_{\cdot 3}$	…	$r_{\cdot k}$	$r_{\cdot\cdot}$	

表 11.2 多重右删失数据

TTF	失效次数	删失产品数
1	$r_{\cdot 1}$	$n_1 - r_{1\cdot}$
2	$r_{\cdot 2}$	$n_2 - r_{2\cdot}$
3	$r_{\cdot 3}$	$n_3 - r_{3\cdot}$
⋮	⋮	⋮
k	$r_{\cdot k}$	$n_k - r_{k\cdot}$

可以用商业软件进行寿命数据分析，如 Minitab 和 ReliaSoft 的威布尔 ++。分析通常从为概率图选择合适的寿命分布开始，然后运用极大似然估计法分析分布参数和其他量化结果。关于此分析方法的详细描述可参照第 7 章以及接下来的例题。

例 11.2 在过去 13 个月中,一个厂家出售了一共 22 167 台洗衣机。产品的保修期为 12 个月,应用免费更换政策。洗衣机的保修数据见表 11.3,其中 TTF 和 TIS 以月份为单位。假设厂家不知道任何保修期之后的失效信息,这些信息也没有在表 11.3 当中展示出来,请分析在保修期结束时的失效概率,以及即将发生的保修申请的数量。

表 11.3 洗衣机的保修数据　　　　　　　　　　（单位:台）

TIS	TTF											合计	销售量
	1个月	2个月	3个月	4个月	5个月	6个月	7个月	8个月	9个月	10个月	11个月	12个月	
1个月	0												0	568
2个月	0	1											1	638
3个月	0	1	1										2	823
4个月	0	0	1	1									2	1231
5个月	0	0	1	1	0								2	1863
6个月	1	0	1	0	1	2							5	2037
7个月	1	1	3	2	1	4	8						20	2788
8个月	2	3	2	6	2	1	6	4					26	2953
9个月	1	2	0	3	4	2	2	3	6				23	3052
10个月	1	3	2	2	3	4	5	4	8				35	2238
11个月	0	1	2	0	4	2	1	2	0	4	3		19	1853
12个月	1	0	3	1	3	2	1	3	3	2	1	2	22	1358
13个月	2	0	0	2	1	0	0	2	1	0	2	1	11	765
合计	9	12	16	18	19	17	21	19	14	14	6	3	168	22 167

解: 因为产品的保修期为 12 个月,有 765 件产品的 TIS 为 13 个月,但只能得到在 12 个月内的失效数据。这些产品被视为享有 12 个月的 TIS,可以与其他 1358 个 TIS 为 12 个月的产品数据相结合,用于计算服役数量。寿命数据见表 11.4。

表 11.4 当中的寿命数据通过 Minitab 进行分析。图形分析法显示,对数正态分布与数据拟合得非常好。洗衣机数据的对数正态概率图、最小二乘拟合、90% 的双侧置信区间如图 11.2 所示。通过采用极大似然估计法进一步分析得到尺寸参数和形状参数,$\hat{\mu} = 6.03$,$\hat{\sigma} = 1.63$。这样,保修期结束时的失效概率为

$$\hat{F}(12) = \Phi\left(\frac{\ln12 - 6.03}{1.63}\right) = 0.0148$$

表 11.4 洗衣机的寿命数据

TIF/月	失效数（台）	删失产品数（台）
1	9	568
2	12	637
3	16	821
4	18	1229
5	19	1861
6	17	2032
7	21	2768
8	19	2927
9	14	3029
10	14	2203
11	6	1834
12	3	2090

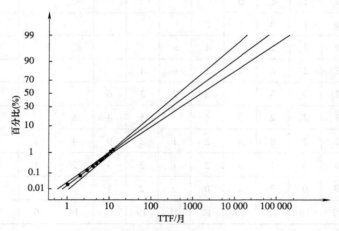

图 11.2 洗衣机数据的对数正态概率图、最小二乘拟合、90%的双侧置信区间

在保修结束时的失效数是 0.0148×22 次，167 次 = 328 次。因为在本月之前已经发生了 168 次失效，将会有另外 328 次 - 168 次 = 160 次失效即保修申请发生。

11.5 二维可靠性分析

正如第 11.2 节中所述，有些产品从属于二维保修政策，它即规定了自然日历时间，又规定了使用程度（以先到者为准）。最常见的例子，便是美国汽车的保修期为 36 个月，或是 36 000mile（以先到者为准）。这些产品的失效都是基于自然时间和使用程度的，换句话说，产品的可靠性是一个关于自然时间和使用程度的函数。建立一个二维的可靠性模型能够提供更切合实际的分析。厂家需要运用这些模型分析可靠性，预测保修、索赔和成本，分析客户满意度。

在本节当中，我们将详细描述为保修数据进行二维可靠性建模并进行计算的实用方法。关于本话题更多的统计方法讨论，可以参考 Blischke 和 Murthy（1994，1996）、Lawless 等人（1995）、Eliashberg 等人（1997）、Yang 等人（2000）、Kim 和 Rao（2000）、Yang 和 Zaghati（2002）、Jung 和 Bai（2006）的文献。

11.5.1 二维的失效概率

在现实使用中，产品被持续使用，失效可能会在自然时间和使用程度的某种组合下发生。图 11.3 在"使用程度 - 自然时间"坐标平面上显示了 4 个产品失效。m 代表使用程度，t 代表自然时间，m 和 t 将该平面分割为四个区域：Ⅰ、Ⅱ、Ⅲ 和 Ⅳ。区域 Ⅰ 代表失效的使用程度小于 m，自然时间少于 t。如果一个产品失效时的使用程度大于 m，自然时间短于 t，那么失效就会发生在区域 Ⅱ。区域 Ⅲ 的失效则发生在使用程度小于 m 而自然时间大于 t。如果使用程度大于 m 并且自然时间长于 t，那么失效将会发生在区域 Ⅳ。

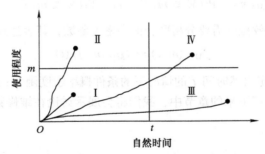

图 11.3 "使用程度 - 自然时间"坐标平面被分割为四个区域

关于使用程度 m 和自然时间 t 的失效概率是

$$F_{M,T}(m,t) = \Pr(M \leq m, T \leq t) = \int_0^t \int_0^m f_{M,T}(m,t) \, dm \, dt \quad (11.2)$$

式中，M 表示失效的使用程度；T 代表失效的自然时间；$f_{M,T}(m,t)$ 是 M 和 T 的联合概率密度函数。

可靠性指的是产品使用程度大于 m，并且自然时间长于 t 的概率，它可以表达为

$$R(m,t) = \Pr(M \geq m, T \geq t) = \int_t^{+\infty} \int_m^{+\infty} f_{M,T}(m,t) \, dm \, dt \quad (11.3)$$

请注意，这个二维可靠性并不是 1- 失效概率。这是因为失效有可能发生在区域 II 和区域 III。区域 II 的失效概率是

$$\Pr(M \geq m, T \leq t) = \int_0^t \int_m^{+\infty} f_{M,T}(m,t) \,\mathrm{d}m \mathrm{d}t \qquad (11.4)$$

区域 III 的失效概率为

$$\Pr(M \leq m, T \geq t) = \int_t^{+\infty} \int_0^m f_{M,T}(m,t) \,\mathrm{d}m \mathrm{d}t \qquad (11.5)$$

显然，四个区域的失效概率相加值为 1。那么，二维可靠性为

$$R(m,t) = 1 - \Pr(M \leq m, T \leq t) - \Pr(M \geq m, T \leq t) - \Pr(M \leq m, T \geq t) \qquad (11.6)$$

它也可以写为

$$R(m,t) = 1 - F_T(t) - F_M(m) + F_{M,T}(m,t) \qquad (11.7)$$

式中，$F_T(t)$ 和 $F_M(m)$ 分别为 T 和 M 边缘失效概率，其表达式为

$$F_T(t) = \Pr(M \leq m, T \leq t) + \Pr(M > m, T \leq t) \qquad (11.8)$$

$$F_M(m) = \Pr(M \leq m, T \leq t) + \Pr(M \leq m, T > t) \qquad (11.9)$$

计算这四个区域的失效概率需要分析联合概率密度函数，其表达式为

$$f_{M,T}(m,t) = f_{M|T}(m) f_T(t) \qquad (11.10)$$

式中，$f_{M|T}(m)$ 是给定自然时间 T 的情况下的条件概率密度函数；$f_T(t)$ 是时间 T 的边缘概率密度函数。在接下来的章节中，我们将会展示讨论在维修数据中计算这两个概率密度函数的方法。

11.5.2 累计使用程度建模

如图 11.1 所示，一个二维保修政策包括自然时间 t_0 和使用程度 u_0，它以两个条件中先达到为准。此政策表明，当产品的服役时间超过 t_0，即使使用程度小于 u_0，也仍旧不在保修范围之内。相反地，如果当使用程度超过 u_0，即使没有达到服役时间 t_0，保修依然结束。因为产品的使用程度累计量按照不同的比例增加，产品总体的使用程度分布很发散。由于有使用程度 u_0 这个限制，使用程度快速增加的产品就会超出保修范围。这种情况的数量会随着使用程度的增加而增加。图 11.4 展示了服役时不同时间的产品的使用程度分布，其中阴影区域代表着这一部分超出了保修的使用程度限制。在寿命试验中，二维保修政策等同于双重删失。在使用程度大于 u_0 时发生的失效，厂家并不知道，因此这种删失会导致 $f_T(t)$ 和 $f_{M|T}(m)$ 的分析存在偏差。当 T 不断向 t_0 逼近，更多的产品超过了保修使用程度期限，这种偏差会不断加剧。在可靠性

分析中，修正这种偏差是十分必要的，而通过运用累计使用程度模型可以达到这个目的，该模型描述了使用程度和自然时间之间的关系。这里，我们给大家介绍两种建模方法：线性累计法和序列回归分析。

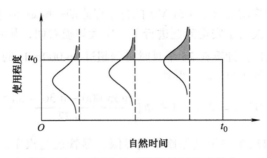

图 11.4　不同自然时间的使用程度分布

1. 线性累计法

如果产品的累计使用程度与自然时间呈线性关系，则累计使用率 ρ 为

$$\rho = \frac{u}{t} \tag{11.11}$$

式中，u 是到时间 t 为止的使用程度累计量。通常，对于同一产品，ρ 是一个常数，而对不同产品则会有所变化。它可能服从尺度参数为 μ_ρ、形状参数为 σ_ρ 的对数正态分布。对于汽车产品，ρ 则是里程累计率。正如 Lawless 等人（1995）、Lu（1998）、Krivtsov 和 Frankstein（2004）所述，里程累计率对于相同类型的汽车来说几乎是不变的，对数正态分布对其是适用的。

式（11.11）可以写为

$$\ln u = \ln \rho + \ln t$$

因为 ρ 服从对数正态分布，所以 $\ln \rho$ 服从均值为 μ_ρ、标准差为 σ_ρ 的正态分布。那么 u 就服从尺度参数为 $\mu_\rho + \ln t$ 和形状参数为 σ_ρ 的对数正态分布。显而易见，在特定时间内，使用程度分布取决于 μ_ρ 和 σ_ρ。理想情况下，μ_ρ 和 σ_ρ 应当通过从仔细规划的调查数据中分析得到，因为这样的数据不会受到保修删失的影响。但是获取调查数据的成本更高，而且不适用于大部分情况。因此，我们可以用召回的数据来计算这些参数。通常，召回的产品不仅仅包括在保修范围内的产品。所以召回的数据不受保修删失的影响。如果进行大规模召回（如产品销量的 60% 甚至更多），那么从统计准确率的角度来看，这个分析是准确的。如果调查数据和召回数据都无法获得，我们应当运用序列回归分析（稍后进行讨论）来为累计使用程度建模。

当分析得到 μ_ρ 和 σ_ρ，就可以计算在某个时间点，那些超过保修使用程度期限的产品比例。其表达式为

$$\Pr(U \geqslant u_0 | t) = 1 - \Phi\left(\frac{\ln u_0 - \ln t - \mu_\rho}{\sigma_\rho}\right) \quad (11.12)$$

式中，U 代表使用程度。

例 11.3 运动型多功能汽车（SUV）的整车保修期一般是 36 个月或是 36 000mile，以先达到的为准。某次由于安全问题进行了一次大规模召回，从召回数据分析中得到了 $\hat{\mu}_\rho = 6.85$，$\hat{\sigma}_\rho = 0.72$。计算在 36 个月时里程超过 36 000mile 的汽车比例。

解：将数据代入式（11.12），得到

$$\Pr(U \geqslant 36\ 000 | t = 36) = 1 - \Phi\left(\frac{\ln 36\ 000 - \ln 36 - 6.85}{0.72}\right) = 0.468$$

这表明 46.8% 的汽车将超过保修里程界限。尽管这些汽车的自然时间仍在保修时限之内，但这些汽车不能再享受保修政策。为了展现保修如何随着时间的增加而过期，图 11.5 绘制出了到 36 个月为止，在不同月份超出保修里程界限的汽车的比例。可以看出，这个比例在最开始的 12 个月都可以忽略，12 个月之后，这个比例迅速增长。

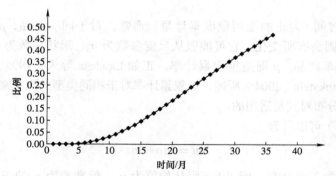

图 11.5 在不同月份超出保修里程界限的汽车比例

2. 序列回归分析

当我们拥有大量的调查数据和召回数据时，上文所述的线性累计法是一个很好的选择。当这些数据很难收集时，我们则倾向于对保修维修数据进行序列回归分析，并建立累计使用程度模型。

厂家可以得到失效数和销售量（见表 11.1），以及每个报修产品失效时的使用程度和相关失效模式。产品一般存在大量不同的失效模式。每个失效模式都有其失效时的使用程度分布。该分布通常与总体的使用程度分布不太相同。因为某些失效模式会倾向于在高（或低）使用程度下发生。将所有失效模式的使用程度数据进行混合，会减轻或消除由失效发生规律产生的影响。因此，在某时刻所有失效模式的失效使用程

度分布可以用来近似估计当时的使用程度分布。

我们可以进行如下假设：

1）产品中的早期失效在 t_1 阶段停止。这个假设对于遭受严重早期失效的产品来说十分重要。它能确保使用程度分布不会被早期失效模式所影响。

2）过保的产品比例在 t_2 阶段可以被忽略（$t_2 > t_1$）。举例来说，对于例 11.3 的 SUV 车辆保险中，我们可以选取 $t_2 = 12$ 个月。

基于假设 2），在时间区间 t（$t = t_1, t_1 + 1, \cdots, t_2$）内，使用程度数据免于审查。从时间 t_1、$t_1 + 1$ 到 t_2，使用程度数据都服从各自合适的分布。分布可能是位置尺度分布（如对数正态分布、正态分布、威布尔分布）。注意这个分布是某个时间段 t 范围内的条件分布。令 $f_{U|T}(u)$ 表示条件概率密度函数，$\mu_u(t)$ 和 $\sigma_u(t)$ 分别是 $f_{U|T}(u)$ 的位置参数和尺度参数。通过图形法或极大似然分析，分析每个阶段的使用程度数据，可以得到 $\hat{\mu}_u(t)$ 和 $\hat{\sigma}_u(t)$。对数据集 $[t_1, \hat{\mu}_u(t_1)]$，$[t_1 + 1, \hat{\mu}_u(t_1 + 1)]$，$\cdots$，$[t_2, \hat{\mu}_u(t_2)]$ 进行回归分析可以获得在某个时间的位置参数，其表达式为

$$\mu_u(t) = g_1(\hat{\boldsymbol{\theta}}_1, t) \tag{11.13}$$

式中，$\hat{\boldsymbol{\theta}}_1$ 是模型参数向量的估计值；g_1 表示函数。

同样，尺度参数的表达式为

$$\sigma_u(t) = g_2(\hat{\boldsymbol{\theta}}_2, t) \tag{11.14}$$

下一步则是运用式（11.13）和式（11.14）预测时间段（$t_2 + 1$）的位置参数和尺度参数，即 $\mu'_u(t_2 + 1)$ 和 $\sigma'_u(t_2 + 1)$。在这个时间段，由于使用程度超过了 u_0，一些产品开始退出保修期。这些退出和失效的产品数量用 r'_{t_2+1} 表示，其计算过程为

$$r'_{t_2+1} = r_{\cdot(t_2+1)} \frac{1 - p_0}{p_0} \tag{11.15}$$

式中，$r_{\cdot}(t_2 + 1)$ 表示保修产品在时间段 $t_2 + 1$ 的失效数，而且

$$p_0 = \Pr[U \leq u_0 | \mu'_u(t_2 + 1), \sigma'_u(t_2 + 1)]$$

时间段 $t_2 + 1$ 的数据可以被视为删失数据。已知 $r_{\cdot}(t_2 + 1)$ 失效产品的使用程度数据，而未记录的 r'_{t_2+1} 失效产品数量被认为是在使用程度 u_0 时的右删失数据。用早期使用的同一类型的分布对删失数据进行拟合，接着可以得到新的分析结果 $\hat{\mu}_u(t_2 + 1)$ 和 $\hat{\sigma}_u(t_2 + 1)$。这些新得到结果的分布比原先预计的更准确，因此 $\hat{\mu}_u(t_2 + 1)$ 和 $\hat{\sigma}_u(t_2 + 1)$ 可以被添加到现有的数据集合 $\hat{\mu}_u(t)$ 和 $\hat{\sigma}_u(t)$（$t = t_1, t_1 + 1, \cdots, t_2$）中，用以更新回归模型的参数 θ_1 和 θ_2。不断重复这个预测和回归过程，直到达到最大时间段 k。最后被更新的式（11.13）和式（11.14）组成了最终的累计使用程度模型，它被用于计算 $\Pr(U \geq u_0 | t)$。此预测和回归过程如图 11.6 所示。

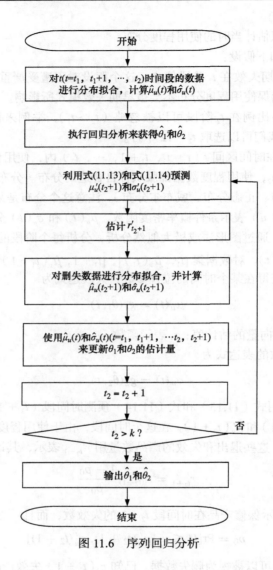

图 11.6 序列回归分析

11.5.3 边缘寿命分布的分析

应用失效率绘图法可以对边缘寿命（时间）分布 $f_T(t)$ 进行分析。它是概率绘图法的替代品，有时甚至比概率绘图法更加方便。这种方法基于累积分布函数和累计失效率函数 $H(t)$ 的一一对应关系。这个关系可以表达为

$$F(t) = 1 - \exp[-H(t)] \tag{11.16}$$

形状参数为 β 和尺度参数为 α 的威布尔分布的累积分布函数为

$$F(t) = 1 - \exp\left[-\left(\frac{t}{\alpha}\right)^\beta\right], \quad t > 0 \tag{11.17}$$

综合式（11.16）和式（11.17）可得

$$H(t) = \left(\frac{t}{\alpha}\right)^\beta \tag{11.18}$$

进行线性变换：

$$\ln[H(t)] = -\beta \ln\alpha + \beta \ln t \tag{11.19}$$

可以看出，在双对数坐标上，威布尔的累计失效率和时间 t 呈线性关系。如果在绘制在双对数坐标图上的数据集近似于一条直线，那么可以认为寿命服从威布尔分布。威布尔分布的形状参数等于直线的斜率，尺度参数可以通过斜率和截距计算获得。

相应地，在失效率为 λ 的指数分布中，有

$$H(t) = \lambda t \tag{11.20}$$

对于均值为 μ 和标准差为 σ 的正态分布，可以得出

$$\Phi^{-1}[1 - e^{-H(t)}] = -\frac{\mu}{\sigma} + \frac{1}{\sigma}t \tag{11.21}$$

关于尺度参数为 μ、形状参数为 σ 的对数正态分布，

$$\Phi^{-1}[1 - e^{-H(t)}] = -\frac{\mu}{\sigma} + \frac{1}{\sigma}\ln t \tag{11.22}$$

可以得出 Nelson（1972，1982）对此进行了详细的讨论。

利用式（11.19）~式（11.22），可以分析寿命分布，但首先需要计算失效率。对于连续型非负随机变量 T 表示的失效时间，其失效率函数 $h(t)$ 为

$$h(t) = \lim_{\Delta t \to 0} \frac{\Pr(t < T \leq t + \Delta t | T > t)}{\Delta t}$$

Δt 代表一个非常小的时间段。这个等式也可以表达为

$$h(t) = \lim_{\Delta t \to 0} \frac{N(t) - N(t + \Delta t)}{N(t)\Delta t} \tag{11.23}$$

式中，$N(t)$ 代表在时间 t 中一直未失效的产品数量。在保修分析中，Δt 常常被认为是一个时间段，比如一个月，因此式（11.23）可以表达为

$$h(t) = \frac{时间 t 和 t+1 之间的失效次数}{t 时刻的未失效次数} \tag{11.24}$$

由于产品是二维删失的特点,发生在 u_0 之后的失效不会被记录在保修数据当中。因此,式(11.24)中的分子是一个未知数。为了使式(11.24)能够被应用,我们用"时间 t 和 $t+1$ 之间的首次维修数"代替"时间 t 和 $t+1$ 之间的失效次数",并对分母做出相应调整,需要注意的是,它只包含在时间 t 时,使用程度小于或等于 u_0 的未失效产品数。那么式(11.24)也可以写成

$$h(t) = \frac{\Delta r(t)}{\Pr(U \leq u_0|t)N(t)} \tag{11.25}$$

式中,$\Delta r(t)$ 是时间 t 和 $t+1$ 之间的首次维修数。通过式(11.25)对表 11.1 的保修数据进行分析,我们可以分析得到在时间段 j 内的失效率

$$\hat{h}_j = \frac{r_j}{\Pr(U \leq u_0|j)N_j} \tag{11.26}$$

式中

$$N_j = \sum_{i=j}^{k} \left(n_i - \sum_{l=1}^{j-1} r_{il} \right) \tag{11.27}$$

在时间段 j 内的累计失效率可以通过以下公式计算:

$$\hat{H}_j = \sum_{i=0}^{j} \hat{h}_i \tag{11.28}$$

式中,$\hat{h}_0 = 0$。$\hat{H}_j (j=1, 2, \cdots, k)$ 计算完成后,利用式(11.19)~式(11.22),对数据集 $(j, \hat{H}_j)$ 进行拟合。和概率图一样,图形最接近直线的关系可能就是最合适的分布。比如,如果式(11.19)拟合得最好,则可以选择威布尔分布。更重要的是,选择的分布应当得到实际情况的验证。接下来的例子讲解了运用失效率绘图法来分析汽车零部件的边缘时间分布。Krivtsov 和 Frankstein(2004)对汽车零部件的边缘里程分布分析进行了讨论。

例 11.4 一个机械组件安装在例 11.3 的 SUV 中。在数据分析时,汽车的成熟度为 11 个月,这表示在第一个月售出的汽车已经有了 11 个月的服役期,或者说 $k=11$。销售量和组件的首次失效罗列在表 11.5 中。分析装配的边缘寿命分布并计算保修期结束时(36 个月)的可靠性。

解:每个月首次失效的合计数已在表 11.5 当中给出,并在表 11.6 中再次提供以便于计算。在第 j 月中未发生失效的汽车数量可以通过式(11.27)进行计算。如第 3 个月的数量为

$$N_3 = \sum_{i=3}^{11}\left(n_i - \sum_{l=1}^{2} r_{il}\right) = [20\,806 - (1+3)] + [18\,165 - (3+2)] + \cdots +$$
$$[2868 - (1+0)] = 120\,986$$

表 11.5 机械组件保修数据　　　　　　　　　　（单位：辆）

TIS	TTF										合计	销售量
	1个月	2个月	3个月	4个月	5个月	6个月	7个月	8个月	9个月	10个月	11个月		
1个月	2											2	12 571
2个月	2	0										2	13 057
3个月	1	3	3									7	20 806
4个月	3	2	5	4								14	18 165
5个月	3	5	4	3	6							21	16 462
6个月	1	3	5	3	7	4						23	13 430
7个月	1	1	3	5	4	3	5					22	16 165
8个月	2	0	1	2	5	4	5	6				25	15 191
9个月	0	2	1	2	2	3	5	4	4			23	11 971
10个月	2	0	3	4	4	5	3	4	2	3		30	5958
11个月	1	0	1	1	2	1	1	0	0	0		9	2868
合计	18	16	26	24	30	21	19	14	7	3	0	178	146 645

表 11.6 累计失效率分析

j	$r_{\cdot j}$	N_j	$\Pr(U \leqslant 36\,000\|j)$	n_j	$\hat{h}_j$	$\hat{H}_j$
1	18	146 645	1.0000	146 645	0.000 123	0.000 123
2	16	134 058	1.0000	134 055	0.000 119	0.000 242
3	26	120 986	0.9998	120 961	0.000 215	0.000 457
4	24	100 161	0.9991	100 074	0.000 240	0.000 697
5	30	81 986	0.9976	81 791	0.000 367	0.001 064
6	21	65 516	0.9949	65 181	0.000 322	0.001 386
7	19	52 087	0.9907	51 604	0.000 368	0.001 754
8	14	35 926	0.9850	35 386	0.000 396	0.002 150
9	7	20 745	0.9776	20 279	0.000 345	0.002 495
10	3	8790	0.9685	8513	0.000 352	0.002 847
11	0	2859	0.9579	2739	0.000 000	0.002 847

$j = 1, 2, \cdots, 11$ 的未发生失效的车辆总数的计算结果见表 11.6。

如例 11.3 所示，第 j 月中汽车的里程呈对数正态分布，其中尺度参数为 $\ln j + 6.85$，形状参数为 0.72。因此，汽车里程在 j 个月份少于或等于 36 000mile 的概率为

$$\Pr(U \leqslant 36\,000 | j) = \Phi\left(\frac{\ln 36\,000 - \ln j - 6.85}{0.72}\right)$$

比如，在第 3 个月时的概率为

$$\Pr(U \leqslant 36\,000 | 3) = \Phi\left(\frac{\ln 36\,000 - \ln 3 - 6.85}{0.72}\right) = 0.9998$$

$j = 1, 2, \cdots, 11$ 时概率的估计值见表 11.6。

在第 j 个月，里程数少于或等于 36 000mile 的未发生失效的汽车数量为

$$n_j = \Pr(U \leqslant 36\,000 | j) N_j$$

比如，在第 3 个月的数量为

$$n_3 = \Pr(U \leqslant 36\,000 | 3) N_3 = 0.9998 \times 120\,986 = 120\,961$$

$j = 1, 2, \cdots, 11$ 的 n_j 的值见表 11.6。

根据式（11.26），可以分析出第 j 月的失效率。如第 3 个月的失效率为

$$\hat{h}_3 = \frac{26}{120\,961} \text{次/月} = 0.000\,215 \text{次/月}$$

$j = 1, 2, \cdots, 11$ 的失效率见表 11.6。

之后，第 j 个月的累计失效率可以根据式（11.28）进行计算。例如，第 3 个月的累计失效率为

$$\hat{H}_3 = \sum_{i=0}^{3} \hat{h}_i = 0 + 0.000\,123 + 0.000\,119 + 0.000\,215 = 0.000\,457$$

$j = 1, 2, \cdots, 11$ 个月的累计失效率见表 11.6。

为了估计边缘寿命分布，根据式（11.19）~式（11.22）对数据点 $(j, \hat{H}_j)$ 进行拟合，其中 $j = 1, 2, \cdots, 11$。线性回归分析表明，威布尔分布拟合最好，分析结果为 $\hat{\beta} = 1.415$，$\hat{\alpha} = 645.9$ 个月。威布尔拟合如图 11.7 所示。边缘寿命分布的概率密度函数则为

$$f_T(t) = \frac{t^{0.415}}{6.693 \times 10^3} \exp\left[-\left(\frac{t}{645.9}\right)^{1.415}\right]$$

此概率密度函数会在例 11.6 中应用。在保修结束时（36 个月）机械组件的可靠性为

$$\hat{R}(36) = \exp\left[-\left(\frac{36}{645.9}\right)^{1.415}\right] = 0.9833$$

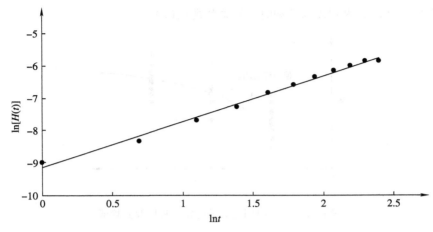

图 11.7 累计失效率的威布尔拟合

11.5.4 条件失效时使用程度分布的分析

如果使用式（11.10）进行二维可靠性计算，我们需要分析条件概率密度函数 $f_{M|T}(m)$。概率密度函数由所有失效产品的使用程度来决定，它与未失效的产品数量没有任何关系。换句话说，$f_{M|T}(m)$ 的计算应当包括那些超过保修使用程度 u_0 的失效产品，并可以忽略未失效产品的数量。

需要特别注意 $f_{M|T}(m)$ 和 $f_{U|T}(u)$ 的区别。前者是失效时使用程度的条件概率密度函数，它表示条件寿命分布。而后者是使用程度的条件概率密度函数，它为某一特定时间的累计使用程度的分布模型。如果关注的失效模式不会出现在累计使用程度过高或过低的情况下，那么这两种条件概率密度函数可能是相同的。为了探测失效趋势，我们可以绘制出不同服役时间的失效时使用程度和使用程度分布的均值，正如图 11.8 所示。图中的最大服役时间应当不超过时间 t_2，在此之前，出保的产品数量可以忽略不计（根据第 11.5.2 小节中的假设 2））。如果在所有的时间段，在均值之上的点数与之下的点数基本持平，那么可以据此得出结论，失效与累计使用程度无关（Davis，1999）。如果确实是这种情况，我们应当进一步对每一时间段的使用程度分布等同于失效时使用程度分布这一假设进行检验。如果假设成立，则我们可以得到 $f_{M|T}(m) = f_{U|T}(u)$。而 $f_{U|T}(u)$ 是已知的，则可以利用式（11.10）进行二维可靠性的计算。

如图 11.8 所示，如果均值之上的点数和之下的点数明显不相等，那就可以确认失效与使用程度密切相关。$f_{M|T}(m)$ 可以通过失效时使用程度的数据分析得到。在最大时间段 k 小于或等于 t_2 的情况下，超过保修使用程度界限的产品数达到最小值。这样保修申请数据基本完整。因此，保修数据可以被直接用于分析 $f_{M|T}(m)$。计算可以得到不同时间段的位置参数和尺度参数。接下去进行回归分析，可建立位置参数和时间

的关系式 $\mu_m(t)$，以及尺度参数和时间的关系式 $\sigma_m(t)$。

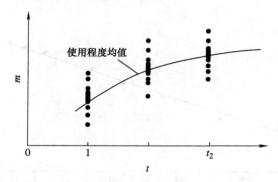

图 11.8　不同时间的失效时使用程度及其均值

当 $k > t_2$，出保数量不能忽略不计，而 $f_{M|T}(m)$ 的估计也应当考虑所有失效的产品，也包括超过保修使用程度限值的产品。这个分析相对复杂，但是，可以运用之前介绍的序列回归方法进行累计使用程度分析。当运用此种方法时，使用程度数据可以替换为失效时使用程度数据，而计算过程保持不变。与累计使用程度分析中的 $\mu_u(t)$ 和 $\sigma_u(t)$ 相比，此分析使用 $\mu_m(t)$ 和 $\sigma_m(t)$。

例 11.5　参考例 11.3 和 11.4。当 SUV 发生失效并需要进行维修时，失效时里程数和时间都被记录下来。图 11.9 描绘了前 10 个月中每个月的失效时里程。表 11.6 中显示了每个月的失效申请数。分析在服役期为 T 时，失效时里程为 M 的条件概率密度函数。

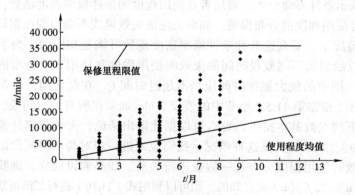

图 11.9　不同月份的失效时里程

解： 由于在这个数据分析中，汽车只有 11 个月的服役期，因此出保数量可以忽略不计。我们可以合理地假设图 11.9 包含失效的汽车。为了探测失效发生的趋势，我们可以在图 11.9 中画出这些汽车的使用程度均值。其中，在月份 t 的使用程度均值为 $\exp[6.85 + \ln t + 0.5 \times 0.72^2] = 1223.2t$。图 11.9 显示，失效倾向于在累计里程数较高的

情况下发生。因此，$f_{M|T}(m)$ 并不等同于 $f_{U|T}(u)$。在这种情况下，$f_{M|T}(m)$ 可以通过保修数据进行直接计算。

因为第 11 个月没有发生维修，而第 10 个月只有 3 起维修事件，因此 $f_{M|T}(m)$ 的计算需要使用前 9 个月的数据。这 9 个月的失效时里程数据在每个月都与威布尔分布十分匹配，如图 11.10 所示。威布尔拟合线基本平行，说明它们有相同的形状参数。通过极大似然估计分析可得到这 9 个月的威布尔特征寿命 $\hat{\alpha}_m$，并按时间在图 11.11 画出。从图 11.11 上可以看出，它们呈线性关系，即 $\alpha_m = bt$，其中 b 表示斜率。可以运用最小二乘法计算这个斜率。也可以通过极大似然估计法获得最佳估计值。根据式（7.59），对数似然函数为

$$L(b, \beta) = \sum_{j=1}^{9} \sum_{i=1}^{r_j} \left[\ln\beta - \beta\ln(bt_j) + (\beta-1)\ln(m_{ij}) - \left(\frac{m_{ij}}{bt_j}\right)^\beta \right]$$

式中，β 是共同形状参数；r_j 是 j 个月份中首次失效的总数（参见表 11.6 中的数据）；m_{ij} 代表第 j 个月中的第 i 个失效的里程数，并且 $t_j = j$。将数据代入上面的等式中，然后将对数似然函数最大化，可以得到 $\hat{\beta} = 2.269$，$\hat{b} = 2337$。因此，在服役期为 T 时的 M 的条件性概率密度函数为

$$f_{M|T}(m) = \frac{m^{1.269}}{1.939 \times 10^7 \times t^{2.269}} \exp\left[-\left(\frac{m}{2337t}\right)^{2.269}\right]$$

例 11.6 中也将应用此概率密度函数。

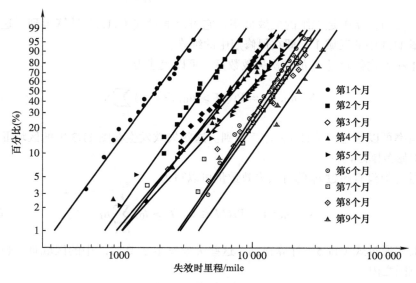

图 11.10　对汽车的失效时里程进行威布尔分布拟合

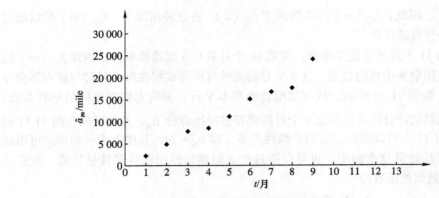

图 11.11　不同月份威布尔特征寿命值

11.5.5　二维可靠性和失效数量估计

完成 $f_{M|T}(m)$ 和 $f_T(t)$ 的估计后，我们可以通过第 11.5.1 小节中得到的公式计算二维可靠性和失效数量。这些计算包括数值积分分析，需要借助商业软件包或小型计算机程序。

除了可靠性和失效概率，通常还会关注失效数量。首次失效数量关于保修使用程度限值 u_0 和时间限值 t_0 的表达式为

$$N_1(u_0, t_0) = F_{M,T}(u_0, t_0) \sum_{i=1}^{k} n_i \quad (11.29)$$

式中，$F_{M,T}(u_0, t_0)$ 是二维的失效概率，它可以通过式（11.2）计算得到。这些失效发生在图 11.3 中的区域 I，即在保修期中的维修。

发生在 t_0 内但超过 u_0 的首次失效数量，可以表述为

$$N_2(u_0, t_0) = \Pr(M > u_0, T \leq t_0) \sum_{i=1}^{k} n_i \quad (11.30)$$

式中的概率可以通过式（11.4）计算得到。这些失效发生在图 11.3 中的区域 II，并不包含在保修范围之内。

超过 t_0 但没有超过 u_0 的首次失效数量可以写为

$$N_3(u_0, t_0) = \Pr(M \leq u_0, T > t_0) \sum_{i=1}^{k} n_i \quad (11.31)$$

式中的概率通过式（11.5）计算得到。这些失效发生在图 11.3 中的区域 III，也不包含在保修范围之内。

既不在 u_0 内也不在 t_0 内的首次失效数量为

$$N_4(u_0, t_0) = \Pr(M > u_0, T > t_0) \sum_{i=1}^{k} n_i \qquad (11.32)$$

式中的概率等于 $R(u_0, t_0)$,它可以通过式(11.3)计算得到。这些失效发生在图 11.3 的区域Ⅳ,这时其使用程度和自然时间都超出了保修范围。

例 11.6 如例 11.4 和例 11.5 当中 SUV 的机械组件,请分析在保修里程和时间界限($u_0 = 36\ 000\text{mile}$, $t_0 = 36$ 个月)内的二维可靠性,并计算 $N_1(u_0, t_0)$, $N_2(u_0, t_0)$, $N_3(u_0, t_0)$ 和 $N_4(u_0, t_0)$。

解:对于该机械组件而言,例 11.4 和例 11.5 当中已经分别计算了 $f_T(t)$ 和 $f_{M|T}(m)$。从式(11.10)可以得知,其联合概率密度函数为

$$f_{M,T}(m,t) = 7.706 \times 10^{-12} \times \frac{m^{1.269}}{t^{1.854}} \times \exp\left[-\left(\frac{m}{2337t}\right)^{2.269} - \left(\frac{t}{645.9}\right)^{1.415}\right]$$

从(式 11.3)中得知,保修里程和时间界限的二维可靠性为

$$R(36\ 000, 36) = \int_{36}^{+\infty} \int_{36\ 000}^{+\infty} f_{M,T}(m,t)\,\mathrm{d}m\mathrm{d}t$$

由上式得 $R(36\ 000, 36) = 0.9809$。由例 11.4 可知,汽车总数为 146 645。接着可以通过式(11.32),计算在 36 个月和 36 000mile 之后的未失效汽车数量为 $N_4(36\ 000, 36) = 0.9809 \times 146\ 645 = 143\ 844$。

同样,区域Ⅰ的失效概率为 $F_{M,T}(36\ 000, 36) = 0.007\ 92$。在保修范围内,首次失效的数量为 $N_1(36\ 000, 36) = 0.007\ 92 \times 146\ 645 = 1161$。

区域Ⅱ的失效概率结果为 $\Pr(M > 36\ 000, T \leqslant 36) = 0.008\ 84$。在 36 个月内但超过 36 000mile 的首次失效数量为 $N_2(36\ 000, 36) = 0.008\ 84 \times 146\ 645 = 1296$。

区域Ⅲ的失效概率结果为 $\Pr(M \leqslant 36\ 000, T > 36) = 0.003\ 42$。因此,超过 36 个月但在 36 000mile 之内的首次失效数量为 $N_3(36\ 000, 36) = 0.003\ 42 \times 146\ 645 = 502$。

通过式(11.8)可知,T 为 36 个月时的边缘可靠性结果为

$$R_T(36) = 1 - F_T(36) = 1 - 0.007\ 92 - 0.008\ 84 = 0.9832$$

这与例 11.4 的结果大致相同。

11.6 保修期内的维修建模

在第 11.4 节和第 11.5 节当中,我们介绍了如何对可靠性数据进行可靠性分析。因为这些可靠性分析仅使用首次失效,所以只能够得出近似的结果。当在保修期内的

再次失效或连续失效可以忽略不计,那么得出这样的近似结果也就足够了。当分析的产品可靠性较高,或是保修期相对于产品平均寿命较短时,就属于这种情况。然而在现实中,产品的一个问题可能会引起多个保修期内的失效,因此这种近似法得出的结果会低于实际的保修维修次数。在本章中,我们将讨论完好如新(good-as-new)维修、如旧(same-as-old)维修和广义更新过程,以及在保修期内发生多次失效时如何应用这些保修维修模型。

11.6.1 完好如新维修

完好如新维修指的是将失效产品修复成为如同全新产品一样的情况;也就是说,维修后的失效率与产品出厂时的失效率大致相同。这种维修等同于将所有产品的零部件更换为一模一样的新零部件。对于简单产品失效后的彻底翻修或复杂产品的关键部件失效,可能适合采用这种维修策略。如果保修期内的每个产品失效后都进行了申请和维修,那么这种维修过程就是普通更新过程。在保修期 t_0 内,更新次数的期望值 $W(t_0)$ 为

$$W(t_0) = F(t_0) + \int_0^{t_0} W(t_0 - x) f(x) \, dx \quad (11.33)$$

式中,$F(t)$ 和 $f(t)$ 分别是产品的累积分布函数和概率密度函数。累积分布函数和概率密度函数可以通过加速寿命试验和保修数据估计得到,见第 11.4 节。式(11.33)是更新函数,在第 10 章中也讨论过了;它可以利用式(10.20)的递归算法求解。

例 11.7 一个冰箱厂家提供 5 年内免费更换密封制冷系统的政策,密封制冷系统由压缩机、冷凝器、蒸发器、烘干机等组合。一项实验室试验结果表明,压缩机的寿命服从威布尔分布,其形状参数为 1.37,特征寿命为 1228 个月。压缩机设计者希望分析保修期内的维修次数期望值。

解:压缩机的修理通常是将此部件维修得如同新品一样,因此可以认为是完好如新维修。计算 5 年保修期(60 个月)内的维修次数期望值,可应用式(11.33):

$$W(60) = 1 - \exp\left[-\left(\frac{60}{1228}\right)^{1.37}\right] +$$

$$\int_0^{60} W(60-x) \frac{x^{0.37}}{12\ 458.94} \exp\left[-\left(\frac{x}{1228}\right)^{1.37}\right] dx$$

将式(10.20)运用到更新函数中,可得到 $W(60) = 0.016$。

11.6.2 如旧维修

当产品失效时,它能够被维修到失效之前的标准;也就是说,维修之后的失效率

与失效之前的产品状态相一致。这种维修方法被称为"如旧维修"或"最低限度的维修",具体情况如第10章所述。这种维修策略通常适用于那些不是由确切零部件导致其失效的复杂产品。更换或维修产品的一个或几个零部件无法改变产品的失效率。当零部件寿命服从指数分布(具有无记忆特征)时,这条原则更加适用。对于这种维修,保修期限内的维修数量能够通过非齐次泊松过程(NHPP)来建模分析,其失效强度函数等同于失效率函数。保修期 t_0 内的维修次数期望值 $W(t_0)$ 为

$$W(t_0) = \int_0^{t_0} h(t) \, dt = \ln \frac{1}{1-F(t_0)} \quad (11.34)$$

式中,$h(t)$ 代表失效率;$F(t_0)$ 代表 t_0 时的联合累积分布函数。累积分布函数或失效率可以通过加速寿命试验或保修数据分析得到。

如果 $F(t_0)$ 的值非常小(因为可靠性高或保修期短),式(11.34)近似于

$$W(t_0) \approx F(t_0)$$

例11.8 参照例11.2当中的洗衣机,若保修期为12个月,共售出22 167台洗衣机,请计算维修次数期望值。

解: 例11.2中显示,洗衣机的寿命服从对数正态分布,其中位置参数为6.03,形状参数为1.63,在保修期(12个月)结束时的失效概率为 $\hat{F}(12) = 0.0148$。从式(11.34)中可得,保修期内的维修次数期望值为 $W(12) = \ln[1/(1-0.0148)] = 0.0149$。$W(12)$ 的数值近似等于可靠性分析的结果 $\hat{F}(12) = 0.0148$。所以,对于22 167台洗衣机的期望维修次数为 $0.0149 \times 22\ 167$ 台 $= 331$ 台。

11.6.3 广义更新过程

前两个小节中介绍的"完好如新维修"和"如旧维修"适用于有限的几种失效产品修复情况。在实际应用中,有时候维修后的产品状态介于这两种极端情况之间。这种维修指的是"比旧产品要好,但不如新产品"的情况。这些维修策略应用不同的模型,类似于我们在"完好如新维修"和"如旧维修"中介绍的情况。Kijima和Sumita(1986)、Kijima(1989)提出了"广义更新过程"的概念,它将这些维修策略作为特殊情况对待。在本小节,我们将简要介绍"广义更新过程"。

令 V_i 和 S_i 分别代表产品在进行第 i 次维修后的虚拟使用程度和真实使用程度。这里真实使用程度是指产品投入使用后的实际使用程度,虚拟使用程度指的是真实使用程度的一部分,它代表了产品维修后的状况。两者的关系可以表达为

$$V_i = qS_i \quad (11.35)$$

式中,q 指的是第 i 次维修后的恢复系数,用其衡量维修的有效性。如果 $q = 0$,那么在第 i 次维修后的估计使用程度为0,这代表产品可以恢复到全新状况。因此,$q = 0$

代表"完好如新维修"。当 $q = 1$,第 i 次维修后的估计使用程度等同于真实使用程度,这代表产品维修后可以恢复到失效之前的状况。因此,$q = 1$ 代表"如旧维修"。如果 $0 < q < 1$,估计使用程度介于 0 和真实使用程度之间,维修则代表"比旧产品更好,但不如新产品"的状况。另外,如果 $q > 1$,估计使用程度则比真实使用程度更大。在这种情况下,产品维修后的状况比维修之前更糟。这种维修被称为"比旧产品更糟"的维修。

通过广义更新过程,在保修期 t_0 内的维修次数期望值 $W(t_0)$ 为

$$W(t_0) = \int_0^{t_0} \left[g(\tau|0) + \int_0^\tau w(x) g(\tau - x|x) \mathrm{d}x \right] \mathrm{d}\tau$$

式中

$$g(t|x) = \frac{f(t + qx)}{1 - F(qx)}, \ t, x \geqslant 0; \quad w(x) = \frac{\mathrm{d}W(x)}{\mathrm{d}x} \quad (11.36)$$

$f(\cdot)$ 和 $F(\cdot)$ 是首次失效时间分布的概率密度函数和累积分布函数。注意 $g(t|0) = f(t)$,式(11.36)包括了分布参数和 q,需要先将它们计算出来并用以计算 $W(t_0)$。Kaminskiy 和 Krivtsov(1998)提出了运用非线性最小二乘技术估计参数,应用蒙特卡罗模拟法来计算式(11.36)。Yanez 等人(2002)、Mettas 和 Zhao(2005)则给出了极大似然估计量。Kaminskiy 和 Krivtsov(2000)介绍了广义更新过程在维修预测中的应用。

11.7 保修成本分析

除了保修次数,厂家通常还关注保修成本。成本取决于保修维修次数和保修政策。在本节,我们将分析不同类型的非更新保修政策的保修成本,包括免费更换、按比例更换,以及免费更换与按比例更换相结合。

11.7.1 免费更换政策的保修成本

免费更换政策要求只要产品的失效发生在保修范围内,那么购买者就无须负担维修产生的费用,厂家或销售商对所需费用负全部责任,包括材料费、人工费、处置费等。通常情况下,每次因同一问题进行的维修的费用根据个案而不同。为了简化运算,我们可以用平均维修成本 c_0。那么,每个产品的保修成本期望值 C_w 则为

$$C_w = c_0 W(t_0) \quad (11.37)$$

式中,$W(t_0)$ 可以通过式(11.33)、式(11.34)和式(11.36)进行计算,这需要根据不同的维修策略进行选择。

例 11.9 参考例 11.2 和例 11.7，若售出 22 167 台洗衣机，平均维修成本为 155 美元，请计算保修成本期望值。

解： 从例 11.8 中可知，每台洗衣机的维修次数期望值为 $W(12) = 0.0149$。从式（11.37）可知，每台洗衣机保修成本期望值为 $C_w = 155$ 美元 $\times 0.0149 = 2.31$ 美元。因此，销售出 22 167 台洗衣机的保修成本期望值为 2.31 美元/台 $\times$ 22 167 台 = 51 206 美元。

11.7.2 按比例更换政策的保修成本

若采用按比例更换的政策，当产品在保修期内失效，厂家需要对产品进行按比例更换或维修，购买者需要承担一小部分的维修或更换费用。尽管按比例更换政策在概念上包含可维修产品，但大部分使用该保修政策的产品都属于不可修产品。对于不可修产品，保修实际上是对失效产品进行更换，这在接下来的部分也会提到。假如产品的购买价格是 c_p，按比例更换费用与寿命呈线性关系。那么厂家要负担的单个产品的保修成本为

$$C_w(t) = \begin{cases} c_p\left(1 - \dfrac{t}{t_0}\right), & 0 \le t \le t_0 \\ 0, & t > t_0 \end{cases} \quad (11.38)$$

式中，t 代表产品寿命；t_0 代表保修期。

$C_w(t)$ 是关于寿命的函数，因此它是一个随机变量。当 $t > t_0$ 时，$C_w(t) = 0$，那么保修成本期望值为

$$E[C_w(t)] = \int_0^{+\infty} C_w(t)\,dF(t) = c_p\left[F(t_0) - \frac{\mu(t_0)}{t_0}\right] \quad (11.39)$$

式中，$F(t)$ 是产品寿命的累积分布函数；$\mu(t_0)$ 是保修期内期望的寿命，它是

$$\mu(t_0) = \int_0^{t_0} t\,dF(t) \quad (11.40)$$

例 11.10 制造商为某种投影仪灯泡提供按比例更换保修政策，保修期为从购买之日起的 12 个月。灯泡的售价为 393 美元。灯泡的寿命服从对数正态分布，其位置参数为 8.16，形状参数为 1.08。在实际应用中的调查显示，95% 的客户每个月使用不会超过 120h。计算每个灯泡的保修成本期望值。

解： 为了简化运算，我们假设所有客户每个月都使用 120h。保修期为 12 个月，也就是 1440h。我们可以得到 $t_0 = 1440$，$c_p = 393$，则

$$F(1440) = \Phi\left(\frac{\ln 1440 - 8.16}{1.08}\right) = 0.2056$$

$$\mu(1440) = 0.3694 \times \int_0^{1440} \exp\left(\frac{(\ln t - 8.16)^2}{2.3328}\right)dt = 179.23$$

将上述数据代入式（11.39），可得

$$E[C_w(t)] = 393 \times \left(0.2056 - \frac{179.23}{1440}\right) = 31.89$$

也就是说，厂家需要为每个灯泡支付 31.89 美元的保修成本。但这个成本只是一个近似值，实际数值会因为每位客户的投影仪使用率不同而有差异。

11.7.3 免费更换与按比例更换政策相结合的保修成本

如前文所述，免费更换与按比例更换相结合的政策具体有两个保修时间，分别为 t_1 和 t_0（$t_1 < t_0$）。若在保修期内，产品在 t_1 之前失效，那么厂家应对产品进行维修或更换，且购买者无须付费。当失效发生在 t_1 和 t_0 之间，厂家会对产品按比例进行维修或更换，但购买者需要支付一部分维修或更换的费用。正如按比例更换政策一样，这种组合的政策专门提供给不可修产品。因此，本节我们只对不可修产品进行讨论。若使用按比例更换政策，假设产品的购买价格为 c_p，按比例更换部分的费用是关于寿命的线性函数。那么厂家需承担的每个产品的保修成本为

$$C_w(t) = \begin{cases} c_p, & 0 \leqslant t \leqslant t_1 \\ \dfrac{c_p(t_0 - t)}{t_0 - t_1}, & t_1 < t \leqslant t_0 \\ 0, & t > t_0 \end{cases} \quad (11.41)$$

式中，t 代表产品寿命。$C_w(t)$ 如图 11.12 所示。

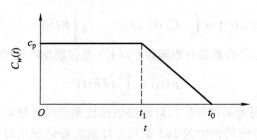

图 11.12　组合政策下每个产品的保修成本

$C_w(t)$ 是产品寿命的函数，因此是一个随机变量。保修成本的期望值可以写为

$$\begin{aligned} E[C_w(t)] &= \int_0^{+\infty} C_w(t) \, dF(t) = \int_0^{t_1} c_p \, dF(t) + \int_{t_1}^{t_0} \frac{c_p(t_0 - t)}{t_0 - t_1} \, dF(t) \\ &= \frac{c_p}{t_0 - t_1}[t_0 F(t_0) - t_1 F(t_1) - \mu(t_0) + \mu(t_1)] \end{aligned} \quad (11.42)$$

式中，$F(t)$ 代表产品寿命的累积分布函数；$\mu(t_0)$ 和 $\mu(t_1)$ 分别是 t_0 和 t_1 时，由式（11.40）定义的期望寿命。

例 11.11 一种轿车用电池的售价为 125 美元，其使用组合保修政策，包含 18 个月免费更换期，以及而后 65 个月的按比例更换期。电池的寿命服从威布尔分布，其中形状参数为 1.71，特征寿命为 235 个月。请分析厂家对于每块电池的保修成本期望值。

解：由已知数据可知，$c_p = 125$，$t_1 = 18$，$t_0 = 18 + 65 = 83$，则

$$F(18) = 1 - \exp\left[-\left(\frac{18}{235}\right)^{1.71}\right] = 0.0123$$

$$F(83) = 0.1552$$

$$\mu(18) = \int_0^{18} \frac{t^{1.71}}{6630.25} \exp\left[-\left(\frac{t}{235}\right)^{1.71}\right] dt = 0.1393$$

$$\mu(83) = 7.9744$$

将上述数据带入式（11.42）可得

$$E[C_w(t)] = \frac{125}{83 - 18}(83 \times 0.1552 - 18 \times 0.0123 - 7.9744 + 0.1393) = 9.28$$

也就是说，厂家将要承担的保修成本期望值为每块电池 9.28 美元。

11.8 现场失效监测

在现代的加工过程中，类似于统计过程控制（SPC）图等多种在线过程监控技术的应用可以确保制造过程处于受控状态。这些技术可以通过分析产品的质量特性而发现过程变化，并且对于存在的显性缺陷十分有效。然而，制程变异会产生的隐性瑕疵会造成最后成品的缺陷。这种瑕疵不会明显降低质量特性，因此也不会在生产过程中被探测出来。但有瑕疵的产品如果不被探测出来并交付到客户手中，那么在实际应用中过不了多久就会失效。对于厂家而言，在早期就能检测出这些可靠性问题，并矫正生产过程是至关重要的。通过保修数据分析，有助于发现早期失效从而达到这一目的。在本节，我们要介绍一种通过 SPC 图监测现场失效的简单方法。Wu 和 Meeker（2002）介绍了一个更复杂的关于通过保修数据检测早期可靠性问题统计方法。

假设在生产时间段 i 中能生产 n_i 个产品，其中 $i = 1, 2, \cdots, k$，$i = 1$ 和 $i = k$ 分别代表最初和最后的生产时间段。我们通常只有兴趣监测正在生产的产品。在实际应用中，最后生产的产品只工作了一个时间区间。令 r_{i1} 代表在生产时间段 i 内生产的产品在第 1 个时间段的失效次数，而生产时间段 i 内生产的产品在第 1 个时间段内的失效概率可以表达为

$$\hat{p}_i = \frac{r_{i1}}{n_i} \qquad (11.43)$$

此概率可以作为质量特性用于生成 SPC 图。也可以运用其他可靠性指标，如特定时间（如保修期）内的失效率。然而，它们的分析需要应用统计建模和外推法，因此可能存在很大的偏差。

假设 k 个生产时间段的制程都是受控的，其失效概率的真值为 p。通过计算这 k 个时间段内的平均失效率得到其估计值，结果为

$$\overline{p} = \frac{\sum_{i=1}^{k} r_{i1}}{\sum_{i=1}^{k} n_i} \qquad (11.44)$$

在第 1 个时间段内的失效发生的概率可以被视为服从二项分布。因此，p 图可用于描述这个概率。

Montgomery（2001a）对 p 图和其他控制图进行了很好的描述。p 图由下式来确定：

$$\begin{aligned} \text{LCL} &= \overline{p} - 3\sqrt{\frac{\overline{p}(1-\overline{p})}{n_i}} \\ \text{中心线} &= \overline{p} \\ \text{UCL} &= \overline{p} + 3\sqrt{\frac{\overline{p}(1-\overline{p})}{n_i}} \end{aligned} \qquad (11.45)$$

UCL 代表控制上限，LCL 代表控制下限，如图 11.13 所示。值得注意的是，控制界限是可变的，它取决于每个时间段的产量。控制界限不断变化，当产量相等时，会变成两条直线。

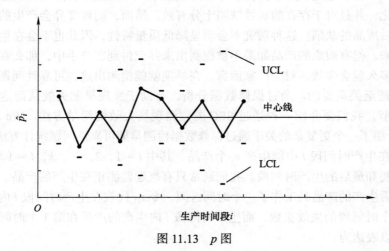

图 11.13　p 图

创建控制图的过程是：通过式（11.43）计算失效概率 $\hat{p}_i$，通过式（11.45）为了

接下来的生产时间段计算相应的控制界限，将 $\hat{p}_i$ 和控制界限绘制到图上。只要 $\hat{p}_i$ 在控制界限之内，以及这一系列的绘制点没有显示任何的非随机行为，我们就可以得出结论，即早期失效率没有明显变化，生产过程仍在控制之中。如果 $\hat{p}_i$ 不在控制范围之内，或者绘制点按非随机方向发展，我们则可以得出结论：早期失效率变化明显，或者生产过程失控。如随后的这个例子，就应当进行调查找出可能存在的原因。

例 11.12 一种新型电热器的厂家想要通过服役第一个月的失效概率确定异常的早期失效率。这种电热器已经投入生产约有 10 个月，每月的产量和第 1 个月的失效数见表 11.7。请绘制 p 图。在生产的第 11 个月，共有 10 325 台电热器被加工后出厂，有 58 台发生了失效，请分析第 11 个月的生产过程是否在控制之中。

表 11.7 电热器数据

生产月份	n_i（台）	r_{i1}（台）	$\hat{p}_i$	包含第 10 个月的数据		不包含第 10 个月的数据	
				LCL	UCL	LCL	UCL
1	9636	36	0.003 74	0.001 73	0.005 37	0.001 60	0.005 14
2	9903	32	0.003 23	0.001 76	0.005 34	0.001 62	0.005 12
3	10 231	43	0.004 20	0.001 79	0.005 31	0.001 65	0.005 09
4	13 267	59	0.004 45	0.002 00	0.005 10	0.001 86	0.004 88
5	23 631	88	0.003 72	0.002 39	0.004 71	0.002 24	0.004 50
6	30 136	87	0.002 89	0.002 52	0.004 58	0.002 37	0.004 37
7	32 666	118	0.003 61	0.002 56	0.004 54	0.002 41	0.004 33
8	23 672	63	0.002 66	0.002 39	0.004 71	0.002 24	0.004 50
9	20 362	59	0.002 90	0.002 30	0.004 80	0.002 15	0.004 59
10	18 342	96	0.005 23	0.002 23	0.004 87		

解：由式（11.44）可知，这 10 个月的产品的第 1 个月的平均失效概率为

$$\bar{p} = \frac{36\text{台} + 32\text{台} + \cdots + 96\text{台}}{9636\text{台} + 9903\text{台} + \cdots + 18\,342\text{台}} = 0.003\,55$$

因此，p 图的中心线是 0.003 55。

控制界限可以通过式（11.45）进行计算。第 1 个月的 LCL 和 UCL 分别是

$$\text{LCL} = 0.003\,55 - 3\sqrt{0.003\,55 \times (1 - 0.003\,55)/9636} = 0.001\,73$$

$$\text{UCL} = 0.003\,55 + 3\sqrt{0.003\,55 \times (1 - 0.003\,55)/9636} = 0.005\,37$$

这 10 个月的控制界限可以通过相同的方法进行计算，并罗列在表 11.7 中的"包含第 10 个月数据"一栏。

每个月生产的产品的第 1 个月失效概率可以通过式（11.43）进行计算。例如，在第 1 个生产月份，我们可知 $\hat{p}_1 = 36/9636 = 0.00374$。这 10 个生产月份的失效概率见

表 11.7。

控制界限、中心线和 $\hat{p}_i$ (i = 1,2,…,10) 都绘制在图 11.14 当中。可以看到，$\hat{p}_{10}$ 超过了相应的 UCL，表示第 10 个月的生产过程不在控制当中。因此，我们应当排除第 10 个月的数据并相应修改控制图。那么新的中心线为 p = 0.003 37。控制界限也要重新进行算，并展示在表 11.7 "不包含第 10 个月的数据" 一栏当中。修改后的控制图如图 11.15 所示。在此图中，第 10 个月 LCL = 0.002 09，UCL = 0.004 66。

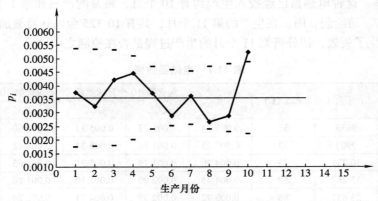

图 11.14　包含 10 个月数据的控制图

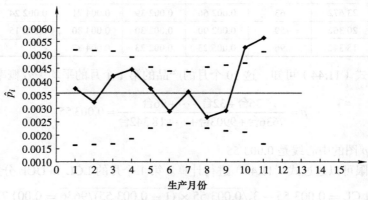

图 11.15　修改后的控制图

可以分析得到第 11 个月的失效概率为 $\hat{p}_{11}$ = 58/10 325 = 0.005 62。$\hat{p}_{11}$ 的控制界限分别是：LCL = 0.001 66，UCL = 0.005 08。对于 $\hat{p}_{10}$ 和 $\hat{p}_{11}$ 的概率分析以及更改后的控制界限，可以参见图 11.15。显而易见，早期失效率从第 10 个月开始大幅增长，这种趋势一直延续到第 11 个月。因此，应当对生产过程开展调查，并确定可能存在的原因。而且必须采取适当的纠正措施。

11.9 降低保修成本

为了应对激烈的全球市场竞争，厂家现如今提供了更为慷慨的保修套餐。这种慷慨行为可能为厂家争取更大的市场份额。然而，保修支出使得利润也相应降低。实际上，基本所有的厂家都承受着较大的保修负担。举例来说，近些年来美国的汽车行业每年大约要花费约150亿美元用于产品保修。为了保持甚至增加收益率，大部分厂家都采取了大量降低保修成本的措施。简言之，措施中包括了提高设计可靠性、降低制程变异、应力筛选、预防性维修和优化维修策略。

1. 提高设计可靠性

要降低保修成本，提高设计可靠性是最根本的方法。这种预防性方式可以在设计与开发阶段保证产品较高的可靠性，通过减少失效次数降低保修成本。更重要的是，直接改进可靠性能够提高客户满意度和市场份额。而正如前文所述，提高设计可靠性要依靠有效的综合可靠性计划的执行，这最好在产品规划阶段就开始。在接下来的阶段，比如产品设计与开发阶段、DV阶段和PV阶段，需要将可靠性任务融入并作为关键部分服务于工程项目。比如，健壮可靠性设计技术应当作为一种工程工具来使用。这样使工程师能够从开始就掌握正确的方向，在其影响扩大前就开始解决潜在的失效问题。在第3章当中，我们描述了如何制定和执行有效的可靠性计划。在整个设计周期中，应当在最大程度上执行这个可靠性计划。遗憾的是，在时间和资源有限时，可靠性任务会因投入巨大而被错误判定，并遭到妥协。作者经常能听到类似如此的借口：因为试验样件不足，DV试验所用的样本容量小于统计要求的样本容量。毫无疑问，试验时所节省下的成本与保修索赔产生的费用相比根本不值一提。

2. 降低制程变异

降低制程变异指的是通过减少常见原因或预防特殊原因的发生从而减少生产过程变异。它是一种有效检测和预防缺陷的方法，并能够增强产品健壮性。有缺陷的产品会在短时间内失效，通常发生在保修期内。因此，缺陷的消除可以直接降低保修成本。而且，健壮性的提高有助于提高长期的可靠性并节省保修成本。

3. 应力筛选

因为生产过程变异和材料缺陷，潜在缺陷可能隐藏在一些产品当中。正如第10章所述，这些产品则组成了一批不合格产品。如果不更正错误，这些缺陷在应用的早期就会逐渐显露出来，因此也会不可避免地增加保修支出。缺陷产品在送到顾客手里之前，可以通过应力筛选来减少或消除这些缺陷。尽管比起提高设计可靠性和降低制程变异，这种方法相对被动，但它在防止早期失效方面十分有效。除此之外，它在大部分应用中都比较经济合理。实际上，应力筛选是厂家最后可以采取也是最常用的减少现场失效的方法。如果为了实现保修成本目标而制定应力筛选策略，筛选的应力和持续时间应当与保修期内的失效次数紧密联系起来。Kar和Nachlas（1997）关于如何协调保修数据和应力筛选策略有进一步的研究。

4. 预防性维修

一旦产品销售到顾客手中,定期的预防性维修在减轻性能退化和防止重大失效方面起着至关重要的作用。厂家最了解自己的产品,因此厂家通常会给客户提供适当的预防性维修指南。实际上,许多厂家都会要求客户遵循他们的指南。如果客户没有按要求操作,则保修条款将变得无效。汽车就是一个很好的例子。新汽车通常附赠有保修指南,它具体细分了保养项目和频率。举例来说,每 5000mile 更换一次机油。车主有责任保证所有的定期保养都按时进行。厂家不会对由疏忽或保养不当造成的失效进行赔偿。

5. 优化维修策略

优化维修策略的目的,就是在不损害产品维修质量的前提下降低每次维修的成本。这需要准确有效地对问题进行诊断,在最短的时间和最小的成本下找到问题的根本原因,并确保产品的修复恰到好处。重要的是第一次就要将问题修复好,它可以减少保修期间的重复维修。最优维修方法应当由制造厂家提出,而且不完全依赖于维修人员的个人技能。

习题

11.1 请描述保修分析的目的,保修分析如何帮助减少产品的生命周期成本?

11.2 保修政策的要素是什么?请解释下列政策:

(1)免费更换政策。

(2)按比例更换政策。

(3)免费更换与按比例更换政策的结合。

(4)更新政策。

(5)非更新政策。

(6)二维政策。

11.3 对于保修期内的维修来说,哪些的数据应当被记录在保修数据库中?请讨论如何使用保修数据,并描述保修数据挖掘的步骤。

11.4 请解释保修数据的局限性以及它如何影响产品可靠性和保修成本的分析。

11.5 参考例 11.2。如果提前两个月进行洗衣机保修数据分析,可靠性的估计量是什么?将要发生多少失效?将结果与例子当中的结果进行比较。

11.6 请参考例 11.4。假设由于累计里程数超过 36 000mile 导致产品中途出保,在第 11 个月的数据可以被忽略。请分析机械组件的寿命分布,以及在保修结束时的可靠性。将结果与所给例中的结果进行比较。

11.7 安装在豪华轿车中的电子模块的保修期为 48 个月或 48 000mile,以先到达为准。汽车的累计里程服从对数正态分布，其中位置参数为 7.37，形状参数为 1.13。汽车最长的服役时间为 12 个月（也称为成熟期），其中的重复维修可以忽略不计。电子模块保修数据见表 11.8。假设每个月失效时里程的分布与当月的使用程度分布完全一致。

（1）计算第 12 个月和 48 个月的出保率。

（2）计算哪个月的出保率为 10%。

（3）如果厂家要求在第 48 个月后，50% 的汽车将出保，那么保修里程限值应该是多少？

（4）若 $j = 1，2，\cdots，12$，请计算失效率 $\hat{h}_j$。

（5）若 $j = 1，2，\cdots，12$，计算累计失效率 $\hat{H}_j$。

（6）分析电子模块的边缘寿命分布。

（7）请分析第 48 个月后的可靠性，及其首次失效次数。

（8）请写出失效时间和失效时里程的联合概率密度函数。

（9）分析 48 个月和 48 000mile 中的失效概率。

（10）多少辆汽车会由于该模块而至少发生一次失效？

（11）分析第 48 个月和 48 000mile 时的可靠性。

（12）有多少辆汽车会在 48 个月或 48 000mile 内该模块没有失效而存活下来？

（13）分析在 48 个月内，会发生多少次保修范围外的首次失效。

表 11.8 电子模块保修数据 （单位：辆）

TIS	TTF											销售量
	1 个月	2 个月	3 个月	4 个月	5 个月	6 个月	7 个月	8 个月	9 个月	10 个月	11 个月	12 个月	
1 个月	1												836
2 个月	1	2											2063
3 个月	2	0	1										2328
4 个月	1	2	2	1									2677
5 个月	2	1	2	1	2								3367
6 个月	1	2	3	2	2	1							3541
7 个月	2	2	3	3	2	2	3						3936
8 个月	1	2	1	2	1	3	2	2					3693
9 个月	0	2	2	1	0	2	3	1	2				2838
10 个月	2	3	2	1	2	1	2	1	2				2362
11 个月	1	1	2	1	0	1	2	1	2	1	1		2056
12 个月	1	1	0	2	1	1	0	1	0	1	1	1	1876

11.8 笔记本计算机的电池寿命（按月计算）服从对数正态分布，正常使用时，其位置参数为 3.95，形状参数为 0.63。当电池失效时，更换同一型号的新电池需花费

126美元。电池保修期为一年，使用免费更换政策。

（1）分析保修期结束时的失效概率。

（2）请计算保修期内可能会发生的维修数量。

（3）计算销售1000台计算机保修成本的期望值。

11.9 假设液晶显示屏（LCD）电视机失效次数服从指数分布，正常使用时，每个月的失效率为0.00087。电视机失效经过维修可以正常使用，这种维修方式可以称为如旧维修。电视机的保修期为12个月。请计算保修期内每台电视机的期望维修数。

11.10 热水器的厂家为产品提供36个月的按比例更换保修，其中每台售价为58美元。热水器的寿命服从威布尔分布，形状参数为2.23，特征寿命为183个月。为了提高客户满意度和市场份额，厂家计划提供免费更换与按比例更换维修相结合的保修政策，其中前12个月实行免费更换政策，后24个月按比例更换。

（1）计算保修政策内，每台热水器的期望保修成本。

（2）计算两种保修政策结合下，每台热水器的期望保修成本。

（3）由于保修政策的变化，每台热水器的期望保修成本增长了多少？

（4）厂家若要进行这项决策，还需要哪些信息？

11.11 推导式（11.45）的中心线和控制界限。

11.12 一个多功能音乐播放器已经生产了12个月。厂家希望通过首月的保修数据建立一个控制图，用于探测非正常的早期失效。每个月的产量和服役第1个月的失效数据见表11.9。

表11.9 每个月的产量和服役第1个月的失效数据

生产月份	1	2	3	4	5	6	7	8	9	10	11	12
产量（台）	6963	7316	7216	7753	8342	8515	8047	8623	8806	8628	8236	7837
失效数量（台）	15	18	12	17	13	15	19	26	16	14	21	14

（1）绘制 p 图。

（2）确定控制界限。

（3）变化的控制界限是否可以近似为两条直线？如果可以，如何近似？

（4）在第13个月，共生产了7638台产品，其中13台在第1个月发生失效。确定本月的生产过程是否受控。

附录

正交表、线性图以及交互作用表[一]

1. $L_4(2^3)$

$L_4(2^3)$ 正交表

试验次数	列		
	1	2	3
1	0	0	0
2	0	1	1
3	1	0	1
4	1	1	0

1 ●———3———● 2

L_4 的线性图

2. $L_8(2^7)$

$L_8(2^7)$ 正交表

试验次数	列						
	1	2	3	4	5	6	7
1	0	0	0	0	0	0	0
2	0	0	0	1	1	1	1
3	0	1	1	0	0	1	1
4	0	1	1	1	1	0	0
5	1	0	1	0	1	0	1
6	1	0	1	1	0	1	0
7	1	1	0	0	1	1	0
8	1	1	0	1	0	0	1

L_8 的交互作用表

列	列						
	1	2	3	4	5	6	7
1	(1)	3	2	5	4	7	6
2		(2)	1	6	7	4	5
3			(3)	7	6	5	4
4				(4)	1	2	3
5					(5)	3	2
6						(6)	1
7							(7)

[一] 附录中的资料由美国供应商协会（American Supplier Institute）协助经田口玄-博士许可转载。更多的正交表、线性图、交互作用表可以从田口等人（1987，2005）的文献中查阅。

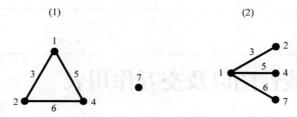

(1) (2)

L_8 的线性图

3. $L_9(3^4)$

$L_9(3^4)$ 正交表

试验次数	列			
	1	2	3	4
1	0	0	0	0
2	0	1	1	1
3	0	2	2	2
4	1	0	1	2
5	1	1	2	0
6	1	2	0	1
7	2	0	2	1
8	2	1	0	2
9	2	2	1	0

1 ●—— 3,4 ——● 2

L_9 的线性图

4. $L_{12}(2^{11})$

$L_{12}(2^{11})$ 正交表

试验次数	列										
	1	2	3	4	5	6	7	8	9	10	11
1	0	0	0	0	0	0	0	0	0	0	0
2	0	0	0	0	0	1	1	1	1	1	1
3	0	0	1	1	1	0	0	0	1	1	1
4	0	1	0	1	1	0	1	1	0	0	1
5	0	1	1	0	1	1	0	1	0	1	0
6	0	1	1	1	0	1	1	0	1	0	0
7	1	0	1	1	0	0	1	1	0	1	0
8	1	0	1	0	1	1	1	0	0	0	1
9	1	0	0	1	1	1	0	1	1	0	0
10	1	1	1	0	0	0	0	1	1	0	1
11	1	1	0	1	0	1	0	0	0	1	1
12	1	1	0	0	1	0	1	0	1	1	0

注意：任意2列的交互作用都分散在其他9列中，因此该正交表不适用于分析因子间的交互作用。

5. $L_{16}(2^{15})$

$L_{16}(2^{15})$ 正交表

试验次数	列 1	2	3	4	5	6	7	8	9	10	11	12	13	14	15
1	0	0	0	0	0	0	0	0	0	0	0	0	0	0	0
2	0	0	0	0	0	0	0	1	1	1	1	1	1	1	1
3	0	0	0	1	1	1	1	0	0	0	0	1	1	1	1
4	0	0	0	1	1	1	1	1	1	1	1	0	0	0	0
5	0	1	1	0	0	1	1	0	0	1	1	0	0	1	1
6	0	1	1	0	0	1	1	1	1	0	0	1	1	0	0
7	0	1	1	1	1	0	0	0	0	1	1	1	1	0	0
8	0	1	1	1	1	0	0	1	1	0	0	0	0	1	1
9	1	0	1	0	1	0	1	0	1	0	1	0	1	0	1
10	1	0	1	0	1	0	1	1	0	1	0	1	0	1	0
11	1	0	1	1	0	1	0	0	1	0	1	1	0	1	0
12	1	0	1	1	0	1	0	1	0	1	0	0	1	0	1
13	1	1	0	0	1	1	0	0	1	1	0	0	1	1	0
14	1	1	0	0	1	1	0	1	0	0	1	1	0	0	1
15	1	1	0	1	0	0	1	0	1	1	0	1	0	0	1
16	1	1	0	1	0	0	1	1	0	0	1	0	1	1	0

$L_{16}(2^{15})$ 的交互作用表

列	1	2	3	4	5	6	7	8	9	10	11	12	13	14	15
1	(1)	3	2	5	4	7	6	9	8	11	10	13	12	15	14
2		(2)	1	6	7	4	5	10	11	8	9	14	15	12	13
3			(3)	7	6	5	4	11	10	9	8	15	14	13	12
4				(4)	1	2	3	12	13	14	15	8	9	10	11
5					(5)	3	2	13	12	15	14	9	8	11	10
6						(6)	1	14	15	12	13	10	11	8	9
7							(7)	15	14	13	12	11	10	9	8
8								(8)	1	2	3	4	5	6	7
9									(9)	3	2	5	4	7	6
10										(10)	1	6	7	4	5
11											(11)	7	6	5	4
12												(12)	1	2	3
13													(13)	3	2
14														(14)	1
15															(15)

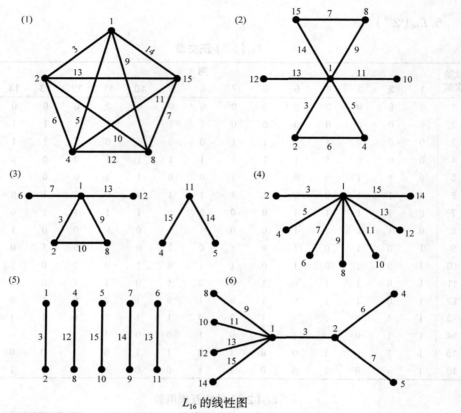

L_{16} 的线性图

6. $L'_{16}(4^5)$

$L'_{16}(4^5)$ 正交表

试验次数	列				
	1	2	3	4	5
1	0	0	0	0	0
2	0	1	1	1	1
3	0	2	2	2	2
4	0	3	3	3	3
5	1	0	1	2	3
6	1	1	0	3	2
7	1	2	3	0	1
8	1	3	2	1	0
9	2	0	2	3	1
10	2	1	3	2	0
11	2	2	0	1	3
12	2	3	1	0	2
13	3	0	3	1	2
14	3	1	2	0	3
15	3	2	1	3	0
16	3	3	0	2	1

注意：要分析列 1 和列 2 的交互作用，必须保证其他列为空。

$1\; \overset{3,4,5}{\rule{2cm}{0.4pt}} \;2$

L'_{16} 的线性图

7. $L_{18}(2^1 \times 3^7)$

$L_{18}(2^1 \times 3^7)$ 正交表

试验次数	列							
	1	2	3	4	5	6	7	8
1	0	0	0	0	0	0	0	0
2	0	0	1	1	1	1	1	1
3	0	0	2	2	2	2	2	2
4	0	1	0	0	1	1	2	2
5	0	1	1	1	2	2	0	0
6	0	1	2	2	0	0	1	1
7	0	2	0	1	0	2	1	2
8	0	2	1	2	1	0	2	0
9	0	2	2	0	2	1	0	1
10	1	0	0	2	2	1	1	0
11	1	0	1	0	0	2	2	1
12	1	0	2	1	1	0	0	2
13	1	1	0	1	2	0	2	1
14	1	1	1	2	0	1	0	2
15	1	1	2	0	1	2	1	0
16	1	2	0	2	1	2	0	1
17	1	2	1	0	2	0	1	2
18	1	2	2	1	0	1	2	0

注意：列 1 和列 2 的交互作用与所有列正交，这样就可以在不牺牲任何列的情况下进行计算。交互作用可由列 1 和列 2 组成的双向表计算得出，列 1 和列 2 可组合形成 6 水平的列。任何其他 2 列的交互作用都分散在剩下的列中。

L_{18} 的线性图

8. $L_{25}(5^6)$

$L_{25}(5^6)$ 正交表

试验次数	列					
	1	2	3	4	5	6
1	0	0	0	0	0	0
2	0	1	1	1	1	1
3	0	2	2	2	2	2
4	0	3	3	3	3	3
5	0	4	4	4	4	4
6	1	0	1	2	3	4
7	1	1	2	3	4	0
8	1	2	3	4	0	1
9	1	3	4	0	1	2
10	1	4	0	1	2	3
11	2	0	2	4	1	3
12	2	1	3	0	2	4
13	2	2	4	1	3	0
14	2	3	0	2	4	1
15	2	4	1	3	0	2
16	3	0	3	1	4	2
17	3	1	4	2	0	3
18	3	2	0	3	1	4
19	3	3	1	4	2	0
20	3	4	2	0	3	1
21	4	0	4	3	2	1
22	4	1	0	4	3	2
23	4	2	1	0	4	3
24	4	3	2	1	0	4
25	4	4	3	2	1	0

注意：要分析列 1 和列 2 的交互作用，必须保证其他列为空。

1●————3, 4, 5, 6————●2

L_{25} 的线性图

9. $L_{27}(3^{13})$

$L_{27}(3^{13})$ 正交表

试验次数	列												
	1	2	3	4	5	6	7	8	9	10	11	12	13
1	0	0	0	0	0	0	0	0	0	0	0	0	0
2	0	0	0	0	1	1	1	1	1	1	1	1	1
3	0	0	0	0	2	2	2	2	2	2	2	2	2
4	0	1	1	1	0	0	0	1	1	1	2	2	2
5	0	1	1	1	1	1	1	2	2	2	0	0	0
6	0	1	1	1	2	2	2	0	0	0	1	1	1
7	0	2	2	2	0	0	0	2	2	2	1	1	1
8	0	2	2	2	1	1	1	0	0	0	2	2	2
9	0	2	2	2	2	2	2	1	1	1	0	0	0
10	1	0	1	2	0	1	2	0	1	2	0	1	2
11	1	0	1	2	1	2	0	1	2	0	1	2	0
12	1	0	1	2	2	0	1	2	0	1	2	0	1
13	1	1	2	0	0	1	2	1	2	0	2	0	1
14	1	1	2	0	1	2	0	2	0	1	0	1	2
15	1	1	2	0	2	0	1	0	1	2	1	2	0
16	1	2	0	1	0	1	2	2	0	1	1	2	0
17	1	2	0	1	1	2	0	0	1	2	2	0	1
18	1	2	0	1	2	0	1	1	2	0	0	1	2
19	2	0	2	1	0	2	1	0	2	1	0	2	1
20	2	0	2	1	1	0	2	1	0	2	1	0	2
21	2	0	2	1	2	1	0	2	1	0	2	1	0
22	2	1	0	2	0	2	1	1	0	2	2	1	0
23	2	1	0	2	1	0	2	2	1	0	0	2	1
24	2	1	0	2	2	1	0	0	2	1	1	0	2
25	2	2	1	0	0	2	1	2	1	0	1	0	2
26	2	2	1	0	1	0	2	0	2	1	2	1	0
27	2	2	1	0	2	1	0	1	0	2	0	2	1

$L_{27}(3^{13})$ 的交互作用表

列	1	2	3	4	5	6	7	8	9	10	11	12	13
1	(1)	3 4	2 4	2 3	6 7	5 7	5 6	9 10	8 10	8 9	12 13	11 13	11 12
2		(2)	1 4	1 3	8 11	9 12	10 13	5 11	6 12	7 13	5 8	6 9	7 10
3			(3)	1 2	9 13	10 11	8 12	7 12	5 13	6 11	7 10	5 8	6 9
4				(4)	10 12	8 13	9 11	6 13	7 11	5 12	7 9	5 10	6 8
5					(5)	1 7	1 6	2 11	3 13	4 12	4 8	4 10	3 9
6						(6)	1 5	4 13	2 12	3 11	3 10	2 9	4 8
7							(7)	3 12	4 11	2 13	4 9	3 8	2 10
8								(8)	1 10	1 9	2 5	3 7	4 6
9									(9)	1 8	4 7	2 6	3 5
10										(10)	3 6	4 5	2 7
11											(11)	1 13	1 12
12												(12)	1 11
13													(13)

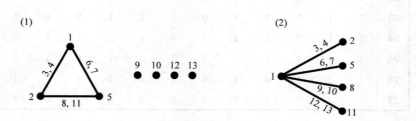

L_{27} 的线性图

参考文献

Adams, V., and Askenazi, A. (1998), *Building Better Products with Finite Element Analysis*, OnWord Press, Santa Fe, NM.

Aggarwal, K. K. (1993), *Reliability Engineering*, Kluwer Academic, Norwell, MA.

AGREE (1957), *Reliability of Military Electronic Equipment*, Office of the Assistant Secretary of Defense Research and Engineering, Advisory Group of Reliability of Electronic Equipment, Washington, DC.

Ahmad, M., and Sheikh, A. K. (1984), Bernstein reliability model: derivation and estimation of parameters, *Reliability Engineering*, vol. 8, no. 3, pp. 131–148.

Akao, Y. (1990), *Quality Function Deployment*, Productivity Press, Cambridge, MA.

Allmen, C. R., and Lu, M. W. (1994), A reduced sampling approach for reliability verification, *Quality and Reliability Engineering International*, vol. 10, no. 1, pp. 71–77.

Al-Shareef, H., and Dimos, D. (1996), Accelerated life-time testing and resistance degradation of thin-film decoupling capacitors, *Proc. IEEE International Symposium on Applications of Ferroelectrics*, vol. 1, pp. 421–425.

Amagai, M. (1999), Chip scale package (CSP) solder joint reliability and modeling, *Microelectronics Reliability*, vol. 39, no. 4, pp. 463–477.

Ames, A. E., Mattucci, N., MacDonald, S., Szonyi, G., and Hawkins, D. M. (1997), Quality loss functions for optimization across multiple response surfaces, *Journal of Quality Technology*, vol. 29, no. 3, pp. 339–346.

ANSI/ASQ (2003a), *Sampling Procedures and Tables for Inspection by Attributes*, ANSI/ASQ Z1.4–2003, American Society for Quality, Milwaukee, WI, www.asq.org.

——— (2003b), *Sampling Procedures and Tables for Inspection by Variables for Percent Nonconforming*, ANSI/ASQ Z1.9–2003, American Society for Quality, Milwaukee, WI, www.asq.org.

Armacost, R. L., Componation, P. J., and Swart, W. W. (1994), An AHP framework for prioritizing customer requirement in QFD: an industrialized housing application, *IIE Transactions*, vol. 26, no. 4, pp. 72–78.

Bai, D. S., and Yun, H. J. (1996), Accelerated life tests for products of unequal size, *IEEE Transactions on Reliability*, vol. 45, no. 4, pp. 611–618.

Bain, L. J., and Engelhardt, M. (1991), *Statistical Analysis of Reliability and Life-Testing Models: Theory and Methods*, (2nd ed.), Marcel Dekker, New York.

Barlow, R. E., and Proschan, F. (1974), *Importance of System Components and Fault Tree Analysis*, ORC-74-3, Operations Research Center, University of California, Berkeley, CA.

Basaran, C., Tang, H., and Nie, S. (2004), Experimental damage mechanics of microelectronic solder joints under fatigue loading, *Mechanics of Materials*, vol. 36, no. 11, pp. 1111–1121.

Baxter, L., Scheuer, E., McConaloguo, D., and Blischke, W. (1982), On the tabulation of the renewal function, *Technometrics*, vol. 24, no. 2, pp. 151–156.

Bazaraa, M. S., Sherali, H. D., and Shetty, C. M. (1993), *Nonlinear Programming: Theory and Algorithms*, (2nd ed.), Wiley, Hoboken, NJ.

Becker, B., and Ruth, P. P. (1998), Highly accelerated life testing for the 1210 digital ruggedized display, *Proc. SPIE*, International Society for Optical Engineering, pp. 337–345.

Bertsekas, D. P. (1996), *Constrained Optimization and Lagrange Multiplier Methods*, Academic Press, San Diego, CA.

Bhushan, B. (2002), *Introduction to Tribology*, Wiley, Hoboken, NJ.

Birnbaum, Z. W. (1969), On the importance of different components in a multicomponent system, in *Multivariate Analysis—II*, P. R. Krishnaiah, Ed., Academic Press, New York, pp. 581–592.

Black, J. R. (1969), Electromigration: a brief survey and some recent results, *IEEE Transactions on Electronic Devices*, vol. ED-16, no. 4, pp. 338–347.

Blischke, W. R., and Murthy, D. N. P. (1994), *Warranty Cost Analysis*, Marcel Dekker, New York.

——— Eds. (1996), *Product Warranty Handbook*, Marcel Dekker, New York.

——— (2000), *Reliability: Modeling, Prediction, and Optimization*, Wiley, Hoboken, NJ.

Boland, P. J., and El-Neweihi, E. (1995), Measures of component importance in reliability theory, *Computers and Operations Research*, vol. 22, no. 4, pp. 455–463.

Bossert, J. L. (1991), *Quality Function Deployment*, ASQC Quality Press, Milwaukee, WI.

Bouissou, M. (1996), An ordering heuristic for building a decision diagram from a faulttree, *Proc. Reliability and Maintainability Symposium*, pp. 208–214.

Boulanger, M., and Escobar, L. A. (1994), Experimental design for a class of accelerated degradation tests, *Technometrics*, vol. 36, no. 3, pp. 260–272.

Bowles, J. B. (2003), An assessment of RPN prioritization in failure modes effects and criticality analysis, *Proc. Reliability and Maintainability Symposium*, pp. 380–386.

Bowles, J. B., and Pelaez, C. E. (1995), Fuzzy logic prioritization of failures in a system failure mode, effects and criticality analysis, *Reliability Engineering and System Safety*, vol. 50, no. 2, pp. 203–213.

Box, G. (1988), Signal-to-noise ratios, performance criteria, and transformation, *Technometrics*, vol. 30, no. 1, pp. 1–17.

Brooks, A. S. (1974), The Weibull distribution: effect of length and conductor size of test cables, *Electra*, vol. 33, pp. 49–61.

Broussely, M., Herreyre, S., Biensan, P., Kasztejna, P., Nechev, K., and Staniewicz, R. J. (2001), Aging mechanism in Li ion cells and calendar life predictions, *Journal of Power Sources*, vol. 97-98, pp. 13–21.

Bruce, G., and Launsby, R. G. (2003), *Design for Six Sigma*, McGraw-Hill, New York.

Carot, V., and Sanz, J. (2000), Criticality and sensitivity analysis of the components of a system, *Reliability Engineering and System Safety*, vol. 68, no. 2, pp. 147–152.

Chan, H. A., and Englert, P. J., Eds. (2001), *Accelerated Stress Testing Handbook: Guide for Achieving Quality Products*, IEEE Press, Piscataway, NJ.

Chao, A., and Hwang, L. C. (1987), A modified Monte Carlo technique for confidence limits of system reliability using pass–fail data, *IEEE Transactions on Reliability*, vol. R-36, no. 1, pp. 109–112.

Chao, L. P., and Ishii, K. (2003), Design process error-proofing: failure modes and effects analysis of the design process, *Proc. ASME Design Engineering Technical Conference*, vol. 3, pp. 127–136.

Chen, M. R. (2001), Robust design for VLSI process and device, *Proc. 6th International Workshop on Statistical Metrology*, pp. 7–16.

Chi, D. H., and Kuo, W. (1989), Burn-in optimization under reliability and capacity restrictions, *IEEE Transactions on Reliability*, vol. 38, no. 2, pp. 193–198.

Chiao, C. H., and Hamada, M. (2001), Analyzing experiments with degradation data for improving reliability and for achieving robust reliability, *Quality and Reliability Engineering International*, vol. 17, no. 5, pp. 333–344.

Coffin, L. F., Jr. (1954), A study of the effects of cyclic thermal stresses on a ductile metal, *Transactions of ASME*, vol. 76, no. 6, pp. 931–950.

Coit, D. W. (1997), System-reliability confidence-intervals for complex-systems with estimated component-reliability, *IEEE Transactions on Reliability*, vol. 46, no. 4, pp. 487–493.

Condra, L. W. (2001), *Reliability Improvement with Design of Experiments*, (2nd ed.), Marcel Dekker, New York.

Cory, A. R. (2000), Improved reliability prediction through reduced-stress temperature cycling, *Proc. 38th IEEE International Reliability Physics Symposium*, pp. 231–236.

Corzo, O., and Gomez, E. R. (2004), Optimization of osmotic dehydration of cantaloupe using desired function methodology, *Journal of Food Engineering*, vol. 64, no. 2, pp. 213–219.

Cox, D. R. (1962), *Renewal Theory*, Wiley, Hoboken, NJ.

———(1972), Regression models and life tables (with discussion), *Journal of the Royal Statistical Society*, ser. B, vol. 34, pp. 187–220.

Creveling, C. M. (1997), *Tolerance Design: A Handbook for Developing Optimal Specifications*, Addison-Wesley, Reading, MA.

Croes, K., De Ceuninck, W., De Schepper, L., and Tielemans, L. (1998), Bimodal failure behaviour of metal film resistors, *Quality and Reliability Engineering International*, vol. 14, no. 2, pp. 87–90.

Crowder, M. J., Kimber, A. C., Smith, R. L., and Sweeting, T. J. (1991), *Statistical Analysis of Reliability Data*, Chapman & Hall, London.

Dabbas, R. M., Fowler, J. W., Rollier, D. A., and McCarville, D. (2003), Multiple response optimization using mixture-designed experiments and desirability functions in semiconductor scheduling, *International Journal of Production Research*, vol. 41, no. 5, pp. 939–961.

Davis, T. P. (1999), A simple method for estimating the joint failure time and failure mileage distribution from automobile warranty data, *Ford Technical Journal*, vol. 2, no. 6, Report FTJ-1999-0048.

Deely, J. J., and Keats, J. B. (1994), Bayes stopping rules for reliability testing with the exponential distribution, *IEEE Transactions on Reliability*, vol. 43, no. 2, pp. 288–293.

Del Casttillo, E., Montgomery, D. C., and McCarville, D. R. (1996), Modified desirability functions for multiple response optimization, *Journal of Quality Technology*, vol. 28, no. 3, pp. 337–345.

Derringer, G., and Suich, R. (1980), Simultaneous optimization of several response variables, *Journal of Quality Technology*, vol. 12, no. 4, pp. 214–219.

Dhillon, B. S. (1999), *Design Reliability: Application and Fundamentals*, CRC Press, Boca Raton, FL.

Dieter, G. E. (2000), *Engineering Design: A Materials and Processing Approach*, McGraw-Hill, New York.

Dimaria, D. J., and Stathis, J. H. (1999), Non-Arrhenius temperature dependence of reliability in ultrathin silicon dioxide films, *Applied Physics Letters*, vol. 74, no. 12, pp. 1752–1754.

Dugan, J. B. (2003), Fault-tree analysis of computer-based systems, tutorial at the Reliability and Maintainability Symposium.

Eliashberg, J., Singpurwalla, N. D., and Wilson, S. P. (1997), Calculating the reserve for a time and usage indexed warranty, *Management Science*, vol. 43, no. 7, pp. 966–975.

Elsayed, E. A. (1996), *Reliability Engineering*, Addison Wesley Longman, Reading, MA.

Ersland, P., Jen, H. R., and Yang, X. (2004), Lifetime acceleration model for HAST tests of a pHEMT process, *Microelectronics Reliability*, vol. 44, no. 7, pp. 1039–1045.

Evans, R. A. (2000), Editorial: Populations and hazard rates, *IEEE Transactions on Reliability*, vol. 49, no. 3, p. 250 (first published in May 1971).

Farnum, N. R., and Booth, P. (1997), Uniqueness of maximum likelihood estimators of the 2-parameter Weibull distribution, *IEEE Transactions on Reliability*, vol. 46, no. 4, pp. 523–525.

Feilat, E. A., Grzybowski, S., and Knight, P. (2000), Accelerated aging of high voltage encapsulated transformers for electronics applications, *Proc. IEEE International Conference on Properties and Applications of Dielectric Materials*, vol. 1, pp. 209–212.

Fleetwood, D. M., Meisenheimer, T. L., and Scofield, J. H. (1994), $1/f$ noise and radiation effects in MOS devices, *IEEE Transactions on Electron Devices*, vol. 41, no. 11, pp. 1953–1964.

Franceschini, F., and Galetto, M. (2001), A new approach for evaluation of risk priorities of failure modes in FMEA, *International Journal of Production Research*, vol. 39, no. 13, pp. 2991–3002.

Fussell, J. B. (1975), How to hand-calculate system reliability and safety characteristics, *IEEE Transactions on Reliability*, vol. R-24, no. 3, pp. 169–174.

Garg, A., and Kalagnanam, J. (1998), Approximation for the renewal function, *IEEE Transactions on Reliability*, vol. 47, no. 1, pp. 66–72.

Gertsbakh, I. B. (1982), Confidence limits for highly reliable coherent systems with exponentially distributed component life, *Journal of the American Statistical Association*, vol. 77, no. 379, pp. 673–678.

———(1989), *Statistical Reliability Theory*, Marcel Dekker, New York.

Ghaffarian, R. (2000), Accelerated thermal cycling and failure mechanisms for BGA and CSP assemblies, *Transactions of ASME: Journal of Electronic Packaging*, vol. 122, no. 4, pp. 335–340.

Gillen, K. T., Bernstein, R., and Derzon, D. K. (2005), Evidence of non-Arrhenius behavior from laboratory aging and 24-year field aging of polychloroprene rubber materials, *Polymer Degradation and Stability*, vol. 87, no. 1, pp. 57–67.

Gitlow, H. S., and Levine, D. M. (2005), *Six Sigma for Green Belts and Champions: Foundations, DMAIC, Tools, Cases, and Certification*, Pearson/Prentice Hall, Upper Saddle River, NJ.

Gnedenko, B., Pavlov, I., and Ushakov, I. (1999), in *Statistical Reliability Engineering*, Chakravarty, S., Ed., Wiley, Hoboken, NJ.

Goddard, P. L. (1993), Validating the safety of real time control systems using FMEA, *Proc. Reliability and Maintainability Symposium*, pp. 227–230.

———(2000), Software FMEA techniques, *Proc. Reliability and Maintainability Symposium*, pp. 118–123.

Guida, M., and Pulcini, G. (2002), Automotive reliability inference based on past data and technical knowledge, *Reliability Engineering and System Safety*, vol. 76, no. 2, pp. 129–137.

Hallberg, O., and Peck, D. S. (1991), Recent humidity acceleration, a base for testing standards, *Quality and Reliability Engineering International*, vol. 7, no. 3, pp. 169–180.

Han, J., and Kamber, M. (2000), *Data Mining: Concepts and Techniques*, Morgan Kaufmann, San Francisco, CA.

Harris, T. A. (2001), *Rolling Bearing Analysis*, (4th ed.), Wiley, Hoboken, NJ.

Harter, H. L., and Moore, A. H. (1976), An evaluation of exponential and Weibull test plans, *IEEE Transactions on Reliability*, vol. R-25, no. 2, pp. 100–104.

Hauck, D. J., and Keats, J. B. (1997), Robustness of the exponential sequential probability ratio test (SPRT) when weibull distributed failures are transformed using a 'known' shape parameter, *Microelectronics Reliability*, vol. 37, no. 12, pp. 1835–1840.

Henderson, T., and Tutt, M. (1997), Screening for early and rapid degradation in GaAs/AlGaAs HBTs, *Proc. 35th IEEE International Reliability Physics Symposium*, pp. 253–260.

Henley, E. J., and Kumamoto, H. (1992), *Probabilistic Risk Assessment: Reliability Engineering, Design, and Analysis*, IEEE Press, Piscataway, NJ.

Hines, W. W., Montgomery, D. C., Goldsman, D. M., and Borror, C. M. (2002), *Probability and Statistics in Engineering*, (4th ed.), Wiley, Hoboken, NJ.

Hirose, H. (1999), Bias correction for the maximum likelihood estimates in the two-parameter Weibull distribution, *IEEE Transactions on Dielectrics and Electrical Insulation*, vol. 6, no. 1, pp. 66–68.

Hobbs, G. K. (2000), *Accelerated Reliability Engineering: HALT and HASS*, Wiley, Chichester, West Sussex, England.

Hwang, F. K. (2001), A new index of component importance, *Operations Research Letters*, vol. 28, no. 2, pp. 75–79.

IEC (1985), *Analysis Techniques for System Reliability: Procedure for Failure Mode and Effects Analysis (FMEA)*, IEC 60812, International Electromechanical Commission, Geneva, www.iec.ch.

———(1998, 2000), *Functional Safety of Electrical/Electronic/Programmable Electronic Safety-Related Systems*, IEC 61508, International Electromechanical Commission, Geneva, www.iec.ch.

IEEE Reliability Society (2006), http://www.ieee.org/portal/site/relsoc.

Ireson, W. G., Coombs, C. F., and Moss, R. Y. (1996), *Handbook of Reliability Engineering and Management*, McGraw-Hill, New York.

Jeang, A. (1995), Economic tolerance design for quality, *Quality and Reliability Engineering International*, vol. 11, no. 2, pp. 113–121.

Jensen, F. (1995), *Electronic Component Reliability*, Wiley, Chichester, West Sussex, England.

Jensen, F., and Petersen, N. E. (1982), *Burn-in: An Engineering Approach to the Design and Analysis of Burn-in Procedures*, Wiley, Chichester, West Sussex, England.

Jiang, G., Purnell, K., Mobley, P., and Shulman, J. (2003), Accelerated life tests and in-vivo test of 3Y-TZP ceramics, *Proc. Materials and Processes for Medical Devices Conference*, ASM International, pp. 477–482.

Johnson, R. A. (1998), *Applied Multivariate Statistical Analysis*, Prentice Hall, Upper Saddle River, NJ.

Joseph, V. R., and Wu, C. F. J. (2004), Failure amplification method: an information maximization approach to categorical response optimization (with discussion), *Technometrics*, vol. 46, no. 1, pp. 1–12.

Jung, M., and Bai, D. S. (2006), Analysis of field data under two-dimensional warranty, *Reliability Engineering and System Safety*, to appear.

Kalbfleisch, J. D., Lawless, J. F., and Robinson, J. A. (1991), Method for the analysis and prediction of warranty claims, *Technometrics*, vol. 33, no. 3, pp. 273–285.

Kalkanis, G., and Rosso, E. (1989), Inverse power law for the lifetime of a Mylar–polyurethane laminated dc hv insulating structure, *Nuclear Instruments and Methods in Physics Research, Series A: Accelerators, Spectrometers, Detectors and Associated Equipment*, vol. 281, no. 3, pp. 489–496.

Kaminskiy, M. P., and Krivtsov, V. V. (1998), A Monte Carlo approach to repairable system reliability analysis, *Proc. Probabilistic Safety Assessment and Management*, International Association for PSAM, pp. 1063–1068.

———(2000), G-renewal process as a model for statistical warranty claim prediction, *Proc. Reliability and Maintainability Symposium*, pp. 276–280.

Kaplan, E. L., and Meier, P. (1958), Nonparametric estimation from incomplete observations, *Journal of the American Statistical Association*, vol. 54, pp. 457–481.

Kapur, K. C., and Lamberson, L. R. (1977), *Reliability in Engineering Design*, Wiley, Hoboken, NJ.

Kar, T. R., and Nachlas, J. A. (1997), Coordinated warranty and burn-in strategies, *IEEE Transactions on Reliability*, vol. 46, no. 4, pp. 512–518.

Kececioglu, D. B. (1991), *Reliability Engineering Handbook*, Vol. 1, Prentice Hall, Upper Saddle River, NJ.

———(1994), *Reliability and Life Testing Handbook*, Vol. 2, Prentice Hall, Upper Saddle River, NJ.

Kececioglu, D. B., and Sun, F. B. (1995), *Environmental Stress Screening: Its Quantification, Optimization and Management*, Prentice Hall, Upper Saddle River, NJ.

Kielpinski, T. L., and Nelson, W. B. (1975), Optimum censored accelerated life tests for normal and lognormal life distributions, *IEEE Transactions on Reliability*, vol. R-24, no. 5, pp. 310–320.

Kijima, M. (1989), Some results for repairable systems with general repair, *Journal of Applied Probability*, vol. 26, pp. 89–102.

Kijima, M., and Sumita, N. (1986), A useful generalization of renewal theory: counting process governed by non-negative Markovian increments, *Journal of Applied Probability*, vol. 23, pp. 71–88.

Kim, H. G., and Rao, B. M. (2000), Expected warranty cost of two-attribute free-replacement warranties based on a bivariate exponential distribution, *Computers and Industrial Engineering*, vol. 38, no. 4, pp. 425–434.

Kim, K. O., and Kuo, W. (2005), Some considerations on system burn-in, *IEEE Transactions on Reliability*, vol. 54, no. 2, pp. 207–214.

Kim, T., and Kuo, W. (1998), Optimal burn-in decision making, *Quality and Reliability Engineering International*, vol. 14, no. 6, pp. 417–423.

Kleyner, A., Bhagath, S., Gasparini, M., Robinson, J., and Bender, M. (1997), Bayesian techniques to reduce the sample size in automotive electronics attribute testing, *Microelectronics Reliability*, vol. 37, no. 6, pp. 879–883.

Krivtsov, V., and Frankstein, M. (2004), Nonparametric estimation of marginal failure distributions from dually censored automotive data, *Proc. Reliability and Maintainability Symposium*, pp. 86–89.

Kuo, W., and Zuo, M. J. (2002), *Optimal Reliability Modeling: Principles and Applications*, Wiley, Hoboken, NJ.

Kuo, W., Chien, W. T., and Kim, T. (1998), *Reliability, Yield, and Stress Burn-in*, Kluwer Academic, Norwell, MA.

Kuo, W., Prasad, V. R., Tillman, F. A., and Hwang, C. L. (2001), *Optimal Reliability Design: Fundamentals and Applications*, Cambridge University Press, Cambridge.

Lambert, H. E. (1975), Fault trees for decision making in system analysis, Ph.D. dissertation, University of California, Livermore, CA.

Lawless, J. F. (2002), *Statistical Models and Methods for Lifetime Data*, 2nd ed., Wiley, Hoboken, NJ.

Lawless, J. F., Hu, J., and Cao, J. (1995), Methods for the estimation of failure distributions and rates from automobile warranty data, *Life Data Analysis*, vol. 1, no. 3, pp. 227–240.

Lee, B. (2004), Sequential Bayesian bit error rate measurement, *IEEE Transactions on Instrumentation and Measurement*, vol. 53, no. 4, pp. 947–954.

Lee, C. L. (2000), Tolerance design for products with correlated characteristics, *Mechanism and Machine Theory*, vol. 35, no. 12, pp. 1675–1687.

Levin, M. A., and Kalal T. T. (2003), *Improving Product Reliability: Strategies and Implementation*, Wiley, Hoboken, NJ.

Lewis, E. E. (1987), *Introduction to Reliability Engineering*, Wiley, Hoboken, NJ.

Li, Q., and Kececioglu, D. B. (2003), Optimal design of accelerated degradation tests, *International Journal of Materials and Product Technology*, vol. 20, no. 1–3, pp. 73–90.

Li, R. S. (2004), *Failure Mechanisms of Ball Grid Array Packages Under Vibration and Thermal Loading*, SAE Technical Paper Series 2004-01-1686, Society of Automotive Engineers, Warrendale, PA.

Lomnicki, Z. (1996), A note on the Weibull renewal process, *Biometrics*, vol. 53, no. 3–4, pp. 375–381.

Lu, J. C., Park, J., and Yang, Q. (1997), Statistical inference of a time-to-failure distribution derived from linear degradation data, *Technometrics*, vol. 39, no. 4, pp. 391–400.

Lu, M. W. (1998), Automotive reliability prediction based on early field failure warranty data, *Quality and Reliability Engineering International*, vol. 14, no. 2, pp. 103–108.

Lu, M. W., and Rudy, R. J. (2000), Reliability test target development, *Proc. Reliability and Maintainability Symposium*, pp. 77–81.

Manian, R., Coppit, D. W., Sullivan, K. J., and Dugan, J. B. (1999), Bridging the gap between systems and dynamic fault tree models, *Proc. Reliability and Maintainability Symposium*, pp. 105–111.

Mann, N. R. (1974), Approximately optimum confidence bounds on series and parallel system reliability for systems with binomial subsystem data, *IEEE Transactions on Reliability*, vol. R-23, no. 5, pp. 295–304.

Manson, S. S. (1966), *Thermal Stress and Low Cycle Fatigue*, McGraw-Hill, New York.

Marseguerra, M., Zio, E., and Cipollone, M. (2003), Designing optimal degradation tests via multi-objective generic algorithms, *Reliability Engineering and System Safety*, vol. 79, no. 1, pp. 87–94.

Martz, H. F., and Waller, R. A. (1982), *Bayesian Reliability Analysis*, Wiley, Hoboken, NJ.

Meeker, W. Q. (1984), A comparison of accelerated life test plans for Weibull and lognormal distributions and Type I censoring, *Technometrics*, vol. 26, no. 2, pp. 157–171.

Meeker, W. Q., and Escobar, L. A. (1995), Planning accelerated life tests with two or more experimental factors, *Technometrics*, vol. 37, no. 4, pp. 411–427.

———(1998), *Statistical Methods for Reliability Data*, Wiley, Hoboken, NJ.

Meeker, W. Q., and Hahn, G. J. (1985), *How to Plan an Accelerated Life Test: Some Practical Guidelines*, volume of ASQC Basic References in Quality Control: Statistical Techniques, American Society for Quality, Milwaukee, WI, www.asq.org.

Meeker, W. Q., and Nelson, W. B. (1975), Optimum accelerated life-tests for the Weibull and extreme value distributions, *IEEE Transactions on Reliability*, vol. R-24, no. 5, pp. 321–332.

Meng, F. C. (1996), Comparing the importance of system components by some structural characteristics, *IEEE Transactions on Reliability*, vol. 45, no. 1, pp. 59–65.

———(2000), Relationships of Fussell–Vesely and Birnbaum importance to structural importance in coherent systems, *Reliability Engineering and System Safety*, vol. 67, no. 1, pp. 55–60.

Menon, R., Tong, L. H., Liu, Z., and Ibrahim, Y. (2002), Robust design of a spindle motor: a case study, *Reliability Engineering and System Safety*, vol. 75, no. 3, pp. 313–319.

Meshkat, L., Dugan, J. B., and Andrews J. D. (2000), Analysis of safety systems with on-demand and dynamic failure modes, *Proc. Reliability and Maintainability Symposium*, pp. 14–21.

Mettas, A. (2000), Reliability allocation and optimization for complex systems, *Proc. Reliability and Maintainability Symposium*, pp. 216–221.

Mettas, A., and Zhao, W. (2005), Modeling and analysis of repairable systems with general repair, *Proc. Reliability and Maintainability Symposium*, pp. 176–182.

Misra, K. B. (1992), *Reliability Analysis and Prediction: A Methodology Oriented Treatment*, Elsevier, Amsterdam, The Netherlands.

Misra, R. B., and Vyas, B. M. (2003), Cost effective accelerated testing, *Proc. Reliability and Maintainability Symposium*, pp. 106–110.

Mogilevsky, B. M., and Shirn, G. (1988), Accelerated life tests of ceramic capacitors, *IEEE Transactions on Components, Hybrids and Manufacturing Technology*, vol. 11, no. 4, pp. 351–357.

Mok, Y. L., and Xie, M. (1996), Planning and optimizing environmental stress screening, *Proc. Reliability and Maintainability Symposium*, pp. 191–198.

Montanari, G. C., Pattini, G., and Simoni, L. (1988), Electrical endurance of EPR insulated cable models, *Conference Record of the IEEE International Symposium on Electrical Insulation*, pp. 196–199.

Montgomery, D. C. (2001a), *Introduction to Statistical Quality Control*, Wiley, Hoboken, NJ.

——— (2001b), *Design and Analysis of Experiments*, 5th ed., Wiley, Hoboken, NJ.

Moore, A. H., Harter, H. L., and Sneed, R. C. (1980), Comparison of Monte Carlo techniques for obtaining system reliability confidence limits, *IEEE Transactions on Reliability*, vol. R-29, no. 4, pp. 178–191.

Murphy, K. E., Carter, C. M., and Brown, S. O. (2002), The exponential distribution: the good, the bad and the ugly: a practical guide to its implementation, *Proc. Reliability and Maintainability Symposium*, pp. 550–555.

Murthy, D. N. P., and Blischke, W. R. (2005), *Warranty Management and Product Manufacture*, Springer-Verlag, New York.

Myers, R. H., and Montgomery, D. C. (2002), *Response Surface Methodology: Process and Product Optimization Using Designed Experiments*, 2nd ed., Wiley, Hoboken, NJ.

Nachlas, J. A. (1986), A general model for age acceleration during thermal cycling, *Quality and Reliability Engineering International*, vol. 2, no. 1, pp. 3–6.

Naderman, J., and Rongen, R. T. H. (1999), Thermal resistance degradation of surface mounted power devices during thermal cycling, *Microelectronics Reliability*, vol. 39, no. 1, pp. 123–132.

Nair, V. N. (1992), Taguchi's parameter design: a panel discussion, *Technometrics*, vol. 34, no. 2, pp. 127–161.

Nair, V. N., Taam, W., and Ye, K. (2002), Analysis of functional responses from robust design studies, *Journal of Quality Technology*, vol. 34, no. 4, pp. 355–371.

Natvig, B. (1979), A suggestion of a new measure of importance of system components, *Stochastic Processes and Their Applications*, vol. 9, pp. 319–330.

Nelson, W. B. (1972), Theory and application of hazard plotting for censored failure data, *Technometrics*, vol. 14, no. 4, pp. 945–966. (Reprinted in *Technometrics*, vol. 42, no. 1, pp. 12–25.)

———(1982), *Applied Life Data Analysis*, Wiley, Hoboken, NJ.

———(1985), Weibull analysis of reliability data with few or no failures, *Journal of Quality Technology*, vol. 17, no. 3, pp. 140–146.

———(1990), *Accelerated Testing: Statistical Models, Test Plans, and Data Analysis*, Wiley, Hoboken, NJ.

———(2003), *Recurrent Events Data Analysis for Product Repairs, Diseases Recurrences, and Other Applications*, ASA and SIAM, Philadelphia, PA, www.siam.org.

———(2004), paperback edition of Nelson (1990) with updated descriptions of software, Wiley, Hoboken, NJ.

———(2005), A bibliography of accelerated test plans, *IEEE Transactions on Reliability*, vol. 54, no. 2, pp. 194–197, and no. 3, pp. 370–373. Request a searchable Word file from WNconsult@aol.com.

Nelson, W. B., and Kielpinski, T. J. (1976), Theory for optimum censored accelerated life tests for normal and lognormal life distributions, *Technometrics*, vol. 18, no. 1, pp. 105–114.

Nelson, W. B., and Meeker, W. Q. (1978), Theory for optimum accelerated censored life tests for Weibull and extreme value distributions, *Technometrics*, vol. 20, no. 2, pp. 171–177.

Neufeldt, V., and Guralnik, D. B., Eds. (1997), *Webster's New World College Dictionary*, 3rd ed., Macmillan, New York.

Nielsen, O. A. (1997), *An Introduction to Integration and Measure Theory*, Wiley, Hoboken, NJ.

Norris, K. C., and Landzberg, A. H. (1969), Reliability of controlled collapse interconnections, *IBM Journal of Research and Development*, vol. 13, pp. 266–271.

O'Connor, P. D. T. (2001), *Test Engineering: A Concise Guide to Cost-Effective Design, Development and Manufacture*, Wiley, Chichester, West Sussex, England.

———(2002), *Practical Reliability Engineering*, 4th ed., Wiley, Chichester, West Sussex, England.

Oraee, H. (2000), Quantative approach to estimate the life expectancy of motor insulation systems, *IEEE Transactions on Dielectrics and Electrical Insulation*, vol. 7, no. 6, pp. 790–796.

Ozarin, N. W. (2004), Failure modes and effects analysis during design of computer software, *Proc. Reliability and Maintainability Symposium*, pp. 201–206.

Park, J. I., and Yum, B. J. (1997), Optimal design of accelerated degradation tests for estimating mean lifetime at the use condition, *Engineering Optimization*, vol. 28, no. 3, pp. 199–230.

———(1999), Comparisons of optimal accelerated test plans for estimating quantiles of lifetime distribution at the use condition, *Engineering Optimization*, vol. 31, no. 1–3, pp. 301–328.

Peck, D. S. (1986), Comprehensive model for humidity testing correlation, *Proc. 24th IEEE International Reliability Physics Symposium*, pp. 44–50.

Phadke, M. S., and Smith, L. R. (2004), Improving engine control reliability through software optimization, *Proc. Reliability and Maintainability Symposium*, pp. 634–640.

Pham, H., Ed. (2003), *Handbook of Reliability Engineering*, Springer-Verlag, London.

Pignatiello, J. J. (1993), Strategies for robust multiresponse quality engineering, *IIE Transactions*, vol. 25, no. 3, pp. 5–15.

Pillay, A., and Wang, J. (2003), Modified failure mode and effects analysis using approximate reasoning, *Reliability Engineering and System Safety*, vol. 79, no. 1, pp. 69–85.

Pohl, E. A., and Dietrich, D. L. (1995a), Environmental stress screening strategies for complex systems: a 3-level mixed distribution model, *Microelectronics Reliability*, vol. 35, no. 4, pp. 637–656.

———(1995b), Environmental stress screening strategies for multi-component systems with Weibull failure-times and imperfect failure detection, *Proc. Reliability and Maintainability Symposium*, pp. 223–231.

Popinceanu, N. G., Gafitanu, M. D., Cretu, S. S., Diaconescu, E. N., and Hostiuc, L. T. (1977), Rolling bearing fatigue life and EHL theory, *Wear*, vol. 45, no. 1, pp. 17–32.

Pyzdek, T. (2003), *The Six Sigma Project Planner: A Step-by-Step Guide to Leading a Six Sigma Project Through DMAIC*, McGraw-Hill, New York.

Qiao, H., and Tsokos, C. P. (1994), Parameter estimation of the Weibull probability distribution, *Mathematics and Computers in Simulation*, vol. 37, no. 1, pp. 47–55.

Rahe, D. (2000), The HASS development process, *Proc. Reliability and Maintainability Symposium*, pp. 389–394.

Rai, B., and Singh, N. (2004), Modeling and analysis of automobile warranty data in presence of bias due to customer-rush near warranty expiration limit, *Reliability Engineering and System Safety*, vol. 86, no. 1, pp. 83–94.

Rantanen, K., and Domb, E. (2002), *Simplified TRIZ: New Problem-Solving Applications for Engineers and Manufacturing Professionals*, CRC Press/St. Lucie Press, Boca Raton, FL.

Rauzy, A. (1993), New algorithms for fault tree analysis, *Reliability Engineering and System Safety*, vol. 40, no. 3, pp. 203–211.

Reddy, R. K., and Dietrich, D. L. (1994), A 2-level environmental-stress-screening (ESS) model: a mixed-distribution approach, *IEEE Transactions on Reliability*, vol. 43, no. 1, pp. 85–90.

ReVelle, J. B., Moran, J. W., and Cox, C. A. (1998), *The QFD Handbook*, Wiley, Hoboken, NJ.

Robinson, T. J., Borror, C. M., and Myers, R. H. (2004), Robust parameter design: a review, *Quality and Reliability Engineering International*, vol. 20, no. 1, pp. 81–101.

Romano, D., Varetto, M., and Vicario, G. (2004), Multiresponse robust design: a general framework based on combined array, *Journal of Quality Technology*, vol. 36, no. 1, pp. 27–37.

Ross, P. J. (1996), *Taguchi Techniques for Quality Engineering: Loss Function, Orthogonal Experiments, Parameter and Tolerance Design*, McGraw-Hill, New York.

Ross, R. (1994), Formulas to describe the bias and standard deviation of the ML-estimated Weibull shape parameter, *IEEE Transactions on Dielectrics and Electrical Insulation*, vol. 1, no. 2, pp. 247–253.

———(1996), Bias and standard deviation due to Weibull parameter estimation for small data sets, *IEEE Transactions. on Dielectrics and Electrical Insulation*, vol. 3, no. 1, pp. 28–42.

Ryoichi, F. (2003), Application of Taguchi's methods to aero-engine engineering development, *IHI Engineering Review*, vol. 36, no. 3, pp. 168–172.

SAE (2000), *Recommended Failure Modes and Effects Analysis (FMEA) Practices for Non-automobile Applications (draft)*, SAE ARP 5580, Society of Automotive Engineers, Warrendale, PA, www.sae.org.

———(2002), *Potential Failure Mode and Effects Analysis in Design (Design FMEA), Potential Failure Mode and Effects Analysis in Manufacturing and Assembly Processes (Process FMEA), and Potential Failure Mode and Effects Analysis for Machinery (Machinery FMEA)*, SAE J1739, Society of Automotive Engineers, Warrendale, PA, www.sae.org.

Seber, G. A., and Wild, C. J. (2003), *Nonlinear Regression*, Wiley, Hoboken, NJ.

Segal, V., Nattrass, D., Raj, K., and Leonard, D. (1999), Accelerated thermal aging of petroleum-based ferrofluids, *Journal of Magnetism and Magnetic Materials*, vol. 201, pp. 70–72.

Sergent, J. E., and Krum, A. (1998), *Thermal Management Handbook for Electronic Assemblies*, McGraw-Hill, New York.

Sharma, K. K., and Rana, R. S. (1993), Bayesian sequential reliability test plans for a series system, *Microelectronics Reliability*, vol. 33, no. 4, pp. 463–465.

Sheu, S. H., and Chien, Y. H. (2004), Minimizing cost-functions related to both burn-in and field operation under a generalized model, *IEEE Transactions on Reliability*, vol. 53, no. 3, pp. 435–439.

———(2005), Optimal burn-in time to minimize the cost for general repairable products sold under warranty, *European Journal of Operational Research*, vol. 163, no. 2, pp. 445–461.

Shohji, I., Mori, H., and Orii, Y. (2004), Solder joint reliability evaluation of chip scale package using a modified Coffin–Manson equation, *Microelectronics Reliability*, vol. 44, no. 2, pp. 269–274.

Silverman, M. (1998), Summary of HALT and HASS results at an accelerated reliability test center, *Proc. Reliability and Maintainability Symposium*, pp. 30–36.

Sinnamon, R. M., and Andrews, J. D. (1996), Fault tree analysis and binary decision diagram, *Proc. Reliability and Maintainability Symposium*, pp. 215–222.

———(1997a), Improved efficiency in qualitative fault tree analysis, *Quality and Reliability Engineering International*, vol. 13, no. 5, pp. 293–298.

———(1997b), New approaches to evaluating fault trees, *Reliability Engineering and System Safety*, vol. 58, no. 2, pp. 89–96.

Smeitink, E., and R. Dekker (1990), A simple approximation to the renewal function, *IEEE Transactions on Reliability*, vol. 39, no. 1, pp. 71–75.

Smith, C. L., and Womack, J. B. (2004), Raytheon assessment of PRISM® as a field failure prediction tool, *Proc. Reliability and Maintainability Symposium*, pp. 37–42.

Sohn, S. Y., and Jang, J. S. (2001), Acceptance sampling based on reliability degradation data, *Reliability Engineering and System Safety*, vol. 73, no. 1, pp. 67–72.

Stachowiak, G. W., and Batchelor, A. W. (2000), *Engineering Tribology*, 2nd ed., Butterworth-Heineman, Woburn, MA.

Stamatis, D. H. (2004), *Six Sigma Fundamentals: A Complete Guide to the System, Methods and Tools*, Productivity Press, New York.

Steinberg, D. S. (2000), *Vibration Analysis for Electronic Equipment*, 3rd ed., Wiley, Hoboken, NJ.

Strifas, N., Vaughan, C., and Ruzzene, M. (2002), Accelerated reliability: thermal and mechanical fatigue solder joints methodologies, *Proc. 40th IEEE International Reliability Physics Symposium*, pp. 144–147.

Strutt, J. E., and Hall, P. L., Eds. (2003), *Global Vehicle Reliability: Prediction and Optimization Techniques*, Professional Engineering Publishing, London.

Suh, N. P. (2001), *Axiomatic Design: Advances and Applications*, Oxford University Press, New York.

Sumikawa, M., Sato, T., Yoshioka, C., and Nukii, T. (2001), Reliability of soldered joints in CSPs of various designs and mounting conditions, *IEEE Transactions on Components and Packaging Technologies*, vol. 24, no. 2, pp. 293–299.

Taguchi, G. (1986), *Introduction to Quality Engineering*, Asian Productivity Organization, Tokyo.

———(1987), *System of Experimental Design*, Unipub/Kraus International, New York.

———(2000), *Robust Engineering*, McGraw-Hill, New York.

Taguchi, G., Konishi, S., Wu, Y., and Taguchi, S. (1987), *Orthogonal Arrays and Linear Graphs*, ASI Press, Dearborn, MI.

Taguchi, G., Chowdhury, S., and Wu, Y. (2005), *Taguchis Quality Engineering Handbook*, Wiley, Hoboken, NJ.

Tamai, T., Miyagawa, K., and Furukawa, M. (1997), Effect of switching rate on contact failure from contact resistance of micro relay under environment containing silicone vapor, *Proc. 43rd IEEE Holm Conference on Electrical Contacts*, pp. 333–339.

Tang, L. C., and Xu, K. (2005), A multiple objective framework for planning accelerated life tests, *IEEE Transactions on Reliability*, vol. 54, no. 1, pp. 58–63.

Tang, L. C., and Yang, G. (2002), Planning multiple levels constant stress accelerated life tests, *Proc. Reliability and Maintainability Symposium*, pp. 338–342.

Tang, L. C., Yang, G., and Xie, M. (2004), Planning of step-stress accelerated degradation test, *Proc. Reliability and Maintainability Symposium*, pp. 287–292.

Tanner, D. M., Walraven, J. A., Mani S. S., and Swanson, S. E. (2002), Pin-joint design effect on the reliability of a polysilicon microengine, *Proc. 40th IEEE International Reliability Physics Symposium*, pp. 122–129.

Teng, S. Y., and Brillhart, M. (2002), Reliability assessment of a high CBGA for high availability systems, *Proc. IEEE Electronic Components and Technology Conference*, pp. 611–616.

Thoman, D. R., Bain, L. J., and Antle, C. E. (1969), Inferences on the parameters of the Weibull distribution, *Technometrics*, vol. 11, no. 3, pp. 445–460.

Tian, X. (2002), Comprehensive review of estimating system-reliability confidence-limits from component-test data, *Proc. Reliability and Maintainability Symposium*, pp. 56–60.

Tijms, H. (1994), *Stochastic Models: An Algorithmic Approach*, Wiley, Hoboken, NJ.

Tseng, S. T., Hamada, M., and Chiao, C. H. (1995), Using degradation data to improve fluorescent lamp reliability, *Journal of Quality Technology*, vol. 27, no. 4, pp. 363–369.

Tsui, K. L. (1999), Robust design optimization for multiple characteristic problems, *International Journal of Production Research*, vol. 37, no. 2, pp. 433–445.

Tu, S. Y., Jean, M. D., Wang, J. T., and Wu, C. S. (2006), A robust design in hardfacing using a plasma transfer arc, *International Journal of Advanced Manufacturing Technology*, vol. 27, no. 9–10, pp. 889–896.

U.S. DoD (1984), *Procedures for Performing a Failure Mode, Effects and Criticality Analysis*, MIL-STD-1629A, U.S. Department of Defense, Washington, DC.

——— (1993), *Environmental Stress Screening (ESS) of Electronic Equipment*, MIL-HDBK-344A, U.S. Department of Defense, Washington, DC.

——— (1995), *Reliability Prediction of Electronic Equipment*, MIL-HDBK-217F, U.S. Department of Defense, Washington, DC.

——— (1996), *Handbook for Reliability Test Methods, Plans, and Environments for Engineering: Development, Qualification, and Production*, MIL-HDBK-781, U.S. Department of Defense, Washington, DC.

——— (1998), *Electronic Reliability Design Handbook*, MIL-HDBK-338B, U.S. Department of Defense, Washington, DC.

——— (2000), *Environmental Engineering Considerations and Laboratory Tests*, MIL-STD-810F, U.S. Department of Defense, Washington, DC.

——— (2002), *Test Method Standard for Electronic and Electrical Component Parts*, MIL-STD-202G, U.S. Department of Defense, Washington, DC.

——— (2004), *Test Method Standard for Microcircuits*, MIL-STD-883F, U.S. Department of Defense, Washington, DC.

Ushakov, I. E., Ed. (1996), *Handbook of Reliability Engineering*, Wiley, Hoboken, NJ.

Usher J. M., Roy, U., and Parsaei, H. R. (1998), *Integrated Product and Process Development*, Wiley, Hoboken, NJ.

Vesely, W. E. (1970), A time dependent methodology for fault tree evaluation, *Nuclear Engineering and Design*, vol. 13, no. 2, pp. 337–360.

Vesely, W. E., Goldberg, F. F., Roberts, N. H., and Haasl, D. F. (1981), *Fault Tree Handbook*, U.S. Nuclear Regulatory Commission, Washington, DC.

Vining, G. G. (1998), A compromise approach to multiresponse optimization, *Journal of Quality Technology*, vol. 30, no. 4, pp. 309–313.

Vlahinos, A. (2002), Robust design of a catalytic converter with material and manufacturing variations, SAE Series SAE-2002-01-2888, *Presented at the Powertrain and Fluid Systems Conference and Exhibition*, www.sae.org.

Vollertsen, R. P., and Wu, E. Y. (2004), Voltage acceleration and t63.2 of 1.6–10 nm gate oxides, *Microelectronics Reliability*, vol. 44, no. 6, pp. 909–916.

Wang, C. J. (1991), Sample size determination of bogey tests without failures, *Quality and Reliability Engineering International*, vol. 7, no. 1, pp. 35–38.

Wang, F. K., and Keats, J. B. (2004), Operating characteristic curve for the exponential Bayes-truncated test, *Quality and Reliability Engineering International*, vol. 20, no. 4, pp. 337–342.

Wang, W., and Dragomir-Daescu, D. (2002), Reliability qualification of induction motors: accelerated degradation testing approach, *Proc. Reliability and Maintainability Symposium*, pp. 325–331.

Wang, W., and Jiang, M. (2004), Generalized decomposition method for complex systems, *Proc. Reliability and Maintainability Symposium*, pp. 12–17.

Wang, W., and Loman J. (2002), Reliability/availability of k-out-of-n system with M cold standby units, *Proc. Reliability and Maintainability Symposium*, pp. 450–455.

Wang, Y., Yam, R. C. M., Zuo, M. J., and Tse, P. (2001), A comprehensive reliability allocation method for design of CNC lathes, *Reliability Engineering and System Safety*, vol. 72, no. 3, pp. 247–252.

Wen, L. C., and Ross, R. G., Jr. (1995), Comparison of LCC solder joint life predictions with experimental data, *Journal of Electronic Packaging*, vol. 117, no. 2, pp. 109–115.

Whitesitt, J. E. (1995), *Boolean Algebra and Its Applications*, Dover Publications, New York.

Willits, C. J., Dietz, D. C., and Moore, A. H. (1997), Series-system reliability-estimation using very small binomial samples, *IEEE Transactions on Reliability*, vol. 46, no. 2, pp. 296–302.

Wu, C. C., and Tang, G. R. (1998), Tolerance design for products with asymmetric quality losses, *International Journal of Production Research*, vol. 36, no. 9, pp. 2529–2541.

Wu, C. F. J., and Hamada, M. (2000), *Experiments: Planning, Analysis, and Parameter Design Optimization*, Wiley, Hoboken, NJ.

Wu, C. L., and Su, C. T. (2002), Determination of the optimal burn-in time and cost using an environmental stress approach: a case study in switch mode rectifier, *Reliability Engineering and System Safety*, vol. 76, no. 1, pp. 53–61.

Wu, H., and Meeker, W. Q. (2002), Early detection of reliability problems using information from warranty databases, *Technometrics*, vol. 44, no. 2, pp. 120–133.

Wu, S. J., and Chang, C. T. (2002), Optimal design of degradation tests in presence of cost constraint, *Reliability and System Safety*, vol. 76, no. 2, pp. 109–115.

Xie, M. (1989), On the solution of renewal-type integral equation, *Communications in Statistics*, vol. B18, no. 1, pp. 281–293.

Yan, L., and English, J. R. (1997), Economic cost modeling of environmental-stress-screening and burn-in, *IEEE Transactions on Reliability*, vol. 46, no. 2, pp. 275–282.

Yanez, M., Joglar, F., and Modarres, M. (2002), Generalized renewal process for analysis of repairable systems with limited failure experience, *Reliability Engineering and System Safety*, vol. 77, no. 2, pp. 167–180.

Yang, G. (1994), Optimum constant-stress accelerated life-test plans, *IEEE Transactions on Reliability*, vol. 43, no. 4, pp. 575–581.

―――(2002), Environmental-stress-screening using degradation measurements, *IEEE Transactions on Reliability*, vol. 51, no. 3, pp. 288–293.

―――(2005), Accelerated life tests at higher usage rate, *IEEE Transactions on Reliability*, vol. 54, no. 1, pp. 53–57.

Yang, G., and Jin, L. (1994), Best compromise test plans for Weibull distributions with different censoring times, *Quality and Reliability Engineering International*, vol. 10, no. 5, pp. 411–415.

Yang, G., and Yang, K. (2002), Accelerated degradation-tests with tightened critical values, *IEEE Transactions on Reliability*, vol. 51, no. 4, pp. 463–468.

Yang, G., and Zaghati, Z. (2002), Two-dimensional reliability modeling from warranty data, *Proc. Reliability and Maintainability Symposium*, pp. 272–278.

―――(2003), Robust reliability design of diagnostic systems, *Proc. Reliability and Maintainability Symposium*, pp. 35–39.

―――(2004), Reliability and robustness assessment of diagnostic systems from warranty data, *Proc. Reliability and Maintainability Symposium*, pp. 146–150.

———(2006), Accelerated life tests at higher usage rates: a case study, *Proc. Reliability and Maintainability Symposium*, pp 313–317.

———and Kapadia, J. (2005), A sigmoid process for modeling warranty repairs, *Proc. of Reliability and Maintainability Symposium*, pp. 326–330.

Yang, K., and El-Haik, B. (2003), *Design for Six Sigma: A Roadmap for Product Development*, McGraw-Hill, New York.

Yang, K., and Xue, J. (1996), Continuous state reliability analysis, *Proc. Reliability and Maintainability Symposium*, pp. 251–257.

Yang, K., and Yang, G. (1998), Robust reliability design using environmental stress testing, *Quality and Reliability Engineering International*, vol. 14, no. 6, pp. 409–416.

Yang, S., Kobza, J., and Nachlas, J. (2000), Bivariate failure modeling, *Proc. Reliability and Maintainability Symposium*, pp. 281–287.

Yassine, A. M., Nariman, H. E., McBride, M., Uzer, M., and Olasupo K. R. (2000), Time dependent breakdown of ultrathin gate oxide, *IEEE Transactions on Electron Devices*, vol. 47, no. 7, pp. 1416–1420.

Ye, N., Ed. (2003), *The Handbook of Data Mining*, Lawrence Erlbaum Associates, Mahwah, NJ.

Yeo, C., Mhaisalka, S., and Pang, H. (1996), Experimental study of solder joint reliability in a 256 pin, 0.4 mm pitch PQFP, *Journal of Electronic Manufacturing*, vol. 6, no. 2, pp. 67–78.

Young, D., and Christou, A. (1994), Failure mechanism models for electromigration, *IEEE Transactions on Reliability*, vol. 43, no. 2, pp. 186–192.

Yu, H. F. (1999), Designing a degradation experiment, *Naval Research Logistics*, vol. 46, no. 6, pp. 689–706.

———(2003), Designing an accelerated degradation experiment by optimizing the estimation of the percentile, *Quality and Reliability Engineering International*, vol. 19, no. 3, pp. 197–214.

Yu, H. F., and Chiao, C. H. (2002), An optimal designed degradation experiment for reliability improvement, *IEEE Transactions on Reliability*, vol. 51, no. 4, pp. 427–433.